出土文獻與古文字研究

第八輯

復旦大學出土文獻與古文字研究中心 編

復旦大學出土文獻與古文字研究中心集刊編輯委員會

主　任：裘錫圭
成　員：（以姓氏筆劃爲序）

　　　　石繼承　　汪少華　　周　波　　施謝捷　　郭永秉
　　　　陳　劍　　張小豔　　張富海　　張傳官　　程少軒
　　　　鄔可晶　　裘錫圭　　廣瀨薰雄　蔣　文　　蔣玉斌
　　　　劉　釗　　劉　嬌　　謝明文

主　編：劉　釗

目　　録

甲骨金文用爲"遊"之字補説	陳　劍	（1）
"翼"字的窮盡考察與考釋——兼論花東卜辭的年代	徐寶貴	（47）
試釋殷墟甲骨文的"達"字	鄔可晶	（64）
甲骨文"肖""奂"補釋	謝明文	（84）
殷商祖甲改革與貞人"何"	莫伯峰	（96）
大河口西周墓地2002號墓出土盤盉銘文解釋	裘錫圭	（134）
三晉梁十九年鼎及中山王𰯼方壺銘文新釋	周　波	（147）
郾王職壺銘文及所涉史實、年代問題補説	周　波	（169）
清華簡《邦家之政》零釋	陳　偉	（183）
清華簡《周公之琴舞》"周公作多士敬毖"詩解義——兼及出土及傳世文獻中幾例表"合於刑"義的"刑"	蔣　文	（187）
談古文字"畏""鬼"之辨及相關問題	魏宜輝	（201）
郭店楚簡識小録	雷燮仁	（210）
上古漢語-ps>-ts音變在戰國文字中的反映	張富海	（223）
從秦"交仁"等印談秦文字以"仁"爲"信"的用字習慣	劉　釗	（230）
汝陰侯墓二號式盤地盤背面圖文新解	程少軒	（248）
北京大學藏漢簡《蒼頡篇》的綴連復原	福田哲之	（264）

漢簡《蒼頡篇》人名校正二則 …………………………………… 張傳官 (279)

新莽政區研究隨記(一)——談莽郡的析置、更名問題 ………… 吴良寳 (289)

據出土文獻表"虐""傲"等詞的用字情况説古書中幾處相關校讀問題
……………………………………………………………………… 陳　劍 (298)

《詩·齊風·東方未明》新釋 ……………………………………… 劉洪濤 (320)

試論秦漢文字考釋歧見對校讀古書的啟發意義 ………………… 王挺斌 (329)

讀《隸續·魏三體石經左傳遺字》 ………………………………… 廣瀨薰雄 (342)

敦煌祭文疑難字詞校考 …………………………………………… 張小豔 (361)

《酉陽雜俎》"綻針石"及李淳風《針石論》考釋 ………………… 聞人軍 (377)

甲骨金文用爲"遊"之字補説

陳　劍

一、有關字形、辭例及研究情況的簡單介紹

在殷墟甲骨文中時代較晚的無名組和黄組卜辭中，常見一個跟商王外出有關的動詞，其字之釋讀衆説紛紜，迄今尚未定論。下面先選取一些爲大家注意較多、有代表性且拓本較爲清晰的字形，分類列舉出來。何組卜辭中也有一些用此字的例子是爲大家所公認的，附在後面全部列出。①

A. 無名組：

A1.　《合集》28756　　《合集》28915　　《合集》28945

《合集》29029　　、《屯南》745　　《合集》29014

《合集》29018　　（反書，翻正後作　）《合集》29115

《合集》28758（《安明》2088）　《合集》29015　　《合集》29027

A2.　《合集》28766　　《合補》8878

B. 黄組：

B1.　《合集》36759、《合集》36675（《尊六室》146②）

---

① 參見李宗焜編著：《甲骨文字編》，中華書局，2012年，第1337～1340頁。劉釗主編：《新甲骨文編（增訂本）》，福建人民出版社，2014年，第100～101頁。

② 宋鎮豪主編，馬季凡編纂：《徐宗元尊六室甲骨拓本集》，上海古籍出版社，2018年。

[甲]《合集》36666（同版另一形[甲]作後 B5 類）　　[甲]《合集》36622

　　[甲]《合補》11126　　[甲]《輯佚》694 正（同版另一形[甲]作後 B5 類）

　　[甲]《合補》11119（《尊六室》148）　　[甲]《合集》36594

　　[甲]《合集》36568　　[甲]《合集》37460　　[甲]《合集》36604

　　[甲]《合集》36642　　[甲]、《合集》36692

B2.　[甲]《合集》36403　　[甲]、《英藏》2556　　[甲]《合集》36398

　　[甲]《合集》36632（《合集》36635 重片且不完整）　　[甲]《合集》36415

　　[甲]《合集》37718

B3.　[甲]、《合集》36665（《前》2.23.5）＋36408　　[甲]《合補》11112

　　[甲]《旅藏》1954①　　[甲]《合集》36402　　[甲]《合集》36394

　　[甲]《合集》36643

B4.　[甲]《合集》36396　　[甲]《旅藏》1950　　[甲]《合集》36426

　　[甲]《合集》36414　　[甲]《合集》36412　　[甲]《合集》36619

　　[甲]《旅藏》1955

B5.　[甲]《合集》36735　　[甲]《合集》36593　　[甲]、《合集》36592

　　[甲]《合集》37411　　[甲]《合集》37386　　[甲]《合補》8884

　　[甲]、[甲]《輯佚》851　　[甲]《合集》36559　　[甲]《英藏》2556

　　[甲]《合集》37637

B6.　[甲]、[甲]《合集》36680　　[甲]《英藏》2557

---

① 宋鎮豪、郭富純主編，中國社會科學院甲骨學殷商史研究中心、旅順博物館編著：《旅順博物館所藏甲骨》，上海古籍出版社，2014 年。

B7. 　▨《輯佚》813　　　　▨《合集》36792　　　　▨《合集》36755

　　　▨《合集》36776　　　　▨《合集》36837（《歷史所》1785①）

　　　▨《懷特》1858　　　　▨《合補》13061（《尊六室》154）

C. 何組：

　　　▨、▨、▨《掇三》813［《合集》31950（北圖1241）＋28911（北圖1201）］

　　　▨《合集》28001　　　　▨《合集》31057

　　　▨《合補》8882（《甲編》1464）

　　無名組字形變化不大，據从"辵"或从"彳"分爲兩類。黄組則不計从"辵"與从"彳"之别，根據其另一主要偏旁的變化分類。爲行文方便，下文暫用"△"代指此字，用"△偏"指稱其主要偏旁。從上舉例子可以看出，無名組與黄組兩類"△"字之形的區别在於其"△偏"部分方向相反，並由此各有變化。按以上羅列的順序，黄組"△偏"省變之迹也可以看得很清楚。

　　"△"字的辭例主要是"王△于某地，亡災"（無名組）或"王△于某地，往來亡災"（黄組），"△"跟地名之間或可不加"于"字，也可不説出地名而只説"王△"。凡此都跟同類卜辭中"田"字辭例的變化相類。"△"又往往跟"田""步"同版，其卜日干支相連或相近。總的來説其辭格式化的程度很高，大家也都很熟悉，不必詳細羅列。下面按其變化各選取一些舉出以示例（參見《類纂》第866～872頁）。

　　（1a）丁丑卜：翌日戊王其△于盂，亡戋（災）。

　　（1b）于榆，亡戋（災）。

　　（1c）于喪，亡戋（災）。吉。

　　（1d）于盂，亡戋（災）。引吉。

　　（1e）于宫，亡戋（災）。吉。

　　（1f）翌日辛王其△于盂，亡戋（災）。

　　（1g）于榆，亡戋（災）。

---

① 中國社會科學院歷史研究所編，宋鎮豪、趙鵬、馬季凡編著：《中國社會科學院歷史研究所藏甲骨集》，上海古籍出版社，2011年。

(1h) 翌日壬王其田瓶,亡戈(災),单(禽)。

《合集》28905＋28497[無名組](林宏明綴合)①

(2a) 叀(惠)束西麋从。
(2b) 王其田雞。
(2c) 翌日辛王其△于喪。
(2d) 于向。
(2e) 于宫。　　　　　　　　　　　　　　　　　　　　　《合集》29031[無名組]
(3) 翌日乙王其△喪,亡戈(災)。　　　　　　　　　　　《合集》29028[無名組]
(4) 甲申卜:翌日乙王其△,亡戈(災)。　　　　　　　　《合集》28757[無名組]
(5a) 乙未王[卜,貞]:☐步(往)來亡州(災)☐兕二。
(5b) 丁酉王卜,貞:其△于宫,步(往)來亡州(災)。
(5c) 戊戌王卜,貞:其田喪,步(往)來亡州(災)。
(5d) [壬]寅王卜,貞:其田于牢,步(往)來亡州(災)。
(5e) ☐△于盂,[步(往)]來亡州(災)。　　　　　　　　《合集》37379[黄組]

(5b)、(5c)兩辭丁酉、戊戌干支相連。

(6a) 壬辰卜,才(在)杞,貞:今日王步于𧾷,亡州(災)。
(6b) 癸子(巳)卜,才(在)𧾷,貞:王△𧾷,步(往)來亡州(災)。于自北。

《合集》36751[黄組]

壬辰、癸巳干支相連。同版另有3條"干支卜,才(在)某地1,貞:王步于某地2,亡州(災)"之辭,此略。

(7a) 戊寅卜,貞:王△,步(往)來亡州(災)。
(7b) 壬午卜,貞:王田,步(往)來亡州(災)。
(7c) 丁亥卜,貞:王△,步(往)來亡州(災)。　　　　　《英藏》2560[黄組]

研究者多將跟"△"有關之辭與田獵卜辭歸爲一類,或再加上卜"步"等其他商王出行之辭,將其總稱爲"田遊卜辭"或"田行卜辭"。"△"字研究者或釋爲"後(踐)"訓爲"行""往"(羅振玉),或分析作"从彳从屰"説爲"步武之專字"(商承祚),或釋作"遄(越)"解釋爲"遠逝之意"(郭沫若《卜辭通纂》第596片考釋),或釋爲"迡(過)"謂意猶

---

① 林宏明:《醉古集——甲骨的綴合與研究》第193組,(臺北)萬卷樓,2011年,第223～224頁綴合圖版,第137～138頁釋文及考釋。

"至""往"(楊樹達),或分爲兩字,將 A 釋爲"迍"、B 釋爲"祱"(孫海波);①或讀"祱"爲"步",②或釋爲"弎(弌)"解釋爲田獵,③或釋爲"弎"讀爲《玉篇》等字書訓爲"行"之"忕"(劉桓)。④ 近年又不斷有研究者重申釋"屯"之説,⑤還有釋爲"違"的新説,⑥等等。

前舉孫海波《甲骨文編》分"△"字之 A、B 兩類寫法爲兩字,得到個别研究者的贊同,⑦

---

① 以上諸説參見于省吾主編、姚孝遂按語編撰:《甲骨文字詁林》,中華書局,1996 年,第 2256～2258、2262 頁。又參(日)松丸道雄、高嶋謙一編:《甲骨文字字釋綜覽》,《東京大學東洋文化研究所叢刊》第 13 輯,1993 年,第 50 頁 0177 號。

② 唐蘭:《論周昭王時代的青銅器銘刻》,《古文字研究》第 2 輯,中華書局,1981 年,第 29 頁。收入《唐蘭全集》(四),上海古籍出版社,2015 年,第 1447 頁。又唐蘭:《西周青銅器銘文分代史徵》,《唐蘭全集》(七),第 244 頁。

③ 李學勤:《殷代地理簡論》,《李學勤早期文集》,河北教育出版社,2008 年,第 159～160 頁。常耀華:《甲骨文⿱𠂉屯字字形嬗變考源——古文字字勢演變横向綫條化現象揭秘》,《第二十五届中國文字學國際學術研討會論文集》,(臺北)中國文化大學,2014 年 5 月 16—17 日,第 153～178 頁。此文主張釋爲"弎"讀爲"田弋"之"弋",解釋其義爲"弋遊、田遊、弋射"。

④ 劉桓:《釋甲骨文弎字——兼説"王弎于某地"卜辭的性質》,《考古》2005 年第 11 期,第 58～62 頁。收入氏著《甲骨集史》,中華書局,2008 年,第 150～160 頁。

⑤ 何樹環:《説"迍"》,《第二届國際暨第四届全國訓詁學學術研討會論文集》(《訓詁論叢》第 4 輯),(臺北)文史哲出版社,1999 年,第 323～342 頁。該文認爲"迍""很可能是商王在田獵前的某種行爲",主張讀爲"陳",指"陳列兵馬之義"。又謂後舉金文兩例也可能讀爲屯駐之"屯"。楊澤生先生贊同將字形分爲兩類之説,主張一類釋"迍"讀爲"巡",另一類則從裘錫圭先生説釋"迖"讀爲"愍"。見楊澤生:《甲骨文"迍"、"迖"二字補釋》,《古籍研究 2006·卷上》,安徽大學出版社,2006 年,第 104～110 頁。單育辰先生認爲此字從"倒'屯'之形","就是從'屯'得聲,即'屯留'之'屯'的意思,此義之'屯'後世又寫作'頓'"。見單育辰:《釋"迍"》,《中國文字學報》第 5 輯,商務印書館,2014 年,第 57～61 頁。按:"△偏"與"屯"斜筆的上下位置不同,二者有嚴格的區别。《屯南》205+273(前引林宏明《醉古集》第 178 組,無名組):"戊子卜,辛其⿱𠂉屯于向。"其字即△,偶與"迍"形同;另《史購》512"屯(純)"字作⿱𠂉屯,又與此所論"△偏"不少寫法相同,皆只能看作偶然的訛誤。《史購》512"屯(純)"字之釋見林宏明:《甲骨釋讀二題》,《出土文獻研究視野與方法》第 3 輯,臺灣書房出版有限公司,2014 年,第 41～54 頁。王子楊先生已將《史購》512 與《合集》20670 綴合,見王子楊:《無名組綴合一例》,中國社會科學院歷史研究所先秦史研究室網站(以下簡稱"先秦史室網站")2017 年 2 月 19 日,http://www.xianqin.org/blog/archives/8219.html。

⑥ 陳年福:《殷墟甲骨文摹釋全編》,綫裝書局,2010 年。陳年福:《甲骨文字新編》,綫裝書局,2017 年,上編第 15 頁下。

⑦ 如陳煒湛:《弎迍辨》,同作者《甲骨文田獵刻辭研究》,廣西教育出版社,1995 年,第 25～28 頁。該文從孫海波釋 A"迍",B 形則改從楊樹達釋"弎(過)"之説,謂"屯有屯守義","弎謂至某地;迍謂停留於某地(守於某地)"。

近年還有人加以申論。① 按這兩類寫法字形有聯繫，其辭例相同或接近，加上其出現的類組正好互補，可知當爲一字無疑。對此研究者已經多有辨析，②我們不再贅述。

裘錫圭先生已經指出："這個字偶爾也从'戈'作㦰，但是極爲少見，當是筆誤，不能作爲釋字的根據。"所說即前舉 B4 類字形，董珊先生亦已指出，此類字形"'柲'上有短橫，這個短橫是由指示符號'○'或'·'演變來的，並非'戈'字表示戈頭的筆畫"。③ 按此"指示符號"原本是位於戈柲形中間的，變爲"短橫"再上移後類似"戈頭"形，全形才變得與"戈"形近而混。同樣，前舉 B5、B7 那些訛省从"必(柲)"或近於"弋"(其形與"弋"尚非全同)的字形，也當作如是觀［從後文所論"△偏"與"必(柲)"的密切關係來看，前者也可看作義近偏旁區分不嚴的現象］。裘先生釋"△偏"爲"柲"字象形初文"必"，釋"△"爲"迩"讀爲"敕戒鎮撫"之義的"毖"。④ 從近年所見論著看，信從裘說的較多。我們認爲，將"△偏"與"必"相聯繫，比起其他諸說確實在字形上最有根據，後文我們還將對此加以疏解。但是，一方面裘文本身已經對獨立成字的"△偏"是否都能釋爲"必"感到猶疑，因而對釋"△"爲"迩""不敢完全肯定"；另一方面，讀爲"毖"訓爲"敕戒鎮撫"，對於不少辭例來講也總感並不妥帖。後一點，即使信從釋字爲"迩"的學者也有所察覺，所以又提出了一些新的讀法，但也同樣存在問題。皆詳見後文。後來裘先生亦已改而認爲，"'迩'字的釋讀，意見分歧，但可以肯定是一個指巡行、田遊之類行爲的動詞"。⑤

郭沫若在《殷契粹編》第 1011 片(《合集》28962，無名組)下釋文將"△"字釋爲

---

① 李旼姈：《甲骨文字構形研究》，政治大學中國文學系 2005 年博士學位論文(指導教師：蔡哲茂教授)，第 348～358 頁。該文從分△爲兩字、釋 A 爲"迍"之說，但 B 形則改從後舉裘錫圭先生之說釋爲"迩"。又前引楊澤生：《甲骨文"迍"、"值"二字補釋》。
② 參看楊陞南：《商代經濟史》，貴州人民出版社，1992 年，第 290 頁。門藝：《殷墟黃組甲骨刻辭的整理與研究》，鄭州大學 2008 年博士學位論文(指導教師：王蘊智教授)，第 135～136 頁；單育辰：《釋"迩"》。
③ 董珊：《試論周公廟龜甲卜辭及其相關問題》，北京大學中國考古學研究中心、北京大學震旦古代文明研究中心編：《古代文明》第 5 卷，文物出版社，2006 年，第 252 頁。又見復旦大學出土文獻與古文字研究中心網站 2009 年 5 月 4 日，http://www.gwz.fudan.edu.cn/web/show/779。
④ 裘錫圭：《釋"柲"——附：釋"弋"》，《裘錫圭學術文集》甲骨文卷，復旦大學出版社，2012 年，第 51～71 頁。本文徵引該文甚多，爲避繁瑣，以下簡稱"裘文"，並隨文括注《裘錫圭學術文集》甲骨文卷(簡稱《文集》)的頁碼，不復一一出注。
⑤ 裘錫圭：《談談殷墟甲骨卜辭中的"于"》，《裘錫圭學術文集》甲骨文卷，第 529 頁。又見復旦大學出土文獻與古文字研究中心網站 2010 年 8 月 2 日，http://www.gwz.fudan.edu.cn/SrcShow.asp?Src_ID=1227。

"述"注"遊",其後 1012、1013—1022 和 1030 片(皆無名組)皆釋其字爲"述"。王寧先生近來又重申釋"遊"之説。① 我認爲,現在看來,"△"等字釋讀爲"遊"應該是正確的。但郭沫若之説在字形、音讀相通兩方面皆有問題,並且他自己的態度也游移不定。② 王寧説則亦缺乏堅實證據。其説先是略謂,"此字實是遒勁之'遒'的表意初文,從辵從'必(柲)'會意,或在所從的'必'上加圓圈或方框當指事符號,表示工具之柄的堅韌强勁的性質,其本義當是行走步伐强勁有力的意思,引申爲緊迫義,……";後又補充修正前説謂此字"在'弋'或'必'上加〇或口的字形,當即'摯'的表意初文……'摯'、'遒'古音正同,用爲'遊'爲假借"云云。按這可以認爲是先從語言出發找到或基本確定其字所表最合適之"詞",然後再從語音相近的角度爲其"形"作一"解釋",而難以説有什麽確實的"證據"。這種"解釋",是具有很大的不確定性、或然性的。如果我們能先從其"形"出發,找到"△偏"相當於或發展爲了後代什麽字形的答案,對於有關字詞考釋來説,其基礎就要堅實得多了。

本文認爲,"△偏"就演變爲了後來的"曳"字;卜辭或假借"曳"爲"遊",再添加"止"旁、"彳"旁或"辵"旁,可以看作就是"遊"字的形聲異體。下面先分析"△偏"原始形體的特點,再來溝通它跟後世"曳"字的字形演變關係。

二、"△偏"與"必(柲)"在字形上的密切關係補説

(一)"△偏"最原始的形體

裘文指出(《文集》第 57 頁):

> 在甲骨文裏有一個寫作 등 형 等形的字(原注:《甲骨文編》642、865 頁),又有一個以它爲偏旁的寫作 형 等形的字(原注:同上 673 頁)。從"逖"字所從的 ㄎ 或作 휙 的現象來看,前者有可能也是 ㄎ 字加指示符號的繁體,後者有可能跟"逖"是一個

---

① 王寧:《釋甲骨文、金文中的"遊"》,武漢大學"簡帛"網"簡帛論壇—簡帛研讀"2018 年 9 月 7 日,http://www.bsm.org.cn/bbs/read.php?tid=4339。

② 如《殷契粹編》976 片(《合集》29031,無名組)"△"字、315 片(《合集》27415,無名組)"△偏",釋文皆摹其原形而未釋。1031 片(《合集》36632,黄組)又釋"△"爲"彼"注"越",1032 片(《合集》36395,黄組)釋爲"迷"。其意應是仍將無名組與黄組字形分爲兩字,黄組字形承襲《卜辭通纂》釋"迷"之説。

字。它們大都見於一、二期卜辭,所以柲形都是直的。

又舉例指出(《文集》第 63 頁):

> 我們懷疑是✶字異體的✶等字,以及懷疑是"㞢"字異體的✶等字,用法多數與讀爲"㞢"的一期✶字或五期"㞢"字相似。

鑒於近年來還不斷有人在字形上堅持釋"屯"之説,完全不顧及裘文已經講得很清楚的其早期更原始的寫法(跟"屯"斷難合),因此在討論"叀"字之前,我們要先花一點篇幅把裘文所説早期卜辭中的有關字形和辭例的材料較爲詳細地羅列出來略加分析,以見其間演變軌迹,使裘文已經指出的它們跟無名組、黄組、何組的"△"和"△偏"爲一字這一點看得更加直觀清楚。先舉有關諸形如下:

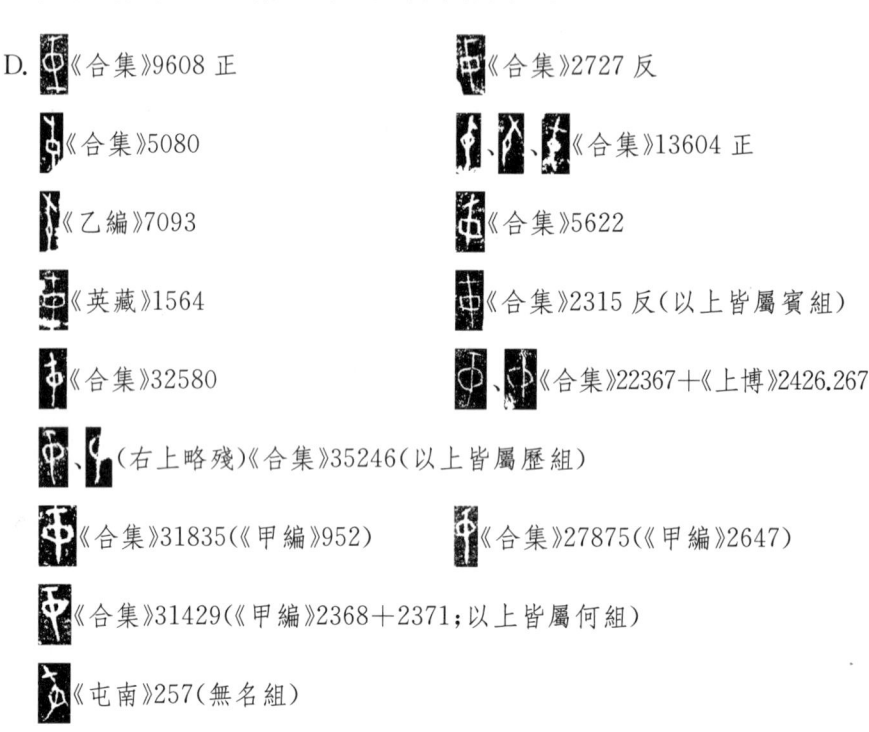

D. ✶《合集》9608 正　　　　　　✶《合集》2727 反

　　✶《合集》5080　　　　　　　✶、✶《合集》13604 正

　　✶《乙編》7093　　　　　　　✶《合集》5622

　　✶《英藏》1564　　　　　　　✶《合集》2315 反(以上皆屬賓組)

　　✶《合集》32580　　　　　　　✶、✶《合集》22367+《上博》2426.267

　　✶、✶(右上略殘)《合集》35246(以上皆屬歷組)

　　✶《合集》31835(《甲編》952)　✶《合集》27875(《甲編》2647)

　　✶《合集》31429(《甲編》2368+2371;以上皆屬何組)

　　✶《屯南》257(無名組)

裘文已經指出(《文集》第 57 頁),"據《丙編》拼合的一塊一期卜甲(按即上舉《合集》13604 正),✶和✶似乎是一個字"。其中間部分筆畫形態的變化,跟下舉甲骨文字形相類(《新甲骨文編(增訂本)》第 11 頁"祼"字、第 742 頁"弦"字):

✶《合集》35801　　　✶《合集》38461　　　✶《合集》35604

✶《合集》35708　　　✶《合集》35709　　　✶《合集》38457

［图］《懷特》1582　　［图］《合集》10458　　［图］《合集》9283 正

［图］《合集》9410 正

放在前面、作竪筆貫穿圈形的那些字形應係更爲原始的寫法。［图］形如作反書,將其水平翻轉後之［图］,顯然即無名組卜辭多見的"△偏"之形。

還有"屯"字本身,其變化亦多相類:①

［图］　［图］　［图］　［图］　［图］　［图］　［图］　［图］　［图］

上舉 D 類"△偏"之形或又從"止"作,應即"△"字異體,如下所舉。

　E1.　［图］《合集》4373(北圖 10338)　　　［图］《合集》18260

　　　［图］《合集》18261(《佚存》156;《合集》18954 重片且不完整)

　　　［图］《合集》40742　　　　　　　　　［图］《合集》8039(《歷史所》1112)

　　　［图］《合集》15804(《存補》1.23.1;以上皆屬賓組)

　　　［图］《合集》24131　　　　　　　　　［图］《合集》24904(《上博》17647.334)

　　　［图］《合集》23684(《山博》0307)　　［图］《俄愛》98(《合補》13279)②

　　　［图］、［图］《合補》8378[《合集》22758(《前》5.5.7)＋25015]

　　　［图］《英藏》535(以上皆屬出組)

　E2.　［图］《合集》24130(《安明》1538)　　［图］《合補》7173③

　　　［图］《合集》24442(以上皆屬出組)

---

① 詳見蔣玉斌:《釋甲骨金文的"蠢"兼論相關問題》,《復旦學報(社會科學版)》2018 年第 5 期,第 118～130 頁。

② 宋鎮豪、瑪麗婭主編,俄羅斯國立愛米塔什博物館、中國社會科學院歷史研究所編著:《俄羅斯國立愛米塔什博物館藏殷墟甲骨》,上海古籍出版社,2013 年,第 45 頁圖版,第 105 頁釋文。

③ 《合補》7173 即《庫》1150、《美》160,拓本很不清晰,此摹本取自周忠兵:《卡内基博物館所藏甲骨研究》,上海人民出版社,2015 年,上册第 380 頁 260 號。

E2 類字形略爲特別,需要先多説幾句加以解釋。前兩形頂部筆畫寫得近於"㫃"形頭部(E1 類中《合集》18261 之形㫃亦已略有此意),末一形上半中的"㫃"形則更爲明顯。《甲骨文字編》第 1184 頁將上舉《合集》24442 之形收於"奔"字下,與真正从"㫃"的㫃等形認同爲一字,即受此點影響。① 後 F 類字形中所舉《合集》3336、3337 兩形,被《合集釋文》等工具書釋爲"中";前舉《合集》2727 反之㫃形,《甲骨文字編》第 1166 頁亦收於"中"字㫃類形下,按其辭例爲"生(往)~"[其上還有"弓(勿)卸(禦)"兩字,或應連讀爲一辭],與後引(38c)《合集》27415 等同,可知其字亦應是"△偏"而非"串(中)"字。但由此亦正可見此類形上所从與"旂游"形之相近。從後舉辭例看,E2 類數形跟△以及上舉 E1 類大部分字形用法相同,應認同爲一字無疑。我們知道,從文字系統看,"㫃"形本有"讀若偃"和讀"旂"、讀"斿"三個讀音。其證如,"讀若偃"之音見於《説文·㫃部》"㫃"字下,《説文·目部》"看"字或體从"倝"聲作"翰",戰國文字中則皆从"㫃"聲作"旔";讀"旂"之音之證如,西周金文記賞賜物,鑾旂之"旂"或只作"㫃",見於害簋(《集成》4258—4260)、走馬休盤(《集成》10170)等;西周金文用爲祈求之"祈"的"旂"字(《集成》4628 伯公父簋、4692 大師虘豆),即从"言"从"㫃(旂)"聲;至於讀"斿"之音,則殷墟甲骨文已多見的"斿"字本身即其證,其字應分析爲以音"游"之"㫃"形爲聲符。又近年新出西周晚期曾伯克父甘婁簋(《銘續》0518、0519)、盨(《銘續》0474、0475)"稻"字作"旋",同樣係以音"游"之"㫃"形爲聲符,係"稻"字形聲異體[又參看後文第四小節討論金文"斿(慆)"字部分]。上述情況,可以用早期古文字多見的表意字"一形多用"現象來解釋。簡而言之,最完整的"㫃"形本作㫃,包括旂竿、旂之正幅與旂游三大部分,"㫃"之一般的㫃類字形,即由前者簡寫而來。㫃這類形體,對於表旌旂之"旂"、旂游/旒之"游"、旂竿之"竿"("倝"字來源亦與此密切有關)這三個詞來説,都是合適的;或者換個角度講,要爲旂游之"游"這個詞造字,其形就不得不連帶畫出整個"㫃"形;餘兩詞可以類推。按照我釋讀爲"遊"的基本觀點,E2 類字形可以分析爲,其上半部分包含有最簡的"㫃"形[如上舉"串(中)"形㫃],實表"游"音,全字就可以看作㫃類形有意"變形音化"爲从"游/旒"聲,與我們所論諸字讀爲"遊"此點正合。

下文將 D、E 兩類字形徑釋作"曳"和"曼"。其用法也可以分爲兩類,所用字形有

---

① 《合集》24442 之形與前兩形爲一字,所从皆與"㫃"有關,承蔣玉斌先生向我指出。

交錯,即分別都可以用"曳"和"㞢"。下面略按類組將用法相近之辭列在一起舉出(《合集》2315 反辭皆殘甚,略)。爲便理解,皆先逕括注"遊"。

    (8) 庚申卜:王其曳(遊),叀(惠)翌日辛。   《屯南》257

此辭屬無名組,跟前舉無名組卜辭大量用"逆"或"㞢"的情況相比,此應係偶見的保存較古形體的例子。

    (9) 貞:□曳(遊)于臺。   《合集》9608 正
    (10a) 乙卯卜,宵,貞:三卜,王㞢(往)㞢(遊)于阹京,若。六月。
    (10b) 貞:母(毋)㞢(往),不若。
      《合集》8039+13308(李延彥綴合,《拼續》574)+16353(蔣玉斌加綴)①
    (11) 癸亥卜,宵,貞:王曳(遊),若。十三月。
      《合集》5080+17331+9572(以上林宏明綴合)+16399+17464
            (以上何會加綴)+9583(蔣玉斌加綴)②

  只從"止"之"㞢"用法跟"逆"相同。上舉(10a)"㞢(往)㞢"與後舉(38c)《合集》27415"㞢(往)曳"同。"阹"是卜辭多見的田獵地名。

    (12a) 丁卯卜,𠭯,(以上在反面)貞:且(祖)乙若,王不曳(遊)。
    (12b) 貞:且(祖)乙[弗]若,王不曳(遊)。(以下在反面)王固(占)曰:且(祖)
      乙弗若,朕不其[曳(遊)]。
    (12c) [□□]卜,宵,(以上在反面)貞:且(祖)乙若,王不曳(遊)。
    (12d) 貞:且(祖)乙弗[若],王不曳(遊)。
      《合集》13604 正反+《乙編》7092、7093(鄭慧生綴合)③

  此例"王不曳"應係商王擬決定采取的行動,④就此貞卜是否若于祖乙。

---

① 蔣玉斌:《甲骨舊綴之新加綴》之第 12 組,先秦史室網站 2014 年 12 月 24 日,http://www.xianqin.org/blog/archives/4887html。
② 參看黃天樹主編:《甲骨拼合續集》第 459 則,學苑出版社,2011 年,第 178~179 頁綴合圖版,第 401~402 頁說明與考釋。第 401 頁所加"編者按"引上(10a)辭"王往㞢于阹京",釋㞢爲"迮",認爲《合集》5080㞢字"當隸定爲'必',讀爲'迮'",對有關字形和辭例的認同可從。
③ 《合集》13604 正反即《丙編》427、428,參看蔡哲茂、張惟捷編著:《殷虛文字丙編摹釋新編》,(臺北)中研院史語所,2017 年,第 353 頁摹本,第 558 頁釋文考釋,其中《乙編》"7093"皆誤植爲"7903"。
④ 參看沈培:《商代占卜中命辭的表述方式與人我關係的體現》,李宗焜主編:《古文字與古代史》第 2 輯,(臺北)中研院史語所,2009 年,第 93~116 頁。

(13) ☐貞：☐王曳（遊）☐［亡］𡆥（害）。　　　　　　　　《英藏》1564

此辭也可能除"亡"字外中間並無缺文。

(14a) 王弜（勿）曳（遊）。
(14b) 己子（巳）：王其曳（遊）。《合集》22367＋上博2426.267（蔣玉斌綴合）①
(15a) 王其曳（遊）。
(15b) 不曳（遊）。　　　　　　　　　　　　　　　　　《合集》35246
(16) 丁未卜：王曳（遊）。　　　　　　　　　　　　　《合集》32580
(17) 貞：其曳（遊）。　　　　　　　《合集》27875＋26899（劉影綴合）②
(18) 貞：王☐丁曳（遊）。　　　　　　　　　　　　　《合集》31835

此辭可能也是"王于翌日丁曳（遊）"一類之殘。

(19a) 辛酉［卜，☐］，貞：王☐埊（遊）☐☐
(19b) ［☐☐卜，宁，［貞］：☐埊（遊）☐東，日雨☐王不祉（延）埊（遊），戠（待）
　　　于（？）☐☐　　　　　　《掇三》813（《合集》31950＋28911）

"祉（延）迪（遊）"亦見於後舉（45）《合集》35435、（66b）《合集》38177、（67）《合集》36426等辭。

(20) 壬寅卜，㫃，貞：翼（翌）日癸卯王其埊（遊）。　　《合集》28001
(21) 甲午卜，壴，貞：翼（翌）日［☐］史（事）王曳（遊）。

《合集》31429（《甲編》2368＋2371）

(21)辭《甲編考釋》圖版零玖陸比《合集》所收略完整，"甲"字尚存。"日"字下所殘失的可能是"卒"一類意義之字。此辭行款較爲特別，從左至右共分"甲午卜壴""史王曳"和"貞翼日［☐］"三列，先左右兩列連讀再與中間一列連讀。何組卜辭中同類行款還見於《合集》27649。該版從右至左共有"甲寅卜彭""多子""貞其鄉"三列，亦當最後讀中間一列而釋讀爲："甲寅卜，彭，貞：其鄉（饗）多子。"

(22a) 戊辰卜，尹，貞：王其田，亡𢦏（災）。才（在）正月，才（在）☐卜。
(22b) 戊寅卜，尹，貞：王其步［于］嫀，亡［𢦏（災）］。

---

① 蔣玉斌：《〈上海博物館藏甲骨文字〉新綴六組》之第一組，先秦史室網站2010年12月4日，http：//www.xianqin.org/blog/archives/2172.html。
② 見黃天樹主編：《甲骨拼合集》第171則，學苑出版社，2010年，第190～191頁圖版，第438～439頁"說明與考釋"。

(22c) 戊子卜,尹,貞:王其埜(遊),亡𭕄(災)。
(22d) [□]申卜,尹,[貞:王]其步☒,[亡]𭕄(災)。才(在)☒
《合補》7173(《庫》1150＝《美》160)+《英藏》2042(《合集》41075)(蔣玉斌綴合)①

此亦爲"埜(遊)"與"田""步"同版之例。

(23) 己丑[卜,□,]貞:☒埜(遊)☒　　　　　　　　　《英藏》535
(24) [□]酉卜,尹,[貞]:王其埜(遊),[亡]𭕄(災)。才(在)☒　《合集》24130
(25) [□□]卜,即,[貞]:王其埜(遊),[亡]水⟨𭕄(災)⟩。　《合集》24442
(26a) 辛卯[卜,□],貞:亡☒,于翌日壬[辰](也可能並無"辰"字)迺雨。
(26b) [辛]卯卜,𭅺(疑),貞:王其埜(遊),[亡]𡆒(害)。十三月。
　　　　　　　　　　　　　　　　　　　　　　　　　《合集》24904
(27a) 丙子[卜,□],貞:王其☒
(27b) 丙子卜,𭅺(? 大?),貞:王其埜(遊)[从]東。《俄愛》98(《合補》13279)
(28) [□]寅卜,即,[貞]:王其埜(遊),☒　　　　　　　《合集》24131
(29a) 甲子卜,[王]曰貞:翼(翌)[乙丑]咸毓且(祖)乙☒埜(遊)方,其☒
(29b) 甲子卜,王曰貞:叙,母(毋)埜(遊)。丝(兹)不用。叩(孚)于雨。
　　　　　　　　　　　　　　　　　　　　《合補》8378(《合集》22758+25015)

"咸"意爲"完成",如《合集》32164"□辰貞:咸奏,于曾又伐☒",《合集》9520"貞:王咸酌(酒)登,弜(勿)𢆶(賓)翼(翌)日"等等。(29a)貞卜在完成對毓祖乙的某種祭祀之後,商王是否"埜(遊)"。(29b)可對比:

(30) 乙丑卜,王曰貞:叙,母(毋)田。才(在)☒　　　　《合集》24120

(29b)與(30)兩辭俱屬出組二類,其辭例極爲接近,干支相連,當係一時爲同事而卜。"埜"與"田"二者相對應。兩"叙"字意思皆應與"戠"相近,義爲"等待"。卜辭多見"叙鼒",與同樣多見的"祉(延)鼒"應係相對關係而非如于省吾先生說相通[《合集》31872:"叙鼒,弜(勿)祉(延)用。"《屯南》2276:"叙鼒,弜(勿)祉(延)。"],②跟"戠鼒"(《合集》30173)義近。

前舉 E 類字形中,以上諸例用法爲一類,"奐"和"埜"皆與無名組、黃組、何組的"△"用法相同。其餘字形則用法有別,詳後文第六小節。

---

① 蔣玉斌:《蔣玉斌甲骨綴合總表》,第259組,先秦史室網站2011年3月20日,http://www.xianqin.org/blog/archives/2305.html。

② 于說逕讀"叙"爲"祉(延)",見于省吾《甲骨文字釋林·釋"叙鼒"》,中華書局,1979年,第49～51頁。

此外,歷組、賓組與何組中的有關字形還有一類作專名的用法。其形如下:

F. ▨《屯南》56　　　　　　　　　　▨《屯南》1074①

▨《合集》34458(北圖 2562)　　　▨《屯南》19

▨《屯南》4172(以上皆屬歷組)　　▨《合集》28172(《甲編》2673)

▨《甲編》1697(以上皆屬何組)　　▨《合集》3336(北圖 2431)

▨《合集》3337(《後》下 8.7;以上皆屬賓組)

裘文已經舉前 3 例歷組之字,指出皆作地名,謂"不知與第一期卜辭的地名'鯊'有沒有關係"(《文集》第 63 頁)。其餘諸例其辭如下:

(31a) 貞:令臾人。七月。
(31b) [□□卜],爭,貞:令[二侯]上䋤②罙□侯☒　　　《合集》3336 正
(32a) 貞:令臾人。七月。
(32b) [□□卜],爭,[貞:令二侯]上䋤[罙□]侯☒,若。
　　　　　　　　　　　　　　　　　《合集》3337＋19073(李愛輝綴合)③
(33) 貞:于臾。　　　　　　　　　　　　　　《合集》28172

另《甲編》1697 僅存"犾""臾"兩字,《合集》《合補》均未收錄。

(34a) 庚寅[卜]:令馬、臾人北。
(34b) 辛卯卜:叀(惠)皆啟(啟)用,若。
(34c) 叀(惠)洗或啟(啟)用,若。　　　《屯南》19＋717(林宏明綴合)④

《屯南》19＋717、《屯南》4172 皆爲歷組卜辭。《屯南》4172 僅存"臾人"兩字,"臾"字右上適殘。歷組的"臾人"應即(31)、(32)賓組的"臾人","臾"與上舉字形中前三例

---

① 裘文已將《屯南》1074 與《屯南》1076 綴合(《文集》第 64 頁),周忠兵先生後又加綴《合集》34233。見周忠兵:《〈小屯南地甲骨·釋文〉校訂》附錄二"歷組卜辭新綴七組"之第(1)組,東北師範大學 2004 年碩士學位論文(指導教師:張世超教授),第 49 頁。
② "䋤"字舊釋爲"絲",此從郭永秉、鄔可晶《說"索"、"剌"》說改釋,《出土文獻》第 3 輯,中西書局,2013 年,第 106 頁。收入郭永秉:《古文字與古文獻論集續編》,上海古籍出版社,2015 年,第 69 頁。
③ 李愛輝:《甲骨拼合第 351 則》,先秦史室網站 2016 年 7 月 1 日,http://www.xianqin.org/blog/archives/6420.html。
④ 前引《醉古集》第 211 組,第 245～246 頁綴合圖版,第 145～146 頁釋文及考釋。

歷組的"逖""塁"可能係一地。①

此外,無名組卜辭中還有如下一形:

[字形]《合集》26992([字形]《粹》1160)

其用法亦爲作地名或族名、言"～人":

(35a) 其曰～人呂(以)。

(35b) 其曰母[字形]呂(以)。　　　　　　　　　　　　　　　　　《合集》26992

現在一般從于省吾先生說釋爲"倬(逴、趠)"。② 按卜辭所謂"倬"字僅此一見,其右半與西周金文中的"卓"形亦難稱密合(殷墟甲骨文和商代金文中亦未見其他從"卓"之字),此說實甚爲勉強。③ 頗疑亦應釋爲從"彳"從"叀"之字,跟上舉歷組、賓組與何組中的"叀"等形表同一專名。其右下方斜筆變作所謂"V"形,其例如前舉蔣玉斌先生文所論"屯"形之變作如下形:

[字形]《合集》11534　　　　　　　　　　[字形]《合集》4143(《續》3.34.1)

(二)"△偏"的一類特殊寫法與"必"的字形變化關係

本文開頭所引黃組卜辭字形中,有一類作"[字形]"的(B2類)。無名組中的字形也有這類變化,只是"△偏"部分方向相反。有關字形如下:

[字形]《合集》34071　　　　　　　　　　[字形]《合補》7175

[字形]《合集》31229

---

① 此外,《合集》30286(《甲編》3588)還有一個[字形]字,其形與我們所說的"叀"相同,但用法特別。《甲編考釋》釋其辭爲:"貞:乙卯卜:酒品～自祖乙至毓,在敊門见?"將其字與《甲編》1338(《合集》31603)的何組貞人名[字形]認爲一字,認爲原辭當作"乙卯卜,～貞……","疑習書者仿刻他辭,故字句有錯亂"。姑記於此以備考。又何組貞人名[字形]似僅《合集》31603一見,從字形看亦應釋爲"叀",其人或即來自"叀人"之"叀"族。另該片林勝祥先生已與《甲編》1309綴合,見林勝祥:《殷墟文字拼兑綴合新例稿》第一組,先秦史室網站2006年10月4日,www.xianqin.org/blog/archives/831.html。
② 参看《甲骨文字詁林》,第2290～2291頁。
③ 至於《合集釋文》釋"遊",係沿用《殷契粹編》1160號之誤釋,蓋將其形右半看作上從"孖"從下"子",與本文所論"遊"實無關。

末一例《合集》31229下殘,可能本還有"止"旁。諸形除去"辵"旁的部分即"△偏"也獨立成字,其形如下:①

、《合集》31667　　　　　　《合集》30111(《京人》1978)

(下殘)《合集》27415

其用法跟△相同。下面將有關辭例舉出:

(36a) 乙子(巳)卜:王☐

(36b) 叙燮。

(36c) 習兹(兹)卜,王其奥(遊)戍申。

(36d) 王其奥(遊)戍申,祝。　　　　　　　　　　《合集》31667

(37a) 王其奥(遊),不冓(遘)雨,舌帝。

(37b) ☐奥(遊)☐燮。　　　　　　　　　　　　　《合集》30111

(38a) 王其奥(遊)☐(缺文也可能只有一字)秦(禱)至父庚。

(38b) 叙燮。

(38c) 秦(禱)父己、父庚,叀(惠)卯(比)业(往)奥(遊)。　《合集》27415

(39a) 于王逸(遊)徨。

(39b) 于南門旦。　　　　　　　　　　　　　　　《合集》34071

(40) ☐王逸(遊)☐　　　　　　　　　　　　　　《合補》7175

(41) 弜(勿)逸(遊),其每(悔)。　　　　　　　　《合集》31229

除(39a)外都是作動詞,多就王之是否"奥"或"逸"貞卜。卜"△"是否遘雨的如《合集》36739(黃組):"丁子(巳)卜,貞:今日王其△于喪,不遘大雨。"(37a)可與之對比。(38c)"往奥"與前舉(10a)"往塁"同,亦與卜辭多見的"往田"以及後舉(58)、(60)和(62)的"往觀"等相類;(36d)"祝"意爲"告""祝告",卜辭貞卜外出而告祭鬼神的,如《合集》27558:"王其田,其告匕(妣)辛,王受又(祐)。"總之,結合用法來看,這些字形沒有問題都與前文所説的"△"及"△偏"爲一字。這類寫法雖然在△字中所占比例不大,但絶對數量也並不少,可見不是偶然的變化或誤刻。商末和西周早期金文中有如下兩字:

作册豐鼎(《集成》2711)　　　　　　小臣逨鼎(《集成》2775)

---

① 另《村中南》38 無名組殘辭:"☐~秦(禱)。""~"字作 形,可能也是下舉寫法的"奥"字,頭部略殘。但其用法與一般之"奥(遊)"不同,記此備考。

其辭例見後文。裘文指出它們與卜辭"△"爲一字（《文集》第 57 頁），並早已曾說過（《文集》第 57 頁注 49）："甲骨文'迡'或作🀄（原注：《甲骨文編》78 頁），🀄旁上部與三、四期'逰'字及此字（按指小臣夌鼎"🀄"字）偏旁的上部相似。"

上舉諸形與無名組一般的🀄形相比，其頭部作"斜筆"與近於"V"形筆畫之交替變化，同類例可參看前舉"屯"字變化以及所引蔣玉斌先生文所論。其例又如，"喪"字甲骨文作🀄亦作（《類纂》第 516 頁"喪"字的兩個代表字形）；甲骨文"求"字大多作🀄（《類纂》第 572 頁字頭），也有很多寫作🀄（《合集》903 正）、🀄（《合集》1803）、🀄（《合集》891 反）、🀄（《花東》14）一類的例子；①殷墟甲骨文"勹（旬）"字頭部一般从一斜筆作🀄（《類纂》第 444 頁字頭），也常作🀄（《合集》17066）一類形。"必"旁上端也有出現同類變化之例，如：

🀄 狀父丙壺"狀"字（《新收》722）

🀄 《輯佚》690"或"字②（對比文首已舉出的《合集》36403 🀄）

🀄 應侯視工簋（《首陽吉金》第 114 頁 39 號）"國"字

從字形演變過程看，前舉 B1 類形所从之🀄，變爲 B3 類形所从之🀄，反書（可對比 A1 類中之🀄）並下端有所省略，即成 A1 類形所从之🀄。再作如上所述變化，即成🀄類形。追根溯源，🀄仍與原始的"必（柲）"形有關。

（三）小結

總結以上所論，在時代較早的卜辭中，"△偏"的寫法更爲原始，其除去圈形的部

---

① 參看裘錫圭：《釋求》，《裘錫圭學術文集》甲骨文卷，第 274～284 頁。
② 《輯佚》690 原已與《合集》36182（黄組）綴合。此字釋爲"或"、辭中讀爲"國"，見李學勤：《論新出現的一片征人方卜辭》，《殷都學刊》2005 年第 1 期，第 1～3 頁。收入郭旭東主編：《殷商文明論集》，中國社會科學出版社，2008 年，第 5～9 頁。又收入李學勤《文物中的古文明》（題中"人方"改爲"夷方"），商務印書館，2008 年，第 134～138 頁。據其說，甲骨文和族氏金文中一般釋爲"戉"的🀄（《甲骨文字編》第 922～923 頁）、🀄和🀄（王心怡編：《商周圖形文字編》，文物出版社，2007 年，第 258 頁 1229 號、1230 號）一類字形，皆應改釋爲"或"。詳參謝明文：《"或"字補說》，《出土文獻研究》第 15 輯，中西書局，2016 年，第 14～33 頁。收入同作者《商周文字論集》，上海古籍出版社，2017 年，第 88～110 頁。

分確實就是裘先生所説的"必(柲)"。裘文認爲(《文集》第 56 頁):

> 在(黄組卜辭△字所從)這個偏旁的各種寫法裏,✶和✶顯然是"柲"的象形初文,✶✶✶當是✶字加指示符號的繁體。在象柲形的筆劃上加點或圈以指明"柲"的字義,跟"肱"的初文✶(厷)在象手臂的筆劃上加圈以指明"肱"的字義,是同類的現象。所以這個字(按指黄組卜辭△字)應該釋作"泌"。

在字形分析上確實是最爲有據的。裘文一方面説(《文集》第 57 頁)"甲骨文裏的✶✶等字也有是✶字異體的可能","看來✶✶等字都是✶字異體的可能性是相當大的",同時也承認"由於對這個問題研究得不够充分,目前還不能作確定的結論"。我們看裘文所論"必"及從"必"諸字如"馝""䎽""䎽""宓"和"駜"等,其字形在"柲"的中間皆無圈形,其釋讀也大多不成問題,可見確實應將✶✶等字跟"必"字二者分開來。但裘文所説✶✶等字應分析爲在"柲"上"加指示符號"這一點,仍然是難以動摇的。我認爲✶等字形直接就演變爲了後世的"曳"字。至於如何解釋"曳"字與"必(柲)"的密切關係,留到後文再談。

三、"曳""叀"糾葛與"曳"的字源問題

(一) 甲骨和西周金文中舊釋"曳"及從"曳"之字

釋"△偏"爲"曳",首先需破除甲骨金文中舊已存在不少被廣爲接受的釋"曳"及從"曳"之字此層障礙。有關字形如下所略舉:①

　　✶《合集》1107(《乙編》6370)　　　✶《合集》32509(《甲編》806)

　　✶《合集》17955(《安明》1034)　　✶《合集》21295(《後下》30.5)

　　✶《合集》13011

　　✶、✶ 尹曳鼎(《集成》1351、1352、《銘圖》00675)

　　✶、✶ 師曳鐘(《集成》141)

---

① 參看《甲骨文字編》,第 40 頁"曳"字;《新甲骨文編(增訂本)》,第 835 頁"曳"字;《新金文編》(董蓮池編著,作家出版社,2011 年),第 2198 頁"曳"字。

如林義光《文源》卷六謂"曳从人、臼,象兩手捽抴一人之形",于省吾先生謂上舉諸形"乃曳字的初文,象兩手捉持人的頭部而曳之"。① 按上舉諸形多用爲專名,或是所在文句辭義不明,釋爲"曳"及从"曳"之字在辭例上無從驗證。但由於看起來跟篆隸"曳"字 ![字形]、![字形]之類形的聯繫非常密切自然,因此這種占統治地位的釋法很少有人質疑。

(二)東周文字中的"曳"和"臾"形

東周文字中現已有不少可以肯定的"曳"字,略舉例如下。

![字形] 彭子射匜(《銘圖》14878)　　![字形] 蔡子匜(《集成》10196)

![字形] 以鄧匜(《銘圖》14990)　　![字形] 唐子仲瀕兒匜(《銘圖》14975)

![字形] 壽匜(《銘續》0982)

其形應理解爲象兩手拖曳、拖拽一"倒人"之形,就是拖曳之"曳"的本字。或於下方增从兩手形"廾"作"𦥑"以幫助表意,"拖曳/拽"之意更顯。以上諸形皆見於春秋晚期南方青銅器"匜"的自名中,"匜"與"曳"聲母皆爲以母,韻部歌月對轉,其釋讀是沒有問題的。其字此外還有作"鍦"(曾㚢臣匜,《銘圖》14871)、"鎃"(王子申匜,《銘圖》14868)、"盉"(曾少宰黄仲酉匜,《銘圖》14902;②王子适匜,《集成》10190;攻吴季生匜,《集成》10212;可匜,《曾國青銅器》第361頁,銘爲"可之行盉",拓本未發表)、"盉"(蔡大司馬燮匜,《銘續》0997)、③"匜"(㱃元駐乘馬匜)④等

---

① 于省吾:《甲骨文字釋林·釋臾》,第301～302頁。
② 另曾少宰黄仲酉盤與匜同銘,一般釋作"曾少宰黄中(仲)酉之行盉"。按末所謂"盉"字其形作 ![字形],亦應爲"盉(匜)"字。其上半中間曲筆左右方恐已無數水點形位置,難以看作"水"形。"盉盤"或其他盥洗類水器只稱"盉",亦似別無他例。此係盤匜共用一銘,蔡侯申鑑(《集成》10290)自名"尊鎃(匜)",太師氏姜匜(《銘圖》14999)自名"寶般(盤)",夆叔匜(《集成》10282)、朋匜(《銘圖》14855)、下郜唐公匜(《銘續》0984)等自名"盉般(盤)",皆與此同例。
③ 此器"盉(匜)"字之釋見石小力:《〈商周青銅器銘文暨圖像集成續編〉釋文校訂》,鄒芙都主編:《商周青銅器與先秦史研究論叢》,科學出版社,2017年,第151頁。又清華大學出土文獻研究與保護中心網站2016年11月6日,http://www.tsinghua.edu.cn/publish/cetrp/6831/2016/20161106193606520128251/20161106193606520128251_.html。
④ 張光裕:《新見用㱃元駐乘馬匜銘試釋》,北京大學出土文獻研究所編:《青銅器與金文》第2輯,上海古籍出版社,2019年,第1～15頁。

多種添加意符的寫法，①其原形不必盡舉，此從略。

戰國文字的"叀"及从"叀"之字如：

齊系：[圖] 十四年陳侯午敦(《集成》4646)"錂"字

晉系："叀"：[圖]《步黟堂藏戰國陶文遺珍》魏國陶文②

[圖]《吉金齋古銅印譜》180.4 人名

"庚"：[圖]《璽彙》2855 [圖]《璽彙》2858 [圖]《璽彙》2860

[圖]《虛無有齋摹輯玉印(增訂本)》059(原係反文，已翻正)

[圖]《中國璽印類編》第 313 頁

[圖]《璽彙》2859 或从"戈"作，[圖]《璽彙》2877

"庚"：[圖]《璽彙》2865 [圖]《璽彙》2866

十四年陳侯午敦辭例爲"祭器錂鐈(敦)"，徐中舒先生釋爲"錂"，③已得到普遍認

---

① 以上參看何琳儀、高玉平：《唐子仲瀕兒匜銘文補釋》，《考古》2007 年第 1 期，第 64～69 頁。復旦大學出土文獻與古文字研究中心網站論壇討論 2011 年 4 月 17 日，http：//www.gwz.fudan.edu.cn/forum/forum.php? mod=viewthread&tid=4491。曹錦炎：《彭射銅器銘文補釋》，《文物》2011 年第 6 期，第 94～95 頁。張新俊：《〈成王爲城濮之行〉札記二則》，武漢大學"簡帛"網 2013 年 1 月 7 日，http：//www.bsm.org.cn/show_article.php? id=1781；又張新俊：《〈成王爲城濮之行〉字詞考釋三則》，《黃河文明與可持續發展》第 10 輯，河南大學出版社，2014 年，第 132～134 頁。湯志彪、沈浩：《西周銅器命名補釋三則》，《中國文字研究》第 25 輯，上海書店出版社，2017 年，第 21～22 頁。最早提出此類"匜"之自名其字从"叀"聲的是陳漢平先生(論王子适匜之字)，見陳漢平：《金文編訂補》，中國社會科學出版社，1993 年，第 202～203 頁。
② 唐存才編著：《步黟堂藏戰國陶文遺珍》，上海書畫出版社，2013 年，第 310、311 頁。唐存才：《戰國陶文及其藝術內涵管窺》，《中國書法》2017 年第 1 期，第 194 頁。又見徐暢編著：《古璽印圖典》，天津人民美術出版社，2016 年，第 464 頁。
③ 徐中舒：《陳侯四器考釋》，《中研院史語所集刊》第三本第四分，1933 年，第 479～482 頁。中華書局編輯部編：《中研院歷史語言研究所集刊論文類編·語言文字編·文字卷一》，中華書局，2009 年，第 177～180 頁。收入《徐中舒歷史論文選集》，中華書局，1998 年，上冊第 405～409 頁。徐中舒先生謂"叀有坳坎窊下之意"，"此器合兩半圜器而成，半圜器正象坳坎窊下之形"。何琳儀先生謂："讀腴。《説文》'腴，腹下肥也。从肉，臾聲。'鐈形制渾圓，錂疑就其形制而言。"見何琳儀：《戰國古文字典—— （轉下頁）

可。他已經引用上舉三晋古璽諸形（三晋璽印中此姓氏用字其例甚多，上僅是選取了幾個代表）以及漢印"庚"等字之形作爲佐證。上引魏國陶文，徐在國先生已釋其銘爲"淇□市斗臾璽"，解釋謂："'臾'，疑讀爲'斜'或'庚'，量名。"①應可信。三晋"庚"等字所從"臾"形，其中含有"必（柲）"字原始之形，可以説至爲明顯（至於同時代的"必"字及"必"旁寫法與之有别，則應視爲古文字發展中常見的不同文字中同一形體演變不同步的現象，不足爲奇）。其形右上一筆既難看作如有研究者所謂"人"形基礎上添加"起分化作用"的飾筆，②除去此筆後所餘之形，亦難説爲从"人"。③

以上"臾"形與前舉"曳"字形，其區别可謂涇渭分明。但麻煩的是下一類晋系文字中的"臾"。

三年垣上官鼎（《文物》2005 年第 8 期 25 頁）　　容半寸量（《集成》10365）

三年垣上官鼎"臾"字用爲容量單位"斜"，容半寸量銘"斛"字讀爲"容"，④其釋讀是没有問題的。其形跟前舉類形比起來，其演變方向到底是"臼"形之"粘連"還是"日"形之"斷裂"，换言之，即到底是由演變爲，還是正好相反，就是認識分歧之關鍵所在。⑤

（接上頁）　戰國文字聲系》，中華書局，1998 年，第 376 頁。按疑鍒字就可逕讀爲"瓞"。《説文·瓜部》謂"瓞"字"讀若庚"；"臾"聲字與"瓞"字相通之例如，銀雀山漢簡"守法守令之類"《王兵》簡 868"器械苦俠（瓞）"。研究者或以"與十四年陳侯午敦同銘銅器還有陳侯午方座簋（《集成》4145），該簋的自名也是'敦'"云云質疑，主張釋爲"鈦"，非是。陳侯午方座簋銘文上部大半磨滅，徐中舒先生擬補作"祭器殷"應是，諸家釋文逕據十四年陳侯午敦擬補全者不可信。此説見王祁：《略談商周青銅鈦》，先秦史室網站 2018 年 4 月 25 日，http://www.xianqin.org/blog/archives/10111.html。

① 徐在國：《新出韓、魏陶文輯錄》，《出土文獻》第 11 輯，中西書局，2017 年，第 134~135 頁。
② 參看何琳儀：《戰國古文字典——戰國文字聲系》，第 931~932 頁。
③ 此外，網上所見三晋古璽有"肖"，疑亦應釋爲"肖（趙）逸"。
④ 參看李學勤：《三年垣上官鼎校量的計算》，《文物》2005 年第 10 期，第 93~94 頁。吳振武：《關於新見垣上官鼎銘文的釋讀》，《吉林大學社會科學學報》2005 年第 6 期，第 5~10 頁。程鵬萬：《斜半齊量新考》，《中國歷史文物》2007 年第 3 期，第 76~78 頁。裘錫圭：《談談三年垣上官鼎和宜陽秦銅鍪的銘文》，《裘錫圭學術文集》金文及其他古文字卷，第 187~194 頁。
⑤ 戰國文字中另有一些缺乏辭例限制的字形，如（晋系陶文，《考古》1990 年第 8 期）、（魏國廿四年亯令戈，用爲人名）、（《集成》11327 韓國六年格氏令戈，用爲人名）、、、（《璽彙》0410、1078、1733，皆晋璽，用爲人名）、、（《璽彙》2228、《銘爾藏古鉨》26，又《倚石山房藏戰國古璽》071，晋璽，用爲姓氏）、（燕國陶文，《陶錄》4.180.1)，等等，它們到底是"曳"還是"臾"，實難確定（甚至有些是"寅"之省體的可能性也難以排除）。研究者對同一字形，亦往往或釋"臾"，或釋"曳"，或釋"寅"，甚或釋"賁"，不復詳舉。

我認爲是後者,即由 [車] 形中間斷裂開而成 [形](右上一筆亦省略,關係不大)。楚文字中有如下幾個一般認爲係从"臾"之字:

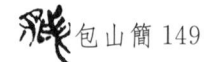

[字形] 包山簡149　　　　　　　　[字形] 郭店簡《性自命出》簡22

[字形]《上博(五)·季康子問於孔子》簡18B

包山簡149之形係地名用字,其右半跟 [車] 形比起來,中間雖已斷裂開,但右上角的一小斜筆還在,仍可看出跟"必(柲)"形的聯繫。《性自命出》之形上半,可以認爲尚未完全斷裂開成爲標準的"臼"形。末一形上半,則已與所謂"从臼从人形"者大同。

(三) 所謂"臾曳一字分化說"的一般看法及其問題

我們知道,漢代文字中的"臾""曳"之形或已混淆難別,加上有上述戰國文字尤其是晉系文字中"臾"存在兩類寫法問題的干擾,尤其是因後者與同時代的"曳"形甚爲接近,在認爲其演變方向相反,即由 [形] 中間"粘連"而成 [車] 形的研究者那裏,就持所謂"臾曳一字分化"說了。前引徐中舒先生說已曾謂,"臾曳形同義同,又雙聲字,古當不別";何琳儀先生謂"商周文字曳與臾本爲一字,戰國文字曳與臾已分爲二字(偶而相混)"云云。① 所謂"臾曳一字分化"說,可以說是目前最爲流行、占統治地位的看法。② 實則"臾"與"曳"兩字,是缺乏"本爲一字"或者說"共用一形"的條件的。

一般所謂"一字分化",是"由於語義引申、文字假借等原因",造成"一個字表示兩種以上意義或音義"的"一字多職現象",於是通過種種手段在字形上加以區別,來將多義字的職務分散。③ 這種分化,一定是要以分化開後的兩個字,其讀音相同或很接近爲基本條件的。但"臾"與"曳"古音韻部分別爲侯部與月部,二者頗有距離,起碼是並非密合無間。從古書與出土文獻中跟它們分別發生關係的諸字觀察,其關係也很疏遠。它們是缺乏讀音近同、原本爲一字後始利用異體(或所謂"添加飾筆")分化開的條件的。

如果我們放寬一點講,將所謂"一字分化"擴展至"一形分化",即原本"一形多用"之字後來分化開,則"臾"跟"曳"又在意義上並不具備這個條件。所謂"一形多用",指

---

① 何琳儀:《戰國古文字典——戰國文字聲系》,第931~932頁,又第375頁。
② 參看季旭昇:《說文新證》,(臺北)藝文印書館,2011年,第982~983頁。第983頁"臾"字下案語已經指出:"曳(喻/月)、臾(喻/侯)二字聲同,唯韻部相去較遠。"
③ 裘錫圭:《文字學概要(修訂本)》,商務印書館,2013年,第214頁。

早期表意字中"同一個字形可以用來代表兩個以上意義都跟這個字形有聯繫、但是彼此的語音並不相近的詞的現象"。① 最初係"一形多用"的兩個或幾個字之間,其意義聯繫一般都是很明顯的。但我們看"曳"字及从之得聲之字,其實本與"拖曳"類意義無關。《說文·申部》:"曳[曳(曳)],臾曳也。从申,丿聲。"又:"曳[曳(曳)],束縛捽抴爲臾曳。从申,从乙。"《丿部》:"丿,抴也,象抴引之形。"所說多與古文字不合,只能看作係《說文》出於分析小篆構形系統的需要而強爲牽合。"臾曳"一語在古書和出土文獻中亦並無實際用例。除此之外,就找不到"曳"跟"曳"在意義上有聯繫的證據了。"曳"字下段注謂:"'曳'字各本無,今補。束縛而牽引之謂之臾曳。凡史儕瘐死獄中,皆當作此字。臾曳者,曳之本義。《周禮》臾弓'往體多,來體寡','往多'殆即牽引之意與? 凡云'須臾'者,殆方語如是,不關本義。"段注"臾弓"云云之說實甚爲勉強,且顯亦自信不堅。實則"曳"字以及从之得聲之字,在傳世古書與出土文獻中皆並無義爲"束縛捽抴"或"曳"之實際用例。總之,"曳""曳"兩字在音義兩方面都是缺乏"一字/形分化"的條件的。

前引論者所謂"曳"與"曳"的"義同",其實是建立在釋甲骨金文中象"曳人"形的類形爲"曳"的基礎上。既然從"曳"字之義看它並無跟此類形相聯繫的必然性,如果我們拋開先入爲主的成見,將"曳""曳"兩字來源徹底分開,那麼問題的解決就簡明直接得多了。前舉殷墟甲骨和西周金文舊釋"曳"及从"曳"之字皆只釋爲"曳",以兩手曳人形表意(前引林義光、于省吾先生說解所謂"曳"字之形,用"抴"字、"曳"字,亦可見此類字形所表之義以"曳"最爲直接),則與前舉春秋金文用爲"匜"之諸形相接續(前舉蔡子匜之 形,可視作西周金文 類形之"整體倒書";《銘圖》08555"量伯丞父爵"、10589 西周中期"丞仲觶",器主名中所謂"丞"字作 、 ,亦應改釋爲"曳"。其形倒書作 、 ,即爲彭子射匜之 形),到秦漢文字中或"臼"形"粘連"而變爲隸楷之"曳"形,其源流本不成問題。至於"曳"字,則可與甲骨文"△偏"諸形相聯繫,其演變自成一路,如下所論。

(四)"曳"的字形演變關係

前舉殷墟甲骨"△偏"的不少字形,跟戰國文字"曳"形的聯繫是很明顯的,我們可以再分別將前舉卜辭 B1、D 與 F 形所從跟戰國文字的"曳"形放到一起來對比,更直觀

---

① 上引《文字學概要(修訂本)》,第 5 頁。

地看其間關係：

[字形圖] [字形圖] [字形圖]

[字形圖]（已水平翻轉） [字形圖] [字形圖]

[字形圖] [字形圖]

[字形圖] [字形圖] [字形圖]

雖然表面看來其時代懸隔，似乎缺乏西周與春秋字形作爲中間環節，但上舉諸形皆甚爲簡單，以我們對古文字常見形體演變的認識，甲骨文諸形很難出現別的異常變化，反而是跟戰國文字諸形聯繫起來看的演變正是最自然常見的。古文字中與此相類的平行演變關係，"串（中）"字最適合拿來作爲類比佐證。"串（中）"形豎筆上的"圈形"，既可作空心形（最常見者）亦可作實心形，既可貫穿於中豎（最常見者）或可不貫通，亦可附於豎筆一側，"圈形"中間又可添加飾筆。如下所舉諸例：

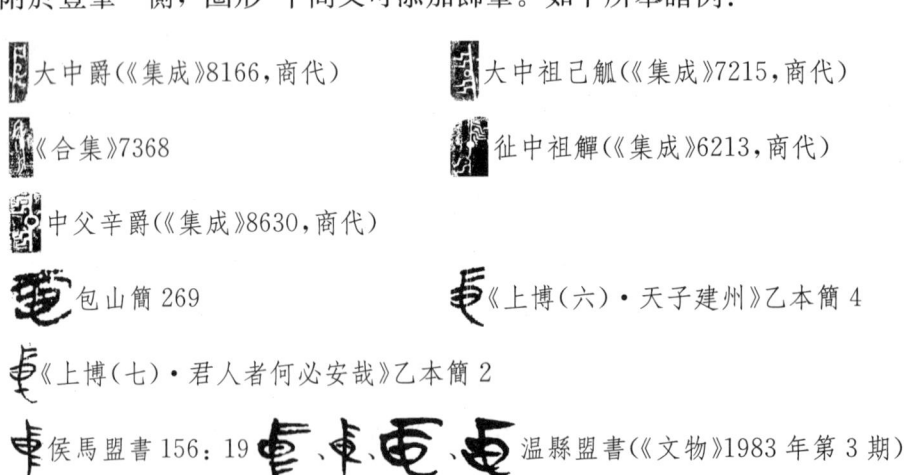

[字形] 大中爵（《集成》8166，商代）　　[字形] 大中祖己觚（《集成》7215，商代）

[字形] 《合集》7368　　[字形] 征中祖辛觶（《集成》6213，商代）

[字形] 中父辛爵（《集成》8630，商代）

[字形] 包山簡 269　　[字形]《上博（六）·天子建州》乙本簡 4

[字形]《上博（七）·君人者何必安哉》乙本簡 2

[字形] 侯馬盟書 156：19 [字形]、[字形]、[字形]、[字形] 溫縣盟書（《文物》1983 年第 3 期）

以上這類"圈形"中間添加飾筆後形成的"田形"，或者不計中豎只說"日/曰形"（如殷墟甲骨文和西周金文即已多見的"黃"字作[字]、[字]、[字]亦作[字]、[字]、[字]之類；同類例又多見於"單"形之變，略），又可"斷裂"開成爲近"臼"形筆畫，也是古文字演變中常見的，與"寅""革""秉（梨）"等字的變化相類；反向的"粘連"爲一體的變化，則與"晝""貴"等字的變化相類。這都是大家所熟悉的。與此所論最爲切近者，傳抄古文中"東"形的變化即爲佳例，見於"穅（糧）""陳"等字。如"穅（糧）"字作[字]《汗簡》3.37 引《義雲章》）、[字]（《古文四聲韻》2.13 引《義雲章》）；"陳"字三體石經古文數見，皆作一般的[字]類形，又或作[字]（《汗簡》6.74 引《華岳碑》）、[字]（《汗簡》6.77 引《義雲章》）、[字]

(《古文四聲韻》1.31引《説文》),中間皆斷裂開作近"臼"形。由此,戰國文字中"曳"之 ![形]形再變爲![形]、![形],也就是毫不奇怪的自然演變了。① 秦文字中"庚""曳"作如下之形:

![字形] 《戎壹軒秦印彙》359"庚景"之"庚"

![字形] 《里耶秦簡(貳)》9—2115"庚"

![字形] 《戎壹軒秦印彙》216 私璽"孫曳"之"曳"(原釋"甹"誤)

![字形] 《里耶秦簡(壹)》8—1139"囗囚(原未釋)曳(庚)死過程四囗"之"曳"

![字形] 《里耶秦簡(貳)》9—2300

![字形] 《嶽麓簡(壹)·爲吏治官及黔首》簡70"須曳"之"曳"

![字形] 睡虎地秦簡《日書》甲種簡135正"禹須曳行日"之"曳"

![字形] 放馬灘秦簡《日書》甲種簡42貳"禹須曳行日"之"曳"

其演變過程,應該也是與上述六國文字之形的變化相近的。雖然現在還没有看到秦文字中"曳"作![形]形那樣中間筆畫上是標準的"圈形加橫筆"者,但由前四形,我們似乎仍可觀察出其中"日/曰"形逐步裂變爲普通之"臼"形的軌迹。漢代文字"曳"多寫作"曳""![形]"一類形,應該是由較古寫法一路流傳下來的,跟"曳(拽)"形的"粘連"情况不同。

(五)"曳"字字形的解釋

前文已經論述了"△偏"在字形上與"必(柲)"的密切關係,現在我們確定"△偏"就是後來的"曳"字,那麼接下來的任務,就是要找到既在意義上與"柲"近同、讀音又跟"曳"相近的字詞。我認爲就是"殳"。

---

① 董蓮池先生曾謂"曳"字"其从的'臼'當是'![形]'从的'![形]'自中分裂訛成,致使'![形]'字成爲'![形]'"云云,這本是很好的意見;但他仍從"曳、曳初本同字"之說,未能將有關問題講清楚;又主張![形]、![形]等形"其實均應釋爲丞"(按此係舊已有之的釋法),則亦恐難信。"丞"即"拯"字初文,其形中人所在的"凵"形對表意有關鍵作用,恐不能省去。換個角度説,没有"凵"旁之形,即難與"丞(拯)"字認同。見董蓮池:《"曳"字考釋的反思兼説某些甲骨金文形體釋曳的錯誤》,《歷史語言學研究》第7輯,第149~152頁。

"叀"字最原始之形![]等,即於"必(柲)"的中間加一圈形(或作填實形,或變爲短橫等),以補充指示、强調其物。除了跟"厷(肱)"等字聯繫類比、看作"必(柲)"字繁體的思路,説爲表示另一個與"必(柲)"意義近同之字,也是完全自然合理的。按古漢語中除了"柲"以及"矜/稺"和"盧/攎/籚"等字外,"殳"亦可爲長兵器之"柄"的别名。"叀"(以母侯部合口字)與"殳"(禪母侯部合口字)讀音甚近。揚雄《方言》卷九:"三刃枝,南楚宛、鄧謂之匽戟。其柄,自關而西謂之柲,或謂之殳。"錢繹《箋疏》:"殳也、矜也、杖也,異名而同實,皆柄之别名也。"舊注亦多訓"殳"爲"杖"。《淮南子·齊俗》"昔武王執戈秉鉞以伐紂勝殷,摺笏杖殳以臨朝。"高誘注:"殳,木杖也。"《文選》卷二張平子(衡)《西京賦》"竿殳之所揘畢"薛綜注:"竿,竹也。殳,杖也。八棱,長丈二而無刃,或以木爲之,或以竹爲之。"《周禮·夏官·司戈盾》"授旅賁殳"孫詒讓《正義》:"殳、杸聲義並同。殳以竹木爲之而無刃,與杖相似,故高誘、薛綜即稱爲杖也。"進而言之,我們可以從一般情理來推測,作爲棰擊類長兵器的"殳/杸",應該就是由原始的木棍演變而來的,最初應既無刃,亦無花箍狀或多棱狀之所謂"首"。長木棍既可作"杖",亦可作各種長兵器之"柄",也可用爲最簡單原始的打擊兵器亦即"殳",故"殳"字有以上幾個意義。爲它造字時,即從作長兵器之"柄"取象造爲"叀"字來表示。

當然,準確地説,從"必"字字形看,其頂端向旁邊彎折(或分解變作一斜筆或横筆),係起防止柲端開裂的作用,①並不適合於安裝矛頭,因此"必"和"叀"字形所象的,都只能是"戈""戉""戚"一類長兵器的柄。上引謂"戟柄"爲"殳",這應該是跟"必(柲)"也用於指矛、戟之柄一樣,係古文字中多見的"字形所表示的意義往往要比字的本義狹窄"的現象,②而不能説"必(柲)"和"叀(殳)"的本義就只能是"戈柄"或"戉、戚之柄"。

四、"叀"與"遊"等讀爲"遊"之證

"叀"與"遊"上古音聲母皆爲以母,韻部分别爲侯部與幽部,這兩部發生關係的例子也不少。更爲重要者,則是古書和出土文獻所反映出的有關諸字關係極爲密切這一點。

---

① 參看井中偉:《夏商周時期戈戟之柲研究》,《考古》2009 年第 2 期,第 55~69 頁。
② 前引《文字學概要(修訂本)》,第 144 頁。

蔣文博士在討論所謂"君忘忘"漢鏡銘中的"臾"字讀爲"欲"時，曾對有關諸字的相通之例有過集中舉證，略述如下。她指出，"臾"及"臾"聲字與"谷"及"谷"聲字關係密切，如《説文》"鴿"字"从鳥、谷聲……雒，鴿或从隹、从臾"，"谷""臾"聲符替換；又謂：

> |欲|這個詞可用"猶"或"由"字記錄。《管子・戒》"我游猶軸轉斛"，《孟子・梁惠王下》作"吾欲觀於轉附朝儛"，《晏子春秋・内篇問下》作"吾欲觀于轉附朝舞"，《管子》之"猶"即"欲"。《墨子・明鬼下》有"齊君由謙殺之，恐不辜，猶謙釋之，恐失有罪"句，《墨子閒詁》引畢沅云："由與猶同，故兩作。"引王念孫云："由、猶，皆欲也。謙與兼同。言欲兼殺之、兼釋之也。《大雅・文王有聲》篇'匪棘其欲'，《禮器》作'匪革其猶'。《周官・小行人》'其悖逆暴亂作慝猶犯令者'，《大戴禮記・朝事》篇'猶'作'欲'。是'猶'即'欲'也。猶、由古字亦通。"其次，"臾"、"欲"亦可與"猶/猷"相通。馬王堆帛書《稱》："臣有兩位者，其國必危。國若不危，君臾存也，失君必危。失君不危者，臣故佐也。子有兩位者，家必亂。家若不亂，親臾存也。[失親必]危。失親不亂，子故佐也。"《慎子・德立》："故臣有兩位者國必亂，臣兩位而國不亂者，君猶在也，恃君而不亂矣。失君必亂。子有兩位者家必亂，子兩位而家不亂者，父猶在也，恃父而不亂矣。失父必亂。"《稱》之"君臾存也"、"親臾存也"對應於《慎子》"君猶在也"、"父猶在也"。陳鼓應先生指出"臾，讀爲猶。臾猶同爲喻母字。臾在侯部，猶在幽部，旁轉得通。《慎子》'臾'即作'猶'。"（原注：陳鼓應《黄帝四經今注今譯——馬王堆漢墓出土帛書》，商務印書館，2007年，第385頁）《周易・頤》六四爻辭"其欲逐逐"，馬王堆帛書本"欲"作"容"（阜陽漢簡本作"𢓜"），而上海博物館藏戰國楚竹書本作"猷"。①

另如，《尚書・皋陶謨》"無教逸欲"，《後漢書・陳蕃傳》蕃上疏引作"無教逸遊"。王弼本《老子》第二十章"俗人"之"俗"字，馬王堆帛書甲乙本皆作"鬻"，北大漢簡本作"猷"。"臾"聲字與"俞"聲字通用之例很多，②《孟子・萬章下》"由由然不忍去也"，《韓詩外傳》卷三作"愉愉然不去也"；《詩經・大雅・生民》"或舂或揄"毛傳"揄，抒臼也"，《釋文》："揄，《説文》作舀。"《説文・臼部》："舀，抒臼也。"段注："然則揄者，舀之叚借

---

① 蔣文：《漢君忘忘鏡銘新研》，《出土文獻與古文字研究》第5輯，上海古籍出版社，2013年，第571～572頁。
② 參看張儒、劉毓慶：《漢字通用聲素研究》，山西古籍出版社，2002年，第268頁"【俞與臾】"條。除其所舉之例外，又如《原本玉篇殘卷・广部》"廋"字下引《聲類》謂"古文庾字也"。

字也。"前文已經講到,金文"稻"字或从"汓(斿)"聲;又有"斿"字用爲"慆"者。西周晚期史柞鐘(《銘續》1026、《銘圖》15138)"史柞乍(作)朕皇考鯀鐘,用斿侃朕皇考","斿"字此類用法首見。該鐘現存同銘兩件,先發表的《銘圖》15138即《首陽吉金》120,因其形不清,被誤釋爲"蘄(祈)",《銘續》釋文仍作"斿(祈)",實讀不通其文。按金文鐘銘中言用"喜侃"或"侃喜""前文人"者多見,士父鐘(《集成》145—148)謂"作朕皇考弔(叔)氏寶鐘(林)鐘,用喜侃皇考",與此尤近。據此,"斿"應讀爲"慆"。① 《説文・心部》訓"慆"爲"説(悦)也",《尚書大傳・周傳》:"師乃慆,前歌後舞。"鄭玄注:"慆,喜也。"《上博(四)・采風曲目》簡4有"《嘉賓迢(慆)喜》",② 兩字義近連用。又"游"或與"柔"相通,《詩經・小雅・采菽》"優哉游哉",《韓詩外傳》卷四引"游"作"柔";歲陽名"柔兆"[《爾雅・釋天》"(太歲)在丙曰柔兆"]或作"游兆"(見《史記・曆書》);"柔"又或與"甹"聲字相通,《鹽鐵論・散不足》:"今富者繡茵翟〈瞿(甋)〉柔,蒲子露牀。"孫詒讓《札迻》謂"瞿柔,即甋毧也",其字亦作"甋毧"等。以上所舉,皆係有關的侯部字與幽部字相通、"甹"聲字與"斿"聲字輾轉相通之例。

上舉諸例中"甹"與"猶"相通者,是説明此所論"甹"讀爲"遊"之切證("遊"與"猶""由"及下述"繇"皆音"以周切",上古音韻地位極近)。此外又如,馬王堆醫簡《十問》23—24:"何甹(猶)之人也,有惡有好,有夭有壽?"《清華簡(伍)・殷高宗問於三壽》簡19"謡繇"讀爲"讒諛"。③ 江西海昏侯墓出土漆木笥多件,銘中所記用物"甹醜布",又作"猶醜布"。④ 皆其證。

五、"遊"一些用例的分析

下面我們再來對甲骨金文"甹、甼、遊"諸字一些較爲特別的用例加以分析,通過

---

① 《爾雅・釋詁下》:"繇,喜也。"《説文・口部》"喌"字、《人部》"僖"字亦皆訓爲"喜也",諸字讀音與"斿"亦甚近,但其意義、用例不如"慆"密合(參看《説文》"僖"字下段注),兹故不取讀爲此諸字之説。
② "迢"讀爲"慆"從季旭昇先生説,見季旭昇主編:《上海博物館藏戰國楚竹書(四)讀本》,(臺北)萬卷樓圖書股份有限公司,2007年,第26頁。
③ 參看陳劍:《〈清華簡(伍)〉與舊説互證兩則》,復旦大學出土文獻與古文字研究中心網站2015年4月14日,http://www.gwz.fudan.edu.cn/Web/Show/2494。
④ 恩子健:《西漢海昏侯墓"瑟禁"曆日年代考》,《中國文物報》2017年2月24日第6版。聶菲:《海昏侯墓漆器銘文及相關問題探討》,《南方文物》2018年第2期,第115~124頁。江西省文物考古研究所、北京師範大學:《江西南昌西漢海昏侯劉賀墓出土漆木器》,《文物》2018年第11期,第40頁圖二四、二五。

這些討論,能夠看出舊有諸説在解釋辭意上的種種不合理之處,更加堅定我們釋讀"△"等爲"遊"的信心。

(一)

很多研究者都已注意到,"△"與田獵有多方面的聯繫。① 如本文開頭所舉辭例,貞"△"與貞"田"之辭多同版、其占卜干支相連或相近;也有不少貞"△"、貞"田"、貞"步"之辭同版干支相連或相近的,表明幾者都是商王外出、在商都之外所卜,幾種行爲應互有關聯。② "△"字後所接的地名,其出現次數較多的如無名組的"宮""喪""盂""[?]""向""榆"和"盂"等,黄組的"雔""壴""曺""橐""宮""喪"和"盂"等,大多與同類卜辭的田獵地名重合。③ 田獵地多位於山林川澤較多的地帶,從田獵地名字多加"水"旁、"山"旁,多稱"某麓",可以清楚地看出這一點。這些地方恐怕人煙稀少,很難説有合適的"敕戒鎮撫"的對象。④ 前文已舉出其中"遰"字之形的西周早期小臣夌鼎銘云:

(42) 正月,王才(在)成周。王遰(遊)楙(檀?)禁(麓),令小臣夌先省楙(檀?)应。王至于遰(遊)应,無遣(愆)。　　　　　小臣夌鼎(《集成》2775)

山麓常常是舉行田獵之處,甲骨卜辭、獸骨記事刻辭中例子極多。又商末作册般銅黿:

(43) 丙申王遰(遊)于洹隻(獲)。⑤
　　　　　作册般銅黿(《中國歷史文物》2005年第1期,又《新收》1553)

要説周王去某地山麓、商王去洹水"敕戒鎮撫",其對象恐亦皆難以指實。朱鳳瀚

---

① 參看徐明波:《殷墟黄組卜辭斷代研究》,四川大學2007年博士學位論文(指導教師:彭裕商教授),第104~107頁,及其所引諸家之説。

② 參看李鍾淑:《甲骨文考釋兩篇》之"二、釋'王步'卜辭",王宇信、秦剛、王雲峰主編:《北京平谷與華夏文明:國際學術研討會論文集(2005)》,社會科學文獻出版社,2006年,第284~290頁。

③ 比較集中的列舉,無名組卜辭之例參見劉風華:《殷墟村南系列甲骨卜辭整理與研究》,上海古籍出版社,2014年,第300頁。黄組卜辭之例參見前引門藝:《殷墟黄組甲骨刻辭的整理與研究》,第137~138頁。

④ 前引單育辰《釋"遰"》已經指出這一點。又前引李旼姈《甲骨文字構形研究》第352~353頁根據"與△同版卜辭中,往往亦見'王田'之卜辭",認爲釋"泌"説爲"敕戒鎮撫"恐有問題"。

⑤ "獲"字連上作一句讀,意爲"丙申王△于洹之獲","'獲'用爲名詞,當'所獲'講",從裘錫圭先生之説。見裘錫圭:《商銅黿銘補釋》,《裘錫圭學術文集》金文及其他古文字卷,第173頁。

先生考釋銅黿此字時,釋字從"逑"之説,但不解釋爲"敕戒鎮撫",而説:"從卜辭辭例看,顯然應是出行之意。必、比上古音近,比有及、至之意。"①其意應是"逑"讀爲"比"。《古文字譜系疏證》謂:"(甲骨文之例)讀作逑,義爲敕戒鎮撫。或説讀比,義爲至。"解釋作册般鼎、小臣夌鼎之字則逕謂"讀比,訓至",②恐怕就都有出於這方面的考慮。按"遊于洹"之辭例,可對比《今本竹書紀年》:"(帝辛十七年)冬,王游于淇。"《國語·周語上》"恭王遊於涇上"、《説苑·尊賢》"趙簡子游于西河而樂之"、《韓詩外傳》卷六"晉平公游於河而樂",等等。

前文已經提到釋讀爲"迍(屯)",解釋作"屯留""屯守""停留于某地(守于某地)""陳列"等説,跟此説在意義上相差不遠的還有近年研究者據裘先生釋"逑"之説新提出的讀爲"駐蹕"之"趕/蹕"。如李旼姈先生認爲,卜辭反映出"逑"與"田"密切相關,"逑"應讀爲"趕/蹕""意爲'止宿'、'駐紮'","商王去田獵時,到其田獵地會要走幾天的旅程,故中間需要止宿,回程亦是,△表達的就是這種行爲。"③按卜辭就"△于某地"而貞卜"往來無災"習見,旅途中間"在某地的止宿"無所謂"往來",此説顯然是解釋不通的。劉釗先生則主張部分"逑"字讀爲"趕/蹕"或至少跟"趕/蹕"的意義接近。他立論的主要依據是殷墟新出土的如下一版兕骨記事刻辭:

(44) 壬午,王逑(遊)于嚻(召)𠂤(俥),征(延)田于麥彔(麓),隻(獲)兕,亞易(賜)☑　　　　　兕骨刻辭(《2005中國重要考古發現》第60頁④)

"俥"字卜辭多見,裘錫圭先生已經指出"似是性質跟後世的行宫相類的一種建築"。⑤ 劉釗先生解釋説:

上揭骨片刻辭"王逑于嚻𠂤(俥)"中的"逑"字似乎不應也訓爲"敕戒鎮撫"的意思,因爲"𠂤"是指具體的建築,"逑"字訓爲"敕戒鎮撫"的話,則對"𠂤(俥)"進行"敕戒鎮撫"的意思不好講。從辭例上看,"王逑于嚻𠂤(俥)"之"逑"讀爲"駐蹕"之"蹕",訓爲"止"最爲合適。蹕字《説文》作"趕",《説文·走部》:"趕,止行也。"可是

---

① 朱鳳瀚:《作册般黿探析》,《中國歷史文物》2005年第1期,第6頁。
② 黃德寬主編:《古文字譜系疏證》,商務印書館,2007年,第四册第3399頁。
③ 前引李旼姈:《甲骨文字構形研究》,第353頁。又董珊:《啟尊、啟卣新考》,《文博》2012年第5期,第49~51頁。
④ 劉忠伏、孔德銘:《安陽殷墟殷代大墓及車馬坑》,《2005中國重要考古發現》,文物出版社,2006年。
⑤ 裘錫圭:《釋殷墟甲骨文裏的"遠""狋"(邇)及有關諸字》,《裘錫圭學術文集》甲骨文卷,第1頁。又參看下引劉釗先生文第127~128頁。

典籍中"蹕"字這種用法的用例出現得稍晚,所以這一意見恐怕暫時還不能肯定。但起碼可以推測其義訓應該與"駐蹕"的意思很接近。①

按"止行""駐蹕"和"停留"一類意思理解,雖然合於其後接具體地點與建築名稱之辭,但對於如前舉(27b)"毀(遊)[从]東"那類用例來講又是不合適的。② 更多例子如:

(45) [□□卜],才(在)桑,[貞:旬(旬)]亡㞢(憂)。王☒□,征(延)逐(遊)从☒東。逋上甲☒   《合集》35435[黄組]

(46) [□□]卜:王其逐(遊)从東。   《合集》28765[無名組]

(47) 丁卯王卜,才(在)𠂤,貞:其逐(遊)从𠂤(次)西,㞢(往)來亡𡆥(災)。
     《合集》36743(《甲編》3689)[黄組]

(48) 乙丑王卜,才(在)伎,貞:今日逐(遊)从伎東,亡𡆥(災)。
     《英藏》2562 正[黄組]

此辭同版有多條卜"步"之辭和一條卜"田"之辭。

以上諸例中"从"作介詞,意爲"經由"。(48)"伎東"的"伎"就是貞卜時所在之地,(47)的"𠂤(次)"應該就是指貞卜時所在的"𠂤(次)"。(46)的"从東",無疑也是就從貞卜時所在之地出發所經由的方位而言的。這些卜辭僅就確定外出"逐(遊)"所經由之地貞卜、没有説出目的地,也許本來在説這話之時,"逐(遊)"就是還没有確定的終點、目的地的。

黄組有如下一組"王△于上鬳"卜辭,已爲裘文所舉出,研究者也已多有討論:③

(49a) 癸子(巳)卜,才(在)反,貞:王旬(旬)亡㞢(憂)。才(在)五月,王逐(遊)于上鬳。

(49b) 癸卯卜,才(在)麻,貞:王旬(旬)亡㞢(憂)。才(在)六月,王逐(遊)于上鬳。

(49c) 癸丑卜,才(在)宣,貞:王旬(旬)亡㞢(憂)。才(在)六月,王逐(遊)于

---

① 劉釗:《安陽殷墟大墓出土骨片文字考釋》,《古文字與古代史》第 2 輯,第 126 頁。收入同作者《書馨集——出土文獻與古文字論叢》,上海古籍出版社,2013 年,第 3 頁。

② 前引門藝《殷墟黄組甲骨刻辭的整理與研究》第 136 頁,已舉出下引《合集》28765、《英藏》2562 兩辭,指出"停留于某地"的解釋對於這些卜辭是説不通的。

③ 與之有關的貞句之辭又見《合集》36819、36537、36917、36850、36851、36820 等,李學勤先生曾集中列表整理。見李學勤:《論商王廿祀在上鬳》,收入同作者《夏商周年代學札記》,遼寧大學出版社,1999 年,第 55~61 頁。又參見前引門藝:《殷墟黄組甲骨刻辭的整理與研究》,第 35 頁。

上魯。

(49d) 癸亥卜,才(在)向,貞:王旬(旬)亡戾(憂)。才(在)六月,王逰(遊)于
上魯。

(49e) 癸酉卜,才(在)上魯,貞:王旬(旬)亡戾(憂)。才(在)七月。　《合集》36537

"王逰(遊)于上魯"係辭末附記貞旬之時所發生之事,下舉一條也說"逰(遊)"的卜辭情況相同:

(50) 癸未王卜,才(在)澫師(次),貞:旬(旬)亡戾(憂)。王囮(占)曰:吉。才
(在)十月,隹(唯)王逰(遊),廼雨。　　　　　　　《合集》36756[黄組]

可見"王逰于上魯"之事似乎確實持續至少近兩個月之久,①如有些研究者那樣將"王逰于上魯"理解爲商王向上魯"進發"之類,似乎確實是很有道理的,也像是唯一合理的解釋。如李學勤先生解釋說:

> 自在反至在向,卜辭均附稱"王逰于上魯",説明這是商王朝上魯前進時的紀録。按"逰"字各家隸定和解釋不同,仔細考慮,恐仍以羅振玉《殷虛書契考釋》之説最爲近理。此字可視爲從"戔"省,即"踐"字,意爲行、往。王在癸酉(原文如此,按當爲"癸亥"之誤)、癸酉間到達上魯,就不再説"王踐于上魯"了。②

可是,強調動作的位移過程的"至、到"或"行、往"這一類詞,對於下舉用"在"的卜辭來説又是不合適的:

(51a) 弜(勿)田,其每(悔)。

(51b) 今日其逰(遊)才(在)寔,亡戈(災)。

(51c) 其至喪,亡戈(災)。　　　　　　　　　　　《合集》29011[無名組]

"才(在)寔"與"至喪"二者對舉選貞,二者一近一遠。此例與下舉卜"田"之辭至爲相近:

(52a) 弜(勿)田,其每(悔)。吉。

(52b) 王其田才(在)寔,亡戈(災)。大吉。

(52c) 至喪,亡戈(災)。

(52d) 于官田,亡戈(災)。　　　　　　　　　　《合集》29012[無名組]

卜"田"説"在某"的又如:

---

① 故研究者或據此謂,"由此可見,'逰'的適用範圍較'田'更廣,它不僅僅可指田獵,也可表示一種時間較長的外出的行爲"。見前引徐明波:《殷墟黄組卜辭斷代研究》,第105頁。

② 上引李學勤:《論商王廿祀在上魯》,《夏商周年代學札記》,第56頁。

(53a) [□□]卜：今日壬王其田才(在)🀆北，湄日亡戈(災)。大吉。

(53b) 王其田至于夹，湄日亡戈(災)。大吉。

(53c) 今日壬王其田🀆西，其焚，亡戈(災)。吉。　　　《屯南》722[無名組]

(54) ☒王其田才(在)🀆北，湄[日亡]戈(災)。　　　《合集》29401[無名組]

(55a) 王其田才(在)🀆。吉。

(55b) 王叀(惠)翌日辛田，[亡]戈(災)。大吉。　　　《合集》29351[無名組]

(56a) 戊辰卜，貞：王逄(遊)于盥(召)，坒(往)來亡𡰩(災)。才(在)二月。

(56b) 己子(巳)卜，貞：王逄(遊)于盥(召)，坒(往)來亡𡰩(災)。

(56c) 壬申卜，貞：王田才(在)潢禁(麓)，坒(往)來亡𡰩(災)。茲(兹)卬(孚)。
　　　隻(獲)鹿，昆三。

(56d) 戊寅卜，貞：王逄(遊)于盥(召)，坒(往)來亡𡰩(災)。

(56e) [□□]卜，貞：王[逄(遊)]于盥(召)，[坒(往)]來亡𡰩(災)。

　　　　　　　　　　　　　　　　《合補》11264(《合集》36645＋37452)

　　研究者已經指出，卜辭中引介處所短語、表示動作行爲在某一處所進行的"在字結構"，出現在其前面的單個謂語動詞"都不具有位移性"。① 大家容易產生的先入爲主的成見是，因爲"王△(于)某地"的結果是肯定商王得去往該地，所以推測"△"字就得有行、到、往一類意思，如解釋爲"行""往""至""巡狩""巡視""巡察"或"巡行"等等。其實，這一點本無多大必然性。

　　卜辭裏適合跟"王△(于)某地"對比的，除了"步""往"一類位移動詞，還有"田""觀"這類非位移動詞。卜辭"王田(于)某地"習見，"田"即田獵，該行爲只發生在某地，在"田"字本身的詞義中，並不包含發生位移、由占卜地前往田獵地的意思。同類的情況又如"觀"字。卜辭"萑(觀)"除了"萑(觀)秉(梨)"(《合集》28201)、"萑(觀)耤"(《合集》9500、9501、5603等)一類以具體的事情作賓語之例外，也有講"觀(于)某地"的。如下引諸辭：②

　　(57) 己酉卜，行，貞：王其萑(觀)于蠱泉，亡𡿧(災)。才(在)浪。

　　　　　　　　　　　　　　　　　　　　　　　《合集》24426③

---

① 張玉金：《甲骨文虛詞詞典》，中華書局，1994年，第312～313頁。

② 參看陳劍：《殷墟卜辭的分期分類對甲骨文字考釋的重要性》，收入同作者《甲骨金文考釋論集》，綫裝書局，2007年，第384～385頁。

③ 《合集》24426 蔡哲茂先生《甲骨綴合集》第205組已與《合集》24262綴合，即《合補》7262。孫亞冰先生又加綴《輯佚》300。見孫亞冰：《甲骨綴合六例》(第三例)，王宇信、宋鎮豪、徐義華主編：《紀念王懿榮發現甲骨文110周年國際學術研討會論文集》(夏商文明研究·八)，社會科學文獻出版社，2009年，第262～263頁。

(58) 壬寅卜,旅,貞:王其㞢(往)𨖴(觀)于盥,亡𡿧(災)。　　　《合集》24425

(59) 貞:王萑(𨖴—觀)河,若。　　　《合集》5159

(60) 貞:王其㞢(往)萑(𨖴—觀)河,不若。

　　　　　　　　　　　　《合集》5158 乙[5158 甲存"萑(𨖴—觀)河"殘辭]

(61) 己酉卜:王萑(𨖴—觀)酉。三月。　　　《合集》9593

(62) [□]子卜,殼,貞:王[其]㞢(往)萑(𨖴—觀)[于]酉。三月。《合集》9592

"酉"係地名,如《合集》33159"王㞢(往)于酉。"

(58)、(60)和(62)説"往觀",前面加"往"字,無疑正是爲了幫助強調其詞義中本不包含的位移動作,跟"田"之與"往田"、"逸(遊)"之與"往逸(遊)"相類。"觀""游"性質相近,《尚書·無逸》:"繼自今,嗣王則其無淫于觀、于逸、于遊、于田,以萬民惟正之供。""觀""游"與"田"並舉。

裘錫圭先生在討論殷墟卜辭中的"于"字時,講了如下一段話,對我們此處所論問題很有幫助:

> 就引介處所的"于"來説,位移動詞後的"于"含有"到"義是十分明顯的;就是與位移動詞無關的"于",也往往可以看作含有"到"的意思。沈書[按指沈培《殷墟甲骨卜辭語序研究》,(臺北)文津出版社,1991年]認爲"使人于甾"(《合》5536)、"呼取女于林"(《合》9741正)、"王其逰(沈書釋爲"逸")于□"(《合》28905)、"王其田于阶"(《合》24457)等類卜辭中的"'于'字結構都是表示動作所到之處的"。(原注:沈書128頁)……沈培在一篇文章中曾説過:"卜辭'取于某地'的卜問不止一見,當即到某地取某物。"(原注:沈培《殷墟卜辭正反對貞的語用學考察》,丁邦新、余靄芹主編《漢語史研究——紀念李方桂先生百年冥誕論文集》,中研院語言學研究所、華盛頓大學,2005,214頁。)可知他認爲"取女于林"的意思是"到林這個地方去取女子"。那麼,"<u>逰</u>于"某地的意思就是到某地去"<u>逰</u>","田于"某地的意思就是到某地去"田"。我認爲他的理解是有道理的。張玉金明確認爲卜辭中引介處所的"于",大部分"有'到'這種含義",只有一小部分"具有'在'這種含義"(原注:張玉金《甲骨文虛詞詞典》,中華書局1994年3月,17頁)。所言大致可信。①

可見,在"王逸于某地"的説法中,"到某地去"的意義實際上完全可以是由"于"字反

---

① 裘錫圭:《談談殷墟甲骨卜辭中的"于"》,《裘錫圭學術文集》甲骨文卷,第541頁。又見復旦大學出土文獻與古文字研究中心網站2010年8月2日,http://www.gwz.fudan.edu.cn/SrcShow.asp?Src_ID=1227。此引用時對原注釋格式略有改動。

映出來的,而跟"迖"字所固有的詞義無關。據以上所論,"王迖某地"就是王在某地"迖","迖"這個行爲動作只發生在某地。這樣理解,前引"王迖在某"一類辭例就不存在問題了。

當然,我們說"迖"字本身不包含位移義,只是就其本身並沒有"到某地去"之意而言的。但這並不排除"迖"這個行爲動作也是可以具有持續性的,跟"田"相類。在已經開始"迖"這一行爲之後,當然也可以經由某地繼續延及彼地。前引關於"迖"是否經由某地或某方位之貞,已經說明了這一點。卜辭也有貞卜"迖"是否至于另一地、繼續至下一地的,例如:

(63a) 于喪,亡戈(災)。

(63b) 于孟,亡戈(災)。

(63c) 于向,亡戈(災)。

(63d) 翌日壬王[其]迖(遊)于孟,亡戈(災)。

(63e) 于宫,亡戈(災)。

(63f) [王]迖(遊)于榆,至于向,亡戈(災)。　　　　《合集》28947[無名組]

另如《合集》36557(《合集》36741重片且不全):"☐貞:王口(曰)迖(遊),祉(延)☐于夫,祉(延)至孟,[生(往)]來亡㞢(災)。才(在)七月。"應該也是就"迖(遊)"是否延至另一地而貞的。卜"田"之辭也有同類的情況,或云"田(于)某,(祉—延)至(于)某",如《合集》28885、29285、29388、《合補》9102、《英藏》2318等,跟"迖(遊)"很相近。

綜合以上分析可以知道,"迖于某地"之"迖"這個行爲動作應該主要是發生在某地的、並可持續至下一地。現有各種說法中,理解爲"停留在某地""去往、到至某地"的思路,都難以貫通所有辭例。而前引郭沫若、王寧先生說釋讀爲"遊",根據以上分析,對於前頭所舉出的那些辭例來說都是很合適的。先秦古書"游/遊于某地"或"游/遊某地"的說法極爲多見,指在某地遊玩,不煩贅舉。試將"游/遊"代入原辭例,絕大多數都可以說非常通順。前文所說迖于某田獵地、迖于山麓這些辭例難以理解爲"迖",而其適合遊玩,則就是很好理解、很自然合理的了。其實,早在王襄《簠室殷契徵文》(1925年)按卜辭内容分類,已將此類卜辭歸入"第十游田"類,郭沫若《卜辭通纂》(1933年)將此類卜辭大多歸在"畋游"類中,現在大家也習稱其爲"田遊"卜辭,這都已經反映出了"遊"的意義對這些卜辭來講很合適這一點。

(二)

例子最多的說"王遊于某地"類辭例,那些地方有不少是有山林水澤的田獵地,既適合遊玩,又不妨偶有遇上野獸順便擒獲的情況。有時還在遊玩之前就關心是否會

碰上獵物、有所擒獲,例如:

  (64) 今日王其迻(遊)于喪,亡戋(災),𢦔(禽)。 《合集》29035[無名組]

  (65) 戊寅卜:王其叟(遊)盂,又(有)鹿。 《合集》33370[黄組]

  研究者在討論"迻"與田獵的關係時,多舉出辭末附記獵獲物的卜"迻"之辭立論。① 裘文已經指出(《文集》第63頁),"但是迻也不會是田獵一類行爲。因爲貞田的卜辭常常在辭末附記田獵中的擒獲,貞迻之辭的末尾則極少有記獵獲的。偶爾有,所記數量也極少。……應該是在路途中偶然得到的"。我們現在不妨將其修正爲"應該是在遊玩過程中偶然得到的"。卜"步"之辭,往往於貞卜"今日步于某地"之後,亦或附記獵獲物,如《合集》37475、37504等,與此相類。

  "遊"與"田"本關係密切。古書"游田""田游"("游"或作"遊","田"或作"畋")、"游獵"一類説法多見。《書·無逸》:"文王不敢盤于游田,以庶邦惟正之供。"《尚書·五子之歌》序:"太康尸位,以逸豫滅厥德,黎民咸貳。乃盤遊無度,畋于有洛之表,十旬弗反。"《楚辭·離騷》:"羿淫游以佚畋兮,又好射夫封狐。"等等。

  黄組卜辭中有如下兩條跟"振旅"有關的卜"迻"之辭:

  (66a) 丙子卜,貞:翌日丁丑王其返(振)旅,征(延)迻(遊),不遘大雨。丝(兹)卬(孚)。

  (66b) 辛丑卜,貞:[翌]日壬王[其]田牢,[弗]每(悔),亡𢦔(災),樂?)。

                    《合集》38177

  (67) 丁丑王卜,貞:其返(振)旅,征(延)迻(遊)于盂,㞢(往)來亡𢦔(災)。王𡆥(占)曰:吉。才(在)七[月]。 《合集》36426

  (66a)與(67)丙子、丁丑干支相接,兩辭應係一時所卜。裘文引此謂"説明爲了'迻'還需要興師動衆"(《文集》第63頁)。不少研究者以這兩辭作爲"△"是與軍事有關的行動,或者説以軍事爲目的的證據。按大家常引的《周禮·夏官司馬·大司馬》"中春教振旅……遂以搜田"云云,可見振旅、興師動衆也可以是爲田獵作準備。此兩辭解釋爲"振旅"之後即率領衆人遊于盂地,也完全是可以的。《戰國策·楚策一》"江

---

① 除大家已舉出的《合集》37429、37440、37446、37460這4條外,另還見於《輯佚》904(黄組):"□王迻(遊)□㞢(往)來□丝(兹)卬(孚),□鹿"。又《合集》37386+37420(黄組;蔣玉斌綴合,見前引《蔣玉斌甲骨綴合總表》第252組):"丁卯[卜],貞:王迻(遊)于[□],㞢(往)來亡𢦔(災)。丝(兹)卬(孚),隻(獲)鹿二,犯一。○戊寅卜,貞:王迻(遊)于盟(召),㞢(往)來亡𢦔(災)。"關於不能據此判定所謂"迻"係田獵問題的辨析,參看葛亮:《甲骨文田獵動詞研究》,《出土文獻與古文字研究》第5輯,第35、43~44頁。

乙說於安陵君"章:"於是楚王游於雲夢,結駟千乘,旌旗蔽日。野火之起也若雲蜺,兕虎噑之聲若雷霆,有狂兕牂車依輪而至,王親引弓而射,壹發而殪。"其率衆出遊之聲勢浩大,出遊而遇上野獸即順便擒獲,均可與有關卜辭相印證。

前引(44)骨片刻辭"王逸(遊)于嚻(召)脰(僆)",指商王在召地的行宫裏遊樂。據卜辭所見,商王去某地之"僆",有時會帶上從事樂舞一類工作的"万"人。例如:

(68a) 王其尋各僆,吕(以)[万]☐

(68b) 弜(勿)吕(以)万。茲(茲)用。雨。

(68c) 叀(惠)父庚庸奏,王衎(侃)。

(68d) 叀(惠)且(祖)丁庸奏。

(68e) ☐至☐弗每(悔),不雨。　　　　　　　　《合集》27310[無名組]

"庸"即大鐘,"父庚庸和祖丁庸當是爲康丁的父輩祖庚和祖父武丁所作的鏞"。① 上辭所卜奏庸而商王是否喜侃之事,應該也就是在其所至之"僆"裏舉行的。此外,《合補》10395(《合集》30273+30687):"吕(以)万。○弜(勿)吕(以)万。○于遠僆。○才(在)狀(邇)僆。"可能也是就帶万人去某地之僆中而卜的。又有貞卜万人在某地的僆中"作"或"作庸"的:

(69) [☐☐]卜:万其扺(作)于盂僆☐。大吉。　　　　《合補》8983[無名組]

另《合集》30142:"庚午卜:翌日辛万其扺(作),不遘大雨。吉。""作"皆應與下一辭"作庸"之類有關,其事亦當爲作樂。

(70a) ☐于盂僆,不冓(遘)大鳳(風)。

(70b) 于翌日壬乃扺(作)庸,不冓(遘)大鳳(風)。

(70c) 弜(勿),翌日壬其鳳(風)。　　　　　　　　《合集》30270[無名組]

裘錫圭先生已指出卜辭"作庸"應與《禮記·仲尼燕居》的"作鐘鼓"同意,大都"是指作樂而言的"。上引卜辭兩見作樂於"盂僆",卜辭又見有在盂地的"庭"或"新室"作樂的:

(71a) 万叀(惠)美奏,又(有)正。

(71b) 叀(惠)庸奏,又(有)正。

(71c) 于盂㝣(庭)奏。

(71d) 于新室奏。　　　　　　　《合集》31022(《合集》31014同文)[無名組]

---

① 裘錫圭:《甲骨文中的幾種樂器名稱——釋"庸""豐""鞀"(附:釋"万")》,《裘錫圭學術文集》甲骨文卷,第38頁。下文關於奏庸、万其作于盂僆等卜辭及其解釋亦皆參看此文。

《史記·殷本紀》：

（帝紂）於是使師涓作新淫聲，北里之舞，靡靡之樂。……益收狗馬奇物，充牣宮室。益廣沙丘苑臺，多取野獸蜚鳥置其中。慢於鬼神。大冣樂戲於沙丘（《集解》引徐廣曰："冣，一作'聚'。"），以酒爲池，懸肉爲林，使男女倮相逐其閒，爲長夜之飲。（《太平御覽》卷五十七引作"……大戲沙丘，以酒爲池，懸肉爲林，爲長夜之飲。""益廣沙丘苑臺"句張守節《正義》引《括地志》云："……《竹書紀年》：自盤庚徙殷至紂之滅七百七十三年，更不徙都。紂時稍大其邑，南距朝歌，北據邯鄲及沙丘，皆爲離宫別館。"）

據此來看，殷墟甲骨文的"逊（遊）于某俚"，很多時候應該就是商王在"離宫別館"之中奏樂歌舞以爲樂。前引(39b)《合集》34071"于王逊（遊）俚"，"逊（遊）俚"即商王所遊玩之"俚"（對於占卜的時候來説是商王將要去到、在其中遊玩之"俚"）。研究者多已指出，甲骨文的"俚"字與金文的"応"字用法很接近，二者的性質也應該基本相同。裘文（《文集》第 64 頁）説，"小臣夌鼎的'徎応'當即王徎楙（檀？）麓時的行宫"。"逊（遊）俚""逊（遊）応"的説法與"遊宫"［鄂君啓節"王尻（居）於戚郢之遊宫"，《今本竹書紀年》帝堯陶唐氏"作游宫于陶"］、"游館"相類（《漢書·劉向傳》説秦始皇帝陵"石槨爲游館"，顏師古注引李奇曰："壙中爲遊戲之觀也。"師古曰："多累石作槨於壙中，以爲離宫別館也。"）。古書中"遊於某宫"的説法如，《説苑·貴德》"景公遊於壽宫"、《列女傳·孽嬖傳·趙靈吳女》"主父遊沙丘宫"、《越絶書·外傳記越地傳》"遊於美人宫"、《文選》卷十三宋玉《風賦》"楚襄王游於蘭臺之宫"，等等。

研究者已經注意到，黄組卜辭的"召"地"只行弋（按即本文所論的"△"字）不行田"，①"（黄組卜辭）'逊'的地點也很集中，幾乎都在'盟'（按即"召"之繁體），但是並没有出現在'盟'田獵的記錄，説明這個地點是比較特殊的"。② 我們看甲骨金文所記，"召"地有"俚"，有"庯（庭）"（《合集》37468），有"大廟（庭）"（《集成》5413 四祀邲其卣），應主要是離宫別館所在，常舉行祭祀（四祀邲其卣）、宴飲歌舞（下舉己酉戍鈴彝）的商王所遊樂之地。裘錫圭先生曾指出，商代晚期銅器"己酉戍鈴彝銘文裏也提到置庸"［《集成》9894："己酉，戍鈴尊宜于召，置庸，舞(?)九律舞(?)，商（賞）貝十朋，万豕(?)用窟（造）丁宗彝。"］，"彝銘的大意似是説：戍鈴在召地舉行'尊宜'之禮，置鏞作樂，万豕被賞貝，作祭器以爲紀念。卜辭屢見稱爲'万'的一種人，通常從事舞樂一類工作。

---

① 李學勤、彭裕商：《殷墟甲骨分期研究》，上海古籍出版社，1996 年，第 363 頁。
② 前引門藝：《殷墟黄組甲骨刻辭的整理與研究》，第 148 頁。

'万'當讀爲萬舞之'萬',……彝銘的万豕當是名豕的一個万人,'置庸,舞(?)九律舞(?)'都是他的工作,所以受到貝十朋的賞賜"。① "王逨(遊)于召雁(徨),祉(延)田于麥录(麓)"之辭還可以對比:

  (72a) 王其逨(遊)于喪,祉(延)獸(狩)。

  (72b) 甲申卜:翌日乙王其逨(遊)于喪。 《合集》29027[無名組]

二者皆爲商王先在某地或某地之"徨""逨(遊)",然後進行田獵[相類之例又如《合集》28786+28720(莫伯峰綴合)無名組卜辭:"王其省军又示,祉(延)獸(狩),亡弋(災)。吉。"②]不同之處在於,"喪"本身就是田獵地,商王在喪地遊樂之後,隨即就在當地狩獵。而召地大概已多有離宫别館,已被開闢成爲人煙較多的定居地,所以接下來商王要田獵就得前往另一地"麥麓"了。同時,《合集》29027 是卜辭,"王其逨(遊)于喪"是擬議中將要從商都出發去作的事情,可以翻譯爲"王將到喪地去遊玩";而咒骨刻辭係事後的追記,説這話的時候商王"到召地去"之事已經發生,"王逨(遊)于召雁(徨)"就可以直接翻譯作"王在召地的徨裏遊樂、遊玩"了。"遊樂""遊玩"的内容,除了樂舞,如上文所引《史記·殷本紀》所言,也不妨包括長夜飲酒、"使男女倮相逐其間"之類的荒唐遊戲。"遊于喪,延狩""遊于召徨,延田于麥麓"的説法,還可聯繫對比《左傳·莊公八年》:"冬十二月,齊侯游于姑棼,遂田于貝丘。"

有一版黄組卜"逨(遊)"之辭,其末尾所附記之辭較爲特别:

  (73) 癸子(巳)卜,才(在)堂,貞:王逨(遊)于射,徏(往)來亡㞢(災)。铱(作)

  [𣥂]十夂(終)。 《合集》36775+36778

              (門藝綴合)③[黄組]

王子楊先生認爲,"作[𣥂]十終""可能跟古代祭祀、行軍(包括田獵)奏樂有關",④可從。古樂章以奏詩一篇、樂一成爲一終。《禮記·鄉飲酒義》(又《荀子·樂論》):"工入,升歌三終。主人獻之。笙入三終,主人獻之。間歌三終、合樂三終,工告樂備,

---

① 前引裘錫圭:《甲骨文中的幾種樂器名稱——釋"庸""豐""鞀"(附:釋"万")》,《裘錫圭學術文集》甲骨文卷,第 39 頁。
② 莫伯峰:《〈甲骨文合集〉綴合整理三則》,《中國典籍與文化》2014 年第 1 期,第 146~149 頁。收爲黄天樹主編:《甲骨拼合四集》第 896 則,學苑出版社,2016 年,第 102 頁綴合圖版,第 276~277 頁説明與考釋。
③ 門藝:《黄組甲骨新綴 107—109 組》之第 109 組,先秦史室網站 2011 年 6 月 4 日,http://www.xianqin.org/blog/archives/2373.html。
④ 王子楊:《甲骨文中值得重視的幾條史料》,《文獻》2015 年第 3 期,第 31~34 頁。

遂出。"《儀禮·鄉射禮》:"歌《騶虞》若《采蘋》,皆五終。"上引裘先生文曾舉出卜辭的"奏庸"也見於《逸周書·世俘》,此篇中也正有"籥人九終""奏庸大亯一終""奏庸大亯三終"等語。此辭應係附記在"逯(遊)于射地"時作某樂十成。① 田獵卜辭中有時也貞卜是否帶上"万"人,説明商王在田獵中也或作樂舞爲樂,與此所述可以互相印證。如下舉諸辭:

(74a) 王其田,呂(以)万,不雨。吉。
(74b) [弜(勿)]呂(以)[万],其雨。吉。　　　　　《英藏》2309[無名組]
(75a) 弜(勿)田,其每(悔)。
(75b) 王叀(惠)万呂(以),亡戈(災)。　　　　　《合集》28686[無名組]
(76a) 弜(勿)田,其每(悔)。吉。
(76b) 王其田,呂(以)万,弗每(悔)。吉。
(76c) 弜(勿)呂(以)万。吉。　　　　　　　　　《屯南》2256[無名組]

前文已經舉出其字形的商代晚期作册豐鼎銘文云:

(77) 癸亥,王逯(遊)于乍(作)册般新宗。　　　　作册豐鼎(《集成》2711)

裘文認爲(《文集》第64頁):"作册般鼎'新宗'的'宗'大概是指宗族,而不是指宗廟的(對照馬形盉尊"舊宗小子"的"舊宗")。"也有不少研究者認爲"新宗"之"宗"是指宗廟。② 兩種理解用"遊"皆可講通。如果理解成"宗族",即如《後漢紀·孝桓皇帝紀上》所謂"(王者)日般遊諸臣之家",《左傳·成公十七年》:"(晉厲)公游於匠麗氏,欒書、中行偃遂執公焉。"《吕氏春秋·驕恣》作"於是厲公游於匠麗氏",《淮南子·人間》作"(晉厲公)明年出遊匠驪氏",《史記·晉世家》作"厲公游匠驪氏",後二者皆無"於"字。如果理解成"宗廟",就跟"逯(遊)于召壓(偓)"的説法也很接近。

(三)

《殷契粹編》第975片(《合集》33542,無名組)存7條"干支卜:王其田某地,亡戈(災)"之辭,郭沫若考釋謂:

---

① 𦥑字左半或隸定爲"肩",《合集釋文》隸定作左从"囟"右从"鬼"。按黄組卜辭中卜兆之"兆"之象形初文"囟"皆省與"肩"之初文同形,如將此字看作从"囟(兆)"聲,不知是否可以讀爲傳爲"舜樂"之"韶"。《尚書·益稷》:"簫韶九成,鳳凰來儀。"僞孔傳:"《韶》,舜樂名。"

② 如前引朱鳳瀚:《作册般黿探析》,第9頁。前引李旼姈:《甲骨文字構形研究》,第356~357頁。前引劉釗:《安陽殷墟大墓出土骨片文字考釋》,《古文字與古代史》第2輯,第128頁;《書馨集——出土文獻與古文字論叢》,第7頁。

（此版）每日一卜，或隔二三日一卜，而所卜者均係田獵之事。殷王之好田獵，誠足以驚人。《書·無逸》謂殷自祖甲以後，"立王生則逸，生則逸，不知稼穡之艱難，不聞小人之勞，惟耽樂之從"，足見並非溢惡之辭。

此論移以説晚期無名組和黃組中"王逸（遊）于某地"之辭，也很合適。前引那些主要見於賓組和出組、用"甹"或"塁"之辭，數量很少，跟晚期卜辭相較完全不成比例，可以説也是自有其歷史原因的。

從另一個角度講，{遊}這個常用詞無疑是很古老的，而殷墟甲骨文中前此竟未一見，未免也太奇怪了，亦與"田"之多見形成鮮明對比。除本文所論之外現所見最早的{遊}這個詞，爲新著録的西周中期齹鼎（《銘圖》02441a）："隹（唯）八月初吉庚寅，王才（在）宗周，斿（遊）于比。"西周金文亦僅此一見。將前舉西周早期小臣夌鼎之"逸"釋讀爲"遊"，則正好反映出用字習慣因時代變化而相接續、交替——殷墟甲骨文起初假借"甹"爲"遊"，再添加"止"旁、"彳"旁或"辵"旁造成"遊"的形聲本字，沿用到西周早期；西周中期開始假借"斿"爲"遊"，這一用字習慣大概從此就被取代廢棄了。

六、餘論：一些存疑待考的問題

（一）

前舉 E 類字形中，以下諸例用法顯與用爲"遊"者不同：

(78) 丁未卜，爭，貞：令辜以岀（有）族尹甹岀（有）友。五月。　　《合集》5622

孫亞冰先生指出，此辭與《村中南》239 歷二類卜辭"戊申貞：王令辜吕（以）族斿（尹）涉河東兆"有關（丁未、戊申干支相接）。①

(79) 貞：叀（惠）般、商令塁鳴友。十三月。　　《合集》40742

《合集》4672："令般、商。十三月。"應與此辭有關。各種工具書多將此辭與其上方另一辭殘存兩字連讀爲一辭，非是。

(80) 叀（惠）⿳丷⿰口口⿰口口令塁[□]友。十三月。

《合集》18261（《合集》18954 重片且不完整）

---

① 孫亞冰：《讀〈村中南〉劄記一則》，先秦史室網站 2012 年 9 月 5 日，http：//www.xianqin.org/blog/archives/2780.html。

(79)、(80)兩辭都在"十三月",二者或係卜同事。再結合下兩辭看,(80)辭中缺文最可能就是"鳴"(《合集》40637摹本存"鳴友"兩字,亦應與此有關)。

  (81) 丁酉卜,出,貞:令侃塱鳴友。   《合集》23684
  (82) 貞:叀(惠)伲令塱鳴友。十三月。
           《合集》4721(北圖 2714)＋4373(北圖 10338)

(82)爲本文試綴,如下圖:

上方爲《合集》4721,下方爲 4373(其中"友"字各種工具書多誤釋爲"競"),其中間茬口雖不密合,但右側整齊,辭例與(79)—(81)亦正合,此綴應可成立。

  "友"意爲"僚友"。"令某叀/塱某友"的辭例較爲特別,而很巧合的是,西周金文中亦有出現於僚友之"友"前的動詞,似正可跟"叀/塱"聯繫起來。君夫簋蓋(《集成》4178):"唯正月初吉乙亥,王才(在)康宫大(太)室。王命君夫曰:'䙴求乃友。'"西周晚期史頌鼎、簋(多件):"隹(唯)三年五月丁子(巳),王才(在)宗周。令史頌𧻚(簋作"𧻚")𩰫(蘇)㵒友、里君、百生(姓)……。"與上引卜辭相類,都是時王"命令某人～某友",據此,我們有理由假設上舉"叀/塱"與"䙴、𧻚、𧻚"表示的是同一詞。後者所從基本聲符即"𠥛",我以前在論證"𠥛"旁從"屮(中、艸)"得聲時,曾謂:"'屮'是'造'字的聲符'𡴀'的聲符,'造'是幽部字。从'賣'得聲的字古音多應歸入屋部,但'賣'字本身則應歸入幽部入聲覺部"云云,①是則亦从"𠥛"得聲之"䙴、𧻚、𧻚",應與多用爲"遊"之

---
① 陳劍:《釋造》,《甲骨金文考釋論集》,第 139 頁。

"罊"讀音亦近。"裔"(以母覺部)與"臾"(以母侯部)之韻部關係,則又與從"賣"之字多在侯部入聲屋部相類。如果這個假設符合事實,則又在一定程度上反過來可以印證支持我們釋"臾(遊)"之說。但有關諸字,到底讀爲何詞尚待考。

(二)

卜辭又有"遫、罊、臾"字後面直接跟樂器名的(字形多已見前 E 類所舉):

(83a) 乙子(巳)卜:今日乙王其遫(⿱屮⿰屮屮)新庸羕,不遘䟦日。

(83b) 其遘䟦[日]。 《合集》29712[無名組]

(84a) [□□]卜,出,[貞:翌□]卯王⿰⿱屮屮其臾韜(韜),⿰母[辛]。

(84b) [□□]卜,出,[貞:翌□]卯王其臾韜(韜),告于母辛。用。

　　　　　　《合集》5384+《天理》46(《合補》7044)(劉影遙綴)①[出組]

(85) 其罊韜(韜),王亡⿰ 《合集》15804(《存補》1.23.1)[賓組]

(85)辭各種工具書釋文多誤,字形結合辭例可定應如上釋讀。

"庸"前文已見,"韜(韜)"與後世俗稱之"撥浪鼓"相近,"羕"也是屢屢跟"庸""韜(韜)"等同見的樂器,所指不明。② 辭例與字形相結合,還可推知下舉兩辭出現於"庸"後之字也應釋"臾":

(86) 万其伎(作)庸,臾叀(惠)□⿰吉。 《合集》31018[無名組]

(87) ⿰卜:叀(惠)庸臾⿰ 《合集》31019(《續存》上 2237)[無名組]

除《合集》31019 外,其餘諸"臾"字之形皆有所簡化,需要稍加解釋。有關諸形如下:

　　⿰《合集》31019(《續存》上 2237)　　⿰《合集》31018

　　⿰《合集》5384③　　　　　　　　　　⿰/⿰《天理》46

---

① 劉影:《甲骨新綴第 192 組》,先秦史室網站 2014 年 12 月 25 日,http://www.xianqin.org/blog/archives/4896html。收爲《甲骨拼合四集》第 886 則,第 89 頁綴合圖版,第 270～271 頁説明與考釋。

② 參看引裘錫圭:《甲骨文中的幾種樂器名稱——釋"庸""豐""韜"(附:釋"万")》,《裘錫圭學術文集》甲骨文卷,第 36～50 頁。

③ 《合集》5384 原甲現藏上海博物館,此形取自《上海博物館藏甲骨文字》(濮茅左編著,上海辭書出版社,2009 年)17647.452。《合集》5384 拓本作⿰,《新甲骨文編(增訂本)》第 25 頁作⿰收入"屯"字下,係將其下方泐痕誤修作小短斜筆。

[图]《合集》33370(《佚存》880)　　　[图]《合集》24129(北圖 10162)

[图]《合補》11100(《乙編》1309)

《合集》31019 之形應屬"叀"字的前舉[图]類寫法,同時其下方一斜筆仍然保留。《合集》31018 之字多釋"丩",與卜辭其他"丩"形不合。① 《合集》33370 之辭"戊寅卜:王其叀(遊)盂,又(有)鹿"前(65)已引用,其字多釋爲"屯",不可信。前舉《合集》18260"𡕒"形,其辭僅殘存"□□𡕒□用"三字,"𡕒"上殘形與"昌(韜)"字底部相合,如下拓本局部圖所示:

[图]

據上舉(87)辭例,此辭可能也本是作"叀(惠)昌(韜)𡕒"之類。《合集》24129 之辭如下:

　　(88)[□]酉卜,出,[貞]:王其～□不于□　　　　　　　　　　《合集》24129

《乙編》1309 殘片僅存"～白"二字。"白"是卜辭中屢見的地名,也是田獵地(《類纂》第381 頁"于白"條)。將以上所述字形和用法結合起來考慮,完全可以斷定上舉諸形就是我們所説的"叀"字簡體。裘文曾指出甲骨文"必"旁和"戈"旁所從的"必",都有不少"象戈柲的部分省去下端橫畫"的例子(《文集》第 53 頁)。《花東》449"盤"字作[图],"其所從的'必(柲)'形不僅省去下端的橫畫,而且上端的曲筆也很不明顯,整個字形完全一筆寫成"。② 上舉諸形(除《合集》31019 一形外),應該就是這樣省變來的。

"逨新庸美"和"叀昌(韜)"等辭例,如何解釋亦尚待研究。

謝明文先生向我指出,據前舉簡化特甚諸形,下舉形可能也是我們所説的"叀"字之簡體:

[图]《合集》8335

---

① 參看《甲骨文字編》,第 330 頁 1115 號"丩"字;《新甲骨文編(增訂本)》,第 132 頁"丩"字。
② 參看姚萱:《殷墟花園莊東地甲骨卜辭的初步研究》,綫裝書局,2006 年,第 139～141 頁。

其辭例爲："貞：亡～。才(在)兆。"按《合集》8336—8338 皆有"虫(有)又(佑)。才(在)兆"。《合補》4582："貞：虫(有)不若。才(在)兆。○亡不若。才(在)兆。"此形所表之詞似應與"佑""不若"一類詞性質相近。由於其形體與用法皆與一般的"史"有別，是否一定爲"史"字，尚頗難斷定，謹誌此備考。

（三）

西周早期金文商尊（《集成》5997）、卣（《集成》5404.1、5404.2；又名庚姬尊、卣）銘云：

(89) 隹(唯)五月，辰才(在)丁亥，帝司賞(賞)庚姬貝卅(三十)朋、弎丝(絲)廿(二十)寽(鋝)。商用乍(作)文辟日丁寶障(尊)彝。冀。

其中一般釋"弎"之字及可對比之形如下：

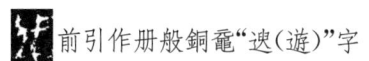

[字形] 尊 [字形] 卣器   [字形]（翻轉後作 [字形]）卣蓋

[字形] 前引作册般銅黿"逌(遊)"字   [字形] 前引殷墟兕骨記事刻辭"逌(遊)"字

前兩形看起來確實像是從"弋"的，但看第三形以及舉爲對比的末兩形，其所從應本係"必(柲)"形，全字應該還是"逌"之訛體。進而言之，在當時文字系統中，是否確實存在從"弋"聲之"弎"字，現在其實並無積極證據。如將商尊、卣銘之字釋爲"逌"，它最可能是"絲"的修飾語，"逌絲二十寽"與"貝三十朋"同爲帝司所賞賜給庚姬之物。① 猜測"逌絲"與一般成束的絲不同，故以"寽"計而不以"束"計。"逌"當讀爲何詞待考。

西周甲骨文中有如下兩字：

[字形]《周原甲骨文》H31：4   [字形] 周公廟 2 號卜甲

前者之辭爲："迺勛(則)敢(?)□□隊(墜)～，囟亡咎。用。"②後者之辭爲："□罒馬，～抲(于)馬自(師)，勿乎(呼)人抲(于)逆(下略)。"③文意都很不清楚。董珊、馮時先生皆以爲其字即我們釋爲"逌"之卜辭之字。董珊先生從裘文之說隸定爲"術"看作

---

① 持釋"弎"之說的研究者，多將其讀爲"代"或"貸"，或讀爲"弋"。有關討論，可參看較晚出的董蓮池：《商尊銘文研究》，《中國文字研究》第 25 輯，第 10～14 頁。
② "隊(墜)"字之釋參看陳劍：《金文"象"字考釋》，《甲骨金文考釋論集》，第 260～261 頁。
③ "罒"即"蜀"字所從聲符，關於此形的考釋詳見蔣玉斌：《釋甲骨文中的"獨"字初文》，《古文字研究》第 30 輯，中華書局，2014 年，第 67～72 頁。

"必"之繁體,釋讀作"銜(泌—毖)"。① 馮時先生則釋作"弎",但從裘文釋其意爲"敕戒鎮撫"。② 李學勤、李零先生皆以其字从"武"聲而讀爲"賦"。③ 按與上所述"弎"字當時不一定存在情況相類,殷商和西周早期文字系統中是否存在从"武"聲之所謂"弒"及"銜"字,在將與"遊"有關之形除開之後,也就同樣没有積極證據了。由此看來,上兩字最可能還是應該也釋爲我們所論的"遊(遊)"。周公廟卜甲之辭,"遊(遊)于馬自(師)"云云,還是頗可通的。

2010 年 10 月 16 日初稿寫完
2019 年 3 月 5 日重訂畢
2019 年 4 月 5 日再改定

附記:本文初稿曾有研究者引用,但其主要結論我後已放棄。初稿先後蒙蔣玉斌、周忠兵、謝明文和葛亮諸先生審閱指正,提供很多寶貴意見,使得我對有關問題的思考不斷深入,現重訂也因此而避免了不少錯誤。作者衷心地感謝他們。

---

① 前引董珊:《試論周公廟龜甲卜辭及其相關問題》,第 252～253 頁。
② 馮時:《陝西岐山周公廟出土甲骨的初步研究》,《古代文明》第 5 卷,第 210～211 頁。
③ 李學勤:《周公廟遺址祝家巷卜甲試釋》,《古代文明》第 5 卷,第 190 頁;收入同作者《文物中的古文明》,第 178 頁。李零:《讀周原新獲甲骨》,《古代文明》第 5 卷,第 199 頁。

"翼"字的窮盡考察與考釋

——兼論花東卜辭的年代

徐寶貴

一、"翼"字及以"翼"爲偏旁文字的窮盡考察

此字在殷甲骨卜辭中出現頻率極高,在不同階段都有具有明顯特徵的新的形體出現,它對於甲骨卜辭的分類、分組、分期的研究提供了具有典型性、特徵性的實證。我們根據《甲骨文合集》《甲骨文合集補編》《殷墟花園莊東地甲骨》《小屯南地甲骨》《英國所藏甲骨集》《懷特氏等收藏甲骨文集》《殷周金文集成》《近出殷周金文集錄》《新收殷周青銅器銘文暨器影彙編》等對此字窮盡式地檢索、統計,現在將其情況公布如下(我們所檢索、統計的字形資料有 321 頁,由於篇幅的限制,不能全部列入本文中):

殷商甲骨文 2 824 例

第一期有 1 751 例:

師賓間類,共計 252 例。其中,獨體 241 例,具有典型性、特徵性的字形有▯(《合集》10556)、▯(《合集》13454)、▯(《英》1000 正)。合體 11 例,其中"鼉"7 例,"嘆"4 例,具有典型性、特徵性的偏旁作▯(《合集》6835)等。

過渡①類,獨體 116 例。具有典型性、特徵性的字形有▯(《合集》6939)、▯(《合集》12436)、▯(《合集》12973)等。

賓一類,獨體 113 例。具有典型性、特徵性的字形有▯(《合集》672 正)、▯(《合集》776 正)、▯(《合集》7772 正)等。

過渡②類，獨體 212 例。具有典型性、特徵性的字形有▯（《合集》454 正）、▯（《合集》12429 正）、▯（《合集》16131 正）等。

典賓類，獨體 546 例。具有典型性、特徵性的字形有▯（《合集》154）、▯（《合集》7299）、▯（《合集》1590）等。

過渡③類，獨體 31 例。具有典型性、特徵性的字形有▯（《合集》12344）、▯（《合集》13262）、▯（《合集》13263）等。

賓三類，共計 378 例。其中，獨體 326 例，具有典型性、特徵性的字形有▯（《合集》962）、▯（《合集》8597）、▯（《合集》4059 正）、▯（《合集》17214）、▯（《補編》3174 正）等。合體 52 例（曘），具有典型性、特徵性的偏旁有▯（《合集》1626）、▯（《合集》15706）、▯（《合集》5083）等。

子類，共計 41 例。其中，獨體 12 例，具有典型性、特徵性的字形有▯（《花東》34）、▯（《花東》108）、▯（《花東》250）等。合體 29 例（曘），具有典型性、特徵性的偏旁有▯（《花東》34）、▯（《花東》276）、▯（《花東》274）等。

歷類，共計 62 例。其中，獨體 31 例，具有典型性、特徵性的字形有▯（《合集》34343）、▯（《合集》32671）、▯（《合集》33824）、▯（《合集》33978）、▯（《合集》34681）、▯（《屯》3763）等。合體 31 例（曘），具有典型性、特徵性的偏旁有▯（《合集》32935）、▯（《合集》33069）、▯（《合集》34654）、▯（《屯》2122）等。此處所列的 62 例歷類字形，過去被當成武乙、文丁時代卜辭，即第四期卜辭，後來經有關學者研究，認爲是屬於武丁晚期卜辭，現在據以調整。根據字形比較，此處所列歷類字形確實跟第三期、第五期字形有很大差異，却跟武丁晚期的賓三類字形非常相近，故現在將其列於武丁晚期。

第二期有 465 例：

歷類，共計 16 例。其中，獨體 10 例，具有典型性、特徵性的字形有▯（《合集》34300）、▯（《屯》991）、▯（《屯》1050）等。合體 6 例（曘），具有典型性、特徵性的偏旁有▯（《合集》31970）、▯（《合集》32235）、▯（《補編》10417）、▯（《英》2464）等。此處 16 例字形構形奇特，它跟第一期、第三期、第四期、第五期的此字字形都不相同，跟第二期的其他"翼"字形體也不相同，可以説，在古文字中它的形體是獨一無二的。我們暫時把放到第二期之首。

出類，共計449例。其中，獨體391例，具有典型性、特徵性的字形有▯（《合集》22615）、▯（《合集》22636）、▯（《合集》22768）、▯（《合集》22861）、▯（《合集》23219）等。合體58例（曘），具有典型性、特徵性的偏旁有▯（《合集》22655）、▯（《合集》22670）、▯（《合集》22986）等。

第三期有429例：

何類，共計54例。其中，獨體36例，具有典型性、特徵性的字形有▯（《合集》27213）、▯（《合集》29657）、▯（《合集》30469）。合體18例，其中"曘"7例，"翼"11例。具有典型性、特徵性的偏旁有▯（《合集》9348）、▯（《合集》27932）、▯（《補編》10362）。

無名類，共計375例。獨體31例，具有典型性、特徵性的字形有▯（《合集》27116）、▯（《屯》594）、▯（《屯》3727）。合體344例（翼），其中"曘"29例，"翼"315例。具有典型性、特徵性的偏旁有▯（《合集》28839）、▯（《合集》30786）、▯（《合集》27297）、▯（《合集》28457）、▯（《合集》28849）、▯（《補編》9355）、▯（《屯》4301）、▯（《屯》2718）等。無名類"翼"字所從的"立"旁之下或缺刻橫畫，呈"大"字形。

第四期有7例：

歷類7例。其中，獨體1例，合體6例（翼）。獨體作▯形，跟第四期"翼（翌）"字所從偏旁相同。合體都是從"翼"、從"立"的"翼"字。

過去把歷類卜辭定在武乙、文丁時代，即定爲第四期卜辭。現在根據李學勤先生座談會講話①、裘錫圭先生《論歷組卜辭的時代》、黃天樹先生《殷墟王卜辭的分類與斷代》等，定爲武丁晚期到祖庚時期的卜辭。我們現在檢索到的此時期的"翼"字獨體有44例。合體有43例，其中"曘（昱）"字37例、"翼（翌）"字6例。獨體、合體共計87例。在87例當中的6個"翼（翌）"字作爲第四期的卜辭，我認爲是可信的。因爲這6個"翼（翌）"跟第三期的"翼（翌）"字形體相同，反映了文字在發展演變中的繼承連續性，請看以下實例：

三期：▯（《合集》30189）　▯（《合集》29378）　▯（《合集》30270）

四期：▯（《合集》33367）　▯（《合集》33369）　▯（《屯》495）

五期：▯（《合集》36981）　▯（《合集》38172）　▯（《合集》37386）

---

① 《安陽殷墟五號墓座談紀要》，《考古》1977年第5期，第345頁。

第五期卜辭的"𦎫(翌)"字,繼承了第三、四期卜辭的寫法,但是,第三、四期的無名類幾乎都把"立"旁置於左側,而第五期卜辭絕大多數都把"立"旁移至於右側,跟第三期何類卜辭一些"𦎫(翌)"字結構相同,但是,第五期"翼"旁出現了較大的訛變,跟第三期、第四期相比差距較大。由此可見,第四期的 6 個合體字"𦎫(翌)",無法混同於第五期的字形中。如果將這 6 個字放到武丁晚期的卜辭中,也是絕對不可以的,因爲武丁時期還沒有從"立"的"𦎫(翌)"字,而且"翼"旁也有差異。還有如下過去認爲是第四期即歷類卜辭的字:

　　　　(《合集》32671)　　　　(《合集》34083)　　　　(《合集》34681)

　　　　(《屯》590)　　　　(《合集》33082)　　　　(《合集》33712)

　　　　(《合集》34654)

跟第一期賓三類卜辭的字:

　　　　(《合集》11119)　　　　(《合集》19451)　　　　(《合集》6926)

　　　　(《補編》3150)　　　　(《合集》102)　　　　(《合集》20819)

　　　　(《合集》15706)

形體相同,所以,我們把這 62 字放到了武丁晚期。

　　過去被認爲是第四期即歷類卜辭的還有 16 字,這 16 個字的形體非常奇特,它跟一、二、三、四、五等期的字形都不相同:

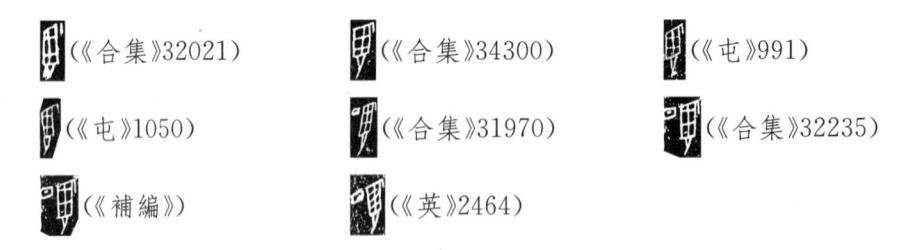

　　　　(《合集》32021)　　　　(《合集》34300)　　　　(《屯》991)

　　　　(《屯》1050)　　　　(《合集》31970)　　　　(《合集》32235)

　　　　(《補編》)　　　　(《英》2464)

此字與其他各期字形不同的是,其上端的筆畫向右側上端斜拉出頭,在拉出頭的單綫筆畫的末端,再向下折曲,再拉出一小段。其下端筆畫作丫形,連於其上的橫畫,而不是象其他各期與其上直畫通連。此字形確實屬於獨一無二的,説個笑話:這也許是刻製卜辭者獨出心裁,對文字形體的創新吧。確實值得玩味。我們將這種獨體與合體的 16 個字放到第二期即祖庚時期之首。

第五期有 172 例：

獨體有 145 例，具有典型性、特徵性的字形有 ▨（《合集》35397）、▨（《合集》35400）、▨（《合集》35402）、▨（《合集》35403）、▨（《合集》35406）、▨（《合集》35406）、▨（《合集》35636）、▨（《懷》1714）等。合體有 27 例（瓚），具有典型性、特徵性的偏旁有 ▨（《合集》36123）、▨（《合集》38172）、▨（《合集》38212）等。與其他各期相比，其形體顯得訛別簡率，是以嶄新的形態出現於第五期卜辭中。

殷晚期金文 10 例

10 例都是獨體：▨（翼子父壬爵，《集成》14·8954·1）、▨、▨（翼父辛卣《集成》10·4985·2）▨、▨（四祀卲其卣，《集成》5413·3）、▨（六祀卲其卣，《集成》5414·1）、▨（六祀卲其卣，《集成》5414·2）、▨（宰椃角，《集成》9105·1）、▨（亞魚鼎，《近出》339）、▨（子翼簋，《集成》6·3080）。和甲骨文相比，其形體亦有訛變。

西周金文 5 例

西周早期金文有 2 例：合體有 2 例，偏旁作 ▨（麥方尊 ▨（昱）字所從，《集成》11·6015）、▨（小盂鼎 ▨（翌）字所從，《集成》2839·b）。小盂鼎的 ▨ 旁跟殷商甲骨文典賓類還相近，而麥方尊則訛變成不倫不類之形。如果不看其前後文，也就是它的語言環境，誰也不知道 ▨ 字和它的偏旁 ▨ 是個什麼字。由此可見，語言環境對辨別文字的重要性。

西周晚期金文有 3 例：合體有 3 例，偏旁作 ▨（毛伯簋"嘆"字所從，《集成》4009）、▨（毛公鼎"嘆"字所從，《集成》2841·2）、▨（悆戒鼎"勤"字所從，《史學集刊》1998 年第 1 期第 6 頁）。你還真別說，跟西周早期的"翼"旁相比，西周晚期的反倒比西周早期的文字形體更接近於殷商早期的師賓間類 ▨（《合集》12457）、▨（《懷》763）等的文字形體。可見在較晚的文字中也保留著較早的文字形體。

春秋中晚期玉石文字 1 例

合體有石鼓文 ▨（《石鼓文·吾水》）字 1 例，偏旁作 ▨。此形體跟殷商早期的師賓間類 ▨（《合集》12457）、▨（《懷》763）等的文字形體相近，跟西周晚期毛公鼎 ▨（"嘆"《集成》2841·2)字所從的 ▨ 字完全相同。石鼓文此字拓本、反色處理字形和郭沫若摹本呈如下之形：

（先鋒本）　　　　（拓本的反色處理）　　　　（《石鼓文研究》）

拓本字形殘泐得比較嚴重，被郭沫若摹錯了。李家浩先生見告此字左旁上部是"吕（以）"字的殘文，非常正確。此字雖然殘泐得很嚴重，但其筆畫痕迹尚可蹤迹，復原後應是 形。它所從的 跟毛公鼎 字所從的 是同一個字，都是在 、 （翼）上增加"吕（以）"聲的形體。"翼"是餘母職部字，"吕（以）"是餘母之部字，二字聲紐相同，韻部職、之可以對轉，聲音極近，所以，"吕（以）"字可以作"翼"字的聲符。石鼓文 旁跟殷商早期的師賓間類 、 等的文字形體相近，跟西周晚期的毛公鼎 （嘆）字所從的 字完全相同。證明石鼓文中也保留着一些較早的文字形體。

以上各時期的"翼"字（包括合體字的偏旁）加在一起，共 2 840 個。甲骨文有幾個不容易辨别其特徵的殘泐得較爲嚴重的殘字没有收入進來，因爲處在殘辭中的殘字不知放在哪類才删掉的，也感到很遺憾。

二、"翼"字考釋

甲骨文此字，其形極繁。過去有不少學者對其做過研究，但是，大家的説法是有出入的，現在擇録要者如下。

王襄《古文流變臆説》説：

> 殷契昱之初文作 、 諸形，凡百數十名，繁簡任意，無一同者。蓋製字之始，取象于蟬翼，因摹寫匪易，故無定形，疑爲翼之本字，借爲翌日字。①

葉玉森説：

> 按釋獵通"獵"，通"臘"（指孫詒讓、王國維等），于卜辭均不合。自以王氏釋翌爲正，惟其字多肖蟲翼或鳥翼形，如同葉第四版之 作矯翼形尤肖。予舊釋爲翼之象形，古文變而從立作 ，乃翌之所由摰。又變而從日作 ，乃昱之所由摰。《書·武成·金縢》"翼日"之翼，乃本字。翌昱並後起。②

---

① 王襄：《古文流變臆説》，《甲骨文字詁林》，中華書局，1996 年，第 1857 頁。
② 于省吾主編：《甲骨文字詁林》，第 1857 頁。

唐蘭《殷虛文字記》説：

> 右羽字，卜辭見者千餘，今擇其殊形箸於編，不能盡録也。……按字形，卜辭之 [字形]，即後世之翊，則其所從之 [字形]，即應是"羽"字……羽字所象，則鳥羽之形也。①

客觀地説，孫詒讓、王國維釋此字爲"鼠"確實是不正確的，但是，唐蘭釋其爲"羽"也是不正確的。從本義上講，《説文》："羽，鳥長毛也。象形。"王筠《説文句讀》："'羽，鳥長毛也'，謂異於背上之毛，腹下之毳也。《廣韻》：'羽，鳥翅也。''象形'，字是兩翅形。"②《漢語大字典》"羽"字第二義項是"鳥類的翅膀"。"翼"，《説文》："ᝧ，翄也。從飛，異聲。翼，篆文ᝧ從羽。"《漢語大字典》"翼"字的第一義項是"翅膀"，在這一義項中又有兩個義項："1. 鳥的翅膀。2. 昆蟲的翅膀。"看來二字都有"翅膀"的意義。甲骨文中有個作 [字形] 形的字，舊時皆釋爲"羽"，此字之形也確實跟甲骨文"習"字所從之"羽"和西周、春秋、戰國文字從"羽"旁之字所從之"羽"呈現爲同一形體。唐蘭先生改釋爲"彗"，③高明先生《古文字類編》從舊説依然釋 [字形] 爲"羽"，④肯定是有他自己的看法。我們不管 [字形] 是不是"羽"，[字形]字肯定不是"羽"，請看我們下面的論述。我們認爲甲骨文 [字形]、[字形]、等字形是"翼"字的象形字，其本義爲鳥的翅膀。

鳥的翅膀我們以海鷗的翅膀爲例進行比較：

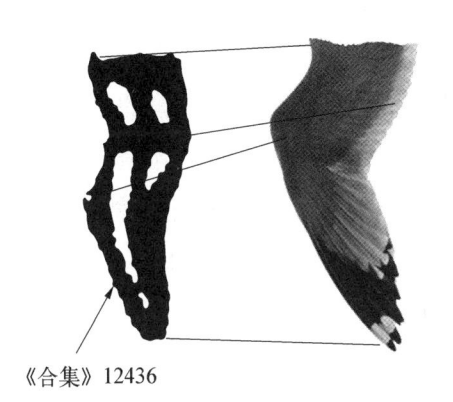

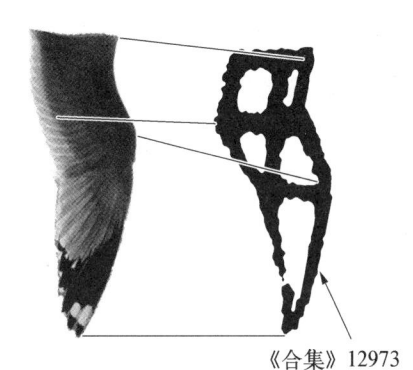

《合集》12436　　　　　　　　　　　　《合集》12973

通過我們把此字正反字形（都是甲骨文原有字形）跟鳥的左右兩個翅膀的有關部位的連綫比較，可以看到，此字的形體跟鳥翼形狀相同。鳥的翅膀與此字形均呈曲折之

---

① 唐蘭：《殷虛文字記》，中華書局，1981年，第12頁。
② 王筠：《説文句讀》，中華書局，1983年，第412頁。
③ 唐蘭：《殷虛文字記》，第19～20頁。
④ 高明：《古文字類編》，中華書局，1980年，第229頁。增訂本，上海古籍出版社，2008年，第1044頁。

形,昆蟲的翅膀是没有曲折之形的(蜻蜓身體兩側都是前後較直的雙翅膀。蟬翼、蝴蝶也都跟此字形相去甚遠)。這是二者的最大區别和不同特徵,鳥的翅膀是可以摺叠的,所以伸張開來呈曲折之形。甲骨文此字有關筆畫的特徵性非常明顯。因此,我們可以説,此字無疑取象於鳥翼。由此可以證明葉玉森釋此字爲"翼"的象形字,是非常正確的。王襄除了把此字説成"蓋製字之始,取象于蟬翼"是不正確的外,其他所説,有的也是很有道理的。

　　唐蘭先生釋此字爲"羽",從音理上也能勉强講得通。上古音,"羽"爲匣紐魚部字,"翌"爲餘紐職部字。從聲紐上看,匣紐爲牙音,餘紐爲舌音,二者算是鄰紐。從韻部上講,"羽"爲魚部字,"翌"爲職部字,二者可以旁對轉。但二者相通顯得迂曲,有點懸隔。如果我們按照葉玉森的説法,把此字釋爲"翼",通作"翌""昱",就没有這種迂曲、懸隔之感。因爲"翼"與"翌""昱",均是餘紐職部字,是同音字。諸字相假借,順理成章。另外,"翼"通"翌"(也作"翊")、"昱",在傳世文獻也能找到例證。《書·召誥》:"若翼日乙卯。"孫星衍《今古文注疏》:"'翼',同'昱'。"《書·顧命上》:"越翼日乙丑。"孫星衍《今古文注疏》:"'翼'與'昱'通。"麥方尊"雩(傳世文獻作"越")若翌(翌)日"、小盂鼎"雩若翌(翌)乙酉"與《書·顧命上》:"越翼日乙丑"句型極其相近。可見這些古文獻還保留着此字原始的字形。如此,則證明釋此字爲"翼"是正確的。

　　此字在甲骨文中出現的次數非常多,但是,迄今爲止,還没有發現用其本義的例子。在甲骨文階段,有些象形字在卜辭中不用其本義的情況是有例可舉的,例如:"雞",無論獨體象形字,還是合體形聲字,在卜辭中没有用其本義的例子,都用作人名、地名;"豹",是個獨體象形字,在甲骨文中用作人名,没有用其本義的例子;"鳳"字無論象形字還是形聲字,在卜辭中幾乎都假借爲"風"字。古文字形體的發展和演變存在其階段的特異性。後來的一些形聲字在甲骨文時期就是象形字。如:"雞",甲骨文獨體作（《新甲骨文編》第 238 頁）,象雄雞形,又加"奚"聲作（同前）,成爲形聲字。"豹",甲骨文作（同前,第 557 頁）、象有斑點的豹形,是個獨體象形字,後來作"豹",變成从"豸""勺"聲的形聲字。"蝠",甲骨文作（《合集》914 正)、殷金文作（子蝠方彝《集成》16.9865.2）,象蝙蝠之形,是個獨體象形字,後來寫作"蝠",成爲形聲字了。"鳳",甲骨文作（《合集》21013）,象鳳形,是個獨體象形字,又加"凡"聲作（《合集》30250）,變成形聲字,後來寫作"鳳",成爲从"鳥""凡"聲的形聲字了。"盧",甲骨文作 **甼、甼、甼、甼、甼** (孫海波:《甲骨文編》總第 883、888、889、890 頁)等形,是個獨體象形字,後來作"盧",變成形聲字了。甲骨文是迄今爲止我國最早的比較成熟的文字,但在甲骨文中仍然存在一些比較特殊的文字形體。比如:▨(《花東》416)、▨(《合集》11449),是個正常的"車"字,用來書寫單音節"車"這個詞。但出現在田獵卜辭中的▨(《合集》10405正),表示"翻了的車";▨(《合集》10405正),表示斷了車軸的車;▨(《合集》11450),表示斷了車轅的車。這些文字形體,都不能按正常的"車"字的意義去理解。甲骨文正常的"牛""豕""豚"作▨(《合集》33698)、▨(《合集》34138)、▨(《屯》附1)形,而刻作▨、▨、▨(《屯》附3)等形的"牛""豕""豚",都把它們的頭部刻掉,我們在理解和解釋這類字的時候,就不能按上所舉正常的字形來對待,應該理解爲割掉頭的"牛""豕""豚"。這樣的文字也應該是會意字,但是,它們跟《説文》所説"比類合誼,以見指撝"的由兩個或兩個以上意義相關的字所組成的會意字是不同的,它們跟記錄語言的正常文字不是一對一的。也就是説它們不能讀成單音節,它們跟納西族東巴文的會意字有點相似。又如于省吾先生説:"形聲字的起源,是從某些獨體象形字已發展到具有部分表音的獨體象形字,然後才逐漸分化爲形符和聲符相配合的形聲字。……甲骨文麋字作▨或▨,其頭部作▨或▨,和人的眉目之眉同形。後世代之以从鹿米聲之麋,于是麋行而兇廢。總之,兇本爲獨體象形字,但其頭部作▨,也表示着兇字的音讀。"[1]這些文字還都保留着原始文字的特點,因此,在甲骨文中出現"翼"的獨體象形字,是很正常的,不值得大驚小怪和懷疑的。

古文字的形體在發展演變過程中,不是固定不變的,而是不斷變化的。甲骨文的"翼"字,殷代甲骨文第一期早作▨(《合集》10556)形,就是個獨體象形字,象鳥的半個翅膀之形。其後的賓一類形體稍有變化作▨(《合集》672正)形,再後的典賓類則訛變作▨(《合集》154)、▨(《合集》1590)形,上部變成方頭方腦的"田"字頭,再後的賓三類則訛變作▨(《合集》962)、▨(《合集》8597)、▨(《合集》5083)等形,其形極不規整,頂部弧形筆畫另一端起尖並向下或斜下拉出頭,下部筆畫向下斜拉出頭,已經看不出鳥翅膀的樣子了。第二期的▨(《合集》22615)、▨(《合集》22636)、▨(《合集》22768)、▨(《合集》22861),繼承於第一期賓三類的形體,但略有變化。第三期的▨(《合集》27213)、▨(《合集》29657),是第二期形體的發展變化。第四期的"翼"字繼承於第三期的字形。第五期的▨(《合集》35400)、▨(《合集》35402)、▨(《合集》35403)、▨(《合集》35406),都是在第一期賓三類卜辭▨、▨等字形基礎上的訛變。其字形跟第一期早段的"翼"字

---

[1] 于省吾:《甲骨文字釋林》,中華書局,1979年,第436、439頁。

形體漸行漸遠，變成不知所象之形的字了。

甲骨文从"翼"旁的合體字，第一期師賓間類有5個"𦐅"字，4個"翼"字。過渡①類、賓一類、過渡②類、典賓類、過渡③類等階段尚未發現从"翼"旁的合體字。賓三類有合體字"翼"字52個，第二期歷類有合體字"翼"字6個，出類有合體字"翼"字58個，第三期何類有合體字"翼"字7個，"𦐅"字11個。無名類有合體字"翼"字29個，"𦐅"字315個。第四期有"𦐅"字6個。第五期有"𦐅"字27個。

以上情況表明，甲骨文"翼"出現於武丁早期，後來被西周晚期毛伯簋、毛公鼎所繼承，但是，毛公鼎的"翼"旁增加了"以"聲，是個合體字。从"日"旁的"翼"字，出現於武丁晚期，一直延續到第三期，後來被春秋中晚期的石鼓文所繼承，但是，石鼓文的"翼"旁增加了"以"聲，是個合體字。从"立"旁的字"𦐅"字，出現於甲骨文第三期，一直延續到第五期，後被西周早期的麥方尊、小盂鼎所繼承，但是，麥方尊、小盂鼎"𦐅"字的"翼"旁是個增加"日"旁的合體字"翼"字，也可能是給"𦐅"字增加了"日"旁。

西周早期和西周晚期，迄今爲止，尚未發現"翼"的獨體象形字，其形只是出現於合體字"𦐅""翼""𩹇"等字的偏旁中；在春秋時期的文字中，迄今爲止，其形唯獨出現在中晚期的石鼓文的"翼"（昱）字偏旁中。

"翼""翼""𦐅"字在甲骨文中用爲表示明日或最近某一天的時間詞。在卜辭中或用爲祭名。殷商金文翼子父壬爵（"翼子父壬"中的"翼子"與《集成》6367"唐子且乙"、《新收》547"長子□"中的"唐子""長子"的性質相同）、翼父辛卣（"翼父辛"之"翼"與《集成》4988"爵父癸"、4990·1"史父癸"、4994·1"取父癸"、4999"魚母乙"、1666"重父壬"之"爵""史""取""魚""重"的性質相同），用爲族名。① 子翼簋用爲人名。四祀𠨘其卣"遘乙翼（翌）日""在四月，佳王四祀，翼（翌）日"、六祀𠨘其卣"在六月，佳王六祀，翼（翌）日"、亞魚鼎"在六月，佳王七祀，翼（翌）日"、宰椃角"在六月，佳王廿祀，翼（翌）又五"，"翼（翌）"均用爲祭名。西周早期金文麥方尊"雩若𦐅（翌）日"、小盂鼎"雩若𦐅（翌）乙酉"之"𦐅"，表示最近的時間詞。西周晚期金文毛伯簋"毛白（伯）翼父乍中姚寶簋"，用爲人名。毛公鼎"攸勒、金翼、金雁"之"翼"，𤈦戒鼎"𩹇雁（膺）"之"𩹇"，吳振武先生說："即相當於《詩經》中屢見的'鉤膺'之'鉤'……'𩹇雁'和'金翼金雁'之'翼雁'都是'鉤膺'的古寫。鉤膺是馬飾。"② 石鼓文"翼翼"這個重言形容詞，形容日明，即形容天氣晴朗。

---

① 雒有倉：《商周青銅器族徽文字綜合研究》，黃山書社，2017年，第65頁。
② 吳振武：《𤈦戒鼎補釋》，《史學集刊》1998年第1期，第4頁。

三、根據"翼"字形體的階段性特徵，談談花東卜辭的年代

此字對於《殷墟花園莊東地甲骨》的分期有十分重要的意義。因此，我認爲很有必要據此論證一下。

關於《花東》卜辭的年代，學術界主要有以下不同的説法：

《花東·前言》：

> 我們認爲，花東 H3 卜辭的歷史時代，大體上相當於武丁前期。①

朱鳳瀚《商周家族形態研究》：

> 即可以將 H3 卜辭之年代定爲武丁早期或中期偏早這一時段内。②

朱歧祥《殷墟花園莊東地甲骨論稿·談談最早一批漢字部首的用法——一個本義與假借二分的年代·前言》：

> 花園莊東地（簡稱花東）甲骨的主人是子，應該是殷王武丁的兒子。根據原整理者的意見，花東甲骨文是屬於武丁早期的非王卜辭一類（參《殷墟花園莊東地甲骨》第一册 26 頁"H3 卜辭的性質"）。這批材料是目前所見最早的一坑甲骨，换言之，花東甲骨文字可以代表目前所見最早的一批中國文字。③

陳劍《説花園莊東地甲骨卜辭的"丁"——附：釋"速"》：

> 可以推斷整個花東子卜辭存在的時間，恐在武丁晚期，最多可推斷其上限及於武丁中期。④

其後，有幾位學者從不同角度證成陳劍先生之説。如：

黄天樹《簡論"花東子類"卜辭的時代》從"疾病卜辭""人物之生死""占卜事項""甲橋刻辭""卜骨整治"等方面進行詳細論證，最後得出結論説：

> 綜上所述，我們贊同陳劍的説法，認爲花東子類卜辭的時代"恐在武丁晚期，最

---

① 中國社會科學院考古研究所：《殷墟花園莊東地甲骨》，雲南人民出版社，2003 年，第 35 頁。
② 朱鳳瀚：《商周家族形態研究》，天津古籍出版社，2004 年，第 598 頁。
③ 朱歧祥：《殷墟花園莊東地甲骨論稿》，臺灣里仁書局，2008 年，第 295 頁。
④ 陳劍：《説花園莊東地甲骨卜辭的"丁"——附：釋"速"》，《甲骨金文考釋論集》，綫裝書局，2007 年，第 92 頁。

多可推斷其上限及於武丁中期"。①

張世超《殷墟花園莊東地甲骨字迹與相關問題·關於花東卜辭的時代》從"合文在普遍地解體""花東卜辭常見先人稱謂與通常習慣相倒,即將日名放在前面的現象"進行論證後肯定說:

> 以上所叙花東子卜辭中的二種現象所反映的時代,與陳劍所主張的相合。②

我認爲,以上所引諸說中,把花東卜辭的年代定在"武丁前期""武丁早期或中期偏早這一時段內"是不可取的。朱歧祥所說"花園莊東地甲骨的主人是子,應該是殷王武丁的兒子",這是非常正確的。③ 但是說"花東甲骨文是屬於武丁早期的非王卜辭一類。這批材料是目前所見最早的一坑甲骨,換言之,花東甲骨文字可以代表目前所見最早的一批中國文字",是值得商榷的。花東卜辭的"子"是武丁的兒子,他所從事的占卜,怎麼能早於他父親武丁所從事的占卜呢? 這是極不符合邏輯的。我們認爲在殷商時代等級是森嚴的,武丁的兒子怎麼能夠貿然犯上先於其父武丁從事占卜活動? 再說,從年齡上講,其子先於其父搞占卜活動,也與情理不合,可見此說不可取。我認爲王卜辭在殷商卜辭中是占有正統地位的,故非王卜辭是不能早於王卜辭的。從占卜的規模上看,王卜辭和非王卜辭是不成正比的。從文字風格上看,非王卜辭和王卜辭相比,顯得遜色不少。從王卜辭文字風格可以看出,商王武丁所用都是在書法、篆刻方面訓練有素,技藝精湛的一流專業人才。王卜辭的文字結構嚴謹,筆畫匀稱流暢。顯現出來的是端莊自然,雄渾大氣,蒼勁有力的書法風格。而花東子卜辭的文字就顯得結構鬆弛,筆畫稚拙板滯、纖弱無力,缺少匀稱流暢、雄渾大氣之感:

《合集》177　　　　　　　　《花東》14

---

① 黄天樹:《簡論"花東"卜辭的時代》,《古文字研究》第 26 輯,中華書局,2006 年,第 29 頁。
② 張世超:《殷墟花園莊東地甲骨字迹與相關問題·關於花東卜辭的時代》,《古文字研究》第 26 輯,第 44 頁。
③ 姚萱:《花園莊東地甲骨卜辭的主人"子"的身份》,《殷墟花園莊東地甲骨卜辭的初步研究》,綫裝書局,2006 年,第 40~55 頁。

這充分體現了王卜辭與子卜辭等級上的明顯差距。朱先生還從象形程度高低、筆畫繁簡來證明花東卜辭屬於武丁早期。我認爲，我們應當辯證地對待一切事物，任何事物都是相對的，而不是絶對的。花東卜辭確實存在一些象形程度較高，筆畫較繁複的文字，但是，在殷商時代這種現象不是只有花東卜辭才有的。在其他晚期的文字中，也存在象形程度較高和具有早期文字特點的文字。比如"舌"字，師類作㞢（《合集》21118，《新甲骨文編》第 127 頁）、典賓類作㞢（《合集》5760）。李孝定先生説："物類之中惟蛇信歧出，意者先哲造字或於此希見者取象乎？"①李先生所釋是非常正確的。

"舌"爲蛇之舌的象形字，"舌"的讀音也來自"蛇"。"蛇"爲船紐歌部，"舌"爲船紐月部。二字爲船紐雙聲，歌月對轉。師類卜辭的"舌"字在直畫上增加了裝飾性的横畫，反不如晚於師類卜辭的典賓類卜辭"舌"字更象舌形。"水"字，師類作㞢（《合集》20615）、賓一類作㞢（《合集》10150 正）、歷類作㞢（《合集》33536）、出類作㞢（《合集》24443），比師類、賓一類晚的歷類、出類的字形象形程度反高。"止"字，師類卜辭作㞢（《合集》20221），子類卜辭作㞢（《合集》22013），後者是個倒文，正過來作㞢形，後者更象腳趾形。"毓"字，典賓類作㞢（《合集》19066），黄類作㞢（《合集》38244），"胡厚宣解釋它的字形説：'右旁從兩手持衣……象女人産子接生者持襁褓以待之。'"②後者比前者所會之意更加完整詳明。"莫"字，師賓間類作㞢（《合集》15588 正），子類作㞢（《花東》314），出類作㞢（《英》1978），無名類作㞢（《屯》345），較早的文字構件很簡單，較晚的出類、無名類構件較複雜，表示日薄西山，鳥類棲息於草叢樹林之間，會傍晚之意。"焚"字，師類作㞢（《合集》20765）、典賓類作㞢（《合集》583 反）、無名類作㞢（《合集》28800）、㞢（《屯》762）、㞢（《屯》4490），這些"焚"字或从"林"、从"火"，會以火焚燒山林之意。或从"林"、从手（單手、雙手無别）持火炬焚燒山林之意。比較晚的卜辭此字構形反倒更加完整詳明。從這些例子看，似乎這些較晚的文字更原始。如果真從象形程度高低來看時代早晚，那可大錯特錯。所以，在花東卜辭中出現一些似乎較古的文字形體，不能證明它就"可以代表目前所見最早的一批中國文字"，因爲，這種字例還不具有典型性、代表性。類似的例子太多，我們可以隨意舉出一些例子

---

① 李孝定：《甲骨文集釋》，臺灣中研院史語所，1965 年，第 681 頁。
② 裘錫圭：《釋殷墟甲骨文裏的"遠""狘"（邇）及有關諸字》，《裘錫圭學術文集》甲骨文卷，復旦大學出版社，2012 年，第 171 頁。

作爲反證。只有列舉出別人舉不出反證,特徵突出的例證,才能落實你所得出的結論。

近些年來,學者們根據殷墟卜辭的字體特點,對殷墟卜辭所進行的分類、分組、分期的研究,已經取得很大的進展。這證明以文字形體特徵來研究殷卜辭的類、組和分期是非常科學有效的方法。因此,我認爲這種方法同樣適用於花東卜辭的分期研究。

我在以窮盡的方式考察"翼"字形體的時候,發現此字在殷甲骨卜辭出現的頻率非常之高,而且其形體具有較強的階段性的特徵。它對於殷卜辭的分類、分期研究具有非常重要的價值。我們現在根據"翼"字在武丁時代不同時期所表現出的典型性、特徵性較強的字形,也對花東卜辭的年代談談自己的看法。

我們現在把武丁各個時期"翼"字具有典型性、特徵性的字形擺出來,以便和花東卜辭的全部"翼"字進行比較:

師賓間類:

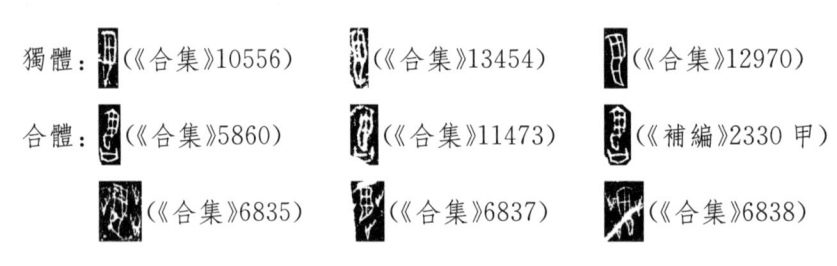

獨體:▨(《合集》10556) ▨(《合集》13454) ▨(《合集》12970)

合體:▨(《合集》5860) ▨(《合集》11473) ▨(《補編》2330 甲)

▨(《合集》6835) ▨(《合集》6837) ▨(《合集》6838)

過渡①類:

獨體:▨(《合集》2136) ▨(《合集》4141) ▨(《合集》12908)

賓一類:

獨體:▨(《合集》982) ▨(《合集》1179) ▨(《合集》12437)

過渡②類:

獨體:▨(《合集》454 正) ▨(《合集》721 正) ▨(《合集》9244 正)

典賓類:

獨體:▨(《合集》33) ▨(《合集》542) ▨(《合集》3779)

過渡③類:

獨體:▨(《合集》1304) ▨(《合集》12344) ▨(《合集》13263)

賓三類：

獨體：■（《合集》339）　■（《合集》962）　■（《合集》13036）

■（《合集》13119）　■（《合集》14643）　■（《合集》18803）

■（《合集》17214）

合體：■（《合集》102）　■（《合集》1626）　■（《合集》5083）

■（《合集》13878）　■（《合集》15706）　■（《合集》19370）

　　從以上所舉武丁時代的不同階段的獨體"翼"字和以"翼"爲偏旁的合體字的實際情況，我們看到了師賓間類有合體字■和■二字。其後的過渡①類、賓一類、過渡②類、典賓類、過渡③類等階段尚未發現合體字。賓三類卜辭出現了從"日"從"翼"的合體字。此時獨體的"翼"字和合體字所從的"翼"字也發生了較大的變化，其形體特徵特別明顯，很容易識別。

　　下面，我們再把《花東》卜辭的獨體"翼"字和以"翼"爲偏旁的合體字"曋"的所有拓本字形列於下面，看看它究竟跟武丁時代哪個階段的"翼"字相同：

獨體：■(6)　　■(34)　　■(150)　　■(183)

■(108)　■(335)　■(250)　■(351)

■(420)　■(427)　■(457)

合體：■(14)　■(34)　■(39)　■(53)

■(103)　■(108)　■(124)　■(149)

■(173)　■(181)　■(257)　■(274)

■(276)　■(290)　■(316)　■(356)

■(381)　■(395)　■(401)　■(409)

■(426)　■(446)　■(451)　■(453)

■(475)

通過比較，我們可以清楚地看到，花東卜辭的"翼"字和武丁早中期卜辭的"翼"字形體是有距離的，但它却與武丁時代的賓三類卜辭的"翼"字形體相同。更爲重要的是賓三類之前没有出現从"日"的合體字"曘"字（《合集》15198 ▨、15199 ▨二殘字，根據"翼"旁殘餘筆畫看，也屬賓三類），而是到賓三類卜辭才有从"日"的"曘"字。花東卜辭有 29 個合體"曘"字，這絶對不是偶然的巧合，證明花東卜辭是與武丁時代賓三類卜辭爲同一階段的卜辭。我們所舉的武丁時代賓三類和花東卜辭的"翼"字，才是最具有典型性、特徵性、關鍵性的字例，這種字例在武丁早期是找不到的。黄天樹先生説：

> 賓出類卜辭如果不記貞人名或貞人名殘缺時，往往難以區别它究竟屬於賓組三類，還是屬於出組一類。……賓組三類中最常見的稱謂是"丁"。罕見"父某"一類的稱謂。……由此可知，賓組三類中至少有一部分卜辭應是武丁之物。大家都知道，賓組三類和祖庚之世的出組一類關係極爲密切。因此，確切地説，賓組三類應是武丁晚期之物。①

我非常贊同黄先生把賓三類卜辭定在武丁晚期。花東卜辭的"翼"和"曘"字與賓三類卜辭的"翼"和"曘"字形體特徵竟然如此高度密合，完全可以證明花東卜辭的年代也是武丁晚期。這也充分證明了陳劍先生把花東卜辭定在武丁晚期是非常正確的。在殷墟第二期、第三期也存在一些跟武丁晚期賓三類卜辭"翼"和"曘"字相同的形體，這證明了文字在發展演變過程中所存在的繼承和連續性。我們不能因此把花東卜辭的年代拉得過晚，花東卜辭中的"丁"可證。

不同時代的古文字形體在不斷向前流淌的歷史長河中，會不斷地在流變的不同階段、不同年代的文字上刻上時代的痕跡。因此，不同階段、不同時代的文字都會出現具有該時期特徵的文字形體。我們完全可以根據這種文字形體特徵確定其年代。"翼"字就是一個最爲典型的字例。

我認爲以文字形體特徵對殷商甲骨卜辭進行分類、分期研究時，有一種因素必須加以考慮，那就是重複出現的文字的避複變形。花東卜辭"翼"字與以"翼"爲偏旁的文字就有這種情况。如：

▨（183）　▨（103）　▨（34）　▨（108）

在古文字中這種情况非常多，如果以文字形體特徵來研究卜辭的分類、分期，能注意

---

① 黄天樹：《殷墟王卜辭的分類與斷代》，科學出版社，2007 年，第 79～80 頁。

這種因素，就不能因此而出現誤判。過去裘錫圭先生《論"歷組卜辭"的時代》謂《合集》5728與《合集》34136"賓組與歷組卜辭可能爲同時所卜"。① 陳煒湛先生反對說："關鍵性字'叀'絕異，一作 [字形]，一作 [字形] 和 [字形]，反映出時代的差異。"② 林澐先生反駁說："陳煒湛同志說 [字形] '乃晚期寫法'，大概是因爲它和武丁時代的賓組卜辭作 [字形] 不同，而和乙辛時代的黃組卜辭作 [字形] 相近。可是，子組卜辭的'叀'均作 [字形]，午組卜辭則 [字形]、[字形] 互見，自組小字類也是 [字形]、[字形] 互見，既然這些類別的卜辭都早到武丁時代，怎麼還能說 [字形] 就是'晚期寫法'呢？"③ 林先生所駁有理有力，證明裘先生之說是正確的。陳先生由於忽略了古代書法對重複出現的文字有避複變形處理這一因素而失誤。可見此因素忽視不得。

　　本文在分類、分期上參考採納了裘錫圭先生《論"歷組"卜辭的時代》、黃天樹先生《殷墟王卜辭的分類與斷代》、李學勤、彭裕商先生《殷墟甲骨分期研究》、林澐先生《無名組卜辭中父丁稱謂研究》、崎川隆先生《賓組甲骨文分類研究》、劉義峰先生《無名組卜辭的整理與研究》等研究成果。特別是崎川隆先生的《賓組甲骨文分類研究》，正如林澐先生所說："這項研究成果，不僅對贊成按字體對甲骨刻辭進行分類的研究者，提供了逐片的分類結果，而且，通過這次分類實踐，對每一個小類的特徵性字體的具體特點，特徵性字體的特有組合關係，都有詳細的總結，使讀者對這種分類方法能方便而切實的掌握。"④ 可見此書對分類、分期研究極具有可操作性，所以，對我幫助極大。劉義峰先生《無名組卜辭的整理與研究》也是逐片分類，對我幫助也很大。本文在分類上採取黃先生的意見統一稱類，不稱組。拙稿得到裘錫圭先生、陳劍先生、劉釗先生的審閱指正。我在此向各位先生一併表示最衷心的感謝！

---

① 裘錫圭：《論"歷組卜辭"的時代》，《裘錫圭學術文集》甲骨文卷，第115頁。
② 陳煒湛：《甲骨文論集》，上海古籍出版社，2003年，第101頁。
③ 林澐：《甲骨斷代商榷》，《林澐學術文集》，中國大百科全書出版社，1998年，第145頁。
④ 林澐：《賓組甲骨文分類研究序》，崎川隆：《賓組甲骨文分類研究》，上海人民出版社，2011年，第2頁。

試釋殷墟甲骨文的"達"字

鄔可晶

殷墟甲骨文中有一個被不少學者隸定爲"遄"的字,①金祥恒先生曾推測"其義當有疾行而至之意"。② 裘錫圭先生指出卜辭"遄"與"徲(遲)"往往對舉,義當相反,由此認爲"'遄'應該當迅速講";他根據"臺"即"晉"之聲旁"臸",懷疑"遄"乃"迅"字。③

1994年,蔡哲茂先生發表《釋殷卜辭的"速"字》一文(以下簡稱"蔡文"),主張釋"遄"爲遲速之"速"。④ 蔡文所以如此釋,主要由於典籍"速""遲"對舉極爲常見。此外,蔡文還提出師湯父鼎中的賞賜物"矢臺"讀爲"矢束","臺"用作"束",可證"遄"當釋"速"。

在殷墟大司空村牛骨刻辭公布引發新的討論之前,大陸的甲骨研究者多從裘錫圭先生説釋"遄"爲"迅",臺灣的甲骨研究者則多從蔡哲茂先生説釋爲"速"。

我們先來檢討一下釋"速"説的文字學證據。師湯父鼎是西周中期器,銘文記王賜師湯父如下之物:

□(引者按:此字下爲"皿",上部構件難識,一般釋爲"盛",待考)弓象弭、矢

---

① 李宗焜:《甲骨文字編》,中華書局,2012年,第880~881頁。隸定爲"遄"者,早期有王襄、商承祚、孫海波等人,于省吾先生主之最力。參看于省吾:《甲骨文字釋林》之《釋遄》篇,中華書局,1979年,第277~279頁。
② 金祥恒:《釋🉑🉑🉑🉑》,《中國文字》第18冊,1966年,見《中國文字》第1~52冊合訂本,第1861頁。
③ 裘錫圭:《甲骨文中所見的商代農業》,《裘錫圭學術文集》甲骨文卷,復旦大學出版社,2012年,第253頁。
④ 蔡文於1994年5月7日在臺灣政治大學中國文學系主辦的"第五屆中國文字學會全國學術研討會"上宣讀。幾年前,承謝明文先生轉贈由張惟捷先生賜閲的蔡文的整理稿,得以拜讀原文,誌此申謝。下引此文不另出注。

彤欮（栝）①

"彤欮"之"欮",孫詒讓讀爲矢栝之"栝",②已爲多數研究者所接受。③ 今從之。郭沫若《兩周金文辭大系考釋》指出鼎銘所賜爲二事,"囗弓象弭"即"有象弭之弓",④所以"矢▇彤栝"應爲有"彤栝"之"矢▇"。前者的中心語是"弓"或"囗弓",後者的中心語是"▇"或"矢▇"。"矢束"一詞的中心語則是數量詞"束";"束"顯然無法用"彤栝"之類的名物詞來修飾,與處於同一語法地位的"弓"亦不匹配（他銘多以"矢束"與"馬匹""貝五朋""弓一"等對舉）。從這一點看,蔡文的讀法已難以成立。

孫詒讓在《古籀餘論》裏,據《説文》"遷"的聲旁"䙴"即"䇎",推斷師湯父鼎"䙴（䇎）"爲"瞽（晉）"之省,"晉""亦从䇎聲","晉""箭"古音"相近可通用","是'矢䇎'即矢箭,與弓弭並賜矣"。⑤ 郭沫若雖同意孫氏對字形的考釋,但"以矢箭一事,既言矢不得又言箭"爲由,反對孫氏讀"箭"之說。⑥ 容庚《善齋彝器圖錄》引"箭"之古訓,指出"矢、箭非一事"。⑦ 這是正確的,稱"矢"爲"箭"乃"後世語"。⑧ 先秦古書所謂"箭",大多指"箭竹"（如《周禮・夏官・職方氏》言揚州"其利金錫竹箭",鄭注:"箭,篠也。"《說文》以"矢竹也"爲"箭"之本義。⑨ 鄂君啟車節銘文"毋載金、革、黽、箭"的"箭"也指箭竹⑩),是製成矢幹的原料,故當時有稱矢幹爲"箭"者（如《儀禮・鄉射禮》:"箭籌八十,

---

① 中國社會科學院考古研究所編:《殷周金文集成（修訂增補本）》第 2 冊,中華書局,2007 年,第 1447 頁 02780 號。
② （清）孫詒讓:《古籀餘論》,《續修四庫全書》第 904 冊,上海古籍出版社,2002 年,第 87 頁。
③ 吳紅松《西周金文賞賜物品及其相關問題研究》從《商周青銅器銘文選》之說,釋"欮"之左半爲"干",讀爲箭杆之"杆"［安徽大學 2006 年博士學位論文（指導教師:何琳儀教授）,第 82 頁］。其說於字形不符,非是。
④ 郭沫若:《兩周金文辭大系考釋》,《郭沫若全集・考古編》第 8 卷,科學出版社,2002 年,第 159 頁。
⑤ （清）孫詒讓:《古籀餘論》,《續修四庫全書》第 904 冊,第 87 頁。
⑥ 郭沫若:《兩周金文辭大系考釋》,《郭沫若全集・考古編》第 8 卷,第 159 頁。
⑦ 容庚:《善齋彝器圖錄》,《容庚學術文集》第 13 冊,中華書局,2011 年,第 427 頁。
⑧ 參看丁福保編纂:《說文解字詁林》,中華書局,1988 年,第 4787～4789 頁;史光輝:《常用詞"矢、箭"的歷時替換考》,浙江大學漢語史研究中心編《漢語史學報》第 4 輯,上海教育出版社,2004 年,第 160～161 頁。
⑨ 今傳大徐本誤作"矢也",此從段玉裁注改。參看（清）段玉裁注、許惟賢整理:《說文解字注》,鳳凰出版社,2007 年,第 336 頁。
⑩ 劉翔、陳抗、陳初生、董琨:《商周古文字讀本》,語文出版社,1989 年,第 181 頁。參看馮勝君:《戰國楚文字"黽"字用作"龜"字補議》,《漢字研究》第 1 輯,學苑出版社,2005 年,第 477～478 頁。

長尺有握。"）。① "矢箭"當指用於製矢的箭竹，也就是矢幹，"矢箭彤栝"蓋指帶有紅色矢栝的矢幹。大概跟完整的矢相比，"矢箭彤栝"還缺乏"鏃"或其他東西。所以，從文義上説，鼎銘"矢"後一字釋讀爲"箭"，是完全可能的。

從字形看，這個字釋爲"䇞"或"𦥑"也是有道理的；這只要跟西周金文中的"至"字比較一下，便不難確定。② 師湯父鼎"歖"字左半的"𢎘（倒'矢'）"作 ，與同銘"𦥑"所從有較明顯的區别，也可爲證。雖然如此，西周時代的"𦥑"却不能直接從字形上與"晉""箭"進行聯繫。

在殷墟甲骨文和兩周金文裏，絶大多數的"晉"字都是从"𢎘（二"倒'矢'"）"的。③ 戰國楚簡中既有明顯从"𢎘"的"晉"，也有被有些學者視爲从"𦥑"的"晉"（亦見於個别春秋晚期至戰國時代的金文），④實際上後一種字形仍應从"𢎘"，只是寫法較爲簡率或字形稍有變化（如在矢幹前部加短横飾筆，也可能實是由表示矢頭的筆畫變爲短横）而已。⑤ 明白無疑的从"𦥑"的"晉"，似乎要到漢代才大量出現。⑥《説文》小篆"晉"字从"𦥑"，顯然依據的是較晚的字形。⑦ 郭店簡《緇衣》22 號簡"晉（祭）公"之"晉"，⑧《上

---

① 參看史光輝：《常用詞"矢、箭"的歷時替换考》，《漢語史學報》第 4 輯，第 160 頁。
② 董蓮池：《新金文編》中册，作家出版社，2011 年，第 1575～1576 頁。
③ 李宗焜：《甲骨文字編》，第 967 頁；董蓮池：《新金文編》中册，第 854～855 頁；陳斯鵬、石小力、蘇清芳：《新見金文字編》，福建人民出版社，2012 年，第 202～203 頁。
④ 滕壬生：《楚系簡帛文字編（增訂本）》，湖北教育出版社，2008 年，第 645 頁；饒宗頤主編、徐在國副主編：《上博藏戰國楚竹書字彙》，安徽大學出版社，2012 年，第 456～457 頁；李學勤主編：《清華大學藏戰國竹簡（壹—叁）文字編》，中西書局，2014 年，第 183～185 頁；李學勤主編：《清華大學藏戰國竹簡（肆—陸）文字編》，中西書局，2017 年，第 159、233 頁；李學勤主編：《清華大學藏戰國竹簡（柒）》下册《字形表》，中西書局，2017 年，第 189 頁。董蓮池：《新金文編》中册，第 855 頁。
⑤ 上文所説字形有所變化的那些"晉"字，魏宜輝《關於"箭之初文"的補釋》視爲"𦥑"下端的兩横畫與"'曰'旁上端的横筆形成借筆"，有些"晉"則因刻寫草率，"以至於'𦥑'旁下端的横筆脱失"。他還認爲从"𢎘"之字與从"𦥑"的"晉"本係二字，後人誤將它們混爲一字（簡帛網，2007 年 12 月 18 日：http：//www.bsm.org.cn/show_article.php？id=761；又載南京大學漢語言文字學科、《南大語言學》編委會編：《南大語言學》第 4 輯，商務印書館，2012 年，第 249～254 頁）。這些説法顯然都很牽强，不可信。
⑥ 徐正考、肖攀：《漢代文字編》，作家出版社，2016 年，第 948～949 頁。在秦文字中，有個别陶文"晉"字已變从"𦥑"，但多數仍从"𢎘"，參看王輝主編：《秦文字編》，中華書局，2015 年，第 1043 頁。
⑦ 過去已有學者據甲骨文和西周金文"晉"的字形，指出"晉"从"二'矢'"，如林義光（《文源》6·51，中西書局，2012 年，第 279 頁）、楊樹達（《積微居小學述林全編》，上海古籍出版社，2007 年，第 297～298 頁）、姚孝遂（于省吾主編《甲骨文字詁林》，中華書局，1996 年，第 2562～2563 頁按語）等。
⑧ 關於"晉"可讀"祭"，參看張富海：《郭店楚簡〈緇衣〉篇研究》，北京大學 2002 年碩士學位論文，第 20 頁。又，清華大學藏戰國竹簡《繫年》第二十章"夫秦王"之"秦"用爲夫差之"差"（110 號簡），與"晉"用爲"祭"相類。

海博物館藏戰國楚竹書(一)·緇衣》12號簡就寫作"矤"。沈培先生在前引孫詒讓所說"晉""箭"古通的基礎上,認爲"矤""很可能就是'箭'字"①。此説似頗爲人所信。但上文説過"箭"本指"箭竹"而非矢箭,古文字中無論正倒"矢"形都是"矢"字,②所以古人大概不會用二"倒'矢'"形來代表"箭"字。上博簡《緇衣》和《凡物流形》(詳下)中的"矤"字,有可能只是"晉"的特殊省體。

這裏有必要談一下"至"字。西周晚期窒叔簋的器主名"窒",③从"宀"从"至",舊或以爲"室"之異體,恐非。"窒"字又見於戰國晚期的楚王酓忎鼎、盤④和《上海博物館藏戰國楚竹書(五)·弟子問》附簡⑤、《上海博物館藏戰國楚竹書(七)·凡物流形》甲本27號簡⑥、《清華大學藏戰國竹簡(陸)·子儀》2號簡⑦、《清華大學藏戰國竹簡

---

① 沈培:《卜辭"雉衆"補釋》,《語言學論叢》第26輯,商務印書館,2002年,第239頁。按:沈先生認爲"𢎘"也是"箭"字,是否正確,有待研究。
  《清華大學藏戰國竹簡(捌)》所收《攝命》,7、30號簡兩見"𢎘"字。整理者認爲"𢎘""即'箭'字初文'至',讀爲'虔'"(李學勤主編:《清華大學藏戰國竹簡(捌)》下册,中西書局,2018年,第110、112、114頁)。今按,"至"與所謂"箭之初文""矤"非一字,清華簡整理者誤混爲一。如果承認"𢎘"亦"箭"字,則斷不能讀爲"虔"("箭""虔"聲母相差太遠)。但整理者把《攝命》的"𢎘卹乃事"讀爲"虔恤乃事",認爲與叔弓鐘、鎛銘"虔卹厥死(尸)事"相合(李學勤主編《清華大學藏戰國竹簡(捌)》下册,第114~115頁),甚有理致。若此,或可證"𢎘"確非"箭"字,而是另一個與"虔"音同或音近之字。甲骨文"𢎘"字作 、 ,"矢"旁有小點,可能象血滴之形,竊疑"𢎘"即訓"殺"之"虔"的表意初文(張富海先生告訴我,"戔"字以"二'戈'"表"殘殺"意,則"𢎘"字以"二'矢'"表"虔殺"意是合乎造字理據的)。卜辭"𢎘衆"似僅二見(《合》26889、26893),有可能與"雉(失)衆"無關,而應讀爲"虔衆",即卜問衆是否被殺。《合》35273也有"𢎘"字:"☐弗𢎘孜☐"(參看沈培:《卜辭"雉衆"補釋》,《語言學論叢》第26輯,第241頁)"孜"除用爲動詞外,還可表示某一種人(如《合》891正:"鼓以孜。"《合》9339:"壬子卜:砍(?)以孜啓,隻(獲)。")此殘辭似卜問會不會虔殺"孜"這種人。
② 參看沈培:《卜辭"雉衆"補釋》,《語言學論叢》第26輯,第238頁。
③ 吳鎮烽編著:《商周青銅器銘文暨圖像集成》第11卷,上海古籍出版社,2012年,第233頁05207號。
④ 中國社會科學院考古研究所編:《殷周金文集成(修訂增補本)》,第2册第1462~1464頁02794、02795號,第7册第5461頁10158號。
⑤ 馬承源主編:《上海博物館藏戰國楚竹書(五)》,上海古籍出版社,2005年,圖版第123頁,釋文考釋第281~283頁。
⑥ 馬承源主編:《上海博物館藏戰國楚竹書(七)》,上海古籍出版社,2008年,圖版第104頁,釋文考釋第268、269頁。按此字整理者誤釋爲"向"。
⑦ 李學勤主編:《清華大學藏戰國竹簡(陸)》,中西書局,2016年,上册第73頁,下册第128、130~131頁。

(捌)·治邦之道》9號簡①等；獨體的"銍"字除上舉師湯父鼎銘外，②還見於戰國晚期的楚器鑄客匜③、鑄客箕④和郭店楚墓竹簡《緇衣》26號簡⑤等。⑥《弟子問》附簡的"巧言窒色"即"巧言令色"；《治邦之道》"窒色"，整理者亦讀爲"令色"。郭店《緇衣》的"銍"用於所引《尚書·吕刑》之句中，此字《上海博物館藏戰國楚竹書（一）·緇衣》作"需"，今本《尚書》作"靈"，今本《緇衣》作"命"。"命""令"一字分化，"需""靈"與"令"古通。《凡物流形》"窒聲"、《子儀》"窒秋"、鑄客匜"辻（卜）銍"之"窒""銍"，也有研究者指出當讀爲"令"。⑦ 由此可知"窒"顯然是一個從"銍"聲之字，其音與"令"相近。有些學者把"銍"與"晉""䇁"加以認同，並同意"䇁"即"箭"之初文。⑧ 事實上"晉"、"箭"都是純粹的精母字，無法與來母字"令"相通。上博簡《凡物流形》中既有從"銍"的"窒"字（見上），又有寫作十分象形的二"倒'矢'"形的"䇁"字（甲本5號簡、乙本4號簡，據文義似當讀爲訓"進"之"晉"），更可證明"銍""䇁（晉）"非一字。⑨

李零先生在討論郭店《緇衣》的"銍"時，引《說文》訓"銍"爲"到也"，認爲此字"音義均與'臻'字相通，是完美之義"，今本《尚書·吕刑》作"靈"，"'靈'與'臻'含義相

---

① 李學勤主編：《清華大學藏戰國竹簡（捌）》，上册第75頁，下册第136、141頁。
② 《合》13883爲占卜"肩興有疾"之辭，其"貞"下一人名之字，李宗焜《甲骨文字編》第961頁摹作[字]，似可信（拓本較模糊，但仍可參看）。若此，似乎殷墟甲骨文裏已見"銍"字（《甲骨文字編》將此字歸在"狋"字條下，不確）。
③ 中國社會科學院考古研究所編：《殷周金文集成（修訂增補本）》第7册，第5495頁10199號。
④ 吴鎮烽編著：《商周青銅器銘文暨圖像集成續編》第4卷，上海古籍出版社，2016年，第379頁31382號。
⑤ 荆門市博物館：《郭店楚墓竹簡》，文物出版社，1998年，圖版第19頁，釋文注釋第130、134頁。
⑥ 參看石小力：《壽縣朱家集銅器銘文"窒"字補釋》，武漢大學簡帛研究中心主辦：《簡帛》第11輯，上海古籍出版社，2015年，第23～24頁；石小力：《東周金文與楚簡合證》，上海古籍出版社，2017年，第32～33頁。
⑦ 范常喜：《〈上博七·凡物流形〉"令"字小議》，簡帛網，2009年1月5日：http：//www.bsm.org.cn/show_article.php？id＝951。"海天遊蹤"《清華六〈子儀〉初讀》5樓發言，簡帛網"簡帛論壇"，2016年4月16日：http：//www.bsm.org.cn/bbs/read.php？tid＝3343。石小力：《壽縣朱家集銅器銘文"窒"字補釋》，《簡帛》第11輯，第25～26頁；石小力：《東周金文與楚簡合證》，第34～35頁。
⑧ 參看石小力：《壽縣朱家集銅器銘文"窒"字補釋》所引白於藍、何琳儀以及作者自己的觀點，《簡帛》第11輯，第27～28頁；石小力：《東周金文與楚簡合證》，第36～37頁。顏世鉉：《說"至"和"晉"的關係——兼論一則古書詞義的釋讀》，澳門大學中國語言文學系、香港浸會大學饒宗頤國學院主辦"上古音與古文字研究的整合"國際學術研討會，2017年7月15～17日［看校時按：此文已發表於《饒宗頤國學院院刊》第6期，中華書局（香港），2019年］。
⑨ 前引魏宜輝《關於"箭之初文"的補釋》刻意把從"䇁"之字與"晉"分爲二字，以"晉"從"銍"聲，我們並不同意。但魏先生所以有此區分，顯然基於"䇁""銍"非一字的認識，這是正確的。

近"①。李先生不讀郭店簡《緇衣》"𦤳"爲"令"或"霝",似無人響應;但他指出"𦤳"與"臻"的聯繫,對我們很有啓發。我認爲"𦤳"字从"二'至'",應該就是訓爲"至""及"的"臻"的初文。②"臻""令"皆屬真部,中古都是三等開口字。"臻"爲中古莊母字,按照現在多數古音學家的認識,其上古聲母中當有-r-,正好可以跟聲母爲 r-的"令"字相通。"令"與"臻"的聲母關係,跟"吏"與"事"、"卿李"即"卿事"、"行李"即"行使"等平行。③ 前文説過,"晋"在《説文》小篆和秦漢文字中已變爲从"𦤳"。這當然是字形演變的結果,但很可能也跟當時人已不知"晋"本从"𦤳","𦤳""晋"則音義皆近有關。④《清華大學藏戰國竹簡(叁)》所收《芮良夫毖》1 號簡"周邦驟有禍,寇戎方晋",李學勤先生指出"晋"讀爲"臻",⑤甚確。只有把"𦤳"釋爲"臻",才能合理地解釋"𦤳"既可讀爲"令",又可在"晋"的後起變體中充當音符(兼義符)的現象。

所以,師湯父鼎的"𦤳(臻)"仍可從孫詒讓説讀爲"薦",⑥而決無讀"束"之理;蔡文據此釋甲骨文所謂"達"字爲"速",當然無法取信於人。那末,釋"達"爲"迅"的看法是否正確呢?這需要從新出牛骨刻辭的有關研究説起。爲了分析字形的方便,下文改用"△"代替此字,並於"△"後加數字表示不同字例。

2010 年,河南安陽殷墟大司空村東北的一座窖穴 H37:2 中出土了一塊牛胛骨刻辭,惜上下皆已殘斷。刻辭正面有如下一字:

△1:

其所在辭例爲:

---

① 李零:《郭店楚簡校讀記(增訂本)》,中國人民大學出版社,2007 年,第 82 頁。
② 《春秋元命苞》卷二"䰩𦤳𦤳",宋均注:"𦤳,音臻,到也。"此注音如可靠,似對我們釋"𦤳"爲"臻"之初文的説法有利。
③ 張富海:《清華簡〈繫年〉通假臆釋》,李守奎主編:《清華簡〈繫年〉與古史新探》,中西書局,2016 年,第 447~448 頁。
④ 據《説文》,"晋"的本義是"進也"(《七上·日部》),此義亦見用於古書。"晋""進"同音,很可能代表的是語言裏的同一個詞;"晋(進)"與"𦤳(臻)"則爲同源詞。"晋"所从之"𦤳"當是意符。
⑤ 李學勤:《新整理清華簡六種概述》,《初識清華簡》,中西書局,2013 年,第 175、176~177 頁。
⑥ 郭永秉先生閲本文初稿後向我指出,師湯父鼎的"𦤳(臻)"作上下相重的"𦤳",似更能會出"臻"的仍、重、增之義,即"𦤳(臻)"不是一般的"至",而是"薦臻"。其説很可參考。又,"𦤳"在字書中有"人質切"的讀音。在傳抄古文中,"𦤳"用爲"日";《説文》所收从"𦤳"聲之"邇",或爲"古馹字"(參看石小力:《壽縣朱家集銅器銘文"室"字補釋》,《簡帛》第 11 輯,第 27 頁)。這一讀音不知是不是"臻"之音變,有待於進一步研究。

☐△1 至，咸涉水，莫☐

正式發表此材料的何毓靈先生釋寫爲"速"，①當即據蔡文。

大司空村牛骨刻辭於 2018 年 3、4 月公布之後，引起了學者們的熱烈討論。在討論中，大家對此字與過去釋爲"迅"或"速"的甲骨文△爲一字，迅速達成共識。卜辭△常位於"入""往于""來歸"等詞之前（具體辭例詳下），大司空村牛骨刻辭△1 位於"至"之前。吴雪飛先生針對釋"迅"説指出："文獻中多見'迅風'、'迅雨'、'迅雷'等，很少見到'迅往'、'迅來'、'迅至'等辭例。"②這一批評是有道理的。

更爲重要的是，仔細考辨△的各種寫法，可知此字實無從"臸"或"秊"者，所以把它分析爲"銍"或"晋"聲，也非定論。

大司空村牛骨刻辭△1 矢尾作 形，與一般的"矢"有所不同；甲骨文中多數△字的矢尾亦如此作。關於這一點，于省吾先生已有很好的説明：

甲骨文的菊字，即盛箭之箙的本字，作 或 ，周器番生簋作 ，毛公鼎作 。又商器矦鼎的矦字從矢作 ，周器仲殷父簋的室字從至作 或 。以上是從矢之字，其矢尾由 變作 的例證。③

而且卜辭△字有從一般的"矢"的：

△2：   （《合》296）   △3：   （《合》29715）

所以△所從 尾者没有問題就是"矢"。④

受大司空村牛骨刻辭△1 從"矢"的啓發，學者們揭出過去發表的殷墟甲骨文△字也有一些從"矢"或"倒'矢'"的，最典型的就是上舉△2、△3 二例。⑤《合》29084△作如下之形：

---

① 何毓靈：《河南安陽市殷墟大司空村出土刻辭牛骨》，《考古》2018 年第 3 期，第 118 頁。
② 吴雪飛：《殷墟大司空村出土胛骨中的"從止從矢"之字》，簡帛網，2018 年 5 月 10 日：http：//www.bsm.org.cn/show_article.php？id=3079♯_ftnref2。下引吴説皆見此文，不另出注。
③ 于省吾：《甲骨文字釋林》，第 278 頁。
④ 顔世鉉《説殷墟大司空村出土胛骨卜辭的"疾"字》引劉洪濤先生説，認爲尾部作 的箭矢形，"很可能是二倒寫'至'之省"（簡帛網，2018 年 5 月 16 日：http：//www.bsm.org.cn/show_article.php？id=3098）。其説大概爲了遷就此字從"臸"的舊説，並無實據。下引顔説皆見此文，不另出注。
⑤ 上引吴雪飛、顔世鉉文。

△4：▨（▨①）

所從亦爲"矢"。此"矢"將尾部圈形重複書寫，與"晉"字或作▨②同例。

卜辭△又有如下一例：

△5：▨（《合》31792＝《佚》940）

商承祚先生在《殷契佚存考釋》裏曾將此字隸定爲"逵"。③ 但是《佚》292 的如下△字：

△6：▨（《合》29092＝《佚》292）

商先生却誤隸作"徉"，④可見他對此字尚無清晰的認識。我們認爲△5 隸定爲"逵"比較可取。

一般把此類△字釋爲從"臸/銍"。但是，所謂位於上方的"倒'矢'"並無矢頭，也無表示到達地的短横，位於下方的"倒'矢'"則矢尾不見圈形，此皆與正常的"臸""銍"或"䡄"形不合。如解釋爲書寫簡省所致，却何以在所有△字中竟找不到一例不簡省的"臸/銍"或"䡄"？上舉△1～△4 明顯從"矢"或"倒'矢'"，且△2 見於典賓類卜辭，是現存所有△字中時代最早的，應該最能反映△的構形原貌。有些學者爲從"臸/銍"說所拘牽，以爲從"矢"或"倒'矢'"者乃"臸/銍"或"䡄"之省體，這是沒有説服力的。我們只能認爲△5、△6 所從之"矢"是後起變體。至於△爲何在矢幹上增加與矢尾同形的"∧∧"，容後解釋。

《合》28011△作如下之形：

△7：▨

"倒'矢'"上加有"⊢⊣"形。《合》18277 的△寫作：

△8：▨

兩形相較，不難發現▨與▨顯然是一回事。古文字中的"∧∧"有變作"⊢⊣"之例，如陳

---

① 李宗焜：《甲骨文字編》，第 881 頁。
② 董蓮池：《新金文編》中册，第 854 頁。此類"晉"所從之"倒'矢'"，或進一步訛變爲"索"形。
③ 商承祚：《殷契佚存》，宋鎮豪、段志洪主編：《甲骨文獻集成》第 1 册，四川大學出版社，2001 年，第 490 頁。
④ 同上注，第 461 頁。

劍先生舉過的"弩"由 [字形] 變爲 [字形]、"莽"由 [字形] 變爲 [字形]、"奏"的偏旁由 [字形] 變爲 [字形] 等。① 從 "冂"的△似僅此一見,所以應該認爲是從常見的從"ᙏ"的寫法變來的。早期古文字常常喜歡在豎畫(特別是帶有圈形的豎畫)上加"冂"形飾筆,②"倒'矢'"正合其例。甲骨文中的"矢"或"倒'矢'",還常在矢幹上加短橫飾筆。③ 短橫與"冂",有時也可通作。④ △7 變從"冂",似在一定程度上表明△確實從"倒'矢'"而非"臺/臸"或"竮"。△7、△8 與△1~△4 當是一字異體。既明乎此,再重新審視上舉△5、△6,其所從皆爲加"ᙏ"形的"倒'矢'",就十分清楚了。△5、△6 在"倒'矢'"下有一短橫,故不妨隸定爲"迳""徑"。

《合》36824 有一個被許多人隸定或摹寫作從"臺"的△字:

△9: [字形]

此版屬於黃組,字迹較小且模糊。細按其形,△9 的矢尾不作ᙏ,而與一般的"矢"形相同;但"倒'矢'"的下部"[字形]"作"幸"形,從不見於其他△字,應視爲刻寫失誤的訛體(下方被視爲"至"者,本來可能是重複書寫的圈形,與上舉△4 同例;二圈形之間的"ᆺ",疑本當作"ᆺ"形,亦與矢尾形相合,因不慎寫倒,遂成"ᆺ"。⑤ 如果真是這樣的話,此例實與△5 構形一致,也可隸定爲"迳")。

殷墟甲骨文中還有如下二字:

△10: [字形](《屯》2845) △11: [字形]([字形]⑥)(《合》28034)

從其用法和字形看,與△亦一字。△5、△6 即從△10、△11。按照我們的分析,此字似可隸定爲"至"。但它們跟甲骨文真正的"至"字仍有寫法上的不同:"至"的矢尾不作ᙏ形,矢幹上不加"ᙏ"形筆畫。下面在提到單獨的△10、△11 類形體時,如有必要,就采用"至﹡"這一隸定形,加"﹡"以示與"至"有別。這種字形並非"臺/臸",也是很明確的。

---

① 陳劍:《據郭店簡釋讀西周金文一例》,《甲骨金文考釋論集》,綫裝書局,2007 年,第 37 頁。
② 參看劉釗:《古文字構形學(修訂本)》,福建人民出版社,2011 年,第 26 頁。
③ 李宗焜:《甲骨文字編》,第 957~959、961 頁。
④ 如"束""方"等字,參看李宗焜:《甲骨文字編》,第 968~969、1222~1225 頁。
⑤ 關於甲骨文裏"ᆺ""ᆺ"筆畫之間的倒寫,參看劉釗:《談甲骨文中的"倒書"》,《古文字考釋叢稿》,嶽麓書社,2005 年,第 64~65 頁。
⑥ 李宗焜:《甲骨文字編》,第 880 頁。

吴雪飞、颜世铉先生都認爲甲骨文△當釋爲迅疾之"疾"。吴雪飞先生説△有從"矢""倒'矢'"和"䇒"諸形；他引據陳夢家、沈培等先生關於"矢""倒'矢'""䇒""至"等字在表示卜辭"雉（失）衆"之"雉（失）"時可以通用的説法，認爲△字中的"矢""倒'矢'"或"䇒"都可用"矢"來讀，從而△可釋爲從"辵（或止）"、"矢"聲之字。《説文·七下·疒部》分析"疾"字"從疒、矢聲"，吴先生因此提出△讀爲"疾"，與"遲"相對。顔世铉先生同意吴説而有所補充。他舉出《上海博物館藏戰國楚竹書（五）·君子爲禮》6號簡用爲疾徐之"疾"的"㣃"字，根據"晉""遱"皆從"䇒"聲之説，認爲"㣃"與△之作"遱"者有同源關係，△也當釋讀爲疾速之"疾"。今按，通過上文的字形分析已可肯定，△字只有從"矢"和從"至∗"的寫法，並無從"秌"或"䇒"者，所以不能跟"晉"或"䇒"聯繫而讀爲"疾"。

除《説文》分析"疾"從"矢聲"外，顔世铉先生在文章中補舉了于省吾先生"疾"字"矢亦聲"的主張。① 此外，還有一些音韻學家和古文字學家亦持此説。② 其實"疾"從"矢"聲的説法是不合音理的。清儒段玉裁、朱駿聲已反對"矢聲"説。③ "疾"從上古到中古都是從母字。"矢"是中古書母字，它在甲骨卜辭中可讀爲"失"，與"雉"通用；作爲"雉"的聲旁，"矢"可與"夷"換用；"矢""陳"音義皆近，當有語源上的聯繫。"失""夷""陳"的上古聲母皆爲l-或l̥-，"矢"也應是l̥-，清流音l̥正是中古書母的主要來源。④ "矢""疾"韻部雖有陰入對轉的關係，但聲母遠隔，應該没有相諧的可能。所以，即使承認△字從"矢"聲，也不能據此讀爲"疾"。順便提一下，有些認爲△字兼有從"矢""秌（箭）""䇒"諸體的學者，據所謂"矢、箭通用"説以溝通字音，這是不妥當的。"箭"的聲母與"疾"同系，"矢"既不能與"疾"相諧，當然也不能與"箭"通用。

甲骨金文中有"𰀀（疒）""𰀁（疾）"二字，相當於典籍的"疾"。前者公認爲疾病之"疾"；後者象以矢射人、人閃躲不及之形，羅振玉謂"疾古訓急、訓速，最速者莫如矢，故從人旁矢"，⑤李孝定《甲骨文字集釋》按語亦主"其本義爲疾速"，⑥即疾速之"疾"的

---

① 于説見其《甲骨文字釋林·釋疒、疾》，第 320 頁。
② 如羅常培、周祖謨：《漢魏晉南北朝韻部演變研究》，中華書局，2007 年，第 41 頁注①；黄天樹：《殷墟甲骨文形聲字所占比重的再統計——兼論甲骨文"無聲符字"與"有聲符字"的權重》，《黄天樹甲骨金文論集》，學苑出版社，2014 年，第 116 頁。
③ 參看丁福保編纂：《説文解字詁林》，第 7593、7594 頁。
④ "疾""矢"的上古音構擬，參看鄭張尚芳：《上古音系（第二版）》，上海教育出版社，2013 年，第 363、465 頁。鄭張先生在"疾"字的擬音下加注，指出"矢非聲"（第 363 頁）。甚是。
⑤ 羅振玉：《增訂殷虚書契考釋》中編，《殷虚書契考釋三種》，中華書局，2006 年，第 533 頁。
⑥ 于省吾主編：《甲骨文字詁林》，第 312 頁。

初文。若此,似不得再以△爲疾速之"疾"字。

既然△釋爲"速""迅""疾"都有問題,下面試着提出一種新的考釋意見,供關心此字者參考。我們初步認爲△也許可以釋爲"达"。

2010年,莫伯峰先生拼合了一組甲骨,即《合》27745+《美》490。拼合之後,此版上呈現六條完整卜辭,其中兩條如下:

(1a) 其遲往于之,又(有)𢦏(𢦏)。

(1b) 达往于之,又(有)𢦏(𢦏)。

莫伯峰先生引裘錫圭先生説"卜辭'遱'字的意義跟'遲'相反",指出上引二辭"應爲對貞關係",(1b)中的"达"字"也似與'遲'字意義相反"。① 其説可從。

在晚近討論△的諸家中,只有蔡哲茂先生注意到了莫伯峰先生新綴中的"达"字。② 不過,蔡先生爲了回護他的釋"速"説,認爲上舉與"遲"相對的"达",其所從"大"爲"矢"形之訛,則不可從。"矢"作爲合體字偏旁,在甲骨文裏偶有訛作"大"的例子,已爲蔡哲茂先生所舉出。但是,此類訛混只能發生在正向的一般"矢"形之中;因爲"倒'矢'"或矢尾作⋀的"矢"和"倒'矢'",都與"大"形不近。上舉△4~7爲何組卜辭,其所從之"倒'矢'"的矢尾皆作⋀形。這種"矢"形應該不至於訛寫成"大"。△1雖从正向的"矢",但其矢尾爲⋀,也不至於訛寫成大。唯上舉△3从正向的一般的"矢",此例所從出的《合》29715是無名組卜辭,《合》27745+《美》490亦屬無名組,似有利於(1b)"达"所從"大"爲"矢"之訛寫的説法。不過,下文將説明,△中"矢"指向"止"當有表意作用,因而絶大多數△皆作"矢""止"相向之形。矢尾不作⋀形的△字也是少數。像△3那樣从既與"止"反向、矢尾又不作⋀形的"矢"者,更是極爲罕見,在全部殷墟甲骨文的△中找不出第二例。如説(1b)的"达"本來也屬於此種特例,並且還要設想它曾經歷過"矢→大"的形訛,這種假設成立的可能性似乎比承認此字原即爲"达"要小得多。所以我們不取"达"爲訛字之説(另參看文末"追記")。

《説文·二下·辵部》以"达"爲"達"之或體。有學者懷疑此種"达"來源不古。③ 即便《説文》所收的"达(達)"並非承自殷墟甲骨文"达"字,也不妨礙把甲骨文的"达"

---

① 莫伯峰:《甲骨拼合第六一、六二則》,先秦史研究室網,2010年11月16日:http://www.xianqin.org/blog/archives/2132.html。

② 蔡哲茂:《釋"𣥺"(速)》,中國文字博物館主辦:《第三屆中國文字發展論壇"古文字研究與古文字書寫"學術研討會論文集》,2011年9月,第22~24頁。

③ 趙平安:《"達"字兩系説——兼釋甲骨文所謂"途"和齊金文所謂"造"字》,《新出簡帛與古文字古文獻研究》,商務印書館,2009年,第89頁。

分析爲从"大"聲。殷墟甲骨文裏還有"㚔"字，①一般認爲即"达"之異體。②"㚔"更可以分析爲从"大"聲。在上引(1b)中，"达"與我們討論的△無疑代表語言裏的同一個詞，所以△應該跟"大""达"讀音相同或相近。

上舉从"止"的△，如△2、5、7~9，"矢"都是指向"止"的。劉釗先生指出，△4"彳"之外的偏旁爲"倒書"，與之對貞的"徲(遲)"字所从"辛"旁亦"倒書"，轉正之後，△4的"矢"也指向"止"。③ △1、△3的"矢"與"止"反向，係少見的特例，顔世鉉先生舉少數"倒'大'"與"止"不相向(即同向)的"逆"字爲其比；我們甚至不能排斥△1、△3的"矢"也是"倒書"的可能性。△字以"矢"指向"止"構形，顯然具有表意作用。此字的表意思路與"逆"字最可比較(顔世鉉先生討論△的字義時，已提到"逆")。"逆"以"倒'大'"與"止"相向，表示"逆迎"之意。"倒'大'"形的"屰"，在卜辭中獨立使用，④即倒逆之逆的初文。所以"逆迎"之"逆"可分析爲从"止"从"屰"，"屰"亦聲。"逆"還有从"彳"或从"辵"的異體，△也有从"彳"(如△6)、从"辵"(如△3~5、9)二體。根據"逆"的情況類推，△1、△2當分析爲从"止"、从"倒'矢'"，△3、△4則是增从"彳"旁的△1、△2的繁體，如同"屰"增"彳"旁爲"逆"。△應是達至之"達"的表意字。"㚔""达"从"彳"或"辵"、"大"聲("大"或可視爲音兼意符)，很可能是爲通達之"達"所造的(試比較甲骨文"通"字⑤)。"通達"與"達至"義本相涵，卜辭用"达"爲"△(達)"，恐怕不是單純的音近通假而已。⑥

△用"矢"射向"止"表示達至之"達"，顯然是合適的。我們雖不同意把矢幹上加"⋀"的△字看作从"䇂/䇏"或"䇘"，但不否認矢幹上的"⋀"確與矢尾⋀同形，很像雙重矢尾。這樣的字形，似乎正可描繪出矢箭射達某一目標的過程中向前位移的動態。此類寫法在全部△字中占了多數，很可能是當時寫字的人有意爲之的。

還可注意的是，△5(也許還應算上△9)"止"上之形爲"至*"，△6从"彳"、从

---

① 參看姚孝遂主編、肖丁副主編：《殷墟甲骨刻辭類纂》，中華書局，1989年，第875頁。
② 金祥恒：《釋大㚔达》，宋鎮豪、段志洪主編：《甲骨文獻集成》第十三冊，第468頁。李宗焜：《甲骨文字編》，第880頁。
③ 劉釗：《談甲骨文中的"倒書"》，《古文字考釋叢稿》，第68~69頁。
④ 參看李宗焜：《甲骨文字編》，第90~91頁；姚孝遂主編、肖丁副主編：《殷墟甲骨刻辭類纂》，第113頁；裘錫圭：《甲骨卜辭中所見的逆祀》，《裘錫圭學術文集》甲骨文卷，第271~272、273頁。
⑤ 李宗焜：《甲骨文字編》，第882頁。
⑥ 《合》22303："丙辰卜，亞☐㚔一月至。"金祥恒《釋大㚔达》讀"㚔"爲達至之"達"，猶他辭"及五月"、"及四月"、"及今一月"之"及"(宋鎮豪、段志洪主編：《甲骨文獻集成》第十三冊，第469頁)。其說若確，可爲"㚔"用作達至之"達"添一例證。

"至*",△10、△11甚至直接寫作"至*"。達至之"達",古訓爲"至"("至""致"一語分化,達至之"達"亦可引申出達致之"致"義),①所以"達"的表意初文就作"至*"或從"至*",是很自然的事。由於要跟真正的"至"字相區別,"至*(達)"字選取矢尾作〰、矢幹帶〰的"矢"形的用意,至此也不言自明了。

《合》12450 有如下一對卜辭:

　　貞:[圖]于祖辛。

　　[圖]于祖辛。

一般把"于"上之字都釋爲"屰"。但這樣一來,二辭所卜完全相同,似不太合理。[圖]釋爲"屰(逆)"可從;②[圖]字"倒'大'"下有一短橫,疑即"至*(達)"的異體。[圖]的字形構造與"至*(達)"一致,"倒'大'"與"倒'矢'"的表意功能也相類,從"倒'大'"還可兼用"大"表"達"音。也可能由於此辭的"達"與"屰(逆)"字相對而言,所以臨時改用"倒'大'"形,以與"屰(逆)"取得聯繫。裘錫圭先生説:"'逆于祖辛'可能是説先祭祖辛以後先王,然後及於祖辛。"③即"逆祀"。那麼"達于祖辛"可能是説先祭祖辛之前的先王,然後達至於祖辛,即"順祀"。

《説文》分析"達"字從"辵"、"羍"聲;"羍"的本義爲"小羊也","從羊、大聲",與"達"同音(《四上·羊部》)。但是古文字裏從未見"羍"字,"小羊"義的"羍"也"没有在任何古書出現過"④。因此"羍"字十分可疑,似有可能是許慎爲了分析"達"字硬拆出來的一個形體。西周金文"達"字作[圖]、[圖],⑤可知"羍"乃後起訛形,但其"羊"旁很難解釋。我們釋爲達至之"達"字的△,其所從矢尾作〰的"倒'矢'",跟"羊"很相似。過去唐蘭、商承祚等先生就曾把△6誤釋爲"徉"。⑥ 不知"達"字中的"羊"形有没有可能

---

① 宗福邦等主編:《故訓匯纂》,商務印書館,2003 年,第 2295 頁"達"字條下⑩~⑫。
② "倒'大'"形上加一短豎,在"逆"字中多見。參看李宗焜:《甲骨文字編》,第 91 頁。按:此形從《合》的拓本看,"倒'大'"下似亦有一短橫:[圖]。其實這一短橫不是筆畫,觀[圖]短橫右上方同樣的小橫自明。故去掉。
③ 裘錫圭:《甲骨卜辭中所見的逆祀》,《裘錫圭學術文集》甲骨文卷,第 273 頁。
④ 高本漢著、董同龢譯:《高本漢詩經注釋》下册,中西書局,2012 年,第 836 頁。
⑤ 董蓮池:《新金文編》上册,第 187 頁。
⑥ 參看于省吾:《甲骨文字釋林》,第 278 頁。

是由△所从之"✦"訛變而成的。①

現在來討論卜辭△的用法(以下將此字逕寫作"達")。蔡文又以"✦"、"✦"與"達"爲一字。這些字的字形、用法與"達"皆有異,是否一字有待研究,這裏就不涉及了。

卜辭屢見"遲""達"對言,所以各家多認爲"達"當與遲緩之"遲"反義。可是"達"並沒有"迅速"之類的意思。② 這是不是意味着△不當釋爲"達"呢?

我認爲問題出在對"遲"的理解上。甲骨文中有如下一版關於"遲"的卜辭,被不止一位學者討論過:

(2a) 戍其遲,母(毋)歸,于之若,戋(翦)羌方。
(2b) 戍其歸,乎(呼)駢,王弗每(悔)。
(2c) 其乎(呼)戍御羌方于義祖乙,戋(翦)羌方,不喪衆。
(2d) 于洴帝乎(呼)御羌方,于之戋(翦)。
(2e) 方其大出。　　　　　　　　　　　　　　　　　　　　　(《合》27972)

陳劍先生指出(2a)的"遲""與'毋歸'對言,不能理解爲普通的與'迅'相對之遲緩之'遲'",當從連劭名等先生説訓爲等待之"待"。③ 甚是。由(2c)、(2d)所説可知,(2a)讓戍原地待命而毋歸,就是要"呼戍"在那裏抵禦羌方;(2b)是説戍如果回歸,則呼令"駢(與'戍'相類的一種人)"去抵禦羌方。(2e)顯然指羌方出動而言。《懷》1467:"令其遲。"這個"遲"訓爲"待"也比訓爲"遲緩"合理。

陳劍先生指出,"遲"的本義就是"等待","其意義特點重在'停留'、'不進'",引申

---

① "達"字右上部分的"✦",尚難確言其來源。趙平安先生認爲就來自於甲骨文✦、✦、✦等字所从(趙平安:《"達"字兩系説——兼釋甲骨文所謂"途"和齊金文所謂"造"字》,《新出簡帛與古文字古文獻研究》,第77~89頁。但此字近有一些學者釋讀爲"迓",文義較順),待考。

② 《詩·商頌·殷武》:"撻彼殷武,奮伐荆楚。"毛傳:"撻,疾意也。"《正義》曰"是速疾之意"。"撻""達"可通。不過,速疾義之"撻""達",從不見於其他古書(高本漢以"鄭風·出其東門""挑兮達兮"毛傳"挑達,往來相見貌"與"殷武""撻彼殷武"之"撻"訓"疾"合證,而肯定毛傳。説見《高本漢詩經注釋》,第242頁。按"挑兮達兮"之"挑達"古代本有不同解釋,即從毛説,"往來相見貌"與"速疾"義也有距離,其與"撻彼殷武"之"撻"似不得牽合),於奮揚"殷武"之詩意也不貼合。所以馬瑞辰引《爾雅·釋言》"疾,壯也",認爲"傳訓疾者,亦壯武之義"(《毛詩傳箋通釋》第三册,中華書局,1989年,第1183~1184頁)。可惜"撻""達"在典籍中也沒有當"壯武"講的用例。馬説雖不正確,但至少可以看出毛傳訓"撻"爲"疾"無據。此詩"撻"的解釋詳下文。

③ 陳劍:《清華簡字義零札兩則》,復旦大學出土文獻與古文字研究中心編:《戰國文字研究的回顧與展望》,中西書局,2017年,第193~194頁。按連説見連劭名《殷墟卜辭中的戍和奠》,《殷都學刊》1997年第2期,第2頁。

而有"留止"義,"再引申而爲'(動作、狀態等停留而)長時間不發生變化'"、"延續、持續的時間長";此種"遲"古人或訓"遲停","但要注意的是,所謂'遲停'之'停',並非完全'停止不做某事'、'停止不動',而是'一直停留在某個狀態或重複的動作等上不變'之意";"遲緩""徐遲"等義是由此進一步引申而來。① 從(2a)、(2b)所卜内容看,成大概已有"歸"的意向或動向。商王命其"遲"而"毋歸",既可以理解爲"等待",也可以理解爲"遲歸",即"遲於歸",在"歸"這件事上停留不進(古漢語中引介行爲的對象的"于/於"是後起的,卜辭時代本可不用②)。我們認爲,甲骨卜辭中與"達"對言的"遲"(包括多數單言的"遲"),都應按"待"或"停留不進"來理解,不獨(2a)爲然。

"達"由"達至"的本義,自然引申出"順利實現"之義,也可以説"實現"是較爲虛化的"達至"。③ "等待"或"停留不進"的"遲",如用於説明某一行爲、事情,就指"等待、延緩進行"或"耽擱、延宕而不能順利進行下去"。兩者的意思正好相對,並且都是動詞。陳劍先生講(2a)的"遲"時,曾舉到卜辭數見的"勿卒歸,哉(待)"之貞(《合》16101~16104),謂與"戍其遲,毋歸"相類。④ 卜辭中"卒""哉(待)"對言之事,不止"歸",還有"入""令"等。⑤ 終卒之"卒"的詞義、用法,也與我們討論的"達"相類。

《詩·大雅·生民》記姜嫄生后稷云:

　　誕彌厥月,先生如達。

毛傳訓"達"爲"生也"。但這跟"先生"之"生"重複,不可從("達"也没有"生"的義項)。鄭箋訓爲"羊子",即讀"達"爲"羍"。前面説過,"羊子"義的"羍"於古無徵;以"羊子"形容后稷之生,也嫌"擬於不倫"。前人對此句似無很好的解釋。陳奂指出"如"猶"而",⑥是對的。用如"而"的"如",《詩經》常見。⑦ 我認爲此詩"達"即指"順利實現",

---

① 陳劍:《清華簡字義零札兩則》,復旦大學出土文獻與古文字研究中心編:《戰國文字研究的回顧與展望》,第193~195頁。

② 參看裘錫圭:《談談殷墟甲骨卜辭中的"于"》,《裘錫圭學術文集》甲骨文卷,第548~550頁。

③ 《國語·魯語上》"莒大子僕弑紀公"章,記里革更改魯宣公之書:"夫莒大子殺其君而竊其寶來,不識窮固,又求自邇,爲我流之於夷。今日必通,無逆命矣。""通"猶"達",意謂今日必實現、成行。"通"的這一用法與"達"可比看。

④ 陳劍:《清華簡字義零札兩則》,復旦大學出土文獻與古文字研究中心編:《戰國文字研究的回顧與展望》,第193頁。

⑤ 參看姚孝遂主編、肖丁副主編:《殷墟甲骨刻辭類纂》,第902頁。關於"哉(待),勿卒令",見《合》21481等。

⑥ (清)陳奂:《詩毛氏傳箋》第六册,商務印書館,1933年,第2頁。

⑦ 高本漢著、董同龢譯:《高本漢詩經注釋》,上册第533頁、下册第836頁。

"先生而達"意謂生頭胎十分順暢、頭胎順利生出。同樣的姜嫄生后稷之事,《詩·魯頌·閟宮》說:"彌月不遲,是生后稷。"(《詩·商頌·長發》記湯之出生,也有"湯降不遲"之語。)"先生如達"就是"彌月不遲""降不遲"。① 後者的"不遲"指不遲留、不耽擱,即"不遲於生","遲"正與"達"相對。

《詩·商頌·長發》云:

> 玄王桓撥,受小國是達,受大國是達。

鄭箋釋後二句爲"能達其教令",有"增字解經"之嫌,原文並無"教令"。朱熹訓"達"爲"通",②近是。更確切地説,"受小國是達,受大國是達"猶"達受小國""達受大國","達"也是"實現"的意思。所以不説"達受小國""達受大國"而采取現在的句式,大概出於"達""撥"押韻的需要。同詩尚有如下之句:

> 苞有三蘖,莫遂莫達。

前人已有指出此"達"與"受小國是達,受大國是達"之"達"同意者。③ 可從。一般訓"莫遂莫達"之"達"爲"長"。今按,"達""遂"義近,皆實現、成就之謂。"苞"之所謂"實現",當然就指其長成。

前文提到過《詩·商頌·殷武》的開頭兩句:

> 撻彼殷武,奮伐荆楚。

"撻",陸德明《釋文》引《韓詩》云:"達也。"韓説很值得重視。"撻"似可讀爲"達","達彼殷武"的意思是使"殷武"實現,"奮伐荆楚"即"達至"、實現"殷武"的具體行動。《尚書·召誥》云:

> 若翼日乙卯,周公朝至于洛,則達觀于新邑營。

段玉裁《古文尚書撰異》訓"達"爲"通","達觀,若今俗語云'通看一徧'"。此説甚通,故後人多從之。④ 不過,《召誥》是可靠的周初文獻,其時代與殷墟卜辭較爲接近,當時人筆下的"達觀",似有可能仍當"順利實現、完成審看"講("達觀于新邑營"與(1b)"达(達)往于之"、下舉(3b)"達至于攸"句式甚似,至少最初可以表示"順利實現、完成審

---

① 參看陳劍:《清華簡字義零札兩則》,復旦大學出土文獻與古文字研究中心編:《戰國文字研究的回顧與展望》,第 196 頁。
② (宋)朱熹:《詩集傳》,中華書局,1958 年,第 245 頁。
③ 參看高本漢著、董同龢譯:《高本漢詩經注釋》下册,第 1117~1118 頁。
④ 顧頡剛、劉起釪:《尚書校釋譯論》,中華書局,2005 年,第 1434 頁。

看新邑的營建"的意思),"通看一徧"是稍晚才產生的理解,再進一步虛化,"達"就可訓爲"皆"(《禮記·禮器》:"是故天時雨澤,君子達亶亶焉。"鄭注:"達,猶皆也。")。"卒……""咸……"本指"終卒……""完成……",都是動詞,後來虛化爲副詞,訓"盡""皆",情況跟我們所說的"達"相似。

下面就按照我們對"達""遲"的理解,把有關卜辭簡要解釋一下。

先看一版與(2)文例頗近之辭:

(3a) 其大出,吉。

(3b) 〿其達至于攸,若。王占曰:大吉。

(3c) 其遲,于之若。　　　　　　　　　　　　　　　　　　　(《合》36824)

卜辭凡言"大出",基本上都是說敵人。① 故(3a)的"其大出"也應指某方而言,與(2e)同。試將(3c)"其遲,于之若"與(2a)的"戍其遲,毋歸,于之若"對讀,可以斷定前者的"遲"也是"待"或"停留不進"的意思,亦即"遲於至于攸"。跟"遲"對言的"達",顯然不宜訓爲"迅速",否則彼此語義不對稱。(3b)卜問〿實現到達攸地好不好,結果爲"大吉"。估計當時敵方大舉出動於攸地,所以〿"達至于攸"可克敵制勝,待於原地、在"至于攸"這件事上遲停不前則不吉。

接着說上引(1)。(1)在(1a)、(1b)之前,曾就王當"于某地立"進行選貞(此四條卜辭文繁不錄),(1a)、(1b)"往于之"的"之"即指代前面選貞所得的地點。此二辭旋即問王會實現、完成前往那個地方去,還是會等待前往、停留不進。從(1a)、(1b)之後都有"有戈(翦)"之語來看,(1a)所以"其遲往于之",疑與(2a)、(3c)同類,認爲待在原地便能克敵。《屯》3038 說:"遲伐羌方,于之禽(擒),戈(翦),不雉(失)衆。""遲伐羌方"的意思大概是停止或延緩主動出擊伐羌方,在原地伏擊即可有所擒獲、翦滅,可作爲理解"遲往于之,有戈(翦)"的參考。(1b)說順利到達某地之後"有翦",則是預料敵方正在彼地活動。

再看其他"達"或"達""遲"對舉之辭:

(4a) 其達。

(4b) □遲。　　　　　　　　　　　　　　　　　　　　　　(《屯》278)

(5a) 丙戌,貞:翌□王步,易日□

(5b) 己亥,貞:王才(在)兹矣,達。

(5c) □王□達。　　　　　　　　　　　　　　　　　　　　(《屯》2845)

---

① 參看姚孝遂主編、肖丁副主編:《殷墟甲骨刻辭類纂》,第 298 頁"大出"條。

上文已經指出，當"達至"或"順利實現、完成"講的"達"和當"等待""停留不進"講的"遲"都是動詞，所以(4a)、(4b)以及上舉(3c)等"其遲""其達"可以獨立成句，(5b)的"達"可作一句讀。(5)的"達"可能是指"王步"這件事而言的，《合》27800 有"遲步，弗每(悔)"之辭，可參看。

  (6a) 甲午卜，暊，貞：巳中酓(酒)，正。才(在)十月二。
  (6b) 貞：亡(無)左，不正。
  (6c) ☐大史(事)卒，其達☐(《合》31792+《英藏》2367(《合》41322)，劉影先生綴合)①

(6c)"達"後當有他詞，似是問"大事"完畢之後，能不能順利實現某事。"大事"或"達"後之事，疑指(6a)之"酓(酒)"。《合》30825："其遲酓(酒)。"其對貞之辭已基本殘去，不知有没有可能是"其達酓(酒)"之類。

  (7a) 壬戌卜，狄，貞：亞旅其陟，達入。
  (7b) 壬戌卜，狄，貞：其遲入。   (《合》28011)

此二辭說亞旅"陟"，是順利實現"入"，還是等待"入"，或在完成"入"的過程中有停留、耽擱。卜辭有"卒入"之貞，②"卒入"與"達入"語近。

  (8a) 丁丑卜，狄，貞：王遲往，钔。
  (8b) 丁丑卜，狄，貞：王其田，達往。   (《合》29084)

對於"王其田"來説，卜問快速前往還是遲緩前往，似無關緊要。在前往田獵的途中順不順利，能否實現到達田獵地，會不會因故中途停頓、耽擱，或因故待於"往"，動不了身，才是王所關心的重點。"達往"與卜辭習見的"王其田，往來無災"③、"田某地，往來無災"④、"王往/往于田……無災"⑤、"至/至于某地無災"⑥等，義有相近之處。

  (9) 丙寅卜，狄，貞：盂田其達㪔(散)，朝又(有)雨。 (《合》29092)

"㪔(散)"，裘錫圭先生指出意爲"芟殺草木"，⑦正確可從。大概殷人已觀察到次日早上

---

① 劉影：《骨條卜辭綴合四組及相關問題討論》，《古文字研究》第32輯，中華書局，2018年，第118～119頁。
② 姚孝遂主編、肖丁副主編：《殷墟甲骨刻辭類纂》，第721頁。
③ 同上注，第321頁。
④ 同上注，第322頁。
⑤ 同上注，第319～320頁。
⑥ 同上注，第989頁。
⑦ 裘錫圭：《甲骨文中所見的商代農業》，《裘錫圭學術文集》甲骨文卷，第252～253頁。

會有雨,擔心下雨影響盂田上的芟殺草木工作,因而卜問此事能否順利實現。《懷》1438 有殘辭"☐王☐田延至☐栽(散),亡(無)戈(災)","散"而"無災",義與"達散"相近。

下引之辭的"達",向來解釋爲"速":

(10a) 己卯卜,賓,貞：今日䣊、峀令葬我于𡴀𠂤,乃収𡴀☐

(10b) 貞：勿収𡴀示,既葬,達來歸。(《合》296＋《合》10048＋《合》7836,李愛輝先生綴合)①

"達來歸"與他辭所言"卒歸"相類,不見得非要釋作"速來歸"不可。(10a)(10b)當是對貞。(10a)的命辭雖有殘缺,據(10b)疑可擬補爲"今日䣊、峀令葬我于𡴀𠂤,乃収𡴀示,遲來歸",意思是説,命令䣊、峀把"我(人名或國族名)"葬在"𡴀𠂤",接着做"収𡴀示"這件事,會不會耽擱"來歸"或使"來歸"處於等待、停止不進的狀態？也有可能此辭不作"遲來歸"而作"達來歸",彼此文義並無太大出入。(10b)則問如果讓䣊、峀不要做"収𡴀示"這件事,那麽完成了"葬我于𡴀𠂤"之後,會不會順利實現"來歸"？可見,能否"達來歸"、是"達"還是"遲""來歸",關鍵在於要不要"収𡴀示"。"収𡴀示"顯然會影響"來歸"的實現。

(11a) 惠今☐秋☐

(11b) 惠今秋。

(11c) 于春。

(11d) ☐達甾𠭯。　　　　　　　　　　　　　　　　(《合》29715)

卜辭"甾"或用爲戰爭動詞,如《合》26895:"☐戌辟立于尋(?),□(此字不識)之甾羌方,不雉(失)人。"(11d)可能是説某一時間[即(11a～c)的選貞結果]"甾𠭯"行動能否實現。

有的卜辭的"達"究竟應該如何解釋,似難決斷。如:

(12a) 戌辟達之,戈(翦)。

(12b) ☐之,戈(翦)。　　　　　　　　　　　　　　　(《合》28034)

此"達"有可能就是實義的"達至",指戌辟到達某一地點,戰勝敵人。這種文例中的"達",換成"速""迅""疾",都無法講通。又疑"戌辟達之翦"當連讀,"之"猶"之日""之夕"之"之","達之翦"意即達到、實現那次翦滅。按照後一種設想,"達"也不能換成"速""迅""疾"。

此外還有個別使用"達"字之辭,實在太過殘損(如《合》18277),故從略。

最後解釋殷墟大司空村牛骨刻辭的"達"。其字所在上下文雖多殘斷,但從僅存

---

① 黄天樹主編:《甲骨拼合四集》第 951 則,學苑出版社,2016 年,第 161、297～298 頁。

的"達至,咸涉水,奠"數字來看,"達至"的"達"應與"咸涉水"的"咸"義近。"咸"本指"完畢、完成",其見於卜辭者,如"咸戠(𢦏)"(《合》19957)、"咸伐"(《合》11497)等,直到西周金文、《詩經》裏還有此種動詞用法(如《魯頌·閟宮》之"克咸厥功")。① "咸涉水"就是完成了渡水的意思。然則"達至"講成實現至某地,是合乎文例的。

2019 年 2 月 10 日寫定

附識:蒙郭永秉、張富海先生對本文提出寶貴修改意見,謹致謝忱。

追記:

在 2019 年 11 月 2~4 日復旦大學召開的第一屆"出土文獻與中國古代史"學術論壇暨青年學者工作坊上,顏世鉉先生提交了《甲骨與楚簡文字合證——以表示"疾速"義的"疾"爲例》,此文在此前發表的《説殷墟大司空村出土胛骨卜辭的"疾"字》《説"至"和"晋"的關係》二文(本文皆已引用)的基礎上,重申△當釋爲疾速之"疾"的觀點(以下簡稱此文爲《合證》)。這次的《合證》提到了莫伯峰先生綴合的《合》27745+《美》490,同意此辭中的"达"本應從"矢","达"也就是△字。《合證》引莫伯峰先生個人信件提供的解釋,認爲此辭"达"中的"大"是無名組"矢"的一種寫法,並舉無名組有些"雉"字所從"矢"作"大"形(《合》26888、26895)、"册"字右上多從"大"而在《合》30688 中則從"矢"爲證(見《論文集》97 頁)。

今按,莫先生所説的無名組卜辭的"册",即上從"子"從"大"、下從"册"之字(《甲骨文字編》1177 頁)。此字似只有《合》30688 一例從"矢",當是"大"之訛寫(大概寫刻時受從"子"從"矢"之字的影響),跟他們認爲的"矢"可寫作"大"還不是一回事,可不必論。無名組的"雉"字確有一些從"大"形的;但可以注意的是,此組"雉"字所從"矢"又有作 🡅、🡅 者(如《合》28138、26891、《屯》2320 等),所謂"大"形應該是由此種"矢"省去箭幹上的短横而成的。無名組的△3(即《合》29715)所從"矢"作 🡅 而不作 🡅,甲骨文裏也從未見過從"🡅"形的△字,因此援"雉"字省變之例來證明△可省寫作"达",恐怕缺乏足夠的説服力。仔細觀察由"矢"簡省而來的"大"形,其上部的左右兩斜畫從頂端直接起筆,尚可看出箭頭的樣子("侯""族"所從"矢"簡省爲"大"形者,亦大率如此);而真正的"大"字中象人手臂的左右兩斜畫,往往離頂端(人的頭部)較遠。《合》27745+《美》490 的"达"字作 [圖], 顯然符合"大"的特徵而不符合"大(矢)"的特徵。

2019 年 11 月 8 日

---

① 參看蔣文:《先秦秦漢出土文獻與〈詩經〉文本的校勘和解讀》,復旦大學 2016 年博士學位論文(指導教師:陳劍教授),第 137~141 頁。

甲骨文 "肖" "免" 補釋 *

謝明文

商代甲骨文中有如下字形：

自組小字類：■《合》①20397　■《合》20398　■《合》20400

自賓間類：■、■《合》8425　■《合》8431　■《合》8433

黄類：■《合》35859　　　■《合》37840

上述字形，研究者一般認爲是一字異體，可從（下文如對它們不加區別時，則統一用 A 來表示②）。A 舊有 "邕" "卤" "肖" "肖（冒）" "曰" "免（冕）" "髦" "苗" "冃" "■" 等釋法，③其中以陳邦懷先生 "■" 的釋法最具啓發性。陳先生在《殷虛書契考釋小箋》一文中認爲它們即《說文》"䩵" 字所從之 "■"，他說：

> 此字當即《說文解字》■字所從之■字，惜聲誼不可考耳。許君說■字曰："柔韋也。從北、從皮省、夐省。" 竊恐未塙。許君未見■字，不知其從■，故曲爲

---

* 本文受到國家社科基金青年項目 "商代金文的全面整理與研究及資料庫建設"（項目編號 16CYY031）的資助。

① 郭沫若主編：《甲骨文合集》，中華書局，1978—1982 年。
② 《合》22546、22547 "■"、《合》9574 "■"，其中 "帶" 形上的部分不知是否與 A 有關，待考。
③ 參看松丸道雄、高嶋謙一編：《甲骨文字字釋綜覽》，東京大學出版會，1993 年，第 537 頁。于省吾主編：《甲骨文字詁林》第 4 册，中華書局，1996 年，第 3351～3353 頁。李宗焜：《甲骨文字編》下册，中華書局，2012 年，第 1314 頁 4155 號。《說文新證》亦釋作 "冃"（季旭昇：《說文新證》，藝文印書館，2014 年，第 615 頁）。

之説。大徐於從◇爲之説曰："北者，反覆柔治之也。"其説失之。篆文作◇形即卜辭之◇形而稍省變，許君説從◇不曰從北者，許君知其非北也。段先生於許説夐省下補聲字，注曰："各本無聲，今補。古音在十四部，此省其上下，取◇爲聲也。"其説失之彌遠，竊謂◇字從◇，則◇字之聲必與之近，知夐省聲之不然矣。①

陳漢平先生亦認爲 A 即"甍"字所从之"◇（肯）"，但没有論證説明。② 近年出版的甲骨文方面的大型工具書《新甲骨文編》從釋"肯"之説。③《甲骨文字編》把上引 A 的《合》8433"◇"與"◇""◇"類形看作一字，置於 4151 號。又把上引 A 的其他類形體隸作"肯"，置於 4155 號。④《甲骨文可釋字形總表》把"◇"類形釋作"次"。⑤

賓組甲骨中另有如下字形：

B：◇《合》32　◇《合》6543　◇《合》6553　◇《合》8422

B，舊有"死""茁""羌""帽""兊""莞""蒙""髦""免"等釋法。⑥ 從 A、B 的舊釋可以看出有不少研究者是把它們當作同一字的簡體與繁體來處理的。《新甲骨文編》把 B 置於附録 0011 號，作爲不識字處理。⑦《甲骨文字編》把 B 隸作"兊"，置於 4156 號。⑧ 趙平安先生認爲《説文》"甍"字所从之"肯"來源於 B，並描寫其演變序列如下：

◇——◇——◇——肯⑨

王子楊先生在討論上引趙平安先生、陳邦懷先生的意見時認爲⑩：

---

① 陳邦懷：《殷虚書契考釋小箋》，收入宋鎮豪、段志宏主編：《甲骨文獻集成》第七册，四川大學出版社，2001 年，第 238 頁。
② 陳漢平：《屠龍絶緒》，黑龍江教育出版社，1989 年，第 46～47 頁。
③ 劉釗等：《新甲骨文編（增訂本）》，福建人民出版社，2014 年，第 491 頁。
④ 《甲骨文字編》（下册），第 1314～1315 頁。
⑤ 王藴智主編：《甲骨文可釋字形總表》（上册），河南美術出版社，2017 年，第 56～57 頁。
⑥ 《甲骨文字字釋綜覽》，第 483～484 頁。
⑦ 《新甲骨文編（增訂本）》，第 888 頁。
⑧ 《甲骨文字編》（下册），第 1315～1316 頁。
⑨ 趙平安：《説文小篆研究》，廣西教育出版社，1999 年，第 181 頁。
⑩ 王子楊：《甲骨文字形類組差異現象研究》，中西書局，2013 年，第 236～240 頁。

參照"免"字的演進序列,趙平安先生擬列的"冃"的演進過程是完全可能的。

⊙(免卣)——⊙(三體石經篆文)——⊙(馬王堆漢墓帛書《春秋事語》95)——⊙(漢印徵補遺)10.2——⊙(《睡虎地秦簡效律》17)——⊙"免"字演進序列①

不過筆者認爲,前引陳邦懷先生的意見值得重視。自組小字類、自賓間類的方國名"⊙"、"⊙"字形體與《説文》"冕"字上部所從的"冃"旁更爲接近,其間可能存在演進關係:

⊙——⊙、⊙——冃

⊙——⊙、⊙——冃

如此,甲骨文"⊙"、"⊙"、"⊙"、"⊙"等字可以隸定爲"冃"。"⊙(冃)"象帶有飾物的帽子,跟甲骨文"⊙"字上部的偏旁取象相同。《説文》"冕"字籀文作從"皮"、"免"聲的"⊙",有學者認爲此形下部的"皮"當爲意符,上部的"免"爲聲符,"冕"、"免"同爲元部字,"冕"的聲符"冃"音義當同"免(冕)"。② 此説有理。據此,"⊙"、"⊙"、"⊙"讀音當與"冕"、"免"等相同或相近。

從以上所述來看,研究者關於A、B的釋讀並沒有達成共識。關於A、B,我們認爲有兩個問題值得探討,第一是A與B究竟有沒有關係。第二是A與B何者演變爲《説文》"冕"字所從的"冃"。

一、A與B的關係

《合》8420"⊙(⊙)"即B字,人形上部所從與A近同。金文中有人名用字作"⊙"(⊙甗,《銘圖》③03356),下方從二人。族名金文中"旒"或從一人,或從二人,或從三人,④

---

① 引者按,原注:引自趙平安先生《説文小篆研究》第179頁,廣西教育出版社,1999年。
② 引者按,原注:趙平安:《〈説文〉小篆研究》第181頁,廣西教育出版社,1999年。
③ 吴鎮烽:《商周青銅器銘文暨圖像集成》,上海古籍出版社,2012年。
④ 王心怡編:《商周圖形文字編》,文物出版社,2007年,第472~476頁。

再結合偏旁的組合限制來看,"[圖]"與"[圖]"應是一字,即B的異體,①而"[圖]"上部與A中"[圖]"類寫法全同,由此可見A、B在字形上明顯有密切的聯繫。[圖],一般認爲即冕字初文。金文中"免"作"[圖]",《説文新證》認爲"免"字从"[圖]"加義符"人"以示人所着冠冕,做動詞用則爲人着冠冕,②可從。"胄"字,《合》4078作"[圖]",中山王䁝壺(《集成》③09735)作"[圖]",後者下部从人。"[圖]"或从人作"[圖]"(《清華簡(壹)·金縢》簡10)。據"免""胄""覓"等字及其異體,我們認爲B既可能是A的異體,也可能是由A分化出來的一個字。

二、A與B何者演變爲《説文》"甍"字所从之"㝮"

陳邦懷、陳漢平、王子楊三位先生將A與"甍"字所从之"㝮"聯繫起來,趙平安先生將B與"㝮"聯繫起來,這些意見非常有啓發性,但他們的論證僅僅是據字形相似或類似的字形演變條例來立論,自然缺乏説服力。如果再在此基礎上論證其他問題,那麼結論的可靠性就更要大打折扣了。我們知道,不同時代的兩個相似字形,它們之間有的可能有關係,有的可能完全沒有關係。因此説甲骨文的某一個字演變爲後世的某一個字,除了在形體上能找到演變脉絡之外,還應該至少在音或義的某一方面有相關證據,結論才更具説服力。

戴侗《六書故》第十五卷"夊"字條説:"按夐、甍(引者按:此即《説文》"甍"字籀文)、夊皆从㝮而聲相近。疑㝮夊自爲一字,三字皆从㝮爲聲。"④徐寶貴、孫臣兩位先生據古文字材料對戴説加以補充論證。⑤他們的意見可從。趙平安先生認爲"㝮"爲"免"之變形,⑥從西周金文看,"㝮"形與"免"形區別明顯,⑦它們不太可能是一字。

---

① 叔休盉(《銘圖》14778)有"[圖]"字,它又見於同人所作的叔休盤(《銘圖》14482)以及三件叔休盨(《銘圖》05617、05618、05619)。此字與"[圖]"、B應即一字異體。
② 季旭昇:《説文新證》,第641頁。
③ 中國社會科學院考古研究所:《殷周金文集成》,中華書局,1984~1994年。
④ (宋)戴侗:《六書故》上册,中華書局,2012年,第325頁。
⑤ 參看徐寶貴、孫臣:《古文字考釋四則》,《考古與文物》2001年第1期,第81~82、95頁。
⑥ 趙平安:《説文小篆研究》,第179~180頁。陳漢平先生認爲"夐""甍""夊"所从的"㝮"爲"[圖]"之省(陳漢平:《屠龍絶緒》,第46頁),不可信。
⑦ 董蓮池:《新金文編》中册,作家出版社,2011年,第287、989、1049頁。

"免"爲人帶冠冕形,"月"本義待考,甲骨文中"夭"形可能與"月"有關(參看下文)。既然"月"形與"免"無關,那麽"夭"演變作"芇"也就缺乏類似的演變條例了。因此我們不贊成"夭"演變爲"毳"字所從之"肙"的意見。本文贊同 A 演變爲"肙"的意見,下面我們準備爲這一説法提供一些文字學方面的證據。

從字形演變方面看,作册夨令簋(《集成》04300)"冀"字作"䕫",作册夨令簋(《集成》04301)"冀"字作"䕫",它們上部稍加變化就會演變作拼廷冀簋(《集成》03686)銘文中的"䕫",後者上部即後世"冀"从"北"所本。A 中"䕫""凶""峕"類形上部演變爲"毳"字所從"肙"中的"北"形,這與"冀"字上部的變化完全一致。類似的情形亦可參看"嚣(召)"①"僅"②"壴"③等字的演變。"䕫"異體或作"䕫",後者下部就作類似"丙"形,這與"肙"下部相近。因此,從形體演變方面看,A 演變爲"肙",這是非常有道理的。

下面我們再從語音方面看把 A 釋作"毳"字所從之"肙"是否正確。

《合》38303 是一版黄類卜辭,上面有卜辭"甲子卜,貞:王窒䐽(肙),亡咎",其中"䐽"从 A 从旬,《甲骨文編》置於附録上 4526 號,④《新甲骨文編》置於附録 1037 號。⑤《甲骨文字編》把它單獨立爲一個字頭,置於 4157 號。⑥ A 在黄類卜辭中作爲祭祀動詞多見,特别是同屬於黄類的《合》35859"甲辰卜,貞:王窒 A,卒亡咎"與上引《合》38303 正可比較,結合字形與辭例,可知"䐽"與《合》35859 的 A 表示的顯然是同一個詞。"䐽"應是在 A 的基礎上加注了旬聲。

《説文》:"毳,柔韋也。从北、从皮省、从夐省。凡毳之屬皆从毳。讀若夐。一曰若儁。㑺,古文毳。㑺,籀文毳从夐省。"旬,邪母真部。毳一曰若儁,儁是精母文部字。邪母、精母同屬齒音。真部與文部、元部之間有密切關係。旬、毳當音近。又研

---

① 《新金文編》上册,第 112~113 頁。
② 參看李春桃:《釋甲骨金文中的"僅"——兼論〈説文〉中"臱"字來源》,"出土文獻與中國古代文明再認識"青年學術論壇論文,河南大學,2016 年 10 月 29—30 日。此文後來正式發表於《文史》2016 年 4 輯,第 283~288 頁。
③ 《新金文編》上册,第 463 頁。
④ 中國科學院考古研究所編輯:《甲骨文編》,中華書局,1965 年,第 820 頁。
⑤ 《新甲骨文編(增訂本)》,第 1029 頁。
⑥ 《甲骨文字編》(下册),第 1316 頁。

究者指出"夐""𡔲""奂"實皆从"旬"聲，①可信。"夐"與"旬"聲字關係密切，②而"夐"與"𡔲"之籀文"𡔲"又同从"旬"聲，亦可見"旬""𡔲"音近。這與"![字]"是在 A 的基礎上加注旬聲以及 A 釋作"𡔲"所从聲符"𦎧"在語音方面恰好相合。A 可加注旬聲，可證把 A 釋作"𦎧"從語音方面看是很合適的。

《合》20805 是一版𠂤組小字類卜辭，其上有卜辭作："戊午卜，㞢，![字]③甲子，五月。"其中"甲子"前一字，《甲骨文編》置於附錄上 4527 號，④《新甲骨文編》置於附錄 1094 號，作爲不識字處理。⑤《甲骨文字編》把它單獨立爲一個字頭，置於 1389 號。⑥我們認爲它可以分析爲"彐""![字]"兩部分，比較 A、"冀"等字上部的變化，可知"![字]""![字]"實即一字。甲骨文中"彗"作"𦘒"類形，"彐"即"𦘒"所从，我們認爲它在"![字]"中可能即讀"彗"的音，⑦而"彗"聲字與"旬"聲字可通，⑧因此我們認爲"![字]"應即在"![字]"的基礎上又加注了"彐（彗）"聲而來。從用法看，"![字]"似是一個祭祀動詞，與"![字]"表示的很可能也是同一個詞。彗，邪母月部，聲母與"𡔲一曰若儁"的"儁"的聲母同屬齒音，韻部與"𡔲"的韻部爲陽入對轉。因此由"![字]"形，亦可證把 A 釋作"𡔲"所从聲符"𦎧"從語音方面看是非常合適的。

關於"𡔲"字，錢坫《説文解字斠詮》、段玉裁《説文解字注》將《説文》所收正篆改爲

---

① 參看（宋）戴侗：《六書故》上册，第 325 頁。徐寶貴、孫臣：《古文字考釋四則》，《考古與文物》2001 年第 1 期，第 81～82、95 頁。
② 《説文·四上·旻部》："夐，營求也。从旻，从人在穴上。《商書》曰：高宗夢得説，使百工夐求，得之傅巖。""夐求"，《説命》序作"營求"，《清華簡（叁）·説命》作"旬求"。《詩經·邶風·擊鼓》"于嗟洵兮"之"洵"，《韓詩》作"夐"。从"夐"聲的"瓊"與"璚""璠"通，"璚""璠"皆元部字。《説文》"瓊"字有或體"琁"，"琁""璇"一字。據小徐本，"奂"字爲"夐省聲"。"奂"亦元部字。可以肯定"夐"在先秦應有屬元部之音（參看裘錫圭、陳劍：《説"𢑚"、"譓"》，《漢語歷史語言學的傳承與發展：張永言先生從教六十五周年紀念文集》，復旦大學出版社，2016 年，第 248～279 頁）。
③ 《殷墟甲骨刻辭類纂》（姚孝遂主編，中華書局，1989 年，第 1345 頁）把此字摹作"![字]"，誤。
④ 《甲骨文編》，第 820 頁。
⑤ 《新甲骨文編（增訂本）》，第 1037 頁。
⑥ 《甲骨文字編》（上册），第 423 頁。
⑦ "歸"字所从之"![字]"類形大概是讀"彗"的音，而"![字]""彐"二形可通用（參看裘錫圭：《殷墟甲骨文"彗"字補説》，《華學》第 2 輯，中山大學出版社，1996 年，第 33～38 頁。收入同作者《裘錫圭學術文集》甲骨文卷，復旦大學出版社，2012 年，第 422～430 頁），那麼"![字]"中"彐"可讀"彗"音也就好理解了。
⑧ 張儒、劉毓慶：《漢字通用聲素研究》，山西古籍出版社，2002 年，第 652 頁。

从"皮"。張舜徽《説文解字約注》説"毳篆既云从皮省,則其下自當从⟨img⟩,不當作瓦,今本許書篆體作⟨img⟩,乃傳寫者以形近致誤。"趙平安先生、王子楊先生贊成"毳"下部當从"皮"①。《説文》:"𣬉,羽獵韋絝。从毳、㸚聲。裵,或从衣、从朕。《虞書》曰:'鳥獸裵毛。'"北大簡《倉頡篇》簡17"𣬉"作"⟨img⟩",與簡69"⟨img⟩(頗)",簡34"⟨img⟩(瓦)"比較,可知"毳"下部既不从瓦,亦不从皮。

劉釗先生《説"毳"和"戹"(未定稿)》一文對秦漢文字中的"毳"形有詳細討論,他認爲《盛世璽印録·續貳》141號中人名"⟨img⟩"字右旁是"毳",根據此形以及北大簡《倉頡篇》簡17、阜陽漢簡《蒼頡篇》C039"𣬉"字,從而認爲"毳""起碼從漢代開始,寫成从'巳'的可能性應該最大。"劉先生又認爲"⟨img⟩"旁上部即"㐱",該"㐱"形上部因"重複書寫偏旁筆畫"就會演變爲北大簡《倉頡篇》簡17"𣬉"所从的"⟨img⟩"形,"⟨img⟩"形頂上的"⟨img⟩"改作方向相反則會演變爲《説文》"毳"上部的"北"形,從而贊成"⟨img⟩即⟨img⟩之變"的觀點。②

劉釗先生認爲"毳"上部"北"形是由"㐱"形上部重複書寫而又改作方向相反而來,而我們前文的意見是贊成"毳"上部"北"形是由A上部演變而來。如果劉先生的意見可信,那麼把A釋作"肯"就不免讓人懷疑了。因此我們需要對劉先生的觀點加以辨析。

北大簡《倉頡篇》簡4"夋"作"⟨img⟩"、"渙"作"⟨img⟩",簡21"譣"作"⟨img⟩"(右部中間類似"丙"形的右邊一竪筆殘泐)。"夋""渙""譣"皆从"㐱"。簡17"⟨img⟩(𣬉)"左半上部作類似同向左的兩人形"⟨img⟩",與同篇"夋""渙""譣"所从"㐱"形上部有明顯差別,說明"𣬉"左半上部"⟨img⟩"形應不是"㐱"形上部重複書寫而來。我們認爲"⟨img⟩"形應是所謂北形的右邊筆畫受左邊筆畫類化所致。異字上部兩耳方向本相反,或又演變爲同向(九店簡44號簡、《清華簡(壹)·楚居》簡3等);金文中"⟨img⟩"或作"⟨img⟩",這些皆是類似的現象。

《戎壹軒藏三晉古璽》100號著録了一方三晉姓名私璽,③璽文作"左⟨img⟩",第二字照片作"⟨img⟩",應是人名。從偏旁的組合來看,它與⟨img⟩甂(《銘圖》03356)中用作人名的

---

① 以上諸家説法參看趙平安《説文小篆研究》第180頁、王子楊《甲骨文字形類組差異現象研究》第238頁。
② 復旦大學出土文獻與古文字研究中心主辦:"出土文獻與傳世典籍的詮釋"國際學術研討會論文集,2017年10月14日至15日,第218~234頁,上海。
③ 張小東:《戎壹軒藏三晉古璽》,西泠印社出版社,2017年,第208~209頁。

"▣"應即一字異體。古文字中的"𩰲"(其異體下部或作"皿")形,早期古文字中其所從"鬲"的兩側一般作方向相背的兩類似"人"形(方向相背的兩"人"形即構成"北"形),東周文字以後則一般作方向相背的兩"弓"形。或者鼎(《集成》02662)"福"作"▣",周乎卣(《集成》05406)"福"作"▣",它們从"北"聲。姞鬲(《銘圖續》①0244)"彝"所从之方向相背的兩"弓"形即是由"北"形演變而來。

"▣"的上部如"冀""譻(召)""僕""庭"等字的上部那樣演變作"北"形,"北"形再如"𩰲"等字的上部那樣發生類似演變,即"北"變作方向相背的兩"弓"形,然後其中一"弓"形受另一"弓"形的類化變作方向相同,最終就會演變爲"▣"。

從"▣"演變爲"▣"來看,亦可證明北大簡《倉頡篇》簡17"鬱"所从的"▣"類形上部"▣"應是所謂北形的右邊筆畫受左邊筆畫類化所致,而不是"內"形上部重複書寫而來,因此劉釗先生關於"甏"上部"北"形來源的意見值得商榷。

《合》19765是一版自歷間B類卜辭,其中有兩條卜辭分別作"▣祖乙,㝬以羌[A]""㝬以羌A",從辭例看,其中A可能也是祭祀動詞,它與黄類卜辭中作爲祭祀動詞的A意義當相同。據目前資料看,A出現在自組小字類、自賓間類、自歷間B類、黄類,作爲方國名主要出現在自組小字類、自賓間類,②作爲祭祀動詞,見於自組小字類(指"▣")、自歷間B類、黄類。既然早期的自組小字類、自歷間B類出現祭祀動詞A,晚期的黄類卜辭也出現祭祀動詞A,那麽其他類的卜辭有没有這一祭祀動詞呢?③ 下面我們就來討論這一問題。

甲骨文中有如下字形:

C1: ▣《英藏》④162 典賓類   ▣《合》5254 賓出類

　　 ▣《合》5280 事何類   ▣《合》26907 何組一類

　　 ▣《合》26807 出組二類 ▣《花東》23 花東子卜辭

C2: ▣《合》5250 賓出類   ▣《合》27840 事何類

---

① 吴鎮烽:《商周青銅器銘文暨圖像集成續編》,上海古籍出版社,2016年。
② 《合》8426、8427"A"前的"王"應該屬於前辭,"A"仍是方國名。
③ 《合》2160是一版無名組卜辭,其中有"▣"字。從卜辭内容看,它很可能也是作動詞,似是一個從A得聲的字,與作祭祀動詞的A表示的可能是同一個詞。
④ 李學勤,齊文心,(美)艾蘭:《英國所藏甲骨集》,中華書局,1985年。

　　　　〔圖〕《合》27382 何組一類　　　〔圖〕《合》27652 無名類

　　　　〔圖〕《合》27176 何組二類　　　〔圖〕（〔圖〕）《合》32990 歷二

　　　　〔圖〕《花東》①454 花東子卜辭

　　C3：〔圖〕《合》12505 賓組

　　C2 是在 C1 的基礎上在表示人形手臂的部分添加了幾小筆，C3 是把 C2 中的丙形移至大人形底部。聯繫相關辭例，上述字形應即一字異體，它舊有"燕""内""舞"等釋法，②其中以"燕"的釋法影響最大。張玉金先生改釋作"奉"。③ 王寧先生認爲是"案（按）"之初文。④ 裘錫圭先生曾懷疑是"夃"字。⑤《新甲骨文編》置於附錄 0089 號，作爲不識字處理。⑥《甲骨文字編》亦把它作爲不識字處理，置於 2623 號。⑦

　　《乙》9082（《合》21479）有"〔圖〕（夃）"字，舊亦有"燕"的釋法，此説顯然是將它與 C 看作一字異體。我們認爲將"夃"與 C 加以認同，應該是正確的。"夃"與 C1 相比，主要區别在於前者作側視人形，後者作正視人形而已。

　　金文中"幾"作"〔圖〕"（伯幾父簋，《集成》03766）、"〔圖〕"（乖伯簋，《集成》04331）等形，又作"〔圖〕"（幾父壺，《集成》09721）。"伐"字，甲骨文、金文中一般作"〔圖〕""〔圖〕""〔圖〕"等形（參看《新甲骨文編（增訂本）》第 479 頁、《新金文編》中册第 1103～1105 頁），其中"人形"也可正視作"〔圖〕"（伐爵，《集成》07398）。"〔圖〕"（《合》5370）、"〔圖〕"（《合》16997），研究者認爲是一字。⑧ 族名金文中"〔圖〕""〔圖〕"應即一字異體，"〔圖〕""〔圖〕"一般亦認爲是一字異體。甲骨文、金文中確定的戍字

---

① 中國社會科學院考古研究所：《殷墟花園莊東地甲骨》，雲南人民出版社，2003 年。
② 參看于省吾主編《甲骨文字詁林》（第 1 册，中華書局，1996 年，第 261～263 頁）以及下引張玉金、王寧兩位先生的文章。
③ 張玉金：《釋甲骨文中的"〔圖〕"》，《古文字研究》第 28 輯，中華書局，2010 年，第 36～40 頁。
④ 王寧：《説甲骨文中的"案"》，武漢大學簡帛網，2014 年 5 月 14 日。http：//www.bsm.org.cn/show_article.php？id＝2017。
⑤ 裘先生此説從鄔可晶先生處聞知，謹致謝忱。
⑥ 《新甲骨文編（增訂本）》，第 899 頁。
⑦ 《甲骨文字編》（中册），第 789～790 頁。
⑧ 《新甲骨文編（增訂本）》，第 600 頁。

一般作"㇏""戎""𢦏"等形，🙾𦨶(《集成》06701)等族名金文中的"🙾"，我們曾據"幾""伐"所從人形既可以作側視寫法，也可以作正視寫法，懷疑它們可釋作"戍"。①

根據"幾""伐"等所從人形既可以作側視寫法，也可以作正視寫法來看，我們贊成"矢"與C是一字異體。"矢"，據金文資料看，我們認爲它可能即"奐"所從之"𢆉"的早期寫法。金文中"奐"作如下之形：

D1: ②(③)史牆盤(《集成》10175)，西周中期

D2: 史奐簋(《集成》03786)，西周晚期

D3: 師奐父簋(《集成》03705)，西周晚期

師奐父簋(《集成》03706)，西周晚期

師奐父盤(集成10111)，西周晚期

D4: 姬奐母豆(《集成》04693)，西周晚期

在上述字形中，D1所屬時代爲西周中期，較D2—D4的時代要早。我們認爲它所從之"宋"④應該是目前已發表金文資料中"𢆉"形最早的寫法，此形比較重要(詳下)。"矢"與"宋"比較接近，但後者右上的那一小筆與前者人形上面表示頭部的那一小筆應無關。聯繫"角""魚"等字上部的變化來看，⑤我們認爲"宋"右上角的那一小筆應是後來添加的飾筆，去掉此飾筆後此形可復原作"宋"，也就是説"宋"應該是由"宋"形在右上添加飾筆演變而來，"宋"應該是金文中"𢆉"形比較早的寫法，它明顯可分析爲丙、人兩部分，丙在人形手臂上方。D2所從"𢆉"形應該是把"宋"所從人形的手臂部

---

① 謝明文：《商代金文的整理與研究》上編第265號下注釋，復旦大學博士論文(指導教師：裘錫圭教授)，2012年，第354頁。

② 此彩照選自曹瑋：《周原出土青銅器》第4卷，巴蜀書社，2005年，第650頁。史牆盤彩照又見於張天恩主編：《陝西金文集成》第2卷，三秦出版社，2016年，第134~135頁。

③ 此形選自蔡玫芬主編：《赫赫宗周：西周文化特展圖録》，(臺北)"國立故宮博物院"，2012年，第26頁。

④ 奐盤(《銘圖》14528，西中)"🙾"所從"𢆉"旁似是在"宋"的基礎上省去了丙形中的兩小筆，不過該盤銘可疑，故我們不把此形放入正文討論。

⑤ 參看季旭昇：《説文新證》，第365、820頁。

分加以省略演變而來，D3、①D4 所從"？"即在 D2 所從"？"形的基礎上把表示人形身軀的那一豎筆縮短然後與丙形中的那兩小筆交接演變而來。

"？"與"？""？"相比，區别在於前者的丙形在人形手臂的上方，後者的丙形在人形手臂的下方而已。《京津》4811 中 C 作"？"，其中丙形往下移而與人形足部共用部分筆畫，《合》12505 中 C 作"？"，其中丙形可全部移至人形足部之下。丙形既然可以往下移，那它往上移應該也是完全可能的。《安明》1650 中 C 作"？"，②就是"丙"形可往上移的例子。由此可知把"？"中丙形移至人形手臂的上方作"？"，這是完全可能的。上引《安明》1650 之形似可作爲 C1 與"？"的中間形體。以上論證説明 C 釋作"？"是比較合理的。

A 是"？"所從聲符"？"，"？"是"？"字籀文所從聲符（參看上文），而 C 釋作"？"，説明 A、C 讀音相近。A、C 在甲骨文中都可以作爲祭祀動詞。C 作爲祭祀動詞，見於花東子卜辭、歷組二類、賓出類、出組二類、事何類、何組一類，③A 作爲祭祀動詞，見於自組小字類、自歷間 B 類、黄類，特别是黄類卜辭中多見（參看上文）。它們的組類分布大致可互補。我們懷疑 A、C 作爲祭祀動詞，它們表示的可能是同一個詞。至於它們相當於後世的哪一個詞，具體祭祀禮儀如何，則還有待進一步的研究。

2015 年 10 月初稿
2016 年 11 月修改
2018 年 11 月再改

補記：此文曾提交給華東師範大學中文系主辦的"第一屆文史青年論壇"（2018 年 10 月

---

① 曾季卿事夗壺（《銘圖續》0835）"夗"作"？"，與 D3 所從之"夗"寫法相同。"？"（師奎父鑒，《銘圖》14704）、"？"（師奎父盨，《集成》04348）則是在丙形兩邊添加小點作飾筆。酉叔夗父盨（《銘圖》05655）"夗"字作"？"，寫法比較特别。《合》5290"？"，照片作"？"（《故宫博物院院刊》2016 年第 3 期，第 13 頁），研究者或把它與 C 聯繫。"？"上部似乎與"？"的上部有近似之處，但後者不從丙形，與一般的 C 形體不近，而且辭例也有别，難以證明它與 C 是一字異體。"？"形很可能應是在"？"的基礎上在右上角再添加與左邊飾筆對稱的飾筆演變而來。

② 此形似可看作"丙"形與"大"形共用部分筆畫。《乙》8913"？"可能是 C 之異體。

③ 《合》21479"丁酉卜，乎多方？？"，從辭例看，"？"應是動詞（很可能是祭祀動詞），"？"可能是名詞，作"？"的賓語。

20—22日),會上蒙劉雲先生提示《合》8425"▨"這類形體上部兩角彎曲得特別厲害,有沒有可能是"莧"字。我當時則回答說甲骨文中已有"莧"字,"▨"雖然上部與"莧"接近,但下部與之不類,整字應非"莧"字,它與"▨"(《合》20397)、"▨"(《合》8425)是一字異體沒有問題。"▨"這類形體上部之所以彎曲得特別厲害,很可能與變形音化有關,即把"▨"類形上部變作形體接近的"莧"來表音。

蘇建洲先生《北大簡〈蒼頡篇〉釋文及注釋補正》(第六則)("出土文獻與傳世典籍的詮釋"國際學術研討會論文集,2017年10月14—15日,第312~327頁)對秦漢文字中的"𣪊"形也有討論,讀者可以參看。另蒙蘇建洲先生告知(2018年11月4日),他在還未正式發表的《北大簡〈蒼頡篇〉釋文及注釋補正》的修訂稿中提及:"劉文〔引者按:即我們正文提及的劉釗先生《說"𣪊"和"戻"》(未定稿)〕一文]中引到《盛世璽印錄‧續貳》141號所著錄的一方秦姓名私璽,其人名寫作'▨'。此字右旁顯然就是'𣪊',可以證明'𣪊'確實從"肖"。但落實到阜陽簡、北大簡《蒼頡篇》的▨與▨字形來說,筆者認爲仍不能排除是受到秦小篆影響而誤寫。如同上文所說,《蒼頡篇》本有標準的'肖',但'𣪊'字卻是兩篇簡文寫法都一樣,這顯然不是偶然的寫錯字,反而應該是根據某種底本抄寫而來。"言下之意,蘇先生也是認爲"丹"類形上部"𠆢"不是"肖"形上部重複書寫而來,"▨"與"▨"上部是由北而來,與我們文中觀點有相同之處,請讀者到時參看蘇先生文。

2018年11月5日

殷商祖甲改革與貞人"何"

莫伯峰

摘　要

　　本文通過將貞人"何"的行止置於時代改革的歷史背景下加以考察，系統描述了貞人"何"在商王朝中的興衰，以及與時政的各種關係。文章分爲上編和下編兩部分。

　　上編：殷商祖甲時期的改革是商代後期一件重要的大事，對當時社會甚至王朝命運都產生了極大的影響。在這場變革實施過程中，有人因改革而得利，有人則因改革而失勢。我們基於甲骨卜辭字體分類體系，歷時性考察了祖甲改革前後的相關組類卜辭，發現貞人"何"等命運深受這場改革的影響，與祖甲改革有着深刻的聯繫。貞人"何"等歷經了整個祖甲執政時期，見證了祖甲改革的全過程，但其貞問的"事何類"卜辭全處於改革之前，貞問的"何一類"卜辭則都處於改革之後，亦即所有貞人"何"卜辭全都恰好避開了祖甲改革时期。這種微妙的時間節點，讓我們懷疑貞人"何"等的隱現與整個祖甲改革有着緊密的關聯，並初步推論了貞人"何"等與商王祖甲的不睦關係。

　　下編：基於對貞人"何"與祖甲改革關係的新認識，我們重新梳理了這位貞人的來龍去脉。認爲：賓三類貞人集團逐漸分化爲"事何類""賓出類"兩群貞人，何組貞人承續了"事何類"貞人，而出組貞人則承續了"賓出類"貞人。不同的來源導致兩組貞人雖然同時爲商王服務，但相互間組別清晰。而通過共時性考察，我們將貞人"何"所屬的何組卜辭與同時期的出組卜辭進行了事類比較。發現：改革前，何組貞人的重要性要遠遜於出組貞人；改革後，何組貞人的地位和作用顯著提高。這進一步佐證了我們對祖甲改革與貞人"何"關係的推論。

上　编

"共时'現象'和歷時'現象'毫無共同之處：一個是同時要素間的關係，一個是一個要素在時間上代替另一個要素，是一種事件。"

——索緒爾

一、祖 甲 改 革

殷商祖甲時期曾發生過一次重大的改革（或稱改制），這一發現是甲骨學家董作賓先生率先提出的。他在《殷曆譜》《殷代禮制的新舊兩派》等多種論著中都申述過這一觀點，而尤以《殷代的革命政治家》一文所論既專且詳。該文闡發了他能有此發現的緣由，茲先將文首有關論述移錄於下：

> 這是一位埋沒了三千一百九十五年的革命政治家，殷代成湯以後第十二世，武丁子，祖庚弟賢王祖甲。
>
> 中國的上古史資料，實在是貧乏極了，殷代就是一個例子。我們的正史，司馬遷的《史記》中一篇《殷本紀》，包括了殷代六百四十年，共寫了二千八百零三個字。其中從盤庚遷殷至帝辛亡國，包括殷代後期的二百七十三年，才只有一千三百三十三字。尤其是祖甲，太史公只下了兩個字的評語，就是說他"淫亂"。這是太史公根據了《國語》，其餘見於《尚書》的《無逸》篇，見於今本《竹書紀年》的，也都寥寥無幾。在今天，可以說殷代歷史，幸運的得到了一大批地下的史料，就是殷虛出土的甲骨文字，據胡厚宣君夸大的估計，說是甲骨出土的總數不下於十六萬片，每片平均以十字計，就有一百六十萬字。客氣一點，給它打一個一折八扣，也有十二萬八千字，這只包括了二百七十三年，與《史記》一千三百字相較，已經是多了一百倍。甲骨文可以補充訂定殷代的歷史，這是當然的。百分之一的舊史料，經過三千多年的傳述，抄寫刊印，不免訛誤多端，而百分之九十九的新史料，又都是當時殷王室的太史親手書契的真迹，它們的價值，真是不能相比的。[①]

[①] 董作賓：《殷代的革命政治家》，《中國政治思想史及制度史論文集》，中華文化出版事業社，1954年；後收入《董作賓先生全集》（藝文印書館，1977年），乙編第3冊；此據《甲骨文獻集成》（四川大學出版社，2001年），第20冊，第306頁。

以地下材料彌補傳世文獻的不足，董氏所論使得史籍中語焉不詳的商王祖甲成爲了一位敢作敢爲改革家。根據卜辭所見，董氏認爲祖甲的改革可集中體現於四個方面：一、祀典之異，二、曆法之異，三、文字之異，四、卜事之異。① 在這四方面中，文字之異，或可能是受到不同貞人和刻手的影響所致。而其他三方面則都是制度性的，並非貞人或刻手本身可以決定的，而只能是當時社會變革的一種反映（詳見下文）。所以卜辭雖非史籍般的記載，但所記的內容却是當時的實錄，董氏這結論是通過分析甲骨卜辭得到的認識，是據當時改革活動所留下的痕迹觀察到的結果，較之於傳世文獻有不可替代的優勢。

　　同時，董氏還以這一結論很好地解釋了傳世文獻中的一個問題。過去傳世文獻中關於祖甲的記載不僅稀少，而且觀點也時常相悖。《國語・周語》記載："帝甲（指祖甲。引者注，下同）亂之，七世而隕。"《史記・殷本紀》也説："帝甲淫亂，殷復衰。"由此可見，"武丁中興"後强盛殷商的命運轉折，似應全歸咎於這位"亂"的商王。但是《尚書・無逸》却有着另外一番不同的描述："其在祖甲，不義惟王，舊爲小人。作其即位，爰知小人之依，能保惠於庶民，不敢侮鰥寡，肆祖甲之享國三十有三年。……自殷王中宗，及高宗，及祖甲，及我周文王，兹四人，迪哲。"若照此説，一位傑出政治家的形象仿佛躍然紙上。董氏將傳世文獻與卜辭材料結合起來綜合考量，於是對商王祖甲有了一個真實而全面的認識，同時也就能够理解文獻中這種矛盾的描述了——"因爲祖甲是革新派的黨魁，新派政黨當然稱其'賢'，舊派政黨當然斥其'亂'"。② 而抛開立場不同導致的褒貶不一，"單就祖甲講，他是商王朝有作爲的商王"，③他的一系列改革活動確實對商代社會甚至殷商命運産生了深遠影響。

　　董氏能有此重要發現，實則與其開創的甲骨卜辭分期斷代工作密不可分。甲骨

---

① 參董作賓《殷曆譜》，收入《董作賓先生全集》（藝文印書館，1977年），乙編第1册；此據《甲骨文獻集成》（四川大學出版社，2001年）第31册，第14~16頁。

② 董作賓，《殷代的革命政治家》，此據《甲骨文獻集成》第20册，第306頁。也有一些學者推測《尚書・無逸》中的"祖甲"或指商王"大甲"，以此來化解文獻中的這一矛盾（此類觀點綜論可詳參蔡哲茂：《論〈尚書・無逸〉"其在祖甲，不義惟王"》，原刊《甲骨文發現一百周年學術研討會論文集》，文史哲出版社，1998年；增改稿後又發表於中國社會科學院歷史研究所先秦史研究室網站 www.xianqin.org，2009年2月12日），雖可爲一説，但終不能很好解釋"中宗""高宗"和"祖甲"的順序問題，恐難論定。而董氏的"祖甲改革"説實際上是由甲骨卜辭觀察得出的結論，并非出自和依賴於傳世文獻，却同時爲傳世文獻中的這一矛盾提供了一種解讀方式。所以即使推測《尚書・無逸》中"祖甲"非爲武丁子"祖甲"的學者，也都不能據此否認"祖甲改革"的存在。

③ 宋鎮豪主編，韓江蘇、江林昌著：《商代史卷二・〈殷本紀〉訂補與商史人物徵》，中國社會科學出版社，2010年，第608頁。

發現之初,科學細緻的研究還未展開,所以不能將所有材料的時代性質加以區分,①直至董氏在《甲骨文斷代研究例》一文中提出了甲骨文研究的"五期斷代説",始注意將甲骨卜辭與殷商後期的各世商王系統地聯繫起來,也才使得卜辭成爲了研究商代各王的重要史料。董氏能夠發現祖甲時代的改革,也正得益於他有意識地將祖甲卜辭從衆多甲骨卜辭中甄别出來,通過與其他商王卜辭的對比,發現了其中的特異之處。

然而,董氏的"五期斷代説"並非没有可完善之處。"董作賓創立的殷墟甲骨文斷代體系,很多方面今天看來仍是對的,但也存在着缺陷,重要的一點就是把甲骨本身的分類和王世的推定混在一起了"。② 因爲這種缺陷,一方面導致對其中一些卜辭時期的認識可能有問題,也影響了基於此的後續論證;另一方面也使得卜辭的類型過粗,難以揭示相互間的細緻關係。因此後學者必然會對這一體系進行修訂,並據此來豐富和校訂以前的一些認識。1950年代初,陳夢家在《甲骨斷代與坑位——甲骨斷代學丁篇》(文見《中國考古學報》第5册,1951年;後收入《殷虚卜辭綜述》③)首用了賓組、𠂤組等名稱,實踐了以貞人系聯來分組的卜辭分類方式,使得甲骨類型體系更爲細密謹嚴。這一創舉實際上是突破了過去認爲一類卜辭只能存在於同一王世的認識樊籬,校正了"五期斷代説"的分類方式,具有很大的創建性。但是陳夢家並没有將這一思想貫徹到底,"《綜述》所謂'康丁卜辭',便是用一個斷代上的名稱代替分類上的名稱"。④ 至上世紀七八十年代,李學勤在《論"婦好"墓的年代及有關問題》中提出了"歷組卜辭",在《小屯南地甲骨與甲骨分期》一文中又提出了"無名組卜辭",方使得甲骨卜辭的分組工作趨於完善。此後,學者們又漸漸明確了貞人與刻手也不是統一的,同一刻手可以爲多個貞人刻寫,同一貞人也可以有多個刻手爲其刻寫。所以以刻手的筆迹,也就是卜辭的字體爲據,同樣能夠對卜辭進行分類,復又增加了一個能夠對甲骨卜辭進行分類的維度。一些學者據以進行了深入研究,湧現了如《殷墟王卜辭的分類與斷代》《殷墟甲骨斷代》⑤《殷墟甲骨分期研究》⑥等多部有影響力的著作,使得甲骨卜辭的字體分類體系逐步完善。因此,我們今天來看,過去董氏通過"五期分類法"

---

① 王國維、羅振玉等早期學者雖曾在相關論著中間有涉及某些卜辭時代的推測,但無論是方法上還是結論上都缺乏系統性。
② 黄天樹:《殷墟王卜辭的分類與斷代》,文津出版社(繁體版),1991年,第1頁;科學出版社(簡體版),2007年,第1頁。
③ 陳夢家:《殷虚卜辭綜述》,中華書局,2004年。
④ 李學勤:《評陳夢家殷虚卜辭綜述》,《考古學報》1957年第3期,第124頁。
⑤ 彭裕商:《殷墟甲骨斷代》,中國社會科學出版社,1994年。
⑥ 李學勤、彭裕商:《殷墟甲骨分期研究》,上海古籍出版社,1996年。

發現的祖甲時代改革,大體上仍然是正確的,但是隨着甲骨卜辭分類斷代工作的深入,我們對於這一發現當中的很多細節可以有更多的了解,還有很多細緻的工作可以做。董氏當年或許也想見了這一未來,也曾滿懷希望地提出"將來甲骨學最後的研究結果,當能更詳盡地寫出祖甲這位賢王政治革命的精神來"。①

二、貞人"何"的缺失期

以下,我們運用較之董氏"五期分類法"更爲科學縝密的甲骨卜辭字體分類體系(甲骨卜辭字體分類基本框架見文后附録表 1—3),通過比較不同字體類型卜辭的時間關係,鉤沉出一位貞人"何",通過這位貞人的隱現來討論他與祖甲改革的關係。

貞人"何"是何組卜辭當中的一位貞人,"何組卜辭"便是據他以得名的,由"何"貞問的卜辭總數當在 500 條左右②,所以"何"實在是一位常見而重要貞人,我們特將他作爲一名"典型"拿出來討論。當然,如果僅僅作爲一個獨立的個體,貞人"何"的行止具有多種解讀的可能。必須要納入貞人組中去考察,方能顯示規律性。所以,本文雖然是以最爲典型的貞人"何"爲例,談他與"祖甲改革"的關係,論證時却是以"何組卜辭"的一衆貞人表現爲基礎的,而結論也藴含着這一組貞人與"祖甲改革"的關係。這是首先要説明的。

從甲骨卜辭字體分類的角度來看,這些"何"貞的卜辭字體分屬三類:一類是時期最早的"事何類"(本文皆使用爲黄天樹師分類體系中名稱,彭裕商稱此類爲"何組一類");一類是時期更晚的"何一類"(彭裕商稱此類爲"何組二類");還有一類黄天樹師稱其爲"何一類草率的刻辭",也暫歸入何一類,彭裕商則將這部分卜辭稱爲"何組三A類",與何一類分開,認爲與何二類更接近。

關於這些不同字體的"何"是否爲同一人,過去曾有過疑問,陳夢家《殷虚卜辭綜述》在列舉了事何類"何"字字形後也是懷疑"可能與下'何'(指何一類字形的"何",引者注)爲一人"。③ 後來,許進雄專門寫作了一篇論文《談貞人荷的年代》,從共版、鑽鑿形態等多個角度探討了這些"何"實爲一人,④論證角度新穎,論據充分,再加上與其他

---

① 董作賓:《殷代的革命政治家》,此據《甲骨文獻集成》第 20 册,第 309 頁。
② 主要著録書中所見可參姚孝遂主編:《殷墟甲骨刻辭類纂·貞人統計表》,中華書局,1989 年,第 1499 頁。
③ 陳夢家:《殷虚卜辭綜述》,第 184 頁。
④ 許進雄:《談貞人荷的年代》,原載《中國文字》1972 年第 3 期。此據《甲骨文獻集成》,第 15 册,第 322～324 頁。

何組貞人的綜合分析，使得該問題殆無疑義，現在已經没有人懷疑這些貞人"何"就是同一人了。

對於貞人"何"三種類型卜辭的時期，學界的認識大致相同，微有區別。① 第一類：事何類卜辭。許進雄提出時代當在祖庚、祖甲之交，②黄天樹師贊同此説。彭裕商亦認爲下限在祖甲前期，但上限可到武丁晚期。第二類：何一類卜辭。黄天樹師認爲上限可至祖甲晚期，下限可至武乙之初。彭裕商亦認爲上限可至祖甲晚期，但下限在廩辛時代。第三類：何一類草率的刻辭。黄天樹師將其附屬於何一類，時期應該與何一類接近。彭裕商則認爲該類上限應到廩辛時期，下限可至武乙早年。③ 綜合起來看，貞人"何"承擔貞卜之事的時間最早可至武丁晚期，最晚則能到武乙早年。各家觀點即使存在差異，也大體不離這一區間，特別是對各類型卜辭主要存在時期的認識是一致的，只是在少量卜辭是否已經遲至下一王世或上及前一王世等認識上稍有差别。

這裏需要特別指出的是，貞人"何"三種類型卜辭在時間上並不能完全接續。無論哪種分類斷代觀點，事何類"何"貞卜辭的下限都只能到祖甲早期（祖甲改革前），而當其他類型的"何"貞卜辭再次出現的時候，已經到了祖甲的晚期（祖甲改革後）。在祖甲的中期（改革期），貞人"何"是缺位和消失的。過去學者在有關字體分類的討論中已經注意到這種不連續性的端倪，④但論之未詳，我們在此更做一補論，説明事何類卜辭絶到不了祖甲中期（改革期）。

通過比較與之共時的出二類卜辭，我們就能够發現事何類卜辭的時間下限。過去的斷代觀點曾"把賓組、出組、何組在時代上的接續關係簡單地排成首尾相接、依次相銜的一條直綫的序列"（見圖1）。⑤ 而實際情況却應當是"賓組尾部與出組首部重疊，出組尾部與何組首部相疊"（見圖2），⑥三者存在着同時共存的情況。這也才是符

---

① 貞人"何"爲各字體類型卜辭中的貞人，其時期自然應不超出各類型所處時期。我們在討論貞人"何"的時期時，若無特別説明，便以各種類型卜辭的時期進行推定。
② 許進雄：《談貞人荷的年代》，此據《甲骨文獻集成》第15册，第322～324頁。
③ 以上觀點參黄天樹：《殷墟王卜辭的分類與斷代》（簡體版），第223、227、238頁；李學勤、彭裕商：《殷墟甲骨分期研究》，第156、157、159頁。
④ 李學勤、彭裕商：《殷墟甲骨分期研究》，第156頁。
⑤ 黄天樹：《試論賓、出、何三組卜辭在時代上的接續關係》，《考古與文物》1991年第3期，第57頁。《殷墟王卜辭的分類與斷代》（簡體版）頁229亦有相似論述。
⑥ 黄天樹：《試論賓、出、何三組卜辭在時代上的接續關係》，《考古與文物》1991年第3期，第60頁。《殷墟王卜辭的分類與斷代》（簡體版）頁229亦有相似論述。

合李學勤提出的"同一王世不見得只有一類卜辭"思想的。① 事何類卜辭與出二類卜辭就屬於何組與出組相重疊的那部分。

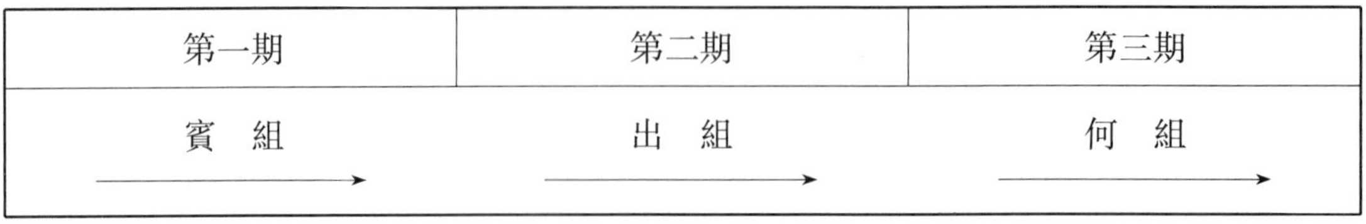

第一期	第二期	第三期
賓　組 →	出　組 →	何　組 →

圖 1

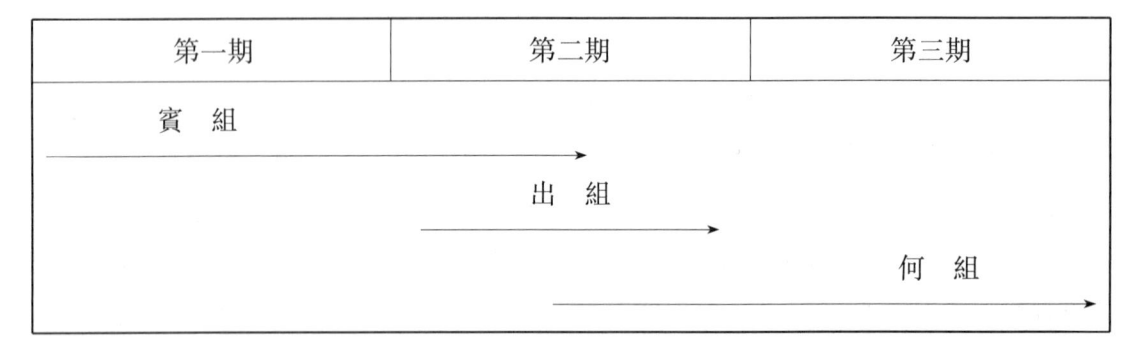

第一期	第二期	第三期
賓　組　——————————→		
	出　組　——————————→	
		何　組　——————————→

圖 2

出組和何組兩類卜辭最具比較價值的是曆法方面。商王祖甲在經歷了執政早期的一段時間後,便開始進行改革,②這一改革涉及很多系統性的内容,其中曆法方面的改革對卜辭時間屬性具有極强的説明力(因爲曆法是王朝制度的重要方面,同一時間不會使用兩種曆法)。通過比較不同類型卜辭在曆法改革上的差異,便可發現他們在時間上的關係。

第一項曆法改革内容是祖甲改用"正月"取代"一月"之名。董作賓運用"五期分類法"已經大致發現了這一項變革内容,③而從卜辭字體分類角度來看則可以將這一變革的時機看得更清晰。我們知道,祖甲時期除了事何類卜辭,更爲主要的是出二類卜辭,通過比較這兩種類型卜辭在"正月"和"一月"上的使用區别,便可以確定他們的時間關係。我們首先對出二類卜辭的月名使用情況做一詳盡統計,通過統計觀察這種變化的痕迹(見下表1)。

---

① 李學勤:《評陳夢家殷虛卜辭綜述》,《考古學報》1957年第3期,第124頁。
② 關於祖甲改革的時間起點,參筆者《殷商祖甲曆法改革的時機》,《中國史研究》2012年第2期。
③ 董作賓:《殷曆譜》,此據《甲骨文獻集成》第31册,頁15。

表格 1　出二類各月卜辭數量統計①

月份	正月	一月	二月	三月	四月	五月	六月	七月	八月	九月	十月	十一月	十二月	十三月	總計
數量	70	70	130	108	106	101	93	73	122	100	137	136	154	13	1 401

從表 1 中數據來看，"正月"之名和"一月"之名在出二類卜辭中都有使用，兩種名稱使用數量之和爲 140 次。從年中各月數量的對比來看，與其他各月數量無太大差別［十三月爲閏年才有的閏月，且只在出二類初期短暫實行過，故其數量可以不論（詳下文）。其餘各月除了最高數量的十二月 154 次和最低數量的七月 73 次稍有突出外，其他各月數量基本都在 110 次上下］，數據應能夠正常反映這一時期各月出現的大致比率情況。而通過對"一月"和"正月"之名的細緻分析，可以確定"正月"之名是後起取代了"一月"之名的。我們對涉及這兩種月名卜辭的貞人進行了分析，從結果來看，使用"一月"的卜辭應該更早，使用"正月"的卜辭則相對要晚些：使用"一月"的貞人包括：大（《合》25246）、疑（《合》26671）、旅（《合補》7998）、行（《合補》6965）、即（《合》23113）、尹（《合補》7797）；使用"正月"的貞人包括：旅（《合》22623）、行（《合》22722）、即（《合》26617＋26712）、②尹（《合》26355）。其中二者共有的貞人有：旅、行、即、尹，而只使用"一月"的貞人有大和疑。大和疑確定都是時間更早的貞人，③在出一類中已經常出現，而在出二類中則較少出現了，④這説明這些貞人的卜辭時間更早。基於上述分析，我們認爲出二類中使用"一月"的卜辭，整體上時間要早於使用"正月"的卜辭，即使二者有一定時期的並存，但總的先後次序是明確的。也就是説在出二類卜辭時期"正月"和"一月"是一種交替關係，而非混用關係。從"正月"和"一月"的數量關係比較上來看，這一交替可能發生在出二類中期。

而從事何類中"一月"與"正月"之名的使用情況來看，事何類的貞人"何"不會晚到祖甲中期（改革期）。從下表 2 我們的數據統計來看，事何類使用了"一月"之名共計 18 次，而"正月"之名則一次都沒有使用過。這一數據説明，參照於出二類卜辭來看，事何類卜辭的下限要早很多。這也就説明了事何類中的貞人"何"的貞卜時間下

---

① 數量統計範圍包括《甲骨文合集》《甲骨文合集補編》《英國所藏甲骨集》。統計單位爲出現次數。著録書簡稱見文后附録 4。後表同。各著録書卜辭的具體類型劃分依照筆者博士論文：《殷墟甲骨卜辭字體分類的整理與研究》（首都師範大學 2011 年博士學位論文，指導教師：黄天樹教授）。

② 董作賓綴合，圖可參蔡哲茂編：《甲骨綴合彙編》，花木蘭出版社，2013 年，第 493 則。

③ 陳夢家：《殷虛卜辭綜述》，第 190～193 頁。

④ 黄天樹：《殷墟王卜辭的分類與斷代》（簡體版），第 76 頁。

限不能晚至祖甲中期(改革期)。

第二項曆法改革的内容是"十三月"年終置閏制的廢除。董作賓也曾經論及此一項内容,認爲祖甲時期不再實行"十三月"年終置閏制。① 通過卜辭字體分類來看,出二類卜辭中確實體現了這樣的改變。② 而就事何類卜辭來看,一定是没有廢除"十三月"年終置閏制的。事何類卜辭各月的出現情況見下表2:

表格2　事何類各月卜辭數量統計

月份	一月	二月	三月	四月	五月	六月	七月	八月	九月	十月	十一月	十二月	十三月	總計
數量	18	7	4	18	12	14	23	24	18	18	9	8	11	184

從表2中數據可以看到,事何類卜辭中"十三月"共出現了11次,十三月外各月共計出現173次,每月平均出現約14次,十三月與其他各月出現的比率爲11/14。我們對其他各類型同樣施行了"十三月"年終置閏制的卜辭進行了統計,他們十三月與其它各月平均出現的比率見下表3:

表格3　各類型卜辭"十三月"與其他各月出現比率情況

典賓類	賓出類	出一類	出二類
63/79	60/111	12/22	13/117

從表中數據來看,事何類卜辭時期的十三月出現比率高過其他類型,其所處時代肯定還存在着"十三月年終置閏制"。根據這一判斷,我們就能進一步斷定事何類卜辭相較於出二類卜辭,時代下限要早很多。也就同樣説明事何類到不了祖甲的中期(改革期),那麽貞人"何"也自然到不了這一時期。

此外,根據祀典的變化也能從側面説明事何類的時間下限不能到祖甲中期(改革期)。出二類卜辭時期開始施行"周祭制度",③這是祖甲改革的一個重要體現方面,但

---

① 董作賓:《殷曆譜》,此據《甲骨文獻集成》第31册,第15頁。
② 關於"十三月"年終置閏制在祖甲時期的廢除,學界曾有過很多的討論,限於篇幅及與本文主旨的關係,對其中的有關細節問題我們不在這裏展開了,詳細可參筆者:《殷商祖甲曆法改革的時機》,《中國史研究》2017年第2期。
③ "周祭制度"是指"商王及王室貴族用翌(日)、祭、㲋、劦(日)、彡(日)五種祀典對其祖先輪番和周而復始地進行的祭祀"(常玉芝:《商代周祭制度》,綫裝書局,2009,第1頁)的一種祭祀制度。此祭祀制度爲1945年董作賓先生在《殷曆譜》中率先提出,初稱爲"五祀統"。後陳夢家先生在《殷虛卜辭綜述》中將其稱爲"周祭"。

是事何類卜辭中完全看不到"周祭制度"的影子,因此這一現象也能某種程度上說明事何類卜辭的時代下限到不了祖甲中期(改革期)。當然,這方面的証明力沒有曆法方面那麼强,也有可能是因爲事何類的貞人不負責這方面貞卜而造成的。但是結合前述的兩種因素來看,我們認爲還是從時間性因素考慮這種差異更爲合理。

綜合以上來看,通過與同一時期出二類卜辭的綜合比較,我們可以確定事何類中貞人"何"的時間下限到不了祖甲中期(改革期)。而當貞人"何"再次出現的時候,已經是在何一類卜辭了,時間已經到了祖甲的晚期或更晚(改革後),這一時期卜辭中的祖甲已經由"王"變成爲祭祀對象"父甲"(《合》27321、《合》27456),他的前任商王祖庚也不再被稱爲"兄庚",而是改稱"父庚"(《合》27424、《合》27430)了。因此,在卜辭所反映的時間維度上,貞人"何"的卜辭恰好缺席了祖甲的中期(見圖3),而這一時期正好是祖甲的改革時期,出二類的貞人正在這一時期大展拳脚。

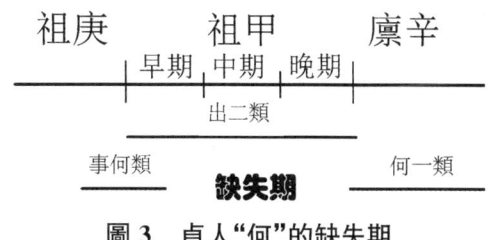

圖3 貞人"何"的缺失期

無論如何,貞人"何"卜辭在祖甲改革時期的缺失都是頗耐人尋味的①:

一方面,貞人"何"如果一直與商王祖甲無涉也就罷了,可他在祖甲初期還在任職,產生了很多卜辭。這通過兩類卜辭的共版可以看出,《合》23241 正反面有出二類貞人"尹"和"旅"的卜辭,反面有事何類字體貞人"彭"的署名;《合》23977 正面爲出二類卜王卜辭,反面爲事何類字體貞人"叩"的署名;《合》24063 正面爲出二類的卜王卜辭,反面有事何類字體貞人"囗"的署名;《合》23359 正面有出二類卜辭"貞先妣庚歲",反面有事何類貞人"叩"的署名。② 這些共版情況都説明事何類貞人與出二類的貞人共時存在過,他們確實也曾經共同爲祖甲服務過,貞人"何"並沒有隨着祖甲即位就立即失去貞卜權力。

另一方面,貞人"何"又恰好在祖甲改革后失去了貞卜權。在祖甲進行改革後,貞人"何"突然隱身了,再也看不到他的任何卜辭。與"何"一同隱身的是事何類的一群貞人,包括"義、彭、囗、專、叙、䛐"等人,這一"貞人集團"中有的人在隱身後與"何"一

---

① 在與韓宇嬌博士討論時,她提出"何組貞人突然消失,其實反映了當時貞卜方式的改變(由兩組貞人同時貞卜,變爲一組貞人單獨貞卜),這種變化本身有可能也是祖甲改革的一方面内容",我們認爲這種推論是很合理的。

② 李學勤、彭裕商:《殷墟甲骨分期研究》,第 156 頁;黄天樹:《殷墟王卜辭的分類與斷代》(簡體版),第 234~235 頁。

樣再次出現,比如"彭、囗、叩"[這三位貞人亦是良好的旁證,説明貞人"何"的去而復返不是個人因素(比如生病)所導致,而是一種群體性行爲];有的人則在隱身後再也没有出現,比如"虤、專、紋、🀆"。如果没有這些再次出現的貞人"何、彭、囗、叩",我們也許還可以認爲,這一組貞人是自然消亡了,但是這些消失後又再現的貞人讓我們不得不相信,他們並没有消亡,他們都是因爲一件事情而暫時失去了貞卜的權力——從時間節點上來看,這件事最合乎情理的推測莫過於"祖甲改革"。

在事何類卜辭中,我們絲毫見不到祖甲改革的痕跡,而當貞人"何"在何一類卜辭中再次出現的時候,他依然不涉及改革有關的事務。這時祖甲的改革舉措已有了消亡的迹象,但是一些改革措施還没有完全廢除,比如"周祭":何一類時期,貞人"何"的卜辭雖又大量出現,但同祖甲改革前一樣,與"周祭"仍是没有絲毫關涉,李學勤、彭裕商注意到"(何一類)有'周祭'卜辭,一般爲宁(引者按:此貞人名今通常釋爲"賈",爲何一類時才出現的貞人)所卜(原注:《合集》27042等)。宁卜還有叙祭,《綜述》193頁指出:'叙在祖甲時時常與周祭、歲祭並行。'何、旬(引者按:本文將此貞人隸定爲"頁")的祭祀卜辭則爲歲、又、禦、烝、祊等祭名"。① 所以,即使再次被賦予了貞卜的權力,貞人"何"依然對祖甲改革心存芥蒂,由此亦可見貞人"何"與祖甲改革的關係難言融洽。

一"隱"一"現"將貞人"何"等與祖甲改革的關係展現得很清晰:貞人"何"等"隱"則祖甲改革"現",祖甲改革"隱"則貞人"何"等現,二者之間難以共存。頗與"不是東風壓了西方,就是西風壓了東風"的情形相同。

貞人"何"以及貞人"彭、囗"何以能夠隱退後又復職呢? 我們認爲這是一個與貞人身份相關聯的問題。貞人是商代很特殊的一個團體,他們的地位非常高。這能夠通過卜辭的占辭看出端倪,通常在甲骨卜辭中對卜辭進行占驗的都是"王",但有時也有貞人占驗的記録,比如《合》20153+20081、②《合》20534、《合》20070、《合》21071,這些卜辭中出現有貞人"出、𢀛"的占辭。對占卜的結果具有發言權,説明貞人也能夠"因兆以定吉凶",由此可見貞人的地位之高。③ 作爲商王朝具有崇高地位的重要人物,貞人"何"以及與他同組的其他貞人竟突然間就失去了重要的貞卜權力。現在已

---

① 李學勤、彭裕商:《殷墟甲骨分期研究》,第145頁。
② 裘錫圭綴合,圖可參蔡哲茂編:《甲骨綴合彙編》,第118則。
③ 有觀點認爲"貞人"或爲方國部族的首領,有自己的食地和封邑,代表一定團體的利益,因此可以具有較强勢力和權力。但這一論斷還需要從多方面詳加討論,在此我們僅認爲這是一種具有一定解釋力的推測。

經無法弄清他們是主動還是被動地失去了貞卜權,[①]但他們的勢力一定很大,即使失勢了相當長一段時間,後來他們又能重新得勢,再獲貞卜大權。而商王祖甲也一定還有倚靠他們的地方,即使將他們排除在了貞卜行動外,也不能完全清除他們,使得他們還有東山再起的機會。

貞人"何"以及貞人"彭、口、卬"這種去職復返的狀況,在其他貞人中我們還沒有發現類似的,這是一種很獨特的現象。這些貞人雖與祖甲提倡的改革運動關係不密,甚至一度失去了貞卜權,但最後却又重新回到了商代歷史的舞臺上。這也許反映了商代神權(貞人)與王權(商王)發生的一次劇烈衝突,而最終以二種力量在此消彼長後重新達到了一種平衡而告終。

縱觀中國歷史,改革的阻力向來都是巨大的,很多改革也都以失敗告終,在祖甲所主導的改革活動開始後,貞人"何"等立即在卜辭中隱去了身形,二者的關係恐怕不會融洽。而貞人"何"等重新出現於卜辭中時,改革的各種迹象也消失殆盡了。相對於"祖甲亂國"的說法,是否可以考慮,正是一些因循守舊保守勢力的存在才使得改革舉步維艱,而失去變革力量的商王朝也失去了活力和向上的動力,并由此開始走向了衰落。

下　　編

"在任何情境裏,一種因素的本質就其本身而言是沒有意義的,它的意義事實上由它和既定情境中的其他因素間的關係所決定。"

——霍克斯

三、貞人"何"史迹索隱——"何"之源起

以上我們從貞人"何"與祖甲改革隱現互補的角度,分析了二者的關係。這種關係是因何形成的呢? 只有通過對貞人"何"做一全面梳理,才能找到這一問題的答案。

從甲骨卜辭來看,貞人"何"所涉及的占卜内容是較爲單一的,遠不如賓組卜辭的某些貞人那樣豐富多彩,通常以爲刻畫不出一位生動的人物來。因此,以往對於貞人

---

① 如果是主動的,那麼就是貞人"何"等放棄了貞卜權;如果是被動的,那麼就是商王剝奪了貞人"何"等的貞卜權。這涉及缺失期形成原因的判斷。

"何"的研討并不深入,殆以爲這是一位事迹簡單的普通貞人而已。① 通過上文的討論來看,貞人"何"實非善與之輩,改革伊始便失去貞卜權力,去而復返却又能重新掌權,確爲一名經歷豐富的貞人。我們既已抱有這樣的看法,那麽對貞人"何"的看待當然就別有一番光景了,下面我們就對商代歷史上重要的貞人"何"做一史迹的索隱,更近距離地觀察這位商代貞卜領域的傳奇人物。當然,在這一過程中,我們也勢必將旁及與貞人"何"爲同一"貞卜集團"的"彭、囗"等貞人,以及與貞人"何"長期共存的出組貞人們。

首要的問題是貞人"何"的源起,也就是"何"的家世背景情況。在貞人"何"進入貞卜集團,從事貞卜事宜之前,作爲卜辭中人物的"何"已經有出現,這些卜辭的類型都處於何組之前。這些"何"是否就是後來的貞人"何"當然是需要論證的,但我們想這些"何"總是與貞人"何"有些關係的,所以不影響我們在這裏先將其辭例列舉出來,以供後續討論。下面我們按照字體類型將非貞人的"何"在卜辭中的出現記錄列舉如下(因主要不涉及文字考訂,釋文盡量用寬式):

一、在𠂤組肥筆類中出現的"何"

    (1) 丙戌卜㱿:令何求戎娥。　　　　　　　　　　《合》19907[𠂤肥筆]
    (2) ☒㱿☒令☒何。　　　　　　　　　　　　　　《合》20239[𠂤肥筆]
    (3) 丁未卜貞:何肩告☒。　　　　　　　　　《合》20577+《合補》10239②[𠂤肥筆]

𠂤組肥筆類卜辭是殷墟卜辭中時代最早的,現在通常認爲其時代最早應到武丁的早期,最晚可至武丁中期或中晚期之交。③ 卜辭(1)是三條卜辭中最完整的一條,可結合意義相近的卜辭"己巳卜王:呼求戎我"(《合》5048)共同理解辭義,裘錫圭認爲"'求戎我'當讀爲'求戎宜','戎宜'指與戎作戰之宜。……這些卜辭裏的'求戎宜',似乎也應該解釋爲尋求與戎作戰的適宜機會"。④ 這表明"何"參與了具體的戰鬥活動。卜辭(2)由於辭殘,辭義已不可明,只可知"何"與𠂤組貞人"㱿"有共時關係。卜辭(3)貞問了"何""肩告"的事項,"肩"表示"任、克"之義,也就是今天我們所説的"能

---

① 饒宗頤《殷代貞卜人物通考》(香港大學出版社,1959,第1075~1097頁)曾對貞人"何"進行了較爲詳細地描述。通過"卜雨""卜夕""卜旬"等七類事項羅列了貞人"何"的事迹,認爲"其人蓋爲武丁老臣,歷祖庚、祖甲以至廩辛,乃爲耆年碩德之三朝元老"。饒氏這一認識無疑是正確的,但所做事迹分析仍欠深入。
② 謝湘筠綴合,見中國社會科學院歷史研究所先秦史研究室網站 www.xianqin.org,2006年11月13日。
③ 參黄天樹:《殷墟王卜辭的分類與斷代》(簡體版),第14~21頁。
④ 裘錫圭:《釋"求"》,《裘錫圭學術文集》甲骨文卷,復旦大學出版社,2012年,第280頁。

夠"的意思。① 根據同版的卜辭"丁未貞：庚肩告王"，"何"要告的對象亦有可能是王。此外，《合》20847 也是自組肥筆類卜辭，内容爲"☒丁卯何☒"，已經不可確定"何"是否必爲人名。以上爲"何"最早的卜辭記錄，從卜辭内容來看，自組肥類的"何"是一位參與具體軍事行動，還可以直接向王報告情況的人物。

二、自賓間類中出現的"何"

(4) ☒何以出取。 《合補》9012［自賓間］

(5) 庚申［卜］：方韋，視何。十一月。 《合》6786［自賓間］

(6) □戌卜：方韋，視何。 《合》6787［自賓間］

(7) □辰卜曰：方其韋，視何。允其［韋］。 《合》6788［自賓間］

(8) 壬辰卜：方其韋，視何。
　　貞：方其韋，視何。 《合》6789［自賓間］

(9) 壬辰卜：方弗韋，視［何］。 《合》6790［自賓間］

(10) 丙申卜：方其韋，視何。 《合》6793+27744［自賓間］

(11) 視何，方弗☒。 《合》7001［自賓間］

(12) ☒何弗其受方☒ 《合》8645［自賓間］

自賓間類卜辭大致處於武丁的中期，②該類中所見到的"何"數量較多，但内容較爲單一。卜辭(4)爲占卜"何"所致送是否取，表明"何"有向王提供物品的行爲。其餘卜辭(5)—(12)皆爲"方"對"何"的戰爭行爲。"韋"表"敦伐"之義，"視"過去曾釋爲"見"，裘錫圭先生將其改釋爲"視"，有兩種意義：一是商王對其他方國的"視"，表示"爲了準備戰鬥而觀察敵軍情況之意"；二是商王對本方的"視"，"當與'視工方'、'視方'等語之'視'有異"，而與《尚書·文侯之命》"父義和，其歸視爾師，寧爾邦"中的"視"意義一致。③ 我們認爲上述卜辭中的"視"應表第二種意義——如果"視"爲敵方的行爲，那麼應該在"韋"之前，宜爲"視韋"而非"韋視"。另外，由卜辭(11)可見"視"與"韋"是兩種能夠分開的行爲，加之通過卜辭(7)的驗辭"允其韋"，可知這些占卜的焦點只在於"韋"而非"視"。所以這些卜辭所述的内容中，"韋"與"視"並非並列關係，"韋"的主體是敵方，"視"的主體則爲商王。從以上卜辭不同的干支（庚申、某戌、某辰、壬辰、丙申）來看，一段時間内，商王對"何"的軍隊進行了集中檢閱。

由自賓間類卜辭可見，"何"具有一定獨立的經濟和軍事能力，他可以向商王進獻

---

① "肩"字意義參裘錫圭：《説"叴凡有疾"》，《裘錫圭學術文集》甲骨文卷，第 480 頁。
② 參黄天樹：《殷墟王卜辭的分類與斷代》（簡體版），第 125 頁。
③ 裘錫圭：《甲骨文中見與視》，《裘錫圭學術文集》甲骨文卷，第 446 頁。

物品，也能夠依靠自身武裝迎戰其他方國。

三、典賓類中出現的"何"

(13) 壬辰卜[貞]：何出王[事？]。
何弗其出王[事？]。　　　　　　　　　　　《合》975[典賓]

(14) 丁巳卜爭貞：呼取何芻。
弜呼取何芻。　　　　　　　　　　　　　《合》113 正[典賓]

(15) 貞：令良取何。　　　　　　　　　　　　《東文研》268[典賓]

(16) 貞：何不其以羌。　　　　　　　　　　　《合》273 正[典賓]

(17) 貞：何以羌。（正面）　王占曰：其以。（反面）　《合》274 正反[典賓]

(18) 貞：何以羌。（正面）　王占曰：其以。（反面）　《合》275 正反[典賓]

(19) 貞：[何]不其以羌。　　　　　　　　　　《合》276[典賓]

(20) 癸亥卜賓貞：令何、受呼辣小臣宓卒。　　《懷特》961 正[典賓]

(21) 貞：令賈以射何宓卒。四月。
貞：令何、受呼辣小臣宓卒。　　　　　　《懷特》962[典賓]

(22) 貞：令禽允子何。
弜令禽允子何。　　　　　　　　　　　　《合》12311＋2598①[典賓]

(23) □子何□　　　　　　　　　　　　　　《合》3232 反[典賓]

(24) 辛未[卜]殼貞：王夢兄戊，何从，不惟憂。四月。　《合》17378[典賓]

(25) □何出疾。　　　　　　　　　　　　　　《合》13763[典賓]

(26) □夷何□　　　　　　　　　　　　　　《合》17027 反[典賓]

(27) □何□　　　　　　　　　　　　　　　《合》1449 白[典賓]

(28) □子□何□息伯[引]□　　　　　　　　《合》3449[典賓]

以上卜辭中的"何"字字形分爲兩種類型。一作"𠂇"形，一作"𠂇"形，二者主要區別在於是否有構件"口"。趙鵬在《〈乙補〉3471 中兩條卜辭的釋讀及其相關問題》一文中，通過同版比對，確認二者爲一字無疑，所論正確可從。②

典賓類卜辭主要爲武丁時期的產物，下限可延至祖庚之世。③ 這一階段見有"何"

---

① 嚴一萍、張秉權都曾獨立綴合過。參蔡哲茂：《關於〈甲骨新綴第六則補綴〉的補充説明》，中國社會科學院歷史研究所先秦史研究室網站 www.xianqin.org，2010 年 7 月 6 日。圖可參蔡哲茂編：《甲骨綴合彙編》，第 472 則。

② 趙鵬：《〈乙補 3471〉中兩條卜辭的釋讀及其相關問題》，《古文字研究》第 29 輯，中華書局，2012 年，第 43 頁。

③ 參黃天樹：《殷墟王卜辭的分類與斷代》（簡體版），第 47 頁。

的卜辭最多,原因當與典賓類卜辭數量本就在所有甲骨卜辭中占比最多有關。由典賓類卜辭可見,"何"在該時期作用當不小:卜辭(13)爲"何"承擔王事的內容,"凸"讀爲"堪",表示勝任之義。① "堪王事"是卜辭中常見的辭例,所涉及的大多是商王朝重要的人物,如雀(《合》5443、5444)、自般(《合》5467、5469、《綴集》74)、行(《合》5454、5455)、弜(《合》4314、6834正)等都有"堪王事"的卜辭。卜辭(14)—(19)是"何"對商王貢納的內容,包含"羌"和"芻"等,負責向商王貢納"芻"的還有克(《合》114)、般(《合》114)、離(《合》125、126)等,貢納"羌"的還有射甾(《合》277、278)、龍(《合》272反)、殼(《合》267)等。卜辭(20)(21)是一組有關"何"參與軍事行動的卜辭,"宓"讀爲"毖",表示"敕戒鎮撫"之義。② "卒"字做 形,表示部族之名。③ 令人前去"毖卒"的卜辭還見於《合》18688、《英藏》406＝《合》40765等,惜辭殘未能知曉所令對象是否爲"何"。此外,《屯南》307亦有王令人"毖卒"的內容,但所令對象爲"𠂤人",卜辭類型則爲歷二類。這一組卜辭中的"何"稱爲"射何","射"是一種軍事職官的名稱。"射何"與另外一人物"受"一起呼"䅺小臣"進行軍事行動,可見他們的地位高於"小臣"。卜辭(22)(23)是有關"子何"的記錄,"子"爲一種身份,在武丁期卜辭中常見。卜辭(24)(25)爲有關占夢和"何"疾病的占卜,可見"何"與時王關係應該較緊密,受到商王的特別關注。卜辭(26)—(28)辭殘,義不明。

典賓類甲骨卜辭是現在所見卜辭中數量最多的,所見人物十分豐富。從"何"的事迹來看,雖然也承擔了一些貢納和戰爭的事項,但數量都很少,所以商王對"何"的任用還是很克制的。

四、其他類型卜辭中所見的"何"

(29) 戊申卜:㞢升于稷何羊、豕。　　　　　　　　　《合》34266[歷一]
(30) 丁丑卜賓貞:勾于何,㞢[昇]。　《合》19037＋15462＋5.0.0096④[賓三]
(31) ☑何☑(骨臼刻辭)　　　　　　　　　　　　《合》1449臼[賓出]
(32) 丙申[卜]鼎(貞):☑何☑　　　　　　　　　　《合》17971[賓出]
(33) 勾何𤈪。

---

① 陳劍:《釋凸》,《出土文獻與古文字研究》第3輯,復旦大學出版社,2010年,第1~89頁。
② 裘錫圭:《釋祕》,《裘錫圭學術文集》甲骨文卷,第51~66頁。
③ 裘錫圭:《釋殷墟卜辭中的"卒"和"律"》,《裘錫圭學術文集》甲骨文卷,第362~376頁。
④ 《合》19037＋15462爲蔡哲茂綴合。5.0.0096爲林勝祥加綴。可參林勝祥:《殷墟文字拼兑綴合例稿》,中國社會科學院歷史研究所先秦史研究室網站www.xianqin.org,2006年10月4日。圖可參蔡哲茂:《甲骨綴合彙編》,第1007則。

先日何。

勾何娩。

勾何娩。 《合》22246［婦女］

由於以上類型涉及"何"的卜辭數量較少,我們放在一起加以討論。卜辭(29)爲祭祀類卜辭,"稷"字做"𥛜"形,從蔡哲茂所釋,① 表示祭祀的對象,"何"在此處應指提供"羊、豕"的物主。卜辭(30)爲王向"何"有所丐求,"'勾'就是'丐'的古體,跟它前後相呼應的'畁'字,顯然應該理解爲'付與'",② 這與上一辭内容有某種雷同,也是"何"向王提供物品。卜辭(31)爲記事刻辭,惜辭不清,"何"疑爲卜骨的貢納者。卜辭(32)殘,義不明。此外,卜辭(33)爲婦女卜辭,也是向"何"勾求的卜辭,勾求的内容爲"娩",林澐先生認爲是指何族女子之名。③ 因此這部分的卜辭基本上反映的都是"何"向王或向其他"子"(婦女卜辭)貢納的内容,時間上最早的爲武丁中期(婦女卜辭),最晚爲祖庚時期(賓出類)。

此外,在無名類卜辭中也有兩處出現過"何":

(34) 惠何［令］及□方□ 《天理》556［無名］

(35) 戍何弗雉王衆。《合》26879＋26880＋28035＋26883＋《屯南》4200④［無名］

由於無名類卜辭并不完全早於貞人"何"所處的時間,甚至有可能是相同的,上述無名類卜辭中的"何"與前面各類型卜辭中的"何"性質并不一致,有可能是"異代同名",⑤ 與貞人"何"同爲一人的可能性更高。卜辭(35)稱"何"爲"戍何",説明"何"的官職爲"戍",爲軍事類職官。

以上所述,爲非貞人的"何"在卜辭中的大致出現情況。前文我們已經説過,這些"何"與貞人"何"的關係是需要論證的。饒宗頤曾認爲這些早期所見的"何"殆即貞人

---

① 蔡哲茂:《從戰國簡牘的"稷"字論殷卜辭的"兇"既是"稷"》,中國社會科學院歷史研究所先秦史研究室網站 www.xianqin.org,2013 年 4 月 23 日。

② 裘錫圭:《"畁"字補釋》,《裘錫圭學術文集》甲骨文卷,第 31 頁。

③ 林澐:《從子卜辭試論商代家族形態》,《古文字研究》第 1 輯,中華書局,1979 年,第 329～330 頁。《從武丁時代的幾種"子卜辭"試論商代的家族形態》,《林澐學術文集》,中國大百科全書出版社,1998 年,第 55 頁。

④ 《合》26879＋26880＋28035＋26883 爲蔡哲茂綴合,《屯南》4200 爲劉義峰加綴,可參劉義峰:《無名組卜辭的整理與研究》綴合第一組,中國社會科學院 2008 年博士學位論文(指導教師:宋鎮豪)。

⑤ 趙鵬:《〈乙補〉3471 中兩條卜辭的釋讀及其相關問題》,《古文字研究》第 29 輯,第 46 頁。

"何",①恐怕難以作爲定論。卜辭有些"何"與後來的貞人"何"可能難以確定爲一人,比如自肥筆類、自賓類中所見的"何",可早至武丁的中期。而何一類中的貞人"何"時期最遲已經到了廩辛康丁時期,時間跨越了三世五王,不爲同一人的可能性更大。但這些時期較早的"何"與貞人"何"存在關係的可能性是較大的,朱鳳瀚曾指出:"通過對卜辭辭義與文例的具體辨析,則可以證實卜辭中確實存在着一種現象,即以同一個名號來稱呼族長與其族,同時也用來指稱這個族的族居地"。② 這些非貞人的"何","存在的時間大約從武丁中期綿延到祖庚時期,所以,其具體所指,可能會是一個人,也可能是指稱'何'這個族前後兩代或幾代族長",③而貞人"何"則是"何"族發展到他這一代時的代表人物。所以,將一些非貞人的"何"看作是貞人"何"的先輩也許是一種比較審慎的選擇。④

在何組貞人中,還有一些其他的貞人也有着與"何"類似的"背景情況"。如"叩",最早出現於自小字類中(《合》21138),在典賓類中也有很多出現(《合》809正、1010、1381、4499正、5471、6771);"彘"在典賓類甲橋刻辭中有貢納記錄(《合》1285反、9275反),在子組卜辭中也有出現(《合》21562、21629、21630、21631)。這些相似的"背景",對於何組貞人的來源有一定的輔助説明作用。

從上述卜辭所反映的情況來看,"何"族在武丁時期的地位應該還不是十分顯赫。雖然"何"也曾經承擔過"王事",參與過對方國的戰爭,并有一些貢納的記錄,但卜辭總體數量還相對較少。總體而言,"何"承擔的貢納職責爲主要方面,辦理的王事只是一小部分,商王主要將他作爲勤務人員使用。其中有兩條卜辭,一條記載到"何"進入了商王的夢境,一條談到商王關心過"何"的疾病,可見"何"與商王可以直接接觸。從這些情況來看,"何"族在武丁時期雖然有了一定的地位,但是并不是政壇的主力,也還未獲得貞卜的權力。通過不斷爲商王提供貢納,"何"族才漸漸地開始獲得了更多的重視。

四、初登歷史舞臺的貞人"何"

在大致梳理了一些貞人"何"的家族情況後,我們現在將注意力主要放到貞人

---

① 饒宗頤:《殷代貞卜人物通考》,第1075～1076頁。
② 朱鳳瀚:《商周家族形態研究(增訂本)》,天津古籍出版社,2004年,第39頁。
③ 趙鵬:《〈乙補〉3471中兩條卜辭的釋讀及其相關問題》,《古文字研究》第29輯,第46頁。
④ 事實上,無論是將這些非貞人的"何"判定爲貞人"何"的早期,還是判定爲貞人"何"的先輩,并不影響本文將其作爲作爲貞人"何"崛起前的"背景材料"使用。所以即使這些早期的非貞人"何"不能確定爲貞人"何",也同樣具有自身的材料價值。

"何"身上。由於貞人"何"在祖甲的改革前與改革後都有出現,我們將其分爲"初登歷史舞臺的貞人'何'"與"再登歷史舞臺的貞人'何'"兩部分分別探討。以下爲初登歷史舞臺的貞人"何"的一些情況:

貞人"何"的興起,與賓組的貞人"事"實則有無法割舍的聯繫,我們考察貞人"何"還得從貞人"事"說起。貞人"事"是賓組中一位略顯特別的貞人,他主要出現於賓三類卜辭中,但與其他賓三類的貞人關係仿佛若即若離,并不親密。這才導致了"陳氏(指陳夢家,引者注)對'事'究竟能否歸入賓組把握不定。《綜述》有時把'事'列入賓組(第149頁,原注);有時又排除在賓組之外(第205頁"卜人斷代總表",原注)"。① 後來歷史發展的進程也正印證了這種猜疑:賓三類的大部分貞人向後演進,爲出一類貞人接替。由於出一類與賓三類從字體上看就是同一刻手(賓出類刻手)所爲,② 所以二者具有清晰的發展接續關係。而貞人"事"向後發展却進入了事何類,雖然"事"的卜辭在占卜的初期也曾經由賓出類刻手負責刻寫,但是後來明顯更換了一位刻手——這位刻手黃天樹師稱爲"事何類"刻手。從名稱上就可以看出來,這位刻手除了負責爲貞人"事"刻寫外,也給貞人"何"刻寫。

原本統一的賓三類貞人集團,在貞人"事"這裏出現了分裂的迹象。一群是以"争、賓"爲首的主流貞人群。"争、賓"等都是賓組貞人中的"老臣","賓"最早見於賓一類卜辭,"争"在典賓類卜辭中大量出現,他們這一群貞人的卜辭在賓三類中占據了絶大多數,而且這些"老臣"間關係緊密,共版的情況較多。但這些貞人的年齡恐怕是一個問題,到了出組卜辭時期,他們統統都消聲滅迹了。另一群是以"事"爲首的非主流貞人群。貞人"事"在典賓類僅出現過一例(《合補》4670),賓三類時才大量貞卜。與貞人"事"關係親密的可能是貞人"古"和"吾",貞人"古"與"何"有共版(《合》8473、《北珍》1005),而且兩位貞人與"何"後來同時都選用了"事何類"的刻手,走向了何組這一發展序列,而不是出組。他們應是比第一群更爲年輕的貞人,所以在賓三類的第一群貞人退出歷史舞臺後,他們仍然還活躍着,在《合》16850、16844、16756、16818這些卜辭中依然可見到這些貞人的影子,但字體已非賓出類字體,而成了事何類字體。事實上,賓出類的刻手此時并未退出歷史舞臺,退出歷史舞臺的只是那些年紀很大的賓三類的貞人。如前所說,賓出類刻手在服務完賓三類貞人后,又開始爲出一類貞人服務(故此才形成了"賓出類"字體)。所以,貞人"何、古、吾"在選擇刻手的同時,某種意義上也可以理解爲對"政治路綫"的一次

---

① 黃天樹:《殷墟王卜辭的分類與斷代》(簡體版),第218頁。
② 關於"賓三類""出一類""賓出類"的關係參黃天樹:《殷墟王卜辭的分類與斷代》(簡體版),第72頁。

選擇。

　　後來,貞人"何"承擔起了延續貞人"事"職責的使命。這一認識來自兩方面原因:一方面是由於貞人"何"接續了貞人"事"繼續使用事何類刻手。在貞人"事"等賓組貞人消失後,這一刻手開始專心爲"何、彭、口"等這些何組的貞人進行刻寫。另一方面則是由於貞人"何"接續了貞人"事"的很多貞卜事項。其中最爲突出的無疑是一組"王燕*惠吉"的卜辭,我們現在依然無法確知這一常見的辭例到底貞問的是何内容,[①]但貞人"何"等接過了貞人"事"等的職責,承襲負責這方面事務的貞問則是一個清楚的事實。"王燕*惠吉"廣泛地存在於"事"貞和"何"貞卜辭中,總量當在70次上下,而在其他類型的卜辭中却從來未見有過。這樣的情況,足以説明兩位貞人的職責傳承關係。此外,貞人"事"常見的貞卜内容"卜夕(今夕亡憂)""卜旬(旬亡憂)"也同樣延續到了貞人"何"這裏(只是由於相同内容在其他類型的卜辭中也大量存在,這種傳承没有"王燕*惠吉"指向性那麽明確)。這些情況足以説明,貞人"事"與貞人"何"的關係必定匪淺,將貞人"事"理解爲貞人"何"關係親暱的前輩應當不至有太大的錯誤。如前文所述,貞人"事"爲首的這一群賓三類貞人,在貞卜領域内的勢力和影響力都尚難趕上"争、賓"等另一群貞人,所以作爲貞人"事"的接班者,貞人"何"的背景情況并不樂觀。

　　承續貞人"事"之後,貞人"何"開始正式登上了商朝歷史舞臺。此時他都負責些什麽事情呢? 事何類卜辭包含了這一時期貞人"何"所有的貞卜記録,讓我們通過幾種事類的卜辭來看看初登歷史舞臺的貞人"何"。

　　第一類是大量的各種程式化占卜。包括許多的"卜夕"、"卜旬"以及"王燕*惠吉"卜辭,例如下:

　　　　(36) 己亥卜何貞:今夕亡憂。　　　　　　　　　　《合》31537[事何類]
　　　　(37) 辛酉卜何貞:今夕亡憂。　　　　　　　　　　《合》31540[事何類]
　　　　(38) 癸丑[卜□]貞:旬亡憂。八月。
　　　　　　　癸亥卜何貞:旬亡憂。□月。　　　　　　　　《合》29725[事何類]
　　　　(39) 癸丑卜何貞:旬亡憂。
　　　　　　　癸亥卜何貞:旬亡憂。
　　　　　　　癸酉卜何貞:旬亡憂。
　　　　　　　癸未卜何貞:旬亡憂。

---

① 有關此一習語的意見頗多,可參《甲骨文字詁林》,中華書局,1996年,第261～263頁。《古文字詁林》,上海教育出版社,2004年,第413～417頁。

    癸巳卜何貞：旬亡憂。

    癸卯卜何貞：旬亡憂。

    癸丑何貞：旬亡憂。   《合》31345＋31354①[事何類]

 （40）壬辰卜何貞：王燕*惠吉。

    貞：王燕*惠吉，不遘雨。   《合》27830[事何類]

 （41）癸未卜何貞：王燕*惠吉。   《合》27834[事何類]

  這些內容反映的大抵都是程式化的工作，是前輩貞人留下來的職務職責。特別是卜旬卜辭，更是旬旬必有的例事，如卜辭（39）便記錄了"何"連續七旬的占卜。貞人"何"在這些日常例事中，開始了作爲貞人的生涯。

  第二類是關於商王田獵内容的占卜。辭例較爲統一，如下：

 （42）戊申卜何貞：王其田，亡災。

    壬子卜何貞：王其田，亡災。

    □未卜何[貞]：王其田，亡[災]。   《拼續》407[事何類]

 （43）壬申卜何貞：王其田，亡災。

    丙子卜何貞：王其田，亡災。   《拼續》412[事何類]

 （44）丁丑[卜]何貞：王[其田，亡災]。

    乙酉卜何貞：王其田，亡災。

    壬辰卜何貞：王其田，亡災。

    □亥卜何貞：王其田，亡災。   《合》28440[事何類]

 （45）戊子卜何貞：王其田，往來亡災。

    □□卜何[貞：王]田于[□，往]來亡災。 《合》28474[事何類]

  這些田獵卜辭，實際上涉及的是商王的行止問題。國家元首的行程安排，理應是很重要而機密的事情，貞人"何"能獲知這方面的信息，當是具有一定價值的工作。

  第三類是祭祀類卜辭。涉及幾位祖先的内容，如下：

 （46）乙卯卜何貞：出𠬞于唐，亡害。十二月。 《合》27150[事何類]

 （47）癸巳卜何貞：王賓上甲枊祼，遘雨。吉。 《拼續》486[事何類]

 （48）乙丑卜何貞：王賓報乙祭，不遘[雨]。 《合》27081[事何類]

 （49）癸巳卜何貞：王賓甲枊祼，不遘雨。 《合》30529[事何類]

  "國之大事，在祀與戎"（《左传·成公十三年》），祭祀類卜辭是貞人"何"在該時期

---

① 白玉崢綴合，圖可參蔡哲茂編：《甲骨綴合彙編》，第459則。

的重要占卜事類。只是這一内容的卜辭在該時期數量並不多,數量遠未及前述的程式化占卜。

此外,還有一些關於天氣的卜辭。如下:

(50) 壬辰卜何貞:王不邁雨。七月。　　　　　　　　《合》30107[事何類]
(51) 癸巳卜何貞:王不邁雨。七月。　　　　　　　　《合》30109[事何類]

這些卜辭貞問的是天氣,但所涉的事項則可能與祭祀、田獵等其他内容有關,如《合》27152、27830、29368及《合補》9539、9563,都在天氣之外記録了祭祀、田獵等其他内容,表明商王實是爲了其他事項而關心天氣。

以上是貞人"何"初登歷史舞臺時留下的貞卜記録。從所涉的事項來看,實在没有什麽突出的地方,與他共處一組的"㱿、叩、彭、口"等貞人的情況也大致一樣。而與此同時,在貞人"何"(以及同組其他貞人)效命商王的時候,另外一組貞人——出組貞人也在爲商王服務着,只有將這兩組同時期的貞人加以比較,我們才能更深刻地理解貞人"何"這些卜辭所藴含的意義。

與事何類卜辭時期大致相同的是出組的出一類卜辭晚期和出二類卜辭早期(祖甲改革前的那部分)。相比而言,出一類出現的時間要比事何類更早,黄天樹師曾經指出,"從占卜的事項看,'事'(引者注:指賓三類卜辭中的貞人"事")和出組貞人'兄'有時在同一天占卜同一件事",①所列舉的卜辭如下:

(52) 癸亥卜事貞:旬亡憂。一日象甲子夕燮大禹至于相京。《合》18793[賓三]
(53) 癸亥卜兄貞:旬亡[憂。一日象甲子]夕燮大禹▢。　《合》26631[出一]
(54) 癸丑卜事貞:其障豈告于唐牛。　　　　　　　　《合》1291[賓三]
(55) 辛亥卜出貞:其鼓彡告于唐九牛。一月。　　　　《合》22749[出一]

上述卜辭中,(52)(54)都是"事"貞的卜辭,但字體爲早於事何類的賓三類字體。通過同卜一事可見,出一類與賓三類有一段時間是同時爲商王占卜的,所以肯定要早於事何類卜辭,後來隨着時間的發展,出一類與事何類才開始共時。在二者共同歷時了一段時間后,出二類卜辭開始成爲出組卜辭的主力,又與事何類共時,一直到祖甲改革,事何類退出歷史舞臺,出二類成爲餘下一段時間的唯一一類卜辭。

首先,我們來展開事何類卜辭與出一類卜辭的比較:

出一類卜辭中,最爲突出的特點就是祭祀類卜辭數量衆多。如:

---

① 黄天樹:《殷墟王卜辭的分類與斷代》(簡體版),第219頁。

(56) 癸酉卜出貞：出于唐，惠翌乙亥酒。六月。　　　　《合》22742[出一]
(57) 己子卜出貞：禦王于上甲。十二月。　　　　　　　《合》22620[出一]
(58) 己丑卜大貞：于五示告：丁、祖乙、祖丁、羌甲、祖辛。《合》22911[出一]
(59) 己酉卜祝貞：禱年于高祖。四月。　　　　　　　　《合》23717[出一]
(60) 乙丑卜出貞：大史祕酒，先酒，其出報于丁三十牛。七月。
　　　　　　　　　　　　　　　　　　　　　　　　《合》25937下[出一]
(61) 甲戌卜出貞：王夢出于大戊。二月。　　　　　　　《合》22823[出一]
(62) 己未卜王貞：气出禱于祖乙。王吉茲卜。　　　　　《合》22913[出一]
(63) □□卜貞：翌□亥出[于]祖辛。[在]八月。　　　　《合》22960[出一]
(64) 貞：惟般庚。
　　 丁丑卜大貞：翌庚辰易日。　　　　　　　　　　　《合》23105[出一]
(65) 貞：不惟出示。
　　 壬辰卜大貞：翌己亥出于兄。十二月。　　　　　　《合》25029[出一]
(66) 貞：枏禱至于丁于兄庚。　　　　　　　　　　　　《合》2920[出一]
(67) 貞：兄庚歲眔庚、己其牛。
　　 癸亥[卜□]貞：兄庚歲□眔兄己惠□　　　　　　　《合》23477[出一]
(68) 壬辰卜大貞：翌己亥出于三兄。十二月。　　　　　《英藏》1976[出一]
(69) □午卜□貞：禦于四兄。　　　　　　　　　　　　《合》23526[出一]
(70) 己丑[卜□]貞：翌庚[寅]奈出于妣庚五牢。　　　　《合》23340[出一]
(71) □寅卜□貞：九出彡歲自母辛，卒□　　　　　　　《合》23429[出一]
(72) □丑出于五毓至于龏朝。　　　　　　　　　　　　《合》24951[出一]
(73) □貞乎出大示五□九月　　　　　　　　　　　　　《合》25026[出一]

以上出一類所見的祭祀對象，與事何類相同的，僅卜辭(56)、(57)的"唐"與"上甲"二者，其餘在事何類中皆未見。而出一類祭祀的對象殆五倍於事何類。由此可知，出一類貞人在祭祀類事項的占卜上十分殷勤，而事何類則遠遠不及。

其次，出一類還有一些與方國戰爭有關的卜辭。如：

(74) 丁酉卜出貞：辠隻舌方。　　　　　　　　　　　　《合》24145[出一]
(75) 壬午卜出貞：今日亡來艱自方。　　　　　　　　　《合》24149[出一]
(76) 辛亥卜祝貞：[今]日亡來艱自[方]。　　　　　　　《合》24153[出一]
(77) 貞：射允戔方。
　　 貞：射戔方。　　　　　　　　　　　　　　　　　《合》24156正[出一]

有一些求年的卜辭。例如下：

(78) 癸卯卜大貞：今歲商受年。一月。		《合》24427[出一]
(79) 癸卯卜大貞：今歲受黍年。十月。		《合》24431[出一]
(80) □出貞：今歲受年。		
□大貞：見新黍，翌□。		《合》24432 正[出一]

有一些疾病的占卜。如：

(81) 甲辰卜出貞：王疾首，亡延。　　　　　　　　《合》24956[出一]

(82) 癸亥卜出貞：子孕弗疾出疾。　　　　　　　　《合》23532[出一]

這些有關方國戰爭、求年、疾病的卜辭，在事何類卜辭中都沒有出現過。這些貞卜事類與前述的卜旬、卜夕等程式化貞卜內容有一定的區別，比如方國戰爭類卜辭，都要與方國的行動有關，疾病類卜辭則需要有疾病的發生，這些都是不可預知的因素，具有相當的隨機性，與程式化的貞卜內容相比，應該具有更高的貞卜價值。

相比而言，出一類的卜夕、卜旬卜辭所占的比例就要小很多，加在一起還不如出一類祭祀類卜辭數量多。這與事何類卜夕、卜旬卜辭占多數的情況形成了鮮明的對比。

從以上出一類與事何類占卜事類的對比來看，二者存在着較明顯的差異：事何類所占卜的事類以程式化的卜辭爲主，而出一類所占卜程式化卜辭則相對少許多，這反映出二者在占卜分工方面可能存在一定的差異。這種差異當不是由貞人自己決定的，而是由甲骨卜辭的主人——商王來確定。所以分工的不同實際上反映的則是商王對二者態度的一種差異。

下面，我們再來展開事何類卜辭與出二類卜辭的比較。

出二類卜辭所占卜的內容有些方面的特點與出一類是一致的。包括卜夕、卜旬類卜辭數量占比不高；存在一些方國戰爭卜辭等。這些我們就不再重複論述了。以下我們主要論述出二類卜辭中更顯特別的一些卜辭：

第一點需要特別提出的是，出二類多了一位非常重要的貞人——"王"。無論是出一類卜辭還是事何類卜辭，都未見有"王"親自貞問的記錄。而在出二類卜辭中，王親自貞問的卜辭數量很多。如：

(83) 癸卯卜王貞：自大乙、大丁、大甲。　　　　　《合》22725[出二]

(84) 丙子卜王貞：其又憂。在二月。

丙子卜王貞：日雨。　　　　　　　　　　　　《合》22765[出二]

(85) 壬戌卜王貞：其又于祖乙。在十一月。　　　　《合》22888[出二]

(86) 庚申卜[王]貞：其又□。在十月。

庚申卜王貞：亡憂。在十月。

庚申卜王貞：其又于祖辛。

庚申卜王貞：其又于母辛。十月。

庚申卜王貞：毋又于祖辛于母辛。 《拼續》417［出二］

(87) 癸酉卜王貞：旬亡憂。在一月。

癸未卜王貞：旬亡憂。在一月。

癸巳卜王貞：旬亡憂。在一月。 《合補》8170=《綴集》48［出二］

(88) 壬子卜王貞：亡憂。在一月。 《天理》372［出二］

以上皆爲出二類中王親自貞卜的記録，多爲祭祀類卜辭，以及卜旬卜辭。由卜辭(87)(88)中的"在一月"可知，此時曆法方面還未改稱一月爲正月，應是在祖甲改革全面開始前的占卜記録。當然，有一些卜辭也可以確定是在祖甲改革後的占卜記録，如：

(89) 癸卯□貞：旬亡憂。甲辰□。

癸丑卜王貞：旬亡憂。在四月甲寅酒翌自上甲。

癸亥卜王貞：旬亡憂。乙丑翌于大乙。在五月。

□王□大甲。 《合》22669［出二］

(90) 丙□貞：□王□。

癸酉卜王貞：翌甲戌王其賓大甲壹亡害。

丁亥卜王貞：翌戊子王其賓大戊壹亡害。

甲辰卜王貞：翌乙巳王其賓祖乙壹亡害。

［庚戌］卜王［貞：翌］辛亥［王］其賓祖辛［壹］亡害。

《合》22779［出二］

(91) 甲戌卜王貞：其又□在正［月］。

甲戌卜王貞：翌乙亥彡于小乙，亡憂。在正月。

丙子卜王貞：翌丁丑彡于父丁，亡憂。在正月。

丙子卜王貞：其又憂。在正月。 《合補》7008=《綴集》197［出二］

這些卜辭都有改革的痕迹，所以皆可證爲祖甲改革後之産物。卜辭(89)(90)皆爲祖甲改革初興之周祭卜辭，卜辭(91)更是已稱"一月"爲"正月"，爲曆法改革之體現。這些改革後的卜辭，與前面的改革前卜辭性質有一定區别。從時間上看，這些卜辭與事何類不是共時關係，僅可表明兩類卜辭與商王的關係。而前述改革前的卜辭，是有可能與事何類共時的。

出二類中的"王"，非但有貞卜的記録。還有"占曰"的内容，如：

(92) 王占曰:吉。　　　　　　　　　　　　　　　　　　《合》24117 反[出二]

(93) 己卯[卜,□]貞:今日啟□。王占曰:□其啟。惟其母大啟。

《合》24917[出二]

(94) 辛未卜大貞:夕卜不同,惠其□。王占曰:惠□,惟其妹□于癸。

《合》24118[出二]

卜辭(92)王只是對結果做出了"吉"的簡單判斷。卜辭(93)王不僅對天氣的結果做出了預測,還明確了爲"大啟"。卜辭(94)王更是對祭祀的日期提出了自己明確的意見,認爲"應舉行這種祭祀(引者注:指卜辭中正好缺失的三處殘字所代表的祭祀),但不要在癸日舉行"。① 這些材料也都是商王深度參與出二類貞卜的例證。

出一類中,雖未見有直接的"王占曰",但有類似辭例:

(95) 己未卜王貞:气㞢禱于祖乙。王吉茲卜。　　　　《合》22913[出一]

卜辭(95)中的"王吉茲卜"與通常的"王占曰:吉"是同樣的意思,區別在於前者爲間接引用,後者爲直接引用。

相較而言,在事何類中,也從未見有王"占"的記錄。

我們知道,王親自貞卜和"占曰"早至自組卜辭時就有了,至賓組卜辭也常有所見,并不是一種很特殊的情況。但是相同時期有兩組貞人時,商王的親自參與,實際上是用自身行動表明了與兩類卜辭的親疏關係。在出二類卜辭中,商王時常參與其中,并與貞人們干一樣的工作——貞卜。而在事何類卜辭中,商王就沒有這樣親近了,這些貞人們也爲商王占卜,但從來沒有得到過與商王共同貞卜的機會。商王的選擇性參與實際上表明了他的一種傾向性。

第二點要特別提出的是,出二類貞人經常隨王出行。出二類卜辭有一個很顯著的特征,就是喜好在卜辭最後標注占卜的地點。如:

(96) 丙申卜行貞:王賓伐十人,亡尤。在自途卜。

丁酉卜行貞:王賓祼,亡憂。在自途卜。　　　　　《合》22606[出二]

(97) 丁巳卜行貞:其又于大丁。在一月。在自勞卜。　　《合補》6965[出二]

(98) 己未卜行貞:王賓歲二牛。亡尤。在十二月。在亦卜。

己未卜行貞:王賓叙,亡尤。在亦卜。　　　　　　《合》24247[出二]

---

① 李宗焜:《論殷墟甲骨文的否定副詞"妹"》,《中研院史語所集刊》第 66 本第 4 分(《傅斯年先生百歲誕辰紀念文集》),1995 年,第 1129~1147 頁。

(99) 丙午卜行貞：王賓叙，亡尤。在自寮卜。

丁未卜行貞：王賓伐十人，亡尤。在自寮。

丁未卜行貞：王賓歲，亡尤。在自寮。

丁未卜行貞：王賓叙，亡尤。在自寮卜。

☐父丁歲，亡尤。在☐，在自寮卜。　　　《合補》7567＝《綴集》51［出二］

由上可見，出二類卜辭時的商王祖甲是一位喜歡出行的君主（該類卜辭中所見地名數量在四十個以上），因爲出行時也不可耽誤了貞卜，所以還會有貞人隨行，由此就産生了這些貞人在各地占卜的記録。事實上，上文剛説到過，"王"自己也能貞卜，此時帶上出二類貞人一同出行隨時貞卜，更可見對這些貞人的依賴。

商王出行的大多數目的是田獵，如：

(100) 甲☐

辛亥卜行貞：今夕亡憂。

壬子卜行貞：王其田，亡災。在二月。

壬子卜行貞：今夕亡憂。在二月。在🈳。

癸丑卜行貞：王其步自🈳于🈳。亡災。

癸丑卜行貞：今夕亡憂。在🈳。

甲寅卜行貞：王其田，亡災。在二月。在自🈳。

乙卯卜行貞：今夕亡憂。在二月。

乙卯卜行貞：王其田，亡災。在☐。　　　《合補》7257［出二］

(101) 丁未卜行貞：王其往于田，亡災。在☐。

己酉卜行貞：王其雚于盞泉，亡災。在㳭。

甲寅卜行貞：王其往于田，亡災。在☐。不延往。

庚申卜行貞：王其往于田，亡災。

貞：毋往。在正月。在自析。

☐☐［卜］行［貞］：王其往［于田］，亡災。［在自］析。

　　　　　　　　　　　　　《合補》7262＋《輯佚》300①［出二］

(102) 戊辰卜旅貞：王其田于阹，亡災。

戊申卜［旅］貞：王［賓］父戊☐，亡尤。

戊申卜旅貞：王賓，亡尤。

戊寅卜［旅］貞：王其☐阹，亡災。在四月。

---

① 孫亞冰綴合，見中國社會科學院歷史研究所先秦史研究室網站 www.xianqin.org，2008 年 11 月 27 日。

戊午卜旅貞：王其于□，亡災。 　　　　　　　　　　《拼續》390［出二］

前文已述，事何類中亦有商王田獵的占卜，但是内容與出二類做一比較就可見其差異。事何類中田獵卜辭少有田獵之地的記載（常見辭例見卜辭〈42〉—〈45〉），唯見"斿""桑"二地，辭例如下：

(103) 戊午［卜□］貞：王其［田］斿，往來亡災。在九［月］。

《合》27778［事何類］

(104) 辛未卜何貞：王其往田☒桑☒，［亡］災。　　《合》29363［事何類］

從卜辭内容上看，事何類這些涉及地名的田獵卜辭，也都是貞問是否要去這些地方，而非在這些地方貞卜。這與出二類貞人都是伴王隨行的情況迥然不同。

通過上述與出二類卜辭的比較來看，事何類貞人的地位就更加難以望其項背了。不僅所貞卜事項程式化更嚴重，與時王的親近程度也難以匹及出二類貞人。同時我們也能夠看到，接續出一類卜辭之後的出二類貞人，權勢更加炙熱，在王朝中的地位也無疑更爲重要了。

經與共時的出一類、出二類卜辭的比較，我們對初登歷史舞臺的貞人"何"的處境有了一個大概的認識：這一時期的貞卜領域是屬於出組貞人的時代，與王權的接近使得出組貞人變得愈發重要，成爲商王所倚重的主要力量。而源自弱勢貞人"事"的何組貞人們，一直未得重用。在這樣的環境中他們大概難有什麽作爲，與商王的關係也難言融洽。最終，祖甲改革之時達到了二者矛盾的頂峰，不可調和的衝突使得何組貞人突然消失在了甲骨歷史中。

五、再登歷史舞臺的貞人"何"

許多年過去後，祖甲的改革終於有些難以爲繼了。曾經風光無限的改革支持派——出組貞人已經沒有過去那般活躍了。改革的措施雖然還沒有完全廢除，周祭制度也還殘存着一些痕迹，但過去那種强烈的改革氛圍已經沒有了。此時，貞人"何"又一次登上了歷史舞臺，他已經不再是過去那個無足輕重的角色，改革最終的走向已經說明，他選擇的道路政治上是正確的。堅韌使得這位飽經風霜的貞人重見天日，而事何類有些貞人（巍、專、奴、罟）却沒有等到這一天。除了同樣熬過祖甲改革的貞人"口、彭、叩"，何組貞人還迎來了一些新人——賈、景、壹等。"何組"這一曾經消失的貞人集團，在蟄伏了若干年之後，并没有消亡，反而以一種更爲强勢的姿態重返商王朝的歷史舞臺。

讓我們通過卜辭看看歷經沉浮的何組貞人們，重新登臺後有些什麼新氣象。第一重要的是——"王"來了。商王開始參與到何組的貞卜活動中，如：

(105) 己未卜王貞：今夕亡尤。

(106) □□卜王貞：今[夕亡]尤。

　　　壬子[卜王]貞：今[夕]亡尤。　　　　　　　　《合》26101［何一］

(107) 丙辰卜王貞：[今]夕[亡尤]。　　　　　　　　《合》26102［何一］

(108) 庚申卜王貞：今夕亡尤。　　　　　　　　　　《合》26103［何一］

(109) 庚□[卜]王貞：[今]夕亡[尤]。

　　　□[午]卜王[貞：今]夕[亡]尤。　　　　　　《合》26104［何一］

(110) 辛酉[卜]王[貞：今]夕[亡]尤。　　　　　　　《合》27707［何一］

(111) 壬戌[卜]王貞：[今]夕亡[尤]。　　　　　　　《合》31611［何一］

(112) 癸未卜王貞：旬亡憂。

　　　癸巳卜王貞：旬亡憂。

　　　癸卯卜王貞：旬亡憂。

　　　□□卜王貞：旬亡憂。　　　　　　　　　　《綴續》524＋《合》26491①［何一］

(113) ☐剌从在☐☐。

　　　庚午卜王貞：其呼小臣。

　　　庚午卜王☐。

　　　☐剌☐☐☐。

　　　☐尤。

　　　□□卜賈[貞]☐。　　　（正面）

　　　甲寅卜王貞：翌☐。　（反面）　《合》27885 正反［何一類草率刻辭］

(114) 戊寅卜王貞：从☐。

　　　☐王☐　　　　　　　（正面）

　　　庚辰卜□貞：亡憂。

　　　庚辰[卜]□貞：不☐　（反面）　《合》28148 正反［何一類草率刻辭］

(115) 癸酉卜何貞：翌甲午聶于父甲，鄉。

　　　甲戌卜，賈。

　　　戊寅卜貞：其祝。

　　　戊寅卜賈貞：王賓☐。

---

① 蔡哲茂綴合，見中國社會科學院歷史研究所先秦史研究室網站 www.xianqin.org，2008 年 8 月 6 日。

己卯卜賈☐翌☐。
甲辰卜王貞：翌日丙其（倒刻）。
丁未卜何貞：🀄其牢。
丁未卜何貞：🀄（羌？）十人其之☐豕。
貞：其即日。
貞：其示瓚。
貞：其示瓚。
戊寅卜王貞：其惠祝。
庚戌卜何貞：翌辛亥其又毓妣辛，鄉。
庚戌卜何貞：翌辛亥其又毓妣辛，鄉。
［庚戌］卜何［貞］：其牢，鄉。
貞：其即日。
壬子卜何［貞：］其祝之。
祝。
壬子卜何貞：翌癸丑其又妣癸，鄉。
癸巳卜何貞：翌甲午聶于父甲，鄉。
丁未卜何貞：禦于小乙夾妣庚其家，鄉。
丁未卜何貞：叙史。

《拼四》875［何一類/何一類草率刻辭］

以上這些"王貞"的卜辭中，以卜夕和卜旬卜辭爲主。而其中最爲重要的是卜辭(115)，此前從未在何組中擔當貞卜之事的"王"不僅出現了，而且貞人"何"也終於有機會與商王在同一版卜骨上貞卜了，新湧現的貞人"賈"亦不用像前輩那樣，苦苦等待許久才有了與王同骨貞卜的機會。然而，從卜辭中祭祀的"父甲"可以判斷出，這時的商王已經不是祖甲了，而是祖甲的子輩。商王祖甲與貞人"何"的隔膜并沒有在這些卜辭中展現出消弭的迹象，消弭隔膜的似乎只是歲月。

第二重要的是貞卜事項的改變。較之以前，何一類及何一類草率類卜辭中的卜夕、卜旬卜辭數量大大減少，而且行此事者僅見貞人"賈"（《合》31481、31614）和"王"（《合》26101、31611），貞人"何"不見再有貞卜此類事項的記錄。這一時期"何"主要貞卜的事項變成了祭祀，如：

(116) 癸丑☐翌甲☐又父☐
癸丑卜何貞：其牢。
癸丑卜何貞：其牢又一牛。

癸丑卜何貞：弜勿。

癸丑卜何貞：惠勿。

癸丑卜□翌甲寅又父甲。

癸丑卜何貞：□又一牛。

癸丑卜何貞：弜勿。

癸丑卜何貞：惠勿。

丙辰卜何貞：翌丁巳其又。一

丙辰卜何貞：其一牛。二

丙辰卜何貞：其牢。

丙辰卜何貞：其牢。

庚申卜何貞：翌辛酉其又妣辛。

庚申卜何貞：其牢。

庚申卜何貞：其牢又一牛。三

□祼，亡尤。

庚申卜賈貞：王賓㭒祼亡尤。

辛酉卜賈貞：王賓夕祼亡尤。

辛酉卜賈貞：王賓夕祼亡尤。

壬戌卜王貞：今夕亡尤。

壬戌卜王貞：今夕亡尤。

甲子□貞：王□報甲㡆□

甲子卜賈貞：王賓報甲㡆亡尤。

甲子卜賈貞：王賓報甲㡆亡尤。

甲子卜賈貞：王賓報甲㡆亡尤。

□子卜□貞：王賓報甲㡆亡尤。

甲子卜賈貞：王賓報甲㡆亡尤。

庚午卜賈。

庚午卜賈。

庚午。　　　　　　　　　《拼續》414［何一類／何一類草率刻辭］

(117) 庚子卜何貞：翌辛丑其又妣辛，鄉。

庚子卜何貞：其一牛。

庚子卜何貞：其牢。

癸卯卜何貞：翌甲辰其又丁于父甲牢，鄉。

丙午卜何貞：翌丁未其又㓞歲毓祖丁。

丙午卜何貞：其牢。
丙午卜何貞：其三牢。
☐二父☐。
鄉。
鄉。
鄉。
鄉。
鄉。
☐又☐。
貞：先止鄉。
貞：叀豈。
貞：叀羊。
貞：叀牛。　　　　《合》27321［何一類／何一類草率刻辭］

通過這些大版的卜辭可以看到，這一時期何組貞人的祭祀卜辭較之以前風氣大不相同。不僅卜辭數量更多，祭祀的祖先更加豐富，祭法與祭品也都大大增加。因此可以說，祖甲改革前後的貞人"何"（亦即事何類中的"何"與何一類中的"何"），在貞卜任務的分工上出現了很大的變化，這是卜辭清晰可見的，明確無誤的。

由貞卜事類的組成情況來看，何一類卜辭與此前的事何類卜辭有了很大的差異，反倒是與出二類卜辭更爲接近。從這種狀況來看，何一類倒像是出二類的接任者一樣。再登歷史舞臺的貞人"何"，已經遠非此前事何類中的貞人"何"，卜辭中的各種迹象已經說明，貞人"何"的地位在祖甲改革後大大上升。通過這些情況，我們亦從另一個角度再次印證了此前對於貞人"何"與祖甲改革關係的推定，同時還能隱約感覺到貞人"何"之所以與改革形成這種關係的一些緣由。

六、尾　聲

在梳理了貞人"何"的發展演變史之後，一個鮮活的殷商人物呈現在我們眼前：他家族歷史久遠，正日益興盛。承襲貞人"事"的後緒，於逼仄的政治環境中登場。在出二類貞人強勢的情景下，艱難維繫其貞人地位。或因與祖甲改革理念的衝突，一度失去了貞卜權。隱忍和蟄伏後，最終又強勢復出大展身手。

對於貞人"何"上述的這些情況，我們已經有了較爲深入的了解。現在還剩下兩個問題需要在最後做一點討論和交待：第一個，貞人"何"的最終結局；第二個，"祖甲改革"的最終結果。

貞人"何"的結局應當是十分完滿的。曾經一度勢微的何組貞人在改革結束之後實力大增,我們想再用出組貞人的卜辭與之做一共時的比較,却發現此時出組貞人已經消失了。從現有的卜辭來看,我們還没有發現出組貞人有東山再起的迹象,他們是真的從此消失在了歷史的長河中。經過漫長的等待,曾經弱小的何組貞人們却取得了最後的勝利。作爲這一組貞人的代表,貞人"何"無疑獲得了無限的榮光,足以告慰先祖。

隨着時間流逝,貞人"何"在經歷了幾個王世後,也終於走到了生命的盡頭,但何組貞人却延續下去了。在何二類卜辭中,已經没有了貞人"何"的卜辭,"口、彭、即"這些從事何類一直過來的貞人還能看到少量的卜辭,但已經不是主力了。數量衆多的何二類卜辭中常見到的是兩類貞人:一是何一類卜辭中開始出現的貞人狄、賈、暠、壴等,一類是何二類卜辭時才出現的貞人逆、弔等。特别是貞人"狄",他在何一類卜辭中的數量還非常少,但到了何二類卜辭時期所見他的卜辭數量最爲衆多,無疑是何組培養的主力接班人。

"祖甲改革"的最終結果恐怕就不樂觀了。從何二類卜辭來看,祖甲改革的大多方面已經没有體現了。祖甲改革的浩大工程"周祭制度",到此時就只餘有一些周祭名了,比如翌(《合》27264)、祭(《合》27223)、壹(《合》32663)、叠(《合》30282)、彡(《合》31091),而制度本身可謂是蕩然無存。而祖甲改革在曆法方面的體現,由於何二類卜辭罕有記録月份的習慣,難以通過卜辭直接尋得答案,我們却能通過一個商代的青銅器發現一點蛛絲馬迹。

晚商時有青銅器"文嫉己觥"(《殷周金文集成》9301),銘文爲:"丙寅,子賜□貝,用乍文己寶彝。在十月又三。"銘文中所記"十月又三"殊爲重要,祖甲改革的一項内容就是廢除了"十三月年終置閏制",所以在出二類卜辭的後期都是没有十三月的。此銅器中"十月又三"無疑就是"十三月",它的出現是否能够説明"十三月年終置閏"又被重新啟用了呢?

常玉芝曾認爲該器"其記月'在十月又三',是黄組卜辭的記月法",①據以推斷這一青銅器的時代爲黄組卜辭時期。這一看法恐怕是錯誤的。黄類卜辭中是没有"十月又三"這一月份的,常玉芝所指的應該是黄類卜辭中經常出現"十月又一"(見《合》36846、36880)、"十月又二"(見《合》37980、37981)這種形式的月名,"在十月又三"與此相類。而事實上,"十月又某"這種記月形式並不是黄類卜辭特有的,亦見於此前的

---

① 常玉芝:《殷商曆法研究》,吉林文史出版社,1998年,第303頁。

何組卜辭,如:

  (118) 癸亥卜,彭貞:其又于日妣己。在十月又二。小臣肩立。

                《拼集》171[何一類草率刻辭]

  (119) 己巳卜,彭貞:禦于河羌三十人。在十月又二卜。

               《合》26907 正[何一類草率刻辭]

  (120) □戌卜,彭貞:其又禱于河眔上甲,在十月又二,小臣□

               《合》32663[何一類草率刻辭]

  以上這些何組卜辭中也都出現過"十月又某"的記月形式,這說明僅僅依靠記月形式是不能確證該項金文必爲黃類卜辭時期。

  同時,黃類卜辭時期曆法肯定没有實施"十三月年終置閏制"。曆法是具有一定系統性的,因此卜辭中各月的出現次數受一定規律制約,並不能簡單地用"説有易,説無難"來論證。一個成系統的曆法中,有一月、二月、三月,就應該存在四月、五月、六月,如果記録的材料數量足夠多,那麼能夠看到一至十二月就必然能夠看到十三月。爲了理清黃類月份材料的數量,我們系統梳理了黃類各月的出現情況,以此來討論其"十三月"是否應該必然有所體現,見表4:

表格4 黃類各月卜辭數量統計

月份	正月	二月	三月	四月	五月	六月	七月	八月	九月	十月	十一月①	十二月	十三月	總計
數量	54	64	54	52	58	56	45	45	57	86	49	63	0	683

  通過表中數據可以看出,黃類卜辭的記月材料十分豐富,從正月至十二月,出現最少的月份是七月和八月,爲45次。出現次數最多的是十月,爲86次。總量平均到十二個月,每月出現約57次。而十三月一次也没出現,出現比率爲零。這只能説明當時就根本没有"十三月年終置閏制",並不存在使用了却恰好没有被卜辭記録並流傳下來的可能。

  這樣看來,這項金文"文嫝己觥"的時代一定到不了黃類卜辭時期,而是在之前的何一類或何二類卜辭時期。據此,我們也就知道了這一時期又實行過"十三月年終置閏制",這一記録足以表明祖甲此方面的曆法改革也被否定了。

---

① 含"十一月""十月又一"和"十月一"三種表示十一月的形式。下面的十二月、十三月同此。

余 論

總起來看,祖甲改革最終以失敗而告終。但是我們若將視綫再稍稍往後看,在何組卜辭之後的黃組卜辭却將很多祖甲改革的内容都繼承下來了(包括曆法、祭法等多方面。董作賓稱之爲"新派恢復新制")。現在還不知道這中間又到底發生了什麽故事,但我們想終歸是"青山遮不住,畢竟東流去"吧。

商王與貞人的關係,既是一個君臣關係的問題,同時也涉及商代的政治構架和權力結構等很多問題。本文從一個小的方面探討了作爲對立面存在的商王與貞人關係,僅僅是對這一問題的初步討論。依靠甲骨卜辭字體分類的方法,我們相信還可以歷時地看待很多相關事物,將這一論題推向深入。

附記:《旅順博物館所藏甲骨》[①]1859 上有兩種形體的"何"字共版,一爲事何類字形,一爲何一類字形。如果兩個"何"字指的都是貞人"何"的話,那麽這就是一版跨越了祖甲改革的甲骨。但我們認爲該片極可能爲僞刻,詳細理由參筆者《〈旅順博物館所藏甲骨〉劄記二題》。[②] 2019 年 6 月 4 日附記。

附錄一:殷墟卜辭組與期對照表(據《殷墟甲骨分期研究》,第 27 頁)

組　名	董作賓分期	陳夢家分組
賓組	一期	賓組、武丁
𠂤組	四期、文武丁卜辭	𠂤組、武丁晚期
子組	四期、文武丁卜辭	子組、武丁晚期
午組	四期、文武丁卜辭	午組、武丁晚期
非王無名組		
歷組	四期	武乙、文丁
無名組	三期	康丁

---

① 中國社會科學院甲骨學殷商史研究中心、旅順博物館編著:《旅順博物館所藏甲骨》,上海古籍出版社,2014 年。

② 莫伯峰:《〈旅順博物館所藏甲骨〉劄記二題》,《中國文字》新 44 期,第 55～65 頁。

续 表

组　　名	董作賓分期	陳夢家分組
出組	二期	出組、祖庚、祖甲
何組	三期	何組、廩辛
黃組	五期	帝乙帝辛

附録二：殷墟王卜辭的分類及各類所占年代表

［見《殷墟王卜辭的分類與斷代》（文津出版社版），第 13 頁］

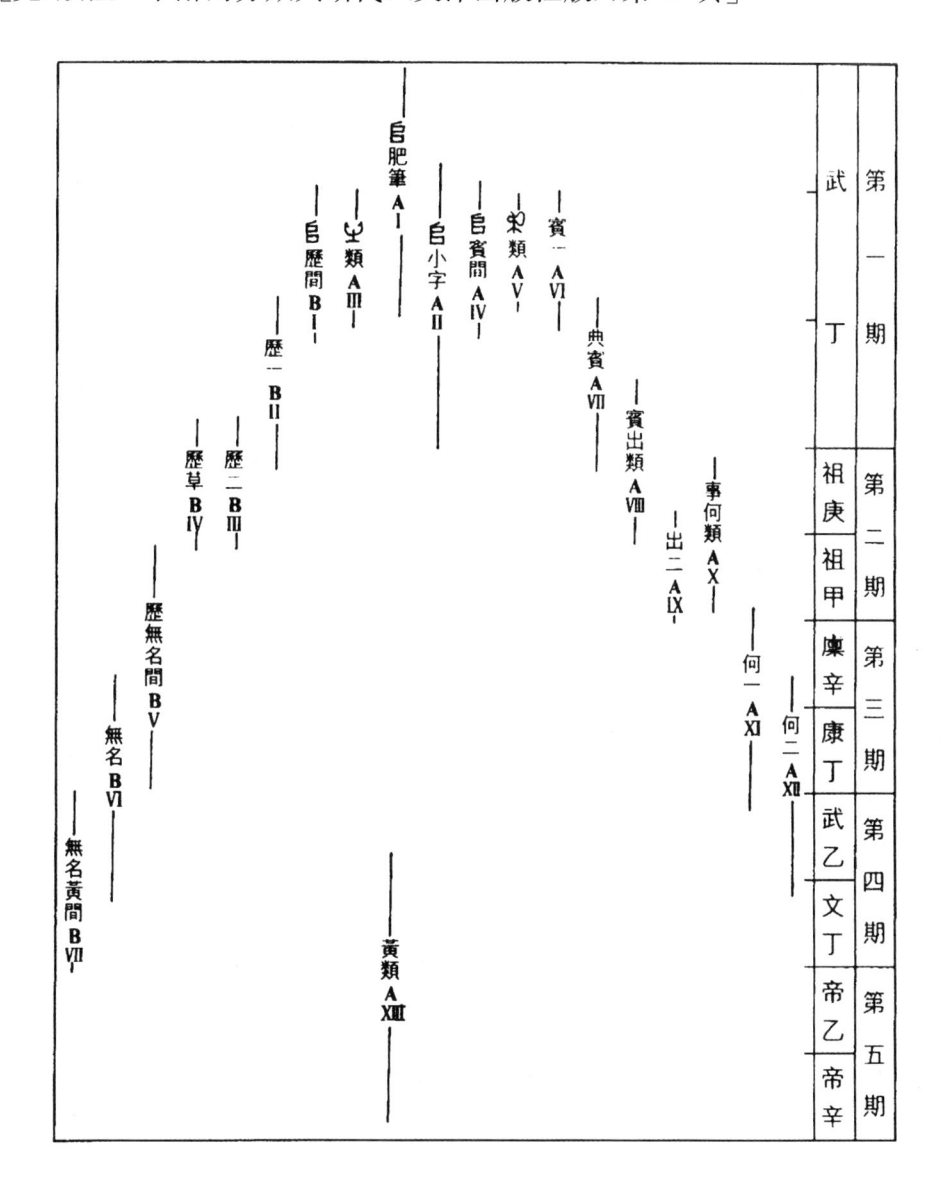

						自肥筆 AⅠ							武丁	第一期
			自歷間 BⅠ	ㄓ類 AⅢ		自小字 AⅡ	自賓間 AⅣ	賓一 AⅤ	ㄓ類 AⅥ					
		歷一 BⅡ							典賓 AⅦ				祖庚 祖甲	第二期
	歷草 BⅣ	歷二 BⅢ							賓出類 AⅧ	出二 AⅨ	事何類 AⅩ		廩辛	第三期
											何一 AⅪ	何二 AⅫ	康丁	
歷無名間 BⅤ													武乙 文丁	第四期
無名 BⅥ														
無名黃間 BⅦ							黃類 AⅩⅢ						帝乙 帝辛	第五期

附録三：殷代卜辭分類分組表（見《甲骨拼合續集》，第 606 頁）

	全　　稱	簡　稱	相　當　時　代
村北系列王卜辭	自組肥筆類	自肥筆	武丁早期至武丁中、晚期之交
	自組小字類	自小字	武丁早期至武丁晚期
	❦類	❦類	武丁中期
	自賓間類	自賓間類	武丁中期
	賓組❦類	❦類	武丁中期
	賓組一類	賓一	武丁中期
	賓組二類（典型賓組類）	賓二（典賓）	武丁中期至祖庚之世，主要是武丁晚期
	賓組三類（賓組賓出類）	賓三	武丁晚期至祖甲之初，主要是祖庚之世
	賓出類	賓出	武丁晚期至祖甲之初
	出組一類（出組賓出類）	出一	祖庚之初至祖甲之初
	出組二類	出二	祖甲時期
	事何類	事何類	祖庚、祖甲之交
	何組一類	何一	祖甲晚期至武乙之初
	何組二類	何二	廩辛至武乙
	黄類（黄組）	黄類	文丁至帝辛
村中南系列王卜辭	自歷間類	自歷間	主要是武丁中期，下限爲武丁晚期
	歷組一類	歷一	主要是武丁之物，下限爲祖庚之初
	歷組二類	歷二	主要是祖庚之物，上限爲武丁晚期
	歷草體類	歷草	主要是祖庚時期
	歷無名間類（歷無名間組）	歷無名間	祖甲晚世至武乙初年
	無名類（無名組）	無名	康丁（或上及廩辛之世）至武乙、文丁之交
	無名黄間類（無名黄間組）	無名黄間	武乙、文丁之世
非王卜辭	子組（丙種卜辭）	子組	武丁早期至武丁中、晚期之交
	午組（乙種卜辭）	午組	武丁早、中期之交至武丁晚期之初
	婦女卜辭（甲種卜辭）	婦女	武丁中期
	圓體類（丙種 a 屬）	圓體	武丁中期

續 表

	全　稱	簡稱	相　當　時　代
非王卜辭	劣體類（丙種 b 屬）	劣體	武丁中期
	侯南子類	侯南	廩辛之世
	屯西子類	屯西	康丁至武乙之世
	花東子類（花東子組）	花東	武丁中晚世

附錄四：文中所涉甲骨著錄書簡稱對應表

《甲骨文合集》——《合》

《甲骨文合集補編》——《合補》

《英國所藏甲骨集》——《英藏》

《小屯南地甲骨》——《屯南》

加拿大皇家安大略博物館《明義士收藏甲骨文字》——《安明》

天理大學附屬天理參考館《甲骨文字》——《天理》

《懷特氏等收藏甲骨文字》——《懷特》

《東京大學東洋文化研究所藏甲骨文字》——《東文研》

《北京大學珍藏甲骨文字》——《北珍》

《上海博物館藏甲骨文字》——《上博》

《殷墟甲骨輯佚》——《輯佚》

《甲骨綴合集》——《綴集》

《甲骨綴合續集》——《綴續》

《甲骨綴合彙編》——《綴彙》

《甲骨拼合集》——《拼集》

《甲骨拼合續集》——《拼續》

《甲骨拼合四集》——《拼四》

大河口西周墓地 2002 號墓出土盤盉銘文解釋

裘錫圭

　　山西省考古研究所大河口墓地聯合考古隊在《考古》2011 年第 7 期上發表了《山西翼城縣大河口西周墓地》後,《中華遺產》2011 年第 3 期發表了該墓地 2002 號墓出土的鳥形盉的銘文照片。銘文照片發表後,有不少學者撰文加以討論,我也湊熱鬧,寫了一篇《翼城大河口西周墓地出土鳥形盉銘文解釋》,發表於《中國史研究》2012 年第 3 期。《考古學報》2018 年第 2 期發表了《山西翼城大河口西周墓地 2002 號墓發掘》一文(以下簡稱"《發掘》"),公布了此墓隨葬青銅器的全部資料。我請我的博士生兼助手郭理遠給我讀了《發掘》,方知鳥形盉銘文是同出的盤銘的節錄,過去被誤認爲鳥形盉器主的"气"(盉銘原形作 ![char], 盤銘作 ![char]、![char] 等,"气"本是氣體之"氣"的本字,後來又分化出乞求之"乞"),其實是被盤、盉的器主"霸姬"告到"穆公"那裏的一個被告。返觀拙文,所論全誤。盉銘"傳出"上一字,各家多釋"第",拙文疑爲"并"字異體,讀爲"屏"或"軿",理遠據發表的盉銘照片和拓本細審其字,向我指出該字確當釋"第",並非"并"字異體。所以拙文可謂毫無是處,自應作廢,以後編文集也不收入。今撰此文,冀能稍贖前愆。但由於可比較的青銅器銘文太少,文中恐尚多錯誤,現發表於中心網站,請大家多多批評,以便改正。此文與我近時所撰的幾篇尚未公布之文相同,由我口述,由理遠録入並承擔搜集、檢索資料及注明出處等工作。

裘錫圭
2018 年 7 月 14 日謹識

　　《發掘》根據 2002 號墓所出青銅器銘文,認爲此墓是大河口 1017 號墓墓主霸伯之弟霸仲,其時代"屬西周中期偏早,與大河口 M1017 同時或略晚,可能屬西周中期穆王、恭王之際"(260 頁)。付強在他發布於簡帛網"簡帛論壇"的"翼城大河口墓地出土氣盤銘文考釋"帖子(以下簡稱"盤銘考釋帖")後的補充意見中,認爲 2002 號墓盤銘的"霸姬"應爲墓主霸仲的夫人。① 這些意見大概是正確的。由於盉銘是盤銘的節錄,我們先解釋盤銘,然後解釋盉銘。

一、盤 銘 解 釋

我們先録出全銘,然後逐文加以解釋。

唯八月戊申,霸姬吕(以)气訟于穆公,曰:"吕(以)公命,用𢆶(討)朕嬽(僕)馭(馭)、臣妾自气,不余气(乞)。"公曰"余不女(汝)命",曰"虩(卜)霸姬"。气誓曰:"余 [字] 弗麿(展)再(稱)公命,用虩(卜)霸姬,余唯自無(誣),夋(鞭)五百、罰五百乎(鋝)。"報氒(厥)誓曰:"余再(稱)公命,用虩(卜)霸姬。叚(倘)余亦改朕辭,則夋(鞭)五百,罰五百乎(鋝)。"气則誓。曾(增)氒(厥)誓曰:"女[字] 弗再(稱)公命,用虩(卜)霸姬,余唯自無(誣),則夋(鞭)身,傳出。"報氒(厥)誓曰:"余既曰再(稱)公命,叚(倘)余改朕辭,則出棄。"气則誓。對公命,用乍(作)寶般(盤)、盉,孫子子甘(其)儔(萬)年寶用。

穆公,疑即指霸姬之夫霸仲之兄霸伯。在金文研究中,西周王號有生稱與死謚二說,近些年來,死謚說已爲大部分學者所接受。② 依此說,"穆公"似亦當爲謚號,盤銘當是在穆公死後不久追記訟於穆公之事的。

"𢆶"字,《發掘》釋爲"叚",於字形不合。王寧在"盤銘考釋帖"後發表的評論指出此字不應釋"叚",而應爲从"幺"、从"攴"之字,他說:"'幺'當是綴加的聲符。《説文》:'攴,滑也。《詩》云:"攴兮達兮。"从又中。一曰取也。'今《詩·子衿》作'挑兮達兮'。所謂'取'者,蓋選取之意,今人猶稱選取物曰'挑'者是。銘文言'以公命用攴(挑)朕僕御臣妾自气',就是根據公的命令而從气那裏選取我的僕御臣妾。"③我們認爲以此字右旁爲"攴",當可信,但將左旁看作"綴加的聲符""幺",則可疑。他將"用𢆶朕僕御臣妾自气"的意思解釋爲"從气那裏選取我的僕御臣妾",似乎也不夠妥當。如果是這

---

① 付強:《翼城大河口墓地出土氣盤銘文考釋》,簡帛網"簡帛論壇",鏈接:http://www.bsm.org.cn/bbs/read.php? tid=4312,第 16 樓(2018 年 6 月 3 日)。
② 黄鶴:《西周金文王號爲生稱或死稱問題述評》,《古籍整理研究學刊》2013 年第 6 期。
③ "盤銘考釋帖",第 11 樓(2018 年 5 月 30 日)。

個意思,"僕御、臣妾"前就不應加"朕"字,"朕僕御、臣妾"應指本屬於霸姬的僕馭、臣妾。我們認爲"幺"可以看作"糸"的省形,此字从"幺""叏"聲,可以釋爲"縚"字異體。《玉篇・糸部》:"縚,亦作韜。"古書"縚""韜"二字可通用。[①]《儀禮・士昏禮》"姆纚、笄、宵衣"鄭注:"纚,縚髪。"《釋文》:"縚髪,本又作叏,同。"《儀禮・士冠禮》"緇纚,廣終幅,長六尺"鄭注:"纚,今之幘梁也……纚一幅長六尺,足以韜髪而結之矣。""韜髪"與《士昏禮》"縚髪"同,指將頭髪包束起來。《説文・五下・韋部》:"韜,劍衣也,从韋、舀聲。"《説文・十二下・弓部》:"弢,弓衣也,从弓、从叏。叏,垂飾,與鼓同意。"清儒朱駿聲等已指出"弢"字當从叏聲,《説文》之説誤。[②] 今按:"弢""韜"二字在古書中通用,[③]"縚""韜""弢"《廣韻》皆"土刀切",此三字音同義通,其實未嘗不可以看作一字的異體("弢"似本爲"弓衣"之專用字,但早已與"韜"通用。古書中又有同"條(絛)"的"縚",與同"韜"的"縚"是同形字的關係)。盤銘之"",其左旁也可能本非"糸"字之省,而象包束之形,後來才與"糸"旁混同。其字在盤銘中疑當讀爲"討","討""縚"皆透母幽部字,音近可通。

古書裏的"討"字,如"討伐""討論"之"討",舊注都籠統地訓爲"治",其實"討"往往有責問、追究、尋求之義,下面舉幾個比較典型的例子。《左傳・襄公五年》"楚人討陳叛故",楊伯峻注:"句謂質問叛楚之因。"[④]《商君書・更法》:"慮世事之變,討正法之本,求使民之道。"以"討""求"對文。陸機《文賦》:"或因枝以振葉,或沿波而討源。""討源"即尋求其源。就是討取實物的用法,至晚在晋唐時代也已出現,如《晋書・衛恒傳》:"或時不持錢詣酒家飲,因書其壁,顧觀者以酬酒,討錢足而滅之。"大概霸姬的某些僕馭、臣妾,由於某種原因落到了气的掌握之中,霸姬得到穆公的同意,而從气那裏責求這些人,所以銘文説"以公命,用討朕僕馭、臣妾自气"。

"臣妾"上二字,《發掘》釋文隸定爲"僕騾",付强在其"盤銘考釋帖"後的評論,根據已知的銅器銘文的文例認爲"僕騾"可能相當於"僕庸"或"僕御"。[⑤] "帝企鵝"(網名)在此帖下評論中釋此二字爲"僕馭",[⑥]認爲"僕"下一字"從'馬'從兩'丙',兩'丙'

① 高亨纂著、董志安整理:《古字通假會典》,齊魯書社,1989年,第743頁"縚與韜"條。

② 丁福保編纂:《説文解字詁林》,中華書局,1988年,第12518頁。

③ 高亨纂著、董志安整理:《古字通假會典》,第743頁"韜與弢"條。

④ 楊伯峻:《春秋左傳注(修訂本)》,中華書局,1990年,第三册943頁。參看《左傳》有關原文及杜預注和孔穎達疏。因楊注比較簡明,故本文引之。

⑤ "盤銘考釋帖",第1～3樓(2018年5月28日)。

⑥ "盤銘考釋帖",第6樓(2018年5月28日)。

爲'更(鞭)'字省體,像以鞭馭馬,爲馭字。"①他以"叀"爲"更(鞭)"字省體,當即以"騦"爲西周金文中"驈"字省體。今按:將"僕騦"釋讀爲"僕馭"可從,以"騦"爲"驈"之省體,亦當是,但他似認爲"驈"之右旁即"更(鞭)",則可商榷。他將"驈""騦"皆視爲"馭"字異體,與下面將要引到的《古文字譜系疏證》相同,但後者並未將"驈"的右旁與"叀"(更)字牽合爲一,亦未以"更""鞭"爲一字。

清人吳大澂《字說》說:"《說文》鞭古文作![],與諆田鼎(引者按:即令鼎)![]字之左旁(引者按:當爲右旁)相似,知御字古文从馬从鞭,![]爲御者所執,上象其裹首之帕也。大鼎御字作,知![]即![]之異體。師虎敦(引者按:即師虎簋)'命女御乃祖考啇官'御字省作![];師兪父敦(引者按:即師嫠簋)'既命女御乃祖考嗣'亦省作![],或不知![]之省文,遂誤釋爲更。……《說文》御字古文作![],則省![]爲又,已失執鞭之義,後人變![]爲![],又加人旁、革旁,字體日緐而鞭字、馭字之象形、會意皆不可攷矣。"②他認爲大鼎"騦"的右旁是"鞭"之變形,此說影響甚大。他甚至認爲西周金文中獨體的"叀"不當釋爲"更",而應看作"騦"之省文,讀爲"御",這顯然是錯誤的,少見從之者。

吳大澂已認爲"便""鞭"所從的"更"是由金文馭字所從的以又執鞭之形變來的。與吳大澂同時的方濬益更明確認爲"叀(引者按:即"更"字篆文的隸定形)即鞭之古文"。時代較晚的劉心源說:"馭从![],古文鞭字。《說文》鞭古文作![],即此。蓋鞭从便,便从叀,![]即叀省,古文乃以叀爲鞭也。大鼎从重![]从攴,實叀字。"③他認爲金文"馭"字右旁的以手執鞭形即"更"字之省,其意與方氏相近。但把"叀""叀"的上部看作"鞭"形實在有些勉強。因此近人又有聲化之說。高鴻縉認爲"鞭"字由![]形"變爲![],从攴丙聲,已趨聲化矣。其或作![]者,丙形複作也。字又叚爲更改之改(引者按:當爲"更"),久而不返,乃另造鞭字"。④于省吾《釋牧》指出甲骨文"牧"字右旁有作![]形者,"象手持鞭形,後來變爲从攴"。⑤其《釋鞭》又認爲甲骨文中舊釋爲"更"之"![]"字"即古文鞭字","就古音言之,鞭从便聲,便从叀聲,叀从丙聲,丙

---

① "盤銘考釋帖",第4樓(2018年5月28日)。
② 周法高主編:《金文詁林》,香港中文大學,1975年,第二册第1025~1026頁。
③ 同上注。
④ 同上注,第四册1904頁。
⑤ 于省吾:《甲骨文字釋林》,中華書局,1979年,第260頁。

鞭雙聲。夐字隸變作更，丙更疊韻"。① 劉釗《古文字構形學》謂："甲骨文鞭字作'[字形]'，又加丙聲作'[字形]'，從而分化出'更'字。金文便字作'[字形]'，从'人'从'更'（鞭），……"② 當即據于説而補充金文"便"字之例。但于、劉二氏都没有提到金文中"驖"字和"夐"（更）字。

不少學者根據西周金文中"更"字作"夐"，認爲秦漢文字中的"夐"是金文中从二丙的"更"的省文。盉器的"遏"，自郭沫若、李學勤、陳夢家等學者以來多釋讀爲"更"。③ "丙"本可獨立成字，是殷墟甲骨卜辭中屢見的人名，這樣看來，"夐"（更，金文中字亦作"敲"）④ 當从"丙"聲，"夐"（更）極可能是"夐"的省文，而非由甲骨文"[字形]"字變來。季旭昇《說文新證》同意于省吾釋甲骨文"[字形]"爲"鞭"之說，但明確指出："戰國文字省二'丙'爲一'丙'，作'夐'，遂與甲骨文'夆（鞭）'字作'[字形]'形者相混，此異代同形，應予嚴格區分。"⑤ 至於"便"字，金文作以手執鞭鞭人之形，本是表示鞭人之義的動詞"鞭"的專字，秦漢文字"便"字右旁變爲"夐"（更），可以看作字形的訛變，並非"更""鞭"一字的確證。石鼓文中"馭"（御）字二見，《霝雨》石作"[字形]"，《鑾車》石作"[字形]"，徐寶貴指出後一形"把所從的'鞭'字中間的直畫刻穿，誤與上端的飾畫相連。過去很多人都把它誤釋成'更'"，⑥ 可資比較。故"更""鞭"一字之說似尚不能視爲定論。

近人或從吴大澂說，將大鼎銘文中用爲人名的"驖"與"馭"合爲一字（如《金文編》各版⑦），或將"驖"隸定爲"駷"，與"馭"分爲二字（如《新金文編》⑧）。以前著録的西周金文中亦有"駷"字（用作人名），但好像並没有人把它跟"驖"聯繫起來，《金文編》將它

---

① 于省吾：《甲骨文字釋林》，中華書局，1979 年，第 391 頁。
② 劉釗：《古文字構形學（修訂本）》，福建人民出版社，2011 年，第 87 頁。
③ 郭沫若：《盉器銘考釋》，《考古學報》1957 年第 2 期。李學勤：《郿縣李家村銅器考》，《文物參考資料》1957 年第 7 期。陳夢家說見三版《金文編》所引（容庚：《金文編》，科學出版社，1959 年，第 167 頁），參看陳夢家：《西周銅器斷代》，中華書局，2004 年，第 172 頁。
④ 董蓮池編著：《新金文編》，作家出版社，2011 年，第 383 頁。
⑤ 參看季旭昇：《說文新證》，藝文印書館，2014 年，第 241 頁"更"字條。
⑥ 徐寶貴：《石鼓文整理研究》，中華書局，2008 年，第 780 頁。
⑦ 容庚編著：《金文編》，科學出版社，1959 年，第 167 頁。容庚編著、張振林、馬國權摹補：《金文編》，中華書局，1985 年，第 115 頁。
⑧ 董蓮池編著：《新金文編》，作家出版社，2011 年，第 1396 頁。

作爲未識字附在馬部之末,①並不與"馭"併爲一字。

本世紀出版的季旭昇《説文新證》(下文簡稱《新證》)從于省吾釋甲骨文"🗝"爲"鞭"之説,並進一步將金文"䮺"字釋爲"馭"。② 黃德寬主編《古文字譜系疏證》(下文簡稱《譜系》)在駕馭之"馭"的本字"䮂"下,收録了金文的"𩢰"、石鼓文的"𩢮""𩢯"以及金文的"𩣈"等字形,解釋説:"䮂所從鞭形或演化爲二丙作吕、吕,或省爲一丙作吕、丙。這類演化亦屬聲變,丙、鞭雙聲。"③其所引兩個鞭形從一丙之例,皆出石鼓文,第一例其實並非從"丙",仍可視爲鞭形之變,與《説文》鞭字古文所從之鞭同例,第二例實出誤摹,已詳上文。但以"䮺""䮻"爲"馭"字異體,從 2002 號墓盤銘看來,却應該是可信的。此書又將"䮻"字作爲一個單獨的字頭在"丙"字聲系下列出,④當是統稿工作做得不夠細緻所致。《新證》與《譜系》都没有將釋爲"馭"的"䮺"的右旁與"㪅"(更)牽合爲一,⑤但《新證》從于省吾釋甲骨文"🗝"爲"鞭"之説,認爲"㪅"(更)爲"䮻"(更)之省。而《譜系》則仍將甲骨文"🗝"釋爲"更",而疑"㪅"(更)爲"更"之繁文(1940頁)。前文已經指出,"㪅"(更)似當從"㪅"聲,"㪅"(更)似宜看作"㪅"(更)的省文爲宜。

盤銘"䮺"字,結合其字形和文例來看,似只能釋讀爲僕馭之"馭"。由此可見,"䮺"亦當釋"馭","䮻"乃其省文。但是,將此二字釋爲"馭",從字形上究竟應該如何解釋,"䮺"的右旁和"㪅"(更)字究竟是什麽關係,都還需要進一步加以研究。⑥

---

① 容庚編著、張振林、馬國權摹補:《金文編》,第 679 頁。《新金文編》(第 1396 頁)同。
② 季旭昇:《説文新證》,第 133 頁。
③ 黃德寬主編:《古文字譜系疏證》,商務印書館,2007 年,第 1435 頁。
④ 同上注,第 1940 頁。
⑤ 參看季旭昇:《説文新證》,第 241 頁"更"字條。
⑥ 《新證》"馭"字條説:"大鼎字形從二'丙'(甲骨文的鞭形或加'丙'旁)"(133 頁);"鞭"字條下認爲甲骨文"🗝"字的丙旁不應像於省吾那樣視爲聲旁,而"應爲義符,表示車馬"(188 頁);"更"字條下認爲,甲骨文"吕"字會兩車相續之義。甲骨文計量'車'之單位詞爲'丙'……金文作'遇',加辵以示與'行'有關……;或作'㪅',加攴(示鞭)以示與駕馬有關(有關金文形的演變,可參《金文形義通解》上 734 頁)"(241 頁)《新證》把"䮺"看作"馭"字異體,大概也是以"丙"表示車馬爲依據的,似認爲"䮺"的右旁是在加一"丙"的鞭字上再加一"丙"形成的,與"㪅"(更)字是同形關係。但是認爲"丙"表示車馬(此説似出自《金文形義通解》),並無可以確信的根據,而且從 2002 墓盤銘看,"䮻"也當是"馭",《新證》對"䮺"的解釋很難說明"馭"爲什麽還可以寫成"䮻"。

《譜系》雖然不采"更""鞭"一字以及甲骨文"🗝"爲"🗝"("鞭"之初形)加丙聲之説,但却認爲"馭"字右旁或作"㪅""吕""㪅"(古文字"馭"字實無從"㪅"之例,已詳上文)"亦屬聲變,丙、鞭雙聲",似自(轉下頁)

"不余气"的"气"如認爲就是盤銘中屢見的人名"气",文義就無法講通,所以我們認爲此字應讀爲去聲的"乞"。大家知道,"乞""丐"(匃)二字都既有乞求義,又有給予義。乞求之"乞"讀入聲(今普通話讀上聲),乞予之"乞"讀去聲,《集韻·去聲·未韻》丘既切"气"小韻:"乞,與也,或通作气。"(按:乞爲气之分化字)。《左傳·昭公十六年》"毋或匃奪"孔穎達正義:"乞之與乞,一字也,取則入聲,與則去聲也。"《漢書·朱買臣傳》:"妻自經死,買臣乞其夫錢,令葬。"顏師古注:"乞音氣。"上古漢語否定句代指賓語提前,"不余乞"猶言"不乞余",指气不顧公命,不將霸姬的僕馭、臣妾付與霸姬。

穆公對气講的話有兩句。"余不汝命"猶言"余不命汝",這裏的"不命",應該是就以前之事而言的,裴學海《古書虛字集釋》"不"字下有"'不'猶'未'也"一條,所舉之例如下:

《荀子·子道篇》:"孔子曰:'意者身不敬與?辭不遜與?色不順與?'"《韓詩外傳·九》"不"皆作"未"。

《左傳》文十八年:"以至于堯,堯不能舉。……以至于堯,堯不能去。"《史記·五帝紀》"不"皆作"未"。①

穆公所説的"不命",也應理解爲"未命",當指穆公未曾命令气去處理關於霸姬的僕馭、臣妾的事。

"卜虎霸姬"的"卜虎"字,"帝企鵝"解釋説:"從虎從卜的字,當從卜聲,《爾雅·釋詁》:卜,予也。《詩·天保》:君曰卜爾。《楚茨》:卜爾百福。(引者按:原標點有誤,今據2018年7月17日"此心安處是吾鄉"在該帖下的評論改正)傳箋皆曰:予也。疑此字讀爲卜,爲給予的意思。"②王寧認爲此字"應該是扑擊之'扑'的或體,銘文中當讀爲交

(接上頁) 相矛盾。而且如果"𩡢"字右旁上部作"罔"是"鞭"的聲變,則其異體"驕"的右旁不應省去象手執鞭形的"攴"而僅存表鞭音的"罔"。

前面已經說過,"𡴂""遇"皆當从"罔"聲,則"罔"當與"更"音近。"馭"爲疑母魚部字,"更"爲見母陽部字,聲母皆屬見系,韻部陰陽對轉,古音相距相當不甚遠,也有可能"罔"字原來的讀音與"馭"更爲接近些。頗疑"𩡢"的右旁上部變作"罔"確爲"聲變",但並非表"鞭"之音,而是表"馭"之音。與東周文字"馭"字右旁上部或改作"午"或"五"(滕壬生:《楚系簡帛文字編(增訂本)》,湖北教育出版社,2008年,第185頁),以兼取其聲同例(西周時代扶馭簋的 [字], 其右旁上部似亦可看作已改从午聲)。"𩡢"省从"罔",與"駿"亦或省成"駢"同例(《楚系簡帛文字編》184~185頁)。但"罔"與"馭"的語音關係,畢竟不如"午"和"五"與"馭"的關係那樣密切,此説也只能看作一個缺乏充分根據的猜測而已。實際情況究竟如何,尚有待將來的研究。

① 裴學海:《古書虛字集釋》,《民國叢書》第五編46,上海書店,1989年,第869頁。
② "盤銘考釋帖",第5樓(2018年5月28日)。

付、付與之'付',同於《蕭卣》中"付蕭于成周"之'付'"。① 今按：上古音"卜"屬幫母屋部,"付"屬幫母侯部,屋部即侯部的入聲,訓"予"的"卜"和付與的"付"音義都很相近,當是關係密切的同源詞。此銘的"虍"(卜),其用法的確跟觊卣(《銘續》②0882)"昔大宮請王,俾彙叔、禹父、弢父復付觊(按：指將觊之兄違法賜給觊的僕復付於觊)""付蕭于成周"和蚉鼎(《銘圖》③02405)"因付厥祖僕二家"中的"付"字很相近,但是似乎不必將當付與講的"卜"直接讀爲付。穆公向气說"虍(卜)霸姬",就是要其付與霸姬她的僕馭、臣妾。

"气誓曰"以下的大段文字,除銘末"(穆姬)對公命,用作寶盤、盉,孫子子其萬年寶用"這一句套話外,記的都是气的誓詞。這段文字裏出現了兩次"气則誓",西周青銅器銘文中在記載了作器者對方的誓詞以後,一般都說"某(發誓者,也可以不止一人)則誓",如儕匜(《銘圖》15004)、散氏盤(《銘圖》14542)、鬴攸比鼎簋(《銘圖》02483、05335)。由此可知,气發了兩次誓,第二次誓言之首有"曾厥誓曰"一句,其義詳後。每次誓言又可分作前後兩部分,後一部分之首有"報厥誓曰"一句,其義詳後。以下逐段加以解釋。

"余⿱口虫弗應(展)禹(稱)公命"句中第二字上部作横畫兩端出頭的"口"形,下部作"虫"形;在第二次誓言的首句"女⿱口大弗稱公命"中則作上"口"、下"大"之形;盉銘節錄盤銘,只記載了气的第二次誓言,在其首句"余⿱甘大弗禹(稱)公命"中,此字又寫爲上作"甘"、下作"大"。盉銘之字舊多釋爲"某",④現在有盤銘對照,此釋當然就不能成立了。根據目前所見此字的三種寫法,我們還無法肯定此字究爲何字。郭理遠認爲從誓詞的語氣考慮,此字似有可能應該讀爲"敢",盉銘此字上部作"甘"形,可看作"甘"字,古音"甘""敢"極近。古文字"敢"有從"口"與從"甘"兩種寫法,學者或以爲"口"形聲化爲"甘",⑤或以爲字本從"甘"聲,或省爲"口"。⑥盤盉銘文此字也可以看作有從"口"與從"甘"兩種寫法,或是一個字音與"甘"相近的字(頗疑上舉盤盉銘文三字皆爲

---

① 心包：《氣盤銘文與舊說印證》,簡帛網"簡帛論壇",鏈接：http://www.bsm.org.cn/bbs/read.php?tid=4313,第12樓(2018年5月30日)。
② 吳鎮烽編著：《商周青銅器銘文暨圖像集成續編》,上海古籍出版社,2016年9月。
③ 吳鎮烽編著：《商周青銅器銘文暨圖像集成》,上海古籍出版社,2012年。
④ 參看李學勤：《試釋翼城大河口鳥形盉銘文》,《文博》2011年第4期。其他關於气盉的文章多從此釋。
⑤ 季旭昇：《說文新證》,第332頁。
⑥ 何琳儀：《戰國古文字典——戰國文字聲系》,中華書局,1998年,第1450頁。黃德寬主編：《古文字譜系疏證》,第4032頁。

"噉"字異體),在此讀爲"敢"。今記其説,以待後考。

"廛"字,銘文作"▨",今依周忠兵釋爲"廛"。① "心包"在"氣盤銘文與舊説印證"帖中説此字"周忠兵老師(《釋金文中的"廛"》)和我都有文討論。值得注意的是,我們在那篇札記把《尚書·君奭》'丕單稱德'中的'單'讀爲'展',其中的'單'無論如何理解(或讀"殫"訓盡,或讀"亶"),氣盂的文例對周老師釋'厂/㫃'爲'廛'都是極爲有利的"。② 周忠兵認爲金文中有些"廛"字可以讀爲"展",訓爲誠、信。他對所引金文的解釋我們並不同意,詳另文,但盤銘的"廛稱"之"廛"似乎的確可以讀爲"展",訓爲誠。《詩·小雅·車攻》"展也大成"鄭玄箋:"展,誠也。"《禮記·緇衣》引此句,簡本《緇衣》中即以"廛"爲"展"(參看周忠兵文46～49頁)。從上引心包之文的意思看,他似乎就是把盤銘的"廛"字讀爲"展"訓爲"誠"的。

"禹"後世併入其孳生字"稱"(本爲稱量字),在"稱命"一類詞語裏面,"稱"字的稱舉、稱述之義,很容易引申出遵從、遵順之義。這種用法的"稱"在古書中是屢見的,如《戰國策·齊策六》"稱寡人之意"、《漢書·王莽傳中》"奉稱明詔"、《漢書·高帝紀下》"稱吾意",後人多訓爲"副",且往往讀爲去聲,與由稱量義引申的相稱之"稱"混同,是不夠妥當的。"展稱公命",意思就是誠實地遵從公命。

"余唯自無",盂銘作"余自無",蕭旭將盂銘此句"無"字讀爲"誣",舉出古書中多條"無""誣"相通之例,並引《大戴禮記·曾子立事》"不能行而言之,誣也"爲解,③其説可從。

气的第一段誓詞的意思是説,我如敢不切實地遵從公命,將穆姬的僕馭、臣妾交付給她,那就是我説話不算話,要受鞭身五百下、罰金(先秦以"金"指銅)五百鋝的懲罰。

"報氒(厥)誓曰"以下的那段誓言,從内容看,是接著前一段誓言進一步説的。古書中正好有一個通"褒"的"報"字,意義與盤、盂銘文之"報"相合。

《禮記·樂記》:"樂也者,動於内者也。禮也者,動於外者也。故禮主其減,樂主其盈。禮減而進,以進爲文(鄭注:進,謂自勉强也)。樂盈而反,以反爲文。禮減而不進則銷,樂盈而不反則放,故禮有報而樂有反。"鄭玄注:"報讀曰褒,猶進也。"《釋文》:

---

① 周忠兵:《釋金文中的"廛"》,李學勤主編:《出土文獻》第12輯,中西書局,2018年,第43～52頁。
② 心包:《氣盤銘文與舊説印證》,簡帛網"簡帛論壇",鏈接: http://www.bsm.org.cn/bbs/read.php?tid=4313,2018年5月28日。
③ 鄧佩玲:《讀山西翼城大河口出土鳥形盂銘文札記》,復旦大學出土文獻與古文字研究中心網站論文,鏈接: http://www.gwz.fudan.edu.cn/Web/Show/1613,第1樓(2011年8月5日)。

"報,依注讀曰襃,音保毛反。"《樂記》此文亦見《禮記·祭義》,《祭義》鄭玄注:"報,皆當爲襃,聲之誤。"

《周禮·春官·大祝》:"辨九拜……七曰奇拜,八曰襃(褒)拜……"鄭玄注:"杜子春云:'奇讀爲奇偶之奇……'鄭大夫云:'奇拜,謂一拜也。襃讀爲報,報拜,再拜是也。'"《釋文》:"襃,音報。"① 孫詒讓《周禮正義》:"段玉裁云:'襃拜者,謂再拜已上也。襃者大也,有所多大之辭也。……'黃以周云:'古人行禮,多用一拜。其或再拜以加敬,三拜以示徧,皆爲襃大之拜。'案:段、黃説是也。襃拜者,對一拜之名。凡再拜以上、拜數不一者,並屬此。"②

見於上引《禮記》《周禮》、既可用"報"也可用"襃"表示的詞,有進、擴大、加強、重複之類意義,"襃"應爲本字,"報"應爲假借字。據《禮記》鄭玄注和清儒對"襃拜"的解釋,表示這個詞的"報"似應讀爲"襃",但《周禮》鄭玄注引鄭大夫謂"襃拜"之"襃"讀爲"報",《周禮》釋文也説"襃,音報",這似乎有矛盾。今按:這個詞表示的意義,應爲"襃"的一種引申義。我們猜想,古人或因欲與"襃"字的其他意義相區別,將平聲改讀去聲,先秦時代已多將這個詞寫作"報",當與此有關。

古人指亂倫行爲的"烝""報"之"報",清儒或以爲即通"襃"之"報",③ 其説可從。"烝"有"進""升"等義,通"襃"之"報"有"進"和擴大等義,故"烝"只用於上淫,"報"則既可用於上淫,也可用於下淫,自漢而後始多專用於下淫。

北魏賈思勰《齊民要術》中有"報鋤""報蒸"之語,其文如下:

候黍、粟苗未與壟齊,即鋤一徧。黍經五日,更報鋤第二徧。候未蠶老畢,報鋤第三徧。如無力,即止;如有餘力,秀後更鋤第四徧。——《雜説》

其炊飯法,直下饙,不須報蒸。——《造神麴并酒》

所用之"報"也應是通"襃"之"報",有進一步、加強、重複一類意義。這是我們目前所知的這個詞的最晚的用例(郭理遠指出《禮記·少儀》:"牛與羊、魚之腥,聶而切之爲膾。"鄭玄注:"聶之言牒也,先藿葉切之,復報切之,則成膾。""報切"之"報"亦用"襃"之此義)。一般字書將"報鋤""報蒸"以及見於《周禮》注的"報拜"之"報"訓爲"再""重",特別突出"再",是不妥當的。盤盉銘文"報厥誓"之"報",解釋爲"進"或"加強",

---

① 十三經注疏整理委員會整理:《周禮注疏》,北京大學出版社,2000年,第784~785頁。
② (清)孫詒讓著、汪少華點校:《周禮正義》,中華書局,2015年,第2423頁。
③ 黃懷信:《小爾雅匯校集釋》,三秦出版社,2002年,第341~342頁。按胡承珙《小爾雅義證》以此説爲非,而從服虔《左傳》注,以"報"爲"報復"之"報"〔(清)胡承珙著、石雲孫校點:《小爾雅義證》,黃山書社,2011年,第87頁〕,恐誤。

皆可通。

"𡮢(倘)余亦改朕辭"句亦見於盂銘,李學勤《試釋翼城大河口鳥形盂銘文》解釋此句第一字說:"……'𡮢'字乃'襄'字所从,此處應讀爲'尚',即後來寫的'倘'字。"① 今從之。盤銘"亦改"二字只占一字地位,當是原脫"亦"字,後將"改"字改作"亦改"二字。上引李文說"'亦'是加強語氣的助詞"(其注引《詞詮》)。今按:"亦"可訓爲"又","又"作爲副詞有"表示輕微轉折,相當於'却'"的用法,如《墨子·節葬下》:"欲以干上帝鬼神之福,又得禍焉。"②盤銘此"亦"字亦可視爲表示轉折語氣、約略相當於今語的"却又"。

"報誓"的開頭的"余禹(稱)公命",在第二次誓言中作"余既曰稱公命","余"下有"既曰"二字(盂銘亦有此二字),意義較顯豁。"報誓"的意思是說:我既答應遵從公命,交付僕馭、臣妾給霸姬,如果我又改變了我的話,同樣要受到鞭身五百、罰金五百鋝的懲罰。"改朕辭"的具體意義,我們還不能確定,推想誓言原文應較盤盂銘文所載者爲詳,大概有气所應執行之事的一些具體規定。"改朕辭"可能是指气在執行時改動這些規定,有待進一步研究。

气的第一、二次誓言的主要不同,在於違誓處罰的輕重,第二次規定的處罰重於第一次。"帝企鵝"對"曾厥誓"的"曾"作了兩次解釋,第二次解釋認爲:"曾也可能讀爲增,指增加、加重其誓言。"③此說可從。前後兩次誓言,當然應以加重處罰的後者爲準,所以,盂銘在節錄盤銘時,省去了第一次誓言,只記後一次誓言。

盤銘第二次誓言的首句作"女🗌弗稱公命"。盤銘第一次誓言的首句作"余🗌弗展稱公命",盂銘所載誓言(上已指出應是第二次誓言)的首句作"余🗌弗稱公命",第一字皆作"余"。盤銘此處"女"字疑爲"余"字之誤,即將第一人稱代詞錯成了第二人稱代詞"女(汝)"。或讀此"女"字爲"如"(如"帝企鵝"等④),則其文例與《左傳》所載的一些以"所"字開頭的誓詞(見《左傳》僖公二十四年、宣公十七年、襄公二十五年、定公三年等)相似,似亦可通。但前一種說法符合事實的可能性似乎比較大一些。

違誓的處罰,在這次誓言的前一段中,改爲"鞭身,傳出",盂銘此處則作"鞭身,第傳出";後一段作"出棄",盂銘同。

上引李學勤文解釋"第傳"說:"'第'通'茀'字,《詩·載馳》傳:'車之蔽曰茀。''茀

---

① 李學勤:《試釋翼城大河口鳥形盂銘文》,《文博》2011年第4期。
② 漢語大字典編輯委員會編:《漢語大字典(第二版)》,崇文書局、四川辭書出版社,2010年,第424頁。
③ "盤銘考釋帖",第9樓(2018年5月28日)。
④ "盤銘考釋帖",第12、14樓(2018年6月2日)。

傳'是一種有遮蔽的傳車。"①其說可從。黃錦前《大河口墓地所出鳥尊形盉銘文略考》認爲"第傳出"的"出"是"驅逐"的意思，引《左傳》文公十八年"宋公……遂出武、穆之族"以及《晏子春秋・諫上十四》"楚巫不可出（此爲晏子對齊景公"請逐楚巫而拘裔款"之語的回答）"爲證。②其説可信。他雖然對"傳"字並無正確理解，但能指出：

> "傳出"，與下文"出棄"意思相近，類似的話也見於散氏盤銘文（引者按：見《銘圖》14542 號），曰："我既（引者按：此字原作"旣"）付散氏田器，有爽，實余有散氏心賊，則鞭千罰千，傳棄出。"③

這對理解盉銘很重要。散氏盤銘"傳棄"後一字，前人誤釋爲"之"，似是上引黃文首先釋爲"出"的。"蒿耳"（網名）在董珊《翼城大河口鳥形盉銘文的理解》文後評論中認爲："'第傳出'是偏正結構，指以第傳逐出。"④説亦可從。我們曾推測："用傳車放逐違誓之人，是爲了儘快將他逐出；用有屏蔽的傳車，是爲了使他在放逐途中無法與外界接觸。"⑤此說或尚可存。

從第一次誓言前段、後段所言處罰完全相同看，第二次誓言前段的"傳出"和後段的"出棄"似亦指同一種處罰，當指驅逐出國境或邑境。大概盤、盉銘文所說的是一種很嚴厲的驅逐出境，被驅逐者原來的身份和財產全都要被褫奪，所以，罰金的處罰就不必再提了。在後一段誓言中，甚至連"鞭身"也不提了。

銘文最後一句的套話，省去了開頭的主語"霸姬"。

二、盉銘解釋

盉銘原文如下：

> 气誓曰："余𠬝弗再（稱）公命，余自無（誣），則受（鞭）身，第傳出。"報氒（厥）誓曰："余既曰余再（稱）公命，毁（倘）余亦改朕辭，出棄。"對公命，用乍（作）寶般（盤）、盉，孫子子甘（其）雋（萬）年寶用。

---

① 李學勤：《試釋翼城大河口鳥形盉銘文》，《文博》2011 年第 4 期。
② 黃錦前：《大河口墓地所出鳥尊形盉銘文略考》，簡帛網，鏈接：http://www.bsm.org.cn/show_article.php?id=1472，2011 年 5 月 4 日。
③ 同上注。
④ 董珊：《翼城大河口鳥形盉銘文的理解》，復旦大學出土文獻與古文字研究中心網站論文，鏈接：http://www.gwz.fudan.edu.cn/Web/Show/1492，第 11 樓（2011 年 5 月 6 日）。
⑤ 裘錫圭：《翼城大河口西周墓地出土鳥形盉銘文解釋》，《中國史研究》2012 年第 3 期。

盉銘是對盤銘的節録,省去了盤銘開頭説明事由的一段文字,對气的誓詞,只録了第二次的"增"詞,誓詞後的"气則誓"一語也被省去。前面已經説過,誓言原文可能要比盤、盉銘文所録者爲詳,見於銘文的誓詞,大概只是一個節録本。把盤、盉銘文所録的第二次誓詞對照一下,可以看出二者的文字是有一些出入的,今以盉銘爲主,校以盤銘。

余[字]弗再(稱)公命

"余",盤銘作"女",疑誤,已見上文。此句下盤銘有"用虩(卜)霸姬"四字,盉銘省去。

余自無(誣),則奎(鞭)身,箅傳出

盤銘"余"下有"唯"字,"傳"上省去"箅"字。

余既曰余再(稱)公命

盤銘省第二個"余"字。

嚴(倘)余亦改朕辭,出棄

盤銘"改"上無"亦"字。盤銘第一次誓詞"改"上有"亦"字,且是先脱而後增入者(詳上文),盤銘第二次誓詞"改"上疑脱"亦"字。"出棄"上盤銘有"則"字。

看來,盤、盉銘文對誓詞的節録並不是很謹嚴的。

此次雖賴理遠之助,用心撰成此文,但錯誤仍恐不少,敬請方家不吝指正,以利修改。

編按:本文 2018 年 7 月 14 日首發於復旦大學出土文獻與古文字研究中心網站。

三晋梁十九年鼎及中山王𗂰方壺銘文新釋

周 波

一、説梁十九年鼎銘文及其相關問題

魏惠王十九年（公元前 351 年）的梁十九年鼎銘（《集成》2746）云：

梁（梁）十九年，亡智 AB 嗇夫庶廌䍩（擇）吉金鎛（鑄），肘（載）少𠦃（半）。穆穆魯辟，複（徂）省朔旁（方），C 于兹 D 鬲（歷）年萬不（丕）承（承）。

銘文中 A 字，《集成》拓本如下：

此字目前學者主要有釋"罙""求"等不同釋法。

李學勤先生釋爲"罙"，讀爲"遝"。其云："'遝'，連詞，訓爲及。有人把'罙'直接

---

* 本文寫作得到 2018 年度國家社科基金冷門"絕學"和國別史等研究專項"戰國至秦漢時代雜項類銘文的整理與研究"（批准號：2018VJX006）、2018 年國家社科基金後期資助項目"張家山漢簡《二年律令》文本整理與相關問題研究"（批准號 18FZS029）、2018 年度上海市"曙光計畫"項目"戰國銘文分系分國整理與研究"（編號：18SG07）支持及周亞先生、葛亮先生、吳良寶先生、徐世權先生、陳曉聰先生、郭理遠先生的幫助及指正，謹此一併致謝。

釋爲'及',是不對的。五年司馬成公朔權銘云:'五年,司馬成公朔,殿事命(令)代蓋與下庫工帀(師)孟,關帀(師)三人……',也在銘文中加一連詞,可資對照。"①湯餘惠先生云:"求,字作🅰,與《説文》古文作🅱略同。"②

目前學界或釋爲"眔",或以爲"求"字。湯志彪《三晋文字編》、③吳鎮烽《金文通鑒》皆將之釋爲"求"。李剛先生認爲,從語法上來看,兩官名、人名之間應爲一連詞,釋爲"遝"較爲合適。④

我們認爲李學勤先生釋爲"眔",讀爲"遝",應可信。不過,李先生在字形方面未做討論。已有的幾種拓本字形上部漫漶,對於學者進一步研究此字也留有較大的困難。2015年,筆者在上海博物館周亞先生、葛亮先生的陪同及幫助下,曾目驗原器並新拍了高清數碼照片。其中A字高清照片如下:

從新拍高清照片可知,此字上部兩邊有斜筆穿過圓框形,這一形體顯然即"目"旁。魏惠王時期的三十年虒令鼎(《集成》2611)"眡"字作🅰,三十五年虒令鼎(《集成》9449)"眡"字作🅱,其"目"旁構形、筆勢皆與A所從"目"旁相合。魏信安君鼎(《集成》2773)"眡"字作🅲,"目"形輪廓及斜筆寫法與A所從"目"旁也很接近。戰國文字"東"中間常書作"目"形,如令狐君孺子壺(《集成》9720)"東"作🅳,即如是。石經古文"東"作🅴,齊魯陶文(《陶彙》3.1045)有從"東"從"心"之🅵,斜筆均貫穿圓框形,其變化與A所從"目"旁類似。《説文》"眔"字古文作🅶。⑤其上部"目"旁斜筆也貫穿圓框形。此古文下部稍有訛變,左上角應有對稱的一筆。⑥石經古文"裏"作🅷,中從"眔"形。可

---

① 李學勤:《論梁十九年鼎及有關青銅器》,氏著:《新出青銅器研究》,文物出版社,1990年,第206頁。
② 湯餘惠:《戰國銘文選》,吉林大學出版社,1993年,第4頁。
③ 湯志彪:《三晋文字編》,吉林大學博士學位論文(指導教師:馮勝君教授),2009年,第2764頁。
④ 李剛:《三晋系記容記重銅器銘文集釋》,吉林大學碩士學位論文(指導教師:吳振武教授),2005年,第10頁。
⑤ 《説文》原作"𥅴"。王國維指出此字即甲骨金文中的"眔"字之訛。參王國維:《魏石經殘石考》,《王國維遺書》第九册,上海古籍書店,1983年,第22~23頁。
⑥ 張富海:《漢人所謂古文之研究》,綫裝書局,2007年,第120頁。

知古文"眔"下部"水"旁常書作"米"形。古文字作爲裝飾的短橫筆常變作圓點,所以A字下部其實就是"水"旁之變。

A字从"目"从"水",當從李説釋爲"眔"。"眔"當讀爲"遝",及也。古書也常寫作"暨"。"亡智眔(遝)B嗇夫庶魔",從趙亡智所鑄的廿七年大梁司寇鼎(《集成》2609～2610)來看,應指大梁司寇趙亡智與B嗇夫庶魔兩人。上舉五年司馬成公胭權在兩"職官名+人名"之間用連詞"與",正可與此處的"眔(遝)"互相比照。

銘文中B字,《集成》拓本如下:

此字相關討論不少,目前主要有釋"怭""戟""尹"三説。

李學勤先生將之釋爲"怭",且最早將之與九年衛鼎等舊釋"溓"之字相繫聯。其云:"'怭嗇夫',官名。'怭'字原从二'必'从'又'。殷墟甲骨'劦'字有時寫作从二'力'从'又';周初金文'涬(潛)'字寫作从二'至'从'又'(前人誤釋爲'兼'),與此同例。殷墟和周原甲骨,以及一些金文、璽印的'密'字,多从二'必'。因此,這裏的'怭'也應讀爲'必'聲的字。它可能是地名,也可能是政府機構名。如魏地名,魏地有姑密,或許有關;如魏機構名,可能讀爲作祀神之室解的'秘'。考慮到肖亡智在大梁任職,後一説可能性似大一些。"①

黄盛璋先生最早將B字釋爲"戟",無説。② 湯餘惠先生將之隸定爲"戟",以爲"戟"字異體。其云:"戟,同戟,銘文兩偏旁合書,新鄭出土的銅矛'戟束'字或作 (T1∶64),寫法相近。求戟,疑讀爲述戟。《説文》:'述,聚斂也。'述戟嗇夫,可能是主管兵器的基層官吏。"③

曾侯乙墓竹簡中多見一個用作車器名之 字,整理者認爲此字與西周金文舊釋爲"溓"之字所从爲一字,亦見於梁十九年鼎。整理者注云:"' '見於戰國梁十九年鼎(《文物》1981年第10期66頁圖六),西周金文有一個以此爲偏旁的字作 、 等形(《金文編》737頁),舊釋爲'溓'。從簡文此字或从'丙'(即'簞'的初文,參看注11)來

---

① 李學勤:《論梁十九年鼎及有關青銅器》,氏著:《新出青銅器研究》,第206～207頁。
② 黄盛璋:《魏享陵鼎銘考釋》,《文物》1988年第11期。
③ 湯餘惠:《戰國銘文選》,第4頁。

看,大概指席一類東西。"①

最近,陳劍先生將商周金文󰀀、󰀀與竹簡󰀀字改釋爲"夬",認爲其形本象人手"兼挾二矢"之形,就是"挾矢"之"挾"的表意初文。其説可信。他也將梁十九年鼎的 B 字與上舉金文、竹簡之字相認同,認爲亦應釋爲"夬"。其云:"本文開頭提到的梁十九年鼎是戰國魏國銅器,其中之'夬'字一般釋讀爲'戟',或釋爲'兼',皆不可信。其文云'梁十九年,亡智、求(?)夬嗇夫庶魔擇吉金鑄,䔻(載)少半。……',用法尚不明,待考。"②

古文字"䇇/夬"本象手中持二矢之形。在曾侯乙墓竹簡中,"䇇/夬"字書作󰀀(簡67)、󰀀(簡71),或作󰀀(簡65),陳文將之分别隸作"䇇"和"䇇"。曾侯乙墓竹簡中此字或从"丙""糸"或竹",所从"夬"旁亦不出這兩種形體變化。陳文指出,上舉兩形除掉"又"形的部分爲兩倒矢,上部作"中"與"晉"或作󰀀相同,屬古文字的常見變化。其説可從。而 B 字寫法却與兩倒矢、从"又"之形無涉,將之也釋爲"夬"恐怕是有問題的。

銘文 B 字,新拍攝高清照片如下:

與原拓本相比較,新拍高清照片更能體現出字形細節上的特徵。從高清照片來看,所謂"又"形實爲三筆書寫:上部應看作爲向左部回收之横筆,中部爲一略往下垂之横筆。下部則爲另起之横筆,此筆與首筆在右下方相交錯,尾部亦略下垂如次筆。這種向右書寫又回收或下垂的寫法常見於三晉文字。

三晉文字横筆在向右部書寫時往往回收或下垂,右部較爲圓轉。如侯馬盟書"或"或作󰀀(一六:38),温縣盟書"賊"或作󰀀、󰀀(《文物》1983.3),"是"字或作󰀀(《新出簡帛研究》K1:3865)、󰀀(《新出簡帛研究》K6:250),右部均向左下方收筆。

戰國三晉文字基本上繼承了春秋晚期侯馬盟書、温縣盟書的這類寫法。如魏鄢戈(《通鑒》16427)"戈"字作󰀀,韓十七年鄭令戈(《集成》11371)"武"字作󰀀,鄭武庫

---

① 湖北省博物館編:《曾侯乙墓(上)》,文物出版社,1989年,第508頁注釋46。
② 陳劍:《釋"夬"及相關諸字》,復旦大學出土文獻與古文字研究中心編:《出土文獻與古文字研究》第5輯,上海古籍出版社,2013年,第278頁。

劍(《集成》11590)"武"字作▨,趙尖足布(《三晉貨幣》52)"武"字作▨,晉璽(《璽彙》800)"成"字作▨,"蔑"(《璽彙》1499)字作▨,"戌"(《璽彙》703)字作▨,"歲"(《印粹》11)字作▨,"正"(《古璽彙考》132)字作▨,韓春成左庫戈(《通鑒》17343)"成"字作▨,公族申戟(《通鑒》31266)"城"字作▨,這些字所從橫筆均有向左回收或下垂的現象。

清華簡《厚父》一般認爲具有三晉文字特點,①其中簡3"戈"字作▨,簡7"咸"字作▨簡12"是"作▨,"戈〈弋〉"作▨,也屬於這類變化。

郝本性先生曾指出,新鄭鄭韓故城所出韓兵器中用作器名的"戟"變體約有五種:

Ⅰ:▨20號、21號、117號、136號、137號、145號六器均如此。

Ⅱ:▨119號、▨144號。

Ⅲ:▨123號、▨122號、▨113號。

Ⅳ:▨揀選殘銅戈内刻銘。

Ⅴ:▨82號、▨112號、▨149號、▨153號。

他認爲:

> 第一種爲戟,敔戟、大良造鞅戟和宜此戟的戟字均作▨(引者按:即戟),此族乃其簡體。第二種僅將戈刻成丰,仍是戟字。第三種,與第一種大同小異,爲鐫刻便利,將戈旁的兩筆連刻或加簡化。第四種可隸定爲旐,乃是戟字的繁體,該戈内脊有"武庫"二字刻銘,也爲韓國兵器,因有司寇督造,也是戰國晚期的兵器。第五種乃是第四種的簡化,省去所從的扩,僅保留戈,此字如按第二種刻法,戈刻成丰,則可寫作戜或𢧢,戰國時代齊國戈銘常見戜或𢧢,從前頗疑該字爲咸,讀爲戟,後見新鄭兵器戟字,遂定爲戟字變體。……②

郝先生將Ⅰ類形體隸定作"族",看作"𢧢(戟)"字簡體,可從。Ⅱ類形體中的"丰"形,郝先生以爲"戈"旁之變體,恐不可信。三晉文字常將"半"字或"半"旁書作"丰"形。如魏八年首垣戈(《通鑒》17159)"䎽"字照片作▨,右卜廚鼎(《集成》2232)"半"字作▨,均可供比較。Ⅱ類第二例中筆斜向左部,仍保留了"半"旁較爲明顯的特徵。冢

---

① 趙平安:《談談戰國文字中值得注意的一些現象》,復旦大學出土文獻與古文字研究中心編:《出土文獻與古文字研究》第6輯,上海古籍出版社,2015年,第303～309頁。

② 郝本性:《新鄭出土戰國銅兵器部分銘文考釋》,《古文字研究》第19輯,中華書局,1992年,第115頁。

子韓政戟束(《通鑒》31289)器名"戟束"之☒,吳鎮烽先生隸定作"斻",可信。此形與上舉Ⅱ類屬同一類寫法。

Ⅲ類形體"扒"旁下方所從,郝先生均以爲"戈"旁,可信。韓鄭廣庫矛(《集成》11507)"斻"字作☒,晉璽(《璽彙》2374)"戟"字作☒,上舉三晉"戍""成"等字"戈"旁書向右部後均回收,幾與下方筆畫相接,這與例二應屬同一類變化。後一例戈旁"戈"旁所從之半圓形,應如郝文所論看作"戈"旁兩筆連寫。上舉這類形體"戈"旁橫筆如果回收更徹底些,就會形成如例一這類半圓形,上舉清華簡《厚父》"戈"字所從"戈"旁就屬同類變化。

Ⅳ類形體"扒"旁下方所從與Ⅴ類形體實屬同一類寫法。郝文一併隸定作"戏",亦不確。此與Ⅲ類形體一樣,亦應隸定作"戎",看作"丯""戈"兩偏旁之糅合。韓六年安陽令戟束(《集成》11562)"戟束"之"戎(戟)"作☒,這類寫法如果兩處橫筆再回收厲害一些,就與上舉韓二年鄭令戟束之"戎"、Ⅳ類形體的"戎"及Ⅴ類形體例一、例四的"戎"寫法類同了。韓二年鄭令戟束(《集成》11563)"戟束"之"戎(戟)"作☒,"戈"旁上一横筆已回收成半圓形,尚可見一斑。

我們認爲Ⅴ類形體與梁十九年鼎B字屬於同一類變化。這其中前三例"戈"旁所從橫筆或下方筆畫皆向左回收成半圓形;左部"丯"旁均受到右部"戈"旁的類化,上部皆加有斜筆。上引溫縣盟書"賊"字第一形"戈"旁、清華簡《厚父》簡3"戈"字"戈"旁、簡7"咸"字橫筆、韓二年鄭令戟束"戎(戟)"字"戈"旁橫筆皆回收成半圓形,其寫法與Ⅴ類形體例一、例三、例四相合。Ⅴ類形體例二、例四"戈"旁下方斜筆向左回收成半圓形,這類變化也見於清華簡《厚父》。簡7"我"字作☒,所從"戈"形變化與之相合。"戎(戟)"所從"丯"旁受到"戈"旁的類化的現象亦見於曾侯遊、曾侯越兵器。曾侯遊戟(《集成》11180)"戎(戟)"書作☒,在"丯"旁上部增一斜筆,爲同樣的變化。尤其值得注意的是,例二、例三"戎(戟)"字左部的"丯"旁因受到右部"戈"旁類化,已變得幾乎一致了。曾侯越戟(《集成》11176)"戟"書作☒,左右完全相同,當是"丯""戈"雙向類化的結果。梁十九年鼎B字就屬這種受到類化而左右趨於一致的"戎(戟)"字。相較於例三,B字左旁下部亦增一斜筆,左旁受右部類化的情況要更爲徹底些。

上文指出,B字所謂"又"形本作三筆書寫。從上面的討論可知,上部起首一筆及次筆應看作爲回收、下垂之橫筆,這是三晉文字的常見寫法。其中起首一筆向左部回收較厲害,應是"戈"旁所從之橫筆。另左部分橫筆亦借用爲"丯"旁上筆。中間一橫筆尾部略微下垂,宜看成是"丯"字中間一筆。下部橫筆則爲"丯"旁的最下一筆。"丯"旁三斜筆寫作橫筆,也是三晉文字常見的現象。總之,從三晉文字"戟"字的特殊寫法來看，我們認爲 B 與"聿"字無涉，此字應可確釋爲"戎(戟)"。

接下來看 B 字在銘文中的用法。

韓驫羌鐘銘文云："驫羌乍(作)E 氒(厥)辟韓宗敢(獻—虔)逨(帥)，……"關於 E 字釋讀及此句句讀，舊有多種意見。最近董珊先生據《泉屋博古——中國古青銅器編》照片將 E 摹作[字]，並將此句釋讀作"驫羌乍(作)戎(介)，氒(厥)辟韓宗敢(獻—虔)率(帥)"。其云：

"驫羌乍(作)戎，氒(厥)辟韓宗敢率"。"戎"字右从戈，拓本左旁皆不清楚，孫稚雛先生摹本左旁作"[字]"，亦誤。從《泉屋博古——中國古青銅器編》的照片來看，該字左側應從"丯"，字當隸定爲"戎"。承李家浩先生當面提示，"戎"可讀爲"介"。丯、介聲系常常可通，"戎(介)"即副介。古書記載使者出行，常有正史和副使同行，副使稱"介"。"介"的詞義就是"副貳"，與"率(帥)"相對。句意爲：驫羌作副介，他的主君韓宗敢爲主帥。可知驫羌是這次出征的副帥。……

《繫年》"晉三子之大夫入齊，盟陳和與陳淏于溋門之外"。"三子之大夫"，據上引《竹書紀年》，是魏翟角(或作"員")、趙孔屑(《呂氏春秋·不廣》作"孔青")和"韓師"，韓師可能即韓景侯虔之副介驫羌。①

按驫羌鐘共有五套，其中四件藏於日本京都泉屋博古館，一件藏於加拿大多倫多皇家安大略博物館。驫羌鐘照片或拓本所見 E 大多殘泐，諸家多據驫羌鐘丙拓本(《集成》159[字]，將之摹作[字]。日本泉屋博古館所編《樂器》"驫氏編鐘"收錄有驫羌鐘丙的清晰照片。其中 E 字照片如下：②

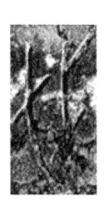

據此可知，以往諸家摹本大體可從，董珊先生的新摹本是有問題的。

吳良寶先生在提到驫羌鐘銘"楚京"問題時指出："至於'楚亭'新説，本身存在着不好解釋之處：作爲韓君之戎(?)，驫羌此役如果只'襲奪楚國的一些邊亭'，似與得到'令于晉公，卲于天子'的榮耀不相匹配，何況他還鑄器以'永葉毋忘'。"此處又出注

---

① 董珊：《清華簡〈繫年〉與驫羌鐘對讀》，《簡帛文獻考釋論叢》，上海古籍出版社，2014年，第97、100頁。
② 泉屋博古館編：《樂器》，(日)泉屋博古館，1993年，第30頁。此蒙吳良寶先生惠示。

云："承崎川隆教授見告，根據清晰的鐘名照片可知，釋'𢦏'與原器字形並不合，此釋有誤。"①吴先生所説的清晰照片，即上圖。吴先生雖不太贊同將此字釋爲"𢦏"，但仍認爲此字在銘文中用爲職官。

我們認爲據上引清晰照片，E字左部應看作"丰"旁之省筆，此字從整體構形來看仍應釋爲"𢦏（戠）"。首先，"丰"字中間豎筆寫作長斜筆是戰國文字的特徵。上引新鄭鄭韓故城所出韓兵器"𣃦""𢦏（戠）"所從"丰"旁，冢子韓政戟柬"𣃦（戠）"所從"丰"旁，均屬這類寫法。公族申戟（《通鑒》31266）"丰"字作𢆙，周公戟（《通鑒》16813）"丰"字作𢆙，其所從長斜筆寫法均與E字左部如出一轍。其次，春秋戰國文字"𢦏（戠）"字極爲常見，其所從"丰""戈"兩旁在書寫或鑄刻時常有簡省。如鄎子受戟（《通鑒》16885）"𢦏（戠）"字作𢦏，攻吴工差戟（《通鑒》17083）"𢦏（戠）"字作𢦏（原爲反書），"丰"旁短斜筆均省去一筆。安陽令韓壬戟刺（《通鑒》17700）"𢦏（戠）"字作𢦏，寫法頗值得留意。此字"丰""戈"兩旁筆畫皆有簡省，其中"丰"旁既可看作簡省爲一長斜筆，也可看作短斜筆借"戈"旁爲之，省去一筆。從上舉諸例看，"𢦏（戠）"字所從"丰"旁短斜筆簡省爲一筆或兩筆皆不奇怪，由於此字所從"丰""戈"兩旁的固定關係，"丰""戈"兩旁個别（或重複）筆畫的簡省不足以構成人們認知上的困難。

從文意來看，將E字釋爲"𢦏（戠）"，讀爲"介"也頗爲妥帖。正如董文所言，"驫羌乍（作）𢦏（介），氒（厥）辟韓宗敢（獻—虔）遂（帥）"是指驫羌作副介，他的主君韓宗敢爲主帥。"作"，爲也，任也。"作＋職官"古書常見。如《大戴禮記·五帝德》："夔作樂，以歌籥舞，和以鐘鼓；皋陶作士，忠信疏通，知民之情；契作司徒，教民孝友，敬政率經。""作介"即"爲介"。"爲介"的説法多見於傳世及出土文獻（參下文），驫羌鐘銘之"爲介"指擔任副手、副帥。"遂"讀爲"帥"多見於出土文獻，驫羌鐘銘之"帥"用作動詞，指作爲主帥。諸家多已指出，驫羌是作器者，整篇銘文記述的乃是器主驫羌的功勞，②其説可信。從這點來看，後一句"氒（厥）辟韓宗敢（獻—虔）遂（帥）"與前文"驫羌乍（作）𢦏（介）"對文見義，此句可看作是對前文的補充説明，進一步表明了器主驫羌的身份及職位。

從上面的討論來看，將E字釋爲"𢦏（戠）"，讀爲"介"從字形、文意兩方面來看都很合適。因此，我們認爲董説應可信。

又春秋晚期的趙孟介壺銘（《集成》9678～9679）云："禺（遇）邗王于黄池，爲趙孟

---

① 吴良寶：《驫羌鐘銘"楚京"研究評議》，李守奎主編：《清華簡〈繫年〉與古史新探》，中西書局，2016年，第120頁。

② 參吴良寶：《驫羌鐘銘"楚京"研究評議》，李守奎主編：《清華簡〈繫年〉與古史新探》，第124頁。

斾(介),邗王之惕(錫)金台(以)爲祠器。""爲趙孟斾"之"斾",唐蘭、楊樹達等諸家讀爲"介",認爲用表職位,指賓介或介使,①這是有道理的。《左傳》成公十三年:"三月……公如京師,……孟獻子從,王以爲介而重賄之。"《左傳》襄公十四年:"吳告敗于晉。會于向,……於是子叔齊爲季武子介以會。"《國語·周語中》:"及魯侯至,仲孫蔑爲介。"《禮記·檀弓下》:"滕成公之喪,使子叔敬叔弔,進書,子服惠伯爲介。"上引古書辭例皆可與壺銘相參看。

據《儀禮·聘禮》,各國朝會聘享中的使者有上介、有眾介,上介爲使者副手,眾介爲使者助手。從出土及傳世文獻來看,趙孟介壺器主有可能就是擔任趙鞅的上介,即副手。王文清先生曾指出:

> 根據《國語·吳語》記載,在"黃池之遇"時,晉與吳會之談判代表是正卿趙鞅,即趙簡子之父。參與會談的是大夫董褐,《左傳》哀公十三年則記爲趙鞅與司馬寅,司馬寅也就是董褐,是趙鞅的副手。……該壺銘中"爲趙孟斾"之"趙孟"即趙鞅,"斾"即"介"。《左傳》宣公十八年記載魯大夫公孫歸父自晉還魯時"復命於介",杜預注曰:"介,副也。將去使介反命於君。"此"趙孟介",當即晉大夫董褐、司馬寅。……趙鞅是晉與吳訂立"好惡同之"盟約的代表,曾接受吳王夫差的賜金。董褐是趙鞅的副手就用夫差之錫金鑄造銅壺。……②

其謂器主爲趙鞅的副手,可從;認爲器主可能即董褐(司馬寅),也頗有道理。又據銘文,器主"黃池之會"當有功而接受了吳王夫差親賜之金。上引《左傳》成公十三年文,孟獻子(仲孫蔑)作爲魯成公朝王之上介,有功而受到周簡王厚賜,其例正可與銘文相參。

從騶羌鐘"戋(戠—介)"、趙孟介壺"斾(介)"字的釋讀來看,梁十九年鼎的"戋(戠)"也應讀爲"介"。銘文中"介"爲副貳之義。"亡智罙(遝)戋(戠—介)嗇夫庶廗",指大梁司寇趙亡智與其副手嗇夫庶廗。"介"與"嗇夫庶廗"爲同位語關係。

梁十九年鼎"罙(遝)""戋(戠—介)"等字的確認,對於進一步研究戰國中期魏國的監造制度也頗有助益。

李學勤先生云:"亡智、必嗇夫庶廗是督造者兩級,但從下文看亡智又是器的所有者。梁廿七年肖亡智兩鼎,已可看出肖亡智僅爲督造者,器用於食官'下官'即梁下

---

① 唐蘭:《趙孟介壺跋》,《唐蘭先生金文論集》,紫禁城出版社,1995年,第43~44頁;楊樹達:《趙孟介壺跋》,《積微居金文說(增訂本)》,湖南教育出版社,2007年,第204頁。
② 王文清:《"禺邗王"銘辨》,《東南文化》1991年第1期。

官。這三器都未記工匠的名字。安令三器則在督造者安邑令外,明記主事的官吏'視事'和冶工的名字,信安君鼎就是繼承着這一統緒的。"①

　　吳良寶先生在對魏國銅器銘文進行考察後指出:"這些資料(除去只記置用地的各器)表明,魏惠王時期鑄造的銅器,國都實行的是司寇監造、嗇夫主造的制度,而不記具體的製造者'冶',地方城邑則實行'令、視事、冶'三級制(個別的只記鑄造地、年代);大約到了魏襄王時期,地方的鑄造制度已改爲'令、工師、視事、冶',縣令之下增加了'工師'作爲主造者。"②

　　楊坤先生云:"李學勤認爲'亡智'、必嗇夫庶魔是督造者兩級,恐不一定正確。因爲没有證據表明亡智地位比庶魔高,魏國銘文中也找不到兩級監造的實例。此處還是用連詞的本義,將'眾'前後看做平行結構,理解爲同級比較好。"他還認爲,銘文用"眾"字表明梁十九年鼎有"亡智"與"庶魔"兩位監造者,這與秦王四年相邦張儀戟"相邦張儀、庶長口操"相類。③

　　上述兩説,當以李學勤先生、吳良寶先生之説爲是。聯繫兩件同爲"亡智"所監造的廿七年大梁司寇鼎,可知大梁司寇趙亡智即是梁十九年鼎的監造者,諸器都是爲大梁下官機構所鑄之器。李先生説趙亡智曾參與"徂省朔方"一事,也是此器的所有者,從下文"C于兹"的釋讀來看,恐怕是有問題的。"嗇夫庶魔"乃是大梁司寇的副手或下屬。從這層關係來看,銘文中"介嗇夫庶魔"似看作主造者比較妥當。據三十年虒令鼎、三十五年虒令鼎,魏惠王時期地方系統是以令爲監造者,視事爲主造者,其間關係可與梁十九年鼎大梁司寇、嗇夫兩級相比較。戰國中期魏安邑司寇戈(《通鑒》17226)云:"廿一年,安邑司寇狄,冶匀嗇夫虘,冶芈。"以司寇爲監造者,冶匀嗇夫爲主造者,亦以嗇夫爲司寇之下級。

　　"C于兹D鬲(歷)年萬不(丕)承(承)"一句,關於C、D兩字釋讀及句讀亦衆説紛紜。

　　先來看銘文D字。此字《集成》拓本如下:

---

① 李學勤:《論梁十九年鼎及有關青銅器》,氏著:《新出青銅器研究》,第209頁。
② 吳良寶:《戰國中晚期魏國銅器制度新考》,復旦大學出土文獻與古文字研究中心網,2009年9月24日。
③ 楊坤:《戰國晉系銅器銘文校釋及相關問題初探》,吉林大學碩士學位論文(指導教師:吳良寶教授),2015年,第136頁。

上引諸家或釋爲"行",或釋爲"从(從)",或釋爲"多"。湯餘惠先生最早將之釋爲"多"。其云:"多,銘文作𡖚,二夕並列書寫,或釋'行'、或釋'从',似均不確。多闕,涵義待考。"①《三晋文字編》亦釋爲"多"。秦曉華先生據《夏商周青銅器研究》,認爲此字上部應有兩個小短筆,應摹作"𡖚"。他從張亞初先生之説釋爲"巽",讀爲"選",認爲"身于兹選"即我是這些選拔的人才(參與省視的人才),②恐不可信。

銘文 D 字,新拍高清照片如下:

從高清照片來看,此字上部明顯有兩小斜筆,這個字就應釋爲"多"。古文字"多"書作左右結構,是戰國文字常見的現象。隨着清華簡《保訓》的公布,學者大都認識到《保訓》簡 1 的"日之多鬲(歷)"即相當於古書的"多歷年",所以梁十九年鼎"D 鬲(歷)年萬不(丕)承"當釋讀爲"多鬲(歷)年萬不(丕)承",即經過萬年而永遠保用此器。

銘文 C 字,《集成》拓本作:

新拍高清照片如下:

此字从"身"从"口",諸家隸定作"䚔",當是。關於其讀法,主要有讀"信""身"兩種意見。黄盛璋先生將 A 看作"躳(躬)"字異體,讀爲"信"。③ 李學勤先生讀爲"身",云:

---

① 湯餘惠:《戰國銘文選》,1993 年,第 4 頁。
② 秦曉華:《梁十九年亡智鼎補釋》,《古文字研究》第 30 輯,中華書局,2014 年,第 242 頁。
③ 黄盛璋先生將相關文句釋爲"䚔(信)于兹行"。參黄盛璋:《三晋銅器的國别、年代與相關制度》,《古文字研究》第 17 輯,中華書局,1989 年,第 2 頁。

"'䚄',字从'口',同戰國文字常見的'訫'字爲一字異構,在此當讀爲'身'。'身',《爾雅·釋詁》訓爲我,銘文中即指亡智而言。魏君往省北方,亡智有幸隨行,故云'身于茲從。'"①

最近,楊坤先生將之釋爲"信",讀爲"伸/申"。其謂:"我們認爲此處仍當以釋'信'爲是。古籍常見'信'、'伸/申'通用,上引黃盛璋論之甚詳,此處當訓作'用'。《淮南子·氾論》'小節伸而大略屈',高誘注'伸'爲用。《文選·屈原〈離騷經〉》'雜申椒與菌桂兮',李周翰注'申'爲'用',《文選·左思〈魏都賦〉》'申之而有裕',張銑注'申'猶用也。'伸/申于茲'即'用于茲',是指魏王在朔方使用此鼎。"②

陳曉聰先生亦認爲此字讀爲"申"。其云:"湯志彪先生將'䚄'釋爲'唚',這是正確的。《廣韻·真韻》:'唚,同呻。''呻'可讀爲'申','申'有申述、陳述之義。如《楚辭·九章·抽思》:'道卓遠而日忘兮,願自申而不得。'《國語·晉語七》:'四年,諸侯會于雞丘,於是乎布命、結援、修好、申盟而還。''申于茲'即將'穆穆魯辟,徂省朔方'這件事陳述於鼎上。"他還列舉羌鼎"羌對揚君令(命)于彝"、晉侯銅人"侯易(揚)王于茲"等作爲例證,並指出晉侯銅人"侯易(揚)王于茲"與十九年亡智鼎"䚄(申)于茲"的文例最爲近似,正可互相印證。③

我們認爲上述諸說中陳說最有道理。《古璽彙編》5195爲一方單字璽,原形作㊀。此爲反書,翻轉後作㊁,顯然也是"䚄"字。璽文"䚄"即用爲"信"。三晉文字"信"多書作"訫",④"言""口"皆可用作"信"字之義符,"䚄"可能就是"信"字異體。

銘文"信"當讀爲"陳"或"申",即陳述、表明。"陳于茲"或"申于茲"即將魏惠王"穆穆魯辟,徂省朔方"這件大事記録在此鼎上。梁十九年鼎銘文,"肘(載)少半(半)"以上記年代、鑄造者及器物容量,爲戰國時常見的"物勒工名"類銘文。其後一句,記載魏惠王"徂省朔方"之事,並著之於鼎,則更近於商周時期銘功記德類辭銘格式。

西周㊂方彝(《集成》9892)説"用作高文考父癸宝尊彝,用䚄(紳)文考剌(烈)",《商周青銅器銘文選(三)》注釋謂"䚄"字"聲假爲陳"。亦可讀"䚄(紳)"爲"申",即陳述、表達、表明之義。小克鼎説"克作朕皇祖釐季寶宗彝,克其日用䚄(肆)朕辟魯休",

---

① 李學勤:《論梁十九年鼎及有關青銅器》,氏著:《新出青銅器研究》,第207頁。
② 楊坤:《戰國晉系銅器銘文校釋及相關問題初探》,第25頁。
③ 陳曉聰:《金文札記兩則》,吉林大學古籍所2018年春季交流班論文;又陳曉聰:《梁十九年亡智鼎銘文新解》,稿本,2019年。後文蒙陳曉聰先生惠示。
④ 拙著:《戰國時代各系文字間的用字差異現象研究》,綫裝書局,2012年,第64~65頁。

辭例與前者類同。陳劍先生指出，這裏的"齋（肆）"當訓爲"陳",①可從。在西周金文中還有"施于器""設于器""由于器"等説法。縣改簋（《集成》4269）有"（縣改）肂（肆）敢隊（施）于彝"，保員簋有"（保員）隊（施）于寶簋"，文例與《禮記·祭統》所引衛孔悝鼎銘"施于烝彝鼎"相合。中方鼎有"（中）埶（設）于寶彝"，史話簋説"（史）話由于彝"。上述銘文從上下文意看，都是指把銘文上文所説之事記録在青銅器上。②

上文提到的韓馭羌鐘銘文，前文記馭羌率師伐齊，參與入長城等戰役，且受到周天子表彰一事。後文云"用明則（載）之于銘，武文咸剌（烈），永葉（世）母（毋）忘"，其記事性質及銘文格式與梁十九年鼎後一段相合。"則（載）"即記載，記録。③"用明則（載）之于銘"指將這件事（獲得戰功，受到諸方賞賜）詳細地記録下來，其義與梁十九年鼎"陳（或申）于兹"亦完全相合。

中山王譽方壺的F字及相關辭例也與梁十九年鼎的"陳（或申）于兹"密切相關，故一併討論之。

中山王譽方壺云：

穆濟嚴敬，不敢怠荒，因載所美，卲F皇功，詆燕之訛，以儆嗣王。

又云：

夫古之聖王務在得賢，其次得民，故辭禮敬則賢人至，忢愛深則賢人親，籍斂中則庶民附，烏呼，允哉若言，明F之于壺，而時觀焉。

其中F字，《集成》拓本分別作：

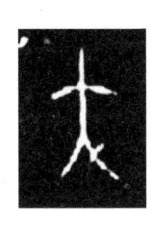

對於F字字形及其釋讀，學界亦頗多分歧。

朱德熙、裘錫圭先生云："下文言'明友之于壺'，與馭羌鐘'用明則之于銘'語相當，疑'友'是'矢'字異體，假借爲'則'。此處'昭矢'疑當讀爲'紹則'或'昭則'。"④

---

① 陳劍：《甲骨金文舊釋"齋"之字及相關諸字新釋》，復旦大學出土文獻與古文字研究中心編：《出土文獻與古文字研究》第2輯，復旦大學出版社，2008年，第33～34頁。
② 陳劍：《金文"彖"字考釋》，氏著：《甲骨金文考釋論集》，綫裝書局，2007年，第243～272頁。
③ 郭沫若：《驫叴鐘銘考釋》，氏著：《郭沫若全集·考古編》第5卷，科學出版社，2002年，第748～749頁。
④ 朱德熙、裘錫圭：《平山中山王墓銅器銘文的初步研究》，《文物》1979年第1期。

李學勤先生説:"犮字最早見於西周前期的一件簋(《録遺117》),于省吾先生等釋爲𣎵,按即正始石經蔡字古文。《補補》附録十四頁私名璽'犮諫'即蔡諫。壺銘文此字當讀爲肆,義爲陳。'昭肆皇功'意思是明陳大功。""明F之于壺"之F,李先生亦讀爲"肆"。①

張政烺先生則釋F字爲"厕",云:"犮又見下文'明犮之于壺而時觀焉',與驫羌鐘'用明則之于銘'句法相同,依則字聲韻求之,疑是仄字。《説文》:'仄,側傾也。'……字在此壺讀爲厕,《倉頡篇》注:'厕,次也。'次是等第或陳列之義,文義可通。"②

趙誠先生釋F字爲"犮",云:"林義光謂古印有犮字,'當即犮,象人(大人形)足下有物越而過之之形',並謂'从犬乃形之訛'。此壺正作犮,林説是也。疑此即後世通行之跋,這裏是刻寫的意思。"③

于豪亮先生以爲F字"象人鈦足之形,當係'鈦'字之初文,在此以音近讀爲達。"④

李零先生將F字釋爲"叕",認爲其與楚卜筮祭禱簡中的"大"及古文"蔡"有關。他將楚文字中用作祭祀對象的"大"釋爲"太",認爲是"太一"神。並在注釋中分析字形説:"古文字中的'蔡'、'叕'等皆象人形而鉗其手足,字形都是從'大'字分化,讀音也與'大'字相近(都是月部字),估計應與'鈦'字含義有關。"⑤

董珊先生指出:"'大'字應該仍與'大'聲接近,可讀爲'列',訓爲'論'、'著',《禮記·祭統》'功烈、勳勞、慶賞、聲名,列於天下'。《論衡·答佞篇》:'太史公記功……以秦、儀功美,故列其狀。'這兩例的謂語動詞'列'後的賓語,可據上下文補爲'功烈'或'功狀',可與方壺銘'大(列)'的賓語是'皇功'比較。方壺銘'載'是記載的意思,與'論'、'著'義的'列'字義近對文,'卲(昭)列'是'明列'的意思。"⑥董珊先生將楚文字"大"讀爲《禮記·祭法》之"厲",他也認爲F字、楚文字"大"皆爲"鈦"字初文,兩字與古文"蔡"皆由"大"字分化。⑦

魏宜輝先生亦認爲F字是从"大"字分化,與"鈦"有關。他將此字讀作"施",認爲

---

① 李學勤、李零:《平山三器與中山國史的若干問題》,《考古學報》1979年第2期。
② 張政烺:《中山王䁿壺及鼎銘考釋》,《古文字研究》第1輯,中華書局,1979年,第210~211頁。
③ 趙誠:《〈中山壺〉〈中山鼎〉銘文試釋》,《古文字研究》第1輯,第248頁。
④ 于豪亮:《中山三器銘文考釋》,氏著:《于豪亮學術文存》,中華書局,1985年,第46頁。
⑤ 李零:《包山楚簡研究(占卜類)》,《中國典籍與文化論叢(一)》,中華書局,1993年,第425~448頁;又李零:《"太一"崇拜的考古學研究》,氏著:《中國方術續考》,東方出版社,2001年,第221~223頁。
⑥ 董珊:《楚簡中从"大"聲之字的讀法》,氏著:《簡帛文獻考釋論叢》,第171~172頁。
⑦ 同上注。

是顯示、顯揚之義。①

按諸家多將 F 隸定作"友",此從之。李學勤先生所說的篡即友簋(《集成》2915),"友"字原形作 [字形]。私名璽"友諫"又見《古璽彙編》3546,"友"字原形作 [字形](丁佛言摹寫作 [字形])。除李學勤先生所揭者外,"友"及从"友"之字還見於下列金文、古璽:

[字形]　　　　　　　　　　　　　商卩友卣(《集成》4863)

[字形]　　　　　　　　　　戰國晚期燕器左軍戈(《集成》11402)

[字形]　　　　　　　　　　　　　　三晋私璽(《璽彙》1688)

朱、裘二位先生將 F 字看成是"夨"字異體,恐怕推測的成分居多。釋"仄"、釋"夨",在字形上與 F 字差異太過明顯,可以不論。將 F 字釋爲"𢼸"亦不確。古文字"𢼸"寫作 [字形]、②[字形]、③[字形]、④與"友"字寫法明顯不同。楚文字"[字形]",董珊先生以从"大"聲,將之讀爲"厲",可信。此字諸家多從李零先生之說將之釋爲"太"。不過,從楚文字"文"字多在右上加斜飾筆(以加兩筆作 [字形] 爲常,清華簡《程寤》簡 8 作 [字形],加一筆)、"文"與"大"常相混等現象來看,"[字形]"可能只是"大"字加飾筆之異體。另秦家嘴簡 99-14 此字作 [字形],包山簡 213 作 [字形],在"大"字右部趁隙加斜筆爲飾,後一種寫法加有上舉兩種飾筆。這些字似都應看作是"大"字異體,與 F 字並無關聯。

李學勤先生將壺銘 F 字讀爲"肆",從文義上看十分合適。不過 F 字大概不能徑釋爲古文"蔡"。三晋文字从古文"蔡"之字作 [字形](中山王嚳鼎)、[字形](《侯馬盟書(增訂本)》384 頁)。⑤ 古文"蔡"寫法與"友"字仍有比較大的差異。

我們認爲,上引諸家將 F 字看作"大"字分化字,認爲其可能是"釱"字初文的觀點頗有道理。古文字"友"多在右腿處加一斜筆,這大概是起指示作用,表示鉗足不便行走。《説文》:"釱,鐵鉗也。"段玉裁注:"'鐵',《御覽》作'脛'。《平準書》:'釱左趾。'釱,踏脚鉗也。狀如跟衣,箸足下,重六斤,以代刖。""友"之形體與"釱"指鉗足之義是相合的。

---

① 魏宜輝:《金文新釋(四題)》,《古文字研究》第 30 輯,第 247~248 頁。
② 金文"敘""肆"字所从。
③ 郭店《語叢二》簡 24"𢼸(肆)"字。
④ 《古文四聲韻》去聲志韻"𢼸"字引《古爾雅》。
⑤ 山西省文物管理會:《侯馬盟書(增訂本)》,山西古籍出版社,2006 年。

上引諸家多將 F 字與古文"蔡"相聯繫,認爲也是從"大"分化而來,此説值得重視,這裏也稍作討論。兩周金文中常用爲蔡國之"蔡"的字寫作如下之形:

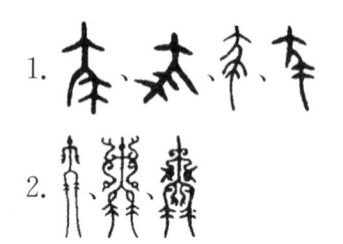

1. [金文字形]

2. [金文字形]   《金文編》第 36～37 頁

此字唐蘭先生據金文隸定作"夨",何琳儀、黄德寬先生據戰國文字隸定作"夨",①陳劍先生據傳抄古文隸定作"帘"。② 唐蘭先生指出,此字本從"大",可信。裘錫圭先生云:"據中華版《殷虛文字記》,唐先生在他自用的《殷虛文字記》的《釋夨》篇上批有一個'夨'字。甲骨卜辭裏屢見地名夨和夨侯之稱。唐先生大概認爲夨跟夨有可能是一個字。從上舉蔡國兵器裏蔡國之'蔡'的那些寫法來看(引者按:即上舉第 2 類字形),這種猜測説不定是正確的,卜辭裏的地名'夨'和'夨侯'也許就應該讀爲'蔡'和'蔡'侯。"③

從甲骨文來看,"帘"字最原始的寫法可能即夨。④ 甲骨卜辭夨(夨)地之夨可省作夨(《合集》28171)、夨(《合集》36766 夨字所從)。"帘"字寫作夨多見於一期卜辭,⑤《合集》28171、《合集》36766 分别屬無名組(三、四期)、黄組(五期)卜辭,時代顯然晚於前者。上述證據表明夨、夨這種形體很可能是夨字之省。兩周金文此字多省寫作夨,戰國文字則又有進一步的省訛。"帘"字既以"大"爲基本構形,"大""蔡"二字又音近可通,將此字看作"大"字之分化字是很合適的。不過,"帘"字形體與人鉗足之形相差較遠,不一定與"夨"字相關。

"釱"寫作夨目前僅見於戰國三晉系文字及燕系文字,這一現象值得關注。從我們掌握的資料看,燕文字、三晉文字不論是在字形還是在用字上均有不少相通之處,

---

① 唐蘭先生曾釋夨爲"衰"(唐蘭:《殷虛文字記》,中華書局,1981 年,第 40、122 頁)。何琳儀、黄德寬二位先生肯定唐説,認爲"夨"字即"衰"字之省簡,"夨""衰"爲一字之分化(何琳儀、黄德寬:《説蔡》,《東南文化》1999 年第 5 期,又黄德寬、何琳儀、徐在國:《新出楚簡文字考》,安徽大學出版社,2007 年,第 273～282 頁)。
② 陳劍:《金文"彖"字考釋》,氏著:《甲骨金文考釋論集》,第 265 頁。
③ 裘錫圭:《釋"求"》,氏著:《古文字論集》,中華書局,1992 年,第 60 頁。
④ 甲骨文此字黄德寬先生釋爲"叕",認爲是"茁"字初文。參黄德寬《釋甲骨文"叕(茁)"字》,《中國語文》2018 年第 6 期。我們在寫作時失引該文,感謝郭理遠先生指出這一疏失。
⑤ 參姚孝遂主編:《殷墟甲骨刻辭類纂》,中華書局,1989 年,第 100 頁。

而與其他三系文字不同,如"廥(府)"字寫作⿸广百(見中山國兆域圖、趙少府銀節約)、"牀"均訛作"疢"(見兆域圖、燕璽)、"危"字寫作♪,假"閔"爲"門",假"身"爲"信"等。這也説明相較於其他三系文字,三晋、燕兩系文字間的相互影響要更深一些。

我們認爲中山王䰜方壺的"犮"仍應從李先生讀爲"肆"。"鈦"異體作"鈘"。《釋名·釋用器》:"鈘,殺也,言殺草也。"王先謙《疏證補》引葉德炯云:"鈘即鈦字也。世、大古字通。""世""肆"亦常通用。睡虎地秦簡《爲吏之道》:"吏有五失:一曰誇以迣(肆),①二曰貴以泰。"馬王堆帛書《五行》:"不直不迣(肆)",又"直而遂之,迣(肆)也"。② 馬王堆帛書《老子》甲本:"直而不繼(肆)。"由此可見"犮"没有問題可以讀爲"肆"。李先生指出"昭肆皇功"意思是明陳大功,可從。中山王䰜方壺銘云"明犮(肆)之于壺",即"明陳之于壺",指明白地將這些話記録於銅壺。"肆"訓爲"陳"已見於上引小克鼎。"明犮(肆)之于壺"也與梁十九年鼎的"陳(或申)于兹"、㝬羌鐘的"用明則(載)之于銘"文意相合。

再來看上文提到的幾個"犮"及從"犮"之字。商⿱⿱犮卣、周犮簋之"犮"均用作專名,其讀法待考。上舉燕戈從"木""犮"聲之 ,可能即"枞"之異體("枞"見枞氏壺、公廚左官鼎)。三晋私璽之"犮",可能應讀爲列氏之"列"。③ 三晋私璽有從"辵"從古文"蔡"之 (《璽彙》2883)④,與 有可能是一字之異體。郭店《五行》簡21、簡34有一個用作"肆"的字,寫作 、 、 。"殺""祟"二字常通假,其聲符 可看作"殺"和"祟"字形之糅合。⑤ 睡虎地秦簡《爲吏之道》、馬王堆帛書《五行》讀爲"肆"之字均作"迣"。"迣",字又作"跇",超踰也。上引三形,可能都是"迾"或"迣"之異體。

二、中山王䰜方壺銘文新釋

中山王䰜方壺銘(《集成》9735)云:

賈渴(竭)志盡忠,吕(以)獀(左)又(右)氒(厥)䦽(辟),不貳(貳)其心,受賃(任)獀(佐)邦,夒(夙)夜篚(匪)解(懈),進孯(賢)散(措)能,亡又(有)G息,吕(以)明䦽(辟)光。

---

① "迣"讀作"肆"參沈培:《説郭店簡中的"肆"》,《語言》第2卷,第303頁注3。
② "迣"讀作"肆"參沈培:《説郭店簡中的"肆"》,《語言》第2卷,第302~309頁。
③ 拙著:《戰國時代各系文字間的用字差異現象研究》,第83頁。
④ 三晋私璽蔡姓之"蔡"或寫作 (《璽彙》1815),古文"蔡"寫法與上引古璽同。
⑤ 拙著:《戰國時代各系文字間的用字差異現象研究》,第155頁。

其中 G 字，拓本、摹本分別作：

此字舊有多種釋讀意見，莫衷一是。

目前多數學者均將此字右上部分與古文字"商""帝"相聯繫。如李學勤、李零二位先生認爲 G 字右上部爲"商"字。其云：

> 壺銘此字从商聲，依古音對轉規律可讀爲舍，《漢書·高帝紀》注："息也。""亡有舍息"意即無有止息。……①

何琳儀先生亦以爲 G 字右上部爲"商"，並據《古文字四聲韻》2.14"商"字字形認爲此字當从"商"聲。其云：

> 檢《詩·小雅·菀柳》："有菀者柳，不尚息焉。"其中"不"猶"無"，而"尚"讀"常"。壺銘……與《詩》"不（無）尚（常）息焉"辭例相近，適可互證。②

蔡哲茂先生則以爲 G 字右上部爲"帝"，"商"、"帝"二字古文字常相譌混。他認爲 G 字从"帝"聲，應讀爲"寧"，"寧息"是休息之義，常見於古書。③

最近，薛培武先生認爲 G 字右上部當爲"鬲"。其云：

> 我們認爲這個字或許是从"鬲"作，只是形體上結構有所簡化和走異（按：當作樣），不過從整體來看，看作从"鬲"，也不失爲一種考慮。《容成氏》簡 13："昔舜耕于鬲丘"，與"鬲"對應字作：

單育辰先生綜合各家說法之後，認同李零先生的意見，隸定爲"䯧"，並說其

---

① 李學勤、李零：《平山三器與中山國史的若干問題》，《考古學報》1979 年第 2 期。
② 何琳儀：《戰國文字通論（訂補）》，江蘇教育出版社，2003 年，第 296~297 頁。
③ 蔡哲茂：《中山王方壺"亡有䵾息"考》，"第四屆許慎文化國際研討會——新時代許慎文化的傳承和發展"會議論文，河南漯河，2018 年 10 月 28~29 日。

中的■"大概是由更早文字中鬲形演變而來",我們認同這個意見,我們認爲《容成氏》中這個字,與中山王方壺這個字所從較爲接近。在此基礎上我們認爲"△",可讀爲"弛"。如,董珊先生將《單叔鬲》中的"■"讀爲"鬲",而■在金文中多讀爲"弛","無有弛息"也很文從字順。①

我們認爲將 G 字右上部看作"鬲",應可從。《容成氏》簡 13"鬲丘"之"鬲"上從"臼",下部與"啻(帝)"寫法相混。學者或以爲"鬲"下部變作"啻(帝)"形乃變形音化,可供參考。② "鬲"字這種上部從"臼"的寫法多見於郭店簡、上博簡、清華簡。如郭店簡《窮達以時》簡 2 作■,上博簡《容成氏》簡 40"鬲"作■,清華簡《殷高宗問於三壽》簡 15"鬲"■,皆是其例。齊叔夷鐘(《集成》273)"鬲"作■,齊遙鬲矛(《集成》11476)"鬲"作■,石經古文"鬲"作■,亦皆从"臼"。三晉文字"鬲"亦多从"臼"。如魏梁十九年鼎"鬲"字作■,魏宅陽令戟束(《通鑒》17699)"鬲"字作■,趙十七年春平侯鈹(《集成》11689)"鬲"字作■、三晉君子之弄鬲(《通鑒》20506)"鬲"字作■,③皆如是。

這其中齊叔夷鐘、君子之弄鬲的"鬲"字上部皆加短橫筆爲飾,與 G 字相合。清華簡《保訓》一般認爲具有齊魯文字特點,其中簡 1"鬲"字作■,簡 4"鬲"字作■,上部均加有短橫筆。

《山海經・大荒西經》:"故成湯伐夏桀于章山,克之。""章山"即"歷山"。"章"可能就是這類上部加有短橫筆及"臼"形的古文"鬲"字之譌。④ 從出土文獻來看,"鬲"讀爲"歷"是常見現象。

齊叔夷鐘、石經古文"鬲"字下部的∨形,在書寫時很容易變作∧或×形。趙司工馬鈹(《通鑒》18074)"鬲"字■,下部變作∧。在戰國秦文字中"鬲"字下部已變作×形。如十五年上郡守壽戈(《集成》11405)"鬻"字作■,咸陽巨鬲(《秦陶文編》1284)"鬲"字作■,

---

① 薛培武:《中山王器讀爲"弛"之字懸想》,簡帛網,2017 年 10 月 14 日。
② 陳劍:《上博楚簡〈容成氏〉與古史傳説》,"中國南方文明研討會"會議論文,中研院史語所,2003 年;又陳劍:《上博楚簡〈容成氏〉與古史傳説》,氏著:《戰國竹書論集》,上海古籍出版社,2013 年,第 62~63 頁;李守奎等:《上海博物館藏戰國楚竹書(一——五)文字編》,作家出版社,2007 年,第 136 頁。
③ 後三例郭永秉先生釋爲"鬲"。參郭永秉:《釋三晉銘刻"鬲"字異體兼談國博藏十七年春平侯鈹銘的真偽》,武漢大學簡帛研究中心編:《簡帛》第 6 輯,上海古籍出版社,2011 年,第 217~223 頁。施謝捷先生釋爲"甗"。參施謝捷:《首陽齋藏子范鬲銘補釋》,《中國古代青銅器國際學術研討會論文集》,上海博物館、香港中文大學文物館,2010 年,第 283~290 頁。
④ 陳劍先生以爲"章"爲"帝"字形誤。參陳劍:《上博楚簡〈容成氏〉與古史傳説》,臺北中國南方文明研討會會議論文,2003 年;又陳劍:《上博楚簡〈容成氏〉與古史傳説》,氏著:《戰國竹書論集》,第 62 頁。

"鬲"下所從已變作×形。秦印(《秦印文字彙編》第53頁)"敲"字作▨,"䰛"字作▨,變化與之同。《說文》"徹"字古文作▨,"鬲"下所從作×形,或來源於秦篆文。睡虎地秦簡《日書》甲45背"䰛"字作▨,可見秦隸"鬲"下所從亦常寫作×形。《說文》小篆"鬲"作▨,其寫法尚與戰國秦文字一脉相承。戰國文字"鬲"下部可變作×形,"商""帝"却不見此類變化。

G字右上形體上加有短橫筆及"臼"形,下部所變作×形,這類變化皆見於戰國文字"鬲"字。下部綴以"口"形,即見於上舉《容成氏》簡13"鬲"字,也是古文字常見的增繁現象。這類變化皆見於戰國文字"鬲"字,故G字右上形體應可釋爲"鬲"。

G字从"車"从"牛","車""牛"表意功能相似,此字當以"鬲"爲聲符。我們認爲,這個字應即"軛(輗)",亦作"輻""槅"等。

《說文》:"軛,轅前也。从車,戹聲。"段玉裁注:"曰轅前者,謂衡也。自其橫言之,謂之衡,自其扼制馬言之,謂之軛,隸省作軛。《毛詩·韓奕》作厄,《士喪禮》今文作厄,叚借字也。《車人》爲大車作鬲,亦叚借字。《西京賦》作槅。木部曰:'槅,大車枙也。'枙當作軛。"《釋名》:"槅,扼也,所以扼牛頸也。"《玉篇·車部》:"軛,牛領軛也。"《後漢書·列女傳·皇甫規妻》:"卓乃引車庭中,以其頭縣軛,鞭撲交下。"李賢注:"《周禮·考工記》曰:'軛長六尺。'鄭衆曰:'謂轅端壓牛領者。'"《慧琳音義》卷六十六"四軛"注引鄭玄《考工記》注:"軛,謂轅端上壓牛領木也。"《慧琳音義》卷六十"車軛"注引郭璞曰:"軛,車轅端橫木壓牛領木者,俗稱爲車格。"

"軛"即車輗之"輗",多指大車(牛車)壓牛領之曲木,故中山王䜌方壺之G字以"車""牛"作爲其義符。此字在銘文中應讀爲阻隔、隔蔽之"隔",特指人爲之阻隔、隔蔽,故又增綴"人"旁。

銘文"隔"即隔塞、隔蔽。"亡"讀爲"無","亡息"即"無息"。《礼記·中庸》:"故至誠無息,不息則久,久則徵,徵則悠遠,悠遠則博厚,博厚則高明。"孔穎達疏:"'故至誠無息',言至誠之德,所用皆宜,無有止息,故能久遠、博厚、高明以配天地也。"朱熹"故至誠無息"下集注:"既無虛假,自無間斷。""無息"即没有停歇、間斷。中山王䜌方壺銘文"進孥(賢)敲(措)能,亡(無)又(有)軛(隔)息",是誇耀司馬賈作爲相邦在進賢使能方面,沒有隔阻或停歇、間斷。舉薦賢能是人臣之道,然"士無賢不肖,入朝見嫉",此亦人之常情。故有關"隔賢""蔽賢","進賢不解"等相關議論,多見於古書:

  1.《管子·明法》:臣之所以乘而爲奸者,擅主也;臣有擅主者,則主令不得行,而下情不上通,人臣之力,<u>能鬲君臣之間而使美惡之情不揚</u>,聞禍福之事不通徹,人主迷惑而無從悟,<u>如此者,塞主之道也</u>。故明法曰:"<u>下情不上通,謂之塞</u>。"

2.《越絶書·越絶篇敘外傳記》：屈原隔界(介)，放于南楚，自沉湘水，蠹所有也。
3.《新序·雜事二》：人君莫不求賢以自輔，然而國以亂亡者，所謂賢者不賢也。或使賢者爲之，與不賢者議之，使智者圖之，與愚者謀之。不肖嫉賢，愚者嫉智，是賢者之所以隔蔽也，所以千載不合者也。
4.《漢書·薛宣傳》：況知咸給事中，恐爲司隸舉奏宣，而公令明等迫切宫闕，要遮創戮近臣于大道人衆中，欲以鬲塞聰明，杜絶論議之端。
5.《全後漢文·〈孟子〉題辭》：魯臧倉毀鬲孟子。孟子曰："臧氏之子焉能使予不遇哉！"
6.《晏子春秋·問上》：景公問晏子曰："忠臣之行何如？"對曰："不掩君過，諫乎前，不華乎外；選賢進能，不私乎内；稱身就位，計能定祿；睹賢不居其上，受祿不過其量；不權居以爲行，不稱位以爲忠；不揜賢以隱長，不刻下以諛上；……"
7.《戰國策·楚策三·蘇子謂楚王》：人臣莫難於無妒而進賢。爲主死易，垂沙之事，死者以千數。爲主辱易，自令尹以下，事王者以千數。至於無妒而進賢，未見一人也。故明主之察其臣也，必知其無妒而進賢也。賢之事其主也，亦必無妒而進賢。夫進賢之難者，賢者用且使己廢，貴且使己賤，故人難之。
8.《楚辭·九嘆·惜賢》：進雄鳩之耿耿兮，讒介介而蔽之。
9.《列女傳·楚莊樊姬》：今虞丘子相楚十餘年，所薦非子弟，則族昆弟，未聞進賢退不肖，是蔽君而塞賢路。知賢不進，是不忠；不知其賢，是不智也。
10.《説苑·臣術》：人臣之術，順從而覆命，無所敢專，義不苟合，位不苟尊；必有益於國，必有補於君；……卑身賤體，夙興夜寐，進賢不解，數稱于往古之德，行事以厲主意，庶幾有益，以安國家社稷宗廟，如此者，忠臣也。

以上"鬲(隔)君臣之間""隔界(介)""隔蔽賢者""鬲塞聰明"等皆可與中山王嚳方壺銘文"進孯(賢)散(措)能，亡(無)又(有)𩏶(隔)息"相參看。《説苑·臣術》"夙興夜寐，進賢不解"亦與銘文"受賃(任)𢓊(佐)邦，夙(夙)夜篚(匪)解(懈)，進孯(賢)散(措)能，亡(無)又(有)𩏶(隔)息"辭例接近，文意相合。

諸家多已指出，銘文中的中山相邦司馬賈就是古書中的三相中山的"司馬喜(或作憙)"。①《韓非子》《史記》《新序》等古書多稱"司馬喜(或作憙)"爲奸臣、妒賢之人：

---

① 參李學勤、李零：《平山三器與中山國史的若干問題》，《考古學報》1979年第2期。又孫剛先生指出，中山相私名"喜"及"憙"所從的"喜"是作爲"壴(鼓)"來用的，"鼓""賈"上古音同屬見母魚部，故可相通(孫剛：《説"喜(鼓)"——兼説"嘉"、"垂"的形體流變》，復旦大學出土文獻與古文字研究中心編：《戰國文字研究的回顧與展望》，中西書局，2017年，第292頁)。其説可供參考。

1. 《韓非子·内儲説下》:權借一:君臣之利異,故人臣莫忠,故臣利立而主利滅。是以奸臣者,召敵兵以内除,舉外事以眩主,苟成其私利,不顧國患。……司馬喜告趙王,吕倉規秦、楚;宋石遺衛君書,白圭教暴譴。

2. 《韓非子·内儲説下》:利異二:似類之事,人主之所以失誅,而大臣之所以成私也。是以門人捐水而夷射誅,濟陽自矯而二人罪,司馬喜殺爰騫而季辛誅,……

3. 《韓非子·内儲説下》:司馬喜,中山君之臣也,而善於趙,嘗以中山之謀微告趙王。

4. 《韓非子·内儲説下》:季辛與爰騫相怨。司馬喜新與季辛惡,因微令人殺爰騫,中山之君以爲季辛也,因誅之。

5. 《史記·魯仲連鄒陽列傳》:故女無美惡,入宫見妒;士無賢不肖,入朝見嫉。昔者司馬喜髕脚于宋,卒相中山;范雎摺脅折齒于魏,卒爲應侯。此二人者,皆信必然之畫,捐朋黨之私,挾孤獨之位,故不能自免於嫉妒之人也(《新序·雜事》、《漢書·鄒陽傳》同)。

《韓非子·内儲説下》謂司馬喜爲"奸臣""成其私之臣",《史記·魯仲連鄒陽列傳》等稱司馬喜"捐朋黨之私,挾孤獨之位""不能自免於嫉妒之人",應是比較公允的評價。這也與銘文"受任佐邦,夙夜匪懈,進賢措能,亡有隔息"銘文構成了莫大的諷刺。從中山王三器銘文來看,司馬賈在成王、王譽、舒盜三世均掌握政權,這與《戰國策·中山策》所説的"司馬熹三相中山"正合。中山王三器銘文以大量筆墨反復誇耀司馬賈如何"忠信""竭志盡忠""不貳其心","知爲人臣之義",並以燕王噲、燕相子之"臣主易位""邦王身死"之事反復勸誡,其實是懾於當時司馬賈人臣之極的權力,又不希望其"爲人臣而反臣其主",不得已而説了違心的話。

綜上所論,中山王譽方壺G字从"車"从"牛","鬲"聲,當是"軛"字。此字增綴"人"旁,可能是爲人爲阻隔、隔塞之"隔"所造的專字。將此字釋讀爲"軛(隔)"不論是從字形還是從文意、與傳世文獻的對讀諸方面來看,都很合適。

郾王職壺銘文及所涉史實、
年代問題補説*

周 波

2000年,周亞先生在《上海博物館集刊》第8期發表了《郾王職壺銘文初釋》一文,公布了上海博物館新近入藏的一件戰國銅壺。此壺高20.4釐米、口徑爲12釐米,腹徑爲19.8釐米,重2公斤。壺的形制作直口長頸,寬肩,腹下部内收,下有圈足;頸、肩、腹分别鑲嵌緑松石及紅銅絲的幾何形紋飾;圈足上有一行刻銘共28字。

郾王職壺銘文涉及戰國晚期燕昭王伐齊這一史事,具有非常重要的研究價值。發表者周亞先生針對郾王職壺的形制及其銘文作了很好的研究和考釋。郾王職壺的資料公布以後,又陸續有學者對郾王職壺銘文進行研究,這其中主要有董珊、陳劍二位先生合撰的《郾王職壺研究》,黃錫全先生的《燕破齊史料的重要發現——燕王職壺銘文的再研究》。二文均多有創獲,特别是前文,其所釋之"戠(討)"、"秡(獲)"等字均確不可移。不過,郾王職壺銘文仍遺留有部分難題,值得進一步的討論。

下面先綜合各家説法,寫出此壺的釋文,然後再補充説明我們的看法。郾王職壺銘文云:

---

* 本文寫作得到2018年度國家社科基金冷門"絶學"和國别史等研究專項"戰國至秦漢時代雜項類銘文的整理與研究"(批准號:2018VJX006)、2018年國家社科基金後期資助項目"張家山漢簡《二年律令》文本整理與相關問題研究"(批准號18FZS029)、2018年度上海市"曙光計畫"項目"戰國銘文分系分國整理與研究"(編號:18SG07)支持及黄德寬先生的批評指正,謹此一併致謝。

唯郾(燕)王職嬜(踐)恖(？—阼)①弄(承)祀,A幾卅(三十),東䟐(討)叟國(國)。爺(令)日壬(壬)午,恵(克)邦隉(殘)城,滅(滅)鄩(齊)之秡(穫—獲)。

這其中"唯郾(燕)王職嬜(踐)恖(？—阼)弄(承)祀,A幾卅"一句的釋讀頗多分歧。

原整理者周亞先生將此處銘文釋爲"唯郾(燕)王職嬜(淺)畐(阼)弄(承)祀氐(厥)幾卅"。其云:

幾,字下人旁加飾女形,這在金文中實例甚多,特別是孔旁下加女形最爲普遍。……《爾雅·釋詁下》:"幾,近也。"《漢書·高帝紀》:"豎儒幾敗迺公事!"顏師古注:"幾,近也。""唯郾(燕)王職嬜(淺)畐(阼)弄(承)祀氐(厥)幾卅",這句話的意思是燕王職登基嗣位將近三十年了。史載燕昭王二十八年伐齊,其時正值燕王職即位將近三十年。②

董珊、陳劍二位先生將此處銘文釋爲"唯郾王職,踐阼承祀,乇幾卅(三十)"。其云:

"乇"字寫法,可以參看中山王鼎"考乇(度)唯型"之"乇"字所從。根據六國文字用字情況和銘文上下文意,"乇"當讀爲"度"。……"乇幾"的"幾",承裘錫圭先生面告,可以讀爲"機"。"度機"就是"審度時機"的意思。從上下文意看,"乇幾卅"位於記述燕王職初即君位與多年後舉兵伐齊這兩個事件之間,把"乇幾"理解爲"審度時機",正起着聯繫上下文意的作用,也是很合適的。③

黃錫全先生將此處銘文釋爲"唯郾(燕)王職,嬜(踐)畐(阼)弄(承)祀,氐(宅—擇)幾(期、機)卅(三十)"。其云:

壺銘第九字作𠂤。其形雖與"氐"有些近似,但不是一字。如是"氐"字,與上下文義不夠協調。周文釋文"唯燕王職淺阼承祀氐幾卅",解釋爲"燕王職登基嗣位將近三十年"。顯然,其中的"氐"就成爲多餘。我們認爲𠂤實爲"氒"即"宅"字,與"氐"形近字別,在此借爲"擇"。古"宅"或"乇"字與"澤"字古音相同。宅、擇同

---

① 此字下方偏旁,周亞先生釋爲"囪"(《說文》"窗"字古文),黃錫全先生釋爲"田",恐均不可信。此偏旁上筆較彎,左部中間有短橫筆,與古文字"心"字寫法有接近之處,疑爲"心"字之變體,則此字或即燕文字常見之"恖"。
② 周亞:《郾王職壺銘文初釋》,《上海博物館集刊》第8期,上海書畫出版社,2000年,第147~148頁。
③ 董珊、陳劍:《郾王職壺研究》,《北京大學中國古文獻研究中心集刊》第3輯,北京大學出版社,2002年,第35~36頁。

屬定母鐸部,可以相通。……所謂"幾"字,在此應讀爲"期"或"機"。"幾"、"期"音義相近。"幾",見母微部。"期",群母之部。聲母同屬牙音。《詩經·楚茨》:"卜爾百福,如幾如式。"毛亨《傳》:"幾,期。式,法也。"鄭玄《箋》:"今予女之百福,其來如有期矣,多少如有法矣。"意指如期祭神。如壺銘"幾"讀爲"機",則指選擇時機。"宅幾卅",即擇期三十或擇機三十。①

湯志彪先生將之改釋爲"唯郾王職,踐阼承祀,宅(庶)幾卅(三十)"。其云:

> 我們認爲《再研究》將"厇"釋爲"宅"字是可信的。在戰國文字中,"乇"字一般作⼊,"乇"字字形與郾王職壺之"厇"字字形顯然是有區別的。……"宅幾卅"在此很可能讀作"庶幾三十"。"宅"字上古音屬定母鐸部,"庶"字上古音屬書母鐸部,兩字聲母同是舌音,韻部疊韻,例可通假。……"庶幾"一語習見於典籍。《爾雅·釋言》:"庶幾,尚也。"《左傳·文公十八年》:"於舜之功,二十之一也,庶幾免於戾乎!"《莊子·庚桑楚》:"庶幾其聖人乎!"《孟子·梁惠王下》:"吾王庶幾無疾病與?"《孟子·梁惠王下》:"王之好樂甚,則齊國其庶幾乎!"朱熹《集注》:"庶幾,近辭也。"《史記·秦始皇本紀》:"寡人以爲善,庶幾息兵戈。"《詩·小雅·頍弁》:"既見君子,庶幾說懌。"高亨《注》:"庶幾,差不多。"《易·繫辭下》:"顏氏之子,其殆庶幾乎?"高亨《注》:"庶幾,近也,古成語,猶今語所謂差不多,贊揚之詞。"唐明邦等《評注》:"庶幾,將近,差不多。"由是觀之,則"庶幾"有"差不多"、"將近"等義。銘文"宅(庶)幾卅"意思是説差不多(將近)三十年了。②

上引論述中周亞先生"阼"字之釋讀,董珊、陳劍二位先生、黃錫全先生"鐸(踐)""卅(三十)"之釋讀皆可信,上引釋文均從之。

郾王職壺 A 字之釋讀頗多分歧。此字原照片、拓本分別作:

從上面的討論來看,共有釋"乇""毛""厇(宅)"三説。

古文字"乇"一般書作⼊。春秋戰國時代,"乇"字又往往在次筆上加圓點或短橫

---

① 黃錫全:《燕破齊史料的重要發現——燕王職壺銘文的再研究》,《古文字研究》第 24 輯,第 249 頁;又氏著:《古文字與古貨幣文集》,文物出版社,2009 年,第 59 頁。
② 湯志彪:《郾王職壺"宅幾卅"考》,《考古與文物》2005 年增刊,第 141~144 頁。

作爲飾筆;首筆變得較爲圓轉,起始處及末尾皆向兩端彎曲。如䍐羌鐘(《集成》00161)"氒"字作✦,清華簡《保訓》簡5"氒"字作✦,皆是其例。戰國文字"氒"字首筆末尾向右內收,則與"氏"字類同。如晋璽(《珍戰》179)"氏"作✦,清華簡《繫年》簡2"氒"字作✦,簡14"氏"字作✦,從字形上看二字並無分別,可見已經完全混同了。上引"氒"字首筆均斜書,且收筆時皆向右部收斂,這與A寫法明顯不同。將A釋爲"氒",銘文文意也不甚契合。周先生謂"厥幾三十"爲"將近三十年",燕昭王二十八年伐齊,"其時正值燕王職即位將近三十年"。依周先生說,"厥"應該指代的是年,不過上文"唯郾王職,踐阼承祀"乃燕王自述其登基嗣位之事,並未出現年。或以爲此乃以大事表年,但燕國銘文中未見此類表述。綜上所論,A恐非"氒"字。

　　中山王鼎讀爲"度"之字拓本作✦,舊多隸定作"乇"。此字除掉"厂"旁的部分B作✦,這一寫法與上舉A字極爲接近。又中山侯鉞有C字,學者多認爲與A、B爲一字。中山侯鉞云:"天子建邦,中山侯忻,乍兹軍鉞,以敬(儆)C衆。"C字寫作✦,舊多釋爲"氒(厥)"。董珊先生將之改釋爲"乇",認爲字形寫法與上引中山王鼎"乇"所從之"乇"相合。其云:"'乇衆'當讀爲'徒衆'。古音'徒'、'乇'聲母都是透母,韻部爲魚、鐸二部陰入對轉,例可相通。……鉞銘'徒衆'當泛指軍隊,詞見《穀梁傳》隱公元年'何以不言殺? 見段之有徒衆也',又《說苑·指武》'管仲、隰朋以卒徒造於門。桓公曰:徒衆何以爲?'均是其用例。"①將C讀爲"徒"不論是從文意還是古書用例來看,都很合適,應可信。不過,我們認爲A、B、C都應釋爲"乇"。

　　戰國文字"乇"一般作折筆,中間或加點畫或作橫筆。如三晋貨幣"乇"(《古幣文編》20)或作✦,郭店簡《緇衣》簡30"託"所從"乇"旁作✦,清華簡《良臣》簡3"适"所從"乇"旁作✦,齊陶文"适"(《陶彙》3.337.3)所從"乇"旁作✦,均是其例。戰國文字"乇"又書作✦、✦。包山木牘1"鈬"所從"乇"旁作✦,包山文書簡227"紙"所從"乇"旁作✦,屬前一類寫法。《汗簡》古文"乇"作✦,"宅"作✦,寫法同此。這類形體應當就是小篆"㫳"字上部所從✦之來源。在三晋、燕文字中"乇"常寫作上舉後一類寫法。如燕璽"适"(《璽彙》4135)所從"乇"旁即寫作✦,上部折作✦形。燕器左軍戈(《集成》11402):"左軍旂(旗—其)𢓜(徒)僕、大夫敃(披)旂(旗—其)卒、公孳里脽(臀)旂(旗—其)□□、巨枞里瘋旂(旗—其)𢓜(徒)戈。""𢓜"字多見於燕兵器銘文,常用於自銘"戈""鈬"等字之前。此字舊有多種釋法。董珊先生指出,燕兵器所見"𢓜僕"應讀爲"徒

---

① 董珊:《中山國題銘拾遺(三則)》,《北京大學中國古文獻研究中心集刊》第4輯,北京大學出版社,2004年,第345~346頁。

僕","攸戈"應讀爲"徒戈"。① 聯繫文例、字形來看，其說當可信。從字形來看，燕兵器銘文"攸"所從"乇"旁多作 ![字形], 、 ![字形]，正與燕鉩"适"所從"乇"旁寫法一致。中山侯鉞 C 字作 ![字形]，除掉外廓後的部分與燕文字"乇"構形一致，故 C 字釋爲"厇(宅)"更爲合適。

戰國文字"厇(宅)"一般書作 ![字形]。如七年宅陽令矛(《集成》11546)"厇"作 ![字形]，郭店《老子乙》簡 8 作 ![字形]。或在"厂"旁上部加一橫飾筆，中部作折筆，如望山一號墓簡 113"厇"作 ![字形]。中山王鼎此字應分析爲从"厂""乇"聲。此字聲符(即除掉"厂"旁的部分)所從"厂"旁總體來說筆勢較平直，中間曲筆首端外折且向右撇出，這些特徵都與"乇"字一般寫法相合。郾王職壺 A 字、中山王鼎 B 字、中山侯鉞 C 字所從"厂"旁起筆處稍外撇，這可能屬文字形體的美術化，是燕文字、中山文字地域特徵的反映。

戰國文字"厇"常加綴"宀"旁。如曾姬壺"厇"字作 ![字形]、楚鉩"厇"字作 ![字形]，在"厇"字上又加綴"宀"旁。② 上博簡《三德》簡 6 兩"厇"字分別作 ![字形]、![字形]，可看作在"厇"字上又加綴"宀"旁或"广"旁。③ 古文字"厂""广""宀"作爲形符常通用，戰國文字"宅"書作"厇""庑""宅"均很常見。與上舉現象相平行，上舉中山王鼎字形有可能是在"厇"字上又加綴"厂"旁，此形可視爲"宅"字之繁體。A 字既與中山王鼎所從"厇"構形相合，也應改釋爲"厇(宅)"。

我們曾指出，燕文字、三晋文字(包括中山文字)不論是在字形還是用字上均有不少相通之處，而與其他三系文字不同。④ 上舉"乇""厇(宅)"就是很好的例證。

從上面的討論來看，將 A 字釋爲"厇(宅)"應可信。不過，以上不論是將銘文讀爲"擇期(或機)三十"，還是"度機三十"，恐均不合適。湯志彪先生已經對上述說法提出了批評。他說："將宅幾讀作度機，解釋爲審度時機與漢語語法不符。度機(審度時機)一詞一般只用於對將來的事情進行謀劃，很少用於對過去的事情的敘述。從本壺全銘語氣可以推知，燕王職顯然是在用一種回憶式的口吻在說話，意在追憶過去的事情。因此，無論將乇幾釋作度機(審度時機)，還是擇期、擇機都不妥當。而且，像度機、擇機和擇期等詞彙先秦、秦漢典籍未見。"其說是有道理的。

湯先生將此處銘文釋爲"宅(庶)幾三十"，恐亦非確釋。"庶幾"多用爲副詞，爲冀幸

---

① 釋文及考釋均參董珊：《戰國題銘與工官制度》，北京大學博士學位論文(指導教師：李零教授)，2002 年，第 102～103 頁。
② 《楚文字編》將兩字隸定作"庑"。參李守奎：《楚文字編》，華東師範大學出版社，2003 年，第 450 頁。
③ 《上海博物館館藏戰國楚竹書(一——五)文字編》將兩字隸定作"庑"。參李守奎、曲冰、孫偉龍：《上海博物館館藏戰國楚竹書(一——五)文字編》，第 364 頁。
④ 拙著：《戰國時代各系文字間的用字差異現象研究》，綫裝書局，2012 年，第 23 頁注 1。

之辭,表示希望和可能。上所引諸例中的"庶幾"皆訓爲冀也,幸也,用作語辭。"庶幾"又或作"庶""幾"。《詩·兔爰》"尚寐無吪"下《正義》云:"《釋言》云:'庶幾,尚也。'是尚得爲庶幾也。《易》云:'庶,幸也。幾,覬也。'是庶幾者幸覬之意也。"這和一般意義上的"將近""差不多"仍有差别。從"庶幾"的辭義及詞性上來看,其後應不能接數詞"三十"。從用字上來看,古文字亦用"庶"字,與傳世文獻一致。如中山王鼎:"烏呼,慎哉! 社稷其庶乎,厥業在祇。"由此來看,將"A 幾"釋爲"宅(庶)幾"也是有問題的。

我們認爲,郾王職壺"厇(宅)幾卅"當讀爲"度幾三十"。度,謀也,計也,即圖謀,謀劃。《國語·晋語四》:"及其即位也,詢於八虞而諮於二虢,度於閎夭而謀於南宫,諏於蔡原而訪於辛尹,重之以周邵畢榮,億寧百神,而柔和萬民。"韋昭注:"度,亦謀也。"古書又有"度計"。《韓非子·八奸》:"大臣廷吏,人主之所與度計也。"《戰國策·魏策三》:"(惠施言於魏王)今王所以告臣者,疏於度而遠於計。""度"和"計"爲同義對文。

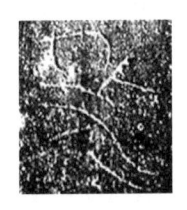

燕王職謀劃之事,從下文"東戡(討)叟國(國)"來看,正是伐齊以雪恥。

"戡"下一字原照片作:

周先生摹本作 。此字周先生存疑待考。董珊、陳劍二位先生認爲此字當是"國"字修飾語,從古書中講到戰國時代敵對國家時的用語看,表示的詞很可能是"仇(或讎)"。吴鎮烽先生將之釋爲"叟(貫)"。① 孫剛、李瑶二位先生將之釋爲"叟",認爲與春秋時期齊國叔夷鐘(《集成》276.1)的 (散)爲一字異體,銘文中讀爲"患";又引馬王堆帛書《戰國縱橫家書》"燕齊之惡也久矣。……齊必爲燕大患""伐齊,足以刷先王之恥,……勢無齊患"爲證,認爲"患國"即是憂患之國,銘文中指燕所患之齊國。②

按此字左上部分照片如下:

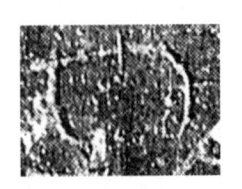

---

① 吴鎮烽:《商周青銅器銘文暨圖像集成》第 22 册,上海古籍出版社,2012 年,第 327 頁。
② 孫剛、李瑶:《讀金文札記三則》,《古文字研究》第 30 輯,中華書局,2014 年,第 263~264 頁。

從照片細部來看,上下豎筆部分及左右橫筆部分皆對應整齊,筆畫流暢,似本作上下一豎筆、左右一橫筆刻寫,唯刻寫時較爲草率,下筆有深淺,故看上去兩筆中間似有斷裂而已。據原照片,這一寫法與上引叔弓鐘"散"所從"毌(貫)"旁正相合。《説文》:"毌,穿物持之也。从一橫貫,象寶貨之形。"古文字"毌(貫)"本像串二貝之形。① 春秋晉姜鼎"毌(貫)"作ᚱ,仍保留較爲象形的寫法,其中筆貫穿上下,則與郾王職壺上引字形一致。從上列字形來看,將郾王職壺"戠"下一字左上部分釋爲"毌(貫)",將整字看作叔弓鐘"散"之異體,是很有道理的。我們認爲綜合字形寫法、銘文文義及下文要提到的相關文獻來看,將此字釋爲"叏(散)",讀爲"患"各方面皆有憑據,應可信從。

《戰國策》、馬王堆帛書《戰國縱横家書》、《史記》等古書記載燕國爲伐齊,經歷了長時間的謀劃和準備:

    1.《戰國策·燕策一》"燕昭王收破燕後即位章":燕昭王收破燕後即位,卑身厚幣,以招賢者,欲將以報讎。故往見郭隗先生曰:"齊因孤國之亂,而襲破燕。孤極知燕小力少,不足以報。然得賢士與共國,以雪先王之恥,孤之願也。敢問以國報讎者奈何?"……於是昭王爲隗築宫而師之。樂毅自魏往,鄒衍自齊往,劇辛自趙往,士争湊燕。燕王弔死問生,與百姓同其甘苦。二十八年,燕國殷富,士卒樂佚輕戰。於是遂以樂毅爲上將軍,與秦、楚、三晉合謀以伐齊。

    2.《戰國策·燕策一》"蘇代謂燕昭王曰章":對曰:"今王有東向伐齊之心,而愚臣知之。"王曰:"子何以知之?"對曰:"矜戟砥劍,登丘東向而歎,是以愚臣知之。今夫烏獲舉千鈞之重,行年八十而求扶持。故齊雖强國也,西勞於宋,南罷於楚,則齊軍可敗而河間可取。"……

    3.《戰國策·燕策二》"客謂燕王章":客謂燕王曰:"齊南破楚,西屈秦,用韓、魏之兵,燕、趙之衆,猶鞭箠也。使齊北面伐燕,即雖五燕不能當。王何不陰出使,散遊士,頓齊兵,弊其衆,使世世無患。"燕王曰:"假寡人五年,寡人得其志矣!"蘇子曰:"請假王十年。"燕王説,奉蘇子車五十乘,南使於齊。……遂興兵伐宋,三覆宋,宋遂舉。燕王聞之,絶交於齊,率天下之兵以伐齊,大戰一,小戰再,頓齊國,成其名。

    4.馬王堆帛書《戰國縱横家書·蘇秦自齊獻書於燕王》:·自齊獻(獻)書於燕王曰:燕齊之惡也久矣。臣處於燕齊之交,固知必將不信。臣之計曰:齊必爲

---

① 參季旭昇:《説文新證》,福建人民出版社,2010年,第575~576頁。

燕大患。臣循用於齊，大者可以使齊毋謀燕，次可以惡齊、勻（趙）之交，以便王之大事，是王之所與臣期也。臣受教任齊交五年，齊兵數出，未嘗謀燕。齊、勻（趙）之交，壹美壹惡，壹合壹離，燕非與齊謀勻（趙），則與趙謀齊=（齊。齊）之信燕也，虛北地而【行】其甲。王信田代〈伐〉、繰去【疾】之言功（攻）齊，使齊大戒而不信燕，……臣與於遇，約功（攻）秦去帝。雖費，毋齊、趙之患，除群臣之聰（恥）。

5. 馬王堆帛書《戰國縱橫家書·謂起賈章》：·冑（謂）起賈曰：私心以公爲=（爲爲）天下伐齊，共約而不同慮。……且使燕盡陽地，以河爲竟（境），燕齊毋餘難矣。以燕王之賢，伐齊，足以佩（刷）先王之餌（恥），利擅河山之閒（間），執（勢）无（無）齊患，交以趙爲死友，地不兵〈與〉秦攘（壤）介（界），燕畢□□之事，難聽尊矣。

6.《史記·樂毅列傳》：諸侯皆欲背秦而服於齊。湣王自矜，百姓弗堪。於是燕昭王問伐齊之事。樂毅對曰："齊，霸國之餘業也，地大人衆，未易獨攻也。王必欲伐之，莫如與趙及楚、魏。"於是使樂毅約趙惠文王，別使連楚、魏，令趙嚙説秦以伐齊之利。諸侯害齊湣王之驕暴，皆争合從與燕伐齊。樂毅還報，燕昭王悉起兵，使樂毅爲上將軍，趙惠文王以相印授樂毅，樂毅於是並護趙、楚、韓、魏、燕之兵以伐齊，破之濟西。諸侯兵罷歸，而燕軍樂毅獨追，至於臨淄。

從上引文獻來看，燕昭王自初即位就開始謀劃伐齊之事，直至燕昭王二十八年興兵敗齊，其間準備籌畫歷經數十年，這與銘文所述正合。

"幾"當從周亞先生如字讀，訓爲近也。"幾+數詞+年"常見於古書，指將近多少年。如《左傳》襄公二十八年："楚不幾十年，未能恤諸侯也。"《韓詩外傳》卷五："比幾三年，累有越嘗氏重九譯而至，獻白雉於周公。"《新書·無蓄》："漢之爲漢幾四十歲矣，公私之積，猶可哀痛也。"《新序·善謀》："高帝被堅執鋭，以除天下之害，蒙矢石，沾風雨，行幾十年，伏尸滿澤，積首若山，死者什七，存者什三，行者垂泣而倪於兵。"《史記·酷吏傳》："數廢數起，爲御史及中丞者幾二十歲。"《漢書·韓安國傳》："且高帝身被堅執鋭，蒙霧露，沐霜雪，行幾十年。"《後漢書·祭肜傳》："十二年，徵爲太僕。肜在遼東幾三十年。"《後漢書·孫琬傳》："琬被廢棄幾二十年。"

郾王職壺銘文用"幾"字表明"三十年"爲約數。"度幾三十"是指燕王職自從登基嗣位以來，即處心積慮地謀劃，至伐齊復仇成功，經歷了將近三十年的時間。

下面就從相關史實和年代這兩方面再補充談談我們的看法。

關於燕王職"踐阼承祀"之年，學者們亦多有討論，目前主要有公元前311年、公元前314年兩説。

原整理者周亞先生以爲壺銘"踐阼承祀"之年即燕昭王元年，即公元前311年。

其云：

> 燕昭王伐齊這一戰國時期重大事件，在文獻中主要記載於《戰國策》和《史記》。兩書的內容大同小異，主要有："二十八年，燕國殷富，士卒樂軼輕戰。於是遂以樂毅爲上將軍，與秦、楚、三晉合謀以伐齊。齊兵敗，湣王出亡於外。燕兵獨追北，入至臨菑，盡取齊寶，燒其宮室宗廟。""昌國君樂毅爲燕昭王合五國之兵而攻齊，下七十餘城，盡郡縣之以屬燕。"……郾王職壺銘文不僅記載了燕王職即位將近三十年時東征齊國，與文獻所記燕昭王二十八年時伐齊完全吻合，而且銘文中"克邦隳城"的記載，也與史載燕伐齊時"下七十餘城，盡郡縣之以屬燕"；"入至臨菑，盡取齊寶，燒其宮室宗廟"相符合。①

董珊、陳劍二位先生則認爲壺銘"踐阼承祀"之年爲公元前 314 年。其云：

> 我們同意讀"幾"爲"機"，就不能如周文那樣將"三十"理解爲約數，與"二十八年"之間似乎存在矛盾。這裏頭是有原因的。據李學勤、祝敏申先生考定，齊趁燕國內亂伐燕是在公元前 315 年；檢《史記・趙世家》，同年（趙武靈王十一年）趙召燕公子職於韓，使樂池送之入燕，是爲燕昭王。又《六國年表》趙武靈王十二年（公元前 314 年）下司馬駰《集解》引徐廣曰："《紀年》云：立燕公子職。"也就是說，前舉《燕召公世家》和《六國年表》所記燕昭王之元年爲公元前 311 年，實際上並非其始立之年。根據徐廣所引《紀年》之說，燕公子職在公元前 314 年已被立爲燕王。壺銘之"踐阼承祀"，當即就此而言。而此年去伐齊之年（公元前 284 年），剛好是三十年。猜想當時燕國動蕩未靖，可能又過了兩年時間昭王才被國人廣泛擁立，所以燕昭王元年也許仍然如《燕召公世家》和《六國年表》所記，是從公元前 311 年開始計算的。"度機三十"也只是說燕昭王審度伐齊的時機，自踐阼登基開始計算，至舉兵伐齊之年，前後共用了整整三十年的時間。這跟燕昭王元年從哪一年開始計算是兩個不同的問題，并不互相矛盾。②

即認爲"踐阼承祀"之年爲趙國遥立燕公子職之年，意圖彌合燕昭王二十八年（公元前 284 年）伐齊與銘文"度機三十"之間的矛盾。

黃錫全先生認爲，史書所載燕伐齊之年與壺銘"擇期三十"不合。其云：

> 據史書記載，燕軍伐齊是在燕昭王二十八年，本銘是"擇期三十"，其中的差

---

① 周亞：《郾王職壺銘文初釋》，《上海博物館集刊》第 8 期，第 149 頁。
② 董珊、陳劍：《郾王職壺研究》，《北京大學中國古文獻研究中心集刊》第 3 輯，第 36～37 頁。

距與燕王職即位前後的歷史背景及史書所記出現矛盾有關。趙從韓召回燕公子職立爲燕王,至回燕國正式即位,中間相距二年。①

湯志彪先生認爲壺銘"踐阼承祀"之年即燕昭王元年。其云:

> 其真實的年代是在公元前311年,即"燕昭王元年"。這有以下兩方面的原因:第一,"踐阼承祀"之"踐阼"之字面意思是指走上阼階主位。……引申之又可指新君即位或登基,或作"踐祚"、"踐胙"。……而關於新君即位,古代有一套完整的禮制,是一種十分嚴肅規範的活動,更與改元的關係十分密切,這方面楊寬先生曾有專門的論述,他指出:春秋時代"每當君主去世,新君繼承,雖於初喪中作爲嗣子即位,必須待明年元旦朝正的時候,在宗廟舉行改元即位之禮……至於改元即位之禮,戰國時代依然在新君繼承之後的明年歲首舉行。依然要到宗廟行廟見之禮,然後再臨朝見大臣"。可見,"燕昭王元年"既在公元前311年,則燕昭王之正式"踐阼(即位)"亦只能是在公元前311年。除改元之外,"踐祚"與"攝政"的關係亦十分密切。……而據前引史料,趙武靈王於公元前314年只是遥立公子職爲燕王,至於其是否已經攝政,則未明確交待。换句話說,如果公子職既於公元前314年已經攝政,國人何必再次擁立呢?反過來理解,也只能是公子職於公元前314年並未正式即位,而是直到公元前312年,因贏得了國人的認可和擁戴,所以才以"嗣君"的身份即位,到公元前311年,才正式行改元即位之禮——踐阼。第二,春秋之際有"一年不二君"之禮。……而據前引《六國年表》所記,公元前314年,燕"君及太子相子之皆死",因此公子職於先君去世之年即行踐阼之禮即位,與當時禮制不合。②

燕王職"踐阼承祀"之年究竟在哪一年,這一問題與壺銘"A幾卅(三十)"的釋讀直接關聯,不能不辨之。我們也想在諸家説法的基礎之上補充談談自己對於趙立公子職爲王之年、燕王職"踐阼承祀"之年等問題。

史籍關於趙立公子職爲王之年舊有趙武靈王十一年(公元前315年)、趙武靈王十二年(公元前314年)兩説。《史記·趙世家》:"(趙武靈王)十一年,王召公子職於韓,立以爲燕王,使樂池送之。"《史記·六國年表》趙武靈王十二年欄《集解》云:"徐廣曰:'《紀年》云:立燕公子職。'"則《竹書紀年》記載立公子職爲王在趙武靈王十二年。

---

① 黄錫全:《燕破齊史料的重要發現——燕王職壺銘文的再研究》,《古文字研究》第24輯,中華書局,2002年,第249頁;又氏著:《古文字與古貨幣文集》,文物出版社,2009年,第61頁。
② 湯志彪:《郾王職壺"宅幾卅"考》,《考古與文物》2005年增刊,第142~143頁。

梁玉繩《史記志疑》於上引《史記·趙世家》文字下云："事在十二年，説見《表》。"陳夢家《六國紀年》亦云《趙世家》"十一年"之十一"應作二，今本誤"。①

《史記·六國年表》記事與《史記》他處記載相比較每每有差一年的情況。《趙世家》中這種情況就特別明顯。藤田勝久先生曾指出："《六國年表》和《趙世家》的記事有時候年代不同。其一是滅中山國的記事，《趙世家》將此事列在惠文王三年，六國趙表列在四年。其二是華陽之戰的記事，《趙世家》列在惠文王二十五年，六國秦表和《編年記》都列於下一年。其三是閼與之戰的記事，《趙世家》列在惠文王二十九年，六國趙表列在二十九、三十年，而三十年的記載與《編年記》的記述一致。因此，從這些例子來看，《趙世家》的記事要早一年，與《六國年表》的記事有一年的誤差。……在《趙世家》中，我們還可以找到與《六國年表》等其他資料年代不同的記事。不過這些記事的誤差都在一年之内，有很多場合《趙世家》的記事在前一年，其他資料的記事在後一年。"他還列舉了秦王稱帝號的記事、秦國攻打邯鄲的記事等爲例，指出："在有月份記載的場合，《趙世家》和《秦本紀》的誤差都發生在十月到十二月間的記事中，這是涉及到趙國曆法的重要特徵。……如果戰國趙國的歲首與秦曆不同，那麼這些年代的差異不是由於編年的錯誤或錯寫發生的，有可能是由於曆法的不同導致的。"②

從《史記·趙世家》與《史記·六國年表》紀年多相差一年的情況來看，陳夢家等人所謂字誤之説，恐不可信。藤田勝久先生謂這種差異可能源於趙、秦曆法歲首不同，從所舉例子來看，是頗有可能的。

我們認爲，趙國於武靈王十一年或者武靈王十二年"召公子職於韓，立以爲燕王"是皆有可能的。《史記·趙世家》謂立公子職爲王一事在趙武靈王十一年，亦有其根據，不能輕易否定。

楊寬先生云："《六國表》於趙武靈王十二年有《集解》引徐廣曰：'《紀年》云立燕公子職'，則又遲《趙世家》一年，蓋武靈王召公子職立以爲燕王在是年，使樂池護送公子職入燕在次年，必欲與合縱伐齊存燕之行動相配合也。"③張震澤《燕王職戈考釋》、董珊、陳劍《郾王職壺研究》則認爲"召"和"送"可能横跨兩年，《史記·趙世家》《竹書紀年》不過各就一端而記之。④ 按從陳璋方壺、陳璋圓壺銘文"唯王五年""孟冬戊辰"來

---

① 陳夢家：《西周年代考·六國紀年》，中華書局，2005年，第152頁。
② 藤田勝久著，曹峰、廣瀬薰雄譯：《〈史記〉戰國史料研究》，上海古籍出版社，2008年，第284～286頁。
③ 楊寬：《戰國史料編年輯證》，第552頁。
④ 張震澤：《燕王職戈考釋》，《考古》1973年第4期；董珊、陳劍：《郾王職壺研究》，《北京大學中國古文獻研究中心集刊》第3輯，第37頁注1。

看,齊趁燕國內亂而伐燕的年代當在齊宣王五年年末(公元前315年年末)。李學勤、祝敏申《盱眙壺銘和齊破燕的年代》一文云:"壺銘表明,齊宣王五年孟冬戊辰,戰事已告段落,率軍進駐燕都的章子(即陳璋)向王廷獻納所俘獲的器物。文獻記載這次戰役進展迅速,只用了五十天,或説三十天,則戰事之起在仲秋或季秋之月。如果齊國的孟冬和《月令》一致,其月相當於周十二月,查曆表,月朔係癸丑,戊辰是十六日,離周赧王元年元旦僅十四天。等到齊軍占領燕國各地,應該就到赧王元年了。《六國年表》記其事於赧王元年,或許即因此故。這個想法假如是對的,《年表》的記載也不算大錯。"①陳璋方壺、圓壺分別云齊宣王五年"孟冬戊辰,大臧(將)□孔(?)陳璋内(入)伐匽(燕)""孟冬戊辰,齊臧(將)錢孔(?)陳璋内(入)伐匽(燕)"。《戰國策·燕策一》云:"(齊宣)王因令章子將五都之兵以北狄之衆以伐燕,士卒不戰,城門不閉,燕王噲死,齊大勝燕,子之亡。"齊伐燕後王噲死,子之亡。趙武靈王之所以要召公子職於韓而謀送入燕,是因爲齊破燕後,太子平、燕君噲及子之皆死,趙武靈王乃欲以公子職維持燕王之正統,從而平定燕之内亂。從因果關係來看,太子平、燕君噲及子之皆死在前,趙武靈王召公子職於韓,立以爲燕王在後。《史記·燕召公世家》"子之亡"下《集解》云:"徐廣曰:'《年表》云君噲及太子、相子之皆死。'駰案:《汲冢紀年》曰:'齊人禽子之而醢其身也。'"從上面的討論來看,"齊人禽子之而醢其身"之年在公元前315年、公元前314年是均有可能的。

總之,考慮到諸侯國之間可能存在着曆法上的差異,齊破燕、"君噲及太子、相子之皆死"又有可能晚到公元前314年,我們認爲趙立公子職爲王之年在趙武靈王十一年(公元前315年)、趙武靈王十二年(公元前314年)兩説似皆有可能,不可偏廢。值得注意的是,這兩個紀年去燕昭王伐齊之年(公元前284年)分别爲三十二年和三十一年,此與諸家所釋的"擇期(或機)三十""度機三十"之"三十年"均不相符。由此也可知上述兩説將"三十年"看成整數,與傳世文獻相關記載不符,恐怕是有問題的。

《史記·燕召公世家》"使樂池送之"下《集解》云:"當是趙聞燕亂,遥立職爲燕王,雖使樂池送之,竟不能就。"陳夢家《六國紀年》謂:"是年(引者按:周赧王三年),諸侯救燕,《史記》、《戰國策》記其事:……《趙策》:'齊破燕,趙欲存之,樂毅謂趙王曰……。乃以河東易齊,楚、魏憎之,令悼滑、惠施之趙,請伐齊而存燕。'《魏策》:'楚許魏六城,與之伐齊而存燕,張儀欲敗之。'趙、魏二策所記,似皆救燕之計而未必見諸實行者。據《史記》,周赧王三年,秦、魏伐齊救燕,樂池兵送公子職自韓至燕,當在此時。疑樂池於此時尚仕於秦也。……至周赧王三年,樂池以兵送昭王入

---

① 李學勤、祝敏申:《盱眙壺銘和齊破燕的年代》,《文物春秋》1989年創刊號,第13~17頁。

燕,疑秦王使之也。"①他將"樂池送之"一事置於周赧王三年(公元前312年),不一定可靠;認爲趙武靈王十一年或十二年公子職未能入燕,從當時齊占領燕國這一形勢來看則很可能是對的。綜合上面的討論,我們認爲郾王職"踐阼承祀"之年恐非趙立公子職爲王之年。

齊宣王五年伐燕,其後兩年則爲齊有燕之年,一直到齊宣王八年(公元前312年),諸侯之師伐齊而存燕,齊軍乃去。《史記·燕召公世家》:"(子之亡)二年而燕人共立太子平,是爲燕昭王。"《集解》:"徐廣曰:'噲立七年而死,其九年燕人共立太子平。'"梁玉繩《史記志疑》於《史記·六國年表》燕王噲七年欄下云:"竊意職爲王時在噲死之後,昭王未立之先。職立二年卒,始立昭王。而昭王並非太子,太子已同君噲及相子之死於齊難矣。……"前人早就指出,昭王即公子職。如雷學淇《竹書紀年義證》:"昭王乃公子職,《年表》及《趙世家》舊說與《紀年》本合。……《燕策》立太子平句,本是立公子職之誤,《燕世家》又承其譌也。"②其說得到出土郾王職兵器及郾王職壺銘文的印證。因此,上引《史記·燕召公世家》《史記·六國年表》中"太子平"或"公子平"應改爲"公子職"。《六國年表》燕王噲九年欄云:"燕人共立公子平〈職〉。"陳夢家《六國紀年》謂:"周赧王二年,此時燕王噲已卒。《史記·六國表》於周赧王二年、三年仍書噲八年、九年,非也。……按破燕在周赧王元年冬,故二年、三年實爲齊有燕之年。周赧王三年,諸侯師伐齊救燕。"③按《戰國策·燕策一》《史記·燕召公世家》均有"子之三年"。董珊先生據之指出:"燕王噲讓位於子之以後,當時燕國可能曾經改元而有燕君子之紀年,不過是正史已經把燕君子之的紀年合併入燕王噲紀年當中,略之不載而已。"④其說頗有道理。中山王方壺云"郾(燕)𠂤(故)君子噲(噲),新君子之",以噲爲燕故君,子之爲燕新君,可資比照。從上述材料來看,其時燕國沿用燕王噲紀年或燕君子之紀年似皆有可能。據《戰國策·燕策一》《史記·燕召公世家》、《史記·六國年表》,燕君子之亡後二年,燕人乃立公子職。則是年公子職已經在諸侯之師的護送下返回燕國。其後一年即燕昭王元年(公元前311年),公子職行改元即位

---

① 陳夢家:《西周年代考·六國紀年》,第153頁。李學勤、李零先生有類似觀點。參李學勤、李零:《平山三器與中山國史的若干問題》,《考古學報》1979年第2期。
② 梁玉繩於《趙世家》"十一年,王召公子職於韓,立以爲燕王,使樂池送之"下自注云:"孫侍御疑昭王即公子職。"唐蘭亦引郾王職兵器指出燕王職即燕昭王[參郭沫若:《金文餘釋之餘》,(日)文求堂,1932年,第212頁]。
③ 陳夢家:《西周年代考·六國紀年》,第153頁。
④ 董珊:《戰國題銘與工官制度》,第103頁。

之禮,正式"踐阼承祀"。①

燕昭王伐齊之年代,除上引《戰國策·燕策一》《史記·燕召公世家》謂是燕昭王二十八年之外,還見於《史記·六國年表》《新序》等。《史記·六國年表》燕昭王二十八年欄:"與秦、三晉擊齊,燕獨入至臨菑,取其寶器。"《新序·雜事第三》:"燕王弔死問孤,與百姓同甘苦者二十八年,燕國殷富,士卒樂軼輕戰。於是遂以樂毅爲上將軍,與秦楚三晉合謀以伐齊。"又《史記·秦本紀》:"(秦昭王)二十三年,尉斯離與三晉、燕伐齊,破之濟西。王與魏王會宜陽,與韓王會新城。"《史記·趙世家》:"(趙惠文王)十五年,燕昭王來見。趙與韓、魏、秦共擊齊,齊王敗走。燕獨深入,取臨菑。"《史記·魏世家》:"(魏昭王)十二年,與秦、趙、韓、燕共伐齊,敗之濟西,湣王出亡。燕獨入臨菑。與秦王會西周。"《史記·韓世家》:"(韓釐王)十二年,與秦昭王會西周,而佐秦攻齊,齊敗,湣王出亡。"《史記·楚世家》:"(楚頃襄王)十五年,楚王與秦、三晉、燕共伐齊,取淮北。"秦昭王二十三年、趙惠文王十五年、魏昭王十二年、韓釐王十二年、楚頃襄王十五年即燕昭王二十八年(公元前 284 年)。我們將"A 幾卅(三十)"讀爲"厇(宅—度)幾卅(三十)",認爲指燕王職謀劃伐齊復仇一事將近三十年,這一理解與《史記》《戰國策》《新序》等記載燕昭王二十八年伐齊這一史事正合。

總之,綜合文字字形及辭例、出土及傳世文獻中的相關史實及年代,我們認爲將郾王職壺銘文"A 幾卅(三十)"讀爲"厇(宅—度)幾卅(三十)"是頗爲合適的。

---

① 參陳夢家:《西周年代考·六國紀年》,第 153 頁;楊寬:《戰國史》,上海人民出版社,1956 年,第 261 頁。

清華簡《邦家之政》零釋

陳 偉

《邦家之政》是《清華大學藏戰國竹簡》第八輯中的一篇。① 刊布後,已有一些討論。拜讀整理者的成果和後續研究者的論述,有幾條不成熟的意見。謹整理如次,以就正於方家。

一

4號簡原釋文"其立(位)受(授)能而不埜(外)",原注釋:埜,即"外",疏遠。《戰國策·趙策二》"是以外賓客游談之士",鮑注:"外,疏之也。"②作爲該篇竹書整理負責人,李均明先生進一步寫道:簡文是説任用有才能的人而不嫌棄他。③

王寧先生則認爲:埜讀"外"不通。"外"疑是"閈"字之省寫,故此字當分析爲从止閈省聲,讀若"閈",《爾雅·釋詁》訓"代","授能而不閈"即"受能而不代",謂授予賢能而不是傳位代立。④

今按:楚簡中"外"或可讀爲"閈"。如郭店簡《老子甲》23號簡"天地之外"、包山簡220號簡"庚辛有外"。埜讀爲"閈"當無障礙。王先生認爲讀"外"不通,讀爲"閈"

---

① 李學勤主編:《清華大學藏戰國竹簡(捌)》,中西書局,2018年,第6(原大圖版)、49~58(放大圖版)、121~126(釋文注釋)頁。
② 石小力:《清華簡第八輯字詞補釋》(清華大學出土文獻研究與保護中心網站2018年11月17日)對整理者解讀有進一步補充,可參看。
③ 李均明:《清華簡〈邦家之政〉的爲政觀》,《清華大學學報(哲學社會科學版)》2018年第6期。下文引述李均明先生意見,皆出此文。
④ 簡帛網簡帛論壇"清華八《邦家之政》初讀"2018年11月27日第45層王寧發言,http://www.bsm.org.cn/bbs/read.php?tid=4376&page=5。

而訓爲"代",大概是把這處"而"看作表示轉折關係的連詞。其實,整理者的解釋應該是認爲"而"表示遞進關係。在這個意義上,似無"不通"。

不過,如果大體按整理者的思路,把垈讀爲"閒"也可得到合理解釋。《左傳》哀公二十七年:"故君臣多閒。"杜注:"閒,隙也。"不閒,即在任用能者後不與之發生嫌隙、隔閡。

二

4號簡原釋文"其型(刑)塆(易)",原注釋:塆,讀爲"易"。《荀子·富國》"則其道易",楊注:"平易可行。"《大戴禮記·子張問入官》:"善政行易則民不怨。"李均明先生寫道:簡文乃指法律之易知可行。

蕭旭先生認爲:《荀子》"道"是道路之道,引之不當。此簡"易"當訓簡易不繁雜。《管子·禁藏》:"以有刑至無刑者,其法易而民全;以無刑至有刑者,其刑煩而奸多。""易"與"煩"對文,正謂簡易。其刑易,言其刑法簡易而不苛。《御覽》卷635引《尚書大傳》:"孔子曰:'古之刑者省之,今之刑者繁之。其教,古者有禮,然後有刑,是以刑省也。今也反是,無禮而齊之以刑,是以繁也。"《管子·八觀》:"是故明君在上位,刑省罰寡。""刑易"即"刑省"也。①

王寧先生認爲:根據上下句例,"邦"前當脱漏"而"字。"塆"當即《詩·信南山》"疆埸翼翼"之"埸"的繁構,《管子·富國》作"疆易",尹注:"易與埸同。""刑易"就是説其法律寬鬆。②

今按:整理者讀"塆"爲"易",應是,但在簡文中也可能訓爲"輕"。《國語·晉語七》"貴貨而易土"韋昭注:"易,輕也。"在這個意義上,"易"或寫作"傷"。雲夢睡虎地秦簡《法律答問》93號簡:"當論而端弗論,及傷其獄,端令不致,論出之,是謂'縱囚'。"整理小組注釋:"傷,《説文》:'輕也。'"③輕刑,多見於先秦文獻。例如《管子·中匡》:"遠舉賢人,慈愛百姓,外存亡國,繼絶世,起諸孤,薄税斂,輕刑罰,此爲國之大禮也。"《韓非子·奸劫弒臣》:"夫嚴刑重罰者,民之所惡也,而國之所以治也;哀憐百姓、輕刑

---

① 蕭旭:《清華簡(八)〈邦家之政〉校補》,復旦大學出土文獻與古文字研究中心網站2018年11月21日,http://www.gwz.fudan.edu.cn/Web/Show/4329。

② 王寧:《清華簡八〈邦家之政〉讀札》,復旦大學出土文獻與古文字研究中心網站2018年11月29日,http://www.gwz.fudan.edu.cn/Web/Show/4348。

③ 睡虎地秦墓竹簡整理小組:《睡虎地秦墓竹簡》,文物出版社,1990年,"釋文注釋"第115頁。

罰者,民之所喜,而國之所以危也。"可與這一理解參看。

三

6號簡原釋文"弟子不敷(轉)遠人,不内(納)誨(謀)夫",原注釋:"敷,讀爲'轉'。《管子·法法》'引而使之,民不敢轉其力',尹知章注:'猶避也。'遠人,關係疏遠的人。《左傳》定公元年:'周鞏簡公棄其子弟而好用遠人。'""誨,即'謀'。謀夫,不賢之謀事者。《詩·小旻》'謀夫孔多,是用不集',鄭箋:'謀事者衆而非賢者,是非相奪莫適可從,故所爲不成。'"10號簡原釋文"弟子敷(轉)遠人而争賍(窺)於誨(謀)夫",原注釋:"賍,即楚文字的'窺',見上博簡《容成氏》:'自内(入)焉,余穴賍(窺)焉。'"李均明先生寫道:弟子不轉遠人,即在用人問題上任人唯賢,不別親疏。"謀夫"指非賢多事之人。

侯凱學棣提出:簡6"弟子不敷遠人,不内誨夫",按"内"當如字讀,"誨"讀爲"侮",内侮,謂内部自相欺侮。"夫"當連下"如是"爲句。簡10"弟子敷遠人而争窺于誨夫","誨"亦當讀爲"侮","夫"同樣也應連下"如是"爲句。①

今按:侯凱的改讀意見,值得重視。按整理者斷讀,謀夫與弟子、遠人及其前文所説父兄(5號簡)、君子(9號簡)不屬於同一類概念,其出現不免突兀;弟子、遠人、謀夫三者關係也不易理清。若將"夫"改屬下讀,前一個問題不復存在,後一個問題也得以簡化。

"夫"與下文"如是"連讀時,屬於用於句首的語氣助詞。②"夫如是"應與"如是"大致相當。《論衡·累害》"如是,廬里、陳、蔡可得知",黄暉校釋云:"'如'上挩'夫'字。此與上'夫如是,豈宜更免奴下'云云,下'夫如是,市虎之訛'云云,'夫如是累害之人'云云,文例同。"③同書《奇怪》篇:"夫如是,闉背之説,竟虚妄也。世間血刃死者多,未必其先祖初爲人者,生時逆也。秦失天下,閻樂斬胡亥,項羽誅子嬰,秦之先祖伯翳,豈逆生乎?如是,爲順逆之説,以驗三家之祖,誤矣。"黄暉校釋復據上文在"如是"上補"夫"字。④同書《説日》篇前文云:"如是,方〔今〕天下在南方也,故日出於東方,入於

---

① 簡帛網簡帛論壇"清華八《邦家之政》初讀"2018年11月18日第4層悦園(尉侯凱)發言,http://www.bsm.org.cn/bbs/read.php? tid=4376。
② 參看解惠全、崔永琳、鄭天一:《古書虚詞通釋》,中華書局,2008年,第190頁;安作璋:《論語辭典》,上海古籍出版社,2004年,第39頁。後者直接舉到《論語·子路》中"夫如是"的辭例。
③ 黄暉:《論衡校釋(附劉盼遂集解)》,中華書局,1990年,第14頁。
④ 黄暉:《論衡校釋(附劉盼遂集解)》,第159～160頁。

〔西方〕。"後文云:"夫如是,日中爲近,出入爲遠,可知明矣。"①或許是兩處相隔較遠,黃氏未作校改。其實,上揭《論衡》諸篇中"如是""夫如是"也許原本就是交錯使用,不必劃一。如然,本篇竹書中"如是""夫如是"並見的情形可與類比。

"内侮"見於《國語·周語中》:"襄王十三年,鄭人伐滑。使游孫伯請滑,鄭人執之。王怒,將以狄伐鄭。富辰諫曰:'不可。古人有言曰:"兄弟讒鬩,侮人百里。"周文公之詩曰:"兄弟鬩於牆,外禦其侮。"若是則鬩乃内侮,而雖鬩不敗親也。……'""内侮"指家庭、邦國内部的紛爭,又引申爲内亂。《文選·王儉〈褚淵碑文〉》:"屬值三季在辰,戚蕃内侮。"李周翰注:"戚藩,謂諸王也。侮,猶亂也。"蕭旭先生指出:敷,讀爲搏、團,團聚、結交。遠人,指國外的諸侯。言弟子不與諸侯結交以借其勢。《晏子春秋·内篇問上》:"景公問:'佞人之事君何如?'晏子對曰:'……外交以自揚,背親以自厚。'"又"景公問晏子曰:'忠臣之行何如?'對曰:'……君在不事太子,國危不交諸侯。'"大臣與諸侯結交樹立勢力是治國者之大忌。《史記·楚世家》無忌讒太子建於楚王曰:"且太子居城父,擅兵,外交諸侯,且欲入矣。"《伍子胥列傳》略同,此即以外交諸侯讒之之例。②所論大致當是。在這一理解的基礎上,6號簡"弟子不敷(搏)遠人,不内誨(侮)",10號簡"弟子敷(搏)遠人而爭甦(窺)於誨(侮)",都可得到合理的解釋。

四

12號簡記孔子之語的一段,原釋文作:"台(始)记(起)旻(得)曲,惪(直)者膚(皆)曲;台(始)记(起)旻(得)植(直),曲者膚(皆)惪(直)。"原注釋:類似觀點見《國語·晉語六》:"始與善,善進善,不善蔑由至矣。始與不善,不善進不善,善亦蔑由至矣。"又,上博簡《孔子見季桓子》:"悬(仁)爰悬(仁)而進之,不悬(仁)人弗旻(得)進矣,訂(治)旻(得)不可人而與(歟)?"主張善始引導,矯枉扶正。《論語·爲政》:"哀公問曰:'何爲則民服?'孔子對曰:'舉直錯諸枉,則民服;舉枉錯諸直,則民不服。'"

今按:《管子·小問》記云:"桓公觀於廏,問廏吏曰:'廏何事最難?'廏吏未對。管仲對曰:'夷吾嘗爲圉人矣,傅馬棧最難。先傅曲木,曲木又求曲木,曲木已傅,直木無所施矣。先傅直木,直木又求直木,直木已傅,曲木亦無所施矣。'"簡文"始起得曲"等四句與"管仲對曰"云云似有直接關聯,或者可以看作後者的概括性表述。

---

① 黃暉:《論衡校釋(附劉盼遂集解)》,第491、493頁。
② 蕭旭:《清華簡(八)〈邦家之政〉校補》。

清華簡《周公之琴舞》"周公作多士敬毖"詩解義*

——兼及出土及傳世文獻中幾例表"合於刑"義的"刑"

蔣　文

　　清華簡《周公之琴舞》首簡載有"周公作多士敬毖"詩一首，共四句，句四字，形式風格與《詩經》作品頗接近，内容應爲周公戒慎群臣之辭。之前已有不少學者對此詩進行了研究，①本文擬在前人基礎上就詩中詞句的理解提出一些淺見。按照我們的理解，簡文應釋讀如下：

　　　　無愳（侮）言（享）君，罔龕（墜）亓（其）考（孝）。
　　　　言（享）隹（惟）②潜（道）帀③！考（孝）隹（惟）型（刑）帀！

由於我們認爲正確解讀"考"是弄清全詩結構的關節所在，下面就先從"考"説起；之後

---

* 本文係 2015 年度復旦大學"人文社會學科傳世之作學術精品研究項目""中國古典學的重建"（編號：2015CSZZ002）、2019 年度上海市哲學社會科學規劃青年課題"馬王堆漢墓遣策綜合研究"（編號：2019EYY001）成果之一。蒙任荷、陳劍、沈培、胡敕瑞、魏宜輝、陳晨諸師友提供寶貴意見，謹致謝忱！

① 已有研究成果可集中參看孫永鳳：《清華簡〈周公之琴舞〉集釋》，吉林大學碩士學位論文（指導教師：馮勝君教授），2015 年，第 51~58 頁。本文所涉孫永鳳先生意見亦皆出自此文，不再一一出注。

② 爲方便起見括注"惟"，此虛詞在典籍中亦用"維"或"唯"記録。

③ "帀"在《周公之琴舞》中出現多次，爲句末語氣詞，這是大家公認的。簡文"天惟顯帀"對應今本《周頌·敬之》"天惟顯思"，故整理者讀爲"思"（清華大學出土文獻研究與保護中心編，李學勤主編：《清華大學藏戰國竹簡（叁）》，中西書局，2012 年，第 135 頁。本文所涉整理者意見皆出自此，不再一一出注），另有學者讀爲"兮"或"殹"。由於文本流傳過程中替換語氣詞的情況並不少見，目前還没有辦法確定"帀"是否就一定等同於"思"或典籍所見的其他語氣詞，本文於"帀"後不括注。

以一二句爲一組,三四句爲另一組,分别進行詞句疏解,重點將放在"型(刑)"上;最後給出全詩翻譯,並對全詩的結構稍作分析。

1 "考"讀爲與"享"近義的"孝"

和"言(享)"一樣,"考"於全詩共出現兩次,學者皆統一作解。主要觀點有兩種:一是讀如字,認爲指"先父"(李守奎①)、"祖父或男性祖先"(季旭昇②);二是讀爲"孝"。整理者雖括注"孝",但未作説解,從者多解爲"善事父母"(姚小鷗、楊曉麗③)、"孝敬父母"(王薇④),唯孫飛燕先生提出簡文中的"考(孝)"和"言(享)"意思相近:⑤

> ……金文和《詩經》中"享"、"孝"連用的例子十分常見,皆指對祖先的祭祀。金文的材料如追簋銘文"用享孝于前文人"(《殷周金文集成》4219—4224)。《詩經》的材料如《小雅·天保》:"吉蠲爲饎,是用孝享。"毛傳:"享,獻也。"鄭箋:"謂將祭祀也。"再如《周頌·載見》:"率見昭考,以孝以享。"清代學者馬瑞辰指出:"《謚法解》云:'協時肇享曰孝。'是孝與享同義。故享祀亦曰孝祀,《楚茨》詩'苾芬孝祀'是也;致享亦曰致孝,《論語》'而致孝乎鬼神'是也。此詩'以孝以享',猶《潛》詩'以享以祀',皆二字同義。合言之則曰孝享,《天保》詩'是用孝享',猶《閟宫》詩'享祀不忒'也。"因此筆者認爲簡文的享、孝都是指祭祀。

我們贊同這一意見。表享獻、祭祀義確實是西周春秋時"孝"的一種常見用法,孫文的舉證已十分有力。稍可補充的是,金文中除多見"用享孝"外,還出現了多例"用孝用享/用享用孝""以享以孝",此外亦有"用享用祀/用祀用享""用享祀",並且這些短語很多出現在銘文中相同的位置上。換言之,金文既見"享"和"孝"連用、對舉,亦見

---

① 李守奎:《〈周公之琴舞〉補釋》,《出土文獻研究》第11輯,中西書局,2012年,第5~23頁。本文所涉李守奎先生意見皆出自此文,不再一一出注。
② 季旭昇:《〈周公之琴舞·周公作多士儆毖〉小考》,《饒宗頤國學院院刊》第2期,中華書局(香港),2015年,第99~118頁。本文所涉季旭昇先生意見皆出自此文,不再一一出注。
③ 姚小鷗、楊曉麗:《〈周公之琴舞·孝享〉篇研究》,《中州學刊》2013年第7期,第148~152頁。本文所涉姚小鷗、楊曉麗先生意見皆出自此文,不再一一出注。
④ 王薇:《清華簡〈周公之琴舞〉研究》,天津師範大學碩士學位論文(指導教師:周寶宏教授),2014年,第13~15頁。本文所涉王薇先生意見皆出自此文,不再一一出注。
⑤ 孫飛燕:《清華簡〈周公之琴舞〉與〈詩經·周頌〉的性質新論》,《簡帛研究(二〇一四)》,廣西師範大學出版社,2014年,第5~11頁。本文所涉孫飛燕先生意見皆出自此文,不再一一出注。此處所引之段見第8頁。

"享"和"祀"連用、對舉。與此同時,《詩經》有"享"和"孝"連用、對舉,"享"和"祀"連用、對舉,此外還有"孝"和"祀"連用。合觀諸例,"孝""享""祀"爲意義相近或相關的一組詞,大概是沒有疑問的。有此認識之後再反觀簡文,將"考"讀爲"孝"、往"享祀"的意義方向上考慮,自然是最優解。這樣理解的最大優勢在於,如果全詩唯二的、重複出現兩次的"言(享)"和"考(孝)"是近義詞的話,整首詩的結構和意義將變得平衡而整飭。

確定了"考"的理解後,我們來討論"周公作多士敬毖"詩各句的意思。

2 "無愳(侮)言(享)君,罔䫀(墜)亓(其)考(孝)"解讀

2.1 "愳"的讀法及理解、"言(享)君"的句法功能及"君"之含義

關於"無愳(侮)言(享)君"的理解,相對分歧較少,此前的討論集中在"愳"的讀法和理解上。整理者讀爲"悔"、訓爲"恨",有學者從之,並進一步將"恨"翻譯成悔恨或遺憾(姚小鷗、楊曉麗、王薇)。李守奎先生提出可解作"怠慢",但仍讀爲"悔"。陳偉武先生指出古書中"悔"無表輕慢義之例,主張將"愳"改讀爲"侮":①

> 今按,李守奎先生釋"愳"爲"怠慢"甚是,但不宜讀爲"悔"字。所引《詩》箋不知出自何人。《十三經注疏》本鄭箋作:"悔,恨也。"古書中"悔"字似無輕慢義,所謂"怠慢"、"輕慢"之義,字當作"侮",如《書·盤庚》:"無老侮成人。"《詩·大雅·行葦》:"序賓以不侮。"上博簡《孔子見季桓子》和馬王堆帛書《春秋事語》均有"愳"讀爲"侮"之例,可參白於藍先生引陳劍、裘錫圭二位先生之說。簡文"毋愳"猶言"不侮","愳"讀爲"侮"正是指怠慢、輕慢。

我們贊同將"愳"讀爲"侮","侮"表輕慢、輕侮、慢易。《逸周書·克殷》説商紂"侮滅神祇不祀",《史記·周本紀》作"侮蔑神祇不祀","侮"與表輕蔑的"蔑/滅(蔑)"意近連用,這兩句和簡文在語境上頗有相通之處。此外略需說明的是,《孔子見季桓子》簡 25 和馬王堆《春秋事語》91 讀爲"侮"之字實皆作"愳"②(辭例分別爲"民氓不可侮""愧於侮德詐怨")。就目前所見的楚簡用字情況來看,"愳"多表{謀}{悔}{誨}等詞,如果不

---

① 陳偉武:《讀清華簡〈周公之琴舞〉和〈芮良夫毖〉零劄》,《清華簡研究》第 2 輯,中西書局,2015 年,第 28~32 頁。此處所引之段見 28 頁。

② 周波:《"侮"字歸部及其相關問題考論》,《古籍研究》2008 年第 2 期,第 93~104 頁。

考慮《周公之琴舞》此例，似乎就沒有確定的"毋"讀爲"侮"的例子了（整理者等主張讀爲"悔"，可能也有這方面的考慮）。不過，這似不足以絕對排除《周公之琴舞》此例讀爲"侮"的可能——"毋"本分化自"母"，戰國中晚期時"母""毋"的分化尚未完成，用"母"爲"毋"的現象較爲普遍，同時亦有用"毋"爲"母"之例（見於上博簡《民之父母》《昔者君老》《容成氏》等）。在此背景下，既已見用"毋"記錄{侮}的例子，用"毋"來記錄同一個詞應該也是合理的。

除了"毋"的讀解外，關於此句本文尚有兩點補充。

一是"享君"的句法功能。孫永鳳先生將"享君"分析成主語，說"無侮享君"爲主謂倒裝句、其正常語序應爲"享君無侮"，不確。"無侮享君"無顯性主語，由於這是周公對多士所說的話，隱藏的主語應該是"女/汝""而""爾""若""乃"這類第二人稱代詞，動詞"侮"後接謂詞性成分"享君"作賓語，指"享君"這件事。①

二是"君"的含義。學者或將"君"翻譯成"君王"（李學勤②）、"君主"（季旭昇）；或認爲指先君先祖（孫飛燕、孫永鳳），亦有人認爲兼指君上和祖先（姚小鷗、楊曉麗、王薇）。按，參考"君"已知的各種用法，此處"君"之所指無外乎三種可能——君王（最高領導者）、先君（祖先）、泛指君長（大大小小各級領導），到底取哪種理解需多角度綜合考量。首先，從上下文語境來看，第三種成立的可能性要低於前兩種。在"周公作多士敬毖"這個場景裏，周公應是"以王命誥"，即代表周成王。站在他的立場，要求周多士作爲臣下在奉享時王之事上不輕慢，或要求周多士作爲子孫在享獻祖先之事上不輕慢，都是有可能的，因爲奉享君王和享獻祖先都與周王朝的政權穩固、國運長久密切相關；如果在這種場合訓誡多士好好奉侍自己以上的大小各級領導，則略不合情理。其次，從與"享""孝"的搭配情況來看，第二種理解的概率最高。在金文及傳世文獻中，接受"享""孝"的對象多數時候都是已經故去的先人，如"前文人""文考""皇祖"等等；雖然有時也可"享""孝"生人，如"享于乃辟"（克罍，《銘圖》13831；克盉，《銘圖》14789）、"其用享孝于皇神、祖考、于好朋友"（杜伯盨，《集成》04448—04452），但總體來說較少見。再次，如采用第一種理解，則"君"在簡文的語境中指周天子（即時王成

---

① 關於謂詞性成分充當賓語時的句法地位，此前多認爲這種謂詞性成分已經變成了名詞，現在主流的意見是認爲謂詞性成分的功能原本就包括充當賓語，不需改變句法地位。朱德熙先生認爲充當賓語的謂詞性成分如果可以用"什麼"來提問，則"事物化"了，成了"指稱"的對象（見石定栩：《謂詞性賓語的句法地位》，《語言科學》2009 年第 5 期，第 493～502 頁）。我們這裏討論的"享君"正屬於"事物化"的這一類。

② 李學勤：《論清華簡〈周公之琴舞〉的結構》，《初識清華簡》，中西書局，2013 年，第 202～206 頁。

王),而金文和傳世文獻中獨用的"君"尚沒有發現確指周天子之例,①故第一種理解存在較大障礙。綜合以上三點考慮,簡文之"君"指故去祖先的可能性最大。考慮到在周人那裏君統和宗統有密切關係,周公要求周多士好好奉享的先君,可能既包含多士們各自的較近的祖先,也包括周人之遠祖和共祖,且重點可能在後者。

陳英傑先生通過考察銅器銘文,認爲"君"指先祖的用法始於春秋。② 按,《詩經·小雅·天保》有云:"吉蠲爲饎,是用孝享。禴祠烝嘗,于公先王。君曰卜爾,萬壽無疆。"此詩之"君"歷來公認指"先君"。《天保》的具體創作時代不易確定,一般認爲作於周初武王之後或周末宣王之時,若此,則西周很可能已見稱先祖爲"君"之例。退一步説,即使"君"指先祖的説法確實始見於春秋,對於將《周公之琴舞》之"君"理解成先祖而言也構不成太大威脅:《周公之琴舞》所述雖爲成王世之事、文本應有較早的來源,但它畢竟是戰國寫本,文本在後來傳抄流傳的過程中可能會進行一些改動;春秋出現的以"君"指已故先人的用法,出現在戰國寫本《周公之琴舞》中也是相對合理的。

總之,我們認爲簡文"無慭(侮)亯(享)君"的意思是:"不要輕慢享祀先君(這件事)。"

2.2 "罔甗(墜)亓(其)考(孝)"中"墜"和"其孝"的理解

"罔甗(墜)亓(其)考(孝)"中,"罔"的理解一般沒有異議,它和前一句的"無"相對,表禁止意味的"不可""不要"。關於"甗"字,現在認識已比較清楚,③整理者主張讀爲"墜",應沒有問題。

相對而言,此前對"其考"的理解偏差較大。如依一些學者的意見不改讀、理解成先考,至少存在兩點弊端。孫飛燕先生已指出:"如果認爲'考'指先考,'罔墜其考'就應當是説不要喪失先父,這種説法並不通順。"所言甚是。"墜"和"考"不宜直接搭配,所"墜"之物恐怕不能直接是"考",而似應是"考"傳下來的某樣東西(如"考"之德、"考"所得之命),此其一也。其二,如作先考解,就很難解釋爲什麽周公訓誡多士時要説不要墜"其考"(他們的先考)而不是説不要墜"乃考"(你們的先考)。

如本文第一節所言,"考"宜讀爲"孝",作孝祀解。"孝"前的"其"就是它最普通的用法,爲領屬性定語。"其孝"猶言"其祀"(《左傳·僖公三十一年》"鬼神非其族類,不

---

① 陳英傑:《西周金文作器用途銘辭研究》,綫裝書局,2008年,第768頁。
② 陳英傑:《西周金文作器用途銘辭研究》,第770頁。
③ 陳劍:《清華簡〈皇門〉"䚵"字補説》,《出土文獻與古文字研究》第4輯,上海古籍出版社,2011年,第170~184頁。

歆其祀"、《左傳·昭公元年》"神怒不歆其祀")。"其"處於承指位置,承上一句的"君","其孝"相當於"君之孝"。文獻中"某某之祭/某某之祀"就可以指對某某的祭祀,即某某是祭祀的對象,如:"先王之祀"(《國語·楚語下》)的對象是"先王","五厲之祀"(《管子·輕重甲》)的對象是"五厲","天地之祭""鬼神之祭"(《禮記·禮器》)是針對"天地""鬼神"的祭祀,所以"君之孝"可以是以"君"爲對象的"孝"。總之,簡文的"其孝"的意思是"他們(君)的孝祀",即以先君爲對象的孝祀。

明確了"其孝"的理解後,我們再對"墜"的意義稍作補充。整理者引《爾雅·釋詁三》"墜,失去也",學者在討論時亦皆以"失"或"墜失"解之,當然没有問題,但需强調的是,這裏"墜"的意義重點恐怕並不在"失去""喪失"。我們認爲,"墜"既可以偏重使之墜落這個動作所產生的結果(即掉了下來,失去、喪失),也可以偏重使之從高處墜落這一動作本身。在"殷既墜厥命"一類表達中,"墜"是可以理解爲偏重結果的(即喪失了天命),但在簡文"墜其孝"中,"墜"似應更偏重動作。金文有"恭厥明祀"(王孫誥鐘,《銘圖》15606—15626)、"恭寅鬼神"(陳賄簋蓋,《集成》04190)一類説法,表恭敬奉持"明祀"及"鬼神(之事)"。"墜其孝"所表達的意義方向大致與之相對,即没有好好奉持先君的孝祀之事,没有使孝祀之事保持其本來應處的高位、使之墜落。"墜"所表達的這種微妙的意思在理解時不妨替换成"敗壞""廢弛""荒廢"等。

總之,"罔墜其孝"可大致翻譯成"不可墜失(敗壞)他們(先君)的孝祀"。這樣理解之後,"墜"和前一句表輕慢的"侮"在意義上對應得較好,若將"墜"講成"失去",這種對應度就要遜色許多。

3 "亯(享)惟潽(道)帀,考(孝) 隹(惟)型(刑)帀"解讀

3.1 "考(孝)隹(惟)型(刑)帀"之"型(刑)"爲綜合性動詞、意思是"合於刑"

"型",整理者翻譯成"效法",已指出此詞典籍多用"刑"記錄。後來研究者對"型(刑)"主要有兩種處理思路,一是循整理者意見,把"型(刑)"看作動詞、義爲"效法",將全句理解成效法祖考(李守奎)、"效法恭敬父母的行爲"(姚小鷗、楊曉麗)。那麼,不管他們對"考"的讀解如何,"考"所代表的詞被視爲"型(刑)"的前置賓語。二是將"型(刑)"看作名詞,全句譯作"先祖是我們的典範"(季旭昇),"祭祀是別人的榜樣和準則"(孫飛燕)。那麼"考"所記錄的詞在他們看來也是名詞,而"惟"被翻譯成了系詞"是"。

以上兩種思路似皆不可行。一方面，大家一般熟悉的表"效法"義的動詞"刑"，①無論是在傳世典籍還是在金文中，無論是單用還是和其他動詞組合，幾乎沒有例外全部帶賓語，②而簡文"孝惟刑帀"的"刑"後沒有賓語。恐怕也正是考慮到這點，學者們才會將"考/孝"看作"型(刑)"的前置賓語。但是，這樣處理有一個無法解釋的地方——如果"考/孝"是賓語，那麼整個句子應該作"惟考刑帀/惟孝刑帀"才合法，即焦點標記"惟"應該出現在前置的賓語之前而非之後。另一方面，在"考"讀爲"孝"的前提下，很難將"型(刑)"視作名詞——如何享祀可以有"刑"、舉行享祀可以依"刑"，但恐怕很難説享祀本身就是"刑"。

　　我們認爲，簡文之"刑"是一個由抽象名詞"刑"派生的動詞，意思是"合於刑"。這個派生動詞包含了原名詞概念，是一個"綜合性"動詞(或稱"融合性"動詞)。③

　　名詞"刑"派生出表"合於刑"義的綜合性動詞，符合上古漢語名詞動用的一般路徑。根據任荷先生的研究，上古漢語"抽象物"名詞中的"刑法"類名詞，有些可以用規約化屬性來動用，表達純關係事件，動詞義包含了原名詞概念。④ 例如：⑤

---

① 金文多用"井"字記録這個詞，以下釋文統一直接用"刑"。
② 如："百辟其刑之"(《周頌·烈文》)、"汝肇刑文武"(《尚書·文侯之命》)、"儀刑文王"(《大雅·文王》)、"儀式刑文王之典"(《周頌·我將》)、"帥刑皇考"(師望鼎，《集成》02812)、"刑乃聖祖考"(師𩛥鼎，《集成》02830)、"刑乃先祖考"(四十二年逑鼎，《銘圖》02501、02502)、"刑乃嗣祖南公"(大盂鼎，《集成》02837)、"刑秉明德"(作册封鬲，《銘圖》03037、03038)、"帥刑先文祖"(叔向父禹簋，《集成》04242)、"帥刑先王命"(師虎簋，《集成》04316)、"帥刑皇祖考丕杯元德"(番生簋蓋，《集成》04326)、"帥刑先王"(晋公𠫤，《集成》10342)、"刑帥宇謀"(史牆盤，《集成》10175)、"帥刑朕皇祖考懿德"(單伯昊生鐘，《集成》00082)、"帥刑皇祖考"(梁其鐘，《集成》00187、00189)、"帥刑皇考威儀"(虢叔旅鐘，《集成》00238—00243)、"帥刑朕命"(選鐘，《集成》15250)。少數情況下，"刑"的賓語會前置："弜又(有)不女(汝)井(刑)"(叔卣，《銘圖》13327、13328)(見裘錫圭：《讀西周魯國叔器銘文札記》，《中華文史論叢》2018 年第 4 期，第 1～11 頁)。
③ 漢語詞彙發展存在"從綜合到分析"的趨勢，最早由王力先生提出(《古語的死亡殘留與轉生》，《王力文集》第 19 卷，山東教育出版社，1990 年，第 110 頁)。關於此問題的研究，可參：蔣紹愚：《漢語歷史詞彙學概要》，商務印書館，2015 年，第 138～146 頁。楊榮祥：《論"詞類活用"與上古漢語"綜合性動詞"之關係》，《歷史語言學研究》第 6 輯，商務印書館，2013 年，第 69～85 頁。宋亞雲：《漢語從綜合到分析的發展趨勢及其原因初探》，《語言學論叢》第 33 輯，商務印書館，2006 年，第 66～102 頁。胡敕瑞：《從隱含到呈現(上)——試論中古詞彙的一個本質變化》，《語言學論叢》第 31 輯，商務印書館，2005 年，第 1～21 頁。胡敕瑞：《從隱含到呈現(下)——詞彙變化影響語法變化》，《語言學論叢》第 38 輯，2008 年，第 99～127 頁。
④ 任荷：《名詞動用與上古漢語名詞和動詞的語義屬性》，北京大學博士學位論文(指導教師：胡敕瑞教授)，2018 年，第 130～131、237 頁。
⑤ a—d 任文已舉，e—f 及 a—f 中的例句皆爲本文所加。

a"法"(法則,法度＞合於法度)

《左傳·莊公二十三年》:"君舉必書,書而不法,後嗣何觀?"

b"軌"(軌則,軌度＞合於軌度)

《左傳·隱公五年》:"不軌不物,謂之亂政。"

c"度"(法度,規範＞合於法度)

《小雅·楚茨》:"禮儀卒度,笑語卒獲。"

d"經"(經法,常法＞合於經法)

《左傳·昭公十三年》:"有事而無業,事則不經,有業而無禮,經則不序。"

e"則"(法則、準則＞合於法則)

《小雅·六月》:"比物四驪,閑之維則。"①

f"式"(法式,典式＞合於法式)

《大雅·思齊》:"不聞亦式,不諫亦入。"

名詞"刑"和上舉"法"等名詞的詞義相近。研究古漢語詞彙的學者已指出,詞義相近或相同的詞在引申的過程中存在一種同步發展的現象,一般稱之爲"同步引申"。② 那麽,"在同一概念場之中,語義相近的名詞可能會採用同樣的方式進行動用。"③ 參考"法""軌""度""經""則""式"等名詞動用後可表"合於法/軌/度/經/則/式"的實際情况,再應用"同步引申"這一規律,可以推知: 名詞"刑"可派生出表"合於刑"義的動詞,換言之,"刑"表"合於刑"義是合理的。

出土及傳世文獻中還能找到這種"刑"的其他用例。金文中有幾處不帶賓語的"井/型(刑)",我們認爲就是表"合於刑"的綜合性動詞"刑"。先來看中山王𰯼鼎(《集成》02840)銘中的一例:

---

① 毛傳訓"法"。朱熹《詩集傳》謂"閑習之而皆中法則"(《詩集傳》,鳳凰出版社,2007年,第134頁),似以爲"中法則"爲"閑習之"的結果。程俊英、蔣見元說:"此句言將士馴馬,使之合於法則,爲行軍前作準備",亦作類似理解(《詩經注析》,中華書局,1991年,第500頁)。按,"閑之維則"可能應理解成"用合於法則的方法閑習馬匹/依照法則閑習馬匹"。馬瑞辰《毛詩傳箋通釋》將此句和《大戴禮記·夏小正》"頒馬。分夫婦之駒也。將閑諸則,或取離駒納之則法也"聯繫(《毛詩傳箋通釋》,中華書局,1989年,第541頁),可看出"則"是説如何訓練馬,而不是説訓練的結果。此外,《周易·明夷》:"六二,明夷,夷于左股,用拯馬壯吉。《象》曰: 六二之吉,順以則也。"王逸注:"順之以則,故不見疑。"此"順以則也""順之以則"亦指訓馬,皆言訓練的方式而非結果。

② 許嘉璐:《論同步引申》,《中國語文》1987年第1期,第50~57頁。蔣紹愚:《漢語歷史詞彙學概要》,第198~199頁。

③ 任荷:《名詞動用與上古漢語名詞和動詞的語義屬性》,第124頁。

> 含(今)舍(余)方壯,智(知)天若否,侖(論)其悳(德),眚(省)其行,亡不愻(順)道,考厇(度)隹(惟)型(刑)。

此段之前的內容是𧊒回憶父王早逝,繼位時自己尚是幼童,什麼都不懂("未通智"),只知道聽傅姆的話,那時處理國政要依靠相邦賈的輔佐,然後描述了賈如何盡心履行人臣之職責。這段則是説自己成年之後的情況,已不再是無知小兒,知道什麼是上天以爲善的、什麼是上天以爲不善的(言下之意就是有分辨判斷事情的能力,"知天若否"和"未通智"相對),再去衡量省查相邦賈的道德和行爲,發現沒有一樣不順從遵循道義事理,最後説"考度惟刑"。從文氣來看,"考度惟刑"和上一句"亡不順道"的意思是連貫的,此句仍宜視作對相邦賈德行的陳述,换言之,"考度惟刑"應該還是正面褒揚賈的話。于豪亮先生將此句翻譯成"考察和衡量事物都有典型可以遵守",①似有未安,因爲客觀條件上"有典型可以遵守"並不等於實際上遵守。我們認爲此句宜理解爲"考省謀度都合於刑(法度)"(暗含的意思就是賈不逾越規矩、謹守本分,没有非分之想)。朱德熙、裘錫圭先生説中山王三器"銘文表面上是對相邦䂕的功業和德行的贊揚,但字裏行間都透露出𧊒和妤蚉父子兩代對相邦䂕懷有戒心,害怕燕國的事在中山重演。"②𧊒説相邦賈"考度惟刑",恐怕正藴含着對賈的戒心。

再來看另外一例,見於曆鼎(《銘圖》02168):

> 曆肇對元德,考(孝)督(友)隹(惟)井(刑),乍(作)寶䵼(尊)彝,其用夙夕黹(肆)亯(享)。

毛公旅鼎有"其用耆(友),亦引(矧)唯考(孝)"之語,裘錫圭先生認爲"意謂所作之鼎行孝友之道",並指出可與曆鼎"孝友惟刑"互證,③可從。我們認爲,曆鼎之"孝友"如果理解得"虛"一點,可以説是"行孝友之道"或"行孝友之事";如果想理解得"實"一些,不妨將"孝"看作金文常見的"用孝用享/用享用孝/用享孝"之"孝",把"友"和多友鼎"用朋用友"之"友"聯繫。那麼,曆鼎之"孝友"可以理解成對在上者(先祖)的奉獻(祭祀)和對地位相當之人(朋友)的交好(包括宴享等行爲),享獻祖先和交好朋友本身也就是"行孝友之事"的一部分,或者説是"行孝友之事"的一種具體表現形式。總之,"孝友惟刑"可以翻譯成"行孝友之事皆合於刑(法度)",或"享獻祖先和交好朋友皆合於刑(法度)"。

---

① 于豪亮:《中山三器銘文考釋》,《于豪亮學術文存》,中華書局,1985年,第40頁。
② 朱德熙、裘錫圭:《平山中山王墓銅器銘文的初步研究》,《文物》1979年第1期,第42~52頁。
③ 裘錫圭:《説金文"引"字的虛詞用法》,《裘錫圭學術文集》第3卷,復旦大學出版社,2015年,第47頁。

除了"惟刑"外,金文中還有"不刑",見於牧簋(《集成》04343)和四十三年逑鼎(《銘圖》02503—02512),其中的"刑"也宜理解成"合於刑":

雩(厥)訊庶右(有)粦(訟)①,不井(刑)不中……雩(越)乃訊庶右(有)粦(訟),母(毋)敢不明不中不井(刑)。乃甫(敷)政事,母(毋)敢不夒(規)不中不井(刑)。

雩(越)乃尃(敷)政事,母(毋)敢不夒(規)不井(刑)。雩(越)乃訊庶又(有)粦(訟),母(毋)敢不中不井(刑)。

"刑""明""中""規"在與訊訟有關的銘文中多次共見,有各種不同組合,②可推知它們的意思應相關或相近。"明"和"中"較易理解,可譯成"嚴明""中正"。至於"刑"和"規",我們認爲當解作"合於刑""合於規"。需稍作解釋的是,銘文中的"刑"和"規"既與"明""中"並舉,語感上更像是形容詞,而上文説"合於刑"的"刑"是一個動詞,這是否存在矛盾呢?我們認爲並無矛盾。上古漢語動詞(特別是狀態動詞)和形容詞本就存在糾葛,在某些情況下很難區分;表"合於刑"的"刑"既可歸入狀態動詞,也可歸入形容詞。

上舉三例皆爲出土文獻,傳世文獻中也可以找到"刑"表"合於刑"之例。見於《韓詩外傳》卷六:③

何謂道德之威?曰:禮樂則修,分義則明,舉措則時,愛利則刑。……何謂暴察之威?曰:禮樂則不修,分義則不明,舉措則不時,愛利則不刑。

《荀子·彊國》有"愛利則形",郝懿行注謂:"今按:'形',《韓詩外傳·六》作'刑'。'刑'者,法也。'愛'人、'利'人皆有法,不爲私恩小惠。注云:'形',見',非是。"④其説甚是,所謂"有法""不爲私恩小惠"其實就是"合於刑"之意。

根據上古漢語名詞動用後語義演變的一般路徑,結合上面討論的幾則用例,我們有理由相信簡文"考(孝)隹(惟)型(刑)帀"之"刑"也作同樣理解——將"合於刑"代入簡文後,文意是很通順的。

不過,簡文的"惟刑"和中山王𰯼鼎"考度惟刑"、䢅鼎"孝友惟刑"的"惟刑"在語氣上略有不同,後二者只是一般的陳述,而簡文中"惟刑"和前面的"無""罔"相對,體會

---

① 此從陳劍説。陳劍:《試爲西周金文和清華簡〈攝命〉所謂"粦"字進一解》,《出土文獻》第 13 輯,中西書局,2018 年,第 29~39 頁。
② 还有"不規"和"不中"的搭配,選鐘(《銘圖》15249):"乃訊獄,不規不中。"
③ (漢)韓嬰撰,許維遹校釋:《韓詩外傳集釋》,中華書局,1980 年,第 233 頁。此例承沈培先生指出。
④ (清)郝懿行著,管謹訒點校:《荀子補注》,齊魯書社,2010 年,第 4604 頁。

之下應有祈使、命令的意味。請參考以下兩段文字，分別出自《史記·三王世家》和《漢書·武五子傳》：①

> 維六年四月乙巳，皇帝使御史大夫湯廟立子胥爲廣陵王。曰：於戲，小子胥，受茲赤社！朕承祖考，維稽古建爾國家，封于南土，世爲漢藩輔。古人有言曰："大江之南，五湖之閒，其人輕心。楊州保疆，三代要服，不及以政。"於戲！悉爾心，戰戰兢兢，乃惠乃順，毋侗好軼，毋邇宵人，<u>維法維則</u>。② 書云"臣不作威，不作福"，靡有後羞。於戲，保國艾民，可不敬與！王其戒之。

> 廣陵厲王胥賜策曰：嗚呼！小子胥，受茲赤社，建爾國家，封于南土，世世爲漢藩輔。古人有言曰："大江之南，五湖之間，其人輕心。揚州保疆，三代要服，不及以正。"嗚呼！悉爾心，祇祇兢兢，乃惠乃順，毋桐好逸，毋邇宵人，<u>惟法惟則</u>！書云"臣不作福，不作威"，靡有後羞。王其戒之！

此爲漢武帝立其子劉胥爲廣陵王的策文，語言有非常明顯的仿古傾向。顏師古注"惟法惟則"曰"言當依法則"，於文意甚洽。此句的"法""則"近義連用，即"合於法""合於則"之義。③ 從文氣來看，"維法維則/惟法惟則"有明顯的祈使命令意味，顏注中的"當"就是根據這層意思加上的。和《周公之琴舞》類似的是，"維法維則/惟法惟則"與前面的"毋"對言。

總之，我們認爲簡文之"刑"是一個狀態性的、融合了原有名詞概念的綜合性動

---

① 標點從中華書局編輯部點校：《史記》，中華書局，1982年，第2113頁。中華書局編輯部點校：《漢書》，中華書局，1962年，第2759～2760頁。
② 《史記·三王世家》亦有"無侗好佚，無邇宵人，維法是則"，"維法是則"與"維法維則"同義，只不過用了"唯賓是動"這種賓語前置句式。
③ 《左傳》有不少"唯命"（如"遲速唯命""佗邑唯命"）、"唯君"（如"遲速唯命"）。"唯命""唯君"表面看起來和"惟刑""惟法""惟則"很相似，這裏的"命"和"君"肯定是名詞。這曾使我們懷疑"惟"後的"法""則""刑"也是名詞，但基於以下兩點原因我們最終認爲這種分析思路不可行：首先，《左傳》還有"唯命是從"和"唯命是聽"，"唯命"應是其省略。"唯君"在《左傳》中雖未見完整形式，但也應是"唯君是聽"之類的省略。這種省略是比較特別的，因爲略去的是作爲中心語的動詞成分，這恐怕只有"唯賓是動"這一句式非常流行、且"唯命/唯君是聽"一類的話廣爲人知的時代才有可能發生。"唯賓是動"流行於西周後期到春秋早中期之間（姚振武：《上古漢語語法史》，上海古籍出版社，2015年，第449～452頁），反觀"惟刑/法/則"的用例，有些時代明顯偏早，曆鼎甚至是西周早期的。其次，"刑""法""則"恰好是近義詞，皆有"法度""遵循"一類意義，恐怕不是巧合，而"命""君"的情況顯然不同。所以，我們認爲《左傳》的"唯命""唯君"和本文討論的"惟刑""惟法""惟則"雖然形式相似，但形成的途徑不一樣，句法結構也不一致，"刑""法""則"不宜視作名詞。

詞,意思是"合於刑"。"孝惟刑丂"可翻譯爲:"孝祀要合於刑(法度)啊!"①

3.2 "亯(享)隹(惟)𧗟丂"之"𧗟"可能應讀爲"道"、意思是"合於道"

明確了"孝惟刑丂"中"刑"的理解後,再去思考"享惟𧗟丂"之"𧗟"的讀法,就有了一定方向。"𧗟"整理者讀爲"慆",訓爲"悦""喜",學者多從之。季旭昇先生傾向讀爲"諂"、理解爲"僭越"。陳晨先生讀爲"蹈",理解爲"踐行"。② 按,由於"孝惟刑丂"和"享惟𧗟丂"句式一致,"享""孝"又是近義詞,"𧗟"所記錄之詞宜從那些與"刑"意義相近相關的詞裏去找。我們認爲這個詞可能就是"道"。

"𧗟"從"舀"得聲,和"道"同屬舌音幽部,從文獻反映的各種情況來看,"舀"聲字和"道"發生關係的例子有不少。相關材料可羅列如下:

a《孫臏兵法·善者》"道白刃而不還踵",影本讀"道"爲"蹈",③"蹈白刃"則多見於其他文獻,如《管子·法法》《吕氏春秋·節喪》《吕氏春秋·禁塞》《商君書·慎法》《新序·雜事》。

b《韓詩外傳》卷三有"故明君不蹈也",《荀子·王制》同,《韓詩外傳》卷六則有"故明君不道也",《荀子·富國》同。

c《列子·黄帝》:"向吾見子道之",張湛注:"道當爲蹈。"四解本從張注改。④

d《釋名·釋道路》:"一達曰道路。道,蹈也;路,露也;言人所踐蹈而露見也。"《釋名·釋姿容》"蹈,道也;以足踐之如道路也。"

e《荀子·禮論》"道及士大夫"之"道",《大戴禮記·禮三本》作"道"(《史記索

---

① 有兩點需補充說明。一是"丂"所表達的語氣。前面說過,"孝惟刑丂"應有祈使命令語氣,那麼這種語氣是不是由句末語氣詞"丂"來表達的呢?乍看之下很合理,但麻煩在於,"丂"在《周公之琴舞》出現多次,至少在"天惟顯丂,文非易丂"中無法看作表祈使語氣。考慮到一般認爲一個語氣詞只能表達一種語氣,"孝惟刑丂"之"丂"大概就不太可能看作專表祈使語氣的句末語氣詞了,本文只能權宜地翻譯成現代漢語的"啊"。二是"孝惟刑丂"及討論中涉及的"維法維則/惟法惟則""孝友惟刑""考度惟刑"中的虛詞"維/惟"怎麼分析。它們究竟起什麼樣的作用、在這些例子中是不是起完全一樣的作用,我們尚無法提供確定的意見。上古漢語的"唯/維/惟"是一個非常複雜、功能極爲強大的虛詞,關於它的詞性和句法功能有各種不同的解釋(如語氣詞、系詞、焦點標記等)。就本文所涉諸例而言,"維/惟"顯然不可能是系詞;如果說是語氣詞似也較爲困難,畢竟這些句子表達的語氣不一致。因此,暫取比較模糊、涵蓋度也比較高的焦點標記說,即將"惟/維"的作用理解成凸出強調其後的"法/則/刑",而暫不斷定這些例子所蘊含的祈使或陳述語氣與"惟/維"(或"惟/維 V"這一構式)有直接關係。
② 陳晨:《上博、清華藏簡文字釋讀札記》,《簡帛》第 16 輯,上海古籍出版社,2018 年,第 28 頁。
③ 張震澤:《孫臏兵法校理》,中華書局,1984 年,第 165 頁。
④ 楊伯峻:《列子集釋》,中華書局,1979 年,第 63 頁。

隱》引作"導"),《史記·禮書》則作"函",《索隱》作"啗"。"道""啗""函"爲何會形成異文關係,司馬貞、楊倞、王樹枏、王念孫等已講得比較清楚了,即"道"先改作"蹈",後"蹈"失去"足"下之"止"作"舀","舀"又誤爲形近的"啗","啗"改作同聲的"臽","臽"再訛作形近的"函"。① 換言之,"蹈"替換"道"是"道"和"啗""函"形成異文的關鍵一環,所以由此例亦可反推知"蹈""道"關係密切。

f《左傳·襄公五年》"會吳于善道",《公羊傳》《穀梁傳》皆作"會吳于善稻"。

g 侯馬盟書委質類習語"見之行道"中的"道",一般用"道",但也有異文作"遙"(侯馬盟書 18.1、18.5)。②

h 此外還有一些輾轉的證據。和"道"關係密切的"迪"亦常與"蹈"發生關係,可略舉如:《廣雅·釋言》"迪,蹈也"。《法言·先知》"爲國不迪其法",李軌注:"迪,蹈也。"《尚書·皋陶謨》"允迪厥德",《史記》作"信其道德"(今本"道"誤在"其"下)。③

以上材料表明"潛"可以讀爲"道"。我們認爲此處"道"表"合於道"義,和上文討論的"刑"一樣,也是由抽象名詞派生的綜合性動詞。文獻用例如:《禮記·曲禮上》:"脩身踐言,謂之善行。行脩言道,禮之質也。"鄭玄注:"言道,言合於道。"《禮記·玉藻》:"國家未道,則不充其服焉。"鄭注:"未道,未合於道。"《管子·禁藏》:"行法不道,衆民不能順。"

"享惟道帀"意思是"享祀要合於道啊","合於道"即"合於法度",全句和"孝惟刑帀"對應嚴整。

4 總　　結

至此,本文已對"周公作多士敬毖"詩的全部詞句進行了分析。按照我們的理解,全詩作"無侮享君,罔墜其孝。享惟道帀！孝惟刑帀！"可譯爲:"不要輕慢享祀先君(這件事),不可墜失(敗壞)他們(先君)的孝祀。享祀要合於道(法度)啊！孝祀要合於刑(法度)啊！"

全詩是一個 ABAB 形式的排比句段,包含了平行排比和對比排比兩種模式。④ 全詩可劃爲兩個層次,一二句爲一層,三四句爲另一層;兩個層次之間形成對比排比,一反一正,先從反面説對待享孝之事不要怎麼樣,再從正面説應該怎麼做;"無侮享君"

---

① 參見中華書局編輯部點校:《史記》,第 1168 頁。方向東:《大戴禮記彙校集解》,中華書局,2008 年,第 102 頁。

② 張頷、陶正剛、張守中:《侯馬盟書》,山西古籍出版社,2006 年,第 280、281 頁。

③ 《史記》"各道有功""道吾德",僞古文《尚書·益稷》分別作"各迪有功""迪朕厥德",亦可略見其間關係。

④ 關於上古漢語的排比句段,參梅廣:《上古漢語語法綱要》,上海教育出版社,2018 年,第 253～259 頁。

和"享惟道帀"、"罔墜其孝"和"孝惟刑帀"亦分別形成兩組對比,意思嚴格對應。此外,"無侮享君"和"罔墜其孝"、"享惟道帀"和"孝惟刑帀"爲兩組平行排比,由於句法結構相同、意義相近,甚至可以視作兩組互文。以上分析可圖示如下(空心箭頭表平行排比,實心箭頭表對比排比):

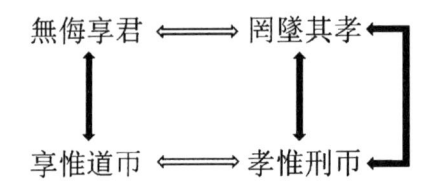

$$
\begin{array}{c}
\text{無侮享君} \Longleftrightarrow \text{罔墜其孝} \\
\updownarrow \qquad\qquad \updownarrow \\
\text{享惟道帀} \Longleftrightarrow \text{孝惟刑帀}
\end{array}
$$

根據我們的理解,"周公作多士敬悊"詩的句段結構甚爲精巧。

2019 年 4 月 5 日初稿
2019 年 5 月 1 日二稿

談古文字"䚈""鬼"之辨及相關問題*

魏宜輝

《侯馬盟書》整理者根據盟書辭例,指出宗盟委質類盟書中出現的人名"史䚈"的"䚈"字有多種不同的寫法,如"㊀"(3:1)、"㊁"(195:7)、"㊂"(88:5)、"㊃"(198:13)、"㊄"(85:2)、"㊅"(92:5)、"㊆"(3:9)、"㊇"(3:19)、"㊈"(92:8)、"㊉"(3:17),其中的"㊆"其實是"㊅"形"䚈"字的省體。因此,《侯馬盟書字表》將"㊆"字置於"䚈"字條下。① "酉""酋"乃是同源分化字,所以"䚈"即"䚈"字的異體。另外,盟書中作爲人名的"㊊"(67:28)、"㊋"(85:10)字,《侯馬盟書字表》皆歸在"蒐"字條下。②

值得注意的是,盟書 77:3 中還出現了"㊌"字,《侯馬盟書字表》歸在"鬼"字條下。③ 這個字如果嚴格隸定,恐怕應該寫作"魃"。"㊌(魃)"字中"甲"旁與"䚈""蒐"字所從的"㊆"旁顯然並不一樣。那麽,盟書"䚈""蒐"字所從的"㊆"旁是不是"鬼"呢?

古文字中一些以人形作爲偏旁的字,其所從人形偏旁在演變中有的會在人形下端添加一表示足趾的部件"㇏",後來足趾"㇏"發生錯位上移,有的演變作"攵"旁,有的進一步演變作"女"旁。④ 這種形體演變大致經歷了如下過程:㇏→㇏→㇏→㇏→㇏。如果按照這種演變情況來看盟書"䚈""蒐"字所從的"㊆"旁,那麼把"㊆"理解爲在"甲"

---

* 本文爲國家社科基金一般項目"戰國秦漢簡帛文獻用字綜合研究"(17BYY131)的階段性成果。
① 山西省文物工作委員會編:《侯馬盟書》,文物出版社,1976年,第352頁。
② 《侯馬盟書》,第342頁。
③ 《侯馬盟書》,第325頁。
④ 參見曾憲通:《説䟃䟆及其它》,《江漢考古》1992年第2期;張桂光:《古文字義近形旁通用條件的探討》,《古文字研究》第19輯,中華書局,1992年,第581頁。

(鬼)"形的下部添加"㠯"後形成的變體似乎也可以講得通。這可能也是盟書整理者將"畀"旁理解爲"鬼"的原因。但對比"畀"與"甶"旁的寫法,我們不難發現二者的筆順明顯不同,"畀"旁上端較平,上部呈"田"形,而"甶"旁上端尖鋭,上部爲"⊕"形。

如果將盟書中的"畀"旁徑釋作"鬼",我們發現還會面臨新的問題。中山王䥽鼎(《集成》2840)①銘文中四次出現"社禝(稷)"一詞,其中"禝"字寫作"",其所從的"畟"旁也寫作"畀"形。這樣來看,戰國晋系文字、秦系文字兩個系統之間關於"禝/稷""醜/醜""蒐"的寫法是不對應的:晋系文字中三者皆寫作從"畀",而秦系文字中前者從"畟",後二者從"鬼"。這種情況表明,應該是其中一系文字的字形演變出現了訛變,才造成了二系文字之間的這種差異。

我們先考察古文字中"鬼"字的情況。《金文編》"畏"字條下收錄有:""""(孟鼎:畏天畏)、""""(毛公䚇鼎:敃天疾畏;夙夕敬念王畏不賜)、""(齡鎛:余彌心畏記)、""(王孫鐘:敬嬰趩趩)。② 這四例的釋讀於銘文中皆有辭例依據。《金文編》"鬼"字條下收錄有""(陳猷簋)。③ 據陳猷簋銘文"龏盟鬼神"語可知,""爲戰國齊系"鬼"字寫法,也説明齡鎛銘文中""乃是以"鬼"字來表示"彌心畏忌"之{畏}。據此進一步説明,西周金文""""所從的""應該就是"鬼"字較早的寫法。

在戰國文字中,除了""形,"鬼"字/旁又寫作""""""""諸形,這些寫法都是在""形基礎上添加飾筆或飾符後形成的。

上博簡・柬大王泊旱 6	清華簡・厚父 3	清華簡・金縢 12	陳猷簋(《集成》4190)	六年上郡守間戈(《近出》1194)④

上表所舉諸例"鬼"字/旁,除了秦文字字例外其他字例上部均作"⊕"形。檢視《秦文字編》所收"鬼"字/旁,除了極少數字例上部作"⊕"形,絕大多數字例上部作"田""甶"形。⑤

---

① 中國社會科學院考古研究所編:《殷周金文集成》(修訂增補本),中華書局,2007年。本文中《殷周金文集成》簡稱《集成》。
② 容庚編著,張振林、馬國權摹補:《金文編》,中華書局,1985年,第654頁。
③ 《金文編》,第653頁。
④ 劉雨、盧岩編著:《近出殷周金文集錄》,中華書局,2002年。本文簡稱爲《近出》。
⑤ 王輝主編,楊宗兵、彭文、蔣文孝編著:《秦文字編》,中華書局,2015年,第1464～1466頁。

我們再將古文字中的"畟"字/旁字例羅列如下：

A	![]伯克父盨甲器(《銘圖續編》474)① ![]新蔡簡・甲三 341 ![]清華簡・祭公 13
B	![]曾伯克父簠甲蓋(《銘圖續編》518) ![]曾侯與鐘(《銘圖續編》1032) ![]清華簡・繫年 121 ![]清華簡・芮良夫毖 15 ![]上博簡・子羔 3
C	![]郭店簡・唐虞之道 10 ![]上博簡・子羔 6 ![]上博簡・容成氏 28 ![]上博簡・柬大王泊旱 18 ![]清華簡・湯處于湯丘 8
D	![]新蔡簡・零 338
E	![]子禾子釜(《集成》10374) ![]中山王譻鼎(《集成》2840)

上表所列"畟"字/旁，多是依據"社稷/禝""后稷/禝"這樣的辭例來確定的，或通過形體繫連的方式來確定。其中 A 類字中所舉的"![]"字爲伯克父盨銘文所載，B 類字中所舉的"![]"字爲曾伯克父簠銘文所載。伯克父與曾伯克父爲同一人，盨、簠爲春秋早期銅器，銘文中有"用盨黍![]稻粱""用盛黍![]稻粱"之語。西周—春秋盨簠類銅器銘文中多見有"用盛稻粱""用盛糕稻糯粱""用盛秼稻糕粱"之語，伯克父盨銘文"用盨黍![]稻粱"之"![]"一定也是穀物。據此來看，吳鎮烽先生將"![]""![]"字釋作"稷"字②顯然是可信的。"盨"字，吳鎮烽先生讀作"盛"，也可能是正確的。

表中 A 類"畟"字/旁作"![]"形，這種寫法應該是最早的。B 類"畟"字/旁作"![]"形，是在"![]"的下部添加部件"![]"，其下部後訛變作"女"旁。上博簡《子羔》篇簡 3 中的"![]"字，所從"畟"旁作"![]"形。這種"![]"寫法其實就是"![]"形的變體，把"![]"所從的人體部分割裂爲"○"和"![]"兩部分。C 類"畟"字/旁作"![]"形。"![]"形可以看作是 B 類"![]"形省去中間的"○"部分而形成的省體。

---

① 吳鎮烽編著：《商周青銅器銘文暨圖像集成續編》，上海古籍出版社，2016 年，本文簡稱爲《銘圖續編》。
② 參見《銘圖續編》，第 192～194、281～282 頁。

D 類"畏"字/旁作"🐛"形。此類寫法目前僅見新蔡簡零 338"🐛"字一例，①在簡文中用作"社稷"之"稷"。"🐛"形寫法應該是在"🐛"形基礎上改造而成的，將下部的"卩"形改造作"亻"形。鑒於楚簡文字中"畏"字/旁往往爲 A、B、C 三類寫法，"🐛"形寫法的出現顯得比較特殊。同樣是在新蔡簡中還有四例"畏"字/旁屬於 A 類寫法，而且這四例的用法與"社稷"之"稷"有所不同，新蔡簡抄寫者使用"🐛"形寫法有可能是爲了與不同用法的詞加以區別。

E 類"畏"字/旁作"🐛"形。兩例一出於晉系中山王𧥩鼎銘文，一出於齊系子禾子釜銘文。值得注意的是，有些楚系文字中的"卩"形部件在晉系、齊系文字中會相應地變作"亻""𠂉"形。馮勝君先生在探討不同地域文字形體對比的時候，也列舉了這種情況，②如戰國文字中的"見"字，楚簡文字寫作"🐛"（郭店簡《老子丙》5），晉系文字寫作"🐛"（中山王𧥩方壺·《集成》9735）。戰國文字中的"備"字各系分別作：

齊	🐛子備戈（《集成》11021） 🐛郭店簡·語叢一 94 🐛郭店簡·語叢三 54
楚	🐛郭店簡·緇衣 41
晉	🐛中山王𧥩鼎（《集成》2840）

"🐛"形寫法應該也是在"🐛"的基礎上改造增繁而成的。"🐛"形寫法的"畏"字/旁只見於晉、齊系文字，而不見于楚系文字，這與上面談到的不同地域文字形體對比情況是相吻合的。

《金文編》將西周金文中从"🐛"旁之字皆歸入"鬼"部下，③可見是把西周金文中的"🐛"也理解爲"鬼"字了。而伯克父盨銘文所載"稷"字作"🐛"，讓我們意識到"🐛"當爲"畏"字的早期寫法，後來出現的"畏"字/旁的多種寫法皆來源於"🐛"。西周金文中"鬼"與"畏"字的區別在字形的下部，"鬼"字下部从"亻"形，"畏"字从"卩"形。

---

① 新蔡簡零 163 也出現有"社稷（稷）"，其中"稷"作"🐛"，右下部分模糊不清，無法確定是"卩"形還是"亻"形。
② 馮勝君：《郭店簡與上博簡對比研究》，綫裝書局，2007 年，第 282～283、292 頁。
③ 《金文編》，第 653～654 頁。

下面我們再探討"蒐"字的構形。"蒐"字前人以爲會意字。《說文·艸部》："蒐，茅蒐，茹藘，人血所生，可以染絳。从艸、从鬼。"①小徐本作"從艸、鬼。"徐鍇按語指出："今醫方家謂蒐爲地血，食之補血是也。故從鬼。"②何琳儀先生根據中山王銅器銘文中的"襖"與"蒐"字的對比，指出"蒐"應該是从艸（或从䒑）、畟聲的形聲字。小篆誤"畟"爲"鬼"，故許慎據"鬼"爲釋。③我們認爲他的分析是非常有道理的。"畟"字古音爲清母職部字，"蒐"字爲心母幽部字，二字的聲紐關係極近，而韻部關係也很密切。"伏羲氏"，古書中又作"包犧氏"。④春秋魯器魯少司寇盤（《集成》10154）銘文中的"寶"字寫作形，其所從的"勹（伏）""缶"旁皆爲聲符。⑤《儀禮·特牲饋食禮》："尸謖，祝前，主人降。""謖"字武威漢簡《儀禮》作"休"。⑥《史記·匈奴列傳》："單于有太子名冒頓。"司馬貞索隱："冒音墨。"⑦"伏"與"包"、"勹（伏）"與"缶"、"謖"與"休"、"冒"與"墨"，這些都是職部字與幽部字相通或互諧的例證。因此，"蒐"字以"畟"爲聲符，從讀音上看是沒有問題的。

我們將古文字中"蒐"字及从"蒐"的字例羅列如下：

A	鄁季蒐車盤（《集成》10109） 鄁季蒐車匜（《集成》10234）⑧ 蒐兒缶（《銘圖》14091）⑨ 寏兒鼎（《集成》2722）⑩ 上博簡·平王與王子木1　上博簡·平王與王子木3

---

① （漢）許慎撰，（宋）徐鉉校定：《說文解字》，中華書局，1963年，第19頁。
② （南唐）徐鍇撰：《說文解字繫傳》，中華書局，1987年，第15頁。
③ 何琳儀：《戰國古文字典——戰國文字聲系》，中華書局，1998年，第234頁。
④ 高亨纂著：《古字通假會典》，齊魯書社，1989年，第441頁。
⑤ 魏宜輝：《說"匋"》，《古文字研究》第29輯，中華書局，2012年，第637頁。
⑥ 甘肅省博物館、中國科學院考古研究所編著：《武威漢簡》，文物出版社，1964年，第99頁。
⑦ （漢）司馬遷撰，（宋）裴駰集解，（唐）司馬貞索隱，（唐）張守節正義：《史記》，中華書局，1959年，第2888～2889頁。
⑧ 《金文編》以"蒐"爲"宿"字異體，故收錄在"宿"字條下。參見《金文編》，第528頁。
⑨ 吳鎮烽編著：《商周青銅器銘文暨圖像集成》，上海古籍出版社，2012年。本文簡稱爲《銘圖》。
⑩ 寏兒鼎銘的""字，《金文編》摹作""，隸定作"寏"。徐在國先生已經指出其摹寫有誤，""字亦當爲"蒐"，釋爲"宿"。參見《金文編》，第539頁；徐在國：《异甫人匜銘補釋》，張光裕、黃德寬主編：《古文字學論稿》，安徽大學出版社，2008年，第194頁。

續 表

B	![字形]郭店簡·唐虞之道 9　![字形]郭簡·唐虞之道 24　![字形]上博簡·陳公治兵 2
C	![字形]梁十九年亡智鼎(《集成》2746) ![字形]侯馬盟書 67：28　![字形]侯馬盟書 85：10　![字形]盗壺(《集成》9734)　![字形]《古璽彙編》3806

春秋銅器鄀季寬車盤、匜、寬兒缶、寡兒鼎銘文中的 A 類"寬"字寫作"寬"，其所從所謂"鬼"旁與"畏"字的早期寫法"畏"基本是一致的。上博簡《平王與王子木》篇中的"寬"字沿襲了金文"畏"旁的寫法。①

郭店簡《唐虞之道》篇中的"寬"字，整理者隸定作"宩"，指出"宩寞"當指舜父瞽叟。② 對於這個字，劉洪濤先生《郭店竹簡〈唐虞之道〉"瞽瞍"補釋》一文中有這樣的分析：③

> 郭店竹簡《唐虞之道》所記虞舜父親的名字爲"宩寞"。學者已指出，第一字應釋爲"宩"，從"瓜"得聲，讀爲"瞽"。第二字一般釋爲"寞"，分析爲從"宀""莫"聲，但讀爲什麽意見頗不一致。根據上博竹簡《子羔》用作"瞍"的"宲"字從"艹(卉)"得聲，本文認爲"寞"字所從之"莫"不是"從日在艹中"的"暮"字初文，而應該分析爲從"日""艹(芔)"聲，讀爲"瞍"。"宩寞"即文獻中的"瞽瞍"，二者爲音近通用關係。

上博簡《陳公治兵》篇簡 2"先君武王與邘(鄧)人戰於英寞"。已有學者指出，整理者釋作"英"之字當爲"莆"。④《左傳·桓公十一年》："楚屈瑕將盟貳、軫。鄖人軍于蒲騷，將與隨、絞、州、蓼伐楚師。莫敖患之。……遂敗鄖師于蒲騷，卒盟而還。"此時楚國的君主正是楚武王。由此可見，簡文所記的"莆寞"之戰應該就是《左傳》所載的"蒲騷"之戰。

聯繫此處簡文來看，劉洪濤先生的思路是有一定道理的。郭店簡《唐虞之道》篇

---

① 馬承源主編：《上海博物館藏戰國楚竹書(六)》，上海古籍出版社，2007 年，第 87、89 頁。
② 荆門市博物館：《郭店楚墓竹簡》，文物出版社，1998 年，第 159 頁，注釋 12。
③ 劉洪濤：《郭店竹簡〈唐虞之道〉"瞽瞍"補釋》，武漢大學簡帛研究中心"簡帛"網站，2010 年 4 月 30 日，http：//www.bsm.org.cn/show_article.php？id＝1248
④ 高佑仁《〈陳公治兵〉初讀》跟帖，武漢大學簡帛研究中心"簡帛"網站，http：//www.bsm.org.cn/bbs/read.php？tid＝3024

中的"寞"(與从宀、莫聲之"寞"是同形字)可讀作"瞍","瞍"和"騷"古音皆爲心母幽部字,《陳公治兵》篇中的"寞"當然也可以讀作"騷"。只是我們不同意刘文對"寞"字構形的分析。對於在簡文中讀作"瞍""騷"的"寞"字,我們認爲它其實是"寬"字的省體。我們推測《唐虞之道》《陳公治兵》篇中的寫作"![]""![]"形的 B 類"寬"字,可能就由 A 類寫法省變而成的:一方面省去下部的"![]"旁,又將其中的"田"形省變成"日"形。戰國文字中"廟"字的異體"庿",从宀、苗聲,有時會寫作"宙"。① 其中的"田"旁也省變作"日"形。從讀音上看,"寬"从莧聲,與"瞍""騷"皆爲心母幽部字,故可互通。

C 類"莧"字/旁寫作从"![]""![]",很明顯也是由 A 類"![]"形改造增繁而成的,其演變軌跡與"畏"字/旁如出一轍。這類寫法也僅見於晉系文字,不見於楚系文字。這也進一步説明,何琳儀先生認爲"莧"字从"畏"聲的看法是合理可信的。

我們再考察古文字中"醜/醜"字的演變情況。《近出殷周金文集録二編》470 收録的西周晚期銅器虢仲簠銘文中有一個用作氏名的"![]"字。②《新金文編》《新見金文字編》二書皆將此字隸定作"䰠",歸在"鬼"部下。③ 考慮到"猷"从"酋"得聲,我們認爲"![]"字可能就是"醜/醜"字的異體。而仔細考察這個字形,我們不難發現其所从的"![]"旁與"畏"字的早期寫法"![]"是相同的,而並非"鬼"字。結合上文的討論,我們推斷侯馬盟書"醜"字所从"![]"旁應該也是由""旁這種寫法演變而來的。

《近出》1133 收録的䞈戈是一件西周中期的兵器,整理者釋作"䞈"的字寫作"![]"。④ 董蓮池、張新俊先生都通過與侯馬盟書"![]"字的比較繫聯,指出戈銘中的"![]"字當釋作"醜"之異體"䰠"。⑤ 二位學者的結論是可信的。林澐、何琳儀先生分析"![]"字構形時,都指出"![]"是"酋"與"鬼"之頭部借用偏旁而形成的異體。⑥ "![]"字的構形顯然也經歷了類似的安排。需要説明的是"![]"字所从的所謂"鬼"旁其實應該是""旁。

"醜/醜"字本是一個从酋(或酉)从畏的字,戰國秦文字中所从的"畏"旁訛變作

---

① 何琳儀:《戰國文字通論》(訂補本),江蘇教育出版社,2003 年,第 235 頁。
② 劉雨、嚴志斌編著:《近出殷周金文集録二編》,中華書局,2010 年,第 151 頁。
③ 董蓮池:《新金文編》,作家出版社,2011 年,第 1335 頁;陳斯鵬、石小力、蘇清芳編著:《新見金文字編》,福建人民出版社,2012 年,第 285 頁。
④ 《近出》,第 159 頁。
⑤ 《新金文編》,第 1334 頁;張新俊:《洛陽出土金文釋讀二則》,《古文字研究》第 30 輯,中華書局,2014 年,第 252~253 頁。
⑥ 林澐:《古文字研究簡論》,吉林大學出版社,1986 年,第 81~82 頁;何琳儀:《戰國古文典——戰國文字聲系》,第 234 頁。

"鬼"形。"畏"在"醜"字中可能是作爲意符,鑒於我們并不清楚"畏"字的構形本義,所以也不清楚"醜/醜"字的本義是指什麽。"醜"字表示"兇惡""醜陋""羞恥"等義項,應該是後起的假借義。考慮到"畏"與"酉/酉"的讀音關係也非常近,所以我們也不能排除"醜/醜"是一個兩聲字的可能性。

在戰國晉系古璽文字中有一些從"畏"之字,過去學者或以之爲"鬼",現在看來有必要進行檢討。

《古璽彙編》4442 收録了一方戰國晉系古璽:

編者直接釋爲"千秋"。① 其中的"秋",何琳儀先生以爲即"稷"字,"千稷"讀作"千秋"。他指出,《逸周書·王會》"稷慎大塵"孔注:"稷慎,肅慎也。"《左傳·襄公十八年》"及秦周伐雍門之楸",《晏子春秋·外篇》上作"見人有斷雍門之橚者"。此稷、肅、秋音近之旁證。② 其説可信。戰國璽印中多見有吉言璽"千秋","秋"多以"稷"字來表示。③ "千稷""千稷"皆爲"千秋"的異寫。

《古璽彙編》2767 收録了一方戰國晉系古璽:

其中的"畏"字,編者釋作"朝"。④ 吴振武先生認爲"畏"是一個合文字,將印文改釋爲"君(尹)畏(稷)月"。⑤ 戰國齊國銅器子禾子釜銘文載有:"□□立(涖)事歲,稷月丙午,……"學者認爲"稷月"爲齊國月名。⑥ 結合"稷月"指某一月的情況來看,將"畏"理解爲"畏月"二字的合文,進而讀作"稷月"或"稷月"是有一定道理的。當然,"畏"也有可能就是一個從月、畏聲的形聲字,用來作"稷月"或"稷月"這一月名的專字。

---

① 羅福頤主編,故宫博物院編:《古璽彙編》,文物出版社,1981 年,第 406 頁。《古璽彙編》4442、4443 屬於一印重出。參見施謝捷:《古璽彙考》,安徽大學博士學位論文(導師:黄德寬教授),2006 年 5 月,第 11 頁。
② 何琳儀:《戰國古文字典——戰國文字聲系》,第 211 頁。
③ 《古璽彙編》,第 405~407 頁。
④ 《古璽彙編》,第 264 頁。
⑤ 吴振武:《〈古璽文編〉校訂》,人民美術出版社,2011 年,第 365 頁。
⑥ 張世超、孫淩安、金國泰、馬如森撰:《金文形義通解》,日本京都中文出版社,1996 年,第 1781 頁。

《古璽彙編》1628、2674 收録了兩方同名私璽：

編者將人名隷定作"亡戭",並將"戭"讀作"鬼"。① 吴振武先生將"亡戭"釋讀作"無畏"。② 雖然"無畏"之名在古代很常見,但在戰國簡帛文獻中我們没有見到"鬼"字/旁寫作"甹"形的例子,所以將"戭"釋作從"鬼"並不可信。我們傾向認爲印文中的"戭"是一個從戈、畏聲的形聲字。"亡戭"可能讀作"無戚"或"無愁",取意與"無憂"類似。晋系璽印文字中其他從"甹"的字,現在看來也都應該理解爲從"畏"之字。

後記：本文蒙周波先生審閲,指出文中存在的錯誤,在此謹表謝忱。

---

① 《古璽彙編》,第 169、275 頁。
② 吴振武：《〈古璽文編〉校訂》,第 355、365 頁。

郭店楚簡識小録

雷燮仁

郭店楚簡1998年全部發表，至今已有20年，研究論著很多。文字考釋方面，陳偉等著《楚地出土戰國簡册［十四種］》引述各家之説，頗便徵查。① 近來閱讀陳著，有一些小的想法，寫成這篇"識小録"。因我手頭可資參考的書籍極爲有限，錯誤之處在所難免，祈盼包涵，並請指正。

一

《老子》甲：

> 法勿（物）兹（滋）章（彰），規（盜）惻（賊）多又（有）。

此句今本作："法令滋彰，盜賊多有。"裘錫圭先生説法物"很可能確是指法令一類事物而言的"。魏啟鵬則認爲"法物"當指錢幣，其義同於"法化（貨）"。劉國勝則認爲可讀爲"廢物"。李零讀爲"乏物"，猶今語所謂稀缺之物。

今按"法物"就是"法令"的意思。"物"有法則之義，王引之《經義述聞·通説上·物》已經説得很清楚了：

> "物"訓爲類，故又有法則之義。《大雅·烝民篇》："天生烝民，有物有則。"《周語》："昭明物則以訓之。"又曰："比之地物，則非義也；類之民則，則非仁也。""物"者，"則"也，皆"法"也。

---

① 本文所引各家之説如無特別説明，均轉引自《楚地出土戰國簡册［十四種］》一書，也就不再一一加注。又：我身處囹圄已近八年，孤陋寡聞，文中的某些新説可能已有學者早已言之，如有雷同，應屬"暗合"，絶非抄襲之屬，我想大家是會理解的。

《周禮·地官·司稽》"察其犯禁者與其不物者",孫詒讓《正義》亦云"物,猶法也"。《禮記·緇衣》"君子言有物而行有格",《易·家人》"君子以言有物而行有恒〈極〉","物"與"格""極"皆法則義。今本《老子》言"法令",簡本云"法物",其義一也。

"物"有法則之義常常被忽視,比如商務印書館出版的《古代漢語詞典》"物"字頭列有14個義項,就没有法則這一義項,又將《國語·周語》之"物則"解釋爲事物的法則,没有采納王引之的正確意見,殊爲可惜。

二

《老子》甲:

> 舍(含)德之厚者,比於赤子。蠆蠆(蠆)蟲它(蛇)弗蠚,攫鳥獸(猛)獸弗扣,骨溺(弱)堇(筋)秣(柔)而捉固。

"蠚",整理者未注釋。李零讀爲"螫"。今按"蠚"乃"螫"之或體。《詩·小雅·都人士》"卷髮如蠆"鄭玄箋"蠆,螫蟲也",陸德明《釋文》:"螫,本又作蠚。""扣",整理者讀"叩"。黄德寬、徐在國疑乃"拍"字之誤。

今按"扣"應讀爲"攫"。《説文·力部》:"劬讀若扣。"《眴部》:"眴讀若拘。"《走部》:"趜讀若劬。"故"扣"讀爲"攫"。《文選·張衡〈西京賦〉》云"剛蟲搏摯",《禮記·儒行》云"鷙蟲攫摯","鷙"通"忮",狠也、猛也。"猛獸弗攫"與"鷙蟲攫摯"義正相反。今本與"扣"字對應處作"據"、作"搏","據"亦讀爲"攫"。"攫鳥"之"攫",馬王堆帛書乙本正作"據"。《莊子·齊物論》云"則蘧蘧然周也",《太平御覽》卷九四五引"蘧蘧"作"瞿瞿"。故"據"可讀爲"攫"。"據(攫)""搏"義近,如上引《禮記·儒行》之"攫摯"與《西京賦》之"搏摯"義近。故今本作"猛獸不據(攫)、攫鳥不搏",簡本作"攫鳥猛獸弗扣(攫)"。

三

《老子》乙:

> 閟(閉)其門,賽(塞)其逸(兑),終身不矛。啓其逸(兑),賽(塞)其事,終身不逨。

今本"終身不矛"作"終身不勤","終身不逨"作"終身不救"。馬王堆帛書甲本與"逨""救"字對應處作"棘"。"來""棘"古音相近。《窮達以時》云"邵(吕)室(望)爲牂(臧)芘鴻(津)",裘錫圭先生按語讀"芘"爲"棘"。《史記·楚世家》"遇王飢於釐澤",《左傳》昭公十三年、《國語·楚語》皆曰"乃求王遇諸棘闈",是"釐""棘"相通之例,而

"螯""來"亦常見通假,可參見《古字通假會典》第 400 頁"螯與來"條。古文字中讀爲"仇""逑"的那個字,所從的聲符字形與"來"極近,隸書亦有"來""求"形近而訛之例。故今本作"救"者,必爲"逑"之誤字。如作"救",則無由與"棘"相通。白於藍説今本"救"、帛書本"棘"音義並通,有窮盡、終止之意,不可信。

簡本作"丞"者,應讀爲"務","務""勤"同義。《大戴禮記·五帝德》云"務勤嘉穀",即其例。而"終身不務"與"終身不逑(棘)"對言,"逑(棘)"似當讀爲與"務""勤"同義的"勑",《廣雅·釋詁四》云"勤也"。不過《老子》這段話委實難懂,我們的讀法也只是一種推測,附記於此。

四

《老子》乙：

> 大方亡禺(隅),大器曼城(成),大音祇(希)聲,天〈大〉象亡坓(形)。

今本作"大器晚成"。裘錫圭先生按語疑"曼"當讀爲"趨(慢)"。廖名春認爲"曼"義爲無,與馬王堆帛書乙本"免"義同。蔣瑞則認爲"曼"應訓爲無,與"晚"讀音不相通；董蓮池也有相似看法。

"曼"訓"無",見於《廣雅·釋言》和《小爾雅·廣詁》。王念孫《廣雅疏證》指出《法言·寡見》"曼是爲也"、同書《五百》"行有之也,病曼之也"的"曼"皆用此義。王念孫《讀書雜誌·餘編下·文選》還指出王褒《四子講德論》"但懸曼繒"的"曼"亦義無。清華簡《祭公》公布後,知道"曼"義無,實際上是"蔑"的假借。《祭公》今本的"蔑德",簡本作"曼德"。"蔑"古音明紐月部,"曼"古音明紐元部,音近相通。"蔑"訓無,古書故訓習見,可參見《故訓匯纂》"蔑"字頭"蔑,無也"條。而"免"與"曼"亦見相通之例。《史記·孔子世家》云"鄹人輓父",《禮記·檀弓》作"曼父"；《楚辭·遠遊》"玉色頩以脕顏兮"洪興祖《考異》云"脕,一作曼"。"曼"古音明紐元部,"免"古音亦明紐元部,故得通假。"亡禺""希聲""亡形"與"曼/免成"對言,"希"義罕、少、寡,則"曼/免"自當以讀爲表無義的"蔑"爲長。今本作"大器晚成",是對"大器免成"即"大器曼成"也就是"大器蔑成"的誤讀。

什麼是"大器蔑成"？上言"大方亡隅",下言"大音希聲""大象無形","方"與"隅","音"與"聲","象"與"形",詞義皆相關聯。《淮南子·原道》"經營四隅"高誘注："隅,猶方也。"《説文·耳部》："聲,音也。"《説文·彡部》："形,象形也。"段玉裁《説文解字注》則校訂爲"形,象也"。"器"與"成"應該也是這種關係。《説文·皿部》："盛,黍稷在器中以祀者也。"段玉裁《説文解字注》："盛者,實於器中之名也,故亦評器爲盛。"又云："有所盛曰器。"而"盛"亦或作"成"。《釋名·釋言語》:"成,盛也。"王先謙《疏證》:"成盛聲義互通見於經典者甚多。"故"大器蔑盛"言器皿大到一定程度反倒不是器盛了,與"大方亡隅""大音希聲""大象亡形"完全同類。"大器晚成"乃創造性誤讀。

《老子》中很多話在傳播中被誤讀,並固定下來成爲成語、典故,比如裘錫圭先生曾經討論過的"寵辱若驚"。① 今天我們辨析出"大器晚成"的本來面貌和準確含義,又爲這種創造性誤讀增添了新的例證。看來《老子》文本校讀,還有大量工作可做。

五

《窮達以時》:

騹(驥)駒張(常)山,驌(騏)空叴枼,非亡體(體)壯也。

"駒",李零讀爲"厄",《説苑·雜言》"驥厄罷鹽車",正作"厄"。周鳳五讀爲"驚"。徐在國讀爲"約",意爲"窮"。白於藍讀爲"約",猶如《淮南子·俶真》"是猶絆其騏驥而求其致千里也"的"絆"字。今按"駒"字又作"靮"。《禮記·檀弓》"則執執羈靮而從",《韓詩外傳》卷七"靮"作"縶","縶"義羈縛、繫絆。"空",徐在國釋爲"塞",王志平釋爲"穴"。葛陵簡"空""穴"互見,王説是。

我們要討論的是"叴枼"一詞。"叴",整理者釋"邵",徐在國改釋爲"叴",讀"叴枼"爲"鳩棘",義爲"叢棘"。白於藍讀爲"枳棘",王志平讀爲"皋棘"。我認爲應讀爲"蒿萊"。《爾雅·釋天》"五月爲皋"陸德明《釋文》:"皋本或作高。""蒿""萊"皆穢惡之野草木,古書中常見連言之例。凡生蒿萊者,多爲薄瘠的野外之地。騏驥穴於蒿萊、野外之地,乃時運不濟也。《六德》云"才在草茅之中",與"騏穴蒿萊"義近。《文選·阮籍〈詠懷〉》云"賢者處蒿萊",陳子昂《感遇詩》之三十五云"拔劍起蒿萊",與之文意一脉相承。

六

《魯穆公問子思》:

恒(亟)再(稱)其君之亞(惡)者,爲謂忠臣矣。

陳偉認爲"亟稱"就是急切指出的意思,古書中常有"亟稱""亟言"的文例。

今按"亟稱"應該是屢屢指出的意思。"亟"有屢次之義,《新華字典》即收有這個

---

① 裘錫圭:《"寵辱若驚"是"寵辱若榮"的誤讀》,《中華文史論叢》2013年第3期。

義項，例句是"亟來問訊"。古書中"亟，數也"之訓屢見。《爾雅·釋言》"屢，亟也"郭璞注："亟，亦數也。""亟稱其君之惡"即《左傳》《國語》等書中頻頻出現的"驟諫"，杜預注："驟，數也。"段玉裁《説文解字注》："今字驟爲暴疾之詞，古則爲屢然之詞。"就像不能把"驟諫"理解爲暴疾諫言，同樣也不能把"亟稱"理解爲急切指出。《左傳》昭公二十一年"亟言之"杜預注明言："亟，數也。"《逸周書·官人》"亟稱其説"，《孟子·離婁下》"仲尼亟稱於水"，"亟稱"都是"數稱"之義。

上博簡《弟子問》：

> 子曰："小子，來，聖（聽）余言，登年不恒至，耇老不復壯。……"

今按"登年"猶言"豐年"。《詩·周頌·恒》有"婁豐年"之説，鄭玄箋："屢，亟也。"由此可見"恒"應改釋爲"亟"，屢也。"屢至"指至少連續兩次以上，而"復壯"指再壯。"屢"與"復"相對，是優於"恒"與"復"相對的。

七

《五行》：

> 顔色伀（容）㒵（貌）▨弁也。

"▨弁"似應釋爲"愠弁"，讀爲"愠忭"，義同"溫愉"。《大戴禮記·曾子立孝》云"居處溫愉"。《詩·邶風·燕燕》"終溫且惠"鄭玄箋："溫，謂色和也。"《説文·日部》："昪，喜樂皃。"陳啟源《稽古編》："弁、般、槃、盤，字異而音、義同，皆借用爲樂意。"表樂義的"弁"今作"忭"。而"愉"亦義樂。《曾子·立孝》"居處溫愉"阮元注："愉，樂也。"《禮記·祭義》"其進之也，敬以愉"鄭玄注："愉，顔色和貌也。"有學者不明"弁"義樂，將"弁"讀爲"變"，且將"溫"與"弁"斷開，是不對的。

八

《成之聞之》：

> 是古（故）畏備型（刑）罰之婁（屢）行也，繇（由）上之弗身也。

"畏"，其上部與簡文一般"畏"字有異。裘錫圭先生按語認爲如確爲"畏"字訛體，疑當讀爲"威"。"備"，多讀爲"服"。

今按"備"義慎。《説文·人部》："備，慎也。"過去對"備"的這一義項不太關注。

清華簡《保訓》云"祗備不懈""祗備毋懈",李學勤先生認爲"祗備"應釋爲"祗慎",①是正確可從的。"畏備"也應理解爲"畏慎"。《東觀漢記·樊準傳》:"(準)明習漢家舊事,周密畏慎。"《顔氏家訓·教子》:"父母威嚴而有慈,則子女畏慎而生孝矣。""畏慎刑法之屢行"即古書中習見之"慎罰"也。

九

《成之聞之》:

> 勥之述(遂)也,强之功也;陣之弇也,詞之功也。

"勥",李零疑讀爲"勉"。"陣",李零疑讀爲"申",周鳳五則釋爲"隨",讀爲"橢"。"弇",李零讀爲"淹"。"詞",整理者釋爲"詞",周鳳五讀爲"治",義攻治,即琢磨、整治。無論采取哪種釋讀,這句話都很費解。

"陣"與上博簡《仲弓》"□母(毋)自隓(惰)也。昔三弋(代)之明王,又(有)四海(海)之内,猷(猶)坴□"中的"隓"字比較,證明周鳳五釋"隨",讀爲"橢",是有一定道理的,但這個字準確的釋讀則應釋"惰",而"詞"則應讀爲"怠","惰""怠"同義,猶如上文"勥(勉)""强"同義。則簡文可讀作:"勉之遂也,强之功也;墮之弇也,怠之功也。"前面説:"君子曰:雖有其恒,而行之不疾,未有能深之者也。"綜合上下文意,"勉之遂也"句的意思大概是説:勉之而遂成(其事),乃是强勉之功;惰之而"弇"(其事),乃是怠惰之功。一正一反立論,故後接云"是故凡物在疾之"。"弇"的詞義應該與"遂"相反。我意"弇"可讀爲"奄",在這裏是止息之義。《方言》卷十和《廣雅·釋詁二》皆云"奄,息也"。《詩·秦風·黄鳥》云"子車奄息",則是"奄息"同義連言之例。

十

《尊德義》:

> 均(均)不足以坪(平)政,慢(緩)不足以安民,戡不足以沫衆,専(博)不足以智(知)善,快(決)不足以智(知)侖(倫),殺不足以夯(勝)民。

"沫",李零疑讀爲"蔑";陳偉則讀爲"眛",冒犯之意。"安民"與"沫衆"對言,如"沫衆"理解爲蔑衆、犯衆,似不類。

---

① 李學勤:《清華簡〈保訓〉釋讀補證》,《初識清華簡》,中西書局,2013年。

我認爲"沬"應讀爲"勱"。"末""萬"相通,故李零讀"沬"爲"蔑"。清華簡《耆夜》"日月其邁","邁"通"邁",《詩·唐風·蟋蟀》云"日月其邁"。故"沬衆"讀爲"勱衆",言激勵、勱勉民衆。

十一

《尊德義》:

古(故)爲正(政)者,或侖(論)之,或兼〈義,議〉之,或繇(由)忠(中)出,或執之外,侖(倫)隸(列)其類。

裘錫圭先生按語説:"'執(勢)''設'古音相近可通,漢簡、帛書中其例屢見。"陳偉則認爲"執"同"藝",種植義,又疑讀爲"勢",《説文》云"至也"。

裘先生關於"執""設"音近相通之説影響很大,以至於有學者一見到"執"字,就往"設"字考慮。其實與"執"有着音近通假關係的聲符很多,不一定都通"設"。陳來已指出,"或由中出,或執之外"可與《語叢一》的一段話對讀:"人之道也,或由中出,或由外内。"今按"或由外内"與"或執之外"義同。"執"聲、"内"聲音近可通。《禮記·郊特牲》"然後焫蕭合羶薌",《詩·大雅·生民》毛傳引"焫"作"爇"。"或執之外"應讀爲"或内(納)之外"。"出"與"納"、"中"與"外"皆相對。《性自命出》:"聖人比其類而論會之,觀其先後以逆順之,體其義而節文之,理其情而出内之。""論會"義同"論計"。《周禮·地官·鄉大夫》"令六鄉之吏,皆會政致事"鄭玄注:"會,計也。""論計"與"論議"義近。而與"論會"並列者亦言"出内",亦可旁證"或執之外"應讀爲"或内(納)之外"。

十二

《尊德義》:

教以事,則民力嗇(嗇)以面利。

"面",李零讀爲"湎"。實則"面"應讀爲"勔",《爾雅·釋詁上》云"勔,勉也"。"勉利"猶言"趣利"。"力嗇"謂力於農穡,"勔利"言勤勉、趣促於利,故而並言。

十三

《性自命出》下篇:

凡學者隸其心爲難,從其所爲,近得之흐(矣),不女(如)以樂之速也。

"隸",裘錫圭先生按語認爲乃"求"字之訛。陳偉仍釋"隸",釋爲觸及、達到。沈培讀爲"肆",疑"肆其心"即"忘其心"。

讀"隸"爲"肆"的意見是可取的,但"肆"義放縱,與下文"從其所爲"的"從"讀爲"縱"義同。《後漢書·黨錮傳》"夫刻意則行不肆"李賢注:"肆,猶放縱也。"心之放縱較難,而行之放縱易爲,故謂"近得之矣"。

十四

《性自命出》下篇:

凡甬(用)心之杲(躁)者,思爲戡(甚)。甬(用)智之疾者,患爲甚。甬(用)青(情)之至者,依(哀)樂爲甚。甬(用)身之弁者,兌(悅)爲甚。甬(用)力之書(盡)者,利爲甚。

"弁",裘錫圭先生按語疑當讀爲"變"。陳偉讀本字。《禮記·玉藻》"弁行"陸德明《釋文》:"弁,急也。"李零認爲此字與簡文常見用爲"變"的"弁"寫法不同,應當是用爲"忭急"的"忭"。

今按這段話分兩部分。上半部分言"躁""疾",所對應的是"思""患";下半部分言"至""弁""盡",所對應的是"哀樂""悅""利"。"弁"似應讀爲"徧",與"盡""至"同義。戰國虎符之"弁將軍",即讀爲"裨將軍","裨"同"徧"。《淮南子·主術》"則天下徧爲儒墨矣"高誘注:"徧,猶盡也。"

十五

《性自命出》下篇:

未教而民亙,眚(性)善者也。未賞而民懽(勸),含福者也。

"亙",整理者讀爲"恒"。劉昕嵐認爲"民恒指民有恒善之心"。陳偉疑用作"亟",敏疾;也可能讀爲"極",中正義。

今按"亙"應讀爲"兢"。《老子》七十六章"本強則折",馬王堆帛書甲本"折"作"恒",乙本則作"兢"。《說文·兄部》:"兢,敬也。""兢""矜"古今字。《孟子·公孫丑下》"使諸大夫國人皆有所矜式"趙岐注:"矜,敬也。""敬慎"與"勸勉"對言,古書屢見。

十六

《性自命出》下篇：

> 凡人青（情）爲可兌（悦）也。句（苟）以其青（情）唯（雖）怂（過）不惡；不以其青（情），唯（雖）難不貴。

各家幾乎都没有措意"難"字。"苟以其情，雖過不惡"與"不以其情，雖難不貴"相對而言，"過""惡"都是貶義詞，而"難""貴"當是褒義詞。如讀"難"如字，則不類矣。

今按"難"應讀爲表敬義的"戁"。《禮記·儒行》"儒有居處齊難"，王引之《經義述聞》讀"難"爲"戁"。《説文·心部》："戁，敬也。""齊戁"同義連言，猶言"齊速（肅）"。"雖戁不貴"言雖敬而不尊貴，而"雖過不惡"則云雖過而不憎惡，兩兩正相對。

十七

《六德》：

> 新（親）父子，和大臣，帰四叟（鄰）之帝虐，非㤅（仁）宜（義）者莫之能也。

"帰"，整理者讀爲"歸"。裘錫圭先生則疑即"寢"之省寫。"帝"，本作⿱，袁國華認爲乃"帝"之訛，讀爲"敵"。李零亦疑乃"帝"之省體，讀爲"抵"。吕浩疑當釋爲"央"，讀爲"殃"。"虐"，李零疑讀爲"悟"。顔世鉉讀爲"虜"，"敵虜"之降服者。吕浩認爲也可能釋爲"虐"，"殃虐"爲近義連文。

今按"帰四叟（鄰）之帝虐"應讀爲"懷四鄰之啼呼"。"帰"爲"歸"之省訛，讀爲"懷"。《禮記·緇衣》"私惠之不歸德"鄭玄注："歸，或爲懷。""懷"義安，與"親""和"義近。"虐"，楚簡多用"虖"爲"乎"。"帝乎"讀爲"啼呼"。"啼"義啼泣，"呼"義同"啼"。《左傳》莊公八年"豕人立而啼"洪亮吉詁引服虔云："啼，呼也。""啼呼"代指不幸。"懷四鄰之不幸"與"親父子""和大臣"並列，皆爲仁義之舉。

附録：
戰國竹書札記（五則）

説明：這篇小文章收有五則小札記，都是談郭店簡以外的其他戰國竹書釋讀中的小問題，故附録於此，一併刊發。

說來慚愧，我至今尚未系統研讀上博簡、清華簡。近年來，師友們向身處圜土中的我寄贈了不少大作，其中頻頻徵引上博簡、清華簡中的段落、文句。我對其中某些字詞、文句有自己的看法，寫成札記數則，向師友們討教。

一

陳劍先生《戰國竹書論集》第 178 頁引到上博簡《弟子問》中的一句話："言行相㥯，然後君子。""㥯"後括注問號，而原整理者釋爲"近"。

我認爲這個字就是陳劍先生討論過的"慎"字的一種變體，在這裏讀爲"質"。古文字"慎"字所從聲符與"質"字所從本爲一字，故"慎"可讀爲"質"。"言行相質"即言行相符、相當之義。《儀禮·聘義》"君子於其所尊，弗敢質"鄭玄注："質，謂正自相當。""正自相當"即言"相對"。《禮記·曲禮上》"雖質君之前"鄭玄注以及《史記·孫子吳起列傳》"及臨質"司馬貞《索隱》都說："質，猶對。"君子當言行一致，言與行相對、相配、相符、相當，故云"言行相質，然後君子"。《孟子·盡心下》說"言不顧行，行不顧言"，說的正是"言行不相質"。《逸周書·謚法》"名實不爽曰質"孔晁注："不爽，應也。""應也"，盧文弨校改爲"言相應也"。《通考》引注作"名實内外相應不差"，即名實相符相合之義，《謚法》云"純行不爽曰定"，又云"思慮不爽曰厚"。朱右曾《集訓校釋》皆云："爽，差也。""差"即不同、不齊。相質、相當、相對、相配即爲"不爽""不差"，故謚曰"質"，這與"言行相㥯（質）"的"質"用法相通。

二

陳劍先生《戰國竹書論集》第 266 頁録有上博簡《仲弓》中的一段話："孔子曰：'迪（陳）之備（服）之，縵（緩）㤅（施）而㦰（遜）敀（敕）之。……'""㦰（遜）"字，對比前言"臤（賢）者□型（刑）正不縵（緩），悳（德）孝（教）不㦰（倦）"的"㦰（倦）"字，知應從原整理者之釋，讀爲"倦"。

我認爲這句話中"迪之備之"與"緩弛而㦰敕之"是一個意思。"迪"應讀爲"申"，舒展也，與"緩弛"義近。《戰國策·魏策》"衣焦不申"吳師道注："申，舒也。"《文選·曹植〈洛神賦〉》"申禮防以自持"李善注："申，展也。""申申"即從容舒展之貌。《楚辭·離騷》"申申其詈予"朱熹《集注》："申申，舒緩也。""備"不當讀爲"服"，應適用《說文·人部》"備，慎也"之訓，與下文"㦰（倦）""敀（敕）"都是謹敬之義。"備"有慎義，過去不太注意。清華簡《保訓》云"兹備惟文",又云"祗備不懈""祗備毋懈",李學勤先生以之與《書·康誥》"子弗祗服厥父事"對讀,認爲前人多訓"服"爲"治"、以"事"爲其賓語,可能是不對的,"服"也許正應讀爲訓慎的"備"。"惓"通"拳",本義力也,引申爲忠謹或勤勤。《漢書·劉向傳》"惓惓之義也"顏師古注:"惓惓,忠謹之意。"《資治通鑑·周紀一》"未嘗不惓惓也"胡三省注:"惓惓,猶言勤勤也。"勤勉於事與敬謹於事,詞義也就一步之遥。故从"关"得聲的"券""勌""勸"多有勤勞、勉力之義。而"攼(敕)"也是既有謹義,也可通訓爲勞的"勑"。《廣雅·釋言》:"敕,謹也。"《漢書·禮樂志》"敕身齋戒"顏師古注引應劭曰:"敕,謹敬之貌。"王引之《經義述聞·爾雅上·倫敕愉庸勞也》云:"敕當爲勑,即勞來之來。"孔子這段話,是對仲弓所問"道民興德如何"的回答。孔子的回答因簡文缺失,不能知曉其完整意見。從我們對"申之慎之,緩弛而惓敕之"的釋讀來看,孔子的意思無非是"明德緩刑"四個字。"備""枀(惓)""攼(敕)"言"明德""慎德","迪(申)""緩㦷(緩弛)"言"緩刑",故下文接言"唯又(有)孝德"如何如何。

三

郭永秉《古文字與古文獻論集續編》第254～257頁討論了清華簡《耆夜》、上博簡《吳命》和楚帛書中三個以"孚"爲聲符的字:

王有旨酒,我憂以鬷。既醉又盉(侑),明日勿稻(慆)。
《耆夜》之《蟋蟋》詩

寧心敦憂,亦唯吳伯父。
《吳命》

炎帝乃命祝融以四神降,奠三天維,思(使)敦奠四極。
《楚帛書》

郭先生認爲:"《吳命》和楚帛書'敦'以及《耆夜》的'鬷'字,有可能記載的是一個不見於傳世古書的,表示'安寧'、'安撫'等義的詞,似不能排除這個詞和'撫'有密切的語源關係。事實如何,有待進一步研究。"

我認爲這個字就是古書中訓爲安的"保"字。《左傳》莊公六年《經》:"齊人來歸衛俘。"《公羊傳》《穀梁傳》"俘"作"寶",而"保""寶"古多通用。《公羊傳》僖公十五年"季氏之孚也",俞樾《群經平議》云"孚"當讀爲"保"。僞古文《尚書》之《湯誥》云"上天孚佑下民",應讀爲"上天保佑下民"。郭書第58頁"看校追記"中説,蘇建洲先生認爲清華簡《繫年》34號簡有一個加注"爻"聲的"保"字,其形與《古文四聲韻》卷三引古《老子》"抱"字字形全同。而《說文·手部》"抱"或體作"捊"。這也是從孚得聲的字通

"保"之證。"我憂以保"言我憂以安。"寧心保憂"即寧心安憂,"寧""保"對言。"保奠四極"猶言"保定四極"。"奠,定也"之訓古書習見,《周禮》鄭玄注三次提到"奠,讀爲定"。"保定"猶言"安定"。

四

上博簡《君人者何必安哉》最後一段説:

> 戊行年七十矣,言不敢擇(釋)身。君人者何必安(然)哉!桀、受、幽、厲死於人手,先君幹(乾)溪(豀)云(殞)蘭,君人者何必安(然)哉!

董珊先生《簡帛文獻考釋論叢》第81～82頁説:

> "云蘭"似讀爲"殞匿",文獻記載楚靈王死於申亥家,先是楚平王偽出其喪以定國人,後申亥告知葬處而改葬,"匿"似指先匿其葬。

此説可商。《左傳》昭公十二年載令尹子革以祭公謀父《祈招》之詩諫楚靈王,靈王有所觸動,"王揖而入,饋不食,寢不寐,數日,不能自克,以及於難"。"云(殞)蘭"應指楚靈王殁於乾谿這件事。我認爲"蘭"字應讀爲訓沉没義的"涅"。"呈""執"音近相通,如"涅"即古"熱"字,"倪伲"又作"槷黜";而"執""爾"又常見通假之例,故"蘭"可讀爲"涅"。董著第74頁搜集了不少"淫""涅"相訛之例,其中一例是《周禮·考工記·幌氏》"淫以之屋"鄭玄注:"淫蕩爲涅,《書》亦或爲湛。""湛"通"沉",《説文·水部》云"湛,没也",而《廣雅·釋詁》亦云"涅,没也",故作"涅"者,亦或爲"湛"。《方言》卷十三:"涅,休也。"《説文·水部》:"休,没也。""殞涅"就是殞没的意思。范乘對桀、受、幽、厲稱"死",對"先君靈王"稱"殞涅",是符合其身份的。

五

陳斯鵬《楚系簡帛中字形與音義關係研究》第187頁引録了上博簡《三德》中的一段話:"邦失幹棠(常),小邦則戔(剗),大邦迡(禍)傷。"陳著認爲"禍傷"爲義近相連,猶言"禍害"。

今按"則戔(剗)"應讀爲"賊殘",也是義近相連。《書·盤庚》:"女有戕則在乃心。"劉逢禄《尚書今古文集解》已指"則"當爲"賊",古假借字。王國維《散氏盤考釋》指出銘文"賊"字當从戈从則,故"則""賊"二字可通。"剗"通"剸",滅也。王念孫《讀書雜志·餘篇上·吕氏春秋》云《知士》"剗而類"的"剗"與"殘"同。《説文·支部》:

"殘,賊也。""賊殘"同義連言,言滅殺。

"邦失幹常"云邦失儀法。"幹"通"榦"。《左傳》文公六年云"陳之藝極,引之表儀",王引之《經義述聞》引其父王念孫之説:"立木以示人謂之表,又謂之儀。《説文》:'檥,榦也。从木義聲。'經傳通作'儀'。表儀與藝極義相近,皆所以喻法度也。"《詩·小雅·賓之初筵》"不知其秩"毛傳:"秩,常也。"陳奐《傳疏》:"常,則也,法也。"是"幹常"即法度、儀法也。邦失法度,小邦則爲"賊殘",大邦則爲"禍傷",文意是通順明了的。

上古漢語-ps＞-ts 音變在戰國文字中的反映

張富海

中古去聲源於上古-s 韻尾,是迄今關於去聲來源的最合理的解釋,而去聲字中跟入聲字關係密切的那一部分(即王力先生所謂長入字),其上古音則是塞音加-s 的複韻尾。① 例如：否定詞"莫"是入聲-k 韻尾,去聲字"暮""墓""慕"就是-ks 韻尾;"弋""式"是入聲-k 韻尾,去聲字"代""試"就是-ks 韻尾;"谷"是入聲-k 韻尾,去聲字"裕"就是-ks 韻尾;"壹"是入聲-t 韻尾,去聲字"噎""殪"就是-ts 韻尾;"察"是入聲-t 韻尾,去聲字"祭"就是-ts 韻尾;言説之"説"是入聲-t 韻尾,去聲字遊説之"説"就是-ts 韻尾。以上是-ks 和-ts 韻尾的例子,這兩類字比較多,而後者尤多。既然有-ks 和-ts 韻尾,那麼從音系結構考慮,應該也有-ps 韻尾。如果去聲字跟收-p 尾的入聲字諧聲假借或有語言上的同源關係,則這些去聲字就是-ps 韻尾。俞敏和張清常先生有專文討論這類字,②下面列出其中比較可靠的例子：

世,是"枼(葉)"的分化字,語源上也相關,"葉"是入聲-p 韻尾,故去聲字"世"是-ps 韻尾。

蓋,从"盍"聲,"盍"亦"蓋"之初文,"盍"是入聲-p 韻尾,故去聲字"蓋"是-ps 韻尾。"蓋"又音胡臘切,則與"盍"同音。

會,與"合"應有同源詞關係,且《説文》古文"會"作"袷",从"合"聲,西周金文"造"

---

① 參看潘悟雲：《漢語歷史音韻學》,上海教育出版社,2000 年,第 176～184 頁。
② 俞敏：《論古韻合怗屑没曷五部之通轉》,《燕京學報》第 34 期,1948 年,第 29～48 頁。張清常：《中國上古 *-b 聲尾的遺迹》,《清華學報》第 15 卷第 1 期,1948 年;收入氏著《語言學論文集》,商務印書館,1993年,第 1～35 頁。

讀作"會",①"合"是入聲-p 韻尾,故去聲字"會"是-ps 韻尾。

内,與"入""納"同源,"入""納"是入聲-p 韻尾,故去聲字"内"是-ps 韻尾。从"内"聲的去聲字"芮""汭""枘""蚋"也應該是-ps 韻尾。"退"字的《説文》古文从"内"聲,是否應據此歸入-ps 韻尾之類,尚有疑問。

瘞,从"夾"聲,"夾"是入聲-p 韻尾,故去聲字"瘞"是-ps 韻尾。"瘞"字同。

對,與"答"有同源關係,"答"是入聲-p 韻尾,故去聲字"對"是-ps 韻尾。从"對"聲的"懟"也可以是-ps 韻尾。

位、莅,與"立"有同源關係,"立"是入聲-p 韻尾,故去聲字"位""莅"是-ps 韻尾。

摯、贄,與"執"有同源關係,"執"是入聲-p 韻尾,故去聲字"摯""贄"是-ps 韻尾。从"執"聲的"鷙""墊""蟄"等字也可以歸入-ps 韻尾之類。

介,與入聲-p 韻尾的"甲"和"夾"當有同源關係,又東周石磬銘文律名"夾鐘"作"介鍾",②故去聲字"介"是-ps 韻尾。

廢,从"發"聲,"發"是收-t 韻尾的月部字,故"廢"字一般歸入月部;但商周金文均假借"瀎"字來表示"廢"這個詞,"瀎"是入聲-p 韻尾,所以去聲字"廢"是-ps 韻尾。

曁,从"既"聲,"既"是收-ts 韻尾的物部字,故"曁"字一般歸物部;但早期古文字中用"泣"的初文"眔"表示連詞"曁",③"眔"是入聲-p 韻尾,所以去聲字"曁"是-ps 韻尾。

上舉這些字的中古音已經跟來自上古-ts 韻尾質、物、月部的字完全合流,如"蓋""丐"無別,"摯""至"同音。自段玉裁以來,學者多把這些字歸入乙類韻質、物、月部,而不歸入丙類韻緝、葉部。這麼做,除了根據中古音(這個理由實際上不能成立),大概依據的主要是《詩經》押韻。這些字在《詩經》中入韻的很少,兹參考段玉裁《六書音均表・詩經韻分十七部表》,列出相關韻段如下:

《小雅・雨無正》:"戎成不退,飢成不遂。曾我暬御,憯憯日瘁。凡百君子,莫肯用訊;聽言則答,譖言則退。"訊,當作"誶";④答,當讀作"對",《新序》《漢書》皆引作"對",⑤《大雅・桑柔》"聽言則對,誦言如醉"作"對"。

---

① 容庚編著、張振林、馬國權摹補:《金文編》,中華書局,1985 年,第 95~96 頁。
② 胡小石:《考商氏所藏古夾鐘磬》,《胡小石論文集》,上海古籍出版社,1982 年,第 201~202 頁。
③ 《説文》有"臮"字,音義皆同"曁",是"眔"之訛體。參郭沫若:《郭沫若全集・考古編》第五卷,科學出版社,2002 年,第 678 頁。
④ 馬瑞辰:《毛詩傳箋通釋》,中華書局,1989 年,第 626 頁。
⑤ 同上注,第 626~627 頁。

《大雅·文王》："文王孫子，本支百世。凡周之士，不顯亦世。""世"字自爲韻，無分析的價值。

《大雅·蕩》："而秉義類，彊禦多懟。流言以對，寇攘式内。"

《大雅·蕩》："人亦有言：顚沛之揭，枝葉未有害，本實先撥。殷鑒不遠，在夏后之世。""揭""撥"兩字爲入聲，"害""世"兩字爲去聲，也可以看作交韻。

《大雅·桑柔》："大風有隧，貪人敗類。聽言則對，誦言如醉。匪用其良，覆俾我悖。"

《大雅·皇矣》："帝作邦作對，自大伯王季。"

《大雅·假樂》："不解于位，民之攸墍。"

《大雅·抑》："肆皇天弗尚，如彼泉流，無淪胥以亡。夙興夜寐，洒掃庭内，維民之章。"此段"尚""亡""章"韻，"寐"與"内"當然也可以視作非韻，白一平即如此。①

以上韻段中，據上文應爲-ps 韻尾的"對""懟""世""内""位"五字，都與收-ts 韻尾的去聲字押韻。這種押韻的性質，理論上存在兩種可能：第一種可能是反映了語音的演變，即在這些詩寫作的時代，由於同化作用，-ps 韻尾已經變成了-ts 韻尾。包擬古認爲-ps 和-ts 在《詩經》時代已經合流。② 蒲立本説："同化 *-ps＞*-ts 一定發生得很早，至少在一些主要的方言中是這樣，因爲在《詩經》中已經没有 *-ps 的迹象了。"③鄭張尚芳先生大概也是持這種看法的。④ 第二種可能是當時這些字仍是-ps 韻尾，但-ps 韻尾的字太少，詩人創作時偶爾用到，又很難自相押韻，就采用了就近合韻的辦法，與-ts 韻尾字通押。白一平《漢語上古音手冊》附錄中的詩韻分析，這些字都直接構擬爲-ps 韻尾，也許白一平先生是看作合韻的。郭錫良先生在《漢字古音手冊·增訂本前言》中説："上面所舉'位、内'押韻的三首詩，既可以看作-p 尾韻異化爲-t 尾韻的證據，也未嘗不可認爲是緝、物合韻的材料。"⑤好像傾向於看作合韻。按緝、物合韻是可能的，如上博簡《李頌》簡 1 背："胃（謂）羣衆鳥，敬而勿集可（兮）。索（素）府宫李，木異頪（類）可（兮）"，緝部字"集"與物部字"類"押韻。

總之，傳統將上列本收-ps 韻尾的字直接歸入乙類韻質、物、月部是不妥當的，應

---

① William H. Baxter（白一平）：《漢語上古音手冊》*A Handbook of Old Chinese Phonology*，Berlin：Mouron de Gruyter，1992 年，第 714 頁。
② 包擬古著，潘悟雲、馮蒸譯：《原始漢語與漢藏語》，中華書局，2009 年，第 53、71 頁。
③ 蒲立本著，潘悟雲、徐文堪譯：《上古漢語的輔音系統》，中華書局，1999 年，第 154～155 頁。
④ 鄭張尚芳：《上古音系》（第二版），上海教育出版社，2013 年，第 31～32 頁。
⑤ 郭錫良：《漢字古音手冊》（增訂本），商務印書館，2010 年，第 27 頁。

從包擬古、蒲立本、鄭張尚芳、白一平、郭錫良等的新説,歸入丙類韻緝、葉部。但因此產生的新問題是,上古-ps 韻尾和-ts 韻尾中古音已經合併,之前必定發生過-ps＞-ts 的語音演變,這種演變是何時發生的? 如果認爲上舉《詩經》押韻不是合韻,則必定得出這種演變發生在西周時期甚至西周早期的結論。如果認爲上舉《詩經》押韻是合韻,則這種演變的時間要推後。

古文字材料未經後人改動,是可靠的原始材料,能真實傳達出當時的語音信息。通過考察古文字尤其是數量豐富的戰國竹簡中的諧聲假借,我們可以發現-ps＞-ts 音變的可靠證據。

1. 蓋 *kaaps＞*kaats

郭店簡《窮達以時》簡 3:"旮(咎)繇(繇)衣胠(枲)蓋","蓋"讀爲"褐"。"褐"是入聲月部字,收-t 韻尾,故"蓋"必定已經由葉部轉入了月部,即已經發生了 *kaaps＞*kaats 的音變。"蓋"讀 *kaats,方可與"褐"*gaat 通假。

包山簡 268:"一紡害,丹黄之緅(裏)。"望山二號墓簡 12:"一紫箬,鯺(赭)膚(臚)之裏。""害"和"箬",李家浩先生讀爲車蓋之"蓋",①可從。"害"是去聲月部字,收-ts 韻尾。既然楚簡假借"害"和"害"聲字爲"蓋",則當時"蓋"必定收-ts 韻尾。又戰國竹簡多用"害"*gaats 表示句首語氣詞"蓋",這能證明句首語氣詞"蓋"當時讀 *kaats,但不能證明句首語氣詞"蓋"本來是 *kaaps。"害"字的本義,郭沫若説就是"蓋",②然兩字本不同部,此説不可信。

2. 廢 *paps＞*pats

商周金文均假借"瀘"爲"廢","瀘"是入聲葉部,讀 *pap,證明去聲字"廢"本讀 *paps。但在戰國文字中,除了沿襲舊的用字習慣外,還用"癹"和"癹"聲字來表示"廢"。如:中山王鼎銘文:"於虖,語不癹斈(哉)","癹"讀爲"廢"。郭店簡《老子丙》簡 2—3:"古(故)大道癹,女(焉)又(有)悬(仁)義",假借"癹"爲"廢"。上博簡《昔者君老》簡 4:"各共(恭)尔(爾)事,癹命不夜(赦)","癹"讀爲"廢"。上博簡《弟子問》簡 7:"臑(肩)毋癹","癹"讀爲"廢"。上博簡《競公瘧》簡 5:"外内不癹","癹"讀爲

---

① 李家浩:《著名中年語言學家自選集・李家浩卷》,安徽教育出版社,2002 年,第 314 頁。
② 郭沫若:《郭沫若全集・考古編》第五卷,第 634 頁。

"廢"。但在戰國竹簡中，假借"叏"爲"廢"的還是少數，多數仍是假借"瀘"爲"廢"。①假借"瀘"爲"廢"是對傳統用字習慣的繼承，不能反映當時的實際語音，而新起的用"叏"爲"廢"的假借用法正是當時語音的反映。"叏"是入聲月部字，收-t 韻尾。既然戰國文字假借"叏"和"叏"聲之字表示"廢"，則當時"廢"必定已經讀-ts 韻尾，而非-ps 韻尾。

3. 世 $^*\text{leps} > {}^*\text{lets}$

楚簡多用"殜"爲"世"。清華簡《祭公之顧命》簡 19："我亦隹（惟）㠯（以）没我狋"，"狋"對應今本之"世"，整理者云："狋，從大聲，在定母月部，讀爲書母月部之'世'，中山王方壺（《集成》九七三五）作'牑'。""狋"字顯然就是"牑"字改从"大"聲的異體。"大"是去聲月部字，收-ts 韻尾，證明當時"世"已經由-ps 韻尾變爲-ts 韻尾。

4. 內 $^*\text{nuups} > {}^*\text{nuuts}$

上博簡《容成氏》簡 42+44："於是虐（乎）复（作）爲九城（成）之臺（臺），貝（視—寘）孟炭（炭）亓（其）下，加爨（圜）木於亓（其）上，思（使）民道之，能述（遂）者述（遂），不能述（遂）者内而死"，假借"内"爲"墜"。"墜"是去聲物部字，收-ts 韻尾，證明當時"内"已經由-ps 韻尾變爲-ts 韻尾。

越者汈鐘銘文："女（汝）亦虔秉不湟惪（德）"，假借"湟（汭）"爲"墜"，證明去聲字"汭"也已經由-ps 韻尾變爲-ts 韻尾。

5. 位 $^*\text{G}^\text{w}\text{rəps} > {}^*\text{G}^\text{w}\text{rəts}$

從西周金文直到秦漢簡帛都用"立"字表示名詞"位"（郭店簡有"位"字，但讀爲"蒞"）。中山王方壺銘文"述（遂）定君臣之謂（位）"，"謂"是加注"胃"聲的分化字（前文"臣主易立（位）"，仍用"立"），專門表示名詞"位"。"胃"是去聲物部字，收-ts 韻尾，證明當時去聲字"位"已經由-ps 韻尾變爲-ts 韻尾。

---

① 關於表示"廢"的字在出土文獻中的變化過程，參看邊田鋼：《"瀘""廢"二字在表"廢棄"義上的歷時替換》，《中國語文》2015 年第 6 期。

6. 曁 *grəps＞*grəts

清華簡《祭公之顧命》簡 5—6"我亦隹(惟)又(有)若且(祖)周公桀且(祖)卲(召)公","桀"讀爲連詞"曁"。"桀"是去聲物部字,收-ts 韻尾,證明古文字中本用"眔"表示的連詞"曁"當時已經由-ps 韻尾變爲-ts 韻尾。

7. 介 *kreeps＞*kreets

上博簡《鮑叔牙與隰朋之諫》簡 3:"器必蠲(蠲)愍","愍"从"介"聲,讀爲"潔"。"潔"是入聲月部字,收-t 韻尾,證明"介"當時已經由-ps 韻尾變爲-ts 韻尾。

8. 摯 *tips＞*tits

上博簡《鄭子家喪》簡 5"奠(鄭)人命㠯(以)子良爲執",清華簡《繫年》簡 35"惠公女(焉)㠯(以)亓(其)子褱(懷)公爲執于秦",簡 60"㠯(以)芋(華)孫兀(元)爲䞻",皆假借"執"或其異體爲人質之"質"。人質之"質"(陟利切)是收-ts 韻尾的去聲質部字,"執"是收-p 韻尾的入聲緝部字,兩字不同部,本來不能通假。但楚簡中"執"可以讀作"摯"(見於清華簡《尹至》和《尹誥》,是伊尹之名),讀爲"質"的"執"應相當於去聲的"摯"。既然"質"是-ts 韻尾,則"摯"在當時也已經變爲-ts 韻尾。

以上八字,戰國文字材料可以證明至晚在戰國時代就已經由本來的-ps 韻尾演變爲-ts 韻尾,即由緝、葉部去聲變爲質、物、月部去聲。其他本是-ps 韻尾的字像"對""會""瘞",也應該發生了同樣的音變。

"瘞"字从"夾"聲,無疑本屬葉部去聲,收-ps 韻尾。清華簡《金縢》簡 5"尔(爾)之卻(許)我=(我,我)則䢼璧與珪","䢼"即"厭"字,陳劍先生讀爲"瘞",①可信。"厭"字屬談部,也有葉部的讀音。戰國時代"瘞"應該已經由-ps 韻尾變爲-ts 韻尾,遂與"厭"字不同部,簡文假借"䢼(厭)"爲"瘞",只能解釋爲沿襲了舊的用字習慣,不反映當時的實際語音,跟戰國文字仍多假借"瀘"爲"廢"的性質相同。

清華簡《耆夜》簡 1—2"卲(召)公保睪(奭)爲夾",整理者訓"夾"爲"介",謂指助賓

---

① 陳劍:《戰國竹書論集》,上海古籍出版社,2013 年,第 409 頁。

客行禮者。① 學者多直接讀"夾"爲"介",②可從。"夾"字象兩人夾扶一人形,引申而有輔助之義,但不能作名詞用。動詞"夾"是入聲,讀*kreep,通過加-s尾(即所謂去聲別義),變讀爲*kreeps,就轉化爲了名詞,③而*kreeps正是"介"字的語音形式。助手義的名詞"介",當即輔助義的動詞"夾"的派生詞。故簡文用"夾"爲"介",並非假借,實際上是用了一個本字。這種用字習慣應當遠有所承,但在當時"介"已由*kreeps音變爲*kreets的情況下,反而不合實際語音。

以上兩個例子看似與-ps>-ts音變相矛盾,但可以用文字的存古來合理地解釋。

綜上所述,僅據《詩經》押韻,尚不足以證明西周時代發生了-ps>-ts的音變,而戰國文字中的諧聲假借,能有力說明此音變在戰國時代已經發生。在發現可靠的古文字證據之前,采取保守的態度,認爲-ps>-ts音變的發生不晚於戰國時代是比較適宜的。

---

① 李學勤主編:《清華大學藏戰國竹簡(壹)》,中西書局,2010年,第151頁注四。
② 參看李家浩:《清華竹簡〈耆夜〉的飲至禮》,《出土文獻》第4輯,中西書局,2013年,第20頁。
③ 上古漢語-s尾的功能之一是名物化,即轉指動詞詞根所表示的動作行爲相關的事物。參看洪波:《漢語歷史語法研究》,商務印書館,2010年,第152頁。

從秦"交仁"等印談秦文字以"仁"爲"信"的用字習慣

劉 釗

一

秦印中有如下諸印：

1. 《秦代印風》252

2.

3. 《十鐘山房印舉》3·6

4. 《珍秦齋藏印—秦印篇》379

5. 《古璽彙編》4507

6. 《古璽彙編》4508

1987年，李家浩先生在《從戰國"忠信"印談古文字中的異讀現象》一文中指出，《十六金符齋印存》十頁著錄的一枚"仁士"印，即上圖1，"仁士"可能是"信士"印的異文。① 他同時還指出,《十鐘山房印舉》3·6著錄的兩枚"審訨"印,即上圖2、3,"訨"應當分析爲从"言"从"仁"聲,即"信"字異體。"審信"爲古人常語,如《墨子·尚同中》"古者聖王之爲刑政賞譽也,甚明察以審信",《申鑒·政體》"明賞必罰,審信慎令"。他還由此推論《古璽彙編》中的兩方"忠仁"和"中仁"印,即上圖5、6,"似亦應當讀爲'忠信'"。②

我們認爲李家浩先生的觀點和推論是非常正確的,尤其是推論"忠仁"和"中仁"印"似亦應當讀爲'忠信'"這一點非常重要。可惜後來的有關著作對這一説法却重視不夠,如王輝、程學華兩位先生所撰《秦文字集證》對秦"中仁"印的解釋,還是説"中仁"即"忠仁"。③

雖然當年李家浩先生在文章中並沒有指出他解釋的以上璽印所屬的地域,但我們今天完全可以斷定,這些璽印都屬於秦印。由李家浩先生推論秦印"忠仁"和"中仁"應讀爲"忠信"出發,我們在這篇文章中,將嘗試對秦印中其他有"仁"字的璽印做些分析,看看除了"忠仁"和"中仁"印之外,其他秦印中的"仁"字是否也可以讀爲"信"。同時對秦簡中的一些"仁"字也做些分析。最後討論一下秦文字用"仁"爲"信"的原因。

秦印中有"交仁"印:

《風過耳堂秦印》331　　《中國璽印集粹》376　　《中國璽印集粹》377

《簠齋古印集》52

又有"交仁必可"印:

《秦代印風》252

關於"交仁"的含義,王輝、程學華兩位先生所撰《秦文字集證》(763)解釋"交仁必可"印謂:"睡虎地秦簡《法律答問》:'將上不仁邑里者而縱之,可(何)論? 當繫作如其所

---

① 李家浩:《從戰國"忠信"印談古文字中的異讀現象》,《北京大學學報(哲學社會科學版)》,1987年第2期,第9~19頁。查《十六金符齋印存》十頁並無"仁士"印,只有一二六頁有漢印"王安·仁士"印,相信李家浩先生所指不會是該印。不知是李家浩先生記錄有誤,還是用了該書另外的版本,不論是什麽原因,李家浩先生所指應該是本文圖1這類"仁士"印。

② 李家浩:《從戰國"忠信"印談古文字中的異讀現象》,《北京大學學報(哲學社會科學版)》,1987年第2期,第12頁。

③ 王輝、程學華:《秦文字集證》,藝文印書館,1999年,第303頁。

縱……'此條問押送在邑里不仁者而將之放走,應如何論處,可見秦人認爲'不仁邑里'是一種罪名,有這樣罪名的人是不可結交的。這也從反面説明與仁人交往,必可無禍。此印乃自戒勿與不仁者相交。"①王輝先生主編的《秦文字編》"仁"字下解釋"交仁必可"爲"與仁人交往,必可無禍。"②與《秦文字集證》的解釋完全相同。黃德寬先生主編的《古文字譜系疏證》"仁"字下解釋"交仁必可"的"交仁"爲"交結道德高尚之人"。③ 以上兩種解釋基本相同,都是將"交"理解成"結交",將"仁"理解成"仁人",即"道德高尚之人"。"盛世成信"公衆號《秦印——四字吉語集萃》一文謂:"'交'訓俱,交仁就是人人俱相仁愛,没有紛争。"④將"交"訓爲"俱",將"仁"訓爲"仁愛",與上引兩個解釋不同。

　　以上的解釋看似很有道理,其實却不是正確答案。早期典籍並無"交仁"的説法。如按前引李家浩先生讀"忠仁"和"中仁"爲"忠信"之説,我們認爲"交仁"的"仁"也應該讀爲"信","交仁"就是"交信"。"交信"的"交"既可以訓釋成"交往"的"交",如此"交信"就是"交往誠信"的意思,即《論語·學而》:"爲人謀而不忠乎? 與朋友交而不信乎?"中"交而不信乎"的"交信"。"交"典籍又訓爲"互","交信"也可以是"互相誠信""互相守信"的意思。《大戴禮記·千乘》説:"太古無遊民,食節事時,民各安其居,樂其宫室,服事信上,上下交信,地移民在。"⑤《後漢書·來歙列傳》載來歙質問隗囂謂:"國家以君知臧否,曉廢興,故以手書暢意。足下推忠誠,遣伯春委質,是臣主之交信也。"⑥"交信"又作"信交",《新序·節士上》:"君子曰: 程嬰、公孫杵曰,可謂信交厚士矣。嬰之自殺,下報亦過矣。"⑦《墨子·非攻下》"今若有能信效先利天下諸侯者",《墨子閒詁》謂:"效,讀爲交,同聲假借字,信交,謂相交以信。"⑧"交信必可"的"必可"意義比較虚,大概有"一定""必須""適宜"的意思。所以"交信必可"就是"互相誠信是一定的""互相守信必須的""互相守信是合適的"等一類意思。

　　戰國古璽三晉印中有如下之印:

《中國璽印集粹》324

---

① 王輝、程學華:《秦文字集證》,第 304 頁。
② 王輝主編:《秦文字編》,中華書局,2015 年,第 1276 頁。
③ 黃德寬主編:《古文字譜系疏證》,商務印書館,2007 年,第 3524 頁。
④ "盛世成信"微信公衆號:《秦印——四字吉語集萃》,2017 年 12 月 25 日。
⑤ 黃懷信主撰:《大戴禮記彙校集注》,三秦出版社,2004 年,第 976 頁。
⑥ (宋) 范曄撰,(唐) 李賢等注:《後漢書》,中華書局,2012 年,第 586 頁。
⑦ 盧元駿注譯:《新序今注今譯》,天津古籍出版社,1987 年,第 259 頁。
⑧ (清) 孫詒讓撰:《墨子閒詁》,中華書局,2001 年,第 156 頁。

印文爲"上下身"。"上下身"應讀作"上下信"。"上下信"也就是"交信",即上引《大戴禮記・千乘》的"上下交信"。這與古璽中的"上下禾(和)"印的內容可以參照:

《新見古代玉印選續》078

秦印中有下列之印:

1.  《秦代印風》245 　《風過耳堂秦印》347

2.  《秦代印風》245

3.  《中國璽印集粹》378

4. 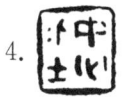 《中國璽印集粹》368

5.  《盛世璽印錄》248

6. 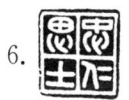   《秦代印風》243

1 爲"中信","信"字寫成"从人从言"的標準形體。"中信"應讀作"忠信",學界無異詞。戰國古璽中也有很多"忠信"印:

《古璽彙編》4502 　《新見古代玉印選續》085

《古璽彙編》4653 　《古璽彙編》2681

《古璽彙編》2698 　《古璽彙編》2557 　《十鐘山房印舉》1・21

分別寫作"忠訏""中悥""中躳""中身""忠𢡟"和"慭忓"。這些"忠信"印與秦的"忠信"印應該有承續關係。2 爲"忠訒"和"中訒","中訒"的"訒"字因"仁"字的兩點與"言"旁相接,很容易看錯。"訒"字與上舉"審信"印中的"訒"字寫法全同,結構爲"從言仁聲",應如李家浩先生所言,即"信"字異體。"訒"字還見於如下一方姓名私印:

《珍秦齋藏印—秦印篇》180

王輝、程學華兩位先生所撰《秦文字集證》認爲寫成"從言仁聲"的"信"字異體"訒""比較特殊",從仁"殆人之訒",①是不正確的。

"忠訒"和"中訒"也都應該讀爲"忠信",這一點已爲學界所接受。3 爲"忠仁",4 爲"忠仁士",5 爲"忠仁吉",6 爲"忠仁思士"。3、4、5、6 中的"忠仁",王輝、程學華兩位先生所撰《秦文字集證》(755)(756)(757)"忠仁思士"下解釋説:"忠與仁是儒家所提倡的道德。《論語·顔淵》:'子張問政,子曰:"居之無倦,行之以忠。"'《里仁》:'君子無終食之間違仁,造次必於是,顛沛必於是。'《述而》:'志於道,據於德,依於仁,游於藝。'"②黄德寬先生主編的《古文字譜系疏證》"仁"字下將秦璽"中仁"讀爲"忠仁",解釋成"忠誠仁愛"。③

我們認爲將"忠仁"理解成"忠"和"仁"的集合,解釋成"忠誠"和"仁愛"是不合適的。早期典籍中從無"忠仁"的説法,戰國古璽中也没有"忠仁"璽,"忠仁"一詞最早見於《後漢書》,時代偏晚。而早期典籍中"忠信"一詞却多得不可枚數,不煩例舉,最典型的例子就是郭店楚簡的《忠信之道》篇的"忠信"。所以"忠仁"的"仁"還是應該讀爲"信","忠仁"就是"忠信",因此 3 的"忠仁"也應該讀爲"忠信",4 的"忠仁士"就應該讀爲"忠信士","忠信士"就是"忠信之士",《墨子·尚賢下》説:"凡我國之忠信之士,我將賞貴之,不忠信之士,我將罪賤之。"④5 的"忠仁吉"就應該讀爲"忠信吉"。《左傳·文公十八年》有"孝敬忠信爲吉德"的話,就相當於印文"忠仁(信)吉"。6 的"忠仁思士"的"思士"可以有兩種解釋,一種解釋是"士"字不破讀。秦印中的"思"字綜合諸多辭例考慮,可以歸納出有"愛惜""敬慎"的意思,⑤因此"思士"猶言"愛士"。早期典籍"愛士"的説法很常見,《吕氏春秋》還專門有《愛士》篇可爲證。一種解釋是將"士"字破讀爲"事"。孫家潭先生《大風堂古印舉》第二章"私印"第一節"戰國、秦漢魏晋南北

---

① 王輝、程學華:《秦文字集證》,第 304 頁。
② 王輝、程學華:《秦文字集證》,第 302 頁。
③ 黄德寬主編:《古文字譜系疏證》,第 3524 頁。
④ 孫詒讓撰:《墨子閒詁·尚賢下第十》,第 65 頁。
⑤ 劉釗:《秦"敬老思少"成語璽考釋》,《古文字研究》第 27 輯,中華書局,2008 年,第 346~351 頁。

朝"下 52C"秦代四字箴言印一組"解釋"忠仁思士"印說:"印文未見出典。'忠仁',即指傳統禮教,'士'作'事',古時兩字相通。'忠仁思士'即'忠仁思事',是說忠、孝、仁愛是想事、做事的原則。"① 雖然釋義不可靠,但是認爲"士"讀爲"事"却是可取的。"士""事"聲韻皆同,從西周金文開始就可相通,馬王堆帛書中亦有不少"士""事"相通的例證。② 如此"思士"就是"思事",即"敬慎公事"的意思。綜合考量,讀爲"思事"似乎比讀爲"思士"可能性更大。秦印中還有"思言"印,"思言"的"思"也是敬慎的意思。秦印中"敬事"印很常見,"思士(事)"應該與"敬事"含義接近。

秦印中有如下之印:

盛世成信公衆號"秦印——四字吉語集萃"

印文爲"忠信思事"。我們認爲"忠仁思士"就是"忠信思事",即"仁"讀爲"信","士"讀爲"事"。這兩種印内容其實並無不同。

秦印中既有"思事"印和"敬慎思事"印:

《秦代印風》249　　　　《珍秦齋藏印—秦印篇》368

《盛世璽印録》241

又有"思士"印:

《秦代印風》242　　　　《珍秦齋藏印—秦印篇》372

我們認爲"思士"也應該讀爲"思事"。

秦印中有"正行治士"印和"治士"印:

《秦代印風》243　　　　《珍秦齋藏印—秦印篇》370

① 孫家潭編著:《大風堂古印舉》,西泠印社出版社,2009年,第43頁。
② 如郭店簡《緇衣》"毋以嬖士疾大夫、卿事(士)",馬王堆帛書《五行》"知而弗士(事),未可謂尊賢也"。見白於藍編著:《簡帛古書通假字大系》,福建人民出版社,2017年,第38、52頁。

"治士"也可以有兩種解釋,一種即"士"字不破讀,"治士"就是"治理士","治士"一語見於早期典籍《孟子》。《孟子·梁惠王下》:"曰:'士師不能治士,則如之何?'王曰:'已之。'"①一種解釋是"士"字破讀爲"事","治事"就是辦理公事。"治事"一語多見於早期典籍,如《管子·法禁》:"修行則不以親爲本,治事則不以官爲主。"②《管子·心術下》:"治心在於中,治言出於口,治事加於民。"③《國語·晉語》:"上貳代舉,下貳代履,周旋變動,以役心目,故能治事,以制百物。"④《韓非子·八説》:"以愚人之所惛,處治事之官而爲其所然,則事必亂矣。"⑤《吕氏春秋·士節》:"賢主勞於求人,而佚於治事。"⑥《大戴禮記·子張問入官》:"故佚諸取人,勞於治事;勞於取人,佚於治事。"⑦最爲貼切的例子是睡虎地秦簡《爲吏之道》的"凡治事,敢爲固,謁私圖,畫局陳棋以爲耤。"⑧比較看來,讀爲"治事"明顯要優於"治士"。"正行治士(事)"印的内容,是"端正行爲辦理公事"的意思。《晏子春秋·景公問君子常行曷若晏子對以三者》有一段説:"對曰:'衣冠不中,不敢以入朝;所言不義,不敢以要君;行己不順,治事不公,不敢以蒞衆。衣冠無不中,故朝無奇僻之服;所言無不義,故下無僞上之報;身行順,治事公,故國無阿黨之義。三者,君子之常行者也。'"⑨文中的"行己不順,治事不公"和"身行順,治事公"正可拿來做"正行治士(事)"的注脚。

秦印有下列之印:

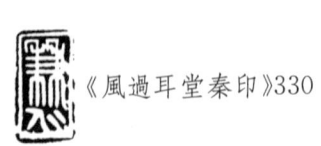

《風過耳堂秦印》330　　　　　　《珍秦齋藏印—秦印篇》376

印文爲"兼仁"二字。以往未見過對印文"兼仁"二字的解釋,早期典籍也没有"兼仁"的説法。《墨子·貴義》説:"子墨子曰:'今瞽曰:"鉅者白也,黔者黑也。"'雖明目者無以易之。兼白黑,使瞽取焉,不能知也。故我曰瞽不知白黑者,非以其名也,以其取也。今天下之君子之名仁也,雖禹湯無以易之。兼仁與不仁,而使天下之君子取焉,

---

① (清)焦循:《孟子正義》,中華書局,1987年,第141頁。
② 黎翔鳳撰,梁運華整理:《管子校注》,中華書局,2004年,第277頁。
③ 黎翔鳳撰,梁運華整理:《管子校注》,第782頁。
④ 徐元誥:《國語集解》,中華書局,2002年,第263頁。
⑤ (清)王先慎:《韓非子集解》,中華書局,2003年(重印),第423~424頁。
⑥ (戰國)吕不韋著,陳奇猷校釋:《吕氏春秋新校釋》,上海古籍出版社,2002年,第629頁。
⑦ 黄懷信主撰:《大戴禮記彙校集注》,三秦出版社,2004年,第867頁。
⑧ 睡虎地秦墓竹簡整理小組編:《睡虎地秦墓竹簡》,文物出版社,1990年,釋文第173頁。
⑨ 吴則虞:《晏子春秋集釋》,中華書局,1962年,第219頁。

不能知也。故我曰天下之君子不知仁者，非以其名也，亦以其取也。"①文中"兼仁與不仁"中的"兼仁"，與"兼仁"印中的"兼仁"説的顯然不是一回事。我們認爲"兼仁"印的"仁"也應該讀爲"信"，而"兼"字則應讀爲"廉"。"廉"从"兼"聲，長沙馬王堆漢墓帛書乙本《老子》《足臂十一脉灸經》和北京大學藏西漢竹書《六博》中的"廉"字就都借"兼"字爲之。②《風過耳堂秦印輯録》443 有"陳壽之印•陳廉君印"，《十鐘山房印舉》18•5 有"王廉君印"，《齊魯古印攈》49 頁有"周兼君"印，"兼君"就是"廉君"。③ 因此"兼仁"就是"廉信"。"廉信"見於《墨子》。《墨子•雜守》："吏侍守所者才足，廉信，父母昆弟妻子又在葆宫中者，乃得爲侍吏。"④"廉""信"也可以相對並分説，如《説苑•立節》："成公趙曰：'廉士不辱名，信士不惰行，今吾在阿，宋屠單父，是辱名也。'"⑤"廉信"又作"信廉"，《商君書•賞刑》："所謂壹教者，博聞、辯慧、信廉、禮樂、修行、群黨、任譽、清濁。"⑥《淮南子•兵略》："夫仁勇信廉，人之美才也，然勇者可誘也，仁者可奪也，信者易欺也，廉者易謀也。"⑦"廉信"就是"剛直忠信"的意思。

秦印中還有"兼"字印：

《十鐘山房印舉》3•8

此"兼"字印既可能是姓名私印，也可能是吉語格言印。如果是吉語格言印的話，"兼"字大概也應該讀爲"廉"。

秦印有如下之印：

《中國璽印集粹》387

印文爲"貴仁"二字。早期典籍中既有"貴仁"的説法，也有"貴信"的説法。"貴仁"如《韓非子•五蠹》："仲尼，天下聖人也，修行明道以遊海内，海内説其仁，美其義，而爲

---

① （清）孫詒讓：《墨子閒詁》，第 443 頁。
② 白於藍編著：《簡帛古書通假字大系》，第 1401 頁。
③ 此例蒙張傳官博士提示。
④ （清）孫詒讓：《墨子閒詁》，第 628 頁。
⑤ （漢）劉向撰，向宗魯校證：《説苑校證》，中華書局，1987 年，第 88 頁。
⑥ 高亨注譯：《商君書注譯》，中華書局，1974 年，第 133 頁。
⑦ 何寧：《淮南子集釋》，中華書局，1998 年，第 1080 頁。

服役者七十人,蓋貴仁者寡,能義者難也。"①《吕氏春秋·不二》:"聽群衆議以治國,國危無日矣。何以知其然也? 老聃貴柔,孔子貴仁,墨翟貴廉,關尹貴清,子列子貴虚,陳駢貴齊,陽生貴己,孫臏貴勢,王廖貴先,兒良貴後。"②《大戴禮記·保傅》:"《學禮》曰:帝入東學,上親而貴仁,則親疏有序,如恩相及矣。帝入南學,上齒而貴信,則長幼有差,如民不誣矣。"③《淮南子·本經》:"逮至衰世,人衆財寡,事力勞而養不足,於是忿争生,是以貴仁。"④《淮南子·齊俗》:"性失然後貴仁,道失然後貴義。"⑤"貴信"如《吕氏春秋·當務》:"所貴辨者,爲其由所論也;所貴信者,爲其遵所理也;所貴勇者,爲其行義也;所貴法者,爲其當務也。"⑥《六韜·文韜》:"太公曰:凡用賞者貴信,用罰者貴必。"⑦另《吕氏春秋》有《貴信》篇,亦可參照。

戰國古璽三晉印中有"貴身"印:

《古璽彙編》4675   《古璽彙編》4676

戰國楚璽又有"貴信"印:⑧

《夌堂摹輯古璽印》   《夌堂古璽印存》

"貴身"以往學界有兩種讀法,一種是"身"字不破讀,就讀爲"貴身"。⑨ "貴身"一語見於典籍,《淮南子·要略》説:"欲一言而寤,則尊天而保真;欲再言而通,則賤物而貴身。"⑩一種是"身"字破讀,就讀爲"貴信"。⑪ 從三晉璽的用字習慣看,"貴身"還是應該讀爲"貴信"爲好。吉語格言璽也有延續性,從《吕氏春秋》有《貴信》篇來看,將上引秦

---

① (清)王先慎:《韓非子集解》,中華書局,2003年(重印),第446頁。
② (戰國)吕不韋著,陳奇猷校釋:《吕氏春秋新校釋》,上海古籍出版社,2002年,第629頁。
③ 黄懷信主撰:《大戴禮記彙校集注》,三秦出版社,2004年,第339頁。
④ 何寧:《淮南子集釋》,第568頁。
⑤ 何寧:《淮南子集釋》,第1134頁。
⑥ (戰國)吕不韋著,陳奇猷校釋:《吕氏春秋新校釋》,第602頁。
⑦ (舊題周)吕望著:《六韜·文韜·賞罰》,日本京都大學藏《武經七書》本。
⑧ 以下出自《夌堂摹輯古璽印》和《夌堂古璽印存》的兩方印轉引自蕭毅《"貴信"璽跋》,《古文字論壇》第2輯,中西書局,2016年,第215~218頁。
⑨ 李零:《戰國鳥書箴銘帶鉤考釋》,《古文字研究》第8輯,中華書局,1983年,第59~62頁。
⑩ 何寧:《淮南子集釋》,第1440頁。
⑪ 李家浩:《從戰國"忠信"印談古文字中的異讀現象》,《北京大學學報(哲學社會科學版)》,1987年第2期。

"貴仁"印讀爲"貴信",也是很合適的。

秦印有如下之印:

[印圖]《秦代印風》247

印文第一字或作爲不識字處理,或釋爲"栖"。王輝、程學華兩位先生所撰《秦文字集證》(762)"栖仁"印下解釋說:"《論語·述而》:'志於道,據於德,依於仁,……'何晏《集解》:'依,倚也。'依與栖義近,故'棲仁'應即《論語》之'依於仁'。"① 按釋該字爲"栖"似不可信,相關的解釋也不妥。考察秦文字中"西"字的寫法皆與此相差太大,無由比附。我們懷疑這個字就是"相"字或其變體,所從之"目"中的一豎也可能是剔鏞時誤剔所致,需要目驗。印文"相仁"可以讀爲"相信"。"相信"就是"互相信任、互相守信"的意思。秦印中還有"相教""相思""相念"等印,"相"字用法與此相同。當然這只是一個推測,聊備一說,附此待考。

二

秦印中還有如下之"仁士"印:

[印圖]《珍秦齋藏印——秦印篇》371　　[印圖]《鐵齋藏古鉩印》090

[印圖]《中國鉩印集粹》379　　[印圖]《陝西新出土古代鉩印》1745

典籍有"仁士"的說法,如《呂氏春秋·禁塞》:"世有興主仁士,深意念此,亦可以痛心矣,亦可以悲哀矣。"②《墨子·耕柱》載高石子謂:"昔者夫子有言曰:'天下無道,仁士不處厚焉。'"③《說苑·尊賢》:"隨會對曰:'爲人君而忍其臣者,智士不爲謀,辯士不爲言,仁士不爲行,勇士不爲死。'"④ 也有"信士"的說法,如《管子·乘馬》:"是故非誠賈

---

① 王輝、程學華:《秦文字集證》,第304頁。
② (戰國)呂不韋著,陳奇猷校釋:《呂氏春秋新校釋》,第407頁。
③ (清)孫詒讓:《墨子閒詁》,第433頁。
④ (漢)劉向撰,向宗魯校證:《說苑校證》,第195~196頁。

不得食于賈,非誠工不得食於工,非誠農不得食于農,非信士不得立於朝。"①《荀子·王霸》:"援夫千歲之信法以持之也,安與夫千歲之信士爲之也。人無百歲之壽,而有千歲之信士,何也?"②《淮南子·詮言》:"天下非無信士也,臨貨分財必探籌而定分,以爲有心者之于平,不若無心者也。"③《説苑·立節》:"期年,宋康公病死,成公趙曰:'廉士不辱名,信士不惰行,今吾在阿,宋屠單父,是辱名也。'"④

這些"仁士"印中的"仁士",是應該讀爲"仁士",還是應該讀爲"信士"呢?這還頗費斟酌。如果按照李家浩先生讀秦印"忠仁""中仁"爲"忠信"的説法,似乎也應該讀秦印"仁士"爲"信士"。

戰國古璽中也有很多"信士"印:

《古玉印精粹》25　　《古璽彙編》1664　　《古璽彙編》1665

《古璽彙編》5593　　《古璽彙編》4670　　《古璽彙編》4671

《古璽彙編》1663　　《古璽彙編》5695

分別作"訐士""身(信)士"和"諗士"。第一例印文中"信"字所從"千"旁寫得有些傾斜,不易辨認。⑤

這些"信士"印與秦的"仁(信)士"印也應該有承續關係。

秦印中還有如下"正行仁士"印:

《鴨雄緑齋藏中國古璽印精選》056

"正行仁士"也應該讀爲"正行信士"。"正行"與"信"的關係很密切,《説苑·立節》説:"杞梁、華舟曰:'去國歸敵,非忠臣也;去長受賜,非正行也;且雞鳴而期,日中而忘之,

---

① 黎翔鳳撰,梁運華整理:《管子校注》,第91頁。
② (清)王先謙:《荀子集解》,中華書局,1988年,第208~209頁。
③ 何寧:《淮南子集釋》,第1008頁。
④ (漢)劉向撰,向宗魯校證:《説苑校證》,第88頁。
⑤ 徐在國:《"信士"璽跋》,《古漢語研究》,1998年第4期,第90頁。

非信也。'"①文中即"正行"與"信"並提。

漢印中也有名"仁士"的：

《虛無有齋摹輯漢印》2422
《虛無有齋摹輯漢印》3222 
《璽印集林》146 
《中國璽印集粹》5425 
《吉金齋古銅印譜》(綫裝本)1·29 

漢印中的一些兩面印中也有名"仁士"的：

《西泠印社古銅印選》29
《蘇州博物館藏璽印》157 
《璽印集林》213 
《鑒印山房藏古璽印菁華》294 
《虛無有齋摹輯漢印》0185 
《十六金符齋印存》126 

這種兩面印中出現"仁士"一名的習慣，可能從戰國時期就開始了。戰國古璽中有如下一方印：

《古璽彙編》1856

印文爲"事鈃""千在"。"千在"兩字，徐在國先生讀爲"信士"，很可能是正確的。如果漢代兩面印中的"仁士"也讀爲"信士"話，則徐在國先生所釋的這方"千(信)在(士)"印，就應該是漢代兩面印中有"信士"一名的時代更早的例證。

這些漢印中的"仁士"，能否也讀爲"信士"呢？按理説是不應該讀爲"信士"的，因爲秦漢用字習慣不會完全相同，秦文字可以讀"仁"爲"信"，漢代却不大可能還延續這一習慣。可是如果讀爲"仁士"，説跟秦印"仁(信)士"之間不存在任何聯繫，恐怕也難以解釋。"仁士"意爲"有德行的人"，"信士"意爲"誠實可信的人"，爲後代起名爲"仁士"，意爲"有德行的人"，總感覺似乎不夠謙虚。而爲後代起名爲"誠實可信的人"，即

---

① (漢)劉向撰，向宗魯校證：《説苑校證》，第85頁。

"信士",却再正常不過了。是否漢人把還保留有秦的用字習慣、應該讀爲"信士"的"仁士"按字面理解,從此將錯就錯,於是才出現"仁士"的呢? 這種可能似乎也不能完全排除。

馬王堆帛書《五十二病方》有一段説:

【一,□】某癥(癩)巳(已),敬以豚塞。以爲不仁,以白【□□】□【□□□□□□□□□□□□□□□□□】243/230 【□□】縣茅比(秕)所,且塞壽(禱),以爲□□□244/231

文中的"不仁"馬繼興先生以爲"指痿痺","係影射癩病的偏疝症狀而言"。① 陳劍先生指出"不仁"應讀爲"不信","以爲不仁"就是"以爲不信",②這是非常正確的。關於《五十二病方》一篇的時代,王輝先生在《秦文字編》後記中説:"馬王堆帛書中的《五十二病方》《足臂十一脉灸經》《陰陽十一脉灸經》甲、《脉法》《陰陽脉死候》等書法秀麗,字體近篆,用'殹'不用'也',竹字作↑↑,③與楚文字同,學者多以爲'寫於秦始皇稱皇帝期間'。"如果這個判斷不錯,那麽這個用"仁"爲"信"的例子,也屬於秦的用字習慣的例子。

馬王堆漢墓帛書《戰國縱橫家書》五"蘇秦謂燕王章"有一段説:

"廉如伯夷,乃不竊,不足以益國。臣以信不與仁俱徹,義不與王皆立。"王曰:"然則仁義不可爲與?"對曰:"胡爲不可。人無信則不徹,國無義則不立。仁義所以自爲也,非所以爲人也。"

文中第一個"仁義",馬王堆帛書整理小組《戰國縱橫家書》注釋謂:"'仁義'疑當作'信義'。前面説'信不與仁俱徹,義不與王皆立',後面又説,'人無信則不徹,國無義則不王',都講信義可證。"第二個"仁義",馬王堆帛書整理小組《戰國縱橫家書》注釋謂:"仁義疑也應作信義。《燕策》蘇秦章作:'信行者所以自爲也。'"④這兩個"仁"用爲"信"的例子,不知道是偶爾寫誤,還是因爲《戰國縱橫家書》是漢初作品,因而難免受到秦代用字習慣的影響所致。

從以上兩個"仁"用爲"信"的例子可知,在秦末漢初,還有以"仁"爲"信"的用字習

---

① 馬繼興:《馬王堆古醫書考釋》,湖南科學技術出版社,1992年,第497頁。
② 陳劍:《馬王堆帛書〈五十二病方〉、〈養生方〉釋文校讀札記》,《出土文獻與古文字研究》第五輯,第483頁。
③ 王輝主編:《秦文字編》,第2292頁。查馬王堆漢墓帛書中並無此種寫法的"竹"字,王輝先生可能記憶有誤。
④ 馬王堆漢墓帛書整理小組編:《戰國縱橫家書》,文物出版社,1976年,第18頁。

慣,這說明把漢代璽印中的"仁士"讀爲"信士"也不是完全没有可能。

總之,關於漢代璽印中的"仁士"到底應該讀"仁士",還是應該讀"信士",看來還需要有新資料的證明或進一步深入的研究。

秦印中有如下之印:

《二十世紀出土璽印集成》二—SY—0275

原釋爲"士仁之印",不一定對。我們認爲也可能應讀爲"士之仁印","仁"在此也讀爲"信"。漢印中有很多"姓名＋信印"的例子,不知道這個"士之仁(信)印"是否與此相類。

秦印中還有如下之印:

《盛世璽印録》247　　《秦代印風》56

一方是一個肖形加一個"仁"字,一方是在名字下有一個肖形加一個"仁"字。"仁"字在此既有可能用爲印主人的名字,也有可能應讀爲"信",即表示"印信"的"信"。這一説法是否成立,還需進一步的證明。

三

因爲秦印中"信"字和"仁"字都很常見,同時又有"中信"和"忠信"印,所以在很長時間裏,學術界對李家浩先生提出的秦印中的"仁"可讀"信"之説似乎並不相信。大家只承認"審訫"和"忠訫"的"訫"字可以讀"信",對"仁"字可以讀"信"却始終持懷疑態度。可既然承認"審訫"應讀爲"審信","忠訫"和"中訫"應讀爲"忠信",作爲"信"字異體的"訫"字結構明確爲从"言""仁"聲,這就説明"信"與"仁"音近,可以相通,如此將"忠仁"讀爲"忠信"不就很順理成章了嗎? 却爲何一直無人相信呢?

通過我們以上對除李家浩先生已經指出的"忠仁"和"中仁"印之外的其他帶"仁"字秦印的釋讀,我們發現秦印印文中的"仁"字,大都可以讀爲"信"或有可能讀爲"信"。尤其是從吉語格言璽有延續性這一點出發,我們發現古璽中有"忠信"印,但没有"忠仁"印,而秦印中有"忠仁"印;古璽中有"信士"印,但没有"仁士"印,而秦印中有"仁士"印;古璽中有"貴信"印,但没有"貴仁"印,而秦印中有"貴仁"印。這些似乎都表明秦印中的"忠仁"印就是"忠信"印,秦印中的"仁士"印就是"信士"印,秦印中的

"貴仁"印就是"貴信"印。還有像"兼仁"讀爲"廉信",是個限制性很强的讀法,不大可能另有其他答案。因此,將這些秦印中的"仁"字也讀爲"信",就爲當年李家浩先生的説法提供了有力的證明和補充。

其實在秦文字中,不光印文中的"仁"字可以讀爲"信",在秦簡中也有"仁"讀爲"信"的例子,如睡虎地秦簡《秦律十八種》和《法律答問》有如下一段簡文:

> 行傳書、受書,必書其起及到日月夙暮,以輒相報也。書有亡者,亟告官。隸臣妾老弱及不可誠仁者勿令。書廷辟有日報,宜到不來者,追之。　行書

文中"不可誠仁"的"誠仁"《睡虎地秦墓竹簡》一書注釋謂:"意應爲不足信賴。"①陳劍先生指出"誠仁"的"仁"應該讀爲"信"。② 方勇先生的《秦簡牘文字編》在"誠仁"的"仁"字下標注:"疑通信"。③ 按陳劍先生的意見無疑是正確的,所謂"誠仁"顯然就應該讀爲"誠信"。

北京大學藏秦簡《公子從軍》篇中也有多個"仁"字:

> 牽聞之曰:朝樹梌(豫)樟,夕楬其英。不仁先死,仁者百嘗,交仁等也俱死……堂下有杞,冬產(生)能能。先爲不仁,從公子所過入,以公子之故。不媚……之,今公子從(縱)不愛牽之身,獨不媿(愧)虖(乎)?公子何之不仁,……孰爲不仁,愛人不和,不如已多。愛人不媿(愧),如南山北(崩)壞,壞而陧之,愛必毋(無)數。公子不仁,千車萬負。牽非敢必望公子之愛,牽直爲公子不仁也……④

文中出現一處"交仁",一處"仁",六處"不仁"。對於這些"仁"字,整理者都是按本字讀之。我們認爲這些"仁"字也應該讀爲"信"。其中"交仁"就應該與秦印中的"交仁"一樣讀爲"交信","交信"就是"互相守信諾"之意。其他的一處"仁"和六處"不仁",也都應該讀爲"信"和"不信"。文中"不仁先死,仁者百嘗,交仁等也俱死",説的大概是"不守信諾的人會先死,守信諾的則會長壽,互相守信諾就應一起死"的意思。

從《公子從軍》的内容綜合分析,可知"牽"是公子的情人,後來公子娶妻,不再理

---

① 睡虎地秦墓竹簡整理小組編:《睡虎地秦墓竹簡》,文物出版社,1990年,釋文第61頁。
② 陳劍:《馬王堆帛書〈五十二病方〉、〈養生方〉釋文校讀札記》,《出土文獻與古文字研究》第5輯,第483頁。
③ 方勇編著:《秦簡牘文字編》,福建人民出版社,2012年,第240頁。
④ 朱鳳瀚:《北大秦簡〈公子從軍〉再探》,《北京大學學報(哲學社會科學版)》,2017年第5期。本文引用的釋文按筆者的理解隸釋,與原整理者的釋文有些不同。

會牽,但牽却一直癡心不改。① 很顯然,當初公子一定曾和牽有過海誓山盟的許諾,有過終生廝守的誓言,因此當公子改變初心,始亂終棄之後,牽才會不斷質問指責公子的"不仁(信)"。按理男女情人間的感情,一般情況下是不會牽涉到"仁"或"不仁"的,而私許終身,情定永遠,這猶如私下簽訂盟約,涉及的一定是"信"與"不信"的問題,所以文中才會在牽質問公子的話中出現如此多的"不信"。這個"不信",當然是指公子違背誓言,拋棄當初曾保證終身廝守的情人這件事而言。典籍中涉及愛情記載的如《楚辭·九歌·湘君》有"交不忠兮怨長,期不信兮告餘以不閒"之句,《詩經·國風·大車》有"穀則異室,死則同穴,謂予不信,有如皦日"之言,其中都提到了"不信",可以作爲參考。夫妻結縭,近似互相簽訂合同,定下盟約,同樣需要守信。《列女傳》"陳寡孝婦"條載夫行戍,臨行托其婦贍養其母,後夫死不還,婦之父母憐婦早寡,意令其再嫁,被婦嚴拒,且謂:"棄托不信,背死不義。""許人以諾而不能信,將何以立於世!"②《列女傳》"梁寡高行"條載梁地名高行之婦貌美,但夫早死,梁地貴族多想娶之,高行嚴拒並言:"婦人之義,一往而不改,以全貞信之節。今忘死而趨生,是不信也。見貴而忘賤,是不貞也。棄義而從利,無以爲人。"③這兩個故事中的兩個女人對"信"的固執和堅守,與北大秦簡《公子從軍》中牽對公子"不仁(信)"的罵詈和問責,正好可以對照參看。

以上我們對秦印中的"仁"字和部分秦漢簡中的"仁"字的讀法進行了一些分析和論證,得出了秦印中的"仁"字有很多都應該讀爲"信"或可能讀爲"信",秦漢簡中也有個別"仁"字應該讀爲"信"的結論。

秦文字中的"仁"字爲何會用爲"信"字呢?

古文字中的"仁"字和"信"字從戰國時期開始就產生糾葛。"仁"字是從"人"字分化出的一個字,兩橫就是分化符號,這與從"竹"字分化出"竺"字的分化手段很像,同時還保留着分化母字的讀音,即以"人"爲聲。而"信"字雖然據《說文》講是"从人从言"會意,其實以我們對古文字構形的了解,顯然也是从"人"爲聲的,因此從聲音上看,"仁"和"信"本來就都从"人"得聲。上古音"仁"在日紐真部,"信"在心紐真部,韻部相同,聲母日紐與心紐相通的例子很多,從音理上講,按鄭張尚芳先生的構擬,"仁"字是"*nj-","信"字是"*sn-",聲基都是"n",故音近可通。古代从"襄"和从"需"得聲

---

① 關於《公子從軍》中公子與其妻及與牽的三角關係,係 2018 年底在北大舉行的北大藏秦簡整理本校訂會上,由韓巍先生提出來的。
② (漢)劉向編撰:《古列女傳》,中華書局,1985 年,第 119 頁。
③ (漢)劉向編撰:《古列女傳》,第 117 頁。

的字分屬日母和心母,就體現了日母和心母之間的相通關係。

　　戰國文字中的"信"字有很多形態,其結構分别作"信""訐""訌""諹""㠯""忓""忎""慇""唔""息""聁""躳""譆""憵"。其中"忓"形或作"[字形]",所從"心"旁與"口"字寫得很像,"千"與"人"形更像,於是就產生了《説文》信字古文"[字形]"這種形體。《説文》"从言从心"的信字古文"[字形]"在古文字中從未出現過。以上所列"信"字的全部寫法,除了"聁"形之外,義符就是"言""口"和"心",因爲"信"既是一種思想觀念,又是需要通過"語言"表述出來的,所謂"言而有信"是也。而"信"的聲符就是"人""千""仁"和"身"。"仁"是從"人"分化出的一個字,讀音自然相近。"千"字也是從"人"字加一横爲區别符號分化出的一個字,古音在清紐真部,與"信"字讀音很近。"身"字古音在書紐真部,與"人"和"仁"古音也很近。"身"字用爲"信",而"信"字古代經常用爲"伸","伸"字古音就在書紐真部。

　　以上"信"字諸種結構中,如果從地域上分,大概"信""訌"屬秦,"諹""躳""譆"屬三晋,"㠯""忓"屬齊,"忎""慇""唔""聁""憵"屬楚,"訐""息"屬三晋和楚共有。"躳""譆"按李家浩先生的解釋爲"同義换讀",即"躳"用爲"身"。"憵"從"心"從"窮","窮"從"躳"聲,如果"躳"相當於"身",則"憵"其實就相當於"息","譆"就相當於"諹"。

　　李家浩先生在談到"身"字作"[字形]"形的例子時,指出"身"的右側加有兩短横,與"仁"字結構相同,這兩短横也有可能是表示區别於"身"字而仍因"身"字以爲聲的標記。還指出"此字是否就是'仁'字的另一種寫法,有待進一步研究"。① 這一説法很有啓發性。古代"人"與"身"音義皆近,《爾雅·釋詁上》"身,我也"郝懿行《義疏》謂:"身之爲言人也。"②《荀子·勸學》"謹順其身"王先謙《集解》引郝懿行説:"身猶人也。"③《詩·小雅·何人斯》"不見其身"王先謙《詩三家義集疏》謂:"魯身作人。"④ 三晋的"諹"字或作"[字形]"(信安君鼎),"譆"字作"[字形]"(《古封泥集成》19),如果把"身"字看作"人",則"[字形]"字所從身字右邊的兩小横就如同"仁"字的兩小横,"[字形]"字所從的"躳"字的兩個"口"也不妨看成相當於"仁"字的兩小横,如此一來,"[字形]""[字形]"兩形就都可以看成从"言"从"仁"的"訌"。

---

① 李家浩:《從戰國"忠信"印談古文字中的異讀現象》,《北京大學學報(哲學社會科學版)》,1987年第2期,第12頁。
② (清)郝懿行:《爾雅義疏》,上海古籍出版社,1983年,第99頁。
③ (清)王先謙:《荀子集解》,中華書局,1988年,第18頁。
④ (清)王先謙:《詩三家義集疏》,中華書局,1987年,第711頁。

楚文字中的"忎""息""訫""唫""聇""䚈"諸形用爲"仁",關於"忎""息"兩形與齊文字中的"㠯""訐"兩形到底該釋爲"信"還是該釋爲"仁",學術界有不同意見。《說文》將"忎"當作"仁"字古文,而"息"形與"忎"形構形接近,按理也應該是"仁"字古文。可是"息"形在楚用爲"仁"字,在三晉却用爲"信"字。"訫"在楚用爲"仁"字,可是"訫"的聲旁"訐"在三晉却用爲"信"字。這與秦的"信"字或作"訨",又以"仁"爲其聲旁正好可以類比。

從以上"信"的各種異體和用法可以看出,戰國文字中"信"和"仁"兩字聲音相近,可以相通,形體上也是經常你中有我,我中有你,糾纏不清。這些都是秦文字"仁"用爲"信"這一用字習慣的客觀基礎。

"訨"這類寫法只見於秦文字。秦文字"信"字寫作"从言从仁",以"仁"爲聲,前邊已說過,這體現了"仁""信"音近這一點。因此在秦文字中"仁"可用爲"信",顯然也是繼承了戰國文字中"仁""信"兩字糾纏不清的實際狀況。至於秦文字中已經廣泛地使用"信"字,爲何還用"仁"字來記錄"信"字,這其實也不難理解。這正如秦文字已經廣泛使用"事"字了,但還是經常借"士"爲"事"一樣,這是文字使用上處於尚未穩定時的一種常態。

汝陰侯墓二號式盤地
盤背面圖文新解

程少軒

《考古》1978 年第 5 期公布了阜陽雙古堆西漢汝陰侯墓出土的 3 件式盤。① 其中二號式盤，即被嚴敦傑先生稱爲"太一九宫占盤"者，《考古》所刊地盤背面綫圖及示意圖如下：②

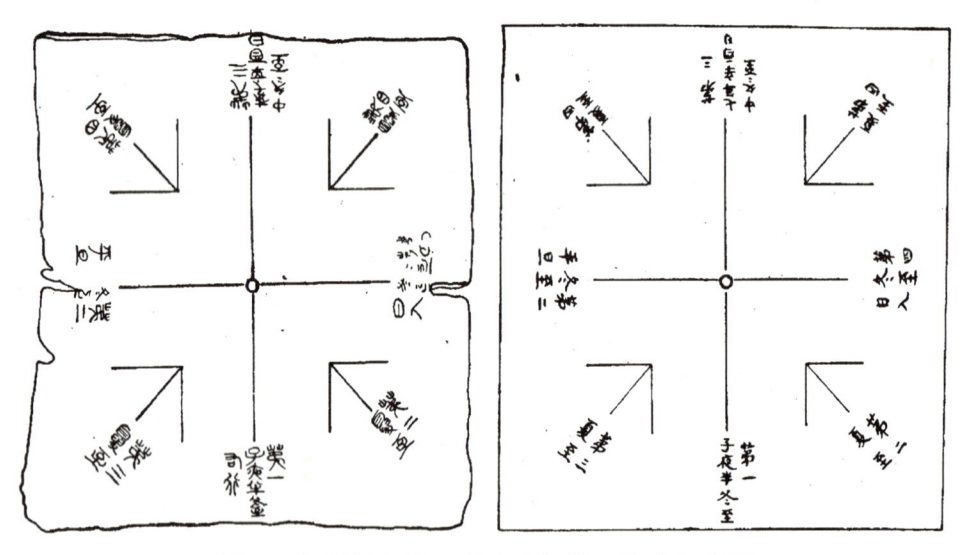

圖 1　阜陽雙古堆西漢汝陰侯墓二號式盤背面

---

① 嚴敦傑：《關於西漢初期的式盤和占盤》，《考古》1978 年第 5 期，第 334～337 頁；殷滌非：《西漢汝陰侯墓出土的占盤和天文儀器》，《考古》1978 年第 5 期，第 338～343 頁。
② 《考古》原刊綫圖及示意圖均以"子夜半"在上、"日中"在下，這與古人占盤放置習慣不合。本文所用占盤圖像均改爲"子夜半"在下、"日中"在上。

殷滌非先生介紹説：

在背面，由中心點向四方劃出四個綫條，成一十字形。在各綫條末端分別針刻篆文"第一子夜半冬至右行"、"第二冬至平旦"、"第三七年辛酉日中冬至"（引者按：殷文已指出"七年"爲漢文帝前元七年）、"第四冬至日入"。四隅劃"个"形，分刻"第二夏至"、"第三夏至"、"第四夏至"、"第四夏至"。……分冬至的那一天時刻爲四個等分，即"第一子夜半"，"第二平旦"，"第三日中"，"第四日入"。這就是說，第一年子夜半冬至，第二年是平旦冬至，第三年是日中冬至，第四年日入冬至，①這樣周而復始，統計一年的時間爲365¼日，四年而積一千四百六十一日。《淮南子·天文訓》説："四歲而積千四百六十一日而復合故舍"，《後漢書·律曆志》也説："日發其端，周而爲歲，然其影不復，四周千四百六十一日而影復初。"這占盤所揭示的冬至這一天，正好是經過四年日影復合如初。《天文訓》又説："八十歲而復，故曰子午卯酉爲二繩，丑寅辰巳未申戌亥爲四鉤。"綜觀上述，這盤的方盤，亦與此正合。……《史記·律書》説："天所以通五行八正之氣，"《索隱》"八謂八節之氣"。這占盤只言八節（引者按：指該盤正面文字），正與《史記》合；不言及二十四節，又與元光元年曆書注同。在八節中着重冬至和夏至（指這盤的背面專針刻冬至和夏至），説明這兩個日期，在太陽周年視運動中有特殊的標誌，已爲古人所掌握。即冬至，遠極，故晷影長而晝短，"陰氣極，陽氣萌"，跨進了寒冷季節；夏至，北極近，故晷影短而晝長，"陽氣極，陰氣萌"，則進入炎熱季節。《淮南子·天文訓》説："冬至加三日，則夏至之日也。歲遷六日而復始。"高誘注説："冬至後三日，則明年夏至之日"；"遷六日，今年以子冬至，後年以午冬至也"。據這盤的八節，推算作下表。

表1　殷滌非所列文帝七年至十年八節干支

節 日 年	冬至	立春	春分	立夏	夏至	立秋	秋分	立冬
文帝 七年	辛酉 (十一月十七)	丁未 (正月初四)	癸巳 (二月二十)	己卯 (四月初七)	甲子 (五月二十三)	庚戌 (七月初七)	丙申 (八月二十六)	辛巳 (十月十二)
八年	丙寅	壬子	戊戌	甲申	己巳	乙卯	辛丑	丙戌
九年	辛未	丁巳	癸卯	己丑	甲戌	庚申	丙午	辛卯
十年	丙子							

---

① 許名瑲先生審閱本文初稿時補充説，此即《史記·曆書》"曆術甲子篇"所謂"正北，冬至加子時；正西，加酉時；正南，加午時；正東，加卯時"。子卯午酉二繩兩端標記時空，與此盤本質相同。

從表上看出,辛酉與甲子,丙寅與己巳,辛未與甲戌,都揭示按干支排列冬至加三日而爲當年夏至日,又歲遷六日正和辛酉到丙寅,丙寅到辛未,辛未到丙子之數。證明原著是對的。而注文説:"則明年夏至之日,""今年以子冬至,後年以午冬至,"差誤甚大,原著"遷"字與"加"字,義有不同,高誘不加區辨,把它搞錯了。今以文帝七年的實物糾正高誘注,更可看出漢初天文觀測計算的精確。①

按,殷滌非先生對盤中文字及曆法内涵的介紹大體準確,但所附表格的日期推算却頗有問題。現將殷文所列干支日期與我們推出的干支日列表對比如下:

表2　殷文與本文所推文帝七年至十年八節干支比較表

年＼節日	冬至	立春	春分	立夏	夏至	立秋	秋分	立冬
七年殷文	辛酉	丁未	癸巳	己卯	甲子	庚戌	丙申	辛巳
七年程推	辛酉	丁未	壬辰	戊寅	甲子	己酉	乙未	辛巳
八年殷文	丙寅	壬子	戊戌	甲申	己巳	乙卯	辛丑	丙戌
八年程推	丙寅	壬子	戊戌	癸未	己巳	乙卯	庚子	丙戌
九年殷文	辛未	丁巳	癸卯	己丑	甲戌	庚申	丙午	辛卯
九年程推	壬申	丁巳	癸卯	戊子/己丑	甲戌	庚申	乙巳/丙午	辛卯
十年殷文	丙子							
十年程推	丁丑							

(＊注:九年立夏、秋分有兩種可能,詳見後文。)

殷滌非先生所列表中干支日期有多處與我們所推之日相差一天。爲何會出現這種情况?經反復驗算,我們確認,殷先生應該是未能完全準確地理解該地盤背面文字的曆法内涵,加之自身演算亦有誤,致使出錯。②

在同期《考古》中,嚴敦傑先生也對該地盤背面文字作了討論:

　　地盤的背面是定四分曆冬至時刻數。四分曆冬至小餘開始是0,則第二冬至小餘1/4=0.25,第三冬至小餘爲2/4=0.50,第四冬至小餘爲3/4=0.75。這就是盤

---

① 殷滌非:《西漢汝陰侯墓出土的占盤和天文儀器》,《考古》1978年第5期,第338～343頁。
② 除了干支外,殷文文帝七年立秋之日期"七月初七"亦是誤算,實當作"七月初十"。本文初稿未校核序數日期,此承許名瑲先生驗算後指出,謹致謝忱!

上的夜半、平旦、日中、日入四個時刻的由來。又第三冬至後的夏至應該是第一夏至,因爲這夏至的小餘剛好是1/8爲最小,以後第二夏至是3/8,第三夏至是5/8,第四夏至是7/8也周而復始。第三冬至有"七年辛酉日中冬至",用古四分曆推算漢文帝七年(公元前173年)冬至:黃帝曆,癸亥25刻;夏曆,甲子75刻;顓頊曆,辛酉59刻;周曆,辛酉75刻;殷曆,壬戌50刻;魯曆,辛酉零刻。以顓頊曆所推爲近。又盤上冬至與夏至之間沒有文字,按理這應該是春秋分,這樣從冬至到春分到夏至到秋分又到冬至便很順當了。①

嚴敦傑先生指出冬至相關文字是説冬至小餘,這無疑是正確的。他認爲兩處"第四夏至"必有一誤,"第三冬至"後的"第四夏至"當改爲"第一夏至",也是正確的。但後面所列夏至小餘的數據就有大問題了。我們以四個冬至之小餘爲定點,以第一冬至小餘=0,四分曆歲實365¼日,推算四個冬至、四個夏至小餘如下表:

表3 汝陰侯墓二號式盤背面冬夏至小餘表

順　　序	節氣	小餘(32分)	小餘(16分)	小餘(分數)	小餘(小數)
第一冬至	冬至	0	0	0	0.000
第一夏至	夏至	20	10	5/8	0.525
第二冬至	冬至	8	4	1/4	0.250
第二夏至	夏至	28	14	7/8	0.875
第三冬至	冬至	16	8	1/2	0.500
第三夏至	夏至	4	2	1/8	0.125
第四冬至	冬至	24	12	3/4	0.750
第四夏至	夏至	12	6	3/8	0.375

據上表可知,所謂"第一夏至的小餘剛好是1/8爲最小,以後第二夏至是3/8,第三夏至是5/8,第四夏至是7/8"的議論完全錯誤。第一夏至小餘不是1/8而是5/8;第二夏至不是3/8而是7/8;第三夏至不是5/8而是1/8;第四夏至不是7/8而是3/8。

正因爲嚴敦傑先生誤算了夏至小餘,所以未能進一步發現式盤的正確用法。下面我們根據背面更正後的示意圖,談談對此式盤的理解。

---

① 嚴敦傑:《關於西漢初期的式盤和占盤》,《考古》1978年第5期,第334～337頁。

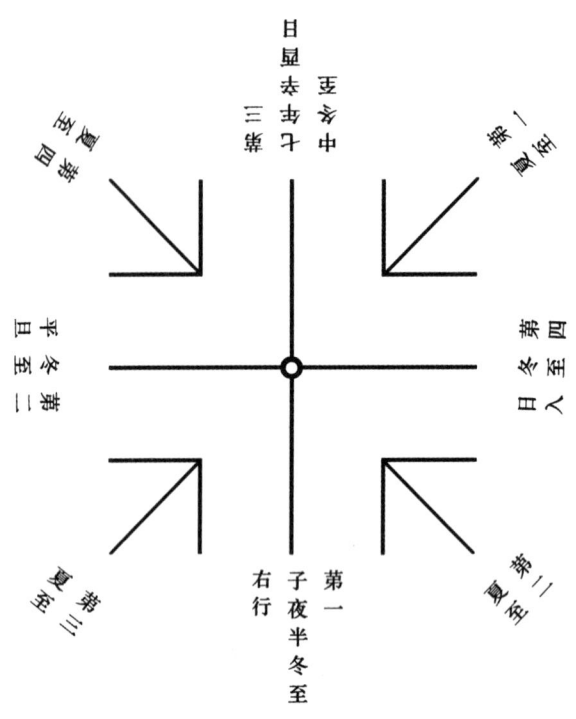

[图示：汝陰侯墓二號式盤背面示意圖，中心圓點周圍八個方向標注文字：上方"日晷去中十三寸"，右上"第一夏至"，右"第四冬至日入"，右下"第三夏至"，下方"第一子夜半冬至右行"，左下"第三夏至日出"，左"第二冬至日平"，左上"第四夏至日"]

圖 2　汝陰侯墓二號式盤背面示意圖更正圖

　　該圖的確如嚴敦傑先生所説，與節氣小餘有關。在更正了夏至小餘數據後，我們可以更進一步指出——式盤背面所繪圖像，就是用來推算冬夏至小餘，乃至推算冬夏至干支的。

　　四分曆歲實 $365\frac{1}{4}$ 日，用平氣，則冬夏至間相距 $365\frac{1}{4} \div 2 = 182 + 10/16$ 日。10/16 即每次累積之小餘數。以上地盤所繪羅圖（又稱式圖、鉤繩圖），①二繩、四鉤、四維，共 16 道綫，恰可作累積計算小餘之用。如下圖所示（見下頁）。

　　以第一冬至子夜半小餘爲 0 起算②，取十六分制：第一夏至小餘數爲 10，正處第 10 道綫；繼續累加，第二冬至小餘累積爲 20，進 1 日，所剩小餘數爲 4，正處第 4 道綫；第二夏至小餘累積爲 30，進 1 日，所剩小餘數爲 14，正處第 14 道綫……其餘依此類推，**綫之序數，即對應冬夏至之小餘**。

---

①　"式圖"是李零先生的命名，"鉤繩圖"是馬克先生的命名，我們近來將此圖改命名爲"羅圖"，詳參程少軒：《羅圖考》，"湖北出土簡帛日書國際學術研討會"會議論文，2018 年 11 月 9 日～12 日，武漢，湖北省博物館。

②　事實上秦漢時期並不存在整數"0"的概念，這裏嚴格來説應表述成"以第一冬至子夜半小餘爲 16 起算"，但這與現代數學的計算習慣不合。爲方便讀者理解，本文徑將達到取整進位狀態的小餘寫作"0"，後文不再一一説明。

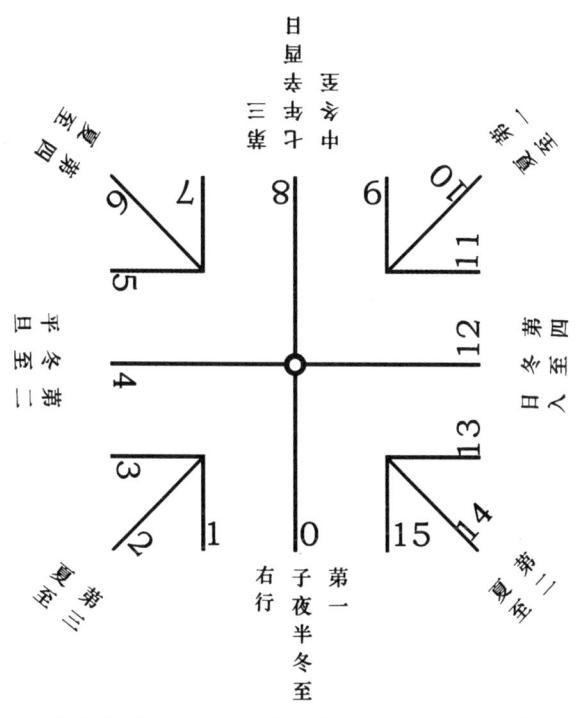

圖3　汝陰侯墓二號式盤背面冬夏至與小餘數據對應圖

雖然嚴敦傑先生列出的夏至小餘數據錯誤，但他推測"冬至與夏至之間沒有文字，按理這應該是春秋分"，却又是正確的。只是嚴先生未能全然理解圖文的曆法內涵，也就無從指出這些綫條究竟如何代表春秋分。其實，方法與前面推算冬夏至一樣。冬夏至之間累加取數爲10，摻入它們的中點春秋分之後，累加數改取5，即每次數5道綫，就可以計算春秋分小餘了。我們可按十六分制小餘，列16道綫對應四組二分二至如下：

表4　四組分至小餘與羅圖十六綫對應關係表

第一冬至	0	第二冬至	4	第三冬至	8	第四冬至	12
第一春分	5	第二春分	9	第三春分	13	第四春分	1
第一夏至	10	第二夏至	14	第三夏至	2	第四夏至	6
第一秋分	15	第二秋分	3	第三秋分	7	第四秋分	11

依此術亦可方便推算出冬夏至干支。182日含3個甲子循環，餘2日。推算小餘時，滿1圈，即復至0號綫時，則小餘湊足整數進1日，累加在2日上，得餘數整3日。則前之冬夏至干支或加2日，或加3日，即下一冬夏至之干支日。例如上圖文帝七年冬至干支辛酉，爲第三冬至，則七年夏至日爲第三夏至，在2號綫，已過0號綫，所以當加3日，辛酉後3日爲甲子，即七年夏至干支。再推後一個冬至，八年冬至爲第四冬

至,在第 12 號綫,未過 0 號綫,所以只加 2 日,甲子後 2 日爲丙寅,即八年冬至干支。

但是春秋分干支的計算,在此盤上就不便操作了。因爲它們距離冬夏至爲 91 又 5/16 日,除去一個甲子後餘數 30 又 5/16 日,餘數過大,無法便捷數得。這大概就是盤上不繪春秋分的原因。

稍有疑問的,是盤中"右行"二字。按文獻所見式盤操作的慣例,地盤中所謂"右行"一般是指逆時針運行,而圖中四個冬至的排列顯然是順時針的,依據逆時針完全無法操作。這或許是因爲文字與圖像在式盤的背面,依照操作者的視角,背面的逆時針運行就是正面的順時針運行。"左行""右行"問題是數術研究中的一大難點,這篇小文本就無法説清楚。加之此二字的原始字形並未公布,實際情況究竟如何也無法判斷。因此,本文不再展開討論此問題,徑以"按示意圖順時針運行"理解式盤。

此種求冬夏至干支之法,與北大漢簡《節》篇冬夏至干支速算表十分類似。《節》篇簡 31—32:

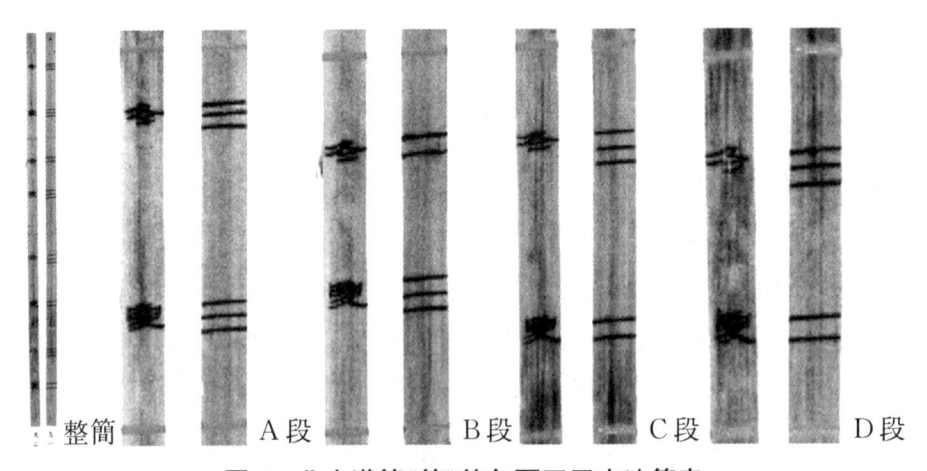

圖 4　北大漢簡《節》篇冬夏至干支速算表

簡 33—34 有對該表的説明文字:

> 孝景元年,冬至庚寅。上八畫之下,即庚寅也。其次畫之下,亦夏至之日也。丹畫閏,閏一歲也。盡如此,以日次數之,每一畫一日也,終而復上,以爲常。

我們已在《北大漢簡〈節〉篇"冬夏至干支速算表"解讀》一文中闡述了以上圖文的使用方法。① 第 32 簡 4 個"冬夏",指的是 4 個連續的年份。4 個年份用紅色綫條隔

---

① 程少軒:《北大漢簡〈節〉篇"冬夏至干支速算表"解讀》,復旦大學出土文獻與古文字研究中心網站,http://www.gwz.fudan.edu.cn/Web/Show/2719,修訂後刊於《出土文獻與古文字研究》第 7 輯,上海古籍出版社,2018 年,第 355~359 頁。

開,即簡文所謂"丹畫閒,閒一歲也。"我們將之自上而下編爲A、B、C、D四年。"冬"指對應横綫部分推算的是當年的冬至日干支;"夏"指對應横綫部分推算的是當年的夏至日干支。第31簡中黑色横綫,代表日期數,即"每一畫一日也"。4個年份分别有3+3、2+3、3+2、3+2條黑色横綫,合起來爲21日。四分曆歲實數爲365¼,4年共計360×4+¼×4日=360×4+21日=1461日。360是六十甲子的倍數,可以整除,推算時不用考慮。剩餘21日不可整除,因此分配在4個連續的年份中——其中3個年份分配5日,一個年份分配6日。簡33、34説,"上八畫之下,即庚寅也",是指B年冬至之格,自上起數第8道黑色横綫對應的干支日是庚寅。"其次畫",指緊接着B年冬之格下面的3道黑色横綫。"其次畫之下,亦夏至之日也",指要在前面庚寅日的基礎上,再加上3道黑色横綫代表的3個干支日,即癸巳日——這一天就是景帝元年的夏至日。按此算法,一個4年周期之中冬夏至干支日推算如下表所示:

表5 北大漢簡《節》篇冬夏至干支速算表推算法

A 文帝後元七年	冬至	前之干支日*加3日	乙酉
	夏至	前之干支日加3日	戊子
B 景帝元年	冬至	前之干支日加2日	庚寅
	夏至	前之干支日加3日	癸巳
C 景帝二年	冬至	前之干支日加3日	丙申
	夏至	前之干支日加2日	戊戌
D 景帝三年	冬至	前之干支日加3日	辛丑
	夏至	前之干支日加2日	癸卯

(*注:此處"前之干支日"指文帝後元六年夏至日,干支爲壬午。)

按此推算方法,可以推算出漢初顓頊曆行用期間内各年份的冬夏至干支日。驗諸張培瑜先生《三千五百年曆日天象》,[①]推得冬夏至干支日期與之基本吻合。

可見,在古六曆時期,人們爲曆日推算發明了多種工具,汝陰侯墓二號式盤和北大漢簡《節》篇"冬夏至干支速算表"皆是其例。它們雖然形式迥異,操作方法也不太一樣,但本質都是利用了古四分曆參數的數學規律,均體現了古人的巧思,堪稱雙璧。

需要特别指出的是,細察汝陰侯墓二號式盤和北大漢簡速算表,雖然兩者所能推出的冬夏至干支並無不同,但兩者所據曆法其實是有細微差别的。北大漢簡速算表,

---

① 張培瑜:《三千五百年曆日天象》,大象出版社,1997年。

所得冬夏至干支，與張培瑜先生《三千五百年曆日天象》吻合，而該書所用漢初顓頊曆節氣小餘，所據爲銀雀山漢簡元光元年曆譜等出土曆譜實物。因此，北大漢簡速算表所用節氣小餘參數，與元光元年曆譜完全一致。這一點，末永高康先生已經做了詳細考證，①所論當無疑義。

表 6　據北大漢簡《節》篇速算表推元光元年及前後諸年份冬夏至干支

A	冬至	3	景帝中元五年	戊子	景帝後元三年	己酉	武帝建元四年	庚午	元光二年	辛卯
	夏至	3		辛卯		壬子		癸酉		甲午
B	冬至	2	景帝中元六年	癸巳	武帝建元元年	甲寅	武帝建元五年	乙亥	元光三年	丙申
	夏至	3		丙申		丁巳		戊寅		己亥
C	冬至	3	景帝後元元年	己亥	武帝建元二年	庚申	武帝建元六年	辛巳	元光四年	壬寅
	夏至	2		辛丑		壬戌		癸未		甲辰
D	冬至	3	景帝後元二年	甲辰	武帝建元三年	乙丑	元光元年	丙戌	元光五年	丁未
	夏至	2		丙午		丁卯		戊子		己酉

元光元年曆譜，冬至小餘爲 11，立春小餘爲 0，②證明至少漢初官方行用之顓頊曆，節氣小餘所用參數，係以**屬於 D 組年份的立春夜半齊同作爲起點**的。③衆所周知，顓頊曆節氣小餘以立春爲起點，而古六曆的其他五種曆法，黃帝曆、殷曆、周曆、夏曆、魯曆，節氣小餘均是以冬至爲起點，這是顓頊曆與其他古四分曆的重要差異之一。因此，儘管與傳世文獻所反映的數據有所差別，但元光元年曆譜等出土漢初曆日實物以及北大漢簡《節》篇速算表，其陽曆部分均屬顓頊曆，應該是沒有問題的。

而阜陽汝陰侯墓二號式盤，則顯然是以**第一冬至子夜半齊同作爲起點**的。這是其它五種古四分曆的特徵，與顓頊曆絕不相容。因此，在計算節氣時，據汝陰侯墓二號式盤和據顓頊曆，必然會有不同之處。我們以文帝五年至十年爲例，將汝陰侯墓二號式盤和漢初官方行用顓頊曆節氣小餘數據列表如下：

---

① 末永高康：《北京大學藏西漢竹書〈節〉の孝景元年冬至日をめぐって》，《出土文献と秦楚文化》第 9 號，2016 年。
② 張培瑜：《新出土秦漢簡牘中關於太初前曆法的研究》，《中國古代天文文物論集》，文物出版社，1989 年，第 69～82 頁。
③ 張培瑜先生認爲這一曆法的起點在"公元前 672 年 5 月甲子朔旦芒種夜半齊同"，實爲本文表述之特例，其曆法原理本質上並無不同。因涉及 24 節氣小餘具體推算，列表過長，茲不贅述。

表 7 汝陰侯墓二號式盤和漢初官方行用顓頊曆節氣小餘數據比較表①

年份	節氣	汝陰侯墓二號式盤							漢初官方行用顓頊曆						
		組別	小餘			積日		間隔日數		干支	組別	小餘			積日		間隔日數		干支	備注
			32分	16分	算外	算盡	八節	四至			32分	16分	算外	算盡	八節	四至		
文帝五年	冬至	第一	0	0	0	1	45	182	辛亥	C	3	1.5	0	1	45	182	辛亥	式盤小餘起算點
	立春		21		0	1	46		丙申		24		0	1	46		丙申	
	春分		10		1	2	**45**		壬午		13		1	2	**46**		壬午	
	立夏		31		1	2	**46**		丁卯		2		2	3	**45**		戊辰	小餘導致干支不同
	夏至	第一	20	10	2	3	46	183	癸丑	C	23	11.5	2	3	46	183	癸丑	
	立秋		9		3	4	**45**		己亥		12		3	4	**46**		己亥	
	秋分		30		3	4	**46**		**甲申**		1		4	5	**45**		**乙酉**	小餘導致干支不同
	立冬		19		4	5	46		庚午		22		4	5	46		庚午	
文帝六年	冬至	第二	8	4	5	6	**45**	182	丙辰	D	11	5.5	5	6	**46**	182	丙辰	
	立春		29		5	6	**46**		**辛丑**		**0**		6	7	**45**		**壬寅**	小餘導致干支不同 顓頊曆小餘起算點
	春分		18		6	7	46		丁亥		21		6	7	46		丁亥	

① 許名瑲先生《漢簡曆日考徵——氣朔篇（顓頊曆之一）》（簡帛網，2014年6月17日，http://www.bsm.org.cn/show_article.php?id=2033）所列顓頊曆節氣小餘數據甚爲詳備，表7在覆覈驗算時對該文多有參考。

續表

年份	節氣	汝陰侯墓二號式盤								漢初官方行用顓頊曆								備注
		組別	小餘		積日		間隔日數		干支	組別	小餘		積日		間隔日數		干支	
			32分	16分	算外	算盡	八節	四至			32分	16分	算外	算盡	八節	四至		
	立夏		7		7	8	45		癸酉		10		7	8	45		癸酉	
	夏至	第二	28	14	7	8	46	183	戊午	D	31	15.5	7	8	46	183	戊午	
	立秋		17		8	9	46		甲辰		20		8	9	46		甲辰	
	秋分		6		9	10	45		庚寅		9		9	10	45		庚寅	
	立冬		27		9	10	46		乙亥		30		9	10	46		乙亥	
文帝七年	**冬至**	**第三**	16	8	10	11	46	183	辛酉	A	19	9.5	10	11	46	183	辛酉	汝陰侯式盤標注
	立春		5		11	12	45		丁未		8		11	12	45		丁未	
	春分		26		11	12	46		壬辰		29		11	12	46		壬辰	
	立夏		15		12	13	46		戊寅		18		12	13	46		戊寅	
	夏至	第三	4	2	13	14	45	182	甲子	A	7	3.5	13	14	45	182	甲子	
	立秋		25		13	14	46		己酉		28		13	14	46		己酉	
	秋分		14		14	15	46		乙未		17		14	15	46		乙未	
	立冬		3		15	16	45		辛巳		6		15	16	45		辛巳	

續表

年份	節氣	汝陰侯墓二號式盤							漢初官方行用顓頊曆							備注
		組別	小餘		積日		間隔日數		干支	組別	小餘		積日		間隔日數		干支	
			32分	16分	算外	算盡	八節	四至			32分	16分	算外	算盡	八節	四至		
文帝八年	冬至	第四	24	12	15	16	46	183	丙寅	B	27	13.5	15	16	46	183	丙寅	
	立春		13		16	17	46		壬子		16		16	17	46		壬子	
	春分		2		17	18	45		戊戌		5		17	18	45		戊戌	
	立夏		23		17	18	46		癸未		26		17	18	46		癸未	
	夏至	第四	12	6	18	19	46	183	己巳	B	15	7.5	18	19	46	183	己巳	
	立秋		1		19	20	45		乙卯		4		19	20	45		乙卯	
	秋分		22		19	20	46		庚子		25		19	20	46		庚子	
	立冬	第一	11		**20**	21	46		丙戌		14		**20**	21	46		丙戌	陽曆閏日
文帝九年	冬至		0	0	0	1	45	182	壬申	C	3	1.5	0	1	45	182	壬申	
	立春		21		0	1	46		丁巳		24		0	1	46		丁巳	
	春分		10		1	2	**45**		癸卯		13		1	2	**46**		癸卯	
	立夏		31		1	2	**46**		戊子		2		2	3	**45**		己丑	小餘導致干支不同

續表

年份	節氣	汝陰侯墓二號式盤								漢初官方行用顓頊曆								備注
		組別	小餘 32分	小餘 16分	積日 算外	積日 算盡	間隔日數 八節	間隔日數 四至	干支	組別	小餘 32分	小餘 16分	積日 算外	積日 算盡	間隔日數 八節	間隔日數 四至	干支	
文帝十年	夏至	第一	20	10	2	3	46	183	甲戌	C	23	11.5	2	3	46	183	甲戌	
	立秋		9		3	4	45		庚申		12		3	4	46		庚申	
	秋分		30		3	4	46		乙巳		1		4	5	45		丙午	小餘導致干支不同
	立冬		19		4	5	46		辛卯		22		4	5	46		辛卯	
	冬至	第二	8	4	5	6	45	182	丁丑	D	11	5.5	5	6	46	182	丁丑	
	立春		29		5	6	46		壬戌		0		6	7	45		癸亥	小餘導致干支不同
	春分		18		6	7	46		戊申		21		6	7	46		戊申	
	立夏		7		7	8	45		甲午		10		7	8	45		甲午	
	夏至	第二	28	14	7	8	46	183	己卯	D	31	15.5	7	8	46	183	己卯	
	立秋		17		8	9	46		乙丑		20		8	9	46		乙丑	
	秋分		6		9	10	45		辛亥		9		9	10	45		辛亥	
	立冬		27		9	10	46		丙申		30		9	10	46		丙申	

據上表，由於節氣小餘起算點不同，雖然兩種曆法推出的冬夏至干支完全一樣，但每四年立夏、秋分、立春的干支會有一日之別。而且，顓頊曆之冬夏至小餘，其 32 分制之數值恰逢奇數，所以也無法利用汝陰侯墓二號式盤推算——這也是曆法不兼容造成的。不過，利用同樣的原理，完全可以設計出一個可以推算顓頊曆立春、立夏、立秋、立冬四立小餘及立春、立秋干支的式盤。

漢初官方行用之顓頊曆，據 D 組立春小餘 0 爲起點，可上推曆元至乙卯。而汝陰侯墓二號式盤，據第一冬至子夜半爲起點，可上推曆元至甲寅，這與《開元占經》所載殷曆上元甲寅相合。且據此參數不可能推至黃帝曆上元辛卯、夏曆上元乙丑、周曆上元丁巳和魯曆上元庚子。再考慮到西漢前期殷曆的影響力僅次於官方行用的顓頊曆，因此我們認爲該式盤所據曆法極有可能是殷曆。

表 8 汝陰侯墓二號式盤和漢初官方行用顓頊曆上推曆元可能性一覽

漢初官方行用顓頊曆（起點 D 組立春）	丁卯、辛未、乙亥、己卯、癸未、丁亥、辛卯、乙未、己亥、癸卯、丁未、辛亥、**乙卯**、己未、癸亥。
汝陰侯墓二號式盤（起點第一冬至）	丙寅、庚午、甲戌、戊寅、壬午、丙戌、庚寅、甲午、戊戌、壬寅、丙午、庚戌、**甲寅**、戊午、壬戌。

最後，需要附帶指出的是，地盤背面的曆法，與該盤正面講述的八節不屬於同一曆法體系。該盤正面相關文字如下：

冬＝至＝葉蟄卌六日廢明日。

立＝春＝天溜卌六日廢明日。

春＝分＝蒼門卌六日廢明日。

立＝夏＝陰落卌五日明日。

夏＝至＝上天卌六日廢明日。

立＝秋＝玄委卌六日廢日明。

秋＝分＝倉果卌五日明日。

立＝冬＝新洛卌五日明日。

李學勤先生指出這段文字與《靈樞·九宮八風》關係緊密，[1]記載的是八節相距的日

---

[1] 李學勤：《〈九宮八風〉及九宮式盤》，《王玉哲先生八十壽辰紀念文集》，南開大學出版社，1994 年；收入《古文獻叢論》，上海遠東出版社，1996 年，第 235～243 頁。

數。文獻中這類八節相距日期的記載多見,李零先生曾列表詳加比較:①

表 9　文獻所見八節相距日期一覽

《管子·輕重》	《淮南子·天文》	《靈樞·九宮八風》	汝陰侯墓二號式盤	北大漢簡《節》
冬至(46日)	冬至(46日)	居葉蟄(46日)	冬至汁蟄(46日)	冬至(46日)
春始(46日)	立春(——)	居天留(46日)	立春天溜(46日)	春立(46日)
春至(46日)	春分(46日)	居倉門(46日)	春分蒼門(46日)	日夜分(46日)
夏始(46日)	立夏(46日)	居陰洛(45日)	立夏陰洛(45日)	夏立(46日)
夏至(46日)	夏至(46日)	居天宮(46日)	夏至上天(46日)	夏至(46日)
秋始(46日)	立秋(——)	居玄委(46日)	立秋玄委(46日)	秋立(46日)
秋至(46日)	秋分(46日)	居倉果(46日)	秋分倉果(45日)	日夜分(46日)
冬始(46日)	立冬(——)	居新洛(45日)	立冬新洛(45日)	冬立(46日)

通過計算可知,根據四分曆八節小餘累進規律爲:除了起算點(小餘零點)之後節點距日爲 45 日＋46 日排列外,其餘各節點距日均呈現 45 日＋46 日＋46 日循環排列的情況。以殷曆和顓頊曆兩種曆法的八節小餘累進爲例:

表 10　殷曆八節小餘累進規律

	冬至	立春	春分	立夏	夏至	立秋	秋分	立冬
第一年	45	46	45	46	46	45	46	46
第二年	45	46	46	45	46	46	45	46
第三年	46	45	46	46	45	46	46	45
第四年	46	46	45	46	46	45	46	46

表 11　顓頊曆八節小餘累進規律

	冬至	立春	春分	立夏	夏至	立秋	秋分	立冬
A 年	46	45	46	46	45	46	46	45
B 年	46	46	45	46	46	45	46	46
C 年	45	46	46	45	46	46	45	46
D 年	46	45	46	45	46	46	45	46

---

① 李零:《北大漢簡中的數術書》,《文物》2011 年第 6 期,第 80～83 頁。

因此，依據四分曆實曆推出的八節距日，46 日之時間段不可能連續出現 3 次，且 45 日之時間段不可能連續出現 2 次。以此結論驗諸表 9，可知包括汝陰侯墓二號式盤在内的全部材料的八節日數，皆非據實曆推出。

阜陽雙古堆汝陰侯墓是 1977 年發掘的，發掘簡報、部分漢簡以及三件式盤於 1978 年秋季發表，倏忽已過去 40 年了。最初對式盤進行研究的殷滌非、嚴敦傑兩位先生，也已經逝世近 30 年了。作爲漢初列侯，雙古堆漢墓主人、第二代汝陰侯夏侯竈的食邑户數（六千九百户）遠高於軑侯利蒼、利豨（七百户）和沅陵侯吴陽（六百户），甚至高於海昏侯劉賀（四千户）。因此，這個墓葬的考古價值是極高的。可惜的是，相較於同樣有 40 年發現歷史的長沙馬王堆漢墓和隨州曾侯乙墓，汝陰侯墓未免顯得冷清。2018 年初冬之際，謹撰此小文，作爲對汝陰侯墓出土資料發表 40 週年的紀念。

2018 年 11 月

附記：

本文初稿承許名瑲先生和馬克先生審閲校驗，並提出許多修改意見。謹向兩位先生致以誠摯謝意！

本文寫作得到國家"萬人計劃"青年拔尖人才項目"馬王堆帛書數術文獻圖像研究"經費資助。

北京大學藏漢簡《蒼頡篇》的綴連復原*

福田哲之

一、北京大學藏漢簡《蒼頡篇》之概要

北京大學藏漢簡《蒼頡篇》(以下簡稱爲北大本),爲 2009 年北京大學獲贈的西漢竹書當中的一篇。2015 年,北京大學出土文獻研究所編輯的《北京大學藏西漢竹書[壹]》(以下簡稱爲《北大壹》)①收入此篇。該書中收錄了全簡圖版及釋文等,北大本的全貌終於開始展現在世人面前。北大本内容多歧,以下首先列舉其概要。②

① 竹簡枚數,完簡 53 枚,殘簡 34 枚。綴合後得整簡 63 枚,殘簡 18 枚,③共計 81 枚。

② 字數方面,完整字 1317 字,殘字 20,合計 1 337 字。

---

* 本文得到日本學術振興會(JSPS)科研費 17K02730 的資助。
① 北京大學出土文獻研究所編(朱鳳瀚編撰):《北大壹》,上海古籍出版社,2015 年。
② 參看《蒼頡篇 釋文 注釋》,《北大壹》,第 67~69 頁,朱鳳瀚:《北大藏漢簡〈蒼頡篇〉的新啓示》,《北大壹》,第 170~180 頁。
③ 關於殘簡的枚數,在此想指出簡 66 與簡 22 的綴合問題。原釋文對簡 22 釋讀如下,將"聊"作爲押韻字分類於幽部。"……說尌掇,謍謢觸聊。…… 22"根據圖版,位於完簡第三句的第二字與第三字之間的編繩痕在"掇"字與"謍"字之間,所以對原釋文的句讀進行了如下修改。"□□。□□□說,尌掇謍謢。觸聊□□,□□□□。"由此可知,押韻字爲"謢",屬於耕部,如下所示,提示了耕部簡 66 的綴合(簡 66+簡 22)。"狗貐鷹鼾。媥娟娺/說,尌掇謍謢。觸聊□□,□□□□。 66+22"其結果,綴合後的殘簡枚數爲十七枚。

③ 各簡的滿寫字數爲 20 字。
④ 完整簡的簡長爲 30.3～30.4 釐米,寬爲 0.9～1.0 釐米。
⑤ 竹簡本爲三道編繩,接近上下兩端處及中間部分的簡面右側有契口,契口附近殘留有很多編繩的痕迹。
⑥ 竹簡背面有劃痕,其形狀均爲從簡的左上端或者接近左上端之處向右下方斜行,其一道劃綫大約橫跨十七八枚簡,末簡的劃痕停在距離簡端 13 釐米左右處。
⑦ 各章以開頭二字爲標題,在第一簡與第二簡兩簡正面上端從右至左書寫。現存章的標題有"顓頊""雲雨""室宇""□輪""鶡鴰""漢兼""□禄""闊錯""幣帛""□悝""賣購"等十一個。該標題的方式,也同樣見於睡虎地秦簡《日書》及周家臺秦簡等。
⑧ 各章均在文末明確記録該章字數。記有字數的竹簡現存十枚,標題字數最多爲"百五十二",最少爲"百四"。
⑨ 句式爲四字一句,二句一韻。全篇按照韻部分章,多爲單韻,少數爲兩個近音韻部的合韻。
⑩ 有若干同一韻部的章,似爲連續綴連。
⑪ 各章中句的構造,有羅列式與陳述式二種。羅列式字義近似或類似(也有少數對義),或者由相互聯繫的字詞組合排列而成,大多數句子屬於該類形式。

此外,《北大壹》中簡文各韻部的順序,因底本的韻部排次不明,爲方便起見,且以王力《漢語史稿(修訂本)》(中華書局,2001 年)的上古韻部表的順序爲準,本文各節的探討順序也基於此。

北大本的優勢,首先在於數量之大。其竹簡共有 81 枚,殘存字數爲 1 337 字。在北大本之前,數量最多者爲阜陽漢簡《蒼頡篇》(以下簡稱爲阜陽本),共有 540 餘字。而北大本的字數遠超阜陽本。相當於《漢書·藝文志》中所記述的漢代改編本總字數 3 300 字的三分之一以上。而且,阜陽本中出土的 125 枚均爲殘簡,其中 80 枚爲殘存字數 3 字以下的殘片,而北大本竹簡 81 枚之中,完簡或整簡占 63 枚,且具有良好的保存狀態。

另外,尤其需要注意的一點是,通過竹簡背面(簡背)的劃痕,可以看出竹簡是按照怎樣的順序進行編連,並由此得到復原綴連的有力證據。也由此可以解决,章内句子的構造以及章與章之間的聯繫等諸多問題,進一步推動《蒼頡篇》的研究工作。而這在阜陽本中却難以實現。

《北大壹》的綴連，正是結合了由劃痕等獲知的新的見解，因此可以説其復原極爲妥當。不過，尚留有若干的探討餘地。本文是根據《北大壹》中所收的《北大藏漢簡〈蒼頡篇〉一覽表》①的數據，再通過筆者的探討，來對北大本的綴連問題，提出若干試案。

此外，本文所列釋文、劃痕示意圖以及復原圖的凡例如下所示：

一、釋文原則上基於《北大壹》，爲排印方便，有時從通行字體。釋文中□爲缺字，⋯⋯⋯⋯爲缺句，[ ]表示推定文本。

二、釋文及劃痕示意圖、復原圖中各簡末尾的數字爲《北大壹》的簡號，羅馬數字（Ⅰ或Ⅱ）表示押韻位置的形式。

三、劃痕示意圖及復原圖爲竹簡背面的略圖，與正面文本順序相反。殘存竹簡爲實綫，推定的缺簡以虛綫表示，爲方便顯示與篇章構造的關係，特記入正面的章題（□爲缺字）以及章末數字（[ ]爲推定文本）。

四、劃痕示意圖及復原圖中的斜綫爲竹簡背面劃痕的大致位置，其下方的橫寫數字（例如 2.5—3.1），則顯示了簡背劃痕至簡首的距離（上方數字爲左痕，下方數字爲右痕）。此外，由前後竹簡劃痕所推測的缺失簡劃痕的距離，則以括弧〈 〉括之。該值畢竟爲推測而來的近似值，或與實際存在 1~2 釐米左右的誤差。

五、復原圖中的"網綫"部分，表示在劃痕刻入後，因書寫錯誤等原因所廢除的竹簡（廢簡）。

二、綴連復原的指標

正如整理者所説的"屬同一韻部的各章内簡的綴連，以及章與章之間的綴連，均首先利用了簡背劃痕"，②《北大壹》的綴連復原，在以韻部分類之後，首先利用了簡背的劃痕。劃痕或爲在刮治竹簡之前，隨意在各個竹簡上所劃，劃痕的起點及傾斜角度隨竹簡各異，因此，相互具有排他性，在綴連復原上有一定的效力。③

---

① 《北大藏漢簡〈蒼頡篇〉一覽表》，《北大壹》，第 145~147 頁。
② 《蒼頡篇　釋文　注釋》，《北大壹》，第 68 頁。
③ 竹簡的刮治與劃痕的關係，參看孫沛陽：《簡册背劃綫初探》，《出土文獻與古文字研究》第 4 輯，上海古籍出版社，2011 年，第 449~462 頁；韓巍：《西漢竹書〈老子〉簡背劃痕的初步分析》，《北京大學藏西漢竹書[貳]》，上海古籍出版社，2012 年，第 227~235 頁。

根據《北大藏漢簡〈蒼頡篇〉一覽表》,一簡中劃痕的左痕與右痕的差距爲最短 0.5～最長 0.9 釐米,基本上 0.6～0.7 釐米爲標準值,對隣接兩簡而言,如右圖所示,簡 A 的右痕與簡 B 的左痕之間的差距爲－0.1①～0.2 釐米,基本上以 0.1 釐米爲標準值(圖 1)。

另外,根據前節所列舉的北大本的概要,不僅是劃痕,以下兩點也可以作爲綴連復原之際的判斷指標。

第一點,爲簡序與押韻位置的關係。如概要③所示,同一章内除章末簡之外,各簡寫有五句二十個字。再次需要注意的是,一簡中的五句之中偶數句(第二句、第四句)押韻的Ⅰ型竹簡與奇數句(第一句、第三句、第五句)押韻的Ⅱ型竹簡之間的位置交互排列(圖 2)。因此,同一章内的竹簡排列上,Ⅰ爲奇數簡序,Ⅱ爲偶數簡序,Ⅰ或者Ⅱ並無重複綴連。因此,若存在有記錄章字數的章末簡時,便可知該章的竹簡枚數以及押韻型的配置,復原也有了重要的依據。

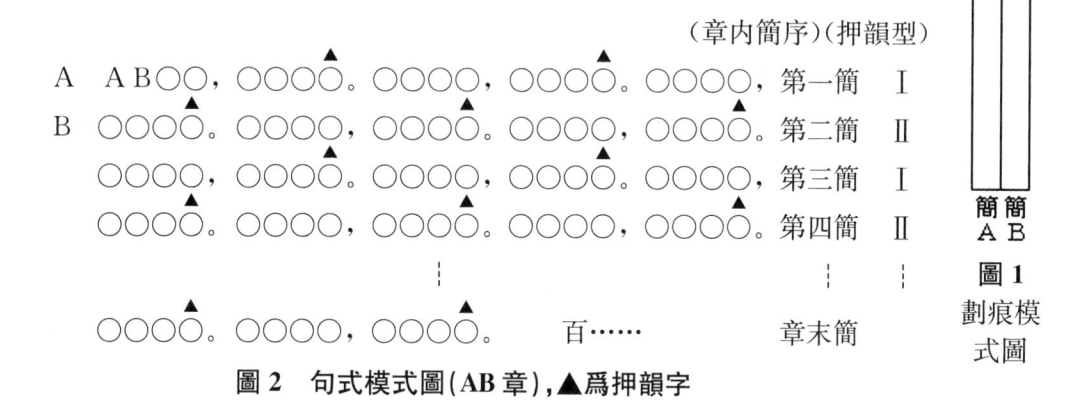

(章内簡序)(押韻型)

A　AB○○,○○○○。○○○○,○○○○。○○○○,第一簡　Ⅰ
B　○○○○,○○○○。○○○○,○○○○。○○○○,第二簡　Ⅱ
　　○○○○,○○○○。○○○○,○○○○。○○○○,第三簡　Ⅰ
　　○○○○,○○○○。○○○○,○○○○。○○○○,第四簡　Ⅱ
　　　⋮　　　⋮　　　⋮
　　○○○○,○○○○。百……　　　　　　章末簡

圖 2　句式模式圖(AB 章),▲爲押韻字

簡　簡
A　B
圖 1
劃痕模式圖

第二點,是與字義的關聯。如概要⑪所示,《蒼頡篇》的句式以羅列式爲主,特別是魚部及陽部諸章之中集中排列了同義及類義字。② 因此,雖然適用範圍有限,但是,在字義方面的關聯也成爲判斷綴連妥當性的一個指標。

在利用劃痕進行綴連復原之際,需要留意的一點是,劃痕刻入後由於書寫錯誤等對竹簡進行廢棄時,兩簡雖然連接,但是劃痕却不連續。對於該問題,整理者論述

---

① 例如簡 46 的右痕在離簡上端 4.9 釐米處,簡 47 的左痕在 4.8 釐米處,後者離簡上端的距離比前者更近 0.1 釐米。本文把這個情況表示爲"－0.1 釐米"。

② 朱鳳瀚:《北大藏漢簡〈蒼頡篇〉的新啓示》,《北大壹》,第 174～175 頁。

如下：①

　　從綴連的實際情況看，一般相鄰的簡其背部劃痕也是相連的，但也有在個別情況下，依據簡文内容應該相連的簡，其背部劃痕有一枚簡距離的間斷，例如陽部韻的"顓頊"章中，簡四八與四九，依照簡背劃痕，中間應有一枚簡的間隔，但依簡文（參考阜陽雙古堆漢簡《蒼頡篇》文），二簡實應相接。此種情況表明，不排斥有個別簡因書寫錯誤而被剔出的可能。

　　因此，在前述的指標當中，雖然根據韻部、押韻位置、字義等諸點來判斷應該綴連，只是劃痕發生中斷時，還應該考慮到廢簡的存在，若所推測廢簡的劃痕與前後的劃痕之間連續性較好，則該綴連方案的可能性也較高。

　　在下節中，將從《北大壹》同一韻部的綴連當中，提出與廢簡相關的兩個試案。

三、同一韻部的綴連

（一）魚部

　　首先，從《北大壹》分類在魚部的竹簡中，來看簡 24～簡 30 的例子。劃痕在簡 24 與簡 25 以及簡 27 與簡 28 兩處中斷（圖 3）。對此，原釋文綴連簡 27 與簡 28，却將簡 24 與簡 25 分開。

　　簡 27 與簡 28 的綴連，還因爲兩簡正是"幣帛"章開頭的章題簡，因此毫無疑問。而且，在兩簡之間，當存在具有〈6.5—7.1〉劃痕的竹簡，之所以劃痕中斷，正是因爲廢簡所導致的。而另一方面，整理者把簡 24 與簡 25 分開的理由，是因爲劃痕發生了中斷。但是，在兩簡之間，不但押韻部一致以及簡序與押韻位置統一，而且在字義方面，簡 24 末句"薺芥菜茬"與簡 25 首句"茱臾蓼藡"之間，也具有草名集中排列的共性，②除去劃痕以外，可以説均符合前述的判斷指標。

　　而且，就劃痕而言，在簡 24（劃痕 3.0—3.7）與簡 25（劃痕 4.5—5.0）之間，當存在具有〈3.8—4.4〉劃痕的竹簡，劃痕的中斷極有可能是因廢簡而引起的（圖 4）。

---

① 《蒼頡篇　釋文　注釋》，《北大壹》，第 68 頁。
② 簡 24 中草名連續排列，這一點朱鳳瀚：《北大藏漢簡〈蒼頡篇〉的新啓示》已指出（《北大壹》，第 174 頁）。若簡 24—簡 25 的綴連不誤，簡 24 第一句"莎荔菓蔓"至簡 25 第一句"茱臾蓼藡"的六句中草名集中排列，進而至簡 25 第二及三句"果蓏茄蓮，羔栗瓠瓜"，發展爲果實類，在此排列的都是一系列的名物。

圖3   圖4

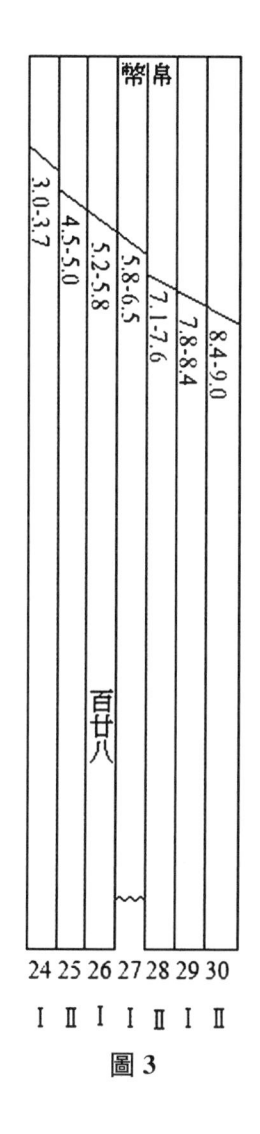

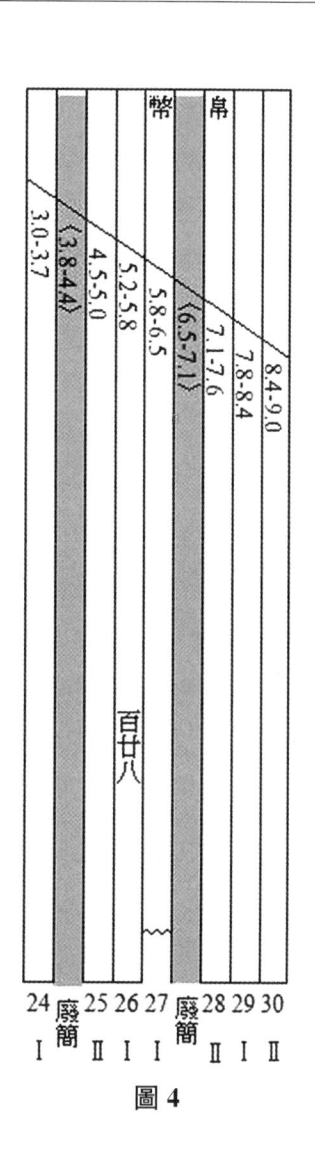

綜上所述，可以認爲簡 24 與簡 25 綴連的可能性極大。①
由此，簡 24～簡 30 的綴連可以復原如下：

□ □□……，…………。…………，…………。…………，	缺 Ⅰ
□ …………。…………，…………，…………，…………。	缺 Ⅱ
…………，…………，…………，…………，	缺 Ⅰ
…………。…………，…………，…………，…………。	缺 Ⅱ

---

① 刮治竹簡形成的一組竹簡當中存在二枚廢簡的例子，可見於北大漢簡《老子》上經，第六組（簡87～簡100）。參看韓巍：《西漢竹書〈老子〉簡背劃痕的初步分析》（前揭）。

	莎荔菉蔓,蓬蒿蒹葭。薇薛莪蔞,蘲藜薊茶。薺芥萊荏,	24	Ⅰ
	茱臾蓼蘸。果蓏茄蓮,䕆栗瓠瓜。堅穀摣①蘩,饒飽糞餘。	25	Ⅱ
	胻齋尼晥,䭃䬴餱餔。　　　百廿八	26	Ⅰ
幣帛	幣帛羞獻,請謁任幸。禮節揖讓,送客興居。難誰戲誰,	27	Ⅰ
	雄兔鳥烏。雞②雛芸卵,豢菫蓏菹。貔獺聊穀,猶貐韶狐。	28	Ⅱ
	蛟龍虫蛇,黿鼉鱉魚,陷阱鐟鈞,罾笱罘罝。毛觟穀繒,	29	Ⅰ
	收繳縈紆。汁洎流敗,蠹臭腑胆。貪欲資貨,羡溢跂㻦。	30	Ⅱ

(二) 陽部

以下,再來探討《北大壹》分類在陽部的簡 56~簡 64 的綴連問題。首先引用指出簡 64 與簡 56 綴連問題的秦樺林先生的見解:③

　　整理者將簡 56 置於"室宇"章中,編聯順序爲"簡 53、54＋簡 55＋簡 56＋簡 57＋簡 58"。(中略)筆者認爲,簡 56 很可能未必屬於"室宇"章,而當與簡 64 繫聯。簡 64 的韻腳字爲"蔣"、"英",亦爲陽部韻,末句"麋鹿熊羆"在内容上恰可與簡 56 的首句"犀牻豹狼"相銜接,這兩支簡應屬於同一組。

在引文的開頭部分中,秦先生認爲,"整理者將簡 56 置於'室宇'章中,編聯順序爲'簡 53、54＋簡 55＋簡 56＋簡 57＋簡 58'",然而,這恐怕是秦先生的誤解,《北大壹》的"釋文　注釋"中,簡 56~簡 58 與屬於"室宇"章的簡 53~簡 55 是分開的,整理者並無明確指出簡 56 與"室宇"章的關係。在確認此點後,需要重新注意的是,秦先生認爲簡 56 與簡 64 綴連的根據,在於簡 64 末句"麋鹿熊羆"與簡 56 首句"犀牻豹狼"之間字義方面(獸類)的共性。該綴連在簡序與押韻位置的關係上也較爲統一,除劃痕以外,符合其他所有指標。

但是,在劃痕方面,簡 64(劃痕 9.5—10.1)與簡 56(劃痕 0.9—1.8)存在顯著的差距,雖然兩簡在字義方面具有明顯的共性,但整理者却未將簡 64 與簡 56 綴連,可以認爲,其理由還是因爲兩簡劃痕的中斷。而秦先生並未言及劃痕的問題,因此簡 64 與簡 56 的綴連問題尚留有探討的餘地。

---

① "摣",整理者釋爲"極",認爲字同"極",此從 zjdyx 先生釋,見 jileijilei:《北大漢簡〈蒼頡篇〉釋文商榷》,復旦大學出土文獻與古文字研究中心網站,論壇討論區"學術討論"版塊,2015 年 11 月 14 日,第 11 樓跟帖,2015 年 11 月 22 日。

② "雞",整理者釋文作"雒",此從 jileijilei 先生釋,見 jileijilei:《北大漢簡〈蒼頡篇〉釋文商榷》(前揭)。

③ 秦樺林:《北大藏西漢簡〈倉頡篇〉札記(一)》,武漢大學簡帛研究中心"簡帛網",2015 年 11 月 14 日。

以下即對該點加以考察。首先需要指出的是,在簡 56 與簡 64 之間,存在具有劃痕起點竹簡的可能性。北大本的殘存竹簡當中,具有劃痕起點的竹簡,有簡 42(左痕 0.4 釐米)與簡 68(左痕 0.0 釐米)二例,在簡 42 上,可以看到繞竹簡一周的劃痕又出現在竹簡下部,劃痕發生了重疊現象。從其左痕的位置來看,將左痕 0.9 釐米的簡 56 作爲劃痕起點較爲困難,而在其前方,存在具有劃痕起點竹簡的可能性極大。

同時,從簡 58"百四"的章字數可見,位於"雲雨"章前方的"□輪"章共由六簡構成。但是,如果包括缺失的開頭第一簡與此前所推測的劃痕起點竹簡,則"□輪"章共有七簡,發生了一簡餘剩的現象。若較爲合理地解釋該現象則可以認爲,本來在簡 64 與簡 56 之間還存在具有劃痕起點的竹簡,但在書寫階段該竹簡被廢除,其結果造成了簡 64 與簡 56 之間劃痕的中斷現象(圖 5)。

從以上探討的結果可知,簡 56～簡 64 的綴連可以復原如下,並重新與屬陽部韻的"□輪"章與"雲雨"章進行綴連。①

圖 5

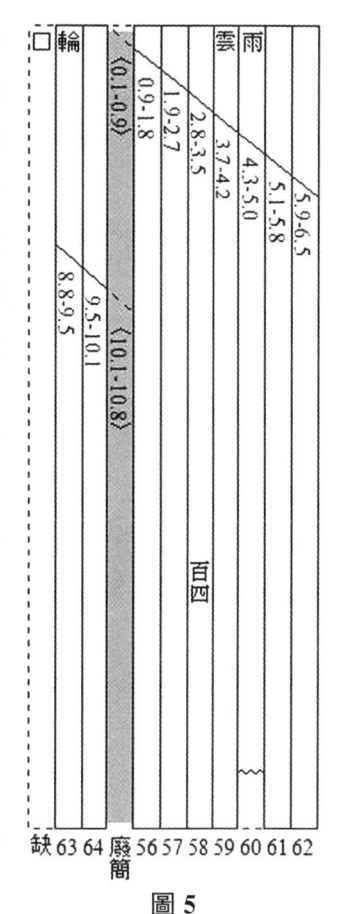

□	□輪……,………。………,	缺	Ⅰ
輪	䩦畚㠯箱。松柏楅椷,桐梓杜楊。鬱椐桃李,棗杏榆柰。	63	Ⅱ
	蘆葦菅蒯,莞蒲藺蔣。尚末根本,榮葉葇英。麋鹿熊羆,	64	Ⅰ
	犀犛豺狼。貙貍麈軒,䴠夒䝈麞。鳿鵠鳧鷹,鳩鴞鴛鴦。	56	Ⅱ
	陂池溝洫,淵泉隄防。江漢澮汾,河泲泜漳。伊雒涇渭,	57	Ⅰ

---

① 原釋在陽部之中把簡 56～簡 58 與簡 59～簡 62 區分開,這個措施與改章有關。關於簡 58—簡 59 的綴連,整理者認爲"同韻部諸章可能是相連編綴的"(朱鳳瀚:《北大藏漢簡〈蒼頡篇〉的新啓示》,《北大壹》,第 173 頁),並以簡 7—簡 8、簡 26—簡 27、簡 52—簡 53、簡 58—簡 59 的綴連作爲例子。另外,整理者在屬於耕部的竹簡中,把名稱不明的章末尾的簡 67 與"鷄錐"章開頭部分的簡 68～簡 70 區分開,然而在指出上述的分章間綴連時,沒有舉出簡 67 與簡 68 綴連的例子。但是根據以下理由,可以認爲該兩簡綴連的可能性極大。即位於"鷄錐"章開頭部分的簡 68 上,可見有劃痕的起點(0.0—0.9),而不見有繞竹簡一周形成兩處劃痕的重疊現象。由此可知,劃痕恰好終結於"鷄錐"章之前章的末尾簡。因此,在簡 68 之前存在的竹簡,有以下四點條件:(1)屬於耕部。(2)具有顯示章末簡的章字數表記。(3)劃痕作爲終結部,劃痕大致在離簡首十釐米的位置。(4)劃痕爲一條,並不見有重疊現象。因簡 67 符合上述條件,所以認爲與簡 68 綴連。

	維楫舩方。　　　　百四	58	II
雲	雲雨賈零，霚露雪霜。朔時日月，星晨紀綱。冬寒叓暑，	59	I
雨	玄氣陰陽。杲旭宿尾，奎婁軫亢。弘競頯眉，霸曁傅庚。	60	II
	舉巒岑崩，阮嵬陀阮。阿尉駮瑣，漆鹵氏羌。贅拾鋏鎔，	61	I
	鑄冶容鑲。頵視獻豎，偃尳運糧。攻穿襠魯，壘鄣墜京。	62	II

四、不同韻部的綴連

如第二節所述，《北大壹》的綴連復原，在通過韻部分類之後，又通過劃痕加以判斷。而如此復原，正是基於《蒼頡篇》全篇由韻部進行分章，多數由單韻構成的前提。而該復原的妥當性也證實了北大本與劃痕之間具有較高的統一性。

但是，需要注意的一點是，在《北大壹》當中，還有一小部分相近音合韻部的綴連。具體有之、職合韻部（簡1～簡11）、幽宵合韻部（簡14—簡15）、脂支合韻部（簡39）等。其中在具有陰入對轉關係的之、職合韻部的方面，通過北大本得知，在敦煌本、居延本、阜陽本、水泉子本中整理出來的部分殘簡，本屬於"□禄"章及"漢兼"章的一部分，同時也明確了之、職合韻部章的實態。而對於幽宵合韻部以及脂支合韻部，也是通過《北大壹》才得以確認，對了解迄今不明真相的與旁轉有關的合韻，具有重要的意義。本節正是從此觀點出發，對幽宵合韻部以及脂支合韻部為主加以考察。

（一）幽宵合韻部

屬於幽宵合韻部的竹簡有簡14及簡15二簡。首先列出在押韻字上附以韻部的原釋與劃痕示意圖（圖6①）：

瞗煦窅閻，泠窻遏包。穗稻苦㚻，挾貯施裹。狄罯賦實，14　幽　I
猎①驚駃䚩。贛害輟感，甄縠燔窯。秝②稇麻苔，蔾蘱鞠□。15　宵　II

---

① "猎"，整理者釋為"豬"，認為字同"猎"。張傳官先生已指出，該字左旁所從並非"豸"旁，而是"犬"旁〔見李亦安（張傳官網名）：《阜陽漢簡〈蒼頡篇〉編排札記》，復旦大學出土文獻與古文字研究中心網站，2015年11月5日，注12；張傳官：《據北大漢簡拼綴、編排、釋讀阜陽漢簡〈蒼頡篇〉》，《出土文獻》第8輯，中西書局，2016年，182頁，注3〕。而胡平生先生則在此基礎上進一步將其釋為"猎"（見胡平生：《讀〈蒼〉札記一》，復旦大學出土文獻與古文字研究中心網站，2015年12月21日；胡平生：《讀北大漢簡〈蒼頡篇〉札記》，《出土文獻研究》第15輯，中西書局，2016年，286頁）。此從胡先生釋。

② "秝"，整理者釋文作"秿"，此從jileijilei先生及李家浩先生釋，見jileijilei：《北大漢簡〈蒼頡篇〉釋文商榷》（前揭）及李家浩：《北大漢簡〈蒼頡篇〉中的"秝"字》，《出土文獻研究》第16輯，中西書局，2017年。

北京大學藏漢簡《蒼頡篇》的綴連復原

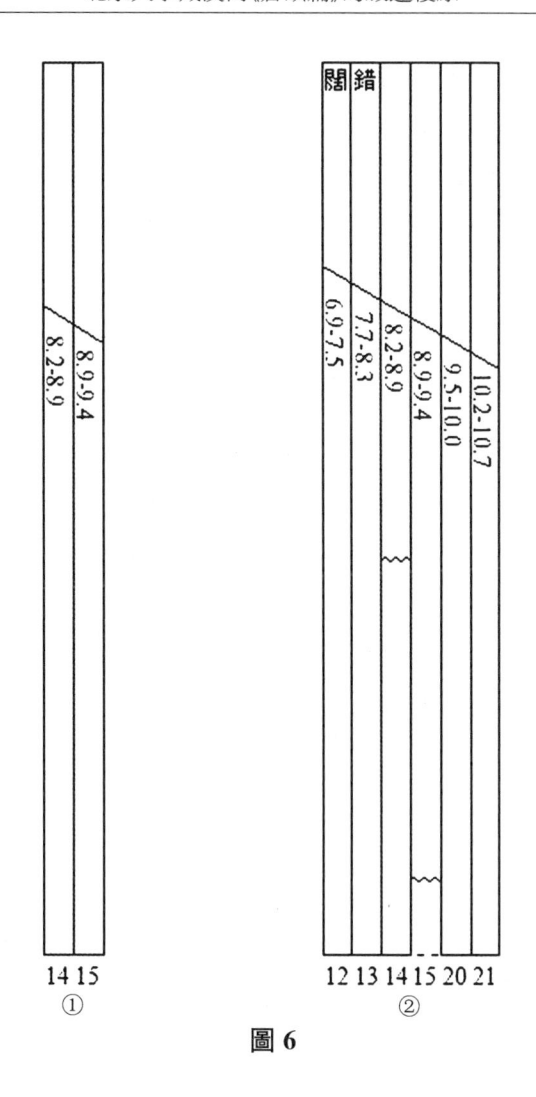

```
                闕 錯
         8.9-9.4   10.2-10.7
                   9.5-10.0
                   8.9-9.4
                   8.2-8.9
                   7.7-8.3
                   6.9-7.5

         14 15    12 13 14 15 20 21
           ①           ②
```

圖 6

兩簡的綴連,無法從其他的漢簡《蒼頡篇》中得到佐證,在字義方面也無可以佐證的積極材料。因此,整理者將簡 14 與簡 15 綴連作爲幽宵合韻部,其主要根據還在於劃痕的連續性。另一方面,秦樺林先生將原釋不明的簡 15 的末尾字,根據殘劃以及與押韻的關係,判斷其爲"糟"字。① 因"糟"屬於幽部,所以簡 14、簡 15 的押韻便以幽部→宵部→幽部的方式展開。

根據如此狀況,簡 14—簡 15 的前後,首先與屬於幽部韻的竹簡綴連。因此,在幽部韻諸簡(簡 16～簡 21、簡 23)當中,若尋找簡 15(劃痕 8.9—9.4)之後可能接續的具有劃痕的竹簡,則可以發現簡 20(劃痕 9.5—10.0)。

---

① 秦樺林:《北大藏西漢簡〈蒼頡篇〉札記(二)》,武漢大學簡帛研究中心"簡帛網",2015 年 11 月 15 日。秦先生也指出,此字與同句中的三字"釀醳鞠"在字義方面(酒麴)也具有共性,故該推論比較妥當。

而在幽部韻諸簡中，在簡14（劃痕8.2—8.9）之前並無具有劃痕的竹簡可以接續，但是，却可以發現屬於之部的簡13（劃痕7.7—8.3）具有適合的劃痕①。之部與幽部具有所謂的旁轉的通押關係，之幽合韻在西漢時期已經得到廣泛運用。② 如此，則簡13與簡14的劃痕相互連續，絕非偶然，而是可以看作爲顯示了之幽合韻存在的佐證。

如上所指出的簡13—簡14以及簡15—簡20的綴連，因爲均在每兩句的接續點，難以從字義方面得到傍證，但是簡序與押韻位置的關係却各自吻合。加之整理者已經明確了簡12—簡13、簡20—簡21的綴連，因此，可以得出以下的綴連（圖6②）：

閼	閼錯楚葆，㝎據趣等。祝③祂隁闤，鈫鐎閨悝。騁虡刻柳，	12	之 Ⅰ
錯	詣津邨鄠。祁紵鐔幅，芒陳偏有。法汎孃娗，挈弟絰枲。	13	之 Ⅱ
	䁡煦窨閽，泠窡遏包。穗稍苦峽，挾貯施裹。狄署賦賓，	14	幽 Ⅰ
	貃鷔馼謷。赣害輆感，甄縠燔窯。秅秿麻苔，蘩蘖鞠 糟 。	15	宵幽 Ⅱ
	飫猒然稀，丈④亥牒膠。窃鮒鱭鱗，鱣鮪鯉鮞。憯㤗⑤瀚羝⑥，	20	幽 Ⅰ
	粉挈紵羔。冤暑暖通，坐嚳謫求。蓩閽堪况，燎灼煎炮。	21	幽 Ⅱ

對於復原的妥當性問題，今後尚需慎重探討。若據此，則可以指出"閼錯"章爲之幽及幽宵合韻部的可能性。

（二）脂支合韻部

以下來看脂支合韻部。屬於脂支合韻部的竹簡僅有簡39。首先來看在押韻字上附以韻部的原釋文以及劃痕示意圖（圖7①）：

---

① 簡13的右痕（8.3）與簡14的左痕（8.2）之間有－0.1釐米的距離，差距－0.1釐米進行綴連作爲明顯的例子，可以舉出"顓頊"章標題簡的簡46—簡47。此外，有關北大藏漢簡《老子》的綴連簡差距－0.1釐米的例子，還有簡48—簡49、簡165—簡166、簡184—簡185、簡191—簡192等。參看《西漢竹書〈老子〉竹簡一覽表》，《北京大學藏西漢竹書[貳]》，上海古籍出版社，2012年，第165～171頁。
② 例如，根據羅常培、周祖謨：《漢魏晉南北朝韻部演變研究》（中華書局，2007年，第46頁）西漢時期陰聲韻部的通押關係表，之幽合韻有十二例。
③ "祝"，整理者釋文作"梲"，此從周飛先生釋，見周飛：《北大簡〈蒼頡篇〉初讀》，清華大學出土文獻研究與保護中心網站，2015年11月16日。
④ "丈"，整理者釋文作"支"，此從jileijilei先生釋，見jileijilei：《北大漢簡〈蒼頡篇〉釋文商榷》（前揭）。
⑤ "憯㤗"，整理者釋文作"憯怖"，此從華東師範大學中文系出土文獻研究工作室釋，見華東師範大學中文系出土文獻研究工作室：《讀新出版〈北京大學藏西漢竹書〉書後（一）》，武漢大學簡帛研究中心"簡帛網"，2015年11月12日。
⑥ "羝"，整理者釋文作"妵"，此從jileijilei先生釋，見jileijilei：《北大漢簡〈蒼頡篇〉釋文商榷》（前揭）。

北京大學藏漢簡《蒼頡篇》的綴連復原

[Figure 7 with bamboo slip diagrams labeled ①②③④⑤, showing slips numbered 39, 44, 45, 40, 41, 42, 43 with 缺 markers]

圖 7

宭普諫敦，讀飾柰璽。瘧斷痎痏，膩偒緊榮。淺汙旰復，39　Ⅰ

從簡 39 的押韻狀況來看，其前後當與屬於脂部韻以及支部韻的竹簡綴連。因此，以下便來探討簡 39 與屬於脂部韻的簡 44—簡 45 的關係。

簡 44—簡 45 的釋文以及簡劃痕示意圖如下所示（圖 7②）：

> 悟①域邸造，㚄穀歾者。僕騎淳沮，決議篇稽。娩欺蒙期，44　Ⅰ
> 耒旬糅氏。　　　　　　　　　　　　　　百卌四　　45　Ⅱ

---

① "悟"整理者釋文作"梧"，此從 jileijilei 先生釋，見 jileijilei：《北大漢簡〈蒼頡篇〉釋文商榷》（前揭）。

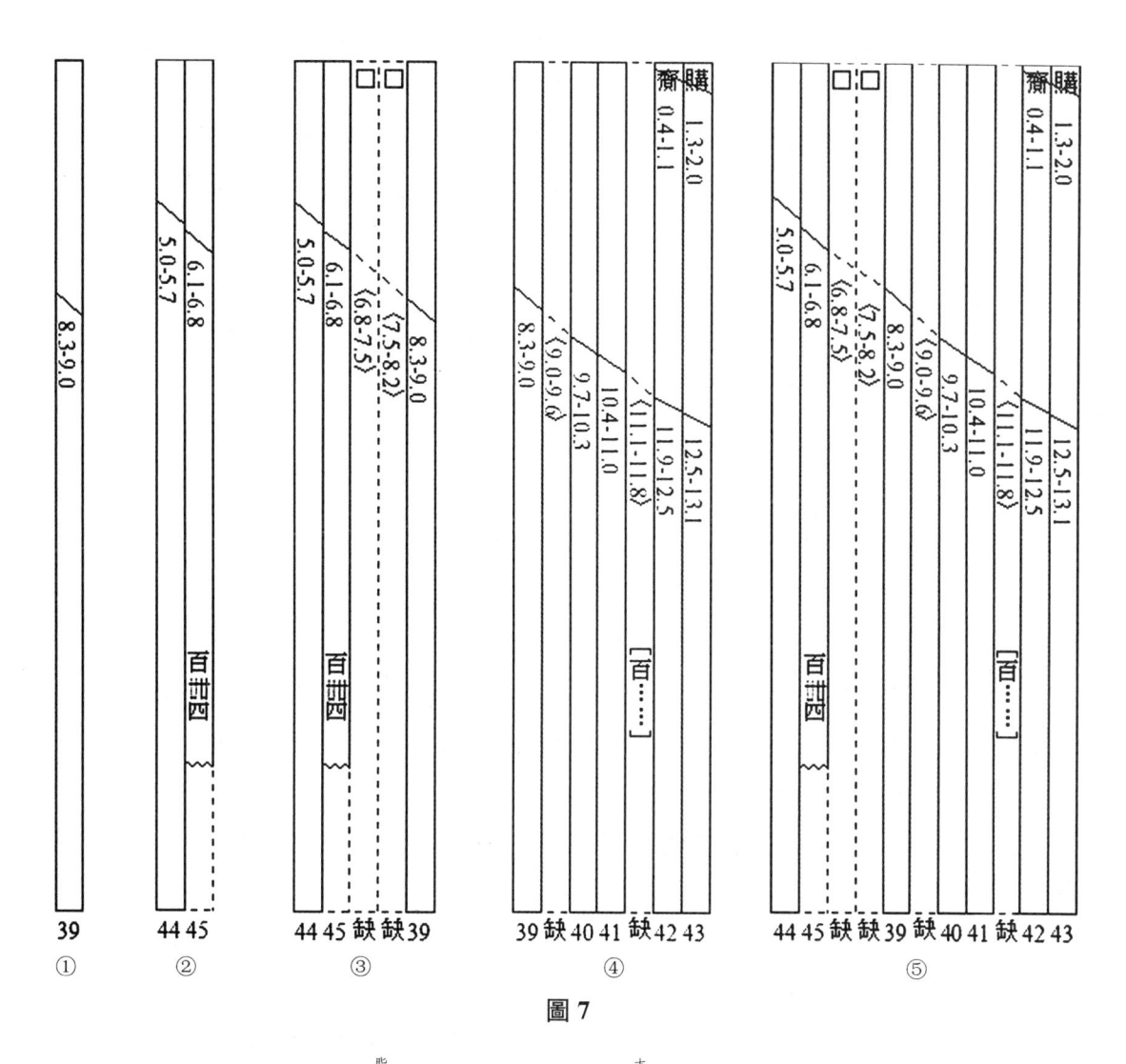

兩簡的劃痕雖不連續,^① 但是可以從阜陽本 C062 中找到證實兩簡接續的文本內容"蒙期末旬",整理者的綴連應當也是據此而定。而且簡 45 還是記有章字數表記的章的末尾簡,在其後接續的二簡爲次章的開頭部分,所以可知具有章題(各一字)。

而簡 39 從劃痕來看尚位於簡 45 之後,但簡 39 却不見章題,簡 45 與簡 39 的綴連看似無法成立。但是根據劃痕的分析,則簡 45 與簡 39 之間當存在有兩枚缺簡,該兩枚簡即爲記有章題的開頭兩簡。

通過以上的探討,簡 39 與屬於脂部韻的簡 44 以及簡 45 之間的綴連可以復原如下(圖 7③):

```
  梧域邸造,獳縠殅者。俟騎湻沮,決議篇稽。媕欺蒙期, 44   脂    Ⅰ
  末旬綵氏。                     百卅四          45   脂    Ⅱ
□ ……………,……………。……………,……………。……………,         缺        Ⅰ
□ ……………,……………。……………,……………。……………。         缺        Ⅱ
  密督諫敦,讀飾柰壐。癵斷疣痹,膩偏緐槃。淺汙旰復, 39   脂支  Ⅰ
```

其次,來看簡 39 與屬於支部韻的簡 40～簡 43 之間的關係。整理者將簡 40—簡 41 以及簡 42—簡 43 各自綴連,但未言及兩者的關係。根據劃痕的分析,簡 42 與簡 41 之間當有一簡缺簡,因此,可以復原簡 40—簡 41—缺簡—簡 42—簡 43 之間的綴連。此外,該缺簡相當於位於"齋購"章開頭部分的,位於簡 42 之前章的末尾簡,當有章字數的表記。

另外,根據劃痕來看,簡 39 當位於簡 40 之前,而通過分析劃痕可知,簡 39 與簡 40 之間,當存在有一簡缺簡。

根據以上的探討,簡 39 與屬於支部韻的簡 40～簡 43 的綴連可作如下復原(圖 7④):

```
  密督諫敦,讀飾柰壐。癵斷疣痹,膩偏緐槃。淺汙旰復, 39  脂支 Ⅰ
  …………。…………,…………。…………,…………。       缺       Ⅱ
  娓骰臂烋,蠻囗誡赿恚。魅祅婦再,篳暈轒解。姁婷點媿,40  支   Ⅰ
  督嫛嬬娷。頮壞蠑鯢,廛序戍講。癕效姁卧,潹雔鷩赿。41  支   Ⅱ
  …………,(句數不明)    〔百……〕           缺       Ⅰ
齋 齋購件妖,兼樰杪柴。箸涏繡給,勸怖橅桂。某枏早蠸, 42  支   Ⅰ
```

---

① 另外,劃痕中斷的原因,簡 44 的右痕與簡 45 的左痕之間的距離爲 0.4 釐米,設想在簡 44 與簡 45 之間存在廢簡時,前後竹簡劃痕的差距遠小於 0.7 釐米,所以雖然稍長,看作是與隣接簡的差距比較穩妥。

購　窔椅姘觟。戾弅焉宛，邰簍垺畦。犻賜溓犖，蠿纆屒庫。 43　支　Ⅱ

以支脂合韻部的簡 39 爲基軸，綜合以上的探討結果，則可以得到如下的綴連（圖 7⑤）：

   梧域邸造，斨穀殀耆。俟騎涥洰，決議篇稽。媔欺蒙期，　44　脂　Ⅰ
   耒旬縩氏。　　　　　　　百卌四　　　　　　　　45　脂　Ⅱ
□　…………，…………。…………，…………。…………，　缺　Ⅰ
□　…………，…………。…………，…………。…………，　缺　Ⅱ
   寁普諫敦，讀飾奈墾。瘧斷痬痱，膩偄縶縈。淺汙盰復，　39　脂支　Ⅰ
  　…………，…………。…………，…………。…………，　缺　Ⅱ
   娓骰彎烁，蠻口越恚。魃袳娝再，篝畢輲解。姎婞點媿，　40　支　Ⅰ
   瞽婴嬬媞。頦壞螺虩，廐序戌譜。瘔效姁臥，潃雔鷽赽，　41　支　Ⅱ
  　…………，（句數不明）　　　〔百……〕　　　　　　缺　Ⅰ
齋　齋購件妖，羑樐杪柴。箸涏縞給，勸怖檞桂。某枏早罐，　42　支　Ⅰ
購　窔椅姘觟。戾弅焉宛，邰簍垺畦。犻賜溓犖，蠿纆屒庫。　43　支　Ⅱ

最後，本文還想涉及簡 39"縈"字的韻部問題。如整理者所指出的，①"縈"字的韻部，《古韵通曉》認爲當歸入支部，②而對此，《漢字古音手册》則認爲當歸入脂部，③見解不一。本篇則從《北大壹》，作爲支部韻字加以探討，假如"縈"爲脂部韻字，則簡 39 屬於脂部，不會作爲脂支合韻部。但是即便如此，根據以上的復原部分，具有脂部押韻的簡 39 之後爲缺簡，其後才爲具有支部押韻的簡 40—簡 41，再次提示了位於"齋購"章之前的章當爲脂支合韻部，依然無法排除《蒼頡篇》中脂支合韻綴連存在的可能性。

結　語

本文就北大本的綴連問題，以劃痕爲中心進行了分析，並提出了若干解決方案。本文的分析均依據《北大壹》的相關數據，尚屬假說而已。然而之所以提出此問題，是因爲在闡明《蒼頡篇》的章內以及章之間的相互綴連，尤其是合韻部的綴連狀況上，北大本的劃痕幾乎是唯一的解決方案，爲了復原《蒼頡篇》，對劃痕進行最大限度的活用，是必不可缺的。

---

① 《蒼頡篇　釋文　注釋》，《北大壹》，第 106 頁。
② 陳復華、何九盈：《古韵通曉》，中國社會科學出版社，1987 年，第 179 頁。
③ 郭錫良：《漢字古音手册（增訂本）》，商務印書館，2010 年，第 116 頁。

今後如何基於原簡進行驗證,尤其是復原之後綴連中竹節的位置問題,尚屬未決課題。如前所述,劃痕當爲分割簡牒之前的階段劃在各個竹筒之上,可以認爲具有同一道劃痕的一組竹簡爲同一竹筒所製。[1] 因此,若殘存竹節痕迹,則可以根據其位置是否一致,來對復原是否合適進行一定程度的驗證。通過如此驗證,在本文中所討論的根據劃痕來復原綴連的問題也會更爲明了。若進一步對《蒼頡篇》研究的發展有所裨益則幸甚之至。

附記:本文初爲《漢字學研究》第六號(立命館大學白川静記念東洋文字文化研究所,2018 年 10 月)上所刊拙稿《北京大學藏漢簡〈蒼頡篇〉の綴連復原》的中文譯稿,之後又以本文所引的釋文爲主加以修訂。本文在成稿之際得到了廣瀨薰雄先生的大力協助,在修訂時又承蒙張傳官先生懇切指教。謹此一併深表謝忱。

白雨田(岡山大學外聘講師)譯

---

[1] 劃痕與竹節的關係,參看竹田健二:《清華簡〈楚居〉の劃綫、墨綫と竹簡の配列》,《中國研究集刊》第五十六號,2013 年 6 月;湯淺邦弘編:《清華簡研究》,汲古書院,2017 年再收,第 353~371 頁;賈連翔:《戰國竹書形制及相關問題研究——以清華大學藏戰國竹簡爲中心》第六章"簡背刻劃工藝的發現與研究",中西書局,2015 年,第 82~102 頁。

漢簡《蒼頡篇》人名校正二則*

張傳官

20世紀70—80年代所獲敦煌漢簡中有若干屬於《蒼頡篇》"曰書人名姓"部分的遺簡,其主要內容是羅列單姓單名。公布三十餘年來,已有不少學者對這些簡文加以討論,然猶有剩義可說。本文試對其中兩例人名進行辨識,請方家指正。

一

《敦煌漢簡》1462、1463均抄錄有以"曰書人名姓"開頭的文句,內容略同。此二簡簡文"以小篆體臨摹《蒼頡篇》,闕筆少劃,字形怪異",[①]訛變非常嚴重,因而往往難以辨識。綜合以往的研究成果,可將其文字釋寫如下:[②]

---

* 本文爲復旦大學"雙一流"建設項目"出土文獻與古文字研究"子課題"北大漢簡《妄稽》整理與研究"的成果。
① 中國簡牘集成編輯委員會編:《中國簡牘集成〔標注本〕》第四冊,敦煌文藝出版社,2001年,第34頁。
② 嘉峪關文保所:《玉門花海漢代烽燧遺址出土的簡牘》,甘肅省文物工作隊、甘肅省博物館編:《漢簡研究文集》,甘肅人民出版社,1984年,第22~25頁;胡平生:《玉門、武威新獲簡牘文字校釋——讀〈漢簡研究文集〉札記》,《考古與文物》1986年第6期,第95頁;吳礽驤、李永良、馬建華釋校,甘肅省文物考古研究所編:《敦煌漢簡釋文》,甘肅人民出版社,1991年,第65頁;甘肅省文物考古研究所編:《敦煌漢簡》,中華書局,1991年,圖版壹叁叁,第275頁;胡平生:《漢簡〈蒼頡篇〉新資料的研究》,《簡帛研究》第2輯,法律出版社,1996年,第334~335頁;中國簡牘集成編輯委員會編:《中國簡牘集成〔標注本〕》第四冊,第33~34頁;胡平生:《英國國家圖書館藏斯坦因所獲簡牘中的〈蒼頡篇〉殘片研究》,汪濤主編:《英國國家圖書館藏斯坦因所獲未刊漢文簡牘》,上海辭書出版社,2007年,第66~67頁;白軍鵬:《"敦煌漢簡"整理與研究》,吉林大學2014年博士學位論文(指導教師:吳振武教授),第526頁;梁静:《出土〈蒼頡篇〉研究》,科學出版社,2015年,第20~21頁。白軍鵬:《敦煌漢簡校釋》,上海古籍出版社,2018年,第351頁。下列釋文均據前引論著,僅必要處略作說明。本則下引字形取自《敦煌漢簡》。

曰書人名姓。萠（？）苴韓鳴。范鼠張豬。翟如寶數（？）。□①□②馮鄡。

陛涓 1462

曰書人名姓。萠（？）苴韓鳴。范鼠張豬。翟如□③ 1463

本文要討論的是其中所謂的"豬"字，該字作如下形體：

[豬] 1462   [豬] 1463

按此二字左旁从"犬"當無問題（"豕"旁的右部往往尚有筆畫）。因此，此二字右旁即便是"者"，也應該楷寫作"猪"而不是"豬"，然而漢代"豬"字似無寫作从"犬"者（前引論著有釋作"猪"者僅僅是因爲它們以簡體字排版），"猪"實爲"豬"之後起俗字。更重要的則是，此二字右部恐非"者"旁。漢代的"者"，其上部"十"形下的兩筆往往呈交叉狀，與上引二字右上作"丰"形者截然不同；其下部一般爲"日"形，而上引二字右下部則作"月"形（簡 1463 此字的"月"形筆畫尤爲明顯）。④ 因此，將此二字釋爲"猪/豬"恐怕是不正確的。綜合以上對字形的分析，本文認爲此二字右部應是"青"旁，⑤字當釋爲"猜"。

《蒼頡篇》的文句往往是押韻的，上引文句自然也是如此。問題的關鍵在於"猜"字的押韻問題。

前人將此字釋爲"豬"，除了字形相近之外，部分原因很可能是認爲此字與後文"數""鄡"等字押韻。這牽涉到《蒼頡篇》"曰書人名姓"部分在同一個押韻段落中究竟是否每句押韻的問題。下文略作分析。

"猜"後一句的末字，簡 1463 已殘去，無從核查；簡 1462 相應之字作[毘乇]，或釋爲"數"，⑥或釋爲"錢"。⑦ 按此字左旁明顯不是"金"，右旁看似"戔"，但構件與筆畫皆

---

① 字作[㥁]，前引論著有"德""徧""偉""衛"等釋讀，今暫闕待考。
② 字作[乇]，前引論著有"心""中""戈"等釋讀，今暫闕待考。
③ 字作[龍夆]，前引論著有"賦""賤"等釋讀，今暫闕待考。
④ 參看佐野光一編：《木簡字典》，雄山閣，昭和六十年（1985 年），第 586～587 頁。
⑤ 參看佐野光一編：《木簡字典》，第 773～774 頁。
⑥ 嘉峪關文保所：《玉門花海漢代烽燧遺址出土的簡牘》，甘肅省文物工作隊、甘肅省博物館編：《漢簡研究文集》，第 22 頁；胡平生：《玉門、武威新獲簡牘文字校釋——讀〈漢簡研究文集〉札記》，第 95 頁；中國簡牘集成編輯委員會編：《中國簡牘集成〔標注本〕》第四冊，第 34 頁。
⑦ 吳礽驤、李永良、馬建華釋校，甘肅省文物考古研究所編：《敦煌漢簡釋文》，第 65 頁；甘肅省文物考古研究所編：《敦煌漢簡》，圖版壹叁叁，第 275 頁；胡平生：《玉門、武威新獲簡牘文字校釋——讀〈漢簡研究文集〉札記》，胡平生：《胡平生簡牘文物論稿》，中西書局 2012 年，第 219 頁；白軍鵬：《"敦煌漢簡"整理與研究》，第 526 頁；白軍鵬：《敦煌漢簡校釋》，第 351 頁；梁靜：《出土〈蒼頡篇〉研究》，第 20 頁。

難以相合，釋"錢"恐不確。釋爲"數"倒較有可能，只是其右旁變形得比較厲害。漢簡"數"字右旁常常寫成从"攴"从"女"之形。① 此字右上方可以視爲"女"旁，下方則可能是"攴"之訛變。"數""鄹"上古皆爲侯部字；而上引簡文的開頭兩句中，"姓"和"鳴"上古都是耕部字，那麽"曰書人名姓"部分在同一個押韻段落中似乎是每句押韻的。若果真如此，此字作"豬"可與"數""鄹"等字押韻（"豬"爲魚部字，西漢時期魚侯兩部合韻是非常普遍的），那麽本文所釋的"猜"似乎也不得不視爲"豬"之形近訛字了。

不過，實際上，《蒼頡篇》在隔句押韻的前提下，可以每句押韻，但並不强求每句都押韻。這是《蒼頡篇》中十分常見的現象，如目前存字最多的北大漢簡《蒼頡篇》就多有隔句押韻的段落。與此處類似的例子如《敦煌漢簡》編號爲639ABCD的四棱觚。該觚的文句同樣屬於《蒼頡篇》的"曰書人名姓"部分，其中雖然確實多有前後兩句押韻的情況，但並非同一個押韻段落中的每句都押韻（見後文）。② 上引《敦煌漢簡》1462、1463的文句應該也是如此。簡文以"曰書人名姓"開頭，則"猜"字所在爲奇數句，可以不視爲韻脚，"猜"也就不必視爲"豬"之訛字了。

更爲可能的是，既然"曰書人名姓"部分可以每句押韻，"猜"就不必與後文押韻，而是與前文押韻。"猜"从"青"聲，上古屬耕部韻，正可與前文的"姓""鳴"等字押韻。③《敦煌漢簡》639ABCD的開頭三句中，"聖""嬰""平"即押耕部韻，或可與之類比。

綜上所述，無論"猜"之押韻是屬前還是屬後，都符合《蒼頡篇》的體例，均不必改字（屬前押韻的可能性更大）。

漢代以"猜"爲名是屢見不鮮的，如漢印有"戎猜之印"④"石猜"⑤"馮猜·臣猜""尹

---

① 參看佐野光一編：《木簡字典》，第352～353頁。
② 參看吴礽驤、李永良、馬建華釋校，甘肅省文物考古研究所編：《敦煌漢簡釋文》，第65頁；甘肅省文物考古研究所編：《敦煌漢簡》，第243頁；胡平生：《漢簡〈蒼頡篇〉新資料的研究》，《簡帛研究》第2輯，第336頁；中國簡牘集成編輯委員會：《中國簡牘集成〔標注本〕》第三册，第81～82頁；胡平生：《英國國家圖書館藏斯坦因所獲簡牘中的〈蒼頡篇〉殘片研究》，汪濤主編：《英國國家圖書館藏斯坦因所獲未刊漢文簡牘》，第66～67頁；梁静：《出土〈蒼頡篇〉研究》，第21～24頁。
③ 此説蒙魏宜輝先生賜告（2018年8月3日）。
④ 莊新興主編：《漢晉南北朝印風》中册，重慶出版社，1999年，第98頁。
⑤ 汪啓淑集印、徐敦德釋文：《漢銅印叢》，西泠印社，1998年，第38頁。

猜"①"易猜"②"史猜信印""孫猜之印"③"秦戌印·秦猜印""張猜私印""殷猜·臣猜"④"戎猜之印·戎木之印"⑤"桃猜印"⑥"董(董)猜"。⑦ 在漢代雙字名中,"猜"往往可讀爲"倩"(如"曼猜""長猜""中猜""少猜""幼猜"等),⑧由此看來,單字名"猜"可能亦可讀爲"倩"。當然,單字名的取義比雙字名難以確定得多,此説仍有待考證。但無論其取義如何,《蒼頡篇》此字字形上是"猜","猜"可作爲人名都是没有問題的。

2017 年 12 月 31 日初稿

二

《敦煌漢簡》639ABCD 爲一枚《蒼頡篇》四棱觚,抄録有三十例姓名,彌足珍貴。綜合以往的研究成果,可將其文字釋寫如下:⑨

---

① 陳介祺輯:《十鐘山房印舉》,中國書店,1994 年,卷 14a,第 34 頁,卷 15b,第 22 頁。
② 林樹臣廷勳輯:《璽印集林》,上海書店,1991 年,第 53 頁。
③ 施謝捷:《虛無有齋摹輯漢印》,藝文書院,2014 年,第 320 頁、1889 號,第 340 頁、2001 號。
④ 羅王常編:《秦漢印統》,新都吳氏樹滋堂刊朱印本,明萬曆三十四年(1606 年),卷三第 20 頁、卷四第 37 頁、卷七第 25 頁。
⑤ 莊新興編:《古鈢印精品集成》,上海古籍出版社,1998 年,第 509 頁。
⑥ 周銑詒、周鑾詒藏輯:《共墨齋漢印譜》,上海書店,1991 年,第 79 頁。
⑦ 羅福頤主編:《故宮博物院藏古璽印選》,文物出版社,1982 年,第 99 頁、552 號。
⑧ 施謝捷:《〈漢印文字徵〉及其〈補遺〉校讀記(二)》,《第二届"孤山證印"西泠印社國際印學峰會論文集》,西泠印社出版社,2008 年,第 408~409 頁。張傳官:《〈急就篇〉人名新證(續)》,《中國出土資料研究》(第 22 號),中國出土資料學會,2018 年,第 90 頁。
⑨ 參看吳礽驤、李永良、馬建華釋校,甘肅省文物考古研究所編:《敦煌漢簡釋文》,第 65 頁;甘肅省文物考古研究所編:《敦煌漢簡》,圖版壹叁捌、釋文第 243 頁;胡平生:《漢簡〈蒼頡篇〉新資料的研究》,《簡帛研究》第 2 輯,第 336 頁;中國簡牘集成編輯委員會編:《中國簡牘集成〔標注本〕》第三册,第 81~82 頁;胡平生:《英國國家圖書館藏斯坦因所獲簡牘中的〈蒼頡篇〉殘片研究》,汪濤主編:《英國國家圖書館藏斯坦因所獲未刊漢文簡牘》,第 66~67 頁;胡之主編:《甘肅敦煌漢簡(一)》,重慶出版社,2008 年,第 7~9 頁;梁静:《敦煌馬圈灣漢簡〈蒼頡篇〉補釋》,簡帛網,2012 年 4 月 17 日,http://www.bsm.org.cn/show_article.php?id=1666;梁静:《出土〈蒼頡篇〉"姓名簡"研究》,《簡帛》第 8 輯,上海古籍出版社,2013 年,第 413 頁;張德芳:《敦煌馬圈灣漢簡集釋》,甘肅文化出版社,2013 年,第 280 頁;白軍鵬:《"敦煌漢簡"整理與研究》,第 382 頁;梁静:《出土〈蒼頡篇〉研究》,第 21~24 頁;孫濤:《敦煌馬圈灣漢簡〈蒼頡篇〉中的人名用字"箅"》,簡帛網,2017 年 10 月 7 日,http://www.bsm.org.cn/show_article.php?id=2912;白軍鵬:《敦煌漢簡校釋》,第 251~252 頁。

▲焦黨陶①聖。陳穀黐嬰。程頏㮿平。梁賢尹寬。榮靡尚639A贛。岑□②露騫。彭繚③秦參。涉兢夏連。樂恢楲更。639B唐箏耿瞉④。段杏殷譔。黃文戩(？)⑤山。肥赦桃脩。賈闌鄧639C難。季偃田硯639D

本文要討論的是其中所謂的"贛"字,該字作如下形體：⑥

此字,以往多釋爲"贛",⑦《甘肅敦煌漢簡(一)》釋爲"戇",⑧胡平生先生、梁靜女士則釋爲"檀"。⑨ 胡平生先生謂：

> 從圖版看,左右旁字形明顯地與"贛"字不合。此字左旁應从"金",右旁頭上爲點下一橫,底爲"旦",中部可能是"回"的訛變,因此,似乎應釋爲"檀"。《說文》："檀,伐擊也。"⑩

---

① 字作 ，嚴格楷寫當作"陶"。
② 字作 ，前引論著有"廀""廜""庋""進"等釋讀,今暫闕待考。
③ 字作 ，前引論著多釋爲"繢",此從于淼女士釋。見于淼：《漢代隸書異體字表與相關問題研究》,吉林大學 2015 年博士學位論文(指導教師：吴振武教授),上編《漢隸異體字表》第 581 頁,下編《漢隸異體字相關問題研究》第 110 頁。
④ 字作 ，前引論著或釋"瞉"。按此字上部左旁左右兩筆超出橫筆,跟"月(肉)"寫法不同,當視爲"舟"之省寫；且此處爲韻腳(詳後文),"瞉"正可押元部韻；而"瞉"爲魚部字,於韻不合。
⑤ 字作 ，前引論著有"咸""戩""訾""誡"等釋讀。按漢簡從"言"從"戈"的寫法確爲"戩"字,然此字左上角尚有筆畫[其下方,"言"左方實爲泐痕,無筆畫,可參胡之主編：《甘肅敦煌漢簡(一)》第 9 頁所著錄此字之彩色圖版：],與"戩"略有別。似可將左上角之筆畫理解爲橫筆起筆之訛變,如此則釋"戩"可從。
⑥ 前爲彩色圖版,見胡之主編：《甘肅敦煌漢簡(一)》,第 8 頁；後爲紅外綫圖版,見張德芳：《敦煌馬圈灣漢簡集釋》,第 280 頁。
⑦ 吴礽驤、李永良、馬建華釋校,甘肅省文物考古研究所編：《敦煌漢簡釋文》,第 65 頁；甘肅省文物考古研究所編：《敦煌漢簡》,第 243 頁；梁靜：《敦煌馬圈灣漢簡〈蒼頡篇〉補釋》；梁靜：《出土〈蒼頡篇〉"姓名簡"研究》,《簡帛》第 8 輯,第 413 頁；張德芳：《敦煌馬圈灣漢簡集釋》,第 280 頁；中國簡牘集成編輯委員會編：《中國簡牘集成〔標注本〕》第三册,第 81~82 頁；白軍鵬：《"敦煌漢簡"整理與研究》,382 頁；白軍鵬：《敦煌漢簡校釋》,第 251~252 頁。
⑧ 胡之主編：《甘肅敦煌漢簡(一)》,第 7 頁。
⑨ 胡平生：《漢簡〈蒼頡篇〉新資料的研究》,《簡帛研究》第 2 輯,第 336 頁；梁靜：《出土〈蒼頡篇〉研究》,第 22 頁。
⑩ 胡平生：《漢簡〈蒼頡篇〉新資料的研究》,《簡帛研究》第 2 輯,第 336 頁。

從上引文句來看,胡先生應該是釋此字爲"鐔"的,"伐擊也"也正是《説文·金部》對"鐔"字的訓釋,"檀"當爲"鐔"之筆誤。梁静女士從胡先生説,却也同樣誤録作"檀"。①後來胡先生將其文收入其論文集以及發表新文章時已改作"鐔"。②

按此字左部顯非"章"旁,右下也顯然不從"貝",確非"贛"字;釋"懿"則更爲無據。不過,此字恐亦非"鐔"字。一則其左旁豎筆穿透下橫筆,與"金"旁略有不類;二則其右下偏旁與"亶"亦有較大的不同。漢代文字中"亶"旁中部之"回"形雖然有"口""回""囬""囲""囲"等諸多寫法(包括訛寫或省寫;其中"回""囬"等形或與上部"亠"形一起,訛成"面/靣"),却似乎從無寫作"壬"形者。③ 因此,此字恐怕並不從"亶"。或許正因爲如此,胡平生先生才用"可能是'回'的訛變"這種並不是很肯定的話語來描述"壬"形。

本文認爲此字應釋爲"籍",其形體可以分爲 ▨▨ 、▨ 、▨ 三個偏旁,其中 ▨ 又可分爲 ▨ 、▨ 兩個構件。下面試加以分析。

▨▨ 即"竹"旁。漢簡文字從"竹"從"艸"每相訛混,往往無別,"籍"字從"艸"作"藉"、從"竹"作"籍"者皆有。④

▨ 即"耒"旁。漢簡文字中,下部的撇、捺兩筆往往連寫成一橫筆,這種寫法的"籍/藉"之"耒"旁所在多有,⑤與此種豎筆不向上穿透第二橫筆的寫法毫無二致者如:

---

① 梁静:《出土〈蒼頡篇〉"姓名簡"研究》,《簡帛》第 8 輯,第 413 頁;梁静:《出土〈蒼頡篇〉研究》,第 22 頁。
② 胡平生:《胡平生簡牘文物論集》,蘭臺出版社,2000 年,第 51 頁;胡平生:《胡平生簡牘文物論稿》,中西書局,2012 年,第 14 頁;胡平生:《英國國家圖書館藏斯坦因所獲簡牘中的〈蒼頡篇〉殘片研究》,汪濤主編:《英國國家圖書館藏斯坦因所獲未刊漢文簡牘》,第 66 頁。
③ 參看佐野光一編:《木簡字典》,第 179 頁"壇"字、第 342 頁"擅"字、第 416 頁"檀"字;《漢語大字典》字形組編:《秦漢魏晋篆隸字形表》,四川辭書出版社,1985 年,第 250 頁"鸇"字、第 370"檀"字、第 455 頁"廬"字、第 633 頁"顫"字、第 869 頁"擅"字、第 975 頁"壇"字;李瑶:《居延舊簡文字編》,吉林大學 2014 年博士學位論文(指導教師:馮勝君教授),第 762 頁"擅"字;白海燕:《"居延新簡"文字編》,吉林大學 2014 年博士學位論文(指導教師:馮勝君教授),第 815 頁"擅"字;李洪財:《漢簡草字整理與研究》,吉林大學 2014 年博士學位論文(指導教師:林澐教授),下編《漢代簡牘草字彙編》,第 511 頁"擅"字、第 563 頁"壇"字;于淼:《漢代隸書异體字表與相關問題研究》,上編《漢隸異體字表》第 229 頁"亶"字、第 241 頁"檀"字、第 293 頁"廬"字、第 396 頁"顫"字、第 546 頁"擅"字、第 612"壇"字。
④ 參看佐野光一編:《木簡字典》,第 560 頁;《漢語大字典》字形組編:《秦漢魏晋篆隸字形表》,第 292 頁;李瑶:《居延舊簡文字編》,第 42~43 頁;白海燕:《"居延新簡"文字編》,第 35~36 頁;李洪財:《漢簡草字整理與研究》,下編《漢代簡牘草字彙編》,第 191~192 頁。
⑤ 參看佐野光一編:《木簡字典》,第 560 頁。

漢簡《蒼頡篇》人名校正二則

居延漢簡 7·7A　　　　居延漢簡 10·34A
居延漢簡 45·15　　　 居延漢簡 58·26
居延漢簡 255·21B　　 居延漢簡 504·4①
居延漢簡 49.14②　　　居延漢簡 308.22③
居延新簡 EPT6：101　 居延新簡 EPT10：7
居延新簡 EPT40：6A　 居延新簡 EPT51：210A
居延新簡 EPT52：86　 居延新簡 EPT58：32
居延新簡 EPT59：12　 居延新簡 ESC：73④
肩水金關漢簡 73EJT9：35⑤

應即"昔/昔"之訛體。戰國文字中"昔/昔"之上部多寫作"炎"形，在秦漢文字中又有多種訛變或省寫的形體。大致而言，"炎"先訛變爲"芷"形；因漢簡"止"形與"䒑"形寫法相近甚至相同，故又訛變爲"立"；⑥"䒑"形上部的兩筆連寫時，就近於"工"形，如漢代簡帛中下列諸"昔"字或"昔"旁：

馬王堆帛書《明君》35　　　馬王堆帛書《戰國縱橫家書》228
馬王堆一號墓遣册 84　　　 馬王堆三號墓遣册 125⑦
銀雀山漢簡《孫臏兵法》255（昔）
銀雀山漢簡《守法守令等十三篇》795（耤）⑧

---

① 李瑶：《居延舊簡文字編》，第 42～43 頁。
② 簡牘整理小組編：《居延漢簡〔壹〕》，中研院歷史語言研究所，2014 年，第 158 頁。
③ 簡牘整理小組編：《居延漢簡〔參〕》，中研院歷史語言研究所，2016 年，第 267 頁。
④ 白海燕：《"居延新簡"文字編》，第 35～36 頁。
⑤ 李洪財：《漢簡草字整理與研究》，下編《漢代簡牘草字彙編》，第 192 頁。
⑥ 另參看石繼承：《漢印研究二題》，復旦大學 2015 年博士學位論文（指導教師：施謝捷教授），第 90～91 頁。
⑦ 裘錫圭主編：《長沙馬王堆漢墓簡帛集成》，中華書局，2014 年，第一册第 118、89 頁，第二册第 228、269 頁。
⑧ 銀雀山漢墓竹簡整理小組：《銀雀山漢墓竹簡〔壹〕》，文物出版社，1985 年，圖版第 27、77 頁。

從筆勢上可以看出，上引字形"昔"之上部應是二"丷"形上部兩筆連寫的形態，對比銀雀山漢簡的"昔"字作 ▨、▨（銀雀山漢簡《晏子》534、543）、① "錯"字作 ▨（銀雀山漢簡《守法守令等十三篇》947）、② "措"字作 ▨（銀雀山漢簡《守法守令等十三篇》871），③ 更可以看出這一點。

上述"昔"上部寫法的進一步訛變，就成了"王"形，如漢代簡帛中的下列"昔"字：

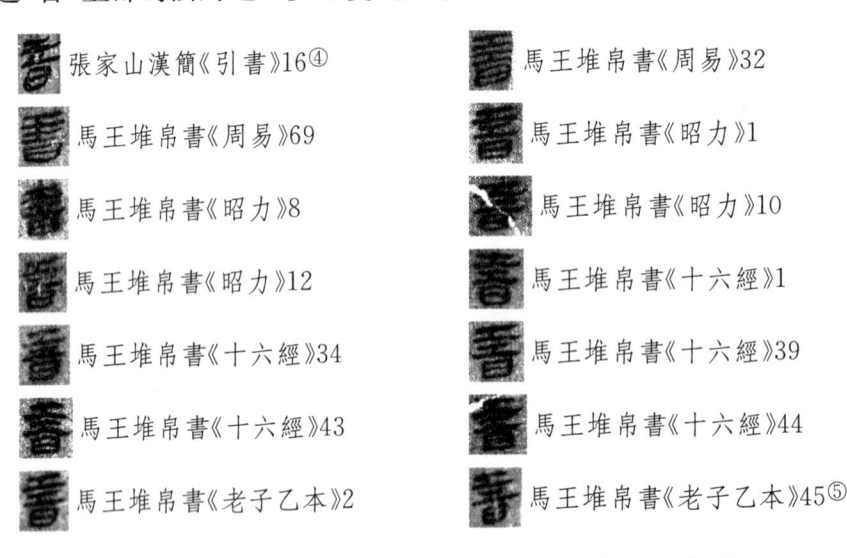

▨ 張家山漢簡《引書》16④　　　　▨ 馬王堆帛書《周易》32

▨ 馬王堆帛書《周易》69　　　　　▨ 馬王堆帛書《昭力》1

▨ 馬王堆帛書《昭力》8　　　　　　▨ 馬王堆帛書《昭力》10

▨ 馬王堆帛書《昭力》12　　　　　▨ 馬王堆帛書《十六經》1

▨ 馬王堆帛書《十六經》34　　　　▨ 馬王堆帛書《十六經》39

▨ 馬王堆帛書《十六經》43　　　　▨ 馬王堆帛書《十六經》44

▨ 馬王堆帛書《老子乙本》2　　　　▨ 馬王堆帛書《老子乙本》45⑤

"藉/籍"字所從"昔"旁上部亦有相同的寫法，如下列漢代文字字形：

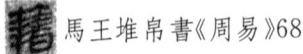

▨　▨⑥　▨⑦

▨ 馬王堆帛書《周易》68　　　　　▨ 馬王堆帛書《五十二病方》102⑧

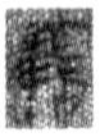

當然也有其他類似的寫法，如馬王堆帛書"昔"字作 ▨（馬王堆帛書《周易》69）、▨

---

① 銀雀山漢墓竹簡整理小組：《銀雀山漢墓竹簡〔壹〕》，圖版第54頁。
② 銀雀山漢墓竹簡整理小組：《銀雀山漢墓竹簡〔壹〕》，圖版第90頁。
③ 銀雀山漢墓竹簡整理小組：《銀雀山漢墓竹簡〔壹〕》，圖版第83頁。按，由於簡文中部殘去，此字"昔"上部也不排除是寫作"三"形的可能（詳後文）。
④ 張家山二四七號漢墓竹簡整理小組：《張家山漢墓竹簡〔二四七號墓〕》，文物出版社，2001年，第110頁。
⑤ 裘錫圭主編：《長沙馬王堆漢墓簡帛集成》，第一冊第7、11、48、47、48、47、128、133、135、134、143、147頁。
⑥ 李鵬輝：《漢印文字資料整理與相關問題研究》，安徽大學2017年博士學位論文（指導教師：徐在國教授），上編"漢印文字字形表"，第396頁。
⑦ 關正人監修，佐野榮輝、菉毛政雄共編：《漢印文字匯編》，臺灣美術屋，1978年，第504頁。
⑧ 裘錫圭主編：《長沙馬王堆漢墓簡帛集成》，第一冊第11頁、第二冊第73頁。

(馬王堆帛書《二三子問》10),①其上部作"壬"形,這應該是"至"形的進一步訛變。銀雀山漢簡《孫臏兵法》270"籍"旁作[圖],②"昔"之上部作"三"形,這應該是"立"形或"壬"形的進一步訛變。

古代文字中,重複的構件往往會省去一個,"籍"字所從之"昔"的上部也有類似的省寫,如"业"形或省作"止"形(如漢印作[圖]③),"立"形或省作"亠"形(如居延漢簡183.15B作[圖]④),"三"形或省作"二"形(如居延漢簡308.22作[圖],⑤《中國璽印集粹》1255作[圖]⑥)。漢代簡帛有如下"籍/藉"字:

[圖]居延漢簡36.2⑦

[圖] [圖]馬王堆帛書《繫辭》14   [圖]馬王堆帛書《稱》14⑧

其"昔"之上部作"工"形;根據上述演變規律和上列字例,這種"工"形顯然是由"壬"形省寫而成的;也就是説,從這些字形正可看出"昔"之上部寫作"壬"形是毫不奇怪的。

從上文的分析,尤其是[圖]、[圖]、[圖]三個偏旁與相關字形的比對以及前引《敦煌漢簡》639B之字的整體結構來看,該字恐怕只能是"籍"字。唯一不同的是,"籍"右下從"日"而該字右下從[圖](亦即"旦")。這是需要略加解釋的:一方面,"日"與"旦"形體相近、意義相關,雖然目前似乎難以找到二者相互訛混的例子,但從情理上説,這種訛混應該是存在的。另一方面,《敦煌漢簡》639ABCD 多有怪字,例如前引釋文中部分未有確釋的一些文字;該觚抄寫的又是蒙書《蒼頡篇》第一章的内容,很可能是書手練字所書;《甘肅敦煌漢簡(一)》稱之爲"習字觚",⑨應該是正確的。因此"籍"

---

① 裘錫圭主編:《長沙馬王堆漢墓簡帛集成》,第一册第 11、15 頁。
② 銀雀山漢墓竹簡整理小組:《銀雀山漢墓竹簡〔壹〕》,圖版第 28 頁。此字整理者釋作"瀟"(見該書釋文注釋第 51 頁),從竹簡寬度來看,其左旁確有殘缺,"水"旁爲整理者據文義擬補,附記於此。
③ 關正人監修,佐野榮輝、袰毛政雄共編:《漢印文字匯編》,第 504 頁。
④ 簡牘整理小組編:《居延漢簡〔貳〕》,中研院歷史語言研究所,2015 年,第 210 頁。
⑤ 簡牘整理小組編:《居延漢簡〔參〕》,第 267 頁。
⑥ 李鵬輝:《漢印文字資料整理與相關問題研究》,上編《漢印文字字形表》,第 395 頁。
⑦ 簡牘整理小組編:《居延漢簡〔壹〕》,第 114 頁。
⑧ 裘錫圭主編:《長沙馬王堆漢墓簡帛集成》,第一册第 31、139 頁。
⑨ 胡之主編:《甘肅敦煌漢簡(一)》,第 7 頁。

字誤寫爲从"旦"也就存在很大的可能性。

此外,《敦煌漢簡》639ABCD 的文句,從"寬"之後押元部韻,①但從"参""更""脩"等字來看,奇數句可以不押韻。因此,此字所在當然可以視爲不是韻脚,那麽,本文的改釋於押韻無礙。

"籍"字在簡文中用爲人名。漢代以"籍"爲名者並不少見,如衆所周知的項羽即名"籍";又如秦漢印有"皮籍"②"公虎(西)籍"③"曹籍"④"徐籍·臣籍""刀籍""侯籍"⑤"王籍之印"⑥"王孫籍·王孫孟"⑦等姓名,皆可資對照。

2018 年 12 月 8 日初稿

本文初稿曾蒙魏宜輝先生、于淼女士審閱指正,謹致謝忱!此二則札記曾分別在《中國語文》編輯部主辦、廈門大學人文學院中文系協辦"第六届《中國語文》青年學者論壇"(廈門,2018 年 11 月 17—18 日)、南京大學文學院、南京大學漢語史研究所主辦"紀念方光燾、黄淬伯先生誕辰 120 周年國際學術研討會"(南京,2018 年 12 月 29—30 日)上宣讀。

2019 年 2 月 26 日改定

---

① 前三句則押耕部韻。根據每章六十字的原則,每章只有十五句,此三句很可能是屬前文押韻的。
② 周進藏輯:《魏石經室古璽印景》,上海書店,1989 年,第 66 頁。
③ 許雄志主編:《秦代印風》,重慶出版社,1999 年,第 190 頁。
④ 汪啟淑編:《漢銅印原》,西泠印社,1996 年,第 112 頁。
⑤ 陳介祺輯:《十鐘山房印舉》,卷 14a,第 35 頁,卷 15a,第 52 頁,卷 15b,第 11 頁。
⑥ 林樹臣輯:《璽印集林》,第 175 頁。
⑦ 黄賓虹輯:《黄賓虹集古璽印存》,西泠印社,2009 年,167 號。

新莽政區研究隨記(一)*

——談莽郡的析置、更名問題

吴良寶

《漢書·王莽傳》載"粟米之内曰内郡,其外曰近郡,有鄣徼者曰邊郡,合百二十有五郡",這 125 郡應是在《漢書·地理志》103 郡國的基礎上經過析置、合併變化而來的。比如,《漢志》汝南郡條班固自注"莽曰汝汾,分爲賞都尉〈郡〉①",鉅鹿郡析分出和成郡,②分陳留郡之地給鄰近的治亭(故東郡)、陳定(故梁郡)等郡(《王莽傳》),都是新莽時期郡級政區的變化。另外,莽郡更名頻繁(即《王莽傳》所説"歲復變更,一郡至五易名,而還復其故")。頻繁更改郡名及其界址而不具書,給新莽政區地理研究帶來了諸多困難。

一 問 題 緣 起

《漢書》《三輔黄圖》等傳世文獻記載中明確無疑的析置莽郡只有賞都郡、和成郡、六尉郡等少數資料。清代學者曾根據《漢書》《水經注》等書中的記載認爲,阿陽是天水郡的支郡、翼平是北海郡的支郡、夙夜是東萊郡的支郡、穀城是東郡的支郡;③"《地理志》不夜縣'莽曰夙夜',此云連率,則莽嘗置爲郡矣。壽光縣'莽曰翼平亭',而此

---

* 本文是國家社會科學基金重大項目"出土兩漢器物銘文整理與研究"(16ZDA201)的階段性成果。
① 齊召南説,引自臺灣商務印書館影印《四庫全書》本《漢書》卷末之《考證》。錢大昕:《三史拾遺》卷三,見《廿二史考異》所附《三史拾遺》,上海古籍出版社,2004年。
② 《續漢書·郅彤傳》李賢注引《東觀漢記》"莽分鉅鹿爲和成郡,居下曲陽"。
③ 趙一清:《辨證漢書地理志一》,《東潛文稿》卷下。

《傳》有翼平連率田況,亦其類也";①懷疑"西河郡有增山縣,安知非分增山爲一郡而置連率耶"。② 錢大昕還提出《漢志》不記載析置出的莽郡,"莽所改郡縣名,《地理志》具書之,而郡之分析則不備書"。③ 現當代學者譚其驤提出,熒陽郡(祈隊郡)、延城郡、壽良郡、沂平郡析自《漢志》河南郡、沛郡、東郡、東海郡,④等等。清代以來學者提出的這類莽郡不到十個。⑤

新莽時期的漆器、封泥、璽印文字中記錄了多個不見於史書記載的郡名,學者對此已有較詳細的研討。譚其驤認爲,子同郡、成都郡析自廣漢郡、蜀郡;⑥李均明認爲,穀城郡、延亭郡析自《漢志》東郡、張掖郡;⑦后曉榮推測《漢志》東平國在王莽時期被析分爲無鹽郡、有鹽郡,分魯國及周邊郡地而置汶陽郡,懷疑集降郡是《漢志》朔方郡析置而來;⑧孫慰祖推測,新莽得道郡、吾豐郡、蕃穰郡、有年郡、夙敬郡、東順郡、原平郡析自《漢志》隴西郡、沛郡、太原郡、河東郡、東萊郡、平原郡、太原郡;⑨石繼承推測,富生郡、兹平郡、豐穰郡、廣年郡析自《漢志》丹陽郡、西河郡、南陽郡、廣平國;⑩孫博推測,前隊郡、兆隊郡、贅其郡、丹徒郡、增山郡、聚降郡、廣望郡析自《漢志》南陽郡、河東郡、臨淮郡、會稽郡、上郡北部地及西河郡東部地、雁門郡、涿郡。⑪ 現當代學者根據出土文獻推測的析置莽郡有二十多個。

新莽時期的更改郡名問題也有些複雜。沙畹認爲,文德郡是《漢志》敦煌郡("莽

---

① 錢大昕:《廿二史考異》卷八。
② 周壽昌:《漢書注校補》,中華書局,1985年,第400頁。
③ 錢大昕:《三史拾遺》,第1441頁。
④ 譚其驤:《新莽職方考》,《燕京學報》第15期,1934年,第13、17、24頁。除非有特別說明,本文引用的均爲該刊的頁碼。
⑤ 清代王紹蘭曾誤以爲王莽分《漢志》河南郡置有"穀城郡"(《漢書地理志校注》,《二十五史補編》,中華書局,1955年版,第1冊,第474頁),本文未采信。
⑥ 譚其驤:《新莽職方考》八三年校記,《長水集》,人民出版社,1987年,上冊第80頁。
⑦ 饒宗頤、李均明:《新莽簡輯證》,新文豐出版公司,1995年,第168、171頁。
⑧ 后曉榮:《新莽置郡考》,《中國史研究》2013年第2期,第68、69、70、73頁。
⑨ 孫慰祖:《新出封泥所見王莽郡名考》,西泠印社編:《西泠印社國際印學研討會論文集》,西泠印社出版社,2013年,下冊第670、671頁。
⑩ 石繼承:《漢印研究二題》,復旦大學博士學位論文(指導教師:施謝捷),2015年,第196、198、199、211頁。
⑪ 孫博:《新莽政區地理研究》,復旦大學碩士學位論文(指導教師:李曉傑),2017年,第28、29、35、79、82、109、126、131頁。

曰敦德")的初次更名；①王國維認爲,武亭郡是《漢志》東郡("莽曰治亭")的初次更名；②譚其驤認爲,右隊郡、左隊郡、前隊郡、兆隊郡、後隊郡是《漢志》弘農郡、潁川郡、河東郡、南陽郡、河内郡的更名,文陽郡是《漢志》魯國的更名；③羅新認爲,額濟納漢簡中的度遼郡是《漢志》雲中郡("莽曰受降")的早期更名；④孫慰祖認爲,無鹽郡是《漢志》東平國("莽曰有鹽")的初次更名；⑤孫博認爲,右平郡、靈武郡、子同郡、毋極郡、勃川郡、樂成郡、集降郡是《漢志》張掖郡("莽曰設屏")、北地郡("莽曰威戎")、廣漢郡("莽曰就都")、中山國("莽曰常山")、勃海郡("莽曰迎河")、河間國("莽曰朔定")、代郡("莽曰厭狄")的初次更名；⑥《秦漢卷》⑦認爲,贅其郡可能是《漢志》臨淮郡("莽曰淮平")的初次更名(第580頁)。各家所説與析置莽郡不重複的更名莽郡不到十個(其中的樂成郡不見於出土文獻)。

《王莽傳》所説125郡,數量上只比《漢志》103郡國多出22個,而學者從史書記載、出土文獻中找到的析置莽郡總數已超過30個(封泥中的"清美""□長"等莽郡尚未被學者討論),可見已有的莽郡析置、更名意見還需要繼續討論,需要對判斷析置莽郡的方法重作審視。

二 已有意見的檢討

清代以來學者提出的莽郡析置、更名意見及其判斷標準,需要用出土文獻等加以檢討,以便發現疏漏,今後能更合理、準確地利用這些意見、方法。

《漢志》中未載莽郡更名的少數西漢郡國,實際上在新莽時期被省併了。比如,《漢志》真定國、甾川國、高密國、魯國都没有新朝更名的記録。譚其驤認爲新莽設有真定郡、甾川郡、高密郡、魯郡,⑧《秦漢卷》采用了譚説中的甾川郡、魯郡等意見(第578、580頁)。《封泥考略》依據封泥"文陽大尹章"認爲"莽以縣爲郡甚多",疑"文陽"

---

① 羅振玉、王國維:《流沙墜簡》,中華書局,1993年影印,第125、126頁。
② 王國維:《記新莽四虎符》,《觀堂集林》卷十八,中華書局,1959年影印,第909頁。
③ 譚其驤:《新莽職方考》,第25頁。
④ 羅新:《中古北族名號研究》,北京大學出版社,2009年,第243、244頁。
⑤ 孫慰祖:《新出封泥所見王莽郡名考》,《西泠印社國際印學研討會論文集》,下册第672頁。
⑥ 孫博:《新莽政區地理研究》,第100、109、114、121、124、127頁。
⑦ 周振鶴、李曉傑、張莉:《中國行政區劃通史·秦漢卷》,復旦大學出版社,2017年版。以下簡稱爲"《秦漢卷》",一般不再出注。
⑧ 譚其驤:《新莽職方考》,第22、23、25、7頁。

郡就是由《漢志》魯國而來；①孫慰祖認爲，《漢志》失注了魯國的莽改郡名。② 石繼承認爲，真定國在新莽時期歸併到了井關郡（《漢志》常山郡）。③ 孫博懷疑《漢志》菑川國在新莽時期先歸併到北海郡、後又歸入翼平郡；疑高密國在天鳳元年被併入郁秩郡。④ 今按，真定國、菑川國、高密國、魯國如果從歸併的角度看，《漢志》不載其莽郡名自屬正常（從《馬編》182"井關肥累屬長"等封泥資料來看，石説真定國被歸併要優於譚説；《漢志》菑川國、高密國在新莽時的具體歸併情況待考）。《漢志》高密國、魯國分別有五個、六個屬縣，魯國屬縣"文陽"在新莽時又是郡名，如果不能證明魯國六縣被歸併到哪個莽郡，就得考慮《漢志》失注魯國新莽更名的可能性。

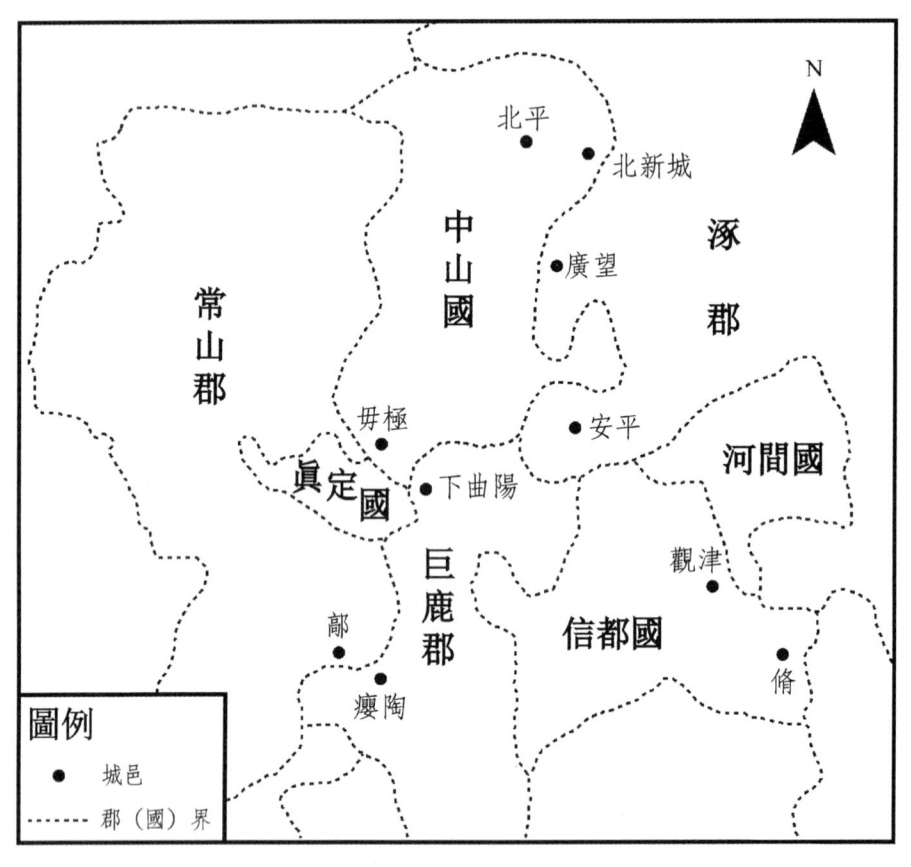

《漢志》真定國、鉅鹿郡及相關地名示意圖

（底圖取自《中國歷史地圖集》第二册）

---

① 吳式芬、陳介祺輯：《封泥考略》卷八·十。
② 孫慰祖：《新出封泥所見王莽郡名考》，《西泠印社國際印學研討會論文集》，下册第 667 頁。
③ 石繼承：《漢印研究二題》，第 216 頁。
④ 孫博：《新莽政區地理研究》，第 66、68 頁。

《續漢書·馬援傳》"增山連率"注"莽改上郡爲增山",《水經注·河水注》引司馬彪云:"增山者,上郡之別名也。"清代學者錢坫據此認爲《漢志》上郡條脫漏了"莽曰增山"四字,此説被譚其驤采信。① 孫博認爲增山郡"不當爲上郡更名,或當爲新莽末年分上郡北部及西河東部所置新郡"。② 今按,從《河水注》"王莽以馬員爲增山連率,歸世祖,以爲上郡太守"這句話看不出新莽增山郡與《漢志》上郡之間的關係,如果采信舊注所説增山爲上郡更名的意見,《漢志》上郡無載新莽的更名就有兩種可能:或是脱漏,或是更名"增山"之後又改回上郡的舊稱(《居延新簡》EPT59:697 有"西河"等新莽郡名,年代在始建國三至四年間,③《漢志》西河郡改名"歸新"不得早於此時)。從《漢志》西河郡西都縣(在今陝西神木縣境内④)"莽曰五原亭"、北地郡廉縣(在今寧夏銀川市西北)"莽曰西河亭"等來看,西河郡的界址在新莽時期有所調整,某段時間内其屬縣西都曾改歸五原郡、曾領有北地郡廉縣等。另外,譚圖所繪漢代上郡西界尚有爭議(或以爲包括今寧夏鹽池縣一帶⑤)。限於材料,增山郡與《漢志》上郡、西河郡的關係只能待考。

《漢志》班固自注中的個別莽郡名有誤,比如《漢志》莒國"莽曰莒陵",封泥"莒郡大尹章""莒郡屬正章"(《馬編》198、199)證明當以作"莒郡"者爲是;漁陽郡"莽曰北順",清代學者已指出爲"通路"之誤,⑥已被"通路得魚連率"封泥(《馬編》375)等資料證實。個別認爲莽郡更名有誤的意見尚待證實。比如,譚其驤以爲《漢志》金城郡"莽曰西海"有誤,舉《續漢書·西羌傳》莽末"羌遂放縱,寇金城、隴西"爲證,"明證其時西海、金城猶非一郡,則其説雖可通,而事有未必然也"。⑦《秦漢卷》采信此説(第 587、588 頁)。黄盛璋認爲,"王莽失敗後,羌人又還據西海,郡亦廢棄",⑧但未涉及《漢志》金城郡新莽更名"西海"是否有誤的問題。辛德勇認爲,"羌人所獻不過是該郡邊緣臨

---

① 譚其驤:《新莽職方考》,第 37 頁。
② 孫博:《新莽政區地理研究》,第 109 頁。
③ 鄔文玲:《一枚新莽時期的文書殘簡》,第四屆簡帛學國際學術研討會暨謝桂華先生誕辰八十週年紀念座談會會議論文,中國社會科學院簡帛研究中心等主辦,2018 年 10 月,重慶;《簡帛研究 2018·秋冬卷》,廣西師範大學出版社,2019 年,第 295 頁。
④ 蔣文、馬孟龍:《談張家山漢簡〈秩律〉簡 452 之"襄城"及相關問題》,《中國歷史地理論叢》2019 年第 1 輯,第 71 頁注釋①。
⑤ 馬孟龍:《朐衍,抑或龜兹?——寧夏鹽池縣張家場古城性質考辨》(待刊稿)。
⑥ 錢大昕、朱一新等,詳見王先謙《漢書補注》,中華書局影印,1983 年,上册第 813 頁。
⑦ 譚其驤:《新莽職方考》,第 6 頁。
⑧ 黄盛璋:《元興元年瓦當與西海郡》,《考古》1961 年第 3 期,第 167 頁。

羌縣下很少一部分土地,面積非常有限,《漢書·地理志》所記新室西海郡主要是由金城郡改名而來"。① 肖從禮依據金關漢簡的"西海大尹""西海左寧""西海輕騎"等內容,認爲"西海郡廢亡的大致時間在公元 23 年",《續漢書·西羌傳》西海"初開以爲郡,築五縣"並非原金城郡的五個縣,②也是贊同終新一代新莽西海郡、金城郡是兩個不同的郡。今按,肖文所據金關漢簡等資料只能説明新莽時期設置有西海郡(青海省海晏縣三角城遺址發現的"西海郡虎符石匱,始建國元年十月癸卯"石刻文字資料③也是佐證)、左寧是新莽西海郡屬縣,但不能證明西漢末年設置的西海郡一直存續到新莽滅亡。敦煌漢簡 2062 號簡文有"文德、酒泉、張掖、武威、天水、隴西、西海、北地"的內容,④從各莽郡的排列順序、地理位置看,這裏的西海郡應該指的就是《漢志》金城郡,而"文德"郡名使用的時間大致在始建國元年至天鳳三年,⑤因此《漢志》金城郡改名"西海"也許就在這個時段內,而這與《後漢書·西羌傳》莽末"羌遂放縱,寇金城、隴西"的記載並不矛盾(因爲《西羌傳》傳文使用的"金城、隴西"都是漢郡而非莽郡名稱)。

史書記載(如六尉郡、和成郡等)、出土文獻中(如穀城郡、壽良郡等)可以確認是析置的莽郡名,都不見於《漢志》記載,⑥可證清儒所説析置之郡不載於《漢志》的意見。不過,一些莽郡可能並非析置關係(比如孫博認爲無鹽郡、有鹽郡是《漢志》東平國在新莽時期的先後更名⑦),下面再試舉阿陽、聚降、贅其等郡爲例。

《水經注·渭水注》云"(成紀縣)漢以屬天水郡,王莽之阿陽郡治也",《王莽傳》記有"成紀大尹李育",王先謙認爲"蓋阿陽治成紀,故有此稱"。學界多據此認爲新莽阿陽郡析置自《漢志》天水郡("莽曰填戎")。⑧ 由於已有的資料只能説明阿陽、成紀是阿陽郡的屬縣,而無法證實阿陽郡必然析自天水郡(不能排除"阿陽"僅爲天水郡初次更名的可能),因此這一説法應存疑。

---

① 辛德勇:《建元與改元——西漢新莽年號研究》,中華書局,2013 年,第 258 頁。
② 肖從禮:《肩水金關漢簡中新莽西海郡史料勾稽》,《陝西歷史博物館論叢》第 25 輯,三秦出版社,2018 年,第 189~193 頁。
③ 謝佐、格桑本等:《青海金石録》,青海人民出版社,1993 年。李零:《王莽虎符石匱調查記》,《文物天地》2000 年第 4 期,封三。
④ 甘肅省文物考古研究所編:《敦煌漢簡》,中華書局,1991 年,上册圖版壹陸肆。
⑤ 黄東洋、鄒文玲:《新莽職方補考》,《簡帛研究 2012》,廣西師範大學出版社,2013 年,第 116 頁。
⑥ 周壽昌認爲《漢志》鉅鹿"郡下當有'莽曰和成'四字",説見:王先謙:《漢書補注》,上册第 724 頁。其説不可取。
⑦ 孫博:《新莽政區地理研究》,第 74 頁。
⑧ 譚其驤:《新莽職方考》,第 7 頁。《秦漢卷》第 588 頁。

新莽封泥有"聚降尹印章""聚降遮害屬長"(《馬編》207、208),聚降郡不見於史書記載。《漢志》雁門郡中陵縣"莽曰遮害",孟嬌推測聚降郡可能是分雁門郡中陵等縣而置的莽郡;①《秦漢卷》認爲"孫博以爲或分雁門郡北部而置,然區區雁門分兩郡似嫌過狹,暫列此處,存疑"(第585頁)。② 今按,從新莽所置獲降、受降、得降等郡的地理位置看,聚降郡確實有可能在雁門郡北部(至於孫博所持"新莽是帶'降'字之地名多與匈奴有關"、聚降郡與集降郡"也當與匈奴接壤"的説法並不可信,代郡等也與匈奴接界,但不以"降"命名)。"聚降遮害屬長""填狄富臧連率"封泥(《馬編》524)似乎可以證明天鳳元年之後聚降、填狄是並存的兩個莽郡,但這兩方封泥只能説明遮害是聚降郡的都尉治所、富臧(《漢志》陰館縣"莽曰富代〈臧〉")是填狄郡治所在,不能證明聚降郡必然是從它析置而來,也不能完全排除它是雁門郡初次更名的可能性。③ 如額濟納漢簡表明《漢志》雲中郡("莽曰受降"),初次更名爲"度遠郡"。④

新莽封泥有"贅其屬令章""贅其匡武傅""淮平潤相屬長"(《馬編》553、552、149),《漢志》臨淮郡"莽曰淮平",而"贅其"郡名未見於史書記載。孟嬌認爲贅其郡是《漢志》臨淮郡的更名或析置暫不可知;⑤孫博認爲,天鳳元年改監淮郡爲淮平郡、並分監淮郡西南部置贅其郡;⑥《秦漢卷》"疑臨淮郡初名贅其,後更名爲淮平"(第580頁)。今按,"淮平潤相屬長"表明,淮平郡的都尉治所在潤相縣(石繼承疑爲西漢"下相"縣更名⑦);從"屬令"一職來看,贅其郡的出現不晚於天鳳元年;因"贅其"郡名不見於《漢志》記載,"贅其"既可視爲臨淮郡的初次更名,也可以理解爲析自臨淮郡的莽郡。在没有淮平郡治所、贅其郡治所與始置時間等關鍵信息之前,這個問題只能闕疑。

新莽封泥有"毋極大尉章""毋極大尹章"(《馬編》397、398)、"朔平善和連率"(《馬

---

① 孟嬌:《〈中國行政區劃通史·秦漢卷〉補正(一)》,《華學》第12輯,中山大學出版社,2017年,第236頁。
② 依據出土的"郭市"陶文、郭令戈、"郭"字尖足布幣陶範等資料,譚圖第二册所標識的雁門郡埒縣等地望有誤,埒縣在今五寨縣境内而非神池縣。説見:楊年生《〈中國歷史地圖集〉西漢雁門郡所轄地望校勘兼論戰國部分地名校補》,2017年4月13日。换句話説,《漢志》雁門郡的南界應往南延展。
③ 《漢志》班固自注已記録了受降、得降、獲降三個莽郡名,加上"集降"(《秦漢南北朝官印徵存》602)、"聚降",共有五個帶有"降"字的莽郡。這與新莽"五平"(河平、江平、沂平、濟平、淮平)郡的設置相似。不過,從"集""聚"的訓詁看,也許集降、聚降是異名。
④ 羅新:《中古北族名號研究》,第243~244頁。
⑤ 孟嬌:《〈中國行政區劃通史·秦漢卷〉補正(一)》,《華學》第12輯,第236頁。
⑥ 孫博:《新莽政區地理研究》,第79~80頁。
⑦ 石繼承:《漢印研究二題》,第215頁。

編》346),毋極郡、朔平郡不見於史書記載。孟嬌推測毋極郡、朔平郡可能就是《漢志》中山國的更名。① 孫博認爲,中山國大約在始建國元年更名爲毋極郡,始建國天鳳元年再更名爲朔平郡,並未像《漢志》所載那樣更"常山"之名;大約在始建國天鳳元年分常山郡南部置井關郡,其北部地仍稱常山郡,即井關郡實爲《漢志》常山郡所分置,而非常山郡更名。②《秦漢卷》認爲"不能排除中山國西部與常山國東部合爲一郡,治所仍在盧奴而郡名爲常山的可能","疑中山郡北部析置朔平郡,南部新朝初年名毋極郡,後更名爲常山郡"(第583頁注釋①)。今按,因爲無法判斷年代,從字面上看封泥"常山尹印章"既可以理解爲新朝初承西漢常山郡時之物,也可以理解爲原《漢志》中山國更名之後的新莽官印。但無論怎麽理解,孫博認爲《漢志》中山國"莽曰常山"的記載有誤是没有道理的(他所持的中山國在始建國元年更名爲毋極郡、天鳳元年再更名爲朔平郡的意見,只有在毋極、朔平的界址基本同於《漢志》中山國的前提下才有可能成立)。《王莽傳》記載,始建國元年"改郡太守曰大尹,都尉曰太尉",天鳳元年"置卒正、連率、大尹,職如太守",封泥"毋極大尉章"表明毋極郡的出現不得晚於始建國元年,而毋極縣原爲《漢志》中山國屬縣,所以新莽初期中山國(郡)改名毋極郡的意見最接近史實;從"屬令"職官來看,朔平郡出現的年代稍晚,更有可能是析置自毋極郡,而非簡單的更名。西漢末的中山國在新朝始建國年間即改稱爲毋極郡,天鳳元年之後以北新城、北平等縣新置朔平郡,而餘下的毋極郡之地(也許加上鄰郡的某幾個縣)改稱爲常山郡,這大概就是《漢志》中山國"莽曰常山"的由來。

上面分析的這些莽郡,或缺乏析置時間、或不知郡治所在等信息,導致無法確認它們之間屬於更名還是析置的性質。出土文獻中的多數莽郡資料都面臨這樣的困境,只有《漢志》太原郡、東郡、沛郡及其關聯的莽郡資料較爲明確一些。

"原平信桓連率"(《楊編》5361)封泥中的原平郡不見於史書記載,原平、信桓(西漢廣武縣)都是《漢志》太原郡的屬縣,且距離很近,孫慰祖由此判斷新莽原平郡析自西漢末期太原郡。③ "蕃穰尹印章"(《新出陶文封泥選編》1265)、"蕃穰屬正章"封泥(《馬編》091)中的蕃穰郡也不見於史書記載,《漢志》太原郡陽邑縣("莽曰繁穰"),孫慰祖認爲蕃穰郡是析自《漢志》太原郡。④ 結合"太原鄔屬長"封泥(《馬編》369)來看,天鳳元年之後《漢志》太原郡界址内出現了以鄔爲都尉治的太原郡、以信桓爲郡治的

---

① 孟嬌:《〈中國行政區劃通史·秦漢卷〉補正(一)》,《華學》第12輯,第236頁。
② 孫博:《新莽政區地理研究》,第121頁。
③ 孫慰祖:《新出封泥所見王莽郡名考》,西泠印社編:《西泠印社國際印學研討會論文集》,下册第671頁。
④ 同上注。

原平郡、治所暫缺的蕃穰郡,位置大致位於其西南部、北部、東部,因此太原郡在新莽時期被析置爲三的可能性較大。

《漢志》東郡("莽曰治亭")在新朝可能與治亭、穀城、武亭、壽良四個莽郡有關。從居延舊簡"一封詣京尉廣利,一封詣穀城東阿"的簡文①以及《王莽傳》所載天鳳中"以封丘以東付治亭[治亭,故東郡]"、出土"壽良屬正章"封泥(《馬編》339)等資料來看,治亭郡、穀城郡、壽良郡都存在於天鳳年間,其郡治治亭(西漢濮陽縣)、東阿與武亭郡治清治(西漢清縣)大致分布在《漢志》東郡的西部、北部、東部,治亭郡、穀城郡、壽良郡是從東郡析置出來的概率比較大。由於武亭郡虎符的年代待考,武亭郡是東郡的初次更名、析置之郡的可能性都存在。

新莽封泥有"吾豐尹印章"(《馬編》399)、"吾符尹印章"(《馬編》400),傳世文獻有"延城大尹"(東漢·蔡邕《蔡中郎集》卷四)、譙縣"莽曰延成亭",豐縣"莽曰吾豐",《漢志》沛郡("莽曰吾符")也有被析置爲三的可能性。

還有一些類似的被認爲析置的莽郡資料,限於條件,目前難以作出明確的抉斷。之所以出現這樣的結果,除了史書記載有闕,更重要的原因在於莽郡析置資料都缺乏斷代、郡治所在等關鍵信息。即以和成郡、賞都郡來説,至今尚不清楚是哪一年從鉅鹿郡、汝南郡析置出來的,也不清楚析置之後各自的領縣情况。假如没有《漢志》班固自注,僅憑封泥文字"賞都屬令章"(《馬編》320),就只能推測賞都郡存在於天鳳年間、可能是《漢志》汝南郡(宜禄縣"莽曰賞都亭")的更名,而不會得知賞都郡析自汝南郡的史實。同樣,假如没有《東觀漢記》的記述,僅憑"禾成屬令章"(《馬編》133)封泥文字,就只能推測"禾成"是天鳳年間的新莽郡名、《漢志》常山郡鄡縣("莽曰禾成亭")是其屬縣,而不會得知和成郡析自《漢志》鉅鹿郡的史實。莽郡的析置、更名等問題的深入討論,還有待於更多的新資料。

武漢大學但昌武博士、吉林大學馬立志博士等繪製了文中的示意地圖,謹此致謝。

---

① 饒宗頤、李均明:《新莽簡輯證》,第 168 頁。任攀:《居延漢簡釋文校訂及相關問題研究(居延舊簡部分)》,復旦大學碩士學位論文(指導教師:劉釗),2012 年,第 188、189 頁。

據出土文獻表"虐""傲"等詞的用字情況說古書中幾處相關校讀問題*

陳　劍

衆所週知,大部分傳世先秦尤其是戰國古書,除了少量秦人著作如《商君書》和《吕氏春秋》以及《墨子》城守諸篇,都原産於秦國之外;現在流傳下來的,當初應該大都經過了一道"轉寫"(或稱"轉譯""翻譯")爲秦漢文字的手續。所謂"轉寫",主要包括戰國中晚期以降由六國輸入(如三晋法家、齊魯儒家、南方楚國道家著作等)而轉寫爲當時的秦文字(《吕氏春秋》所取材的古書,亦應包含不少從六國文字轉寫而來者),和秦代、漢初綿延不斷地將六國寫本(包括惠帝除"挾書律"後又復出之古文寫本)轉寫爲當時通行的文字。漢初文字與秦文字一脉相承,很大程度上可以視爲一個整體;而戰國西土秦系文字承襲西周春秋以來較爲傳統保守的文字系統,從字形到用字習慣都跟東方六國存在很大差異。因此,在上述過程中,一方面,"轉寫"可能不夠"徹底",現所見出土秦漢簡帛古書尚有不少所謂保存"古文遺迹"即六國文字尤其是楚文字的特殊字形與用字習慣者,研究者對此已有很多集中揭示;另一方面,"轉寫"過程中又會出現不少問題及分歧。其間的差異,往往就是漢代"今古文學"之爭的源頭。

傳世先秦尤其是戰國古書中的文字問題,很大一部分就是在上述"轉寫"過程中産生並一直保留下來的。舊有結合出土文獻校讀古書的研究成果,已經在這方面積累了豐富的例證。本文所論,就是試圖再從這個角度揭示一組例子。

---

* 本文係復旦大學2015年度"人文社會學科傳世之作學術精品研究項目""中國古典學的重建"(編號:2015CSZZ002)成果。

一、出土文獻所見與"虐""傲"等詞相關的諸字糾葛

(一) 概述

從古文字與出土文獻資料看,與"虐""傲"等有關的字詞,在不同時代和地域,其用字習慣、諸字形與音義間的結合關係不盡相同,其間存在歷時興替、共時參差交錯的複雜關係。下面先簡述其主要情況,再分別列舉與本文所論關係密切者。有必要時,以"{某}"的方式表"詞","[某]"的方式記"字"(概括其各種字形變體)。

[虐]字以"虎抓人欲噬"之形會意,殷墟甲骨文已見,① 西周金文沿用。現出土六國文字資料中尚未看到,秦文字中則見於詛楚文。② 秦漢文字和傳世古書,沿襲用[虐]表{虐}的習慣。可以推測,戰國時的六國文字一般不用[虐]表{虐}(後舉傳抄古文雖有[虐]但係用表{號})。

六國文字用以表{虐}者,大別之有[虘/虎]及从之得聲之字與[嚻](或還可能包括"嚻聲字")兩類,主要是前者。字書中作"虘"的傳抄古文"虐"一系字形 ![] 、![] 、![] 等,亦即我們所說的[虘/虎],在楚竹書簡大批出土後,已經被大家認識得很清楚了,詳後文。

商周古文字中(殷墟甲骨文、殷周金文、戰國六國文字)尚未看到可靠的有一般用法的[敖]及从之得聲之字。有些字形或被釋爲"夆(敖)",是否可信尚待研究;較可靠的"敖"字,也往往是僅用作專名。[敖]及从之得聲之常用字詞"傲""鷔"等,在商周、六國文字中,多半應該是用其他字形表示的。這部分,現所見以楚系文字資料最爲豐富。最常見的,是以[嚻]及从"嚻"得聲之字來表示。[嚻]西周金文已見,後世一直沿用。同時,楚簡中[嚻]又可用表{虐}、{夭}。另外,{傲}在古文字中還有一個表示形式[昇]。

---

① 裘錫圭:《甲骨文字考釋(八篇)》之"五、釋'虐'",《裘錫圭學術文集》甲骨文卷,復旦大學出版社,2012年,第81~82頁。

② 其辭例爲"虩(暴)虐不辜"。"虐"字绛帖《巫咸》石作 ![] 形,上注所引裘先生文將其看作沿襲甲骨文而來、與《説文》篆形 ![] 相合者。元至正中吴刊本其形作 ![] (《湫淵》)、![] (《亞駝》)、![] (《巫咸》),研究者多據此認爲其字本是"虘(虐)"。按從文字的系統性看,當以裘先生的看法更可能合於事實[末兩形左下所謂"橫口"形,在真正的"虘(虐)"形中亦從未見過]。

(二) 六國文字[虐]的有關用法

1. 用[虐]表{號}楚簡多見

[虐]用表{號},又用表{乎}等,楚簡之例極多,是大家最爲熟悉的。如新蔡簡甲三 298+甲三 295"祝噱(號)"、《上博(二)·容成氏》簡 20"墨(禹)肰(然)句(後)旨(始)爲之虐(號)羿(旗)",《上博(三)·周易》4 見之"虐"皆對應於今本之"號",等等,不必備舉。地名字"毃"亦或作"虐"(《清華簡(陸)·子儀》簡 1),或从"山"从"虐"聲作 ![字] (《清華簡(貳)·繫年》簡 48),或从"虐省聲"之 ·子儀》簡 20),亦屬此一系。

另外,從楚簡有"号"字(《清華簡(叁)·祝辭》簡 2)和从之得聲之字[如《清華簡(壹)·金縢》簡 9"鴞"字],以及三體石經古文"殽"之作"虖"①來看,當時可能也應該存在以[号]或[虖/號]表{號}者。

2. 用[虐]及从"虐"得聲之字表"虐"或"瘧"楚簡多見

用[虐]表{虐}之例如,《上博(二)·容成氏》簡 36"民乃宜肙(怨),虐(虐)疾旨(始)生",同篇[虐]既表{號}(前舉簡 20)又表{虐}。《上博(五)·姑成家父》簡 1"厲公亡(無)道,虐(虐)於百鍒(豫)",《清華簡(陸)·子產》簡 15"不以虐(虐)出民力",等等。用从"虐"得聲之字表{虐}之例如,新蔡葛陵楚簡甲三 64"□□少(小)臣成奉(逢)遺(害)戲(虐)□",《上博(二)·從政》甲簡 15:"毋暴、毋禢(虐)、毋惻(賊)、毋念(貪)。不攸(修)不武〈戒〉,胃(謂)之必城(成),則暴;不善(教)而殺,則禢(虐)。"《清華簡(壹)·尹至》簡 2"盧(虐)悳(德)",《金縢》簡 3"耢(殺—斷)遺(害)盧(虐)疾",《芮良夫毖》簡 10"殹(繄)先人又(有)言,則畏(威)盧(虐)之",簡 17"自忌(起)倿(殘)盧(虐),邦甫(用)不寍(寧)",等等。還有[瘧]字,應本係爲瘧疾之{瘧}所造,《上博(六)·景公瘧》"瘧(瘧)"三見,楚簡亦多用表{虐}。如《清華簡(貳)·繫年》簡 2"厲王大瘧(虐)于周",《清華簡(伍)·湯處於湯丘》簡 16"不瘧(虐)殺",等等。馬王堆帛書《陰陽十一脉灸經》乙本第 2 行"瘧"用爲"瘧",應即楚文字用字習慣的遺迹。②

傳抄古文中還有反過來用"虐"形爲"號"的,見於《古文四聲韵》"號"字下,作 ![字](2.8 引《古老子》)、![字](2.8 引崔希裕《纂古》)、![字](4.29 引《籀韵》)。李春桃先生謂:

---

① 見補白(鄔可晶):《石經古文"殽"字來源續探》,復旦大學出土文獻與古文字研究中心網站 2014 年 10 月 15 日,http://www.gwz.fudan.edu.cn/web/Show/2346。

② 周波:《秦、西漢前期出土文字資料中的六國古文遺迹》,《出土文獻與古文字研究》第 2 輯,復旦大學出版社,2008 年,第 251 頁。

"'虐'是疑母藥部字,'號'是匣母宵部字,兩者讀音相近。從古文字中看,楚文字中'虐'形既可用爲'虐',也可用爲'號',可見'虐'、'號'音近,古文似借'虐'爲'號'。"① 其説可從。

3. 有關文字關係認識問題

《説文·口部》:"唬,虎聲也。(段注:"鍇本不誤,鉉本改爲'嚊聲',誤甚。")从口、虎(段注:"此下鍇有'一曰虎聲'四字,鉉本此四字在'从口'之上。皆淺人誤增。")。讀若暠。"西周春秋金文如善鼎(《集成》02820)的"唯用妥(綏)福,唬歬(前)文人秉德共屯",讀爲"效前文人秉德共純",秦公鎛(《集成》00270)的"唬夙夕剌=趄=",讀爲"效夙夕烈烈桓桓"。②《説文·木部》:"虢,虢木也。从木,號省聲。"按"虢"字數見於西周金文,研究者已指出當分析作"从木、唬聲",《説文》之説不確。③

前述"古文虐"字"唐"、[唬/唐],是"讀若暠"之"从口从虎"會意(表"虎號")結構者,以讀音近同而假借爲"虐";楚簡文字習見的用爲"乎"(個别用爲"呼",如《上博(二)·子羔》簡3)之[唐],則爲"从口虎聲"之形聲字。二者係結構、來源不同的同形字關係,研究者對此論之已詳。④

另外,楚簡文字還偶見有用"虘"形爲"號"、用"虘"形爲"虐"者。前者如《上博(四)·曹沫之陳》簡50之"虘(號)命(令)",後者如《上博(一)·緇衣》簡14的"五虘(虐)之型(刑)"。按"虘"即"虎"之繁形,研究者已經指出,其下所從乃"人"形("虎"下半之"几")左右加飾筆,與"介"字無關(《曹沫之陳》同篇中"虘"多見,

---

① 李春桃:《古文異體關係整理與研究》,中華書局,2016年,第165~166頁。
② 楊樹達:《積微居金文説》,中華書局,1997年,第168頁。郭沫若曾讀善鼎"唬"字爲"乎",張日昇讀爲"于",近年還有研究者堅持此類看法,主張讀爲"乎",謂《善鼎》之'唯用妥福唬(乎)前文人',與《蔡姞殷》'尹叔用妥多福于皇考德尹叀姬'文例相同,'乎'、'于'語法位置相同,功能相近,因此西周金文的'唬'據辭例可以確定讀魚部之'乎'而非宵部之'效'"云云,見王志平:《"唐"字的音讀及其他》,《第十四届全國古代漢語學術研討會論文集》,陝西師範大學,2018年8月15—16日,第385頁。按近年新見的西周中期宗人鼎銘云(《銘續》0231):"宗人其用朝夕享事于敵(嫡)宗室,肇學歬(前)文人,秉德其井(型),用夙夜于帝(嫡)宗室。"可爲善鼎"唬"字當讀"效"之確證。
③ 參看侯乃峰:《新見魯叔四器與魯國早期手工業》,《考古與文物》2016年第1期,第71頁。蘇建洲、吳雯雯、賴怡璇合著:《清華二〈繫年〉集解》,(臺北)萬卷樓圖書股份有限公司,2013年,第413~414頁。
④ 可參看劉樂賢:《額濟納漢簡的"唬"字與楚簡的"唐"字》,《古文字研究》第26輯,中華書局,2006年,第488~490頁。顧史考:《楚文"唬"字之雙重用法:説"競公'瘧'"及苗民"五'號'之刑"》,《古文字研究》第27輯,中華書局,2008年,第387~393頁。收入同作者《上博等楚簡戰國逸書縱橫覽》,中西書局,2018年,第327~336頁。

餘皆用爲"乎")。① "虘"字亦相類(楚簡文字亦多用"虘"類形爲"乎"),又是進一步的變化,其下亦非从"示"。"虗""虘"類形,皆係楚文字多見的由假借"虎"形再添加飾筆分化而來的"虘"之異體。② 它們又可用爲"號""虐",究其實,都是由於"字形職能"的"擴散"引起的。簡而言之,一般情況本爲[虒]表{號}、{虐},又可表{乎};"虘"及其變體"虗""虘"表{乎}、{吾};但因其字形與職能的對應關係在中間有部分交叉,即表{乎}之形既有"虒"又有"虗""虘",遂"擴散"而導致"虗""虘"形亦可有"虒"之另一職能即表{號}、{虐}。③

(三) 楚系文字"嚻"及"嚻"聲字的有關用法

除用表喧嚻之{嚻}(如《上博(一)·孔子詩論》簡 21"《贇(將)大車》之嚻也"),楚系文字"嚻"還有以下用法。

1. 用"嚻"爲"敖/傲"及从"敖"得聲之字多見

"嚻"與"敖"關係密切,傳世古書有關相通材料已極多,是大家所熟悉的。④ 從出土文獻資料看,則更因六國文字中應該少用或不用[敖],故與[敖]有關諸字詞的表示職能,當時多係由[嚻]及从"嚻"得聲諸字所擔當的。

楚系文字職官名"莫敖""連敖",又先王"若敖""宵敖"等用於專名之"敖",其字皆作"嚻"[傳世古書尚或存其遺迹,"莫嚻(敖)"見於《淮南子·脩務》《漢書·五行志中之上》,又《漢書·曹參傳》有"大莫嚻(敖)"],個別加"邑"旁作"鄦"(包

---

① 如李守奎、曲冰、孫偉龍編著:《上海博物館藏戰國楚竹書(一——五)文字編》,作家出版社,2007 年,第 258、265 頁。

② 楚簡"虘"可用爲"乎",亦多用爲"吾"。"虘"除常見的 ![]、![]、![] 類形外,亦有僅作加小短橫於下半"人"形右斜筆中部而無下長橫筆者,如《上博(二)·民之父母》三見的用爲"乎"之、、,此類形與"虎"之關係最爲明顯;其變化與"鬼"之或作![]《上博(三)·亙先》簡 3)、![]《清華簡(壹)·金縢》簡 12)相類。

③ 以上"虒"等形在楚系簡帛中的使用情況,參看陳斯鵬:《楚系簡帛中字形與音義關係研究》第九章"研究楚系簡帛中字形與音義關係的意義"第四節"有利於漢語上古音的研究",中國社會科學出版社,2011 年,第 337~340 頁。又禤健聰:《戰國楚系簡帛用字習慣研究》,科學出版社,2017 年,第 231~232 頁。陳斯鵬及前引王志平文將兩類"虒"皆視爲从"虎"聲,以宵部("號、虐")與魚部("乎、呼"等)音通爲説。現大部分學者已不贊同此説。另上博《緇衣》表"虐"之"虘",或以爲係由《從政》甲 15"褅"省略演變而來,與用爲"乎"者係"在形體上混同"。恐亦不確。見馮勝君:《郭店簡與上博簡對比研究》,綫裝書局,2007 年,第 149~150 頁。

④ 參看張儒、劉毓慶:《漢字通用聲素研究》,山西古籍出版社,2002 年,第 241~242 頁。又宗福邦、陳世鐃、蕭海波主編:《故訓匯纂》,商務印書館,2003 年,第 392 頁"嚻"字下。

山簡 117），或假借从"戈"旁之"𢧵"（曾侯乙墓竹簡數見）；《銀雀山漢墓竹簡（貳）》"論政論兵之類"《君臣問答·楚莊王與孫叔敖》篇，孫叔敖之"敖"字亦皆以"嚣"爲之。

"乾煎"義之"熬"，楚文字亦从"嚣"聲作"爤"（包山簡 257），馬王堆帛書醫書中尚多有其例。①

楚簡文字[嚣]亦用表{遨}、{傲}。如《清華簡（叁）·芮良夫毖》簡 7"母（毋）自縱（縱）于愧（逸）以嚣（遨）"，《清華簡（伍）·殷高宗問於三壽》簡 26"返（急）利、嚣（傲）神慕（莫）龔（恭），而不募（顧）于逡（後）"（《左傳·文公九年》"傲其先君，神弗福也"），②等等。

2. "嚣"可用表{虐}

《上博（五）·三德》簡 15—16：

（上略）聚（驟）敓（奪）民旹（時），天餂（飢—饑）必杢（來）。【15】敓（奪）民旹（時）呂（以）土攻（功），是胃（謂）頨（皆—稽）；不埜（盬—絶）惡（憂）卹（恤），必虁（喪）丌（其）似（似）。敓（奪）民旹（時）呂（以）水事，是胃（謂）洲（潮—淪？）；虁（喪）台（以）係（繼）樂，**四方杢（來）嚣（虐）**。敓（奪）民旹（時）呂（以）兵事，是【16】[謂厲；禍因胥歲，不舉銍艾。]

范常喜先生最早指出，這段話與《呂氏春秋·上農》篇中的下舉部分内容相似：

時事不共，是謂大凶。奪之以土功，是謂稽，不絕憂唯，必喪其秕。奪之以水事，是謂籥，喪以繼樂，**四鄰來虛〈虐〉**。③ 奪之以兵事，是謂厲，禍因胥歲，不舉銍艾。數奪民時，大饑乃來。

但范常喜先生說"嚣"以其本字作解，謂"當爲喧嚣怨怒之義"；解釋簡文大意似爲

---

① 以上有關楚文字"敖"聲字用字情況，參看劉信芳編著：《楚簡帛通假彙釋》，高等教育出版社，2011 年，第 134 頁。白於藍編著：《簡帛古書通假字大系》，福建人民出版社，2017 年，第 213～215 頁。又前引禤健聰：《戰國楚系簡帛用字習慣研究》，第 31～32 頁。

② 此"嚣"字讀爲"傲"從黃傑先生說，見武漢大學"簡帛"網"簡帛研究"論壇"清華五《殷高宗問於三壽》初讀"2015 年 4 月 13 日暮四郎（黃傑）發言，http：//www.bsm.org.cn/bbs/read.php？tid=3249&page=4。

③ 俞樾據"虛"與"淪""樂"爲韻，指出"虛"係"虐"字之誤。見王利器：《呂氏春秋注疏》，巴蜀社，2002 年，第四册第 3066 頁。研究者或據此誤字謂"嚣與虛"通，非是。見前引劉信芳：《楚簡帛通假彙釋》，第 134 頁。

"喪失了百姓又繼之以歌樂,四方的民衆都會喧囂怨怒",①尚嫌不確。顧史考先生略從其説,亦謂"四方之鄰將囂然作亂"云云。② 按《上農》夏緯瑛先生注釋謂"民食不給,難以守土,鄰國就要來而肆虐了",③文意顯然最爲合適。研究者多已逕讀簡文"囂"字爲"虐",④甚是。

這條用[囂]表{虐}的材料很重要,因據前述[囂]與[敖]的密切關係,由此環節又可以將[敖]與{虐}聯繫起來了。

3. "囂"又可用表{夭}

《上博(五)·三德》簡 5"民乃囂死"句,李天虹先生指出應讀爲"夭死"。⑤ 亦即《三德》同一篇中,[囂]字分別對應於{虐}與{夭}。馬王堆帛書《陰陽五行甲本·雜六》3"民瘠病囂(夭)死",應係承襲楚國用字習慣。⑥ 戰國楚簡同時也用[夭]表{夭},如郭店簡《唐虞之道》簡 11"安命而弗夭"、《清華簡(陸)·管仲》簡 13—14"民人不夭"等。

(四) 古文亦用[臩]表{敖/傲}

《説文·夰部》:"臩,嫚也。从百,从夰,夰亦聲。《虞書》曰:'若丹朱臩。'讀若傲。《論語》:'臩湯舟。'"所引《虞書》今《尚書·益稷》作"無若丹朱傲",段注謂"臩與傲音義皆同"。傳抄古文以及《尚書》古抄本中,所謂"古敖字"之"臩"多見。如《汗簡》4.47引《尚書》作🔲、《古文四聲韻》4.30引《古尚書》作🔲。又三體石經古文"敖"作🔲、🔲,

---

① 范常喜:《〈上博五·三德〉札記三則》,武漢大學"簡帛"網 2006 年 2 月 24 日,http://www.bsm.org.cn/show_article.php?id=232。又范常喜:《〈上博五·三德〉與〈吕氏春秋·上農〉對校一則》,《文獻》2007 年第 1 期,第 26 頁。收入同作者《簡帛探微——簡帛字詞考釋與文獻新證》,中西書局,2016 年,第 285～286 頁。

② 顧史考:《上博竹書〈三德〉篇逐章淺釋》,"屈萬里先生百歲誕辰國際學術研討會"論文,臺灣"國家圖書館"、中研院歷史語言所、國立臺灣大學中國文學系主辦,2006 年 9 月 15—16 日。收入同作者《上博等楚簡戰國逸書縱橫覽》,第 25 頁。

③ 夏緯瑛:《吕氏春秋上農等四篇校釋》,農業出版社,1956 年,第 22 頁。上引顧史考先生文已引此,但又謂簡文"囂""則與'虐'義稍有不同"云云。

④ 王晨曦:《上海博物館藏戰國竹書〈三德〉研究》,復旦大學碩士學位論文(指導教師:沈培教授、陳劍教授),2008 年,第 35 頁。白於藍編著:《簡帛古書通假字大系》,福建人民出版社,2017 年,第 214 頁。但後者謂從范常喜文讀,則微有不確,此非范文原意。

⑤ 李天虹:《上博(五)零識三則》,武漢大學"簡帛"網 2006 年 2 月 26 日,http://www.bsm.org.cn/show_article.php?id=236。

⑥ 參看前引周波:《秦、西漢前期出土文字資料中的六國古文遺迹》,《出土文獻與古文字研究》第 2 輯,第 259 頁。

即《春秋·文公元年》人名"公孫敖"之"敖"。見於出土古文字者現僅有一例，①即爲趙平安先生所釋出的《上博（五）·三德》簡11"毋䎡（傲）貧，毋笑刑"之"䎡"（⿱）。②《古文四聲韻》4.30引《籀韻》"鰲"字作"昇、夒"，亦"䎡"用爲"敖"聲字之例。

附帶談談"䎡"字構形。研究者皆以其字即｛傲｝之表意初文，應可信。但《説文》"䎡"字段注謂"傲者昂頭，故从首"，研究者或以"昂首闊步"云云作解，③或謂"整字表示昂首仰視"，④皆嫌不好。我認爲，"䎡"應與"頁"形聯繫理解，係以"扭頭不理"之人形，來表現"傲慢"義，我們知道，"百"形本係從"側視"角度描摹頭部之狀，其繁體"頁／頁"畫出下面"側視的跪坐人形"亦即"卪"形（後演變爲普通的"側視人形"，亦即《説文·儿部》所謂"古文奇字人也"之"儿"），整體仍是一般的側視形；與之相較，"䎡"則作下半係正面人形（"大"或其繁體"夫"⑤）而上半仍爲側視頭形，合起來全字乃是一"扭過頭不看人之形"，用表"傲"義甚爲切合，且其造字方式與"艮（很）"字也非常相近。"艮"即"很"之表意初文，"很"之基本義爲"不聽從"，引申爲"違戾、背棄"等義，其字亦作"狠""佷"。"傲"與"很"義近，兩字常連用，如《左傳·文公十八年》謂顓頊之"不才子"檮杌"傲很明德，以亂天常"云云，《左傳·昭公二十六年》："倍奸齊盟，傲很威儀。"《禮記·王制》"命鄉簡不帥教者以告"鄭玄注："帥，循也。不循教，謂敖很不孝弟者。"古文字"艮"字作"目"形與下"人"形相背相反之形，與一般的"上從目下從立人形"之"視"字相對，也是以抽象的手法來表現"狠戾不聽從"義，與"䎡（傲）"正可互證。

（五）小結

總結以上所論，有關用字習慣、字形音義關係可簡略歸納爲：｛號｝、｛虐｝和｛傲｝三詞，傳世古書即主要以［號］、［虐］和［傲］三字表示；但在古文字尤其是我們所關注的六國文字中，應不存在以［敖］及從"敖"得聲之字表示者（至於"敖"字是否存在，則是另一回事。現尚未見到，估計即使有也很少使用）；六國文字中［虎／唐］可表｛號｝｛虐｝

---

① 另羅振玉舊藏所謂"夾遊刻石"（燕國文字）中有一或被釋爲"䎡"字者，其形作⿱。因該石殘甚、文意不明，其形上半又與"百"形略有別，是否確爲"䎡"字尚難斷定（研究者或釋爲"臭"）。
② 趙平安：《上博簡〈三德〉"毋䎡貧"解讀》，武漢大學"簡帛"網2006年12月19日，http：//www.bsm.org.cn/show_article.php? id=497。張顯成主編：《簡帛語言文字研究》第3輯，巴蜀書社，2008年，第6～11頁。收入同作者《新出簡帛與古文字古文獻研究》，商務印書館，2009年，第357～362頁。
③ 參看上引趙平安：《上博簡〈三德〉"毋䎡貧"解讀》。
④ 李學勤主編：《字源》，天津古籍出版社、遼寧人民出版社，2012年，第918頁。
⑤ ⿱下半已訛爲"矢"形；所謂"夰"即源於"夫"形之變，《説文》的有關分析不確，上引趙平安先生《上博簡〈三德〉"毋䎡貧"解讀》皆論之已詳。

及{瘧},[嚻]可表{虐}{傲}及{夭},以[虓]表{傲}(甚至包括{夭})雖尚未見到過,但完全可能實際存在。

傳世古書所見的[虐]和[敖/傲]字,大部分可能最初都本是寫作[虖(號)](及从之得聲之字)或[嚻](及从之得聲之字)的。[虖(號)]同時又可對應於傳世古書的[號]。其間關係,可簡單作成如下表所示:

所表之詞	六國古文所用之字	傳世古書所用之字
{號}	[虖]等	[號]
{虐}{瘧}	[嚻]	[虐][瘧]
{夭}		[夭]
{傲}		[傲][敖]
	[臬]	[臬]
	[虖]等(設想)	

由上表所見"缺位"與"交叉"的有關形音義關係糾葛,結合本文開頭所述古書的"轉寫"情況,我們反觀現存先秦古書中的有關諸字,可以合理推測其間容易出現的問題。原產於六國的文本,其原始創作本及傳抄中的底本,本無[敖]及从"敖"諸字存在,今傳古書中的這些字多應來源於本作[嚻]、[虖]等者;而[嚻]、[虖]等在當時某原始創作本或傳抄底本的區域,又同時是可以代表{號}、{虐}的。由此,在傳抄轉寫過程中,本表{虐}之[虖]等,就可能被"誤讀"或者說"誤對應"作{號}或{傲};本表{虐}或{瘧}之[嚻],也可能被"誤讀"或者說"誤對應"作{傲}或{夭}。【看校補記:還可能存在本表{敖/遨}之[虖]等被"誤讀"或者說"誤對應"作{號}的情況,參看陳劍:《據安大簡說〈碩鼠〉"誰之永號"句的原貌原意》,武漢大學"簡帛"網 2019 年 9 月 30 日,http://www.bsm.org.cn/show_article.php?id=3425】

二、"殊傲(虐)"與"賊傲(虐)"

《墨子》一書中,有三個"傲"字和一個"敖"字被研究者校改爲了"殺",其實皆本應係表{虐}者。

（一）

首先最可肯定的，是《明鬼下》如下兩例"殃傲"：

> 昔者夏王桀貴爲天子，富有天下，上詬天侮鬼，**下殃傲天下之萬民**，祥上帝伐元山帝行，故於此乎天乃使湯至（致）明罰焉。
>
> ……
>
> 昔者殷王紂貴爲天子，富有天下，上詬天侮鬼，**下殃傲天下之萬民**。播棄黎老，賊誅孩子，楚〈焚〉毒〈炙〉無罪，①刳剔孕婦，庶舊鰥寡，號咷無告也。故於此乎天乃使武王至（致）明罰焉。

王念孫說此兩"殃傲"皆"殃殺"之誤（詳後），得到普遍贊同，孫詒讓《閒詁》（第 244 頁）、吳毓江《校注》、②王煥鑣《集詁》③皆引從其說。按從統治者施政的角度，講"殺天下之萬民"，恐嫌程度過重。如校改爲"虐"，則如古書多言之夏桀"虐于民"（《尚書·多方》）、"敷虐于爾萬方百姓"（《尚書·湯誥》）、"暴虐百姓"（《呂氏春秋·先識》）、"虐百姓"（《太平御覽》卷八二引《尸子》）、"暴虐萬民"（《呂氏春秋·古樂》），商紂"暴虐于百姓"（《尚書·牧誓》）、"昏虐百姓"（《逸周書·商誓》）、"虐百姓"（《淮南子·本經》）等等，文意最合。《墨子》有個別版本後一處"傲"字即作"虐"，應係以意改，④亦可看出其字以作"虐"最合。

同時，"殃殺"一語除此外亦並不見於漢以前古書及出土文獻，但"殃虐"則出土文獻有之。因其釋讀或多有歧説，故下面略作補充討論。

（二）

郭店簡《六德》：

> （上略）乍（作）豊（禮）樂，折（制）坓（刑）灋，孝（教）此民尔叓（使）【2】之又（有）

---

① "楚〈焚〉毒〈炙〉"從王念孫說校改，參見（清）孫詒讓撰，孫啟治點校：《墨子閒詁》，中華書局，2001 年，第 246～247 頁。

② 吳毓江撰，孫啟治點校：《墨子校注》，中華書局，1993 年，上册第 371 頁。

③ 王煥鑣：《墨子集詁》，上海古籍出版社，2005 年，下册第 784、791 頁。

④ 如清初馬驌所見本及四庫全書本《墨子》。前者見（清）馬驌編，王利器整理：《繹史》卷二十，中華書局，2002 年，第 286 頁。後者見（臺北）臺灣商務印書館影印文淵閣《四庫全書》，1986 年，第 0848 册 0082d 頁。按作"虐"之異文應係別本晚出，號稱所見版本最多、校異文最全的《墨子校注》（參看該書"點校說明"第 5～6 頁），上册第 371 頁於前一處講桀"殃傲"文下出案語指出："宋本、蜀本《御覽》八十三引下文'殷王紂'節，亦作'殃傲'。"亦未提此或作"虐"者。

向也,非聖智者莫之能也。新(親)父子,和大臣,帰(寢)四芝(鄰)【3】之**央(殃)虘(虐)**,非息(仁)宜(義)者莫之能也。聚人民,貢(任)土墅(地),足此民尔【4】生死之甬(用),非忠(忠)信者莫之能也。(下略)……【5】

"央"字整理者摹原形未釋。研究者多釋其形爲"帝"或"朿","虘"字又多據用爲"乎"之讀音作解。諸家說如,釋讀爲"帝(敵)乎"(袁國華;又張光裕等)、"帝(抵)悟"(李零;又陳偉)、"帝所"(陳斯鵬,且以"之帝所"三字單作一句讀)、"朿(敵)乎"(劉信芳)、"帝(敵)虜"(顏世鉉)、"朿(策)慮"(白於藍)、"帝(惕)號"(李銳;又廖名春),等等。

呂浩先生舉包山簡201和天星觀一號墓卜筮簡中之"央"字字形爲證,釋讀爲"央(殃)虐",①較晚出的單育辰先生"集釋"按語亦贊同其説,②甚是。有關字形對比如下:

A. [字形]《六德》簡4 [字形]包山簡201 [字形]《上博(二)·子羔》簡11 [字形]《清華簡(陸)·子産》簡10 [字形]《璽彙》5478 單字楚璽"紁"

B. "央"字一般形: [字形]《上博(五)·三德》簡4 [字形]《清華簡(伍)·湯在啻門》簡10

C. [字形]包山簡271 "軮"字 [字形]包山簡273 "軮"字

"央"字下半本作"大"形,上舉B類字形訛變作近"矢"形,是常見的普通寫法;再進一步省去下半的右斜筆,即成A類寫法中的後數形。《六德》此形[字形],其頭部略爲特異之處僅在於較一般寫法多出一筆,應該看作[字形]與[字形]兩路寫法的"糅合",同時又或有受"朿""帝"和"彔"等字形類化影響的因素。但"朿"和"帝"字從無省去頭部筆畫的寫法,與此形的關係都不如"央"與此形之接近。至於C類形,則應又是在[字形]形基礎上進一步的增繁變化。

所謂"四鄰之殃虐",應該包含兩個方面的意思。一則四鄰之國作殃虐於其民,二則四鄰之國作殃虐於他國(包括論者所在之己國)。後者如前引《三德》《吕氏春秋·上農》"四方/鄰來虐",前者如下舉古書所記。

《韓非子·解老》:人君者無道,則內暴虐其民,而外侵欺其鄰國。內暴虐則民產絶,外侵欺則兵數起。

---

① 吕浩:《〈郭店楚墓竹簡〉釋文訂補》,《中國文字研究》第2輯,廣西教育出版社,2001年,第287~288頁。
② 單育辰:《〈六德〉集釋》,見同作者《郭店〈尊德義〉〈成之聞之〉〈六德〉三篇整理與研究》,科學出版社,2015年,第228~231頁。另劉釗先生亦釋上字爲"央(殃)",但讀下字"虘"爲"禍";林素清先生亦釋上字爲"央",下字爲"虐",但讀爲"寇虐"。上舉諸家説及其出處皆看《〈六德〉集釋》。又參看武漢大學簡帛研究中心、荆門市博物館編著:《楚地出土戰國簡册合集(一)》,文物出版社,2011年,第127頁。

《淮南子·主術》：古者天子一畿，諸侯一同，各守其分，不得相侵。有不行王道者，暴虐萬民，爭地侵壤，亂政犯禁，召之不至，令之不行，禁之不止，誨之不變，乃舉兵而伐之。

《文子·上義》：老子曰：霸王之道，以謀慮之，以策圖之，挾義而動，非以圖存也，將以存亡也。故聞敵國之君，有暴虐其民者（《淮南子·兵略》"暴虐"作"加虐"），即舉兵而臨其境，責以不義，刺以過行。

《孟子·梁惠王下》：今燕虐其民，王往而征之。民以爲將拯己於水火之中也，簞食壺漿，以迎王師。

據此，簡文"寑四鄰之殃虐"，其意蓋謂既使四鄰之國不內虐其民，亦使之不殃虐於我或互作殃虐，此自"非仁義者莫之能也"。

反過來講，簡文"央（殃）唐（虐）"之釋讀，由於上"央"字之形略有特別之處，下字"唐"又存在對應於"號"與"乎"兩類讀音的可能，加上古書並無"央/殃虐"辭例，故造成以前釋讀上的種種分歧。今得《墨子》"殃傲（虐）"之辭例印證，又可以説在一定程度上二者可起互證作用，《六德》"央（殃）唐（虐）"之釋就可進一步肯定下來了。

（三）

"賊傲"見於《墨子·尚賢中》：

> 然則富貴爲暴以得其罰者誰也？曰：若昔者三代暴王桀、紂、幽、厲者是也。何以知其然也？曰：其爲政乎天下也，兼而憎之，從而賤〈賊〉之，又率天下之民以〖上〗詬天侮鬼，①**賤〈賊〉傲萬民**，是故天鬼罰之，使身死而爲刑戮，子孫離散，室家喪滅，絕無後嗣，萬民從而非之曰"暴王"，至今不已。則此富貴爲暴而以得其罰者也。

前引《明鬼下》兩例"上詬天侮鬼，下殃傲（虐）天下之萬民"，顯然與此極近。王念孫《讀書雜志》卷七之一《墨子第一》"賤、賤傲、殃傲"條，將"賤"字校改爲"賊"，此可信；又謂：

> "傲"當爲"殺"。《説文》"敽"字本作𢼍，"殺"字古文作𣏂，二形相似。𣏂（古文"殺"字）誤爲"敽"，又誤爲"傲"耳。《墨子》多古字，後人不識，故傳寫多誤。此説桀紂幽厲之暴虐，故曰"詬天侮鬼，賊殺萬民"，非謂其賤傲萬民也。上文言"堯舜禹湯文武尊天事鬼，愛利萬民"，"愛利"與"賊殺"，亦相反。《法儀》篇曰：

---

① "上"字原無，此從吳毓江《校注》（上册第90～91頁）説據正德本補入。其説又謂："上文曰'以尚尊天事鬼，愛利萬民'，《非命上》篇'率其百姓以上尊天事鬼'，與此語法正似。"

"禹湯文武兼愛天下之百姓,率以尊天事鬼,其利人多;桀紂幽厲兼惡天下之百姓,率以詬天侮鬼,其賊人多。"故知"賤傲"爲"賊殺"之誤。《魯問》篇"賊敖百姓",《太平御覽·兵部七十七》引"賊敖"作"賊殺",是其明證也。又《明鬼》篇"昔者夏王桀上詬天侮鬼,下殃傲天下之萬民","殃傲"二字義不相屬,亦是"殃殺"之誤(下文殷王紂"殃傲天下之萬民"同)。①

孫詒讓《閒詁》(第 60 頁)、吳毓江《校注》(上册第 90 頁)、王焕鑣《集詁》(上册第 170 頁)亦皆引從王念孫説。《校注》且補充謂:"《魯問》篇'賊敖百姓',陳本作'賊殺百姓',可爲王説之又一證。"按《墨子·魯問》:

> 子墨子見齊大王曰:"今有刀於此,試之人頭,倅然斷之,可謂利乎?"大王曰:"利。"子墨子曰:"多試之人頭,倅然斷之,可謂利乎?"大王曰:"利。"子墨子曰:"刀則利矣,孰將受其不祥?"大王曰:"刀受其利,試者受其不祥。"子墨子曰:"**并國覆軍,賊敖百姓**,孰將受其不祥?"大王俯仰而思之曰:"我受其不祥。"

畢沅云:"舊作'敖',非,《太平御覽》引作'殺'。案《説文》云'叙,古文殺',出此,今依改正。"孫詒讓《閒詁》(第 468 頁)、吳毓江《校注》(下册第 743~744 頁)、王焕鑣《集詁》(下册第 1131 頁)皆引從畢説。按以上兩例亦皆應校讀爲"賊虐"。《非攻下》"賊虐萬民"兩見:

> 夫無**兼國覆軍,賊虐萬民**,以亂聖人之緒,意將以爲利天乎?夫取天之人,以攻天之邑,此刺殺天民,剥振神位,傾覆社稷,攘殺其犧牲,則此上不中天之利矣。意將以爲利鬼乎?夫殺天之人,②滅鬼神之主,廢滅先王,**賊虐萬民**,百姓離散,則此中不中鬼之利矣。

《魯問》篇之語與上引文開頭極爲接近,"賊敖"之應本爲"賊虐",至爲明顯。古書"賊虐"之例又如:

> 僞古文《尚書·泰誓中》:惟受罪浮于桀,剥喪元良,**賊虐諫輔**。

《魯問》篇文有或本及類書引用作"賊殺"者,應係覺"賊敖"不辭而以意改。③

---

① 王念孫:《讀書雜志》,江蘇古籍出版社,2000 年,第 566~567 頁。(清)王念孫撰,徐煒君等點校:《讀書雜志》,上海古籍出版社,2014 年,第三册第 1450~1451 頁。
② 以上"剥振神位"原作"剥振神之位","夫殺天之人"原作"夫殺之神",分別從王念孫、戴望和畢沅説校改,參見《墨子閒詁》,第 142~143 頁。
③ 可能也有人會提出,前文所引"賤傲"之"賤"非"賊"字之誤,連下"敖"字讀爲"殘虐"。但一則王念孫所舉諸"賤"字係"賊"字之誤的證據頗爲堅實,二則"殘虐"一般用爲形容詞或名詞,如《史記·秦始皇本紀》"吕政(按即秦始皇)殘虐",前引《芮良夫毖》簡 17"自起殘虐",而罕見作動詞帶賓語之例,兹故不取此説。

（四）

此外，《墨子·公孟》云：

> 公孟子謂子墨子曰："有義不義，無祥不祥。"子墨子曰："古者聖王皆以鬼神爲神明，而〈能〉爲禍福，執有祥不祥，是以政治而國安也。自桀紂以下，皆以鬼神爲不神明，不能爲禍福，執無祥不祥，是以政亂而國危也。故先王之書《子亦〈亓（箕）子〉》有之，曰：'**亦〈亓（其）〉傲也**，出於子，不祥。'此言爲不善之有罰，爲善之有賞。"

《墨子閒詁》（第445頁）引戴望説云："'子亦'疑當作'亓子'。亓，古'其'字。其子即箕子，《周書》有《箕子篇》，今亡。孔晁作注時，當尚在也。"又引畢沅説謂"亦傲也"之"亦"字亦當作"亓"。上引文據此校改。

限於材料，此文"傲"字之義尚不太能肯定。據其引用而結以"爲不善之有罰"推測，"傲"很可能亦本應係讀爲"虐"者。所謂"虐出於子不祥"云云，蓋因"鬼神爲神明，能爲禍福"，即能"報虐以不祥"（《墨子》書中多見言"天"或"鬼神"予殺不辜者"不祥"之語；《尚書·吕刑》言上帝"報虐以威"；《國語·越語下》王孫雒引"先人有言曰"謂"無助天爲虐，助天爲虐者不祥"；皆可參），亦即"爲不善之有罰"。謹誌此備考。

傳世古書所見"傲/敖"與"虐"的關係很疏遠（似未見相通之例），大概也是導致前人未能將上舉幾個"傲/敖"字跟"虐"聯繫起來考慮的重要原因。我們於此要强調的一點是，跟一般講古書文字之"破讀"不同，此雖可簡而言之即讀《墨子》數"傲/敖"字爲"虐"，但我們所論重在從{傲}、{虐}之書寫形式的歷時變化入手考察，揭示其實際形成情況（即可能是由底本之［嚚］或［虐/虖］"誤讀"、字詞關係的"錯誤對應"轉寫而來），而不認爲二者係簡單的共時層面之相通。

三、"號/敖無告"還是"虐無告"？

（一）

《禮記·坊記》：

> 子云："利禄，先死者而後生者，則民不偝；先亡者而後存者，則民可以託。《詩》云：'先君之思，以畜寡人。'以此坊民，民猶偝死而**號無告**。"

先説"不偝"。《禮記·大學》謂"上恤孤而民不倍"，鄭玄注："民不倍，不相倍棄也。……倍或作偝。"《經義述聞》卷十六"上恤孤而民不倍"條王引之案語謂"'倍'謂偝死者也。偝死者,則不恤其孤矣",並引此《坊記》云云爲説,甚是。

"民猶偝死而號無告"句鄭玄注:"死者見偝,其家之老弱號呼稱冤,無所告無理也。"孔穎達《正義》:"言民猶尚且偝棄死者,其生者老弱號呼無所控告。"孫希旦《集解》謂"偝,謂死而背之也","號無告,謂負人之託,使老弱呼號而無所告訴也"。① 後世多見用"號無告"一語者,亦皆承襲這種傳統理解。見於唐宋人筆下者如,柳宗元《駁復仇議》:"禮之所謂仇者,蓋其冤抑沉痛而號無告也,非謂抵罪觸法,陷於大戮。"蘇轍《南京祭神文七首》之七"民號無告,吏莫之救",又《民賦叙》"吏卒在門,民號無告",王安石《九變而賞罰可言》"於是天下始大亂,而寡弱者號無告",等等。今所見《禮記》諸家譯文亦大同,皆從鄭玄説。如或譯作:"但現在用這樣的規範,而人民還有背棄死者,而使孤弱喛飢號寒没個地方投訴的事";②"用這種方法防範百姓,百姓還有背棄死者而死者的家屬却哭告無門的";③"用這種精神規範人們,人們還有背棄死者,致使其老弱哀號而無處投告";④"雖然用這樣的方法來防範民衆,而民衆仍然會背棄死者,使得活着的老弱之人悲呼哀號無處訴苦";⑤"這樣來對人們加以防範,人們還有背棄死者、致使死者的家人呼號而無處控告的";⑥"用這種方法來防範,人們還是背棄死者,使老弱哭號無所控告";⑦"以如此的教育規範人們,民衆中仍然有背棄死者而使老弱病殘之人呼號而無所告訴";⑧"這樣來防範民衆,但仍有人背棄死者而使其後人有苦無處告訴";⑨等等。

按如上一般講法,則"號無告"即"號而無告";連上文"民"字貫下理解,則有兩種可能的辦法,一是"民背死而使……號而無告",一是"民背死而……號而無告"。無論如何,"號而無告"動作的發出者,即所謂"老弱""死者的家屬/人"云云,都完全是憑空補出的,從前文看並不明確。此句最簡明直接而合乎語法的一般分析,顯然當爲"民猶偝死"與"民號無告"兩層,後者承前省略主語"民";兩層遞進關係的意思用"而"字連接,"偝死"與"號無告"結構相同;"死"即"死者",作動詞"偝"的賓語,"無告"亦即

---

① (清)孫希旦撰,沈嘯寰、王星賢點校:《禮記集解》,中華書局,1989年,下册第1285頁。
② 王夢鷗:《禮記今注今譯》,(臺灣)商務印書館,1970年,下册第676頁。
③ 吕友仁、吕咏梅:《禮記全譯·孝經全譯》,貴州人民出版社,1998年,第925頁。
④ 王文錦:《禮記譯解》,中華書局,2001年,下册第759頁。
⑤ 錢玄等注譯:《禮記》,嶽麓書社,2001年,下册第681頁。
⑥ 楊天宇:《禮記譯注》,上海古籍出版社,2004年,上册第678頁。
⑦ 裴澤仁:《禮記全譯》,收入陳襄明等譯注《五經四書全譯》,中州古籍出版社,2000年,第1624頁。
⑧ 潛苗金:《禮記譯注》,浙江古籍出版社,2007年,第626頁。
⑨ 俞仁良:《禮記通譯》,上海辭書出版社,2010年,第411頁。

"無告者",作動詞"號"的賓語。據此很容易想到,"號"字應讀爲"虐"。進一步説,此"號"字亦應係來源於[虐/虖]、原表{虐}者之"誤讀"。

"無告"即"無告者",古書中一般指"鰥、寡、孤、獨"一類"窮民",前人已多舉下引古書爲説。

《孟子·梁惠王下》:對曰:"昔者文王之治岐也,耕者九一,仕者世祿,關市譏而不征,澤梁無禁,罪人不孥。老而無妻曰鰥,老而無夫曰寡,老而無子曰獨,幼而無父曰孤。**此四者,天下之窮民而無告者**。文王發政施仁,必先斯四者。詩云:'哿矣富人,哀此煢獨。'"

《禮記·王制》:少而無父者謂之孤,老而無子者謂之獨,老而無妻者謂之矜,老而無夫者謂之寡。**此四者,天民之窮而無告者也**,皆有常餼。

又《逸周書·允文》"孤寡無告,獲厚咸喜",《小明武》"矜寡無告,實爲之主"。《禮記·禮運》:"故人不獨親其親,不獨子其子,使老有所終,壯有所用,幼有所長,矜寡孤獨廢疾者皆有所養。"孔穎達《正義》總結謂"故四者無告及有疾者皆獲恤養也",所謂"四者無告"即"矜(鰥)、寡、孤、獨"四者。

"虐無告"的説法見於僞古文《尚書·大禹謨》:

帝曰:"俞!允若兹。嘉言罔攸伏,野無遺賢,萬邦咸寧。稽于衆,舍己從人。**不虐無告**,不廢困窮,惟帝時克。"

孔穎達《正義》:"不苟虐鰥寡孤獨無所告者,必哀矜之。"同樣用法、語境相類的"虐"字又如:

《左傳·文公十五年》:君子之不虐幼賤,畏于天也。

《尚書·洪範》:"無虐煢獨,而畏高明。"《史記·宋世家》作"毋侮鰥寡,而畏高明。"可參《詩經·大雅·烝民》:"不侮矜寡,不畏强禦。"

《尚書·梓材》:曰:無胥戕,無胥虐,至于敬(矜、鰥)寡,至于屬婦,合由以容。

"鰥寡孤獨"四者,大多即有親人死者在前而留下他們在世上"老弱無告"者;所謂"偝死而號(虐)無告",即背棄死者而不善待、虐待他們所留下的生者,文從字順。

(二)

《莊子·天道》:

昔者舜問於堯曰:"天王之用心何如?"堯曰:"吾**不敖無告,不廢窮民**。苦死者,嘉孺子而哀婦人。此吾所以用心已。"

郭象注："無告者，所謂頑民也。"成玄英疏：

> 敖，侮慢也。無告，謂頑愚之甚，無堪告示也。堯答舜云："縱有頑愚之民，不堪告示，我亦殷勤教誨，不敖慢棄舍也。"故《老》經云，不善者吾亦善之。敖亦有作教字者，今不用也。

按郭注、成疏解"無告"不確，研究者多已指出。如王叔岷先生謂：①

> ……敖，本亦作教，蓋形誤。《書》僞《大禹謨》："不虐無告，不廢困窮。"虐與敖義近。無告，當指孤、獨、鰥、寡之輩，《禮記·王制》謂孤、獨、鰥、寡"此四者，天民之窮而無告者。"是也。郭《注》釋"無告"爲頑民，竊疑所見本敖原誤教，頑民乃不可教也。《尸子·綽子篇》云："堯養無告。"

又如方勇和陸永品先生謂：②

> 敖：通"傲"，傲慢，傲視。無告：有苦無處申訴的人，主要指鰥寡孤獨者。王敔云："無告，無所告訴者。"（見王夫之《莊子解》）。按，郭象云（略），成玄英云（略）。皆誤。（下引《尚書·大禹謨》又《禮記·王制》，略）

他們對"無告"的理解皆可從。成疏又釋"不廢窮民"謂："百姓之中有貧窮者，每加拯恤，此心不替也。"今所見譯本亦多以"貧窮的人""窮苦人民"一類語對譯"窮民"，皆嫌不確。"窮"與"達"相對，意義重點是"困"而非"貧"。"窮民"與"無告（者）"相近，《周禮·秋官·大司寇》："以肺石遠〈達〉窮民，凡遠近惸獨老幼之欲有復於上而其長弗達者，立於肺石，三日，士聽其辭，以告於上，而罪其長。"鄭玄注："肺石，赤石也。窮民，天民之窮而無告者。"即"惸獨老幼"四者。所謂"不廢"，亦猶"皆有所養"。

但上舉王叔岷先生等說仍將"敖"字皆按"傲"作解，此則不確（"虐"與"敖"亦難稱"義近"）。今所見譯本，亦多作"我不輕慢孤苦伶仃的人"、③"對窮苦者不傲慢"④之類。按對於統治者（"天王"）而言，謂"不輕慢""不傲慢"或"不傲視"鰥寡孤獨者云云，頗嫌語義程度不夠。如換作"虐"字來讀，就不存在此問題了。《莊子》此文以及下舉《大戴禮記·衛將軍文子》的"敖"字，應皆係原作[嚻]或[虍/號]表{虐}，但傳抄中被"誤讀"或"誤對應"作了"敖"。

---

① 王叔岷：《莊子校詮》，中華書局，2007年，上冊第483頁。
② 方勇、陸永品：《莊子詮評》，巴蜀書社，1998年，第355～356頁。
③ 陳鼓應：《莊子今注今譯（最新修訂版）》，商務印書館，2007年，第402頁。
④ 曹礎基：《莊子淺注（修訂重排本）》，中華書局，2007年第3版，第156頁。

討論至此難以回避的一個麻煩問題是，前人列舉僞古文《尚書》所采材料來源，已經指出前引《大禹謨》之"不虐無告，不廢困窮"即源自《莊子·天道》之"不敖無告，不廢窮民"。① 那麼，既然我們認爲"敖"是在六國文字轉寫爲秦漢文字中出現的錯誤，爲什麼遲至魏晉間始晚出之《大禹謨》文反而作"虐"不誤呢？這大概只能解釋爲，僞古文《尚書》的編纂者，其所見古書及某書的不同寫本，尚皆較後世爲多；可能當時所見記述堯"不虐無告，不廢困窮"云云者尚有其他文獻，其字即作"虐"（亦即《大禹謨》文並非直接采自《莊子·天道》）；另一可能則是其文確係據《莊子·天道》文，但其時所見《莊子》尚有轉寫正確作"虐"者之本存在。當然，僞古文《尚書》的編纂者據"虐煢獨""虐幼賤"一類說法，按自己的理解逕改《莊子》文之"敖"爲"虐"而與其原貌暗合的可能性，似乎也難以完全排除。

（三）

《大戴禮記·衛將軍文子》：

　　業〈美〉功不伐，貴位不善，不侮可侮，不佚可佚，**不敖無告**，是顓孫〔師〕之行也。② 孔子言之曰："其不伐，則猶可能也；其**不弊百姓**者，則仁也。《詩》云：'愷悌君子，民之父母。'"夫子以其仁爲大也。

盧辯注："天民之窮無所告者，③不陵敖之也。"諸家皆從此說。④ 此語又見於《孔子家語·弟子行》（"敖"字作"傲"），王肅注謂："鰥、寡、孤、獨此四者，天民之窮而無告者也。子張之行，不傲此四者。"

此例到底本即"敖（傲）"還是亦本爲"虐"，頗費斟酌。乍視之下，似乎用"傲"作解本通——自來即如此理解，也不是沒有理由的。前舉《三德》簡11謂"毋㚔（傲）貧，毋笑刑"，《晏子春秋·內篇問下》謂"彊不暴弱，貴不凌賤，富不傲貧"云云，《墨子》書中多見"貴（不）傲賤""貴者（不）傲賤""貴之敖賤""貴必敖賤""貴則敖賤"一類語，《天志下》且

---

① 又《大禹謨》"稽于衆，舍己從人"則係來源於《孟子·公孫丑上》："大舜有大焉，善與人同，舍己從人，樂取於人以爲善。"皆參見（清）王鳴盛著，顧寶田、劉連朋校點：《尚書後案》，北京大學出版社，2012年，下冊第706頁。惠棟：《古文尚書考》，收入《清經解》，卷三百五十二，第1頁下。
② "業"係"美"字之誤、"顓孫"下補"師"字，皆從王念孫說。參看下引兩書。
③ 此語各本或作"天窮之民無所告者"，或作"夫民之窮無所告者"，下引兩書皆校作"夫民之窮無所告者"，非是。觀前舉《禮記·王制》《周禮·秋官·大司寇》鄭玄注及下引《家語》王肅注等自明。
④ 參看黃懷信主撰，孔德立、周海生參撰：《大戴禮記彙校集注》，三秦出版社，2005年，下冊第692頁。方向東：《大戴禮記彙校集解》，中華書局，2008年，下冊第665頁。

"貴不傲賤也,富不驕貧也""貴則傲賤也,富則驕貧也"對舉。其字亦作"慠",《吕氏春秋·侈樂篇》:"故彊者劫弱,衆者暴寡,勇者凌怯,壯者慠幼,從此生矣。"《説文·女部》分别此義作專字"嫯"(其字已見於北大漢簡《倉頡篇》簡16,字典韻書亦作"嫰"),與"嫚"同訓爲"侮易也"(段注兩字訓釋中"易"皆改爲"傷")。以此義理解,似乎還是可以的。

但問題在於,聯繫前所論《坊記》之"號(虐)無告"、《莊子·天道》之"敖(虐)無告"辭例來看,要説此例"敖無告"却與之不同,又感到實在是説不過去。

仔細分析,"傲"之詞義重點是傲慢、輕視、看不起,所謂"侮"是以此爲基礎的進一步引申,而且此"侮易/傷"之"侮"是近於"侮慢""輕侮"一類,跟"侮鰥寡"那類"欺侮"之"侮"還是不能完全等同的。尤其是在上舉那些"富傲貧""貴傲賤""壯慠幼"之類辭例中,有富貧、貴賤、壯幼之對比,前者是有其"看不起、輕視、傲慢"後者的理由的;但在説到鰥寡孤獨之類"無告者"時,其意重點是在其人之可哀可憫、本應是被憐憫、被照顧者(前引孔穎達《正義》"必哀矜之");如反此而行,即爲"虐"之(前引《左傳·文公十五年》"君子之不虐幼賤",其意顯與"壯慠幼""貴傲賤"不同)。所謂顓孫師(子張)"不敖無告"之"敖",應該還是統一作解讀爲"虐"好。《孔子家語·七十二弟子解》謂顓孫師"爲人有容貌,資質寬沖,博接從容自務,居不務立于仁義之行,孔子門人友之而弗敬",王肅注謂:"子張不侮鰥寡,性凱悌寬沖,故子貢以爲未仁然。不務立仁義之行,故子貢激之以爲未仁也。""不侮鰥寡",亦即"不虐無告"(前舉《尚書·洪範》"無虐煢獨"《史記·宋世家》作"毋侮鰥寡",可爲印證對比)。前引文孔子之語,係分别以"不伐"結上文"美功不伐,貴位不善",以"不弊百姓"結上文"不侮可侮,不佚可佚,不敖無告"(且以"仁"許之),由"弊"字(訓爲"敗")亦可見,讀爲"虐"比按"傲"作解要好得多。①

四、"不夭"還是"不瘧"?

《山海經·中山經》:

又東三十里,曰大騩之山,其陰多鐵、美玉、青堊。有草焉,其狀如蓍而毛,青華而白實,其名曰蒗〈蔏〉,② **服之不夭,可以爲腹病**(郭璞注:"爲,治也。一作已。"袁珂

---

① 《家語》此句王肅注:"不弊愚百姓,即所謂不傲之也。"不確。
② "蒗"係"蔏"字之誤(郭璞注"音狼戾",亦"音狼戾"之誤),從郝懿行、王念孫説。《玉篇·艸部》:"蔏,胡墼切。草名,似蓍,花青白。"參看袁珂:《山海經校注(最終修訂版)》,北京聯合出版公司,2014年,第138～139頁。俗書"犭"旁與"犭"旁常混,故其字亦作"獽"(但與"貌"之俗字"獽"無關),見《類篇·艸部》《篆隸萬象名義·艸部》。後者作:"獽,如蓍毛,青華白毒也實也,曰蔏,服者不夭,腹痛。"其文頗有脱衍。

《校注》案語:"經文病,宋本作疾。")。

"服之不夭"句《後漢書·郡國志一》"有大騩山"下李賢注引作"服者不夭",郭璞《山海經圖讚》作"食之無夭":"大騩之山,爰有萐草;青華白實,食之無夭;雖不增齡,可以窮老。"郭璞注云:"言盡壽也。或作芺。"郝懿行《箋疏》謂:"'盡壽'蓋'益壽',字之訛也。"袁珂《校注》從之,非是。上引《山海經圖讚》明謂"雖不增齡",顯與"益壽"云云矛盾。

清吳任臣《山海經廣注》引劉會孟曰:"柳州有不死草,如茅,食之令人多壽,即蒬類也。"① 研究者或將"服之不夭"句譯作"吃了它可以長壽,不會短命死",②"吃了它能長壽,不早亡",③ 按"不夭"只能説是盡其天年(即上引郭璞注所謂"盡壽"),恐還談不上可以"多壽"或"長壽"。或譯作"人吃了它就能延年益壽",④"延年益壽"與"不夭"相比,實際上是偷換了概念。可能導致人們短命夭折的原因很多,言服食蒬草就能使人"不夭",仔細推敲起來,是很不合情理的。檢索古書"不夭"辭例,勉强能與此文聯繫理解的只有《神農本草經》的所謂"久服不夭":"升麻,一名周麻。味甘、苦,平,無毒。主解百毒,殺百精、老物、殃鬼,辟温疫,瘴氣、邪氣、蠱毒,久服不夭。"⑤ 按其藥諸功效所針對者,皆係容易導致人橫死之因素,而且强調"久服",故其文言"不夭"很自然,與此所説不可相提並論。

更爲重要的則是,"服之不夭"的"夭"字,衡諸同書多見的相類辭例,亦頗爲不合。遍檢《山海經》中大量有關服食某動植物及個別礦物功用的描述,計有:

食之不飢　　食之善走　　食之無腫疾　　食之無卧　　食之不疥
食者不妒　　食者不蠱　　食者不飢,可以釋勞
佩(服)之不迷⑥　　佩(服)之無瘕疾　　佩(服)之宜子孫
佩(服)之不畏　　佩(服)之不惑　　　　　　　　以上並見《南山經》
食之已心痛　可以已聾……食之使人不惑　食之已疥
食之已癘,可以殺蟲　　食之使人無子　　食之已痔　　食之已瘻　　食之宜子孫

---

① (清)吳任臣:《山海經廣注》,(臺北)臺灣商務印書館影印文淵閣《四庫全書》本,第1042册0160c頁。
② 袁珂:《山海經校譯》,上海古籍出版社,1985年,第164頁。
③ 沈薇薇:《山海經譯注》(二十二子詳注全譯叢書),黑龍江人民出版社,2003年,第99頁。
④ 方韜譯注:《山海經》(中華經典名著全本全注全譯叢書),中華書局,2011年,第173頁。
⑤ 馬繼興主編:《神農本草經輯注》,人民衛生出版社,1995年,第115~116頁。
⑥ 《山海經》中此類"佩"字皆應讀爲服食之"服"而非"佩戴"義,參見鄒濬智:《〈山海經〉疑難字句新詮——以楚文字爲主要視角的一種考察》,收入許錟輝主編《中國語言文字研究輯刊》三編(第六册),(臺灣新北市)花木蘭出版社,2012年,第63~71頁。

食之不勞	食之不飢	食之已狂	食之使人不溺	食之已勞
食之不眴目	食之使人不眯,可以禦凶		食之多力	食之已癉,可以禦火
服之不畏雷	君子服之,以禦不祥		可以禦凶,服之已癉	
服之使人不厭,又可以禦凶		佩(服)之可以已癘		以上並見《西山經》
食之已疣(肬)	食之不疽	食之可以已憂	食之已癰	
可以禦火,食之不癉		食之不睬,又可以禦百毒		食之已風
食之已嗌痛,可以已癎		食之已狂	食之不騷	食之已喝
食之已腹痛,可以止衕(洞)		食之無癡疾	食之不飢,可以寓(癒)	
食之已癘	食之已嘔	食之不灂(瞷)	食之不妬	以上並見《北山經》
食之無疫疾	食之無癘	食之不糟(屁)	食者不疣(肬)	以上並見《東山經》
食之已瘻	食之可以已白癬	可以已瘋,食之不眯		食之已痔衕(洞)
食之已聾	食之已風	食之不眯	食之宜子	食之已墊
食之已白癬	食之不蠱	食之不愚	食之無蠱疾	
食者不睡	食者無蠱疾,可以禦兵		食者利於人	食者不風
服之不忘	服之不憂	服之美人色	服之不畏雷,可以禦兵	
服之不眯	服之不蠱	服之媚於人	服之不字	服之不瘻
服之不惑	服之者不畏霆	服者不哩(咽—噎)	服者不厭(魘),可以禦兵	
服者不怒	服者不妬	服者不寒		以上並見《中山經》
君子服之,無心腹之疾				《海內南經》

可以看出,上舉諸例所言服食某物的功用,可以大別之爲具有某種超自然的巫術功效與治療以及預防某種疾病(包括去除某些疾病癥狀)兩大類。所涉及諸項,都是很難説能夠與"不夭折"相提並論的。其中各種疾病名包括疾病癥狀尤多,與前引《中山經》辭例甚近者又如,"佩(服)之不聾,可以爲底(胝)""食者不腫,可以已痔"(以上皆見《南山經》),"食者無大疾,可以已腫""食者不癉,可以爲瘻"(以上皆見《中山經》),皆先言服食某物之療效,再續説也可以治它病。再根據前文所述用表{夭}之[囂]在同一篇簡文中又用表{虐}之例,促使我們將"夭"跟"瘧"相聯繫考慮。正若合符節的是,《山海經》中亦有言"瘧"之如下兩例:

《東山經》:東次四經之首,曰北號之山,臨于北海。有木焉,其狀如楊,赤華,其實如棗而無核,其味酸甘,**食之不瘧**。

《中山經》:西九十里,曰陽華之山,其陽多金玉,其陰多青雄黃,其草多藷藇,多苦辛,其狀如楄,其實如瓜,其味酸甘,**食之已瘧**。

兩文説法的變化,與前舉"食之不癉"與"食之已癉","食之不勞"與"食之已勞",

"服之不瘦"與"食之已瘦","食之無瘕"與"食之已瘕","服之不憂"與"食之可以已憂",皆相類。據此,"食之不夭(瘧)"亦與"食之已瘧"甚近。同時,因瘧疾常伴隨腹痛,故治瘧之藥同時還可以醫治腹病,也是很自然的。同樣,我們還要強調的是,此文也並非簡單的"夭讀爲瘧"的問題,而最可能是因其底本之字原作"嚻",傳抄中被"誤讀""誤對應"作了當時[嚻]也可表示的另一詞{夭}。

2019 年 4 月 6 日寫完

附記:本文主要內容曾於 2018 年 4 月 6 日在香港中文大學演講,承蒙何志華和沈培先生提供寶貴意見,謹誌謝忱。

《詩·齊風·東方未明》新釋

劉洪濤

《詩經·齊風》中有一篇《東方未明》,一共三章,每章四句,內容比較簡短。但是這首詩的主旨,二千多年來一直都沒有研究清楚。究其原因,是對第三章的一些關鍵字詞没有正確理解,導致對文義的整體把握出現偏差。故本文先詳細疏通文義,然後在此基礎上來探討這首詩的主旨。

爲讀者閱讀方便,我們先把《東方未明》全詩抄寫於下,再詳細討論其字詞。

> 東方未明,顛倒衣裳。顛之倒之,自公召之。
> 東方未晞,顛倒裳衣。倒之顛之,自公令之。
> 折柳樊圃,狂夫瞿瞿。不能辰夜,不夙則莫。

第一章"東方未明,顛倒衣裳",鄭玄箋:"挈壺氏失漏刻之節,東方未明而以爲明,故群臣促遽,顛倒衣裳。群臣之朝,别色始入。"按鄭箋本自《詩序》:"《東方未明》,刺無節也。朝廷興居無節,號令不時,挈壺氏不能掌其職焉。"所謂"挈壺氏失漏刻之節""挈壺氏不能掌其職焉",大概是因爲誤解第三章"不能辰夜"一句的含義而有此說,不可信。說詳下文。如果單看字面意思,這兩句詩其實只描繪了一個場景,即在天還没有亮的時候,一個人因爲急於起床而穿錯了衣裳。鄭箋點出"促遽"二字,是非常準確到位的。至於爲什麽如此"促遽",則在下兩句詩中給出答案。

"顛之倒之,自公召之",鄭箋:"自,從也。群臣顛倒衣裳而朝,人又從君所來而召之。漏刻失節,君又早興。""自"字在此當爲表示原因之介詞,應該翻譯爲"因爲、由於",鄭箋誤。這種用法在古書中很常見。《易·需·象傳》"需於泥,災在外也。自我致寇,敬慎不敗也",孔穎達疏:"自,由也。"《史記·鄭世家》:"自晉文公之過無禮,故背晉助楚。""公",鄭箋訓爲君,其實應該訓爲官府。《詩·召南·羔羊》"退食自公,委蛇委蛇",毛傳:"公,公門也。"這兩句詩是說這個人之所以如此促遽,以致穿錯了衣裳,是因爲官府召唤他,有公事要辦。由此可知,詩人所描述的很可能是一位官吏。鄭箋因爲誤解"自"字含義,遂誤認爲"顛之倒之"與"自公召之"所述爲二事,是不正確的。朱熹《詩集傳》:"或曰:所以然者,以有自公所而召之者故也。"或説得之。

《荀子·大略》:"諸侯召其臣,臣不俟駕,顛倒衣裳而走,禮也。《詩》曰:'顛之倒之,自公召之。'"古人引《詩》多斷章取義,此即其一例,不能據此認爲"公"指諸侯。這位官吏着急忙慌,以致穿錯衣裳,本是極其不合禮儀的事情,但《荀子》却説"禮也",是因爲這是勤勞公事的表現,值得肯定。由此可以看出,詩人所持很可能是肯定和稱贊的態度,而非《詩序》所説的"刺"。

第二章"東方未晞,顛倒裳衣。倒之顛之,自公令之",毛傳:"晞,明之始升。令,告也。"馬瑞辰《毛詩傳箋通釋》:"晞者,昕之假借。《説文》:'昕,旦明(段玉裁謂當作"且明")日將出也。讀若希。'昕與晞一聲之轉,故通用。《廣雅》:'昕,明也。'《小爾雅》:'焎,晞也。'昕猶焎也。傳知晞即昕,故以爲明之始升。"馬説是。此章與上章同義,只是把"明""召"换作同義之"晞""令",又變换詞序,以求變韻。

第三章"折柳樊圃,狂夫瞿瞿",毛傳:"柳,柔脆之木。樊,藩也。圃,菜園也。折柳以爲藩園,無益於禁矣。瞿瞿,無守之貌。古者有挈壺氏以水火分日夜,以告時於朝。"鄭箋:"柳木之不可以爲藩,猶是狂夫不任挈壺氏之事。"孔穎達疏:"此言折柳木以爲藩菜果之圃,則柳木柔脆,無益於圃之禁,以喻用狂夫以爲挈壺之官,則狂夫瞿瞿然不任於官之職。"朱熹《詩集傳》:"比也。瞿瞿,驚顧之貌。折柳樊圃,雖不足恃,然狂夫見之,猶驚顧而不敢越。以比辰夜之限甚明,人所易知,今乃不能知,而不失之早則失之莫矣。"毛傳、鄭箋、孔疏認爲"折柳樊圃"一句是比,而朱熹認爲"折柳樊圃,狂夫瞿瞿"兩句都是比,恐怕都是不正確的。這兩句詩應該都是賦。要真正弄清楚這兩句詩的原意,關鍵在於要正確理解"瞿瞿"和"狂夫"二詞的含義。

"瞿瞿"一詞也見於《詩·唐風·蟋蟀》,一共三章,章八句。全詩内容如下:

> 蟋蟀在堂,歲聿其莫。今我不樂,日月其除。無已大康,職思其居。好樂無荒,良士瞿瞿。

> 蟋蟀在堂,歲聿其逝。今我不樂,日月其邁。無已大康,職思其外。好樂無荒,良士蹶蹶。

> 蟋蟀在堂,役車其休。今我不樂,日月其慆。無已大康,職思其憂。好樂無荒,良士休休。

毛傳把"瞿瞿""蹶蹶"和"休休"分别解釋爲"瞿瞿然顧禮義也""動而敏於事"和"樂道之心"。但是三者爲對文,根據訓詁學對文同義的原理,它們的意思應該相同或相近,毛傳失之。聞一多認爲三者都是敏疾之義："《爾雅·釋訓》：'瞿瞿、休休，儉也。'多案：'儉'與'嬐'通。《説文》：'嬐，敏疾也。'瞿瞿、休休爲敏疾，與'蹶蹶'訓敏正同。"① 按聞説甚是。這裏再略作一點補充。

第一，《爾雅》本身就是《詩》《書》等故訓資料的彙編，所以上揭《釋訓》文實際上就是《蟋蟀》詩的故訓。郭璞《爾雅》注説"皆良士節儉"，把"儉"解釋爲節儉雖然不對，但其"良士"二字足以説明二者的淵源關係。《詩序》曰："《蟋蟀》，刺晉僖公也。儉不中禮，故作是詩以閔之，欲其及時以禮自虞樂也。"疑《詩序》所説是根據上揭《爾雅·釋訓》文，而又把"儉"誤解爲節儉，因節儉不合於禮，故曰"儉不中禮"。如果此説可信，可證把"瞿瞿"訓爲義爲敏疾之"儉"是源自上古的通行舊説，毛傳等因不能正確理解這一舊説，才另立新説，實不可信。

第二，《蟋蟀》詩每章前四句都是勸人及時行樂，但後四句話鋒一轉，又告誡人不可過分享樂，荒廢正事。清人方玉潤對此有較好的概括，其説曰："其人素本勤儉，强作曠達，而不敢過放其懷，恐耽逸樂，致荒本業。故方以日月之舍我而逝不復回者爲樂不可緩，又更以職業之當修勿忘其本業者爲志不可荒。"② 跟《蟋蟀》詩同名且有淵源關係的另一首《蟋蟀》詩見於清華大學藏戰國竹簡《耆夜》，③ 是西周初年殲滅黎國後在文太室舉行飲致禮時周公所作的詩，有學者認爲其主旨是告誡百官要勤勉無逸，跟《尚書·無逸》一樣，反映的是周公的無逸思想。④ 據此，把"瞿瞿"等訓爲敏疾或其引申義勤勉，在文義上都是非常合適的。

第三，"瞿瞿"可訓爲勤勉，是敏疾的引申義，因爲積極方面的行事敏疾實際上就是勤勉無逸，二義相通。《素問·靈蘭秘典論》"消者瞿瞿"，王冰注："瞿瞿，勤勤也。"《新唐書·吴湊傳》："湊爲人强力，劬儉瞿瞿，未嘗擾民。""劬""儉"和"瞿瞿"都是勤勉之義。上古音"劬"屬群母侯部，"休"屬曉母幽部，二字音近古通。《考工記·工人》"夫角之末，蹙於刵而休於氣"，鄭玄注："休，讀爲煦。""煦"與"劬"都從"句"聲。疑表敏疾、勤勉義之"休""劬"二字很可能記錄的是同一個詞。如果此説可信，則《新唐書》"劬儉瞿瞿"一句很可能就是化用上揭《爾雅·釋訓》文。

第四，從"䀠"聲之字有急疾義，也可證"瞿瞿"有敏疾義或勤勉義。《説文》弓部："瞿，弓急張也。"《論語·鄉黨》"足躩如也"，皇侃義疏引江熙曰："躩，速貌也。"《集韻》

---

① 聞一多：《詩經通義乙》，《聞一多全集》第四册，湖北人民出版社，1993年，第248頁。
② 方玉潤：《詩經原始》，中華書局，1986年，第252頁。
③ 李學勤主編：《清華大學藏戰國竹簡（壹）》，中西書局，2010年，第63~71、149~154頁。
④ 吴新勇：《清華簡〈蟋蟀〉及其所見周公無逸思想》，《史學月刊》2012年第4期，第129~131頁。

入聲藥韻屈縛切躣小韻:"戄,行皃。《太玄》:'其志戄戄。'"所引《太玄》出自《養》次四,今本作"燕食扁扁,其志儴儴,利用征賈",司馬光集注:"如燕之飛,扁扁然獵食而已。"據司馬光說,"扁扁"應讀爲"翩翩",是疾飛之貌。《說文》羽部:"翩,疾飛也。""戄戄"與"翩翩"爲對文,意思應該與之相同或相近,是疾行之貌,《集韻》訓"行皃",稍失準確。①

由以上論述可知,《蟋蟀》詩之"瞿瞿"確實是敏疾或勤勉之義。弄清楚《蟋蟀》詩"瞿瞿"的含義,《東方未明》詩"瞿瞿"的含義也就能迎刃而解了。孔穎達疏:"《蟋蟀》云'良士瞿瞿',瞿爲良士貌,故傳云'瞿瞿然顧禮義'。此言'狂夫瞿瞿',謂狂愚之夫,故言'瞿瞿,無守之貌',爲精神不立,志無所守,故不任居官也。"馬瑞辰《毛詩傳箋通釋》:"《說文》:'瞿,鷹隼之視也。'非詩意。瞿瞿蓋䀠䀠之假借。《說文》:'䀠,左右視也。從二目。讀若拘,又若"良士瞿瞿"。'又:'䀩,舉目驚䀩然也。'又:'趯,走顧貌。'音義並與䀠䀠相近。《荀子·非十二子》'瞿瞿然',楊倞注:'瞿瞿,瞪視之貌。'亦當爲䀠䀠之假借。凡人自驚顧皆曰䀠䀠,借作瞿瞿,故《唐風》言良士之顧禮義曰'瞿瞿',此詩言狂夫之無守亦曰'瞿瞿'。"二說雖然不同,但都認爲兩個"瞿瞿"意思相同,應該是可信的。《蟋蟀》《東方未明》二詩主旨相近,後者首章、二章所述前人以"促遽"二字概括之,非常準確。此可證《東方未明》詩之"瞿瞿"也是敏疾之義。

再來看"瞿瞿"之主語"狂夫"。根據"瞿瞿"爲敏疾、勤勉之義,我們認爲"狂"也應訓爲疾。《楚辭·九章·抽思》"狂顧南行,聊以娛心兮",王逸注:"狂,猶遽也。"重言曰"狂狂"。《集韻》入聲藥韻局縛切懬小韻:"狂狂,犬走皃。"又作"佂佂"。《廣雅·釋訓》:"佂佂,勵也。"王念孫疏證:"《楚辭·九歎》'魂佂佂而南行兮',王逸注云:'佂佂,惶遽之貌。'司馬相如《長門賦》'魂迋迋若有亡','迋'與'佂'通。梁鴻《適吳》詩'嗟恇恇兮誰留','恇'與'佂'亦聲近義同。"②《論語·子路》:"子曰:不得中行而與之,必也狂狷乎! 狂者進取,狷者有所不爲也。"何晏《集解》引包咸曰:"狂者進取於善道,狷者守節無爲,欲得此二人者,以時多進退,取其恆一。"由此可知,"狂夫"是指行事急疾、恆定專一之人。詩人大概看到主人公爲勤勞公事而行事急疾、恆定專一,所以才取名曰"狂夫",並非貶義。舊說多以貶義解之,例如孔疏解爲愚癡之人,認爲指挈壺氏;宋

---

① 參看劉洪濤:《戄之諸名考——兼論上古漢語"矍"詞族的詞義關係》,《語言學論叢》第 57 輯,商務印書館,2018 年,第 311~312、317~318 頁。

② 王念孫:《廣雅疏證》,中華書局影印,1983 年,第 181 頁。

人朱熹、楊簡解爲輕狂之人，前者認爲是泛指，後者認爲指公即君；①余冠英、高亨、晁福林等解爲狂妄之人，前二者認爲指監工，後者認爲指公使；②黃懷信解爲瘋狂之人，因解"公"爲主人，所以認爲"狂夫"指農夫或奴隸；③皆不能正確理解"狂"字的意思，又受到《詩序》的影響，都是不正確的。聞一多認爲指女子的丈夫，全詩是以女子的口吻寫的。④ 其説有理。《列女傳·辯通傳·楚野辯女》："大夫曰：'盍從我於鄭乎？'對曰：'既有狂夫昭氏在内矣。'"此"狂夫"是女子對其丈夫之稱。《詩·鄭風·褰裳》"狂童之狂也且"，狂童是女子對情人之稱。因爲急疾恒一，故稱爲狂；因爲未婚，故稱爲童。《東方未明》詩指已婚之丈夫，故稱爲狂夫。下文所引上海博物館藏戰國竹簡《孔子詩論》喜歡把同類之詩放在一起評論，《東方未明》和《將仲子》是放在一起評論的，《將仲子》是以女子的口吻寫的情詩，則《東方未明》也可能是以女子的口吻寫的詩。這兩點對聞一多的説法都是有利的。⑤

再回過頭來看"折柳樊圃"。舊說一般把"樊"看作動詞，讀爲"藩"，認爲"折柳"與"樊圃"是手段與目的的關係，之所以折柳，是爲了藩圃。至於"折柳藩圃"的原因，則有不同的解釋。例如聞一多認爲是"防閑其妻"，"有不放心之意"，⑥張啟成認爲是盡到做丈夫的一些責任和心意。⑦ 也有人把"樊圃"看作名詞，作"折柳"的地點補語，相當於"折柳於藩圃"。例如晁福林認爲，這兩句詩意思是"狂夫大睜兩眼却不管不顧地弄折了樊籬上的柳"，並解釋周代小官"住宅當以藩籬爲牆，而藩牆裏面可以種些菜，其院落亦即菜圃。到其室屋之前要入藩過圃方可"，"召令之使急於傳達命令，急忙入藩籬，將以柳紫編的樊都弄折了，還瞪着眼睛大聲喊叫"。晁氏此説有兩點需要糾正。一是從詩人敘事視角的統一性來考慮，"折柳樊圃"動作的發出者應該是主人公，而非公使。晁氏因爲誤解"狂夫"爲公使，所以誤認爲"折柳樊圃"動作的發出者是公使。二是古人住宅有牆

---

① 楊簡：《慈湖詩傳》，文淵閣四庫全書電子本，迪志文化出版有限公司，2001年，卷七，第7~8頁。
② 余冠英：《詩經選》，人民文學出版社，1979年，第101頁。高亨：《詩經今注》，上海古籍出版社，1980年，第132頁。晁福林：《從上博簡〈詩論〉看〈詩·齊風·東方未明〉的"利詞"》，河南大學歷史文化學院編：《史學新論：祝賀朱紹侯先生八十華誕》，河南大學出版社，2005年，第219~228頁；收入氏著：《上博簡〈詩論〉研究》，商務印書館，2013年，第763~772頁。下文所引晁説皆出該文，不再出注。
③ 黃懷信：《上海博物館藏戰國楚竹書〈詩論〉解義》，社會科學文獻出版社，2004年，第94~96頁。
④ 聞一多：《詩經通義乙》，又《風詩類鈔乙》，俱見《聞一多全集》第四册，第225、505頁。
⑤ 黃康斌、何江鳳：《從〈孔子詩論〉探討〈齊風·東方未明〉之本義》，《廣西師範學院學報（哲學社會科學版）》2005年第4期，第84~85頁。
⑥ 聞一多：《風詩類鈔乙》，《聞一多全集》第四册，第506頁。
⑦ 張啟成：《〈東方未明〉本義述評》，《貴州教育學院學報（社科版）》1998年第4期，第70頁。

籬,裏邊會種些樹作爲藩屏,所謂藩牆,再裏邊才是菜園。詩中之柳就是指作爲藩牆的柳樹。晁氏説"樊籬上的柳",不誤;但又説"以柳紮編的樊",則誤甚。藩牆有時很高,需要翻越才能通過。《詩·鄭風·將仲子》三章:"將仲子兮,無逾我園,無折我樹檀。"仲子偷會情人,不能從大門走,只能翻牆進去,以致弄折了檀樹枝,與此相似。該詩表現的也是急切的心情,可以互證。《東方未明》詩的主人公當然不會翻牆而出,他應該從大門出去,可是因爲太着急了,或者心裏在想着公事,以致誤入菜園,直到撞斷了柳樹枝,才發現走錯路。上文説主人公急於起床應公家之召,以致穿錯了衣裳。這裏又説他急於出門辦公,以致走錯路。二者所記前後相承,都是爲勤勞公事而行事急疾。晁氏雖没能正確理解文義,但是已經看出其中的"急忙",還是很有見地的。

"不能辰夜,不夙則莫",毛傳:"辰,時。夙,早。莫,晚也。"鄭箋:"此言不任其事者恒失節數也。"孔疏:"由不任其事,恒失節度,不能時節此夜之漏刻,不太早則太晚,常失其宜,故令起居無節。以君任非其人,故刺之。"馬瑞辰《毛詩傳箋通釋》:"《廣雅·釋言》:'時,伺也。'伺、候同義,伺即司也。《周禮·媒氏》注:'司,猶察也。'辰訓時,有二義。《爾雅》'不辰,不時也',當爲時運之時;此傳'辰,時也',當爲時伺之時。'不能辰夜'即不能伺夜也。《説文》:'候,司望也。''伺,候望也。'伺古止作司。辰與晨通。《周語》'農祥晨正',謂以房星爲農事之候也。《説文》辱字注云:'辰者,農之時也。故房星爲辰,田候也。'《莊子·齊物論》'見卵而求時夜',《釋文》引崔注云:'時夜,司夜。'《淮南子·説山訓》作'見卵而求晨夜',此正晨訓時伺之證。又《論語》'晨門'亦謂候門,漢時所謂城門候也,義與《詩》辰夜正同。"把"辰"訓爲伺望,於文獻有據,故毛傳、鄭箋之説二千多年來一直爲人所信從,懷疑者較少。不過也有能指出其錯誤者。楊簡《慈湖詩傳》卷七:"晨夜,謂早夜也。不能晨夜,言全不識早夜,若非太早而夙,則太遲而莫矣。大抵狂躁輕妄之人,忽急忽緩,忽早忽夜,皆不可測。"根據楊氏之説,"辰"應該讀爲"晨"。敦煌《詩經》殘卷伯 2529 號、伯 2669 號即作"晨",[1] 可以爲證。"不能晨"即下文之"夙",指爲工作而起得太早,楊氏以爲"急",甚是。"不能夜"即下文之"莫(暮)",指爲工作而睡得太晚,楊氏以爲"緩",大概理解爲去工作太晚,非是,此亦爲"急"。古人很重視作息的時間,所謂"日出而作,日落而息",其中"日出""日落"就是指"晨"和"夜"。若迫不得已而打破作息規律,則用"侵""犯"等不好的字眼。《史記·貨殖列傳》:"弋射漁獵,犯晨夜,冒霜雪,馳阬谷,不避猛獸之害,爲得味也。"《禮記·曾子問》"夫柩不蚤(早)出,不莫(暮)宿"鄭玄注:"侵晨夜則近奸寇。"當然,如果是爲正當目的,則不但不認爲不好,而且還要大加贊揚,因爲這是勤奮的表

---

[1] 張涌泉主編:《敦煌經部文獻集成》第二册,中華書局,2008 年,第 582 頁。

現。例如《詩·大雅·烝民》"夙夜匪解,以事一人",《周頌·昊天有成命》"成王不敢康,夙夜基命宥密",《國語·魯語下》"朝夕處事,猶恐忘(荒)先人之業",西周金文追簋"虔夙夕卹厥尸事",牧簋"敬夙夕勿廢朕命",①上海博物館藏戰國竹書《姑成家父》1、6號簡"躬舉士處官,旦夕治之,使有君臣之節",②包山楚簡58號簡"執事人早暮求適",③北大漢簡《蒼頡篇》62號簡"偃(晏)鼂(朝)運糧",④其中"夙夜""朝夕""夙夕""旦夕""早暮""晏朝"等都是由表示早晨和晚上兩段時間之詞組成的複詞,作狀語,一般都表示勤勉的意思。⑤ 有時這種結構的複詞也可以作謂語,同樣表示勤勉的意思。《詩·小雅·雨無正》"三事大夫,莫肯夙夜。邦君諸侯,莫肯朝夕",孔穎達疏:"三事大夫無肯早起夜臥以勤國事者。"《東方未明》"不夙則莫"一句如果把連詞"不……則……"去掉,則"夙莫(暮)"同樣是由表示早晨和晚上兩段時間之詞組成的複詞作謂語,可以表示勤勉的意思。《詩·衛風·氓》"夙興夜寐,靡有朝矣",此二句舊有不同解釋,皆有誤。我們認爲,"夙興夜寐"跟"不夙則莫"相當,意思是勤勉從事;"靡有朝矣"跟"不能辰夜"之"不能辰(晨)"相當,意思是沒有一個正常的早晨,"朝"在這裏用的是本字本義;二者之結構和意思都極相近,可以互證。由此可見,《東方未明》這兩句詩所描述的也是主人公勤勞公事,總是沒白天沒黑夜地工作。

主張《東方未明》的主旨是刺或怨的學者,大都以這兩句詩爲據,以爲不能正常作息,不是太早就是太晚,即使不是刺也是怨。之所以會産生這種觀點,關鍵在於沒有理解"能"字的含義。王力主編《古代漢語》曾對"能"與"得"這兩個同義詞作過辨析,我們把它抄在下面:

"能"和"得",古代都表示可能的意義,都用作助動詞,但它們的使用條件有所不同。"能"字用於表示能力所及,《論語·八佾》:"夏禮,吾能言之。""得"字則表示客觀條件的容許,《論語·微子》:"孔子下,欲與之言,趨而避之,不得與之言。"這兩個句子裏,"能"與"得"不能互換。我們閱讀古書,要注意同義詞間這種細微的差

---

① 張亞初:《殷周金文集成引得》,中華書局,2001年,第1462~1465頁。
② 馬承源主編:《上海博物館藏戰國楚竹書(五)》,上海古籍出版社,2005年,第69、74頁。
③ 湖北省荆沙鐵路考古隊:《包山楚簡》,文物出版社,1991年,圖版二六。參劉雲:《讀楚簡劄記二則》,《簡帛》第6輯,上海古籍出版社,2011年,第331~333頁。
④ 北京大學出土文獻研究所編:《北京大學藏西漢竹書(壹)》,上海古籍出版社,2015年,第33頁。
⑤ 劉洪濤:《上博竹書〈民之父母〉研究》,北京大學碩士學位論文(指導教師:李家浩教授),2008年,第26~27頁。劉洪濤:《古代中國研究需重視語法知識》,澎湃新聞·私家歷史,2016年5月14日,https://www.thepaper.cn/newsDetail_forward_1467299_1。

别；否则，對古漢語的理解，就會比較膚淺。①

根據上面的分析，可以知道"不能辰夜"與"不得辰夜"的意思有很大的差別。"不能辰夜"是主觀上不想休息，因爲有重要的公事未完成。"不得辰夜"則是客觀條件上辦不到，是自己實在不想幹而又不得不幹。後者可以説是怨是刺，但前者絕對不是，試想做這些事情的態度是"虔"，是"敬"，是"匪解"，是"不敢"，又怎麽會是怨或刺呢？前人大概没有注意到"能"與"得"這兩個同義詞之間的細微差别，所以才導致對《東方未明》詩的理解"比較膚淺"。②

上海博物館藏戰國竹書《孔子詩論》有評論《東方未明》的内容，見於 17 號簡，現在把相關内容抄寫於下：

> 《東方未明》有利詞，《將中》之言不可不畏也，《揚之水》其愛婦烈，《采葛》之愛婦……③

這一評論比較簡短，文義不容易把握，所以研究者有很多種解讀。一種是破讀"利"字，如王志平讀爲訓罪之"戾"，④張金良讀爲訓恨之"悡"，謂指怨言。⑤ 一種是破讀"詞"字，如李零讀爲"始"，謂指天未明。⑥ 也有不破讀者，如劉信芳説"利"之本義爲鋒利，"利詞"是對《東方未明》語言風格的準確概括；⑦董蓮池認爲是指其詩中有苛諷之詞；⑧晁

---

① 王力主編：《古代漢語》第一册，中華書局，2004 年修訂本，第 92 頁。
② 文章在第五届《中國語文》青年學者論壇宣讀後，汪維輝先生指出，《詩·唐風·鴇羽》"王事靡盬，不能蓺稷黍"之"不能"應該理解爲"不得"，應該全面考察《詩經》中的相關用例再下結論。其説甚是。查《詩經》中有"不能"加動詞的用例，共計 13 例，但未見"不得"加動詞的用例。"不能"既可以表示主觀上不想，也可以表示客觀上不得，兼有這兩種用法。後者的例子如上揭《唐風·鴇羽》，前者的例子如《鄭風·狡童》："彼狡童兮，不與我言兮。維子之故，使我不能餐兮。彼狡童兮，不與我食兮。維子之故，使我不能息兮。"詩中女子"不能餐""不能息"，當然不是客觀條件的不具備而導致無法吃飯、無法安睡，而是主觀上的憂思而使她不想吃飯、不能安睡。因此，《東方未明》"不能辰夜"仍能理解爲主觀上不想休息，與《狡童》"使我不能息兮"義近。
③ 馬承源主編：《上海博物館藏戰國楚竹書（一）》，上海古籍出版社，2001 年，第 29、146 頁。
④ 王志平：《〈詩論〉箋疏》，朱淵清、廖名春主編：《上博館藏戰國楚竹書研究》，上海書店出版社，2002 年，第 219 頁。
⑤ 張金良：《上博簡〈孔子詩論〉釋解》，簡帛研究網，2007 年 10 月 12 日發表，http：//www.jianbo.org/admin3/2007/zhangjinliang001.htm。
⑥ 李零：《上博楚簡三篇校讀記》，人民大學出版社，2007 年，第 25 頁。
⑦ 劉信芳：《孔子詩論述學》，安徽大學出版社，2002 年，第 199 頁。
⑧ 董蓮池：《上海博物館藏〈戰國楚竹書（一）·孔子詩論〉解詁（二）》，《古籍整理研究學刊》2002 年第 2 期，第 14 頁。

福林認爲即巧言利辭之"利辭",《韓非子·詭使》:"巧言利辭行奸軌以幸偷世者數御。"連劭名謂"利"指合於禮,《易·乾·文言》:"利者,義之和也。"① 基本上都是往怨或刺的方向考慮。我們認爲,"利"應該讀如本字,訓爲疾。《荀子·修身》"齊給便利",楊倞注:"齊、給、便、利,皆捷速也。"《淮南子·地形》"輕土多利",高誘注:"利,疾也。""利"的本義是鋒利,疾速是鋒利的引申義。這跟"快"既有鋒利義又引申有疾速義,是相同的語言現象。所謂"《東方未明》有利詞",是指詩中所描述的三個場景都表現出急疾之義。一是"東方未明,顛倒衣裳",表現爲急於起床應召;二是"折柳樊圃,狂夫瞿瞿",表現爲急於出門辦公;三是"不能辰夜,不夙則莫",表現爲急急勤政。《孔子詩論》用一個"利"字,把這三個場景的精髓都點出,是十分準確的。

根據以上的論述,可以知道《東方未明》全詩采用賦的手法,以女子的視角,通過三個場景,描繪了主人公的行事急疾、勤勞公事,褒揚他是一位勤勉行事、一心爲公的好官吏。因此,這首詩的態度是積極的,其主旨是褒揚和贊頌,而非《詩序》等所說的怨或刺。

2014 年 11 月初稿
2019 年 4 月改定

附記:文章受國家社科基金一般項目"出土文獻參照下的古漢字同音合併研究"(18BYY134)資助。曾在第五屆《中國語文》青年學者論壇宣讀(杭州,浙江大學,2017.4.7—9),蒙汪維輝、方一新、王雲路等先生批評指正,謹志謝忱!

---

① 連劭名:《楚竹書〈孔子詩論〉疏證》,《出土文獻研究》第 7 輯,上海古籍出版社,2005 年,第 18 頁。

試論秦漢文字考釋歧見對校讀古書的啟發意義*

王挺斌

　　從漢代開始,學者們就開始利用出土的文字材料來校讀古書。歷史上有兩批重要的出土文獻,即"孔壁書"與"汲冢書",對經典文字的校正起到了十分重要的作用。到了20世紀,隨着出土文獻的日益增多以及王國維先生"二重證據法"的巨大影響,這種校讀古書的方法更具規模。

　　以于省吾先生爲代表的一批學者很早就利用"二重證據法"對傳世古書進行了新的訓釋。這一工作,于省吾先生稱爲"新證"。他在《雙劍誃諸子新證·凡例》中説:"是書以古文字、古器物爲佐證者約十之二三,依校勘異同、聲韻通假爲佐證者約十之七八。其發明新義,證成舊説,或爲昔賢及并世作者所未道及者,故名'新證'。"①由此可見,于省吾先生所謂的"新證"包括"發明新義""證成舊説""爲昔賢及并世作者所未道及"三項內容。現在一般也叫作"古文獻新證"。

　　當代學者裘錫圭先生也十分重視出土文獻在校讀古書上的作用,不僅在具體問題上有過精彩的考證,也在理論上作了很多貢獻。他在《考古發現的秦漢文字資料對於校讀古籍的重要性》中將考古發現的古代文字資料與傳世古籍的關係分爲四種情況:

　　　　一、二者是同一種書的古本和今本。
　　　　二、二者雖非一書但有很密切的關係,或者其中一種出自另一種,或者二者同
　　　　　　出一源。二者僅有個別段落或文句屬於這種關係的,以及二者同記一事

---

* 國家社科基金重大招標項目"先秦兩漢訛字綜合整理與研究"(批准號:15ZDB095)。
① 于省吾:《雙劍誃群經新證　雙劍誃諸子新證》,上海書店,1999年,第202頁。

的,可以附入此類。

三、古代文字資料可以用來闡明傳世古書某些詞語的意義,或者是糾正某些詞語書寫上的錯誤。

四、古代文字資料表現出來的用字和書寫方面的習慣,可以用作校讀古書的根據。①

緊接着,裘錫圭先生又寫了《談談地下材料在先秦秦漢古籍整理中的作用》一文。文中指出地下材料在傳世先秦秦漢古籍整理工作的作用分爲兩個方面:第一,有助於研究古籍的源流,包括古籍的成書時代和過程、資料來源以及篇章的分合變化等問題;第二,有助於古籍的校讀,如校正文字、闡明詞義文義等等。② 前一點屬於文獻學的範疇,後一點則是訓詁學的範疇。這與上揭四種情況也有一定的對應關係;在談第四種情況時,裘錫圭先生説:

在秦漢文字資料表現出來的書寫習慣方面,要注意某兩個或某幾個字的寫法特别容易相混的現象,例如前人所指出的"土、士、出","十、七","吉、告","脩、循"等等。這些在秦漢人筆下寫法非常相近的字,也就是古書裏互訛之例最多的字。在前人的校勘學著作中可以找到大量校正這類形近誤字的實例,所以我們在這方面就不準備多談了。下面只舉"私"、"和"相混的例子簡單説明一下。

秦漢文字裏"私"、"和"二字的寫法非常接近。"私"字的右旁往往寫得跟"口"字差不多,很容易看成"和"字。馬王堆帛書《五十二病方》第 319 行"私内中"的"私"字(第 102 頁),當釋文在《文物》上初次發表時就是釋作"和"字的。事實上漢代人自己就往往把這兩個字弄混。例如馬王堆帛書《十大經·正亂》把"和"字寫成"私",武威簡本《儀禮·有司》第 57、58 號簡都把"私"寫作"和"。由於這些例子的啟發,我們發現了《禮記》的一個錯字。③

我們注意到,裘錫圭先生在論述"私""和"混訛的時候,首先在字理上説明"私""和"兩者形近,然後講整理者在最初的整理工作中就出現了誤認的情況,最後舉例説明漢人自己就經常把"私""和"搞混。由此得到的啟發是,**如果要論證甲乙二字形近**

---

① 裘錫圭:《考古發現的秦漢文字資料對於校讀古籍的重要性》,《中國社會科學》1980 年第 5 期;收入其《裘錫圭學術文集》語言文字與古文獻卷,復旦大學出版社,2012 年,第 348~349 頁。

② 裘錫圭:《談談地下材料在先秦秦漢古籍整理工作中的作用》,《古籍整理出版情況簡報》1981 年第 6 期;收入其《裘錫圭學術文集》語言文字與古文獻卷,第 378 頁。

③ 裘錫圭:《考古發現的秦漢文字資料對於校讀古籍的重要性》,《中國社會科學》1980 年第 5 期;收入其《裘錫圭學術文集》語言文字與古文獻卷,第 375 頁。

易訛,字理論證與古人錯寫實例固然重要,但今人誤認亦有一定的價值。眾所周知,漢字分期一般采用"兩分法",即古文字階段與隸楷階段;前者從商代到秦代,後者從漢代一直延續至今。① 現在所見的傳世古書,大體上可以看作隸楷階段中的文字。那麽對隸楷階段中兩個形近的字,今人會誤認,古人也會誤認。通過今人誤認以推知古人誤認,這是説得通的,"以今律古"在這點上是成立的。② 馮勝君先生指出,利用先秦、秦漢文字字形訂正古書訛誤的一個重要方法就是"以今律古法"。③ 雖然古人錯寫的實例對論證形近混訛有着强大的説服力,但今人誤認的情況也是一個重要旁證。當然,用"誤認"這個詞是基於我們對某字已經有所判斷;但若難以判斷正誤,尚不足以説"誤認"。故不妨將"誤認"換作"考釋歧見",如此可能更具客觀色彩。

秦漢文字的考釋歧見,絶大多數是由於字形相近而産生的。由考釋歧見進而推知字形關係,充分結合地下資料與地上資料,對校讀先秦秦漢古書(亦即"古文獻新證")具有重要意義。以下我們着重通過幾個具體例子來説明這點。

一、夢與臺

北大漢簡《反淫》10 有如下一字:

臺

該字所在的辭例爲:

～靁成,湯(蕩)春江。尋虎狼,摯蜚(飛)鳥,道極狗馬之材,窮射御之巧。此天下至浩樂也,夫子弗欲過邪?"曰:"浸(寖)病未能。"

整理者將這個字釋爲"臺"。④ 從字形上看,這個字下部呈"王"或"玉"形,與秦漢文字中常見的"臺"字存在明顯的差異。《反淫》18 上正有"臺"字,字形寫作:

臺

有鑒於此,陳劍先生將《反淫》10 上之字作了改釋,他説:

---

① 裘錫圭:《文字學概要(修訂本)》,商務印書館,2013 年,第 35、45 頁。
② 詞義具有時代性,汪維輝先生指出訓詁實踐中對於詞義問題不宜用"以今律古",甚確。詳汪維輝:《訓詁基本原則例説》,《漢字漢語研究》2018 年第 1 期,第 88 頁。
③ 馮勝君:《二十世紀古文獻新證研究》,齊魯書社,2006 年,第 55 頁。
④ 北京大學出土文獻研究所:《北京大學藏西漢竹書(肆)》,上海古籍出版社,2015 年,第 123 頁。

其形原作 [字], 亦與本篇後文簡 18"臺"字 [字] 不同(印象中秦漢出土文獻"臺"字亦從未見如此作者)。此字當改釋爲上从"䒑"(即"夢除去'夕'旁部分";中間並非簡單的"口"形)、下从"玉"(或"王",二者隸書有時難辨)之字,其結構與"薨、瞢、甍"等同。"夢、瞢"等所从"䒑"變作如此字之形者,秦漢文字中頗爲多見(其頭部變化亦可與"敬"字左上角之變化互證)。

陳劍先生主張《反淫》第 8 號簡直接接第 10 號簡,"取"讀爲"趣","夢雷"即"雲夢""雷池",《楚辭·招魂》"與王趨夢兮課後先,君王親發兮憚青兕"與郭璞《江賦》"其旁則有雲夢雷池,彭蠡青草"可爲佐證,"成"字則是衍文。調整後的釋文即:

馬四扶,車折(逝)風。取(趣)臺(夢)䨺(雷){成},湯(蕩)春江。①

蘇建洲先生對陳說有一番評論:

依照陳先生所說的確可以將簡文字字落實,且有古書的依據。整理者將 [字] 釋爲"臺"確實與目前所見秦漢文字寫法不同,但是釋爲"夢"也與此字下部從來都是"夕"旁不同。此外,讀爲"夢雷"也與《七發》內容有差距。②

由此可見,蘇建洲先生對陳說並非完全贊同,並且其文中還舉出了一些溝通"至"與"王"或"玉"的字形證據;他最後又說"以目前的認識來說,[字] 釋爲'夢'或'臺'都有程度上的問題,這個問題要得到確釋,只能寄望新材料的出現"。如此看來,"[字]"字釋讀存在"臺""夢"兩種各具一定可行性的意見,目前尚難決斷孰是孰非。

權且不管原簡如何釋讀,這個考釋歧見啟發了我們對"臺""夢"二字在字形上的認知,並藉此以校讀古書。

《淮南子·人間》有文句作:

夫爝火在縹煙之中也,一指所能息也;唐漏若鼷穴,一墣之所能塞也。及至火之燔孟諸而炎雲臺,水決九江而漸荊州,雖起三軍之衆,弗能救也。

許慎注:"孟諸,宋大澤。雲臺,高至雲也。"③"雲臺"之名,在《淮南子·人間》之前已經出現,如《淮南子·俶真》:"雲臺之高,墮者折脊碎腦,而蚊虻適足以翱翔。"高誘注:

---

① 以上陳劍先生所說皆見於蘇建洲:《北大漢簡四〈反淫〉簡八至十一新編聯及釋讀》,《楚文化與長江中游早期開發國際學術研討會論文集》,武漢大學,2018 年 9 月 15 日—9 月 16 日,第 126 頁。
② 蘇建洲:《北大漢簡四〈反淫〉簡八至十一新編聯及釋讀》,《楚文化與長江中游早期開發國際學術研討會論文集》,武漢大學,2018 年 9 月 15 日—9 月 16 日,第 127 頁。
③ 一般認爲,《淮南子》注有高誘、許慎兩種,《人間》篇爲許慎所注。

"臺高際於雲,故曰雲臺。"這說明"雲臺"泛指高臺。不過漢代也有專指高臺之名者,如東漢著名的"雲臺二十八將"之"雲臺"。中華書局1998年版《淮南子集釋》在兩處"雲臺"下均未加下劃綫,說明點校者、注釋者均不認爲"雲臺"爲專名。但從修辭上看,前後"孟諸""九江""荆州"皆屬於地理專名,此處獨用"雲臺"有所不協。較早發現這個問題的是楊樹達先生,他在《淮南子證聞》中指出:

> 孟諸、九江、荆州皆實指一地,獨雲臺泛設,於文不類。"臺"當爲"夢",字之誤也。《爾雅·釋地》云:"宋有孟諸,楚有雲夢。"本書《地形》篇亦云:"楚之雲夢,宋之孟諸。"《羣書治要》引《尸子·貴言》篇云:"熛火始起,易息也。及其焚雲夢、孟諸,雖以天下之役抒江漢之水,弗能救也。"此爲《淮南》文所本,正以雲夢、孟諸對言,其明證矣。據文則所見本已誤。或疑雲夢藪澤,火不能焚,然《孟子》不云"益烈山澤而焚之"乎?①

楊樹達先生首先從行文修辭發難,進而引出《尸子·貴言》"及其焚雲夢、孟諸,雖以天下之役抒江漢之水,弗能救也",以此論證《淮南子·人間》"雲臺"之"臺"乃"夢"的訛字。② 目前所見,該說已被何寧先生的《淮南子集釋》、張雙棣先生的《淮南子校釋》、許匡一先生的《淮南子全譯》收錄。③ 然而,也有一些不同的理解。衆所周知,清人中校讀《淮南子》成績最高的當屬王念孫與俞樾,而前者尤其精博。但王念孫在《讀書雜志》中並未對《淮南子·人間》"雲臺"有過校勘,說明他認爲此處不誤,可以如字直解。楊明照先生在《抱朴子外篇校箋》《增訂劉子校注》二書中針對"小火可滅,大火難救"的道理連續引到上揭《淮南子·人間》《尸子·貴言》文句,亦並不以"雲臺"爲誤。④ 再者,《淮南子·兵略》:"夫水勢勝火,章華之臺燒,以升勺沃而救之,雖涸井而竭池,無奈之何也。"此處云"章華之臺燒",表明《淮南子·人間》"炎雲臺"也符合古代語言習慣。可是楊樹達先生從行文修辭質疑,後引《尸子·貴言》之語爲據,這並非强

---

① 楊樹達:《淮南子證聞 鹽鐵論要釋》,上海古籍出版社,2007年,第184頁。
② 按,清人汪繼培輯校《尸子》時,已經在《尸子·貴言》"及其焚雲夢、孟諸,雖以天下之役抒江漢之水,弗能救也"下注出《淮南子·人間》"夫爝火在熛煙之中也,一指所能息也;唐漏若鼷穴,一墣之所能塞也。及至火之燔孟諸而炎雲臺,水决九江而漸荆州,雖起三軍之衆,弗能救也",詳尸佼:《尸子》,華東師範大學出版社,2009年,第8頁。又按,"雲夢"之名至爲顯赫,秦漢時期亦曾設官,詳趙平安:《秦西漢誤釋未釋官印考》,《歷史研究》1999年第1期,第57頁。
③ 何寧:《淮南子集釋》,中華書局,1998年,第1280頁。張雙棣:《淮南子校釋(增訂本)》,北京大學出版社,2013年,第1893頁。許匡一:《淮南子全譯(下册)》,貴州人民出版社,1993年,第1095頁。
④ 楊明照:《抱朴子外篇校箋(上册)》,中華書局,1991年,第345頁。楊明照:《增訂劉子校釋》,巴蜀書社,2008年,第94頁。

爲新説。要想證成此説，仍需加以補充論證。

上文提到，學者們對《反淫》10"󰀀"的考釋已有分歧意見——釋"夢"或"臺"，這啓示我們去關注兩者的字形聯繫。總體上看，"夢""臺"在古文字階段以及現在都不存在形、音、義上的聯繫；然而，它倆在秦漢文字中却存在一些字形糾葛。

夢	A. [圖] 睡虎地秦簡《日書乙種》189 壹	[圖] 張家山漢簡《二年律令》518
	B. [圖] 馬王堆帛書《十六經》084	[圖] 馬王堆帛書《戰國縱橫家書》113
薾	[圖] 睡虎地秦簡《日書甲種》13 背	[圖] 睡虎地秦簡《日書甲種》44 背
薨	[圖] 銀雀山漢簡 542　[圖] 銀雀山漢簡 545	[圖] 馬王堆帛書《春秋事語》092
臺	[圖] 北大漢簡《老子》172　[圖] 北大漢簡《老子》075	[圖] 北大漢簡《反淫》18

由上表可知，"夢 B"（包括"薾""薨"）與"臺"上部形體基本一致。"夢 A"這一路寫法，延續使用時間較長。通過比較，北大漢簡《反淫》10"󰀀"與"夢 A"上部趨同，整體上又和"臺"字近似。

據此，我們對《淮南子·人間》"夢"訛爲"臺"可以有兩種認識。其一，《淮南子·人間》或劉安所據原始材料曾寫作"夢"，後來被錯抄成了"臺"。其二，《淮南子·人間》或劉安所據原始材料原本曾寫作"󰀀"一類的中間字形，既可以當"夢"用而又和"臺"形近，遂誤抄成了"臺"。

二、茬 與 差

懸泉置帛書 T0114③：611 中有如下一字：

[圖]

該字所在的辭例爲：

所因子方進記～次孺者，願子方發過次孺舍，求報。

最初，甘肅省文物考古研究所在《敦煌懸泉漢簡釋文選》中將這個字釋作"茬"。①

---

① 甘肅省文物考古研究所：《敦煌懸泉漢簡釋文選》，《文物》2000 年第 5 期，第 39 頁。

爾後,胡平生、張德芳兩位先生在《敦煌懸泉漢簡釋粹》中將該字釋爲"差",並且對前半句話有個注釋:

> 所因子方進記差次孺者:曾通過你子方遞交記書給次孺。進記,遞交記書。《居延漢簡》E.P.T53:83:"甲渠塞候,候明伏地再拜進記中卿"(A),"伏地再拜進記"(B)。次孺,人名。①

再後來,張德芳和郝樹聲先生在合著《懸泉漢簡研究》中徑以"□"標記該字,表示不識。② 張顯成先生在《論簡帛文書及其文書檔案史研究價值》一文中,承襲了"差"字的釋法。③ 近出《中國碑帖名品[十九]》之《秦漢簡帛名品[下]》也收錄了懸泉置帛書T0114③:611,釋文注釋亦作"差"。④ 由此看來,釋"差"説略占上風。

我們認爲,從字形上説,該字釋"茬"是對的。"茬"字,馬王堆帛書《繆和》40中寫作"茬",張家山漢簡《二年律令》460中寫作"茬",銀雀山漢簡234中寫作"茬",漢印中寫作"茬""茬",對比可知。研究者一致認爲,"艸"旁在秦漢時期可以草率地寫成"䒑"。因此,懸泉置帛書T0114③:611之"茬"釋"茬"是沒有疑問的。但文義如何解釋呢? 從胡平生、張德芳兩位所引的相關文例上考慮,我們認爲"茬"可能是一個姓氏。《廣韻》:"茬,姓。"是其證也。當然,由上述所討論的"茬""差"訛誤情況來看,此處也不排除"茬"爲"差"之誤字的可能性。《廣韻》:"差,姓。"由此亦能講通文義。

從字形上看,我們不可否認懸泉置帛書T0114③:611之"茬"與"差"確實形近。嘉祥畫像石題記"差"作"差",居延新簡E.P.F22:70"差"作"差"。⑤ 仔細觀察,"茬"(爲方便説明,其實可以寫作"茬")與"差"的區別在於上部橫筆之多少與右下之"土"與"工"。

受此"茬""差"考釋歧見的啓發,可以幫助我們校讀《漢書》中的一個古訓。

《漢書·貨殖傳》"既順時而取物,然猶山不茬蘖,澤不伐夭,蜉魚麛卵,咸有常禁"顏師古注:"茬,古槎字也。槎,邪砍木也。此夭謂草木之方長未成者也。槎,音士牙反。蘖,音五葛反。夭,音烏老反。"《集韻》爲"茬""槎"注出了鋤加切。大概是基於對顏師古注"茬,古槎字也"與《集韻》鋤加切的認識,高亨、董治安先生的《古字通假會

---

① 中國文物研究所胡平生、甘肅省文物考古研究所張德芳編纂:《敦煌懸泉漢簡釋粹》,上海古籍出版社,2001年,第187~190頁。
② 張德芳、郝樹聲:《懸泉漢簡研究》,甘肅文化出版社,2009年,第260頁。
③ 張顯成:《論簡帛文書及其文書檔案史研究價值》,《簡帛文獻論集》,巴蜀書社,2008年,第299頁。
④ 上海書畫出版社編:《秦漢簡帛名品[下]》,上海書畫出版社,2016年,第72~73頁。
⑤ "差"字的形體情況,可參趙平安:《〈説文〉小篆研究》,廣西教育出版社,1999年,第83頁。

典》將"茬""槎"看作通假關係。① 現在很多的大型的字典辭書如《漢語大字典(第二版)》《漢語大詞典》《中華字海》《王力古漢語詞典》等都據顏師古注而爲之立項。由此可見,目前學術界基本上將"茬""槎"作通假字對待,有些甚至直接將之視爲異體字。但是,《說文·艸部》:"茬,艸皃。从艸,在聲。濟北有茬平縣。""茬"从"在"得聲,上古音是之部字。至於"槎",《說文·木部》:"衺斫也。从木,差聲。《春秋傳》曰:'山不槎。'""山不槎"後似有脫文,漢張衡《二京賦》引作"山無槎枿"。《集韻·馬韻》以爲"槎"或體作"剳"。"槎"从"差"得聲,上古音是歌部字。之、歌兩部並不十分密切,"茬"的"艸皃"之義與"槎"的"衺斫"之義又絶不相涉,可見"茬""槎"在音義兩個方面的關係都較爲疏遠。但是從《漢書·貨殖傳》原文以及《說文·木部》所引文獻來看,"茬"確實與"槎"有些糾葛。清人王念孫在《讀書雜志》中曾引王引之之說,認爲"茬"乃"差"字之訛。② 但目前看來這種說法並未得到廣泛認同,多數字典辭書仍然以顏師古之說爲據,並未吸收或注意王引之之說。

我們贊同王引之之說,上述懸泉置帛書 T0114③:611 之"茬"就存在"茬""差"的考釋歧見。此外,還有一些相關的字形證據。比如,地灣漢簡86EDT5H:15 中有如下一字:

釋文爲:

觻得始建國三年三月壬子左部外營觻得甲卒廩名籍。③

整理者直接將該字釋爲"左"。從辭例上講,釋"左"是合適的,因爲"左部"一詞亦見於地灣漢簡,如 86EDT5H:80"左部甲卒觻得安樂里續蒼"、86EDT5H:224"左部甲卒觻得市陽里"。然而,這兩個"左"字寫作"左""左"。比較可知,86EDT5H:15 之"左"顯然不能直接釋爲"左"。從字形上說,該字當釋爲"在",釋文當處理爲"在〈左〉"。86EDT5H:140"關佐嘉"之"佐"寫作"佐",小異於 86EDT22:13 之"佐"。"在""左"的根本區別在"土"與"工",這正可和"隋"類比。"隋"字《印典

---

① 高亨、董治安:《古字通假會典》,齊魯書社,1989 年,第 421 頁。
② 王念孫:《讀書雜志》,鳳凰出版社,2000 年,第 378 頁。
③ 甘肅簡牘博物館、甘肅省文物考古研究所、出土文獻與中國古代文明研究協同創新中心中國人民大學分中心編:《地灣漢簡》,中西書局,2017 年,第 69 頁。

(二)》作"▢",其中从"土",後來訛作了"工"。① "在""左"訛誤在古書中也有見,如《吳越春秋·越王無餘外傳》"在于九山東南天柱,號曰宛委,赤帝左闕,其岩之巔"之"左",周生春先生指出北圖本、弘治本、古今逸史本作"在"。②《針灸甲乙經·針道外揣縱舍》"因其分肉,在別其膚",張燦玾、徐國仟兩位先生説:"在,原作'左',形誤,據《太素》改。"③

根據這些"在""左"錯寫實例與"茬""差"考釋歧見,以及"茬"字的詞義系統,我們完全有理由相信《漢書·貨殖傳》"山不茬蘖"之"茬"其實是一個訛字。其訛誤過程爲"差→茬"。"槎"從"差"得聲,因而"差"既可以假借爲"槎",又可以訛誤爲"茬",它是一個中間環節,圖示爲:

$$差\begin{matrix}\nearrow 槎\\\searrow 茬\end{matrix}$$

三、兒 和 兒

關沮秦簡 367 有如下一字:

▢

整理者釋爲"兒"。④ 如按此説,簡文"平旦晋,日出俊,食時錢,日中式(一),餔時浚兒,夕市時發□,日入雞=(雞,雞)"中的"浚兒"一詞就難以解釋。陳偉先生主編的《秦簡牘合集》對此進行了改釋。所謂的"兒",其實是"兒"字,"浚兒"即可讀爲"狻猊";簡文"夕市時發□"中的"發"字右旁當爲"辟",下一字爲"虒"。⑤ 方勇先生原從整理者釋爲"兒",但受《秦簡牘合集》的啓發,將"夕市時鷿虒"讀爲"夕市時鷿鷈",且贊成"浚兒"改釋讀爲"浚兒(狻猊)",又指出"狻猊""鷿鷈""雞"皆屬動物,且"猊""鷈""雞"三者正好押韻。⑥ 如此釋讀,可成定論。當然,也許有學者認爲上揭一字當嚴格隸定爲"兒"。"兒"字《字彙》烏版切,字形晚出,不適用於簡文。古文字以及秦漢文字中多一橫少一

---

① 康殷、任兆鳳主輯:《印典(二)》,國際文化出版公司,1993 年,第 797 頁。
② 周生春:《吳越春秋集校匯考》,上海古籍出版社,1997 年,第 104 頁。
③ 張燦玾、徐國仟:《針灸甲乙經校注》,人民衛生出版社,1996 年,第 1070 頁。
④ 湖北省荆州市周梁玉橋遺址博物館:《關沮秦漢墓簡牘》,中華書局,2001 年,第 134 頁。
⑤ 陳偉主編:《秦簡牘合集(叁)》,武漢大學出版社,2014 年,第 73 頁。
⑥ 方勇:《讀秦簡札記(一)》,簡帛網,2015 年 8 月 15 日。

横的現象十分常見,此處直接釋"兒"即可。張家山漢簡《引書》9"垸"寫作"☒",可爲佐證。

這種"皃""兒"的考釋歧見還不止一次出現。

徐正考先生的《漢代銅器銘文綜合研究》中收録了"皃"字,字形寫作:

這件銅器名曰"蘇季皃鼎"。① 不過,他在《漢代銅器銘文文字編》中將這個字收在"兒"字之下,器名寫作"蘇季兒鼎"。② 那麽到底哪一種釋讀較爲正確呢? 很顯然,釋"兒"爲是,徐先生的這一改動是有道理的。因爲所謂"季兒"即"季子","季皃"則不辭。

《長沙走馬樓三國吳簡》第二輯 7254 有如下一字:

整理者的釋文寫作:"入中鄉皃(兒)木船賈行錢三萬。"③"皃(兒)"這種釋文雖然方便讀者認知,但並不十分科學。出土文獻釋文括號一般表示語音通假關係,因而此處要麽直接寫作"兒",要麽用"皃〈兒〉"表示形體訛誤關係。

羅福頤先生的《古璽印考略》中收録了以下一方銅印:④

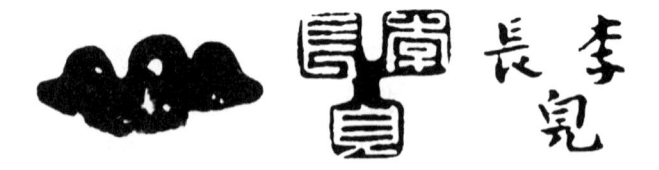

釋文寫作"皃"難免會引起誤解。其實該銅印當釋爲"李長兒",所謂"長兒"即"長子"。⑤

由此也從一個側面反映出秦漢文字中"皃""兒"本身就是形近易混的,其關鍵因素自在於上部的"臼"與"白"。從目前掌握的資料來看,秦漢文字中的"兒"基本上不

---

① 徐正考:《漢代銅器銘文綜合研究》,作家出版社,2007 年,第 699 頁。
② 徐正考:《漢代銅器銘文文字編》,吉林大學出版社,2005 年,第 205 頁。
③ 長沙簡牘博物館、中國文物研究所、北京大學歷史學系走馬樓簡牘整理組:《長沙走馬樓三國吳簡·竹簡(貳)》,文物出版社,2007 年,第 865 頁。
④ 羅福頤:《古璽印考略》,紫禁城出版社,2010 年,第 152 頁。
⑤ 張傳官先生對璽印中的"長兒"有過詳細考釋,可參張傳官:《雲南昆明新出漢印"郭張兒印"小考》,《古文字研究》第三十二輯,中華書局,2018 年,第 584~589 頁。

作爲獨體出現，字形上寫作"皃"的絶大多數都是"兒"。除了以上幾例，還如北大漢簡《老子》145之"兒"、172之"兒"、195之"兒"，皆用爲"嬰兒"之"兒"；懸泉置帛書T0114③：611之"兒"，用爲"兒子"之"兒"。正常的"兒"字寫法見於北大漢簡《蒼頡篇》50"兒"。但不少"兒"字由於上部筆畫的變形而成了"皃"，這種"臼"變成"白"的情況在秦漢文字中並不少見，結合"寫""鼠"等字的書寫情況即可了然。因此，"皃""兒"訛混是有充分條件的。①

今本大徐本《説文》以及不少古注用語中都會用到"皃"，表示"……的樣子"，同"貌"。但除此之外，先秦兩漢其他古書中"皃"的實際用例大概是很少的，《漢語大字典》只收録了一個例子，即《漢書·王莽傳下》的"皃佷自臧"。爲方便討論，不妨將前後文句徵引於下：

> 尤素有智略，非莽攻伐西夷，數諫不從，著古名將樂毅、白起不用之意及言邊事凡三篇，奏以風諫莽。及當出廷議，尤固言匈奴可且以爲後，先憂山東盜賊。莽大怒，乃策尤曰："視事四年，蠻夷猾夏不能遏絶，寇賊姦宄不能殄滅，不畏天威，不用詔命，皃佷自臧，持必不移，懷執異心，非沮軍議。未忍致于理，其上大司馬武建伯印韍，歸故郡。"以降符伯董忠爲大司馬。

此處"尤"指大司馬巖尤，因多次勸諫王莽西征而激怒王莽，於是王莽嚴詞責之，也就是文中所謂的"蠻夷猾夏不能遏絶，寇賊姦宄不能殄滅，不畏天威，不用詔命，皃佷自臧，持必不移，懷執異心，非沮軍議"。關於"皃佷自臧"，顏師古注："皃，古貌字也。皃佷，言其佷戾見于容貌也。臧，善也。自以爲善，而固持其所見，不可移易。"根據前後"不畏天威""不用詔命""自臧""持必不移"諸語，"皃佷"所要表達的含義大致是剛愎自用、固執己見、自以爲是。

"佷"即"很"，《玉篇·人部》："佷，戾也。本作'很'。"古注中有見"很""鬩"互訓的情況，如《禮記·曲禮上》："很毋求勝，分毋求多。"鄭玄注："很，鬩也。謂爭訟也。"《詩經·小雅·常棣》："兄弟鬩于牆，外禦其務。"毛傳："鬩，很也。"孔穎達疏："很者，忿爭之名。"《爾雅·釋言》："鬩，恨也。"清人郝懿行謂："恨者，當作'很'。《玉篇》云：'很，戾也，諍訟也。'《一切經音義》三引《國語》注：'很，違也。''違、戾'其義同。"②後來"鬩"

---

① 史傑鵬先生曾指出，《韓非子·解老》"所謂貌施也者，邪道也"之"貌"有可能是从"皃"得聲的某個字的訛誤，"皃""兒"形近易訛，《墨子·經説下》"皃能黑白"孫詒讓《閒詁》："皃，吳抄本作'兒'。"史傑鵬：《北大藏秦簡〈魯久次問數于陳起〉"色契羨杅"及其他》，《簡帛》第 14 輯，上海古籍出版社，2017 年，第 58 頁。此蒙劉樂賢先生提示，謹致謝忱！

② 郝懿行：《爾雅義疏》，中華書局，2017 年，第 385 頁。

很"變成了一個詞,見於《唐書·高麗傳》等。

就目前所掌握的材料來看,"皃"在秦漢文字中基本不單獨使用,記録{貌}多數是用"貌"這個字形及其變體。① 在《漢書·王莽傳下》"皃很自臧"句之前,篇内已經有"皇孫功崇公宗坐自畫容貌,被服天子衣冠,刻印三";《漢書·王莽傳中》又有"兩人容貌應卜相""或問以莽形貌"。擴檢全書,知今本《漢書》中多以"貌"來記録{貌};《漢書·刑法志》{貌}這個詞只出現了一次,但以"貌"字變體"頪"來記録。總體上説,漢人多用"貌"而少用"皃",這是有原因的。張涌泉先生指出:"據《説文》,'皃'是小篆的寫法,籀文作'貌',後來大概爲了避免'皃'與'兒'或'完'字俗書相混,故籀文'貌'流行。"② 由是,我們懷疑《漢書·王莽傳下》之"皃很自臧"有可能本寫作"皃很自臧";"閲"从"皃"得聲,"皃很自臧"即讀爲"閲很自臧","閲""很"近義連用。仔細體會,不難發現"皃(閲)很自臧"在文義上當優於"皃(貌)很自臧"。

結　　語

秦漢簡帛與傳世古書相比,存在許多重合的訛誤例子,如"逐"與"遂"、"執"與"埶"、"傅"與"傳"、"士"與"土"、"出"與"之"、"士"與"之"、"土"與"之"、"私"與"和"、"无"與"先"、"冠"與"寇"、"吉"與"告"、"代"與"伐"、"日"與"曰"、"日"與"田"、"白"與"日"、"來"與"求"、"未"與"求"、"于"與"干"、"充"與"克"、"大"與"文"、"人"與"入"、"巫"與"巫"、"爻"與"文"、"皮"與"及"、"殳"與"及"、"身"與"耳"、"且"與"旦"、"古"與"由"、"交"與"文"、"矢"與"大"、"大"與"夫"、"民"與"氏"、"易"與"易"、"舌"與"古"、"刀"與"力"、"支"與"丈"、"木"與"手(扌)"、"牙"與"耳"、"與"與"興"、"信"與"倍"、"害"與"周"、"修"與"循"等等。這些錯寫實例,恰恰也是秦漢簡帛考釋中經常產生的分歧意見。如果兩個字的形體接近,那麽從抄寫者的角度來説,抄寫者在實際的抄寫過程中會發生書寫訛誤的情況;從閲讀者的角度來説,閲讀者在實際的閲讀過程中會發生釋讀分歧的情況。過去多利用錯寫實例以説明兩個字形近易混,本文則着眼於閲讀者的角度。

以上我們受裘錫圭先生的啓發,通過三個例子詳細論述了秦漢文字考釋歧見對

---

① "皃"字似乎有記録{貌}的資格,《説文·皃部》:"皃,頌儀也。从人、白,象人面形。"劉釗先生指出商代人頭骨刻辭"方白用"之"白"即人頭之義,詳劉釗:《談古文字資料在古漢語研究中的重要性》,《古漢語研究》2005年第3期,第58頁;收入其《古文字考釋叢稿》,嶽麓書社,2005年,第434頁。

② 張涌泉:《漢語俗字研究(增訂本)》,商務印書館,2010年,第50頁。

校讀古書的啟發意義。秦漢文字考釋歧見主要就字形方面而言，有時候其中所反映出來的形體關係是過去很少碰到但却十分重要的，像上文提到的"夢""臺"之例。强調考釋歧見的價值，並非要放大某一錯誤，而是充分利用學術史的綫索以盡可能客觀地去抽繹某兩個字的字際關係，並藉此來校讀古書。同時，我們也希望大家將來論述兩個字形近易訛的時候，在舉出錯寫實例的基礎上，尚可找出秦漢文字考釋歧見作爲旁證。

附記：本文蒙趙平安師、劉樂賢、劉釗、沈培、胡敕瑞、魏宜輝、史傑鵬、蘇建洲、石小力等先生審閱指正，謹致謝忱！

讀《隸續・魏三體石經左傳遺字》

廣瀬薰雄

前　　言

洪适《隸續》卷四所載《魏三體石經左傳遺字》（以下簡稱"《遺字》"），原爲"皇祐癸巳年（1053）洛陽蘇望氏所刻"（洪适語）。這是一份很不好利用的資料。它雖然是魏石經殘石的摹本，但没有保留殘石的原狀，而按照普通古書的格式排列殘字。它没有交代從哪個字到哪個字是一塊殘石的摹本，也没有説明哪些字是哪部經書的哪個部分。按照目前的形式，這個資料根本無法閲讀。

清代，不少學者試圖找出《遺字》所録魏石經殘字的確切出處。例如臧琳最早指出"内有《尚書》大誥、吕刑、文侯之命三篇錯於《左傳》中"，並對《遺字》進行分段，稍微詳細地説明每段文字見於《左傳》或《尚書》的什麽地方。① 其後，孫星衍把《遺字》内容分爲① 尚書大誥、② 吕刑、③ 文侯之命、④ 左氏桓公經、⑤ 桓公傳、⑥ 莊公經、⑦ 宣公經、⑧ 襄公經八段，並把每個殘字歸入各段之下。② 這應該可以説是清代學者的相關研究中最全面、最成功的研究。此外也有一些學者做過這個方面的研究。③ 整體而言，他們基本找對了正確的出處。但他們不知道魏石經的格式，以當時的條件，根本無法正確讀出《遺字》中包含的所有信息。

---

① 《經義雜記》卷四"魏三體石經尚書"條。
② 《魏三體石經遺字考》。
③ 例如錢大昕：《十駕齋養新録》卷一"魏三體石經"條、馮登府：《石經考異》卷三《魏石經考異》、馬國翰：《玉函山房輯佚書》小學類《三字石經尚書》和《三字石經春秋》等。

清代末期以來,魏石經殘石陸續被發現,據此可以知道魏石經每行 $20\times 3=60$ 字。只要知道這一點,就能夠把《遺字》的內容大致地復原成殘石原來的樣子。王國維根據魏石經的行款排比《隸續》所錄魏石經殘字,得出《尚書》六段、《春秋》七段、《左傳》一段,共十四段,① 其復原結果見於《隸釋所錄魏石經碑圖》。② 此外,呂振端先生也重新排列《遺字》所收的殘字,一一收入《魏三體石經殘字集證》卷二"校文"的相應地方。③

就魏石經殘石的復原而言,《遺字》已經沒有多少值得討論的地方。但過去的研究都把《遺字》當作研究資料利用,對《遺字》本身並不怎麼研究。他們根據自己的復原結果排列經文,對古文字形作分析,而並不關心《遺字》收錄魏石經殘石的方法。其實《遺字》是爲了讓讀者能夠知道殘石的原貌,留下了不少綫索的。我們只要了解《遺字》所錄殘字的排列方式,就能夠想象蘇望看到的拓本大致是怎樣的。例如每張拓本上有幾塊殘石,殘石被拼綴成什麼樣子等,我們都能想象得出來。不僅如此,我們進而能夠校正《遺字》中存在的一些錯字,也能夠知道有些字的莫名其妙的字形是怎麼一回事。

本文闡明《遺字》中存在的規律,據此復原《遺字》使用的原資料的原貌,同時説明蘇望是怎麼利用原資料撰寫《遺字》的。

一　復原方法説明——以第一段爲例

《遺字》開頭三行多的字可以視爲第一段(分段的根據詳下)。我們首先重新排列這段文字,以此説明復原殘石的基本方法。

---

① 《魏石經考二》:"余就黄縣丁氏所藏魏石經殘石,以經文排比之,則每行得六十字;更以此行款排比《隸續》所錄魏石經《尚書》《春秋》殘字,亦無一不合,知每石皆每行六十字。"《魏石經考四》:"《隸續》所錄蘇氏刊本,今詳加分析,則《尚書》六段、《春秋》七段、《左傳》一段,共十四段。"《魏石經考》收入《觀堂集林》卷第二十・史林十二。

② 《魏正始石經殘石考》附錄,收入《海寧王忠愨公遺書》二集(1927年)、《海寧王静安先生遺書》卷27(1940年)、《王國維全集》第11卷(浙江教育出版社,2009年)等。附帶説,《隸釋所錄魏石經碑圖》由《尚書》一~二和《春秋》一~三之五個部分構成,與王氏自己所説的"十四段"不對應。這是因爲這"十四段"中有可以互相拼綴的部分,《碑圖》表示的是經過拼綴的最後的復原結果。

③ 吕振端:《魏三體石經殘字集證》,學海出版社,1981年。

【一】

①+②	②	①
(图)	隸續 卷第四	魏三體石經左傳遺字

這是《春秋》襄公 3～4 年的一部分。在此按照魏石經的行款引用相關經文：①

三年春楚公子嬰齊帥師伐吳公如**晉夏**四月壬戌

公及晉侯盟于長樗公至自晉六**月公會**單子晉侯

宋公衛侯鄭伯莒子邾子齊世**子光己未**同盟于雞

---

① 本文引用《尚書》和《春秋》經文時，根據阮元十三經注疏本引用，因此有些字與《遺字》所收魏石經不一致。

澤陳侯使袁僑如會戊寅叔**孫豹及諸侯**之大夫及

陳袁僑盟秋公至自會冬**晉荀罃帥師**伐許　四年

春王三月己酉陳侯午卒夏**叔孫**豹如晉秋七月戊

　　根據這些字的排列順序，我們能夠知道《遺字》開頭三行多字來自兩塊殘石，在此分別給這兩塊殘石①和②的編號。有意思的是，《遺字》分開收錄這兩塊殘石的字，而沒有把它們拼綴。《遺字》既然把這兩塊殘石的文字放在一起，説明當時已經知道這兩塊殘石可以拼綴。《遺字》沒有按照拼綴後的行款排列文字，無非是爲了盡量保留原資料的原貌。

　　重新排列第一段殘字後發現，①＋②第 4、5 行的"及／衙"二字，①和②都有。據此可以知道，這枚石經在這兩個字的中間斷裂。蘇望在做摹本時補充殘筆，復原字形，這樣才出現目前能看到的情形。殘字重複收錄現象在《遺字》中還能見到不少，值得注意。

　　以上分析表明，如果仔細考慮《遺字》的排列順序，不僅能夠知道從哪個字到哪個字是一塊殘石的字，而且能夠知道殘石大概在什麼地方斷裂。知道殘石的斷裂處，對《遺字》所收的一些字的釋讀能起到關鍵的作用。因爲殘石上本來應該有不少殘字，蘇望所刻的摹本上也保留了一些殘筆。①"⿰（會古文）"下、"⿰（光古文）"上的"丁"正是這種例子。《遺字》開頭三行多字中只有這個字與《春秋》經文不對應，這種情況是不大可能發生的。其實這個字是"齊世子光"之"子"的下半。根據我們的復原，這個地方正是殘石斷裂處。②的與此相應的地方有"子"字，這種情況與上文説明的"及／衙"相類。

　　這種殘字在《遺字》中確實能找到不少，例如：

季：⿰（2葉右2行）—⿰（2葉左1行）　　年：⿰（2葉右10行）—⿰（2葉左7行）

第一例是《春秋》襄公 5 年"季孫行父"之"季"，此字所從"子"的下半殘缺。復原後可以知道殘石應該在此"季"字處斷裂。第二例是《春秋》襄公 8 年"八年"之"年"，訛變的程度很嚴重。《遺字》中還有幾例"年"古文，按理説不會不知道準確的字形。在此訛摹當是因爲拓本上此字筆畫不清晰的緣故。這種殘字，除非我們復原好殘石原貌，否則根本無法正確地釋出來。因此可以説，只要恢復殘石的原貌，才有可能對《遺字》進行校訂。

　　另外需要説明的是，①＋②第五行"荀"只有古文，沒有篆文和隸書，釋文可以作"荀（□□）"。[①] 這當是因爲拓片上無法看清筆畫的緣故。蘇望在跋文中説"其石斷

[①] 本文引用魏石經釋文時，如果需要顯示三種字體的區別，以"古文（篆文、隸書）"的形式引用。如果殘石上缺三體中的一體或二體，用"□"表示缺字。

剥,字多亡缺,取其完者摹刻之”,因此蘇望没有收録他没有看清的字。這種情況在《遺字》中也很常見。我們在上文説《遺字》中保留一些殘字,與蘇望跋文所説似乎有矛盾。但面對古文字資料,采取這種矛盾態度是誰都難免的。因爲一方面不願意把不準確的信息傳給别人,但另一方面希望盡量多地保留原資料的信息。只要是從事古文字研究的人,應該都能明白這種心理。

二　第二段、第三段的復原

(1) 第二段的復原

從《遺字》第一葉左第一行第三字“事”開始,不是《春秋》襄公 3～4 年的文字,而是《尚書·大誥》的文字。因此我們可以在此分段,把開頭三行多的字作爲第一段,其下作爲第二段。本文中用【一】【二】等編號表示我們的分段結果。下面我們接着重新排列第二段文字:

【二】

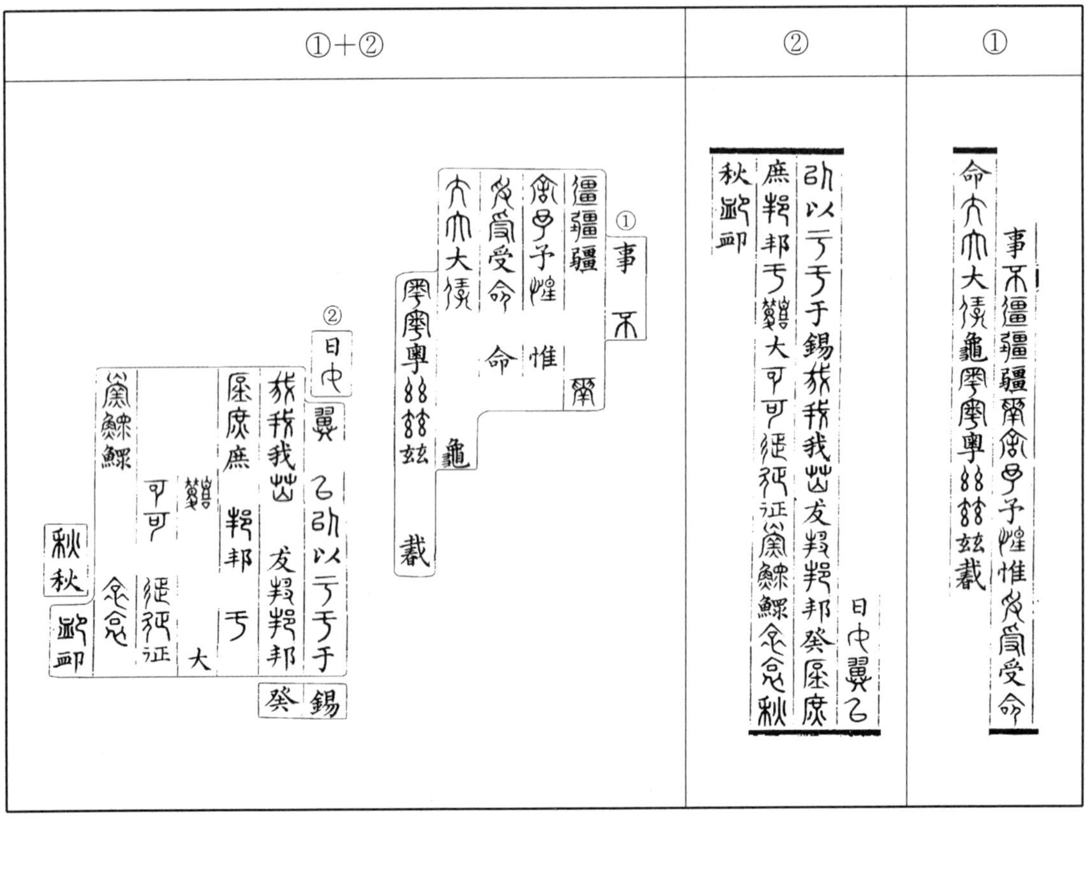

與此相應的《尚書·大誥》經文如下：

王若曰猷大誥爾多邦越爾御**事弗**弔天降割于我
家不少延洪惟我幼沖人嗣無**疆**大**歷**服弗造哲迪
民康矧曰其有能格知天命已**予惟**小子若涉淵水
予惟往求朕攸濟敷賁敷前人**受命**兹不忘大功予
不敢閉于天降威用寧王遺我**大寶龜**紹天明即命
曰有大艱于西土西土人亦不靜**越兹蠢**殷小腆誕
敢紀其叙天降威知我國有疵民不康曰予復反鄙
我周邦今蠢今翼**曰民**獻有十夫予**翼以于**敉寧武
圖功我有大事休朕卜并吉肆予告**我友邦**君越尹
氏庶士御事曰予得吉卜予惟以爾**庶邦于**伐殷逋
播臣爾庶邦君越庶士御事罔不反曰**艱大**民不靜
亦惟在王宮邦君室越予小子考翼**不可征**王害不
違卜肆予沖人永思艱曰嗚呼允蠢**鰥寡哀**哉予造
天役遺大投艱于朕身越予沖人不卬自**恤**義爾邦

【二】①和②兩塊殘石中間隔了一行，不能直接拼綴。但這個排列順序說明，《遺字》"遥綴"了這兩塊殘石。復原後可以很清楚地知道，中間有很多字沒有摹錄。看來這塊殘石當時的保存狀態已經不是很好。

②開頭（也可以說①末尾）的"日女"二字，如果是一塊殘石上相連的殘字，①《大誥》中找不到相應的地方。不僅《大誥》，整個《春秋》《尚書》二書中都沒有相應的地方。臧琳、孫星衍、吕振端等學者認爲此"日女"是《大誥》"今翼日民獻有十夫"之"日民"。這個可能性似乎確實可以考慮。我們把此字和相關字形比較一下：

中—女：𠂉（1葉左5行）　—民：𠃉（2葉右6行）

首先，這個字的字形與"女"古文有所不同，因此不一定是"女"。再看"民"古文，兩者筆畫基本一致，因此不能否定這是"民"古文殘字的可能性。如果"日女"是一塊殘石的字，這塊殘石應該是小殘片。我們能看得出《遺字》所收魏石經《大誥》部分殘石的狀態確實不太好，當時有這種小殘片是完全有可能的。小殘片上的字一般看不清楚，

---

① 這個可能性確實很大。因爲"日"是隸書，"女"是古文，這兩個字有可能相連。

爲此把"䎽"摹寫成"中"也不是不可能的事。根據以上理由,我們暫且相信這個意見。

②部分還有兩個小殘石。第一是②第1~2行的"錫/癸"二字。這兩個字,孫星衍、王國維、吕振端等學者歸到《春秋》宣公17年,無疑是對的。第二是②最後一行的"秋",這極有可能也是《春秋》宣公17年殘石(似乎王國維也如此復原)。如下所述,這些小殘石正好與下一段的殘石可以拼綴。

(2) 第三段的復原

從"恤"的下一字開始,是《春秋》宣公15~18年的文字,因此我們可以在此分段。具體内容如下:

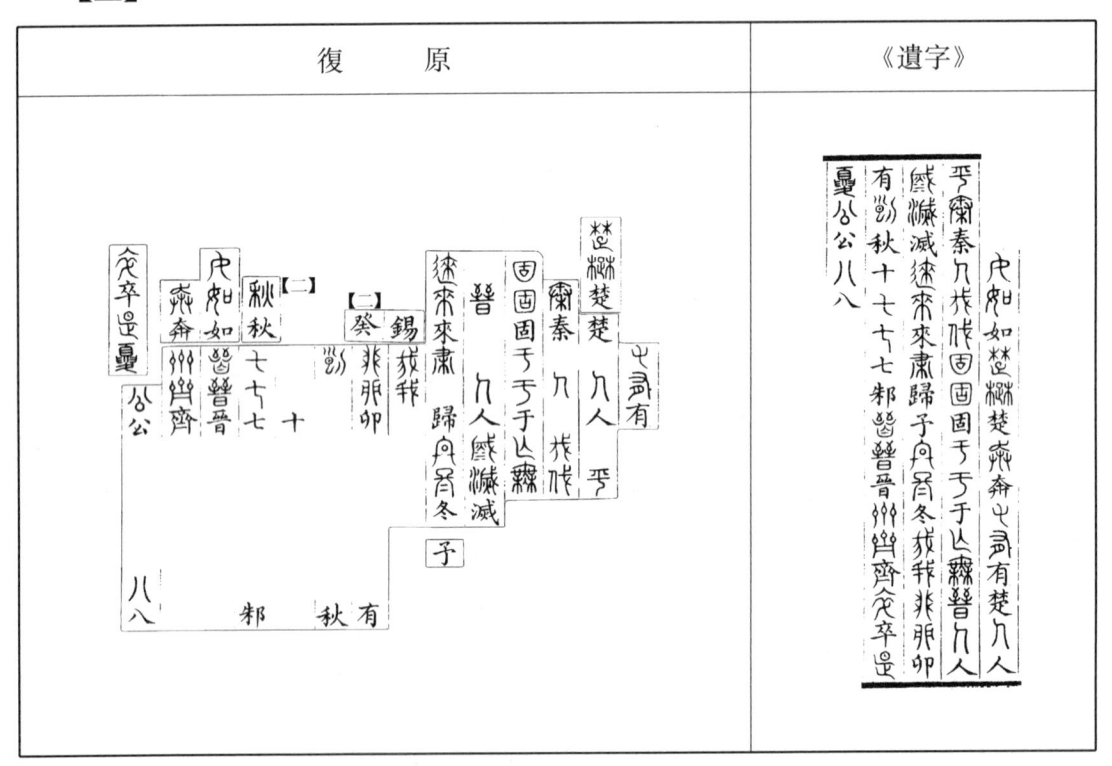

【三】

復　原	《遺字》

與此相應的《春秋》宣公15~18年經文(和"成公第八"的標題)如下:①

十有五年春公孫歸父會楚子于宋夏五月宋人及
楚人平六月癸卯晉師滅赤狄潞氏以潞子嬰兒歸

---

① 我們考慮《隸續》殘字的内容,調整了宣公17年經文第一行的字數,但這個復原不一定可靠。

秦人伐晉王札子殺召伯毛伯秋螽仲孫蔑會齊高
固于無婁初稅畝冬蠡生饑　十有六年春王正月
晉人滅赤狄甲氏及留吁夏成周宣榭火秋郯伯姬
來歸冬大有年　　十有七年春王正月庚子許男
錫我卒丁未蔡侯申卒夏葬許昭公葬蔡文公六月
癸卯日**有**食之己未公會晉侯衛侯曹伯邾子同盟
于**斷**道**秋**公至自會冬十有一月壬午公弟叔肸卒
　　　十有八年春晉侯衛世子臧伐齊公伐杞夏四月
秋七月**邾**人戕鄫子于鄫甲戌楚子旅卒公孫歸父
如晉冬十月壬戌公薨于路寢歸父還自晉至笙遂
奔齊
　　成**公第八**

根據我們的復原,【三】所收殘石是一塊石碑的頂部。這段殘石的保存狀態似乎比【二】更差,尤其左半部分沒有了大部分的字。但從字的排列順序看,這塊殘石中間應該沒有斷裂,只不過碑文模糊而已。

雖說如此,這塊殘石的邊緣似乎碎了不少。而且《遺字》的文字順序有點亂,說明蘇望看到的拓本拼錯了不少小殘石①。我們先說【二】的"錫/癸"二字。如上一項所述,這兩行字正好可以拼綴到宣公17年處。

其次,本段開頭的"女(如如)楚(楚楚)□(奔奔)"都不連貫,因此只能理解爲三個小殘石。其中"女(如如)""□(奔奔)"和【二】殘片"秋"可以拼綴成一塊,這是宣公部分最後三行的開頭。至於中間的"楚",很有可能是宣公15年"楚人平"之"楚"。其中隸書"楚"重複,這種情況我們在【一】"及/銜""子"處已經講過。

最後一行的"卒(□卒)是(夏□)"也應該是一塊小殘石。此二字似可以拼綴到【一】殘石的最後一行(襄公4年):

陳袁僑盟秋公至自會冬**晉荀罃帥師伐**許　四年
春王三月己酉陳侯午**卒夏叔孫**豹如晉秋七月戊

---

① 或許有人會懷疑文字順序混亂是因爲抄寫者或刻字工誤倒,而不是因爲拼錯殘石。但對魏石經而言,因爲每字有三種字體,文字上下顛倒是不會容易發生的。而且文字順序發生混亂的地方也有規律。因此,文字順序混亂只能是因爲殘片的拼綴有誤。

《遺字》【三】第三行"歸①(□歸)予冬(冬冬)"處之"予",無法解釋。與此相應的經文是"秋,郯伯姬來**歸**。**冬**,大有年"之"歸冬","歸"和"冬"之間不可能有字。這個字恐怕只能看作真正的衍文。

三 《遺字》的整體結構

(1)《春秋》殘石和《尚書》殘石交錯排列現象的説明

以上我們復原了《遺字》開頭三段所收的幾塊殘石。這三段按照《春秋》—《尚書》—《春秋》的順序排列,我們據此進行了分段。其實不僅這三段,《遺字》整篇把《春秋》殘石和《尚書》殘石交錯排列。每一段由幾塊殘石構成,但這些殘石基本可以拼綴,或位置相近。

很顯然,這個排列是有意這麽做的,目的應該是爲了讓讀者能夠分段。臧琳説"内有《尚書》大誥、吕刑、文侯之命三篇錯於《左傳》中",孫星衍也沿襲了這個説法,經常説"此字錯入左氏莊公經"之類的話。他們被《魏三體石經左傳遺字》這個名字誤導了,爲了強調"左傳遺字"中有《尚書》,才使用"錯於《左傳》中"這種説法。但這種説法與事實有偏差。確切地説,《遺字》不是把《尚書》錯於《春秋》中,而是把《尚書》和《春秋》交錯排列。

我們對《遺字》整篇進行分段,其結論是本文末尾所附"《隸續》所録魏石經分段圖"。我們相信,無論誰作分段,其結果都一樣。②

然而這個分段本身也是一個問題。其實這個分段是不太合理的。例如【五】由《春秋》襄公5—7年和宣公11—15年的殘石構成,但襄公5—7年和宣公11—15年並不相連,前者可以與【九】拼綴,後者可以與【七】拼綴。《遺字》爲何不把可以拼綴的殘石放在一起,却把不能拼綴的殘石放在一起?

此外,可以拼綴的小殘石往往被放在不同的地方。例如,上文已經説明,【二】的殘片可以拼綴到【三】,【三】的殘片可以拼綴到【一】。在此再舉一個例子:

---

① 此"歸"古文字形很詭異,當是"歸"古文殘字的訛寫。

肅──遺(2葉左8行)

② 其中第【八】段,我們把《左傳》和《文侯之命》放在一起,這個部分的處理方法可能會出分歧。關於這個問題我們在下文説明。

【二】②+【一〇】部分	【一〇】復原	【一〇】部分

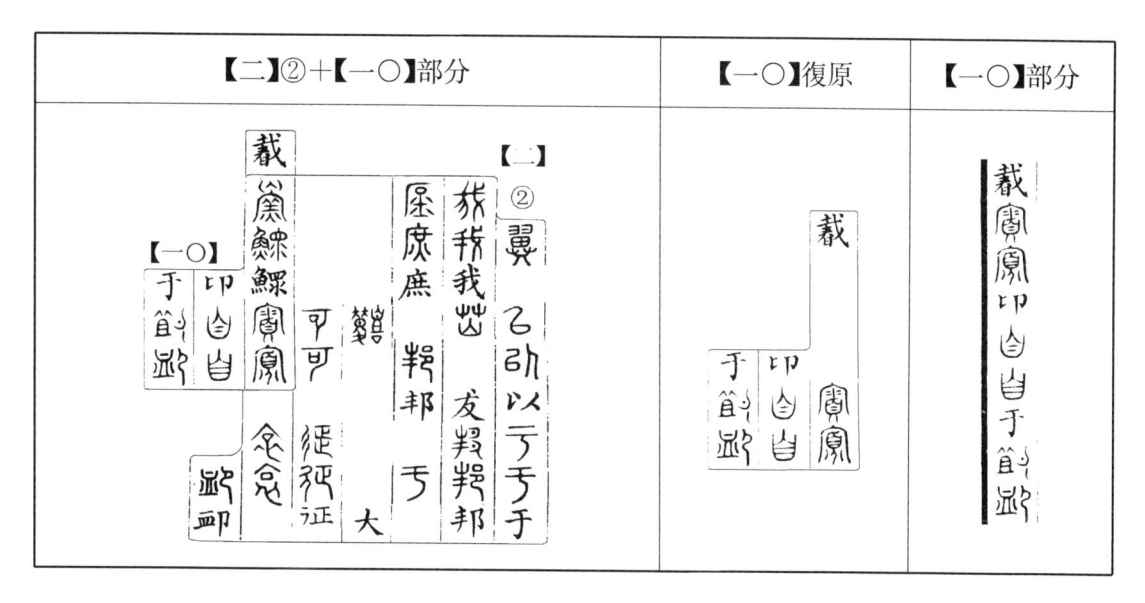

相關部分的經文如下：

違卜肆予沖人永思艱曰嗚呼允**蠢鰥寡哀**哉予造

天役遺大投艱于朕身越予沖人不**卬自恤**義爾邦

君越爾多士尹氏御事綏予曰無恐**于恤**不可不成

【二】②殘石和【一〇】殘石的拼接處呈鋸齒狀，這當是因爲這兩塊殘石的斷裂處位於"蠢鰥寡哀哉"這些字的中間。如此完全可以密合的殘石爲何不放在【二】中？明明可以拼綴的殘石，有時候拼綴，有時候不綴，似乎毫無原則。發生這種情況究竟是什麼原因？

我們相信，蘇望不可能隨便排列殘石。換句話説，他不會把原來是一塊的殘石拆分成幾塊，分别放在不同的地方。他如此排列殘字一定有什麼原因，這些分段肯定是按照某種原則進行的。那麼這很有可能是蘇望所依據的原資料的問題。也就是説，蘇望可能完全按照原資料的順序排列這些殘字。下面説明這個問題。

（2）《遺字》的資料來源——開元内府之十三紙

我們先説結論。王國維指出《遺字》的資料來源是唐開元五年製作的十三張魏石經拓本，這是王國維所謂的"開元内府之十三紙"。[①] 根據我們的復原，《遺字》可以分爲十三段，這個數字正好與"開元内府之十三紙"一致。因此我們斷定，《遺字》的每一段是每張拓本的摹本。

關於"開元内府之十三紙"的來龍去脉，王國維梳理得很透徹。爲討論之便，我們

---

① 《魏石經考四》。以下引用的關於"開元内府之十三紙"的王國維的看法都出自這篇論文。

在此一一確認相關記載。首先是《汗簡·略叙目録》:

> 韋述《西京記》云:"貞觀中,祕書監魏徵參詳考驗蔡邕三字石經凡十數段,請於九成宫祕書監内置之。後天后移於著作院。"臣按:唐開元五年得三字《春秋》,臣儀〔押〕縫。石經面題云"臣鍾紹京一十三紙",又有開元字印、翰林院印。尾有許公蘇頲、梁公姚崇、昭文學士馬懷素、崇文學士褚無量列名,左金吾長史魏哲、左驍衛兵曹陸元悌、左司禦録事劉懷信、直祕書監王昭逸、陪戎副尉張善裝。至建中二年,知書樓直官賀幽奇、劉逸已等檢校,内寺伯宋游瓌、掖庭令茹蘭芳跋狀尾焉。其真本即太子賓客致仕馬胤孫家藏之。周顯德中,嗣太子借其本,傳寫在焉。

所謂"開元内府之十三紙"是貞觀年間魏徵考證(可能當時被送到唐内府)的十幾塊魏石經殘石的拓本。製作拓本的開元五年,韋述正好在祕閣與馬懷素他們一起詳録四部書,①因此雖然没有參與作拓工作,但應該知道這件事。郭忠恕看到了拓本原物,詳細記録押縫、題記、印章、署名、跋文等信息。

句中正也看過這十三紙,在《三字孝經序》中有所記録(見於《墨池編》卷一):

> 《西京雜記》云:"貞觀中,祕書監魏徵詳驗漢蔡邕三字石經數段。"當有永泰中,相國馬胤孫藏得搨本數紙,有開元字印,即唐玄宗圖書之印。跋尾有蘇許公、姚梁公名。至建中二年,内史宋游瓌、建昌令茹蘭芳等跋尾。有搨本存焉。今所書文字并準之。

《隸續》所收《遺字》本是蘇望所刻,而蘇望刻的是他在王文康家看到的魏石經拓本。《隸續》云:

> 右魏三體石經《左傳》遺字,古文三百七,篆文二百十七,隸書二百九十五,有一字而三體不具者。皇祐癸巳年,洛陽蘇望氏所刻。蘇君有言曰:"……近於故相王文康家得《左氏傳》搨本數紙,其石斷剥,字多亡缺,取其完者摹刻之,凡八百一十九,題曰《石經遺字》。"

蘇望没有説明王文康家所藏魏石經拓本的來源,王國維指出這正是"開元内府之十三紙":

> 宋皇祐癸巳,洛陽蘇望得搨本於故相王文康家,刊以行世。歐陽棐《集古録目》謂其莫辨真僞。余疑其即開元内府之十三紙。何則?《隸續》所録蘇氏刊本,今詳加分析,則《尚書》六段、《春秋》七段、《左傳》一段,共十四段,與開元之十三紙止差一紙,其中當有兩段在一紙上者。且開元十三紙,後周時尚在馬胤孫家,至宋初尚

---

① 《舊唐書·韋述列傳》:"開元五年,爲櫟陽尉。祕書監馬懷素受詔編次圖書,乃奏用左散騎常侍元行沖、左庶子齊澣、祕書少監王珣、衛尉少卿吴兢并述等二十六人,同於祕閣詳録四部書。"

存,郭忠恕見之,句中正亦見之。王文康家之本,當即馬本,蘇氏刊之,而遺其跋尾,遂使人昧其所出耳。

王國維的證明方法表面上和我們差不多。但他的邏輯其實和我們不同,其中存在很大的問題。王國維復原的十四段,我們現在無法得知具體是怎樣的。但至少可以確定,所謂"《左傳》一段"是把【八】和【一三】合併而成的。按照王國維的設想,《左傳》一段應該是開元十三紙中的一張。如果是這樣的話,蘇望把原來拓在一張紙上的《左傳》殘字分開成兩段,分別放在兩個不同的地方。這種設想很不合理。蘇望既然把《左傳》殘字分開放在兩個不同的地方,這兩段殘字的拓本肯定原來在兩張不同的紙上。

通過《左傳》的例子可以知道,王國維打亂了《遺字》原有的排列順序,根據文字內容把《遺字》所收殘字復原成了十四段殘石。通過這種方法復原的十四段和"開元內府之十三紙"是聯繫不起來的。王國維復原的十四段與開元十三紙只差一紙,實屬偶然。我們則嚴格按照《遺字》的順序進行了分段,其原理與王國維截然不同。①

知道了開元十三紙和《遺字》排列順序的關係之後,能夠明白看似不合理的排列順序其實非常合理。《春秋》殘字和《尚書》殘字交錯排列是爲了避免每張拓本的內容混淆。如果把可以拼綴的殘石放在一起,讀者根本看不出從哪個字到哪個字是一張拓本上的字。反過來説,如果《春秋》殘字和《尚書》殘字交錯排列,即使按照普通古書的形式排列,我們也照樣能夠分清楚。

綜上所述,只要我們知道魏石經的行款(即每行 $20 \times 3 = 60$ 字),根據《遺字》的排列順序能夠知道從哪個字到哪個字是一張拓本上的字、從哪個字到哪個字是一塊殘石上的字。這個設計不可不謂非常巧妙。

《春秋》《尚書》交錯排列應該不是蘇望想出來的設計。因爲蘇望説"得《左氏傳》搨本數紙",説明蘇望不知道這些殘字見於哪部經書的哪個部分。如果不清楚這些殘石的出處,這個排列方法是根本做不到的。那麼想出這個排列方法的人最有可能是製作這十三張拓本的鍾紹京等人。② 當時這十三紙恐怕不會分開保存,而很有可能做

---

① 但我們得承認,如果在《尚書》《春秋》《左傳》轉換處分段,《遺字》共有十四段。我們在發現《遺字》分段和開元十三紙的關係後,故意把其中兩段合併成一段。那就是【八】,這一段由《左傳》和《文侯之命》構成,按理説《左傳》和《文侯之命》應該各自構成一段。但《左傳》部分只有"君子曰善"4 字(合各體計算,共 9 字),《文侯之命》只有"家純/祖惟/義和/孝/其/百"9 字(合各體計算,共 18 字),這兩塊殘石都不大。因此我們推測,當時可能把這兩塊殘石一起拓到一張紙上。

② 鍾紹京也是史書中立傳的人。《舊唐書・鍾紹京列傳》云:"以工書直鳳閣,則天時明堂門額、九鼎之銘,及諸宮殿門榜,皆紹京所題。"

成一本書保存。我們懷疑,把拓本做成書的時候就已按照這個順序收錄,蘇望只是照樣摹寫而已。

(3) 唐朝内府所藏魏石經殘石的面貌

我們現在知道了《遺字》所依據拓本的大致面貌,在此通過這個拓本進一步推測貞觀年間收藏的魏石經殘石的面貌。

《遺字》所收魏石經殘石中,《尚書》部分可以分爲兩大部分:《大誥》及《吕刑》《文侯之命》①;《春秋》可以分爲三大部分: 桓公(14—18 年)和莊公標題、宣公(11—18 年)和成公標題、襄公(3—10 年)。衆所周知,魏石經每碑正背兩面都刻字,一面刻《尚書》,另一面刻《春秋》。那麽《遺字》所收魏石經殘石的《尚書》和《春秋》的對應關係如何?

1936 年,白堅在日本大阪淺野竹石山房購得"尚書第廿一碑春秋第八碑殘石"。②根據這塊殘石的發現,我們知道了魏石經共二十八碑,也大致可以知道《尚書》和《春秋》的對應關係。孫海波利用這塊殘石製作了魏石經復原圖。③ 我們看一下復原圖中的相關部分:

　　大誥(第十三)——襄公(第十六)
　　梓材(第十六)——宣公、成公(第十三)
　　吕刑(第廿六)——桓公、莊公(第三)
　　吕刑、文侯之命(第廿七)——桓公(第二)

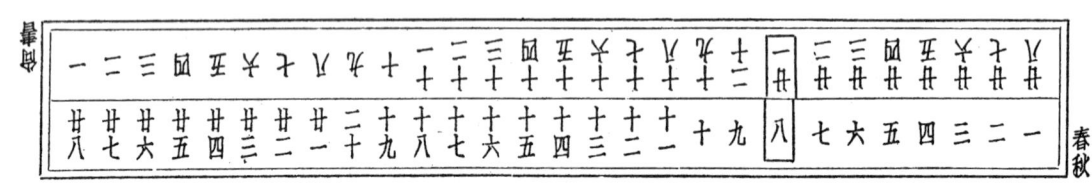

魏石經編號對應圖(采自《魏三字石經集録》)

《遺字》中雖然没有《梓材》,但其他的對應關係與《遺字》的内容完全一致。由於魏石經缺失部分太多,目前還無法完全搞清楚魏石經《尚書》和《春秋》的對應關係。④

---

① 《吕刑》和《文侯之命》是相鄰的兩篇,《遺字》中有這兩篇相接的部分(【四】和【六】)。
② 白堅:《獲三體石經尚書第廿一碑春秋第八碑殘石記》,收入《魏正始石經五碑殘石記》第二版,1937 年。
③ 孫海波:《魏三字石經集録》(1937 年;1975 年藝文印書館影印)之三《碑圖》。
④ 例如吕振端《魏三體石經殘字集證》也收録"魏石經碑復原圖",其結論與孫海波有所不同。比較兩者,我們認爲孫海波的復原比吕振端的復原更可信。

但即使如此，孫海波的復原和《遺字》如此一致，這絕對不是偶然的。因此，我們現在基本可以確定，貞觀年間唐朝内府收藏的魏石經是魏石經全二十八碑中的四碑。

結　語

《遺字》由於編纂體例很特殊，無法從頭到尾按順序閱讀。過去的研究似乎都不太在乎這一點，把能連接的内容都連接起來，試圖復原魏石經原貌。這些研究都沒有詳細説明《遺字》原文和自己的復原結果怎麽對應，因此我們無法判斷他們的復原是否準確，連他們是否使用《遺字》中所有的字也不知道。這是筆者替這些研究覺得遺憾之處。

本文的目的是把《遺字》變得誰都可以閱讀。看似不合理的《遺字》的排列順序其實是有深意的。筆者相信，通過本文的分析，《遺字》的排列方法、《遺字》原資料（即所謂開元内府之十三紙）的原貌已基本搞清楚。筆者也相信，只有這麽做，才能逼近《遺字》所收魏石經殘石的具體面貌。

除了"《隸續》所錄魏石經分段圖"外，本文還附了"開元内府之十三紙復原圖"。① 如果把這兩個圖對照使用，自己要找的字應該比較容易能找到。在此舉一個例子。楚文字中有󰀀字，②當初此字沒有被正確地釋讀。在郭店楚簡公開後不久，有些學者發現這個字與《汗簡》中所見的"閔"字形相類，據此認出了這個字。③ 其實這是魏石經中所見的字，我們看一下《汗簡》原文：

　　󰀀閔，見石經。（48 葉左）

郭忠恕説這個字見於"石經"。我們現在知道郭忠恕看到的魏石經拓本和《遺字》的資料來源都是"開元内府之十三紙"。既然如此，這個字應該也見於《遺字》。這個字確實在《遺字》中可以找到，即【四】①《文侯之命》"閔予小子嗣"之"閔"（󰀀）。就字形而言，《汗簡》的字形比《遺字》更好地保留了戰國文字的原貌。但《遺字》保留了魏石經原文，我們據此可以知道辭例，因此要引用這個字，必須參考《遺字》。過去討論󰀀字時大都没有提

---

① 按理講，我們應該對復原圖加校注。但如果本文中這麽做，太占篇幅，而且新意無多，因此本文只製作了復原圖。請讀者諒解。
② 此字的用例可以參看李守奎：《楚文字編》"𢧕"字條，華東師範大學出版社，2003 年，第 185 頁。
③ 關於此字的以往研究，武漢大學簡帛研究中心、荆門市博物館：《楚地出土戰國簡册合集（一）》（文物出版社，2011 年）之《性自命出》注釋〔52〕（第 107 頁）有扼要介紹，可以參看。

到《遺字》,即使提到,也没有説明《汗簡》和《遺字》的關係。這恐怕是因爲《遺字》難以利用的緣故。希望本文能夠打破這個局面,爲《遺字》的利用提供一些方便。

就《遺字》的研究而言,可以説王國維以後没有多大的進展。但魏石經殘石在王國維的研究之後繼續被發現,給我們帶來了許多新的知識。只要我們利用這些知識重新閲讀《遺字》,就能夠發現王國維的時候想不到的許多信息。《遺字》中恐怕還藴藏着不少信息,等待我們重新挖掘。

附圖一　《隸續》所録魏石經分段圖

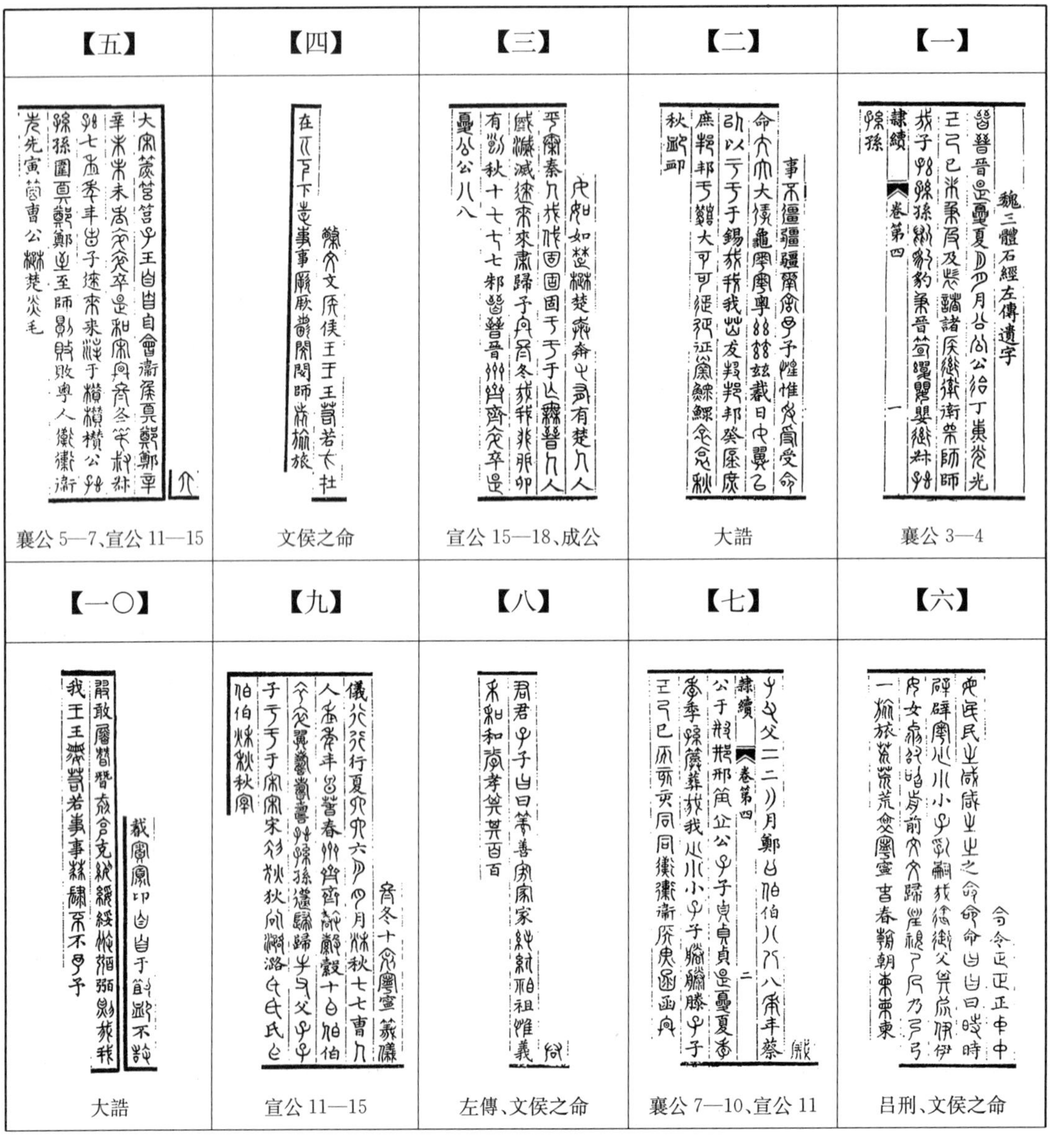

【五】	【四】	【三】	【二】	【一】
(圖)	(圖)	(圖)	(圖)	(圖)
襄公 5—7,宣公 11—15	文侯之命	宣公 15—18,成公	大誥	襄公 3—4

【一〇】	【九】	【八】	【七】	【六】
(圖)	(圖)	(圖)	(圖)	(圖)
大誥	宣公 11—15	左傳、文侯之命	襄公 7—10,宣公 11	吕刑、文侯之命

讀《隸續·魏三體石經左傳遺字》

續　表

【一三】	【一二】	【一一】
《左傳》桓公17	呂刑、大誥	桓公14—18、莊公

附圖二　開元內府之十三紙復原圖

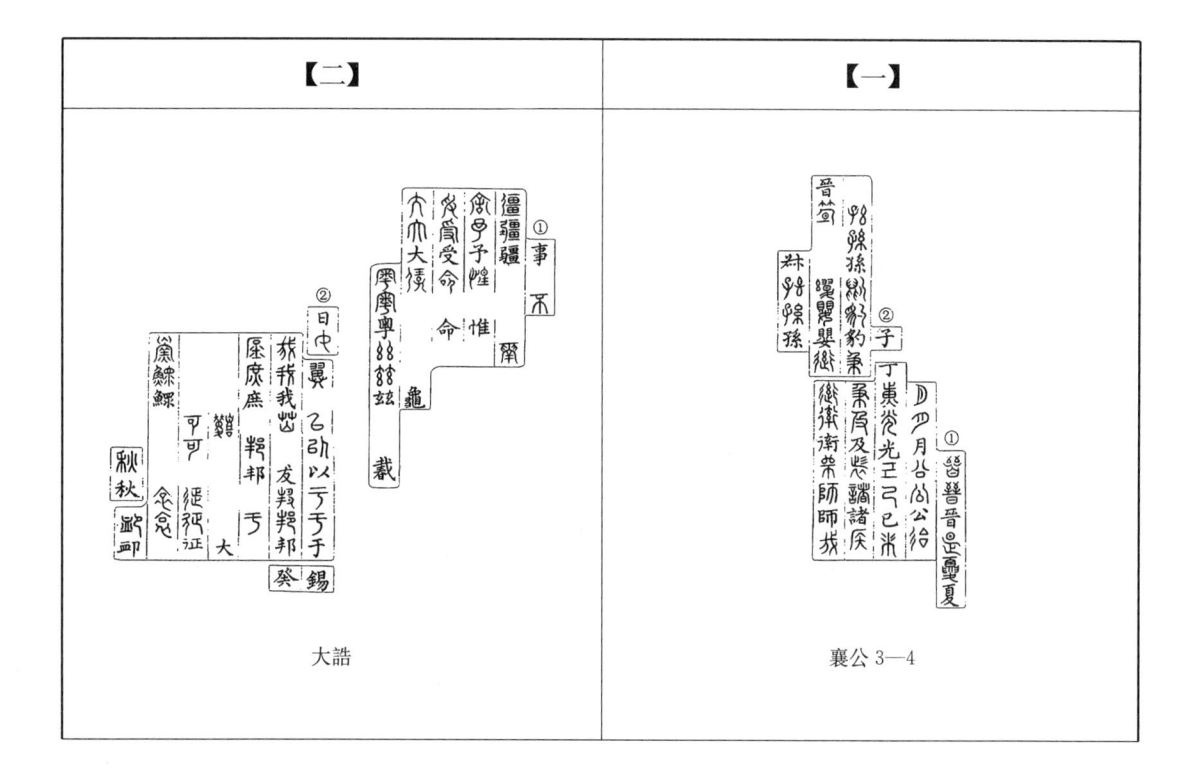

【二】	【一】
大誥	襄公3—4

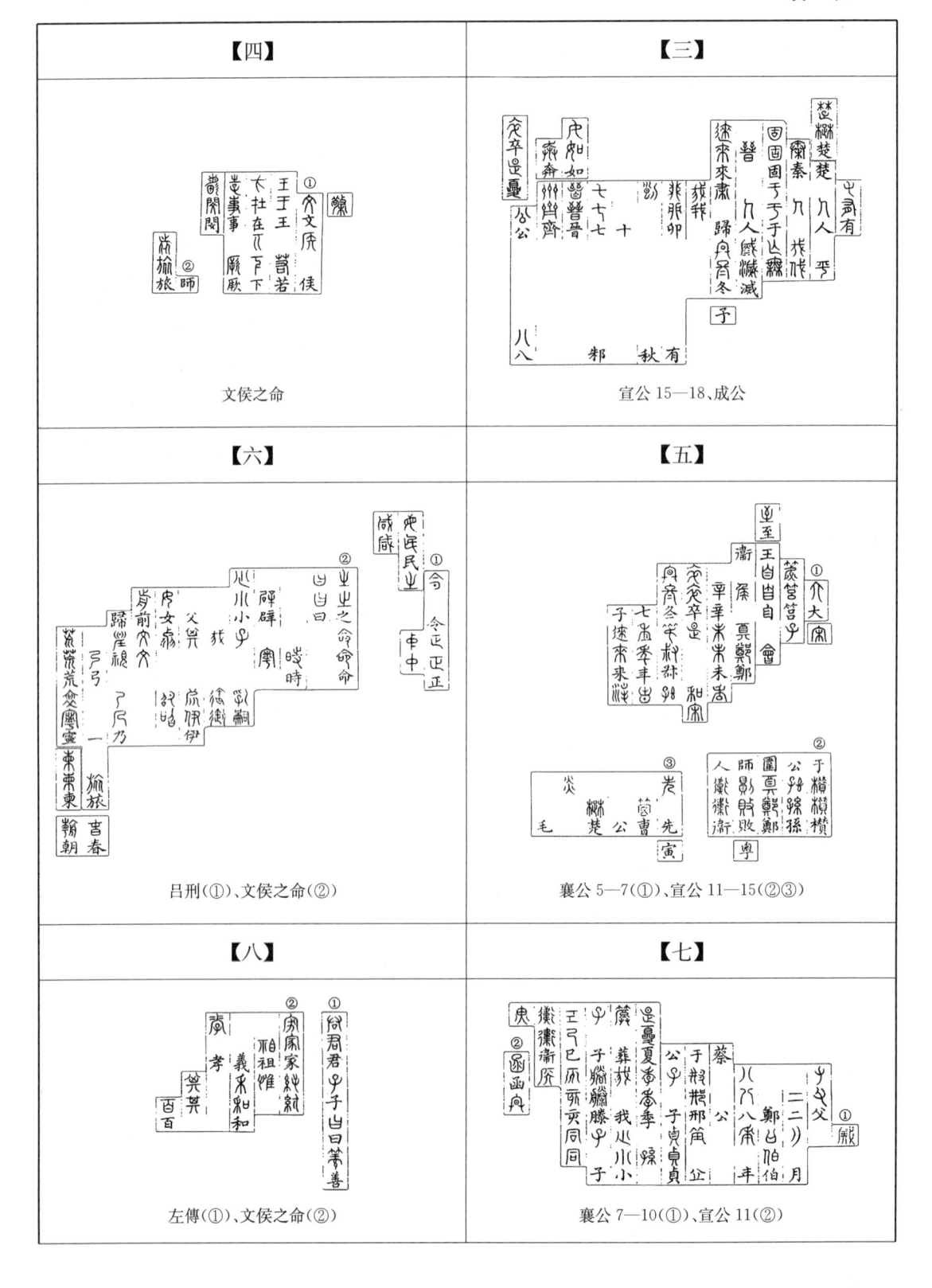

續　表

【四】	【三】
(figure)	(figure)
文侯之命	宣公 15—18、成公

【六】	【五】
(figure)	(figure)
呂刑（①）、文侯之命（②）	襄公 5—7(①)、宣公 11—15(②③)

【八】	【七】
(figure)	(figure)
左傳(①)、文侯之命(②)	襄公 7—10(①)、宣公 11(②)

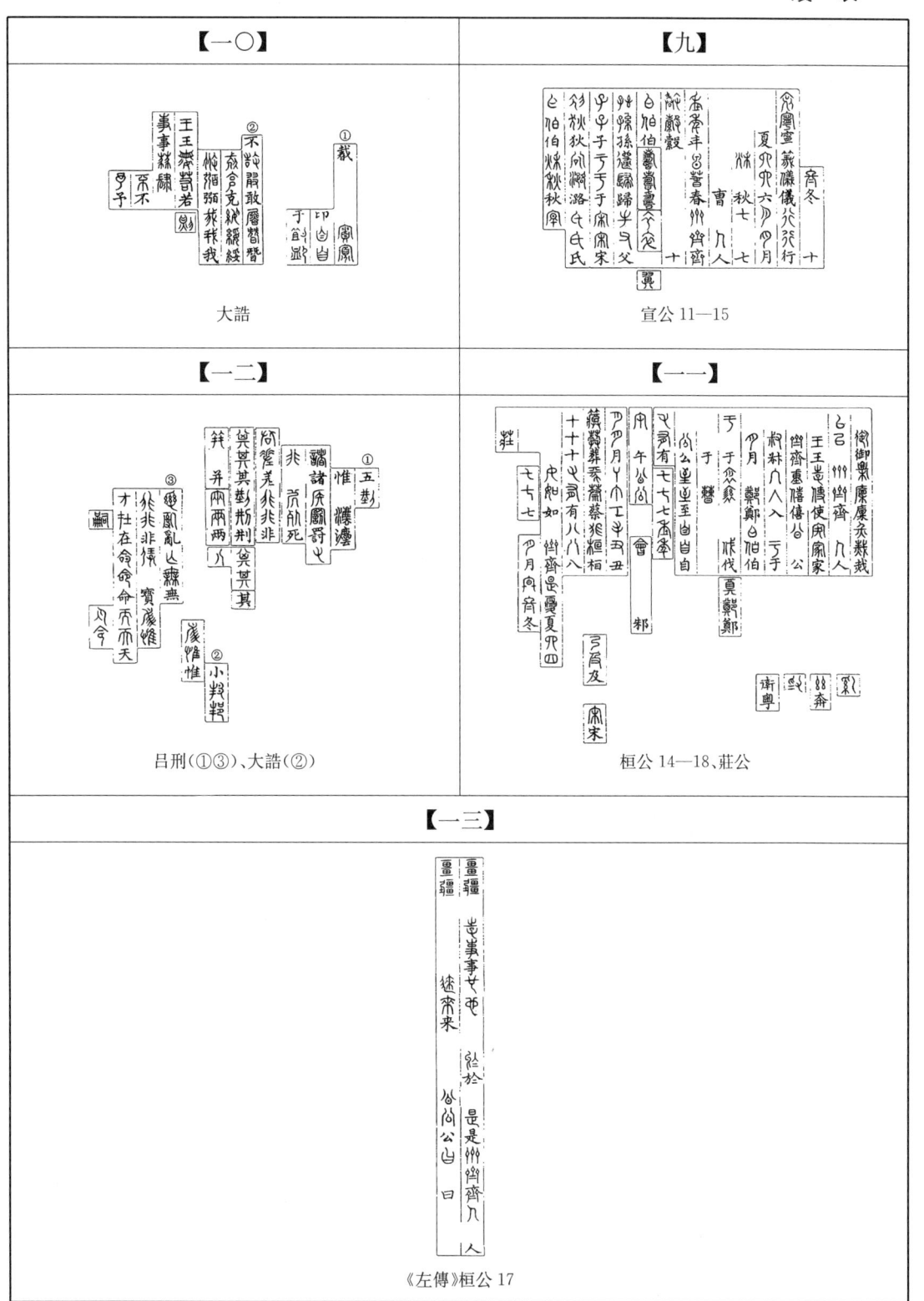

續　表

【一〇】	【九】
大誥	宣公 11—15

【一二】	【一一】
呂刑（①③）、大誥（②）	桓公 14—18、莊公

【一三】
《左傳》桓公 17

拼綴説明

1.【二】"錫/癸"殘片、"秋"殘片可以拼綴到【三】(宣公 17 年)。

2.【三】"卒(囗卒)是(夏囗)"殘片可以拼綴到【一】(襄公 4 年)。

3.【四】、【六】①②、【八】②可以拼綴(文侯之命)。

4.【五】①、【六】③、【七】①可以拼綴(襄公 5—10 年)。

5.【五】②③、【七】②、【九】可以拼綴(宣公 11—15 年)。

6.【一〇】①可以拼綴到【二】(大誥)。

敦煌祭文疑難字詞校考*

張小豔

敦煌遺書中保留有一百餘件祭文，前賢已對其作了較爲全備、詳實的整理，[①]爲學界的利用提供了較大的便利。筆者曾對敦煌文獻中所存祭文寫本做過搜輯校録。近日，將自己的録文與前賢的整理本對讀並覆核圖版時，發現其中有些字面生澀、難以辨識的文字或字面普通、不易理解的詞語，參閱前賢的論著後，有的能獲得確解，有的仍闕疑如故。本文即嘗試對其中九篇祭文裏的十二則疑難字詞進行校考。不妥之處，祈請讀者正之。

一、彭祺　幽堘

P.2614V7《癸卯年十二月廿三日妹祭兄文》："伏☐（惟）靈孔懷令淑，志節貞純。

---

* 本文係國家社科基金重大招標項目"5—11世紀中國文學寫本整理、編年與綜合研究"（編號：16ZDA175）、上海市教委科研創新計劃資助項目"敦煌文獻通假字匯纂"（編號：2017-01-07-00-07-E00054）的階段性成果。初稿（僅有第二、四、五、六、七條）曾在"寫本學國際學術研討會暨中國敦煌吐魯番學會2018年理事會"上宣讀，承蒙業師張涌泉教授與張永强、趙鑫曄二位先生惠示寶貴意見；後增寫第一、三、八、九條，友生傅及斯通讀了全文，對"戒津"條釋義有所指正，謹此一併致謝。文中錯誤由本人負責。

① 學界有關祭文的校録整理，主要有趙和平：《敦煌寫本書儀研究》（限於"凶書儀"中所涉祭文樣本），新文豐出版有限公司，1993年，第335～355、588～593頁；寧可、郝春文：《敦煌社邑文書輯校》（限於社祭文），江蘇古籍出版社，1998年，第683～699頁；趙大瑩：《敦煌祭文及相關問題研究——以P.3214和P.4043兩件文書爲中心》（簡稱"趙文"），《敦煌吐魯番研究》第11卷，上海古籍出版社，2008年，第297～334頁；鍾書林、張磊：《敦煌文研究與校注》（簡稱"校注"），武漢大學出版社，2014年，第201～206、749～825頁；楊寶玉：《敦煌文書中所存尼僧祭文校考》（簡稱"楊文"），《形象史學研究》2015年第2期，第161～173頁；劉傳啓：《敦煌喪葬文書輯注》（簡稱"輯注"），巴蜀書社，2017年，第510～601頁。本文引用祭文的整理本，徑於相應的簡稱後括注引文頁碼，如"《校注》（780）"表示引文見於《敦煌文研究與校注》第780頁，其餘類推。

將彭𥘉之壽年,三朝之命極……手足偏折,悲悼何陳。一歸⊠(泉)户,六(?)日相因。送入幽壞,鬼作(?)冥魂。"(《法藏》16/267A)①

按:"𥘉"與"壞",《校注》(780)分别作"祺"和"墤(埃)",注云:"墤"不載於字書,疑爲"埃"的聲旁替换俗字;《輯注》(523)作"聃"和"懷"(?)。從字形看,"𥘉"爲"祺"的手寫,在句中與"彭"連言作"彭祺",故此頗疑"祺"當是"祖"的增筆異寫。敦煌寫本中,"且"或"且"旁手寫或增筆作"具"形,如 BD3024(北 8437,雲 24)《八相變》:"今具日光西下,座(坐)久延時。"(《國藏》41/136)S.6417《社邑文》:"行香助供人等,十善具備,百福莊嚴。"(《英藏》11/45)P.3276V《文樣·社邑印沙佛文》:"主人合家大沙(小)俱蒙清浄之因,七祖靈魂並獲無壃(疆)之福。"(《法藏》22/359B)其中的截圖字分别爲"且""助""祖"的增筆異寫。末例中"祖"與上揭祭文中"𥘉"的構形全同,可證"𥘉"爲"祖"字無疑。由是可知,"彭𥘉"即"彭祖",爲古代傳説中善養生的長壽者。

"壞",其形確似"墤",《校注》疑其爲"埃"的换聲旁俗體,然缺實證,恐難服人。竊疑其字當是"壤"之俗訛,"襄""衰"二旁俗書多相亂,如 S.2832《文樣·三周》:"想尊顔而益遠,痛幽壞之逾深。"(《英藏》4/238)②,句中截圖字爲"墤"的手寫,從文義看則當是"壤"之俗訛。"衰"與"哀"形近易混,如 P.2044V《釋門文範》:"覩三才之成敗,知萬物之盛衰。"(《法藏》3/132B)例中截圖字確是"哀"字,但却爲"衰"之形訛。由此看來,"壞"極有可能爲"壤"的俗寫形訛。從詞義看,"幽壤"爲詞,指地下、陰間,習見於敦煌祭文、願文及邈真贊。如 P.5000《歲次癸巳女婿張志豐祭丈母馮氏文》:"門庭稱苦,淚下如泉。送歸幽壤,無時再言。"(《法藏》34/1A)P.2497《文樣·通亡》:"所冀克保大年,永光家族,而乃臻下壽,遽歸幽壤。"(《法藏》14/331B)S.1441V《文樣·爲亡人追福文》:"孝等懷恩罔極,禮制有期,茅苫欲除,總帳將卷。想恩顔而益遠,痛幽壤之逾深。"(《英藏》3/46)S.5573《文樣·臨壙文》:"然今亡者受(壽)盡今生,形隨物化,舍(捨)兹白日,

---

① 本文引用敦煌文獻皆於引文後括注其出處,如"《法藏》16/267A"表示所引内容見於《法藏敦煌西域文獻》(簡稱《法藏》,34 册;上海古籍出版社,1995—2005 年)第 16 册 267 頁上欄,其餘類推。文中引用的其他敦煌圖録爲:《英藏敦煌文獻(漢文佛經以外部份)》(簡稱《英藏》;14 册),四川人民出版社,1990—1995 年;《上海圖書館藏敦煌吐魯番文獻》(簡稱《上圖》,4 册),上海古籍出版社,1999 年;《浙藏敦煌文獻》(簡稱《浙敦》,1 册),浙江教育出版社,2001 年;《國家圖書館藏敦煌遺書》(簡稱《國藏》,146 册),北京圖書館出版社,2009—2012 年;《台東区立書道博物館所藏中村不折舊藏禹域墨書集成》(簡稱《中村》,3 册),日本文部科學省科學研究費特定領域研究(東アジア出版文化の研究)总括班,2005 年。

② 更多的舉例及詳細的論證參拙文《辭書疑義辨析五則》之"櫰"條(《古代漢語大型辭書編纂問題研討會會議論文集》,上海,2018 年 11 月 24—25 日,第 256~259 頁),此不贅。

掩（奄）就黃泉，體逐時遷，魂歸幽壤。"（《英藏》8/60B）P.2482《唐故河西歸義軍節度使內親從都頭陰善雄墓誌銘并序》："方欲分憂助理，永静邊塵。奈河（何）奄棄明時，魂沉幽壤。"（《法藏》14/249A）皆其例。

綜上可知，前揭祭文中的"禚"與"壊"，當分別録校作"禔（祖）"與"埌（壤）"。詞義上，"彭祖"爲古代傳説中的長壽者；"幽壤"指地下、陰間，習見於敦煌文獻。

二、柔範 無叙

P.3213V《壬辰年二月廿四日阿夷師正智祭外甥尼勝妙律師文》："惟靈幻（幼）懷聰慧，柔範清貞。鵝珠皎净，七聚偏精。四依無叙，八敬逾明。"（《法藏》22/178B）

按："柔"與"叙"，《校注》（797）録作"美"與"⊠"；楊文（164—165）録校作"義（儀）"與"穀（乖？）"；《輯注》（535）録作"業"與"□（叙？）"。從字形看，"柔"當是"柔"的俗訛。"柔"上部所從"矛"，俗寫或省作"マ"形，如隋大業四年（608）《任軌墓誌》："夫人乃操履温潤，器調柔明。"① 浙敦 27《大智度論》卷九十："四者手足柔濡，勝餘身分。"（《浙藏》114B）②"柔"就是由這種寫法的"柔"小變而來。詞義上，"柔"者，順也，謂温順、和順，乃婦德之一。《文選·張華〈女史箴〉》："婦德尚柔，含章貞吉。"③ 故"柔範"義同"閫範""閨範"，指婦女應遵守的規範。④ 如《梁書·高祖郗皇后傳》："先皇后應祥月德，比載坤靈，柔範陰化，儀形自遠。"⑤ 唐不空《賀册皇后張氏表》："伏惟皇后德彰柔範，功佐春闈，望雲氣而知歸，臨戎軒而推轂。"（《大正藏》52/828C17—18）⑥ P.3518V《齋文·亡母文》："母儀騰秀，蕙問馳方（芳）；柔範自居，風姿婉（婉）淑。"（《法藏》25/137A）皆其例。

---

① 此例引自梁春勝：《楷書異體俗體部件例字表》（未刊稿）；圖版見北京圖書館金石組編：《北京圖書館藏中國歷代石刻拓本匯編》第 10 册，中州古籍出版社，1989 年，第 17 頁。
② 此例引自黄征：《敦煌俗字典》"柔"條，上海教育出版社，2005 年，第 340 頁。
③ （南朝梁）蕭統編，（唐）李善注：《文選》，中華書局，1977 年，第 768 頁。本文引傳世典籍，首次徵引詳注出處，再次引用徑於引文後括注其頁碼。
④ 參見《漢語大詞典》第 4 册"柔範"條，漢語大詞典出版社，1989 年，第 952～953 頁。
⑤ （唐）姚思廉：《梁書》，中華書局，1973 年，第 157 頁。
⑥ "《大正藏》52/828C17—18"指大正新修大藏經刊行會編《大正新脩大藏經》（大藏出版株式會社，1988 年）第 52 册 828 頁下欄 17 至 18 行，下仿此。

"㲉"係"缺"之俗訛。其字右部爲"夬"的手寫,左部爲"垂"的俗寫形訛。"缺"字俗書"缶"旁或作"垂"形,如北周《華嶽廟碑》:"樹亦往往殘㲉。"①S.189《老子道德經》:"大成若㲉,其用不弊。"(《英藏》1/70B)②唐慧琳《一切經音義》(下文簡稱《音義》)卷七《大般若波羅蜜多經》第五百四十七卷音義"空缺"條:"下傾悅反……《説文》云:器破也。《蒼頡篇》云:缺,虧也。從缶、夬聲也。或從垂作㲉,通用。"(《中華藏》57/525A)③P.2366A《洞淵神呪經》卷十:"出得爲人,六情不具,癡聾瘖瘂(啞),加復瘦顇,盲眼決脣,㲉耳腫瘤,背折胳(臂)屈,唐面跛腳,無手無足。"(《法藏》13/11A)上引四例中的截圖字皆"缺"之俗字,後三形右旁所從"垂"形,末筆仍保留着"缶"旁下部象器形的"凵"(兩豎筆寫得較短)。這種寫法的"缶(垂)",手寫時其中豎或拉長伸出"凵"下橫筆之外,變得與"乘"之俗字"乘"形近。如五代可洪《新集藏經音義隨函録》(下文簡稱《音義》)卷二四《衆經目録》第七卷音義:"索㲉,上所革反,下苦夫(穴)反。"(《中華藏》60/322C)此條詞目源出的經文爲"求遺索缺"(《大正藏》55/148C25),可證"㲉"即"缺"之俗訛。上揭敦煌祭文中的"㲉"與"㲉"形似,其字亦"缺"之俗訛。"無缺"謂圓滿、没有欠缺。

由上可知,"柔"與"㲉"當録作"柔"與"缺",其所在文句"柔範清貞"和"四依無缺",乃稱頌尼勝妙婦德清白堅貞,戒行圓滿,無有欠缺,言其修道持戒皆能遵循四依之法(謂依糞掃衣、依乞食、依樹下坐、依殘棄藥等)。

三、戒凓

P.3213V《徒衆綜幽、法濬等祭沙彌惟英文》:"惟歲次庚寅十一月朔十一日,當寺徒衆綜幽、法濬等以香藥之奠,祭彼沙彌惟英之靈。念汝年當應法,未濁戒凓。志行純素,受學殷勤。能精經戒,歷夏過春。將謂後代傳法,遍布慈雲;何少年之殞逝,使親戚兮悲辛。寺宇悽愴,汝(?)伴悲分。送終白雪,霜結凝椿。寒☐苦霧,水凍龍門。祭汝郊埌(郭),蹔來就囙(茵)。尚饗。"(《法藏》22/179B)

---

① 此例引自梁春勝:《楷書異體俗體部件例字表》(未刊稿),圖版見北京圖書館金石組編:《北京圖書館藏藏中國歷代石刻拓本匯編》第 8 册,第 135 頁。
② 此例引自黄征:《敦煌俗字典》"缺"條,第 333 頁。
③ "《中華藏》57/525A"指中華大藏經編輯局編《中華大藏經》(中華書局,1993 年)第 57 册 525 頁上欄,下仿此。

按："㳤",《校注》(798)作"偉",並將相關文句斷作："念汝當年,應法未濁。戒偉志行,純素受學。殷懃能精,經戒歷夏遇春。"《輯注》(536)錄校作"悼(律)"。從字形看,其字左部的豎筆當是"氵"的草寫連筆,與之相鄰的前句"念汝年當應法"的"汝"即寫作"女",可以比參;其右部所從既可能是"韋",亦可能是"聿"。就押韻論,"㳤"正處於韻字的位置,文中同押之字主要有"懃(欣)、春(諄)、雲(文)、辛(真)、分(文)、椿(諄)、門(魂)、因(真)",皆屬臻攝的真、諄、文、欣、魂韻。若是"韋",即"渾"字,屬"微"韻,則失韻矣;若是"聿",爲"津"字,屬"真"韻,正與上述韻字相諧。且"戒津"爲詞,敦煌文獻及傳世典籍中不乏其例。如 P.4911《齋願文》:"今此齋者,即爲弟子厶甲次當方等之供也。沙彌厶甲宿鍾道分,幸預法衣,再沐提挈(挈—挈),得入方等,期超苦海,將涉戒津。"(《法藏》33/262)例言憑"戒津"以超渡"苦海"。又如宋贊寧《宋高僧傳》卷七《後唐洛陽長水令諲傳》:"幼而履操,迥求出俗,得本邑之師,授《淨名經》。年既應法,乃納戒津,大小乘教兼而學之。"①又卷十五《唐京師安國寺如淨傳》:"釋如淨,不詳何許人也。甫參法位,當納戒津,明練毗尼,砥礪名節。"(365)卷十六《梁蘇州破山興福寺彥偁傳》:"釋彥偁,姓龔氏,吳郡常熟人也。揭厲戒津,錙銖塵務,勤求師範,唯善是從。"(398)上引《宋高僧傳》首例中"戒津",或謂不辭,疑當作"戒律";"納戒"即受戒,佛教稱十四至十九歲的沙彌爲應法沙彌,引文言令諲到了受沙彌戒的年齡,故"戒津"當是"戒律"之訛。② 從上舉文例看,"戒津"在唐末宋初的文獻中較爲常見,尤其是上揭敦煌祭文中的"津"恰爲韻字,可確證"津"非"律"之誤。那麽,"戒津"爲何意呢?

竊以爲"戒津"就是戒,謂之"津"乃比喻説法。"津"本指渡口,引申可指根本途徑。佛教修行中最重"戒",且佛家講經説法多用比喻,譬如將塵世喻爲"苦海",把"戒"比作救拔衆生出離生死苦海、抵達涅槃彼岸的"津要"或"津梁"。如中村 18《律抄》:"夫戒律之典,良由郡(群)惑起患,除戒無以息其非。……戒具萬行之津要,摧魔之勝幢……大聖所以使出家之人先學戒者何? 良以戒是生死足導資糧,漂流船栰,運澀行人從此到彼,莫不由戒。大聖典(興)世度人,得戒乃可無量。"(《中村》上/103B)P.4522《受八關齋戒文》:"夫受戒者,是成佛之源,斷惡修善之本……佛告阿難:'……汝等一切衆生應以波羅提木叉爲汝之師,如我在世,等無有異……所以然者,戒是菩提之根牙,亦是功德之寶瓶,一切善法依戒增長,一切功德因戒滿足。'……故知戒者

---

① (宋)贊寧撰,范祥雍點校:《宋高僧傳》,中華書局,1987 年,第 144 頁。
② 楊志飛:《贊寧〈宋高僧傳〉研究》,巴蜀書社,2016 年,第 414 頁。

能開發宿世善根,於生死嶮道之中,戒爲資糧;大黑闇中,戒爲明燈;大悕(怖)畏處,戒爲伴侶;登涅槃山,戒爲梯橙(蹬)。是故行者欲求出離生死欲,覓人天勝福,必須以戒爲根本。"(《法藏》31/314B—315A)上圖 16《歡喜國王緣》:"浮生難長久,生來死去忙。争如天上福,快樂是尋常……若求生去者,八戒是津糧(梁)。"(《上圖》1/124B)正因爲"戒"是佛教修行者渡越生死、修成正果之"津要""津梁",人們遂以"戒津"來喻稱"戒",藉此突顯它在佛教修行中的關鍵作用。

前揭五例中,"戒津"皆爲名詞,分別充當"濁""涉""納""揭厲"的賓語。詞義上,"涉""揭厲"均指"渡越","納"表"受";"濁"字於義不諧,當是"濯"之音借。"濁""濯"《廣韻》皆音直角切,音同可通。如 P.2418《父母恩重經講經文》:"一頭洗濁穢污,一伴(畔)又餧飼女男。"(《法藏》13/306B)又 S.3491V《破魔變》:"下山欲久(救)衆生苦,洗濁垢膩在熙連。"(《英藏》5/108)其中"濁"皆爲"濯"的同音借字。"濯"可指清洗、滌除(心垢),如東晉佛陀跋陀羅譯《大方廣佛華嚴經》卷五九:"菩提心者,則爲净水,洗濯一切煩惱垢故。"(《大正藏》9/755B23—24)唐義净譯《金光明最勝王經》卷二:"我有煩惱障,及以諸報業,願以大悲水,洗濯令清净。"(《大正藏》29/456B29—456C1)"濯戒"謂通過"戒"的洗滌來消除垢鄣、煩惱,令心清净,文獻中或用以稱"受戒"。如唐光化三年(900)《皇化寺齊章法師墓誌銘并序》:"(法師)幼踐釋門,迥握樞闑。登年濯戒,遊詣京華。"①《宋高僧傳》卷三十《晉宣州自新傳》:"釋自新,姓孫氏,臨淄人也。濯戒尋師,曾無懈廢。"(754)是其例。"濯戒"也稱"濯戒津",如 S.4361《沙彌五德十數》:"(某乙等)一心暮(慕)道,割愛辭親,投佛出家,供養三寶;但以年耻(齒)有缺,未濯戒津,清净僧倫,莫霑其位。"(《英藏》6/44)言因年歲不夠,尚未受具足戒(指年滿二十歲的比丘、比丘尼所受戒品)。與"濯戒津"結構近似的表達還有"沐戒海",如清讀體《毗尼作持續釋序》:"所冀同志諸仁知止作、明是非,臨事稱量,應爲當爲,共沐戒海而盡浣凡心,俱踐道階而紹繼聖種。"②言在戒海中沐浴、滌除心垢。由此可見,前揭祭文例中"年當應法,未濁戒津"句,是説惟英年齡恰當沙彌之位(佛教稱十四至十九歲的出家男子爲"應法沙彌"),還未受具足戒。"濁"這一用法還見於 P.2450V《釋門文範·祭文》:"童稚之年,披緇落髮。精心懇志,威儀無差。遇佛日沖融,得濁戒品。"(《法藏》14/100B)例言因佛法興盛而得以受戒,其中"濁"亦"濯"之借。因此,"納戒津"與"濁(濯)戒津""涉戒津""揭厲戒津"均喻指受戒。

---

① 吴鋼主編《全唐文補遺》第九輯,三秦出版社,2007年,第 422 頁。
② 河村照孝編集《卍新纂大日本續藏經》,株式會社中國書刊行會,1975—1989 年,第 41 册 347 頁下欄。此例承友生傅及斯檢示。

四、恩㑲

P.3214《己巳年八月十一日弟安文和祭師兄文》："伏惟靈自歸釋教，戒月周圓。剛柔在室，頓棄煩喧(喧)。鍊心慕道，與世超先。親中憮(撫)卹，九族恩㑲。寺內花萼，治理兼全。將謂受(壽)同法寶，海岳同年。何今逝逼，奄謝九泉。思之哽噎，泣淚潸然。今生一別，再會無緣。郊佐(左)單酌，請來降延(筵)。"(《法藏》22／180A)

按："㑲"，趙文(299)錄校為"恰(洽)"，《校注》(799)、《輯注》(537—538)同，前書注云："恰，同'洽'。融洽，和睦。"後書釋曰：恰，當為"洽"。段玉裁《説文解字注·水部》："洽，霑也。《大雅》'民之洽也'傳曰：'洽，合也。'"就字形看，"㑲"確為"恰"之手寫，但"恰"字不合韻。上引祭文中，"恰"正處於韻腳，與之同押的韻字依次為"圓(仙)、喧(元)、先(先)、全(仙)、年(先)、泉(仙)、然(仙)、緣(仙)、延(仙)"，"先""仙"二韻《廣韻》同用，"元""先、仙"皆屬山攝，可以通押；唯"恰"屬咸攝"洽"韻，與"元、先、仙"等韻不諧。

結合字形、押韻及詞義來看，"㑲(恰)"當是"憐"之形訛。手寫"合""令"二字形近易訛，如S.78V《失名書儀》："伏以四序將周，一陽肇啓；屬書雲之合節，當迎日之佳辰。"(《英藏》1/31B)S.427V《禪門十二時·人定亥》："一朝合落卧黄沙，百年富貴知何在。"(《英藏》1/191B)從字形看，例中"合""合"皆為"合"之手寫。就詞義論，前例中"合"與"佳"相對，其字顯為"令"之形訛，"令"者，美、善之謂也，句中"令節"與"佳辰"相對，指佳節；後例中"合"，異本BD.7310(鳥10，北8440)作"令(令)"(《國藏》96/158)，句中當讀為"零"，①"零落"喻指死亡。此二例即"合""令"形訛之證。

再回到"㑲(恰)"，其字右旁所從"合"亦當為"令"之形訛，即"恰"當作"怜"，而"怜"為"憐"的換旁異體，《集韻·先韻》："憐，《説文》：'哀也。'或作怜。"②讀音上，"憐"《廣韻》音落賢切，屬先韻，可與上揭韻字通押；詞義上，句中"恩憐"與"憮(撫)卹"相對，指關愛、憐惜，③為近義複詞，文獻習見。如《南齊書·豫章文獻王嶷傳》："臣命違

---

① 句中"合"，任半塘：《敦煌歌辭總編》徑改作"冷"，上海古籍出版社，1987年，第1349頁；郝春文主編：《英藏敦煌社會歷史文獻釋錄》第2卷校作"命"，社會科學文獻出版社，2003年，第314頁。按：兩家校改，於義均未安。

② (宋)丁度等編：《集韻》，中華書局影印《宋刻集韻》，2005年，第47頁。

③ "恩憐"，《漢語大詞典》(第7冊，1991年，第499頁)釋作"加恩垂憐"，似不確。

昌數,奄奪**恩憐**,長辭明世,伏涕嗚咽。"①《全唐文》卷七九一劉伸《唐故清河郡張府君夫人安定郡胡氏合祔墓誌銘并序》:"女師娘子……春花欲發,秋葉已凋。割慈母之**恩憐**,痛膝下之瘖瘂。皇天不祐,夭折妙年。"②P.4992《馬軍氾再晟狀》:"父在之日,聞道外有一妻,生弟保保,識認骨肉,**恩憐**務(矜)恤,漸漸長大成人,與娶新婦。"(《法藏》33/343A)P.2418《父母恩重經講經文》:"熱時太熱爲恩[怜],寒即盡寒爲臺(擡)舉。"(《法藏》13/301A)末例中"恩[怜]"即"恩怜",亦同"恩憐",可以比勘。由此看來,前揭祭文中"恩[怜]",確當校作"恩怜(憐)","九族恩憐"稱頌師兄對親族關愛有加。

五、願親　欽真

P.3214《己巳年八月十一日徒衆法藏等祭安寺主闍梨文》:"惟靈天生慈善,軌範立身。溫柔有德,汎愛仁人。投真捨俗,禁護六門。在寺無分毫之闕,葺理實越人倫。爲僧清恪,並無氛氳。釋中碩德,衆内超群。[營]私建塔,[觸]事勻均。將謂永霑不替,同佛教而長春。何兮妖禍降墜,善界**願親**,思之悶絶,合寺咸[辠]。今生一棄,彌勒會因。路邊箄筍,請來**欽真**。"(《法藏》22/180B—181A)

按:上引祭文中的"[營]""[觸]""[辠]"三字,前賢録文與校注多有歧異。郝春文《唐後期五代宋初敦煌僧尼的社會生活》(下文簡稱"郝著")依次録作"營""觸""辠"。③趙文(300—302)作"營(蓄?)""觸""辠(辠?)",注云:"蓄",字形不清。郝著録爲"營",按文意作"蓄"是;"辠",依郝著録文,據文意作"辠"是。《校注》(800)作"營""觸""辠",注云:"辠"爲"辛"的增旁俗字,指悲痛。《輯注》(538)作"蓄""觸""辠(辠?)","辠"字注釋與趙文同。

從字形及文意看,"[營]""[觸]""[辠]"三字的釋録,前二字當以郝著爲是,後字《校注》的録文與注釋正確可從。"營私"謂謀求私利,"營私建塔"言寺主自謀資財建造塔寺;"觸事"指事事、凡事,"觸事勻均"稱寺主凡事皆能均平處置;"辠"爲"辛"的涉義增旁俗字("辛"屬口味,故增"口"旁),"合寺咸辛"言寺中上下聽聞闍梨去世,皆爲之悲痛。

---

① (梁)蕭子顯:《南齊書》,中華書局,1972年,第415頁。
② (清)董誥等編:《全唐文》,中華書局,1983年,第8289頁上欄。
③ 郝春文:《唐後期五代宋初敦煌僧尼的社會生活》,中國社會科學出版社,1998年,第387頁。

弄清上述疑難字詞的表意後,再來看"願親"當如何理解。"願親"郝著、趙文、《輯注》均將其屬下讀,作"願親思之悶絕",後書還校"願"作"眷";《校注》將"善界願親"獨立爲句,"願"字未作校注。《輯注》以爲"願親"當作"眷親",與文意較合,但"眷親"爲詞頗爲罕見。竊疑"願"當讀作"怨","願"《廣韻》音魚怨切,疑紐願韻;"怨"讀於願切,影紐願韻,二字聲近韻同,可得通借。如S.527《顯德六年(959)正月三日女人社社條》:"右通前件條流,一一丁寧,如水如魚,不得道説事(是)非,更不𢳆願者。山河爲誓,日月證知。"(《英藏》2/5B)S.6537V《上祖社條》:"立此條流,如水如魚,不得道東説西,後更不𢳆願者。山何(河)爲誓,日月證知。"(《英藏》11/97)其中的截圖字"𢳆"和"𢳆"爲同字異寫,寧可、郝春文將其録爲"於",前例校作"如",後例未校;①余堅録作"相",認爲"願"應讀同"怨","相願"即"相怨"。② 竊謂後説更切於文意。"相""於"二字,草書形近易混,上舉社條中的截圖字,究竟當録作"相"還是"於",需據文意來判定。二字所在文句近似,以前例言之,句中"不得""更不"所否定的"道説是非""𢳆願",均是立社後大家不願看到的負面結果。若據前説,録校作"於(如)願",指符合、達成願望,則跟全句的語境不合;若依後説,録校作"相願(怨)",指相互埋怨、指責,恰與整句順承而下、逐漸遞增的文勢相合,該句言立條後,社員應如魚水般和諧相處,不得評説是非,更不能相互埋怨。讀來文勢貫通,切於文意。故例中"𢳆/𢳆願",當録校作"相願(怨)","願"爲"怨"的音近借字。

敦煌文獻中,"怨"亦可借"願"來表示。如S.3491V《破魔變》:"魔王有三女,忽見火(父)王情不樂,遂即同(向)前啓白父王……父王何得苦生憂,甚事**怨請**煩勿留。爲後(復)憂他國計事,近日容兒漸生愁……下界不知有甚事,請君爲我説來由。"(《英藏》5/111)S.5402《百姓薛延俊等請判憑狀》:"右延[俊]等,早者小有**怨懇**,敢具狀申,伏蒙阿郎仁慈,特垂勘問,雖承傳旨,未獲判憑。"(《英藏》7/42B)二例中的"怨"皆當讀爲"願"。前例中"怨請"即"願請",表達請求,爲近義複詞,其句謂(不論)什麼事,請父王不要煩憂。"願請"這一用法,也見於其他文獻,如北涼曇無讖譯《佛所行讚》卷二:"諸長宿梵志,蓬髮服草衣,追隨菩薩後,**願請**小留神。"(《大正藏》4/13B22—23)是其例。後例中"怨懇"即"願懇",指心願。敦煌文獻即有例,如S.6537V《某慈父與子書》:"敬想男厶乙在彼告(吉)好否?吾及内外親姻男女大少(小)物(惣)得安泰……切莫貪酒市肉,[浪]破錢物,在心餙飼畜剩(乘),平善早迴,

---

① 寧可、郝春文輯校:《敦煌社邑文書輯校》,江蘇古籍出版社,1997年,第25、56頁。
② 此據友生余堅爲本人主持的"敦煌文獻通假字匯纂"項目搜集的實例。

滿吾**願懇**。"(《英藏》11/95)句中"願懇",在内容與之極近的 Дх.12012 中作"心願"(《俄藏》16/20B),是其切證。

既然"願""怨"音近,且可相互通借。那麽,將上舉祭文中的"願親"讀爲"怨親",就音近通假而言應無疑義。從詞義及用例看,"怨親"爲反義複詞,指怨家與親戚,習見於佛教文獻。如東晉瞿曇僧伽提婆譯《增壹阿含經》卷三九:"諸佛無彼此,諸結永已除,平等無二心,此是佛法義……持心向提婆,**怨親**無有異。"(《大正藏》2/762C15—20)P.2160《摩訶摩耶經》卷上末尾題記:"陳至德四年(586)十二月十五日,①菩薩戒弟子彭普信敬造《摩訶摩耶經》兩卷,爲十方六道,三界四生,善惡**怨親**,一相平等。"(《法藏》7/215A)S.3491V《頻婆娑羅王后宮婇女功德意供養塔生天因緣變》:"心行平等,遠近憖(愍)而(如)腹生;意起寬慈,**怨親**慰同赤子。"(《英藏》5/106)皆其例。由此看來,讀"願親"爲"怨親",於義較切。就祭文中"善界願親,思之悶絶"句而言,"善界"跟"惡界"相對,指與善心相隨之界,②其句言寺主在善界的怨家與親戚,念及寺主便暈倒,形容悲痛之切。因"善界願親"中"親"正處於韻脚(詳下),故當獨立爲一小句,用作下句"思之悶絶"的主語,誦讀時可略作停頓。

"欽真",郝著照録,趙文從之,並引《説文·匕部》"僊人變形而登天"以釋"真";《校注》録校作"欽(歆)奠",注云:"欽,通'歆',祭祀時神靈享用祭品的香氣稱'歆'。"《輯注》録校作"欽(歆)真(旨)",注曰:"欽真,於義不貫,兹據文義及其他祭文改爲'歆旨'。"《校注》《輯注》校"欽"作"歆",合於祭文的用語習慣;但將"真"録作"奠",或校作"旨",皆其失韻矣。從押韻看,上揭祭文的韻字依次爲"身(真)、人(真)、門(魂)、倫(諄)、氲(文)、群(文)、均(諄)、春(諄)、親(真)、嗔(真)、因(真)、真(真)",所押皆屬臻攝的"真""魂""諄""文"四韻。若録"真"作"奠"或校作"旨",皆於韻不諧。那麽,"真"當據趙文按《説文》的釋義來理解呢? 或是另求別解呢? 窃謂趙文所注於義未安,"真"當校作"珍"。讀音上,"珍"《廣韻》音陟鄰切,知紐真韻,與"真"(章紐真韻)聲近韻同,可以通借。而且敦煌文獻中二者每常通借,如 S.2139《故和尚大祥祭文》:"厥今宏開寶殿,廣闢**珍(真)**場,啓萬字之金雄,薦(薦)九泉之靈識者,有誰施作?"(《英藏》4/21A)S.2440《八相押坐文》:"長飢不食**真(珍)**修(羞)飯,麻麥將來便短(斷)終(中)。"(《英藏》4/75A)是其例。詞義上,"珍"可指精美的食物,《禮記·王制》:"八十常

---

① 十二月十五日,寫卷原作"十二十√月十五日","十""月"互倒而以"√"號乙正,後一"十"字衍,此徑録正。
② 如劉宋求那跋陀羅譯《雜阿含經》卷十六:"云何衆生常與界俱? 謂衆生行不善心時與不善界俱,善心時與善界俱,勝心時與勝界俱,鄙心時與鄙界俱。"(《大正藏》2/115A6—9)

珍。"孔穎達疏:"珍,謂常食之皆珍奇美食。"① "歆珍"謂(神靈)享用精美食物的香味,如上圖33《己酉年安九祭大阿孃文》:"伏惟[靈]三從備體,四德不虧。於家有節,族內白眉。奈何枕疾,醫藥虛陳。歧傍設祭,請來**歆珍**。"(《上圖》1/247B)正用"歆珍",是其切證。可見,校"真"作"珍",既合於當時的用字習慣,也切於祭文的用語習慣。故上引祭文中的"欽真"當校錄作"欽(歆)真(珍)"。

六、很 夊 泛 冂

P.3214《大唐天復六年哀子蠅子祭河伯將軍、橋道之神文》:"伏惟神不幸蠅子,自生福尠,禍**很**今晨。尊妣逝**夊**,葬值此日。所有**泛**身衣物,將過往於丘墳。願神歡喜,**冂**逐師林。郊邊奉獻,請來降真。"(《法藏》22/181A)

按:例中的"**很**""**夊**""**泛**""**冂**"四字,前賢錄文、斷句及校注多有歧異。趙文(300—302)依次錄作"很""終""法""門(?)",相關語句讀作:"伏惟神,不幸蠅子,自生福尠禍**很**,今晨尊妣逝**終**葬,值此日所有**法**身衣物,將過往於丘墳。願神歡喜,**門(?)**逐師林。"注"很"云:"凶惡,殘忍;暴戾,乖戾。假借爲'狠'。"《校注》(800)錄作"很""祭""法""引",相關語句斷爲:"伏惟神不幸,蠅子自生,福尠禍**很**。今晨尊妣逝**祭**,葬值此日,所有**法**身衣物,將過往於丘墳。願神歡喜,**引**逐師林。"《輯注》(539)錄作"很""發""征""門",相關語句點爲:"伏惟神不幸蠅子,自生福尠禍**很**,今晨尊妣逝**發**,葬值此日,所有**征**身衣物,將過往於丘墳。願神歡喜,**門**逐師林。"並注"很"爲"甚"。上引三家錄文中,除趙文將"**夊**"錄作"終"可取外,其餘恐皆未確;其斷句、注釋也多未穩。

結合字形及文意看,"**很**"當爲"侵"之俗訛。俗寫"侵"左旁的"亻"或作"彳"形,如S.223《天王文》:"我等諸王,已(以)誓願力,不令**侵**擾……使兵賊不**侵**,萬姓安樂。"(《英藏》1/88)②BD.4040(麗40,北8671)《八相成道變文(擬)》:"**侵**晨便至門守(首),邀請上殿,對說因由。"(《國藏》55/155)是其例。"**很**"便是在"**侵**"這種俗寫的基礎上,經由"**侵**"訛變而來,即其右部所從"叟"中間的"冖"先訛省爲"一"而寫作"叟",然後草寫連筆成"夊",再將其與左部的"彳"緊密結合便成"**很**"。"侵"謂逼近、來臨,如S.2073《廬山遠公話》:"若也老、病來**侵**,白髮無緣再黑。"(《英藏》3/270A)S.530《鉅鹿索法律

---

① (漢)鄭玄注,(唐)孔穎達正義《禮記正義》,清阮元校刻《十三經注疏》本,上海古籍出版社,1997年,第1346頁。

② 此例引自黃征:《敦煌俗字典》"侵"條,第325頁。

和尚義辯墓誌銘》：" 懸蛇之疾俄**侵**，風樹之悲奄（頓）及。"（《英藏》2/14）P.2226V《燃燈號》："既而歲**侵**鍾（鐘）漏，日逼𡍼（桑）榆。"（《法藏》9/253B）皆其例。"禍侵"謂災禍逼近、降臨，如唐大中三年（849）《魏仲連墓誌》："噫！不延永壽，**禍侵**室幃，又撚玄夜，今則袝從。"①"禍侵室幃"言災禍降臨内室，隱喻誌主妻室亡故。敦煌碑銘讚、祭文中也有不少與"禍侵"類似的表達，如 P.3556《周故南陽郡娘子張氏墓誌銘并序》："娘子將料永居香閣，倏然成奔月之人，**逝水來侵**，欻爾作幽泉之客。"（《法藏》25/255B）P.4640《翟家碑》："豈謂風燈運促，黃雄之**祟妖侵**。手足長辭，痛鶺鴒之失羽。"（《法藏》32/254A）P.2482《晋故歸義軍管内衙前都押衙南陽張府君邈真讚并序》："將謂遐泰，禄位不移。何兮逝速，**禍魅來追**。"（《法藏》14/253A）P.3214《己巳年八月十一日法藏等祭安寺主文》："何兮**妖禍降墜**，善界願（怨）親，思之悶絶，合寺咸哞。"（《法藏》22/180B）上舉例中"逝水來侵""祟妖侵""禍魅來追""妖禍降墜"等，皆謂災禍、妖魅降臨，喻指某人亡故。由是可知，"禍侵今晨"實謂災禍降臨今晨，隱喻尊妣逝去。

"终"，從歹、冬聲，當是"殁"之俗訛（左部"歹"訛爲"夕"），而"殁"又爲"終"的後起區別文，故趙文所録是。"逝終"爲同義複詞，指去世。如隋大業十二年（616）《段世琳墓誌》："烏吁可念，永絶人倫。一旦**逝終**，魂零（靈）異路。"②是其例。

"沿"，就字形論，確似"征"之手寫，但與"法"相去較遠；然不論"征"還是"法"，皆與文意不合。仔細辨認，其字從氵從公，實爲"㳖"之手寫。而"㳖"又爲"沿"字篆文的隸變體，"㕣"小篆作"𧮫"，隸定作"㕣"，秦漢古文字及魏晋隋唐楷書中，"㕣"旁多寫作"公"形。③《干禄字書·平聲》："鈆鉛，上通下正。"注云："㳖沿並同。"④是其證。故"㳖身"即"沿身"，指隨身，文獻習見。如中村 139《搜神記》"梁元皓、段子京"條："子京曰：'弟來蒼悾（忙），**㳖身**更無餘物。'遂乃解靴綃一雙，奉上兄爲信。"（《中村》中/330）P.3627《漢將王陵變》："領將陵母，髼髮齊眉，脱却**㳖身**衣服，與短褐衣，兼帶鐵鉗，轉火隊將士解悶。"（《法藏》26/144A）例中"㳖身""㳖身"，皆即"沿身"，可以比勘。上引祭文中"所有㳖（沿）身衣物"，指逝者所有隨身的衣物。

"𠆢"，字形確與"門""引"近似，但二字於義不合。竊謂其字爲"行"之草寫。"行"字草書多作"𠆢"形，如 P.3808《長興四年中興殿應聖節講經文》："承萬乘之寵光，𠆢六

---

① 圖版見北京圖書館金石組編：《北京圖書館藏中國歷代石刻拓本匯編》第 32 册，第 31 頁。
② 録文見王其禕、周曉薇：《隋代墓誌銘彙考》第 5 册，綫裝書局，2008 年，第 318 頁。
③ 張涌泉：《敦煌俗字研究》下編《敦煌俗字彙考》"㕣""沿"條，上海教育出版社，2015 年第 2 版（1996 年初版），第 369～370、536 頁；梁春勝：《楷書部件演變研究》"公（㕣）"條，綫裝書局，2012 年，第 313～314 頁。
④ 施安昌編：《顔真卿書〈干禄字書〉》，紫禁城出版社，1990 年，第 25 頁。

宮之惠愛。"(《法藏》28/122B)P.3234V《壬寅年正月一日已後直歲沙彌願通手上諸色入曆》:"麥兩碩五斗、粟肆碩五斗,二月六日、七日沿𠁣像散施入。"(《法藏》22/240B)S.1438V《書儀》:"承欲西化,不久當𠁣,漸近招提,應數刀簡。"(《英藏》3/20A)P.3718《和尚程政信邈真讚并序》:"俊忝時友,聊陳數𠁣。以俟他日,歸依法王。"(《法藏》27/103A)此所舉各例中的截圖字皆"行"之草書,上引祭文中的"𠁣"即由此連筆而寫成。"行逐師林"言希望神能相隨前往師林。

明白"𠁣""𠁣""𠁣""𠁣"四字當錄作"侵""終""沿""行"後,再來看祭文的斷句。敦煌祭文多是押韻的,上引祭文中可確定爲韻字的有"晨(真)、墳(文)、真(真)"三字,屬臻攝真、文二韻。此外,"日""林"亦可能爲韻字。"日"爲質韻,真(jen)、質(jet)二韻爲陽入對轉,即主要元音相同,僅韻尾有"-n"與"-t"之別,二者音近,可以通押。"林"爲深攝侵韻(jem),①唐五代西北方音中臻(-n)、深(-m)二攝之字或有混同,如S.3491V《破魔變》:"我捨慈親來下界,情願將心(身)作夫妻。"(《英藏》5/112)②S.4571《維摩詰經講經文》:"休向頭頭作妄緣,直須處處行眞(斟)酌。"(《英藏》6/146B)二例中"身""眞"爲臻攝真韻(-n),"心""斟"爲深攝侵韻(-m),"心/身""眞/斟"兩組的通借,説明真、侵二韻音近,故"林"亦當爲韻字。綜上可知,上引祭文中的韻字有"晨、日、墳、林、真"五字,屬"真、文、質、侵"四韻通押,體現了當時當地的語音特點。正是藉助於這些韻字,我們才可能對本篇祭文重新作出較爲穩妥的斷讀(參上引文例)。

七、揖治

P.3491V1《壬子年十一月二日比丘尼真淨、真惠等祭薛闍梨文》:"伏惟靈四禪恒湛,六度常規;導引無倦,舟接忘疲。伽藍揖治,善運擢(權)機。將冀恒爲物望,久住世間。豈謂淨土業成,掩(奄)歸極樂。"(《法藏》24/336B)

按:"揖治",《校注》(804)錄作"楫活";楊文(163)錄作"修治";《輯注》(543)錄作"修活"。從字形看,"揖"爲"揖"的手寫,"揖"又"揖"的俗字,③《龍龕手鏡·手部》:"揖,伊入反。—讓也,進也。"④其中"揖"亦"揖"的俗字。"治"爲"治"的草寫,楊文所錄是。據字形,"揖治"當錄作"揖治";按文意,"揖"則應讀爲"葺"。讀音上,"揖"

---

① 此處於"真""質""林"後括注的擬音,乃據邵榮芬先生所擬。
② "心",異本 P.2187(《法藏》8/179)作"身"。
③ "咠"旁俗寫多作"冐"形,與"胥"旁俗寫混同無別。參張涌泉:《敦煌俗字研究》(第2版),第377頁。
④ (遼)行均編:《龍龕手鏡》,中華書局,1985年,第216頁。

與"葺"皆從"咠"得聲,中古均屬緝韻,但其聲(前者爲喉音影紐,後者係齒頭音清紐)相隔較遠。① 考慮到"扌""木"二旁手寫混同不分,如上引祭文中從木的"機"和"極"分別作"機"與"極",其形皆寫從"扌",故"揖"或許更當錄作"楫"。② "楫"(精紐緝韻)與"葺"韻同、聲極近(唯有送氣、不送氣之別),自可通借。"楫治"即"葺治",指修理、整治,文獻習見。如北魏賈思勰《齊民要術·雜說》:"蠶農尚閑,可利溝瀆,**葺治**牆屋;修門户,警設守備,以禦春饑草竊之寇。"③P.4660《管内都僧政故曹僧政邈真讚》:"旋歸本群(郡),誓傳講說。**葺治**伽藍,繩愆有截。"(《法藏》33/23)S.2607《曲子詞抄·菩薩蠻》:"常慚血怨居臣下,明君巡幸恩霑灑。差匠見修宫,謁(竭)誠無有終。奉國何曾睡,**葺治**無人醉。"(《英藏》4/114A)上舉《邈真讚》中"葺治伽藍"與前揭祭文中"伽藍楫治"的表述近似,可證"楫治"即"楫治",當作"葺治"。末例中"葺治",《漢語大詞典》釋爲"治理",從前文"差匠見修宫"看,"葺治"實指修建(宫殿),④與上舉各例中該詞義同。

八、德 蘂

P.3967V《祭文》:"將謂壽等於松筠,何忽彫折於春蘂。藥不及兮膏肓,魂散飛兮蒿里。上蒼不任(仁),☒☒(降禍)何深。春光已謝,夏日藏陰。……帷帳翻爲**德蘂**,寵樂回作悲吟。"(《法藏》30/296B)

按:例中"德""蘂"二字(後字左下殘損),《校注》(809)錄作"德(?)☒",《輯注》(548)作"懷慕",注云:"此二字原卷不清,首字僅存右半部分,次字僅存草字頭,茲據文意擬爲'懷慕',與'悲吟'對舉。從字形看,"德"與"德""緦"的行書頗近;"蘂"字上從"艹";就文意論,此二字當與"帷帳"義近,但施用場合有別,即後者用於喪葬祭奠的情境,以此頗疑其字當是"緦幕"的手寫。"緦"指細而疏的麻布,"幕"即帷帳,"緦幕"謂祭奠的靈帳,因用細而疏的麻布製成,故稱。如《文苑英華》卷三○五載裴說《哭處

---

① 傳世文獻中"揖"可與"輯"相通(參高亨纂著,董治安整理:《古字通假會典》,第700頁),其聲紐分屬影、從,與"揖"和"葺"的關係近似,然則此二字似亦可通,但也不能排除其中"揖"爲"楫"字形訛的可能。
② 此說蒙張永強先生賜告。
③ (北魏)賈思勰著,繆啓愉校釋:《齊民要術校釋》,中國農業出版社,1998年,第233頁。
④ 羅竹風主編:《漢語大詞典》第9册,1992年,第459頁。按:《大詞典》"葺治"下第1、3兩個義項爲:① 治理。引本例爲始見書證。③ 修建。引清惲敬《陳白沙先生祠堂記》爲證。S.2607中"葺治"實指"修建",故義項①下所引本例當移至義項③下作首例。

默上人》詩:"淒涼**縿幕**下,香吐一燈分。……泣罷重回首,暮山鍾半聞。"①宋文瑩《湘山野錄》卷中:"安鴻漸有滑稽清才,而復內懼。婦翁死,哭於柩,其孺人素性嚴,呼入**縿幕**中詬之曰:'汝哭何因無淚?'漸曰:'以帕拭乾。'"②明黃洪憲《碧山學士集》卷七《同年合祭諸白川文》:"今夕何夕,臨風漬奠。丹旟搖搖,**縿幕**連連。陳酹者誰,是公同年。"③皆其例。"縿幕",敦煌願文中習用"縿帳"來表示,如 P.2044V《釋門文範》:"嗟一鳳之長辭,痛雙鸞之失侶。嗚呼!寂寂賓堂,芳筵徒在;寥寥**縿帳**,日日空懸。"(《法藏》3/131A)S.2832《文樣·三周》:"孝等懷恩罔極,禮制有期;茅苫欲除,**縿帳**將卷。"(《英藏》4/238)"縿帳"義同"縿幕",可資參證。

九、䏨 鳥

P.4043《祭師僧文》:"維(惟)靈立身素節,早悟苦空。䏨鳥落髮,深棄煩籠。五乘八藏,無不該通。"(《法藏》31/29B)

按:例中"䏨""鳥"二字(後字左下殘損),趙文(305)錄作"髻歲(龀?)",《校注》(810)作"聆□"。從字形看,"䏨"左旁所從似"耳",右旁所從似"丘"。俗書"耳""身"二旁形近易混,習見的如"職"作"䐳"、"耽"作"䏻"等,另如《龍龕手鏡·身部》(161—162)載"聆"作"躬"、"聊"作"䠪"、"睡"作"䐪"、"聹"作"䠯"、"聵"作"䠿"、"聒"作"䠵"等,皆"耳"旁俗訛作"身"旁者。而"身"旁俗寫又與"馬"旁形近訛混,如"騁"作"䮸""䮼""躬",北魏《宋京墓誌》:"䮸足驥首。"④BD.9520V1(殷41)《詩二首》:"世間不等實堪悲,䮼翼䳗鷺逐雀飛。"(《國藏》106/50B)《龍龕·身部》:"躬,丑領反。"(161)"丑領反"爲"騁"的讀音,"躬"即"騁"之俗訛。⑤ 因此,上引祭文中的"䏨"應爲"駈"的俗訛,而"駈"又是"驅"的換聲旁俗體,《玉篇·馬部》:"驅,丘于切,逐遣也,隨後也,驟也,奔馳也……駈,同上,俗。"⑥"鳥"左下殘,結合字形輪廓及文意來看,其字當是"烏"

---

① (宋)李昉等編:《文苑英華》,中華書局,1966年,第1562頁。
② (宋)文瑩:《湘山野錄》,中華書局,1984年,第25頁。
③ (明)黃洪憲:《碧山學士集》卷七,明萬曆刻本,葉二十九。
④ 此例引自梁春勝:《楷書異體俗體部件例字表》(未刊稿),圖版載趙君平、趙文成《秦晋豫新出墓誌蒐佚》第1冊,國家圖書館出版社,2012年,第28頁。
⑤ 參張涌泉:《漢語俗字叢考》,中華書局,2000年,第1013~1014頁。
⑥ (南朝梁)顧野王著,(宋)陳彭年等增訂《大廣益會玉篇》,中華書局,1987年,第108頁。

字俗書之殘。"烏"俗寫多作"烏""烏"形，①其典型特徵爲頭部的橫畫不封口，"㇉"應即這種寫法的殘損。故"驅㇉"可錄作"驅烏"，指驅趕烏鴉。如姚秦弗若多羅共羅什譯《十誦律》卷二一："時長老阿難親里二小兒走詣阿難，阿難以殘食養畜。佛知故問阿難：'是誰小兒？'答言：'是我所親。'佛言：'何以不出家？'阿難報言：'佛結戒：不滿十五歲人，不應作沙彌。是二小兒不滿十五歲。'佛問阿難：'是二小兒能驅僧食上烏未？'答言：'能。'佛言：'從今聽能驅烏作沙彌，最下七歲。'"（《大正藏》23/151B24—C1）因而佛教律文中又稱七至十三歲的出家少年爲"驅烏沙彌"，如東晉佛陀跋陀羅共法顯譯《摩訶僧祇律》卷二九："沙彌有三品：一者從七歲至十三，名爲驅烏沙彌。"（《大正藏》22/461B9—10）因年少出家的沙彌，只能承擔"驅趕食上烏鴉"之事，後人遂以"驅烏"代稱七至十三歲的少年時期。如唐義净《大唐西域求法高僧傳》卷下："苾芻貞固律師者……俗姓孟，粤以**驅烏**之歲，早蘊慈門；總角之秋，棲心慧苑。"（《大正藏》51/10B15—16）P.3821 悟真《緇門百歲篇》："壹拾辭親願出家，手攜經櫝學煎茶。**驅烏**未解從師教，往往拋經摘草花。"（《法藏》28/185B）是其例。由是可知，上引《祭師僧文》中"驅㇉落髮"即"驅烏落髮"，謂師僧少年即剃髮出家。

上文中，我們對九篇敦煌祭文中的十五則疑難字詞作了較爲詳實的校考，主要涉及字形的俗訛、語音的通借及祭文的押韻。其中多著意於從押韻的角度來校釋疑難字詞，藉此强調校理祭文等韻文類作品時，不論錄文或斷句，均須注意是否"合韻"，以此來衡量我們整理的文本，即可避免一些不該出現的疏誤。

---

① 此二形參黃征：《敦煌俗字典》"烏"條，第 428 頁。

《酉陽雜俎》"綻針石"及李淳風《針石論》考釋

聞人軍

初唐李淳風(602—670)《針石論》和晚唐段成式(約803—863)《酉陽雜俎》中的指南針史料,20世紀末開始引起學術界的注意。後者晚出,但出處明確,影響較大。吕作昕、[①]戴念祖等先生先後考證《酉陽雜俎》中的"綻針石",[②]作出了"在旅行中應用指南針"的結論,在科技史界甚獲贊同。然近讀文史界《酉陽雜俎》校箋譯注,忽悟科技史界以前的認知頗有研討的餘地。本文重新解讀和肯定"綻針石",查證和探析李淳風《針石論》,並指出兩者之間的關係,以此就正於方家,望識者不吝指正。

一、段成式其人其書

段成式,字柯古。祖籍齊郡鄒平(今山東鄒平北)人,自稱東牟(今山東蓬萊)人,唐代著名志怪小説家。其父段文昌(773—835)穆宗朝曾任丞相。開成二年(837),段成式以父蔭入官,爲秘書省校書郎。職於京洛(長安)。大中元年(847),以尚書郎出爲吉州刺史。後又任處州刺史、江州刺史,爲政有善聲,官終太常少卿。段成式博學多識,"該悉内典(佛經)",佛學造詣連釋門高僧都自嘆不如。[③]《酉陽雜俎》是其代表作。全書前集二十卷、續集十卷,共三十卷。分類編録,涉及歷史掌故、傳奇故事、佛

[①] 吕作昕、吕黎陽:《古代磁性指南器源流及有關年代新探》,《歷史研究》1994年第4期,第34~46頁。
[②] 戴念祖:《亦談司南、指南針和羅盤》,《黄河文化論壇》第11輯,山西人民出版社,2004年,第89~92頁。
戴念祖:《指南針》,華覺明、馮立昇主編:《中國三十大發明》,大象出版社,2017年,第479~494頁。
[③] 段成式撰,許逸民校箋:《酉陽雜俎校箋》前言,中華書局,2015年,第15頁。

道神怪、民俗飲食、動物植物、天文地理、中外珍異之物,以及寺廟遊記等,五花八門,爲衆多領域的研究保存了豐富而珍貴的材料。根據現存的宋人序跋,學界認爲《酉陽雜俎》曾有過三個宋版本。最早的是南宋嘉定七年(1214)周登二十卷本,接着是嘉定十六年(1223)鄧復續以家藏《續集》十卷所刊刻的三十卷本,後來彭奎實於淳祐十年(1250)重刻三十卷本。這三種宋刻本均已佚失。現今存世的《酉陽雜俎》版本,都是明、清刻本。明初刻本有兩種,皆是二十卷本,無續集十卷。明萬曆三十六年(1608)趙琦美脈望館刻本(以宋刊本爲底本)是公推最善的三十卷本,俗稱趙本,有《四部叢刊初編》影印本,被廣泛用作點校的底本。如:日本學者今村與志雄譯注的日文《酉陽雜俎》(1980—1981),1981年方南生的《酉陽雜俎》點校本、2014年劉傳鴻的《酉陽雜俎校證:兼字詞考釋》、2015年許逸民的《酉陽雜俎校箋》及2018年許逸民、許桁的《酉陽雜俎》白文點校本,均以趙本爲底本。本文討論的科技史料在《酉陽雜俎》續集卷五"寺塔記上"內。

二、"遇鉢更投針"用佛門"鉢水投針"之典

唐會昌三年(843),段成式與同僚張希復(字善繼)、鄭符(字夢復)同遊長安靖善坊大興善寺。他們作《老松青桐聯二十字絕句》記趣:"乘晴入精舍,語默想東林。盡是忘機侶,誰驚息影禽。(善繼)有松堪繫馬,遇鉢更投針。記得湯師句,高禪助朗吟。(柯古)"①有人認爲:"遊方僧在松樹上繫馬是常事,但在鉢中投針却是爲什麼?……'遇鉢更投針',是説把指南浮針投入鉢中水面"。②"他們將馬繫在松樹下,將針放入鉢水中,……這正是在旅行中應用指南針的描述。"③

詩中段成式等人乘馬而來,"乘晴入精舍(僧院)……有松堪繫馬"。精舍本指書齋,借指佛家修行之所,此處指靖善坊大興善寺。此寺"不空三藏塔前,多老松"。④繫馬和投針者不是僧人,應是段成式等人。在大興善寺內,他們不必應用指南針。"投針"當有別的含義。

1981年9月,今村與志雄譯注的《酉陽雜俎》第四册出版,其中"投針"的注釋引用

---

① 《御定全唐詩》卷七九二,《四庫全書薈要》本,第3a頁。段成式撰、許逸民校箋:《酉陽雜俎校箋》,第1764頁。
② 吕作昕、吕黎陽:《古代磁性指南器源流及有關年代新探》。
③ 戴念祖:《指南針》。
④ 段成式撰、許逸民校箋:《酉陽雜俎校箋》,第1750頁。

了《大唐西域記》卷十所載憍薩羅國龍猛和提婆的故事:"時提婆菩薩自執師子國來求論義。謂門者曰:'幸爲通謁。'時門者遂爲入白。龍猛雅知其名,盛滿鉢水,命弟子曰:'汝持是水,示彼提婆。'提婆見水,默而投針。弟子持鉢,懷疑而返。龍猛曰:'彼何辭乎?'對曰:'默無所說,但投針於水而已。'龍猛曰:'智矣哉! 若人也,知幾其神,察微亞聖,盛德若此,宜速命入。'對曰:'何謂也? 無言妙辯,斯之是歟!'曰:'夫水也者,隨器方圓,逐物清濁,彌漫無間,澄湛莫測。滿而示之,比我學之智周也。彼乃投針,遂窮其極。此非常人,宜速召進。'"① 這個故事大約發生於公元3世紀。

段成式精通内典,熟識佛門典故。"遇鉢"之"遇"字説明該"鉢"不是他們自己隨身所帶,"遇鉢更投針"用的正是上述"鉢水投針"的典故。故"遇鉢更投針"不宜釋爲"把指南浮針投入鉢中水面"。提婆隨身所帶之針,不會是磁針,應是縫衣針。可以想象,提婆鉢水投針的故事傳入中土以後,佛門或信佛的人中時有倣效鉢水投針者,段成式才會信口吟出"遇鉢更投針"之句。

三、"吟窺鉢水澄"系參悟佛理禪機

段成式在《酉陽雜俎·寺塔記上》中還記下了他們遊長安平康坊菩薩寺的所見所聞:

"又寺先有僧,不言姓名,常負束槁,坐卧於寺兩廊下,不肯住院。經數年,寺綱維或勸其住房,曰:'爾厭我耶?'其夕,遂以束槁焚身。至明,唯灰燼耳。無血脊之臭,衆方知異人,遂塑灰爲像。今在佛殿上,世號束草師。"② 文中"綱維"即知事僧。

北宋博物名僧贊寧的《宋高僧傳》卷二十三載《唐京兆菩提寺束草師傳》曰:"釋束草師者,無何而至京兆平康坊内菩提寺。其爲人也,形不足而神俊,吟嘯自得,罕接時人,且不言名姓。常負束槁,坐卧於兩廊下,不樂住房舍。或云此頭陀行也。經數年,寺内綱任勸其住房,或有誚其狼藉。曰:'爾厭我邪? 世不堪戀,何可長也。'其夕,遂以束槁焚身。至明,唯灰燼耳,且無遺骸,略盡汙塗之臭,又無延燎驚咤之聲。計其少槁,不能焚此全軀。既無孑遺,然其起三昧火而自焚也。衆皆稱嘆,民多觀禮焉。京邑信士遂塑其灰爲僧形,置於佛殿偏傍,世號束草師。禱祈多應焉。"③《宋高僧傳》的

---

① (日)今村與志雄譯注:《酉陽雜俎》4,東洋文庫401,平凡社,1981年,第244~245頁。(唐)玄裝譯、辯機撰:《大唐西域記》卷十,《四庫全書》本,第15a,b頁。
② 段成式撰,許逸民校箋:《酉陽雜俎校箋》,第1850頁。
③ (宋)贊寧:《宋高僧傳》卷二三,《四庫全書》本,第9b~10a頁。

記載有別於《酉陽雜俎》,當自有來源。束草師是一個遊方奇僧,應實有其人。

獲知束草師的事迹後,段成式等人用書事連句的形式對其作了多方面的描繪:

"悉爲無事者,任被俗流憎。(夢復)客異于時客,僧非出院僧。(柯古)遠聞疎牖罄,曉辨密龕燈。(善繼)步觸珠幡響,吟窺鉢水澄。(夢復)句饒方外趣,遊愜社中朋。(柯古)静裹已馴鴿,齋中亦好鷹。(善繼)金塗筆是裘,彩溜紙非繒。(昇上人)錫杖已剋鋑(一作剋鍛),田衣從壞朕。(柯古)占牀敷一脅,卷箔賴長肱。(善繼)佛日初開照,魔天破幾層。(柯古)咒中陳秘計,論處正先登。(善繼)勇帶綻針石,危防丘井藤。(昇上人)"①

對鄭符的詩句"吟窺鉢水澄",學界有不同的解讀。有的學者以爲:"'吟窺鉢水澄',是説僧人在吟誦經文的同時,還在細看鉢中水面指南浮針所指方向以防止迷路。"②有的學者認爲:"此'澄'字義似雙關,一言水之澄净,二用浮圖澄鉢生蓮花之典。《藝文類聚》卷七三引浮圖澄傳:'澄以鉢盛水,燒香咒之。須臾,鉢中生青蓮華。'"③考慮到《宋高僧傳》曰束草師"形不足而神俊,吟嘯自得,罕接時人",前引憍薩羅國龍猛和提婆的故事中,龍猛曰:"夫水也者,隨器方圓,逐物清濁,彌漫無間,澄湛莫測。滿而示之,比我學之智周也。"鄭符詩中明言看的是澄湛的鉢水,而非指南浮針。愚見"吟窺鉢水澄"應是指僧人吟嘯自得,注視澄湛的鉢水,參悟佛理禪機。然僧人隨身帶有鉢和水,隨時可以鉢爲針碗,使用指南浮針。

四、"丘井藤"喻於人生

書事連句中昇上人詩云:"勇帶綻針石,危防丘井藤。"此句最有價值。上人:上德之人,指持戒嚴格並精於佛學的僧侶。今村與志雄將"丘井藤"譯作"丘井的藤",④並引了《維摩詰所説經·方便品第二》及《注維摩詰經》爲"丘井的藤"作注。昇上人詩中的"丘井藤"確實出自佛門典故。

劉宋釋法雲《翻譯名義集·增數譬喻第五十三》引《大集經》曰:"《大集》云:昔有

---

① 段成式撰,許逸民校箋:《酉陽雜俎校箋》,第1851頁。
② 吕作昕、吕黎陽:《古代磁性指南器源流及有關年代新探》。
③ 段成式撰,許逸民校箋:《酉陽雜俎校箋》,第1852頁。
④ (日)今村與志雄譯注:《酉陽雜俎》4,第315頁。

一人避二醉象(生死),緣藤(命根)入井(無常)。有黑白二鼠(日月),嚙藤將斷。"①

姚秦三藏鳩摩羅什所譯《維摩詰所説經·方便品第二》曰:"是身如丘井,爲老所逼。"後秦釋僧肇的《注維摩詰經》曰:"(鳩摩羅)什曰。丘井,丘墟枯井也。昔有人有罪於王。其人怖罪逃走,王令醉象逐之。其人怖急,自投枯井。半井得一腐草,以手執之。下有惡龍吐毒向之,傍有五毒蛇復欲加害。二鼠嚙草,草復將斷。大象臨其上,復欲取之。其人危苦,極大恐怖。上有一樹,樹上時有蜜滴落其口中,以着味故而忘怖畏。丘井生死也,醉象無常也,毒龍惡道也,五毒蛇五陰也,腐草命根也,黑白二鼠白月黑月也,蜜滴五欲樂也。得蜜滴而忘怖畏者,喻衆生得五欲蜜滴不畏苦也。"②《大集經》中的"藤"在此譯爲"腐草"。

《酉陽雜俎校箋》爲"危防丘井藤"作注,引《賓頭盧爲優陀延王説法經》曰:"昔日有人行在曠路,逢大惡象,爲象所逐,狂懼走突,無所依怙。見一丘井,即尋樹根入,井中藏。……丘井喻於人身。樹根喻於人命。……是故當知欲味甚少,苦患甚多。"③文中"樹根"相當於《大集經》中的"藤"。

筆者認爲昇上人詩中的"丘井藤"語義雙關。丘井的直譯是丘墟枯井。在佛理上,"丘井"喻於人身,"藤"喻於人命。"丘井藤"喻於人生。"危防丘井藤",字面上是克服旅途險阻,與"勇帶綻針石"相呼應;隱喻克服人生征途之險。

五、"綻針石"是縫衣針和磁石

"勇帶綻針石"的"綻"字,大有講究。

在學術界,多數學者謹慎處理。今村與志雄指出:趙本、毛本(明末毛氏汲古閣刻《津逮秘書》本)、《紀事》(南宋計有功《唐詩紀事》),作"綻"。毛本的注:"綻,疑作磁。"④1981年中華書局版《酉陽雜俎》方南生校語:綻,《學津》(清嘉慶間張海鵬刻《學津討原》本)、《津逮》本(毛氏汲古閣刻《津逮秘書》本)注:"綻,疑作磁。"⑤劉傳鴻《酉陽

---

① (劉宋)法雲:《翻譯名義集》卷五,中華電子佛典協會(CBETA)電子版,2001/04/01,第131頁。資料底本:大正新修大正藏經,Vol.54,No.2131。
② (後秦)僧肇:《注維摩詰經》,中華電子佛典協會(CBETA)電子版,版本:1.2,2002/11/04,第31頁,資料底本:大正新修大正藏經,Vol.38,No.1775。
③ 段成式撰,許逸民校箋:《酉陽雜俎校箋》,第1857~1858頁。
④ (日)今村與志雄譯注:《酉陽雜俎》4,第315~316頁。
⑤ 段成式撰,方南生點校:《酉陽雜俎》,中華書局,1981年,第255頁。

雜俎校證:兼字詞考釋》説:"'綻'下,其他各本有注'綻疑作磁'。"①句中"各本"指《津逮秘書》本、《四庫全書》本和《學津討原》本。許逸民《酉陽雜俎校箋》及《酉陽雜俎》白文點校本則與衆不同。"勇帶綻針石"處,②未引毛氏的注,亦未出新的校注。但有些學者的説法值得商榷。例如:有的以爲《酉陽雜俎》"至南宋才有刻本,以前只是反復傳抄,訛錯頗多。有的版本'磁'誤爲'綻',明代毛晉校閲此書時,指出'綻'當作'磁'。"③或以爲:"'磁針石'三字在明萬曆間常熟趙刻本中寫爲'綻針石'。'綻'字似趙本刻誤。無'綻針石'之物。明末清初常熟毛刻本即《津逮》本、清嘉慶間昭文張刻本即《學津》本均將'綻'字校勘爲'磁'。此校勘爲是。"④中華書局的全注全譯本《酉陽雜俎》寫作:"綻針石:或作'磁針石'。"⑤

筆者認爲,毛本的注"綻,疑作磁"是校勘術語,僅表明對所注釋的"綻"字存有懷疑,但不能定其誤。不能把毛本這一主觀推測作爲版本或書證依據。科技史界把"疑作磁"當作"原作磁",是一種誤解。"綻"和"磁"並不形似,可排除形訛的可能性。且此詩曾收入南宋計有功編的《唐詩紀事》。《唐詩紀事》的最早刊本是南宋嘉定甲申(1224)王禧刊本,⑥與《酉陽雜俎》最早的三十卷本,即嘉定十六年(1223)本,相差僅一年。明嘉靖乙巳(1545)洪楩又據王禧本翻刻。洪楩本即今流傳的清平山堂本,《四部叢刊》據以影印,作"勇帶綻針石"。⑦ 明嘉靖乙巳(1545)又有張子立刻本,系以王禧刊本或傳鈔本入版。毛氏汲古閣本據張子立本翻雕,也作"勇帶綻針石"。故《唐詩紀事》的"勇帶綻針石"應可上溯到王禧刊本。《酉陽雜俎》嘉定十六年(1223)本也應刻作"勇帶綻針石"。也就是説,南宋刊本《酉陽雜俎》和《唐詩紀事》中本來就是"綻"字。

據谷衍奎編《漢字源流字典》,"綻",篆文從糸,旦聲。隸變後楷書寫作组。異體也作袒,從衣。俗作"綻",從糸,定聲;如今簡化作"绽"。是"组""袒"的後起形聲字。⑧"綻"的一個義項是衣縫裂開,另一個義項是縫補。看似相反,實則相承。正如"縫"的縫補與裂縫兩個義項。"綻"釋爲衣縫裂開用例:《禮記·内則第十二》曰:"衣裳綻裂,

---

① 劉傳鴻:《酉陽雜俎校證:兼字詞考釋》,北京大學出版社,2014年,第402頁。
② 段成式撰,許逸民校箋:《酉陽雜俎校箋》,1851頁。段成式撰,許逸民、許桁點校:《酉陽雜俎》,中華書局,2018年,第515頁。
③ 吕作昕、吕黎陽:《古代磁性指南器源流及有關年代新探》。
④ 戴念祖:《指南針》。
⑤ 段成式撰,張仲裁譯注:《酉陽雜俎》下册,中華書局,2017年,第998頁。
⑥ 王仲鏞:《唐詩紀事校箋》,巴蜀書社,1989年,第2090頁。
⑦ (宋)計有功:《唐詩紀事》卷五十七,《四部叢刊》本,第7b頁。
⑧ 谷衍奎編:《漢字源流字典》,語文出版社,2008年,第1355~1356頁。

紉箴請補綴。"嘉興藏《雪關禪師語録》卷十二《羅漢贊四首爲密印禪友題》有云："衲綻針縫將勤補拙"。① 衲，僧衣。衲綻針縫，僧衣破了用針縫補。"綻"釋爲縫補用例：《正字通·糸部》："綻，縫補其裂亦曰綻。"《古樂府·艷歌行》："故衣誰當補，新衣誰當綻？賴得賢主人，覽取爲吾綻。"唐杜牧《感懷》："茅茨覆宮殿，封章綻帷帳。"愚意"綻針"就是補僧衣的縫綻針，也即縫衣針。"綻針"一詞不誤。"綻針石"應釋爲綻針和磁石，即縫衣針和磁石。釋爲磁石之根據參見下文第七節，而此磁化的縫衣針則與"瓢針司南酌"之磁化縫衣針一脉相承。

六、李淳風《針石論》的來歷

書事連句中昇上人詩云："勇帶綻針石，危防丘井藤。"書事：意爲用典。② "丘井藤"是用典，與其對偶的"綻針石"也應是用典。不由使人想起了關於李淳風《針石論》的往事。

早在1989年，王其亨先生（署名史箴）在《天津大學學報》增刊1發表《從辨方正位到指南針：古代堪輿家的偉大歷史貢獻》一文。此文1992年和2005年先後收入《風水理論研究》第1版和第2版。史文指出："明代顧乃德匯集唐宋時風水論著《地理天機會元》，解釋指南針，提到'昔金陵得石碑於江中，載李淳風《針石論》，亦謂子午爲中道格'。如果此說可證實，則唐初已用指南針，並涉及磁偏角。"③這一重要發現和推測曾被一些學者轉引，未能深入研討。近獲王其亨先生惠告，上述引文出自《地理天機會元》戌集卷三十一《披沙揀金》，下文以此爲基礎作進一步探索。

顧乃德，字陵岡，明代江西鄱溪（今屬江西省九江市都昌縣）人。嘉靖年間顧乃德匯集唐宋時風水論著，編成《地理天機會元》，曾於嘉靖癸丑（1553）由書林陳氏積善堂刊行。約萬曆年間徐試可將顧氏之書重編，或刪或補，修訂成《地理天機會元》三十五卷。《披沙揀金》卷中收有顧乃德的《天機兩書分金良》，其細目《正中二針説》曰："地盤取正針以成其勢，爲地紀用之。天盤取中針莫運行氣候，天紀用也。昔金陵得石碑於江中，載李淳風《針石論》，亦謂子午爲中道格。昔賢官衙宇墳宅悉用正針，蓋正用地紀也。"④

---

① （明）智闇説、成巒傳善録、法孫開詞編：《雪關禪師語録》卷十二，《嘉興大藏經》第27册 No.B198。
② 段成式撰，張仲裁譯注：《酉陽雜俎》下册，第996頁。
③ 王其亨等：《風水理論研究》第1版，天津大學出版社，1992年，第226頁。
④ （明）顧乃德匯集，徐試可重編：《地理天機會元》卷三十一，上海錦章圖書局，民國印本，第15a～16b頁。

嘉靖癸丑(1553)季九月丙午顧乃德作《新刊地理天機會元·辨論》曰:"吾之先君虛堂先生昔深辨地理之真僞,洞察山水之吉凶。"①《四庫全書總目提要》卷一百十一子部二十一"術數類存目二"有明沈昇《羅經消納正宗》,其門人史自成之序稱廖瑀得楊筠松、曾文迪、曾求己、吳穎、吳景鸞相傳之術,瑀"傳之丁應星,應星傳之譚公,譚公傳之吳舜舉,舜舉傳之劉師文,師文傳之余芝孫,芝孫傳之黃仲理,仲理傳之程義剛,繼義剛則有劉時輝,繼時輝者則有子應奇,繼應奇者則顧乃德,繼乃德者則何震儒,繼震儒者則爲沈公,子昇繼沈公者,即余受業師也。師研窮神化,廣演圖局,口授是書。"②雖然顧乃德是否傳自北宋廖瑀尚難確認,但顧乃德應有其師承淵源,碑載李淳風《針石論》之説當非杜撰。

七、李淳風《針石論》探析

李淳風,岐州雍縣(今陝西省寶雞市岐山縣)人。是唐初著名的天文學家、數學家、堪輿大師,官至太史令。李淳風傳世著述甚多,毋庸贅述。與本文直接相關需要指出的是:

隋唐之際某種形式的《管氏指蒙》已經流傳,明刻本《管氏指蒙》中有許多李淳風作的舊注,還有唐太宗貞觀十四年(640)"李淳風表奏",表明李淳風曾整理注釋過此堪輿名作。③ 顧乃德論正針和中針,以壬子、丙午爲天盤中針,子午爲地盤正針,而引李淳風《針石論》"子午爲中道格"爲證,蓋因李淳風所論"子午爲中道格"與此有關。今試釋如次:

《全唐文》卷九百六十四闕名的《定朔請從李淳風議奏》(貞觀十四年)曰:"淳風子午之法,推校春秋以來晷度薄蝕,事皆符合。"④劉一明《參同直指·參同契直指箋注上篇》曰:"後天八卦方位,離居南,坎居北,坎離居中正之位,即象日月運移中道也。"⑤"格"是堪輿術語,作度、量解。《中文大字典》曰:格"與度通。《説文通訓定聲》格,假借爲度。《廣韻》格,度也,量也。《文選·鮑照蕪城賦》格高五嶽。《注》善曰:《蒼頡

---

① (明)顧乃德:《新刊地理天機會元》"辨論",明嘉靖癸丑(1553)書林陳氏積善堂刊本。
② (明)儲孝則:《合纂真傳羅經消納正宗》"史公原序",明或清初抄本。http://m.kongfz.cn/16393426/pic/,圖9,[2019-01-16]。
③ 聞人軍:《"瓢針司南酌"的考古和文獻新證》,《出土文獻與古文字研究》第7輯,上海古籍出版社,2018年,第437~448頁。
④ (清)董誥等輯:《欽定全唐文》卷九百六十四,清嘉慶十九年(1814)揚州全唐文局刻本,第1a頁。
⑤ (清)劉一明著,羽者等點校:《道書十二種》,書目文獻出版社,1996年,第45頁。

篇》格,量度也。"從顧氏上下文看,他將"子午爲中道格"作爲子午正針之例,意謂子午爲中道之度。《針石論》載於石碑,諒非長篇大論。雖然原論已佚,李淳風著《針石論》當實有其事,而"子午爲中道格"應是其要點之一。按理,必然先有"針石",才會有《針石論》之名。而文内謂"子午爲中道格",則此"針石"非醫家的針石,而是堪輿家的針石,即磁針和磁石。且已知道磁偏角現象,才會論及"子午爲中道格"。

迄今所知,李淳風《針石論》是早於《酉陽雜俎》"綻針石"的唯一磁性"針石"史料,既然《酉陽雜俎》"綻針石"用典,磁性"針石"合稱當出自李淳風《針石論》中的"針石"。而"綻針石"之後,沈括(1032—1096)《夢溪筆談》卷二四明文記載"方家以磁石磨針鋒,則能指南。然常微偏東,不全南也"。文天祥(1236—1282)《指南錄》卷四"揚子江"詩云:"臣心一片磁針石,不指南方不肯休。"再現磁性"針石"之典。

結　　語

李淳風《針石論》以堪輿"針石"爲名,論及"子午爲中道格",首現磁性針石合稱。昇上人詩以"針石"爲典,"勇帶綻針石"描繪僧人帶着磁石和縫衣針果敢出行,揭示了早期指南浮針是磁石磨縫衣針鋒所得,帶有"瓢針司南酌"向指南浮針過渡的印記。"綻針石"進一步加强了《針石論》的可信度,《針石論》對"綻針石"的解釋也是有力的支持。從初唐到晚唐,指南浮針的記載已浮出水面。可以預期,隨着研究的深入,更多的證據終將陸續浮現,漸漸顯露出"司南酌"升格爲指南浮針和進行傳播的歷史圖景。

　　*　本文寫作過程中,汪少華先生曾提供寶貴意見,韓玉芬老師曾協助查詢資料,特此致謝。

圖書在版編目(CIP)數據

出土文獻與古文字研究.第八輯／復旦大學出土文獻與古文字研究中心編.—上海：上海古籍出版社，2019.11
ISBN 978-7-5325-9424-5

Ⅰ.①出… Ⅱ.①復… Ⅲ.①出土文物－文獻－中國－文集②漢字－古文字學－文集 Ⅳ.①K877.04-53 ②H121-53

中國版本圖書館CIP數據核字(2019)第263888號

出土文獻與古文字研究(第八輯)
復旦大學出土文獻與古文字研究中心　編
上海古籍出版社出版發行
(上海瑞金二路272號　郵政編碼200020)
(1)網址：www.guji.com.cn
(2)E-mail：guji1@guji.com.cn
(3)易文網網址：www.ewen.co
上海惠敦印務科技有限公司印刷
開本787×1092　1/16　印張24.25　插頁5　字數447,000
2019年11月第1版　2019年11月第1次印刷
ISBN 978-7-5325-9424-5
H·217　定價：98.00元
如有質量問題，請與承印公司聯繫